ELECTRONIC
COMMERCE 2018
A MANAGERIAL AND SOCIAL NETWORKS PERSPECTIVE
9th Edition

电子商务

管理与社交网络视角

（原书第9版）

[美] 埃弗雷姆·特班（Efraim Turban） [美] 乔恩·奥特兰德（Jon Outland） [美] 戴维·金（David King） 著
[韩] 李在奎（Jae Kyu Lee） [美] 梁定澎（Ting-Peng Liang） [美] 德博拉·C. 特班（Deborrah C. Turban）

占丽 孙相云 时启亮 等译

机械工业出版社
China Machine Press

图书在版编目（CIP）数据

电子商务：管理与社交网络视角（原书第9版）/（美）埃弗雷姆·特班（Efraim Turban）等著；占丽等译. —北京：机械工业出版社，2020.7（2022.10重印）

（华章教材经典译丛）

书名原文：Electronic Commerce 2018: A Managerial and Social Networks Perspective

ISBN 978-7-111-66056-9

I. 电… II. ①埃… ②占… III. 电子商务 - 教材 IV. F713.36

中国版本图书馆CIP数据核字（2020）第122461号

北京市版权局著作权合同登记　图字：01-2020-2432号。

Efraim Turban, Jon Outland, David King, Jae Kyu Lee, Ting-Peng Liang, Deborrah C. Turban. Electronic Commerce 2018: A Managerial and Social Networks Perspective, 9th Edition.

ISBN: 978-3-319-58714-1

Copyright © 2018 by Springer International Publishing AG.

This edition has been translated and published under licence from Springer Nature Switzerland AG.

Simplified Chinese Translation Copyright © 2020 by China Machine Press. This edition is authorized for sale in the Chinese mainland (excluding Hong Kong SAR, Macao SAR and Taiwan).

No part of this book may be reproduced or transmitted in any form or by any means, electronic or mechanical, including photocopying, recording or any information storage and retrieval system, without permission, in writing, from the publisher.

All rights reserved.

本书中文简体字版由Springer International Publishing AG授权机械工业出版社在中国大陆地区（不包括香港、澳门特别行政区及台湾地区）独家出版发行。未经出版者书面许可，不得以任何方式抄袭、复制或节录本书中的任何部分。

新版主要介绍电子商务领域发展的新趋势，特别是智能商务、社交商务、社交协同、共享经济、创新、移动商务等，使本书成为目前市场上最为完整的电子商务教科书。它以管理视角切入，由富有经验的职场人士参与编写，收录各行各业的全球案例，提供电子商务研究的理论基础，如消费行为理论、竞争理论等，附以多种网络资料、练习和参考资料。本书探讨新颖的行业话题，用两章篇幅专题探讨社交媒体和社交商务，强调从宏观的电子商务环境考察网络系统，呈现全球视角，运用经济学相关学科及非商务领域的知识，洞察电子商务运营中的失误和教训，真正体现了多学科视角及用户友好。

本书适合电子商务、物流管理、工商管理、市场营销、国际经济与贸易、信息管理与信息系统等相关专业本科生和研究生，以及MBA、MPA、工程硕士学习，也可供从业人员研究参考。

出版发行：机械工业出版社（北京市西城区百万庄大街22号　邮政编码：100037）			
责任编辑：程天祥		责任校对：殷　虹	
印　　刷：北京捷迅佳彩印刷有限公司		版　　次：2022年10月第1版第3次印刷	
开　　本：214mm×275mm　1/16		印　　张：35	
书　　号：ISBN 978-7-111-66056-9		定　　价：99.00元	

客服电话：(010) 88361066　68326294

版权所有·侵权必究
封底无防伪标均为盗版

Preface 译者序

从2012年起,我们团队在机械工业出版社的信任和支持下,先后翻译了美国夏威夷大学埃弗雷姆·特班教授等所著《电子商务》的不同版本。

在过去的8年里,我们一直在关注着特班教授的研究成果,关注着全球电子商务的发展趋势。当然,我们更加关注中国互联网经济的发展状况。根据中国互联网络信息中心(CNNIC)发布的统计报告,截至2012年年底,我国网民规模已达到5.64亿,互联网普及率为42.1%,手机网民规模为4.20亿。到了2019年年底,我国网民规模达9.04亿,普及率达64.5%,手机网民规模达8.97亿。相信特班教授在以后的更新版中,一定会对中国互联网经济超出预期的发展给予更多的评价。

中国互联网经济的飞速发展固然应该归功于40多年来国家改革开放的政策,归功于数字技术中蕴含的"摩尔定律",归功于中国亿万百姓对美好生活的向往,但我们同样应该将这一成就归功于党和政府在一个又一个山头上为我们插上的红旗,鼓励企业家、科技人员、政府工作人员和广大民众去攀登。

2018年8月,习近平总书记在全国宣传思想工作会议上发表了重要讲话:"我们必须科学认识网络传播规律,提高用网治网水平,使互联网这个最大变量变成事业发展的最大增量。"⊖这句话,已经被业内人士看作是习总书记论互联网的"金句"。

2019年3月,李克强总理在《政府工作报告》中强调,要"深化大数据、人工智能等研发应用,培育新一代信息技术、高端装备、生物医药、新能源汽车、新材料等新兴产业集群,壮大数字经济。坚持包容审慎监管,支持新业态新模式发展,促进平台经济、共享经济健康成长。加快在各行业各领域推进'互联网+'"。⊜

20世纪90年代,中国市场进入了电子商务的起步阶段。最初,"电子商务"这一概念似乎很容易界定,那就是利用互联网开展各种交易活动。但是随着数字技术的发展,以及电子商务向各个领域的渗透,许多人觉得越来越看不懂电子商务了。IBM公司二十多年前曾经在自己的网站上对"电子商务"给过一个界定,那就是"利用计算机技术和互联网技术对经营管理进行持续优化"。正是这种"持续优化",给各行各业带来了形形色色的变化。它降低了企业和各类组织的经营管理成本,提高了生产和工作的效率,也提升了百姓的生活质量。这些正是我们团队在翻译本书的过程中所深切体会的。

2018年最后一天,资深媒体人罗振宇先生在他一年一度的跨年演讲中是这样调侃发生在我们身边的变化的:"以前,变化可能只是生活的一部分,现在变化可能成了生活本身。前年的跨年演讲,我们还在说有五只黑天鹅。今年何止五只黑天鹅?黑压压地飞过天空。你想过没有,黑天鹅指的是一个熟悉世界里出现的意外情况,当黑天鹅一只又一只地从天上飞过的时候,也就不算什么意外了。正如一句俏皮话说的,现在黑天鹅都快成家禽了——一切正在起变化呀,熟悉的世界不在了。"是的,人类进入了数字时代,我们曾经熟

⊖ 袁勃. 总书记新闻舆情金句——科学认识网络传播规律 [N/OL]. [2019-11-11]. http://yuqing.people.com.cn/n1/2019/1111/c430404-31448885.html.

⊜ 常雪梅,程宏毅. 李克强作的政府工作报告(摘登)[N/OL]. [2019-03-06]. http://cpc.people.com.cn/n1/2019/0306/c64094-30959596.html.

悉的世界不在了。我们愿意与本书的读者一起去观察，去经历互联网时代这样一个不熟悉的世界。

在历时半年多艰辛的翻译工作中，我们团队的每一位成员都付出了自己的辛劳，他们是上海电子信息职业技术学院的陈育君老师（第1、2章），浙江纺织服装职业技术学院的黄青青老师（第3、4章），无锡太湖学院的沙琦老师（第5～7章），无锡太湖学院的占丽老师（第8～10章），烟台大学文经学院的孙相云老师（第11～14章），烟台大学文经学院的郭馨云同学、中国农业大学烟台研究院的孙佳威先生（第15章），最后由上海理工大学管理学院的时启亮老师负责全书的审校。此译著得到江苏省"青蓝工程"（苏教师函[2020]10号）项目的资助，在此表示感谢。

机械工业出版社的编辑参与了书稿翻译的全程策划和指导，对此我们表示衷心的感谢。

尽管我们在翻译过程中仔细斟酌，再三推敲，但是我们深知错漏依旧难免，敬请同行专家不吝指正。

时启亮

2020年3月

于上海理工大学管理学院

brightshi@vip.163.com

Preface 前言

本书所要研究和探讨的电子商务领域近年来发展迅速，诸如Facebook、Google、Pinterest、领英、优步、阿里巴巴、亚马逊等公司每年都会有新的骄人业绩。

所谓电子商务，就是利用电子网络（主要是互联网）开展商务活动的一种新模式。运用这种商务模式，人们可以买卖商品、服务和信息。有些领域里的电子商务应用已经十分成熟（如在线股票交易、在线订购机票等），有些业务的规模甚至超过了离线业务。然而，电子商务并不局限于买卖活动，它还包括了沟通交流、相互合作以及信息检索的电子化。利用电子商务，人们还能进行远程学习、远程客户服务、电子政务，开展网络社交活动，远程处理难题，不一而足。电子商务所产生的影响是深远的，它不仅涉及一般的企业管理，还涉及各种专业活动、贸易活动，当然，也涉及人们的日常生活，提高了普通百姓的生活质量。

自2015年本书第8版出版以来，电子商务领域变化最快的是社交网络，特别是Facebook、Google+、Twitter等网络环境，还有移动设备带来的各种变革。另外值得一提的是，电子商务在全球范围内迅速发展，尤其是在中国，出现了世界上最大的电子商务公司。近年来，人们所关注的还有人工智能的开发和应用、智能商务，以及如何应用大数据来提升商务活动的质量。新兴的电子商务经营模式正促使各个行业发生明显的变革，如旅游业、金融业、时尚行业、交通运输业等。

在更新的第9版中，我们主要介绍电子商务领域发展的新趋势，特别是智能商务、社交商务、社交协同、共享经济、创新、移动商务等。

本书新版的推陈出新

与前一版相比，本书新版的主要改动之处表现在如下几个方面。

新的章节

电子商务发展的一个重要分支是智能商务，这一点将在第7章中阐述。

第14章中将阐述电子商务战略、全球化、中小企业电子商务以及电子商务实施，这些内容取代了第8版第13、14章的内容。

有些章节则做了较大的改动。

第5章新增了两个小节，分别阐述共享经济和远程医疗。有关P2P电子商务的内容做了全面的更新。协同商务的内容则安排在第4章里介绍。

第6章中对移动商务及其应用进行了系统的梳理，许多篇幅用来介绍移动App的应用。上版第6章还有一些内容则安排在新版的第7章中。

第10章（即第8版的第9章）主要阐述电子商务中的营销和广告，而不是网络消费行为。第12章是关于电子商务支付系统的，这一章已经全部重新编写，着重探讨数字货币的应用问题。

第13章也重新做了安排，新增的内容包括机器人技术、3D打印技术以及无人机技术。

新的话题

所有的章节都融入了新的话题，而一些陈旧的话题则被删除了。这些新话题包括：不断变化的零售环境、虚拟现实应用、咨询机器人、聊天机器人、虚拟个人助理、虚拟健身教练、智能家居设备、增强现实、物联网、Pokémon GO、转运配送、勒索软件、大规模定制与3D打印、电商仓库中的机器人、无人机配送、新型广告技术等。

新的案例

新版增加了二十多个新的案例，如爱彼迎（Airbnb）、优步（Uber）、开市客（Costco）的全球支付、比特币、非洲的智能手机转账业务、照片墙Instagram、Pokémon GO等。

为了强调电子商务安全的重要性，我们也编写了有关勒索软件和DDoS攻击的案例。

新的作者

新版编写团队中增加了乔恩·奥特兰德博士，作为网络营销领域的学者，他为本书带来了丰富的专家意见。

本书的学习目标

完成了对本书的学习以后，读者在如下诸多方面可以得到提高：

1. 界定各种类型的电子商务活动，了解各种商务模式、盈利模式、配送模式，以及电子商务给人们带来的利益。
2. 了解与电子商务相关的各种运行机制。
3. 了解B2C在线销售商品、服务的各种方式。
4. 了解各种网络B2B商务活动，包括销售、采购、拍卖、商务合作等。
5. 了解在线交易以外的各种电子商务活动，如电子政务、远程学习、远程培训、远程医疗、共享经济等。
6. 了解移动商务的意义，包括它的内容、实施等。
7. 了解人工智能在电子商务活动中的多种应用。
8. 了解社交网络、社交客户、社交软件等对社交商务的推动作用。
9. 了解社交商务的各种应用，包括社交购物、社交广告、社交客户关系管理、社交娱乐、众包等。
10. 了解社交企业的运行机制。
11. 了解互联电子商务、物联网，以及这两个领域中的智能应用。
12. 了解网络消费行为。
13. 了解网络环境的营销和广告活动。
14. 了解电子商务活动中的安全问题和网络欺诈问题。
15. 了解与电子商务实施相关的支付问题，包括移动支付、数字货币等。
16. 了解电子商务活动中的订单实施和供应链管理的相关问题。
17. 了解电子商务战略及制定战略的步骤，包括合理化论证、战略制定、战略实施、项目评价等。
18. 了解电子商务的全球化环境。
19. 了解电子商务在中小企业里的运用。
20. 了解电子商务运行的法律、社会、道德以及商务环境。

本书编写的特点

本书有如下一些特点。

最完整的电子商务教科书

本书是目前市场上最为完整的电子商务教科书。它探讨的话题最多,融入了大量案例,提供了数百个网站链接,可以帮助读者查找相关的资料。

管理视角

研究电子商务有两个侧重点,一是技术,二是管理。本书侧重对管理的研究,书中主要是叙述电子商务的应用与实施。毫无疑问,技术也是十分重要的。所以,我们在第12章中讨论安全问题,在第2章和第14章中讨论电子商务的架构和系统开发。每一章的结尾还有关于管理问题的讨论。

富有经验的职场人士参与编写

电子商务教科书一般由一两位学识渊博的学者编写,但是参与本书编写的作者有来自不同行业的专家,包括一位网络营销研究领域的专家和一位电子商务企业的资深顾问。编入教科书的各种资料,都经过了严格的审核,保证其质量和风格的一致性。

真实案例

收入本书的案例真实、生动,有的是大公司,有的是小企业,涉及的范围跨越全球各地的各行各业,还有政府机构、非营利组织。提供这些案例的,有的是学者,有的是职场人士。读者可以从中了解电子商务的作用、成本效益,以及企业利用电子商务活动开展的创新行为。

理论基础

在本书的撰写中,我们不时地提到电子商务研究的理论基础,如消费者行为理论、竞争理论等。与此同时,我们还提供了许多网络资料、各种练习、参考资料。这些都是对理论阐述的必要补充。

新颖话题

书中涉及诸多有关电子商务的新颖话题,有些事件就发生在近几年。我们向读者介绍了电子商务领域的一些后起之秀,如 Instagram、Line、Waze、Volusion、优步、爱彼迎、Shopify 等。

社交媒体和社交商务

新版用两章的篇幅专题探讨社交媒体和社交商务的话题,其他各章也涉及这两个话题。

整合系统

许多研究互联网的著作较多地关注孤立的网络系统,但是我们在编写本书的过程中更多的是将网络系统放在整个宏观的电子商务环境中去思考。以社交网络为支撑的管理系统是全球电子商务、移动电子商务以及各种网络应用的最新发展。

全球视角

如今,人们越来越多地认识到全球贸易以及全球环境下的竞争合作的重要性,全球贸易的总量也在迅速增长。电子商务促进了进出口贸易,改善了跨国企业的管理,也加速了全球数字贸易和电子支付的发展。在每一章里,我们都会编入一些全球电子商务的案例。在第4章里,我们介绍了全球最大的电商企业阿里巴巴集团。我们的编写团队有的来自美国,有的来自中国,有的来自韩国、巴西、菲律宾。我们采集的案例所涉及的国家超过了20个。我们还在许多章节中探讨了跨境电商和跨境支付的问题。

中小企业电子商务

在本书中,我们不仅介绍大企业,还介绍许多中小电商企业,这类案例贯穿本书始终。

电子政务

我们在书中的不同章节介绍了电子商务在政府机构、非营利组织以及其他非政府机构中的应用,并介绍了相关的人工智能应用。

跨学科研究

本质上,电子商务是一门多学科的研究,我们在整本书中一再地强调这一点。这些学科包括会计学、金融学、信息系统、市场营销、管理学、运营管理、人力资源管理等。电子商务还涉及一些非商务领域,如公共管理、计算机科学、社会学、工程学、心理学、政治学、法律等。当然,讨论电子商务,最重要的依然是经济学。

电子商务运营中的失误和教训

电子商务运营有许多成功的案例,当然也有失败的案例。我们尽可能多地分析失败的原因,归纳它们给人们带来的教训。

用户友好

本书探讨了电子商务领域的各种问题,内容简洁,叙述清楚,编排有序。书中有各种术语的定义,并对它们逐一进行解释。书中的叙述清晰易懂,实战案例丰富,能够引起读者的兴趣。每一节的结尾都有"本节习题",以便读者复习、思考、消化吸收。

网站链接

读者在学习本书内容的同时,可以通过网站链接去搜索更多资源,它们不仅是对所探讨问题的补充,更是了解实时更新的信息的途径。书中提及的参考资料也很丰富,仅在新编的第7章里,这样的参考资料就有近200条。

其他新颖的特点

1. 我们在每一章中都设计了5~10个"讨论题",还有7~12个"课堂论辩"题。

2. 结合每一章的导入案例，我们设计了专门的课堂作业，列于每章"团队合作"第1题。

3. 我们要求学生在课堂上观看一两个片长为3～10分钟的小视频，内容是有关电子商务技术或是小的商务案例的。观看以后，学生可以按照要求进行讨论。

4. 结合每一章的内容，我们会建议读者浏览相关的视频资料，有的与呈现的案例分析密切相关。

5. 结合理论学习，书中介绍的真实案例有上百个。

6. 在本书的前言中，我们列出了整本书的学习目标。

本书的结构

本书共分5部分、15章。

第一部分：电子商务与网络市场

第1章主要介绍如今的商务环境、电子商务的基本概念及术语。第2章讨论网络市场的机制及造成的影响，重点介绍人们已经熟悉的购物车以及社交网络工具。我们还介绍了增强现实、众包平台等内容。

第二部分：电子商务应用

第二部分用三章的篇幅介绍电子商务活动中的B2C应用。第3章介绍网络零售以及数字服务行业，如旅游、数字银行等，这些都与个体消费者有着密切的关系。第4章介绍的是B2B电子商务，如在线拍卖、在线贸易洽谈、电子采购、在线市场、协同商务等。第5章的内容是一些创新应用，如电子政务、远程学习、共享经济、P2P商务等。其中，有一节专门介绍共享经济的在线应用。

第三部分：新兴电子商务平台

第6章讨论无线电子商务的新应用，如移动商务、定位商务、普适计算等。第7章是新增的，介绍人工智能聊天工具、虚拟个人助理、物联网等。第8章介绍社交营销、社交客户关系管理等。第9章主要介绍企业社交网络、众包以及其他社交媒体应用。

第四部分：电子商务的支持服务

这一部分由四章组成。第10章主要叙述网络消费行为、市场调研、网络营销和网络广告。第11章先讨论保护计算机系统的意义，接着介绍各种各样对电子商务活动及网络用户的攻击形式（如网络欺诈），再讨论如何通过安全措施来降低风险。这一章里还介绍了网络战争的种种形式。第12章介绍主要的电子商务支持系统，包括移动支付、数字货币的问题。第13章介绍订单处理、供应链管理、规模定制和3D打印、电商仓储管理，以及机器人与无人机在配送活动中的应用等。

第五部分：电子商务战略

第14章讨论电子商务实施及应用中的战略问题，包括合理化论证、成本效益分析、系统购置与开发等。

这一章还将介绍全球电子商务和小企业电子商务。第15章介绍电子商务运营中的法律、道德、社会问题，重点讨论监管问题、隐私保护以及环境保护问题。

学习助手

学生学习本书时会发现有许多方便之处：

- 学习目标。每一章的开头列出了"学习目标"，这有助于学生将注意力集中到最重要的概念上，关注那些新的内容。
- 导入案例。每一章的开头都有一个实际的案例，说明电子商务对现代企业的意义。这些案例都是精心挑选的，与该章所讨论的内容密切相关。案例后面编写了"案例启示"，将导入案例中所涉及的重要问题与本章的主要问题联系起来。而章末的"团队合作"栏目还有针对导入案例设计的问题。
- 应用案例。在每一章叙述中插入的应用案例，主要强调不同组织在拓展和实施电子商务过程中遇到的实际问题，以及它们提出的解决方案。应用案例后面设计了若干个问题，以引发学生的思考。
- 实际案例。我们编写了几十个实际案例，告诉读者电子商务理论和工具如何应用在实际经营中。这部分内容往往描述得比较详细。
- 图表。书中插入了丰富的图表，这些图表是对所讨论问题的拓展和补充。
- 本节习题。每一节的后面都有与所叙述的内容相关的习题。设置这些习题是为了帮助学生在学习后续内容之前，先总结已经学习的内容，温故而知新。
- 关键术语。章末列有"关键术语"。关键术语在书中第一次出现时，都会给出相应的定义。
- 管理问题。在每一章的末尾，我们讨论管理者在开展网络业务时会面临的一些问题，这些问题以提问的形式出现，目的是启发读者积极思考。
- 本章小结。在每一章末尾，我们设计了"本章小结"，其中的内容与每一章开头的"学习目标"一一对应。
- 章末练习。在每一章末尾的练习中，设有各类问题，用于测试学生理解和应用知识的能力。"讨论题"用来促进学生的讨论和思考。"课堂论辩"的设计是为了提升学生的沟通能力和辩证思维能力。"网络实践"是挑战性较强的作业，它要求学生在网络上搜索信息，学以致用。我们设计了250多个动手练习，指引学生浏览自己感兴趣的网站，开展市场调研，观察企业或组织对网络的实际应用，下载软件试用装，了解网络新技术。"团队合作"练习则是希望学生以团队的形式去完成团队项目。
- 章末案例。每一章的末尾都有一个综合案例。它比其他案例剖析得更加深入，案例后面依然有一些与各章所讨论话题相关的问题。

内容提供者

在本版的编写过程中，以下几位专家为我们提供了一手资料：

- Linda Lai 为第8章、第14章的编写提供了资料。
- Fabio Cipriani 为第1章、第8章提供了有关电商客户关系管理和社交客户关系管理的一手资料。
- Judy Whiteside 为多章书稿的内容提供了新的数据，还为此开展了市场调研。
- Ivan C. Seballos II 为多章书稿的内容提供了新的数据，并绘制了插图。

致谢

　　许多人帮助我们创作了这本教科书。我们用书面和口头的形式征求了多位一线教师的意见和建议，对这些教师我们深表谢意。

　　有些专家帮助我们开展市场调研，了解企业管理者的工作。在此一并向内容的提供者、审阅者表示衷心的感谢，感谢他们为本书所做的贡献。我们还要感谢许多企业和机构，它们允许我们在书中使用它们的资料。我们还要感谢 Neil Levine 和 Matthew Amboy 领导下的 Springer 出版集团。Ramesh Sharda 帮助我们审读了上一版的教科书，我们不胜感激。

目录 Contents

译者序
前言

第一部分 电子商务与网络市场

第1章 电子商务导论 / 2

学习目标 / 2
导入案例 星巴克如何向数字化、社交化企业转变 / 2
1.1 电子商务：定义与概念 / 5
1.2 电子商务：增长趋势、内容、分类及发展简史 / 6
应用案例1-1 Net-a-Porter公司：服饰带来的成功 / 12
1.3 电子商务的驱动力及给人们带来的利益 / 13
1.4 从社交计算到社交商务 / 15
1.5 数字化社交世界里的经济、企业和社会 / 19
1.6 电子商务的商务模式 / 24
1.7 电子商务的局限性、影响和未来 / 28
1.8 本书概要 / 30
管理问题 / 31
本章小结 / 32
关键术语 / 33
讨论题 / 33
课堂论辩 / 33
网络实践 / 34
团队合作 / 34
章末案例 NFL赛事中的电子商务 / 35

第2章 电子商务技术、基础设施及工具 / 37

学习目标 / 37
导入案例 Pinterest：电子商务领域的新宠 / 37
2.1 电子商务技术面面观 / 39
2.2 网络市场 / 40
应用案例2-1 Blue Nile：珠宝行业在网络时代的变革 / 42
2.3 客户购物场所：网络店铺、卖场及门户网站 / 43
2.4 商用解决方案：电子商品目录、搜索引擎及购物车 / 46
2.5 网络竞价、物物交换及在线谈判 / 48
2.6 虚拟社区及社交网络 / 53
应用案例2-2 Craigslist：将网络社区分类广告做到极致 / 55
2.7 新兴电子商务技术：增强现实和众包 / 59
2.8 电子商务发展的未来：Web 3.0、Web 4.0和Web 5.0 / 62
管理问题 / 63
本章小结 / 64
关键术语 / 65
讨论题 / 65
课堂论辩 / 66
网络实践 / 66
团队合作 / 67

章末案例　乐购超市用增强现实技术吸引客户 / 67

第二部分　电子商务应用

第3章　零售业电子商务：产品与服务 / 70

学习目标 / 70

导入案例　亚马逊：电子商务创新者 / 70

3.1　网络营销及B2C网络零售业务 / 72

3.2　网络零售业务的商务模式 / 75

3.3　网络旅游和宾馆服务 / 81

应用案例3-1　Zillow：房地产市场的理想工具 / 83

3.4　网络就业市场 / 85

3.5　在线房地产市场、保险市场及股票交易市场 / 87

3.6　网络银行和个人理财 / 90

应用案例3-2　网络银行业务的安全问题 / 91

3.7　按需配送商品、数字产品、娱乐信息和游戏 / 93

3.8　在线购买决策辅助工具 / 96

3.9　零售行业竞争的新局面：传统零售商与网络零售商 / 100

3.10　在线零售中存在的问题和教训 / 103

管理问题 / 105

本章小结 / 106

关键术语 / 107

讨论题 / 107

课堂论辩 / 108

网络实践 / 108

团队合作 / 109

章末案例　Etsy：一个社交导向型的B2C市场 / 110

第4章　B2B电子商务 / 112

学习目标 / 112

导入案例　阿里巴巴：世界上最大的B2B市场 / 112

4.1　B2B电子商务的概念、特征和经营模式 / 114

4.2　B2B营销：卖方市场 / 120

4.3　通过网上拍卖进行销售 / 123

4.4　多对一：买方市场采购活动 / 124

4.5　买方市场逆向拍卖 / 128

应用案例4-1　亚马逊进军B2B电子商务市场 / 129

4.6　网络采购的其他方法 / 131

4.7　B2B交易平台的定义和基本概念 / 133

4.8　Web 2.0时代及社交网络时代的B2B电子商务 / 137

应用案例4-2　医疗行业的电子采购 / 140

4.9　协同商务 / 141

管理问题 / 145

本章小结 / 146

关键术语 / 147

讨论题 / 147

课堂论辩 / 147

网络实践 / 148

团队合作 / 148

章末案例　美宝莲公司利用协同商务技术管理配送工作 / 149

第5章　电子商务创新：电子政务、远程教育、远程医疗、共享经济及P2P商务 / 151

学习目标 / 151

导入案例　爱沙尼亚共和国的电子政务 / 151

5.1 电子政务概述 / 153
5.2 远程教育、网络培训及电子图书 / 160
5.3 远程医疗 / 169
5.4 数字革命和共享经济：共享汽车与民宿 / 170
5.5 P2P电子商务 / 173
应用案例5-1 Lending Club 的运营 / 174
应用案例5-2 电子商务对宾馆业的颠覆 / 176
管理问题 / 178
本章小结 / 178
关键术语 / 179
讨论题 / 179
课堂论辩 / 180
网络实践 / 180
团队合作 / 181
章末案例 HFHS 系统向病人提供一流体验 / 181

第三部分 新兴电子商务平台

第6章 移动商务及物联网 / 184

学习目标 / 184
导入案例 赫兹公司：全面实现移动商务 / 184
6.1 移动商务的定义、应用范围、属性、驱动力、应用方式及优势 / 186
6.2 移动商务的技术基础：移动计算的要素与服务 / 191
6.3 移动金融服务 / 195
6.4 企业对移动技术的应用：从支持员工到提升内部运营 / 198
6.5 移动娱乐、游戏、消费服务和移动营销 / 200
6.6 定位商务 / 205
6.7 普适计算 / 211
6.8 可穿戴计算和智能设备：智能手表、健身追踪器和智能眼镜 / 213
6.9 移动商务的实施问题：安全、隐私及障碍 / 216
管理问题 / 219
本章小结 / 219
关键术语 / 220
讨论题 / 221
课堂论辩 / 221
网络实践 / 221
团队合作 / 222
章末案例 优步能否在不断发展的市场中继续增长 / 222

第7章 智能电子商务 / 224

学习目标 / 224
导入案例 INRIX 公司解决运输问题 / 224
7.1 智能电子商务简介 / 225
7.2 人工智能的基本要素 / 227
7.3 人工智能在电子商务中的新应用 / 232
7.4 知识系统 / 234
应用案例7-1 好事达使用知识系统 / 238
7.5 智能个人助理与机器人顾问 / 239
应用案例7-2 自主的个人机器人 / 242
7.6 物联网与电子商务 / 243
7.7 物联网行为的几个演示 / 246
管理问题 / 250
本章小结 / 250
关键术语 / 251
讨论题 / 251
课堂论辩 / 252

网络实践 / 252

团队合作 / 252

章末案例　凯斯纽工业公司使用物联网脱颖而出 / 253

第8章　社交商务、社交营销和广告 / 255

学习目标 / 255

导入案例　社交媒体：寻求营销资金支持 / 255

8.1　社交商务的定义和演变 / 256

8.2　社交商务面面观 / 257

8.3　社交商务带来的利益和局限性 / 260

8.4　社交购物的概念、利益和模式 / 263

应用案例8-1　混搭社区Polyvore：社交购物的引领者 / 268

8.5　社交广告 / 276

8.6　社交客户服务及社交客户关系管理 / 280

应用案例8-2　iRobot利用社交媒体开展多渠道客户关系管理 / 283

管理问题 / 288

本章小结 / 289

关键术语 / 290

讨论题 / 290

课堂论辩 / 290

网络实践 / 290

团队合作 / 291

章末案例　索尼公司：如何利用社交媒体改进客户关系管理 / 291

第9章　社交企业以及其他社交商务问题 / 293

学习目标 / 293

导入案例　抵押贷款行业：将社交媒体的影响力发挥到极致 / 293

9.1　社交商务和社交企业 / 294

9.2　商务型公共社交网络 / 298

9.3　企业社交网络 / 299

9.4　社交网络上的就业市场 / 303

9.5　社交娱乐活动 / 306

9.6　社交网络游戏与游戏化 / 308

应用案例9-1　Pokémon GO / 309

9.7　众包和众筹 / 311

应用案例9-2　Kickstarter / 313

9.8　社交协作（协作2.0） / 314

管理问题 / 318

本章小结 / 319

关键术语 / 319

讨论题 / 320

课堂论辩 / 320

网络实践 / 320

团队合作 / 321

章末案例　LinkedIn：首屈一指的商务型公共社交网络 / 321

第四部分　电子商务的支持服务

第10章　电子商务中的广告及营销活动 / 326

学习目标 / 326

导入案例　宜家家居：移动和增强现实技术的应用 / 326

10.1　在线消费者行为方式 / 327

10.2　个性化和行为营销 / 330

应用案例10-1　北面公司人工智能的应用 / 332

应用案例10-2　奈飞的推荐软件和社交系统帮助用户找到想看的视频 / 333

10.3　电子商务活动中的市场调研 / 334

10.4　网络广告 / 339

10.5　网络广告方法 / 342

应用案例 10-3　软件系统支持下的营销活动 / 350

10.6　移动营销与广告 / 351

10.7　广告策略和推广 / 355

管理问题 / 359

本章小结 / 360

关键术语 / 360

讨论题 / 361

课堂论辩 / 361

网络实践 / 362

团队合作 / 362

章末案例　劳力士的新媒体营销 / 363

第 11 章　电子商务欺诈与安全防范 / 364

学习目标 / 364

导入案例　堪萨斯州心脏医院成为勒索软件的受害者 / 364

11.1　信息安全问题 / 365

11.2　电子商务安全的基本问题 / 370

11.3　技术性攻击方法：从病毒到拒绝服务 / 375

11.4　非技术性攻击方法：网络钓鱼、垃圾邮件和网络欺诈 / 379

11.5　信息安全模型和防御策略 / 387

11.6　信息系统和电子商务安全防御 / 390

11.7　买卖双方对网络欺诈的防护 / 396

11.8　企业电子商务安全计划实施 / 400

管理问题 / 403

本章小结 / 403

关键术语 / 405

讨论题 / 406

课堂论辩 / 406

网络实践 / 407

团队合作 / 407

章末案例　Dyn 公司遭受 DDoS 攻击 / 408

第 12 章　电子商务支付系统 / 409

学习目标 / 409

导入案例　跨境电子商务：开市客与天猫国际的合作 / 409

12.1　零售格局的改变 / 412

12.2　网上支付卡的使用 / 417

12.3　智能卡 / 420

12.4　电子商务小额支付 / 423

应用案例 12-1　韩国大都市统一票价系统中的信用卡小额支付创新 / 424

12.5　PayPal 及第三方支付平台 / 426

12.6　移动支付 / 428

应用案例 12-2　Square 的磁卡读卡器 / 432

12.7　数字货币和虚拟货币 / 433

管理问题 / 439

本章小结 / 440

关键术语 / 442

讨论题 / 442

课堂论辩 / 443

网络实践 / 443

团队合作 / 444

章末案例　汇款回家：M-PESA 和肯尼亚的经验 / 444

第 13 章　电子商务供应链管理中的订单实施 / 447

学习目标 / 447

导入案例　亚马逊的订单实施 / 447

13.1　订单实施和物流 / 449

13.2　按单生产和规模定制的订单实施 / 452

应用案例 13-1　戴尔的世界级供应链和订单实施系统 / 453

应用案例 13-2　Feetz 运用 3D 技术开展电子商务规模定制 / 455

13.3　仓储、机器人和仓储管理系统 / 456

13.4　货物配送：从机器人到无人机 / 458

13.5　供应链上订单实施存在的问题 / 461

13.6　供应链中订单实施问题的解决途径 / 463

13.7　供应链管理的核心技术：射频识别 / 464

应用案例 13-3　RFID 技术促成梅西百货多渠道战略 / 466

13.8　订单实施的其他问题 / 467

管理问题 / 469

本章小结 / 470

关键术语 / 471

讨论题 / 471

课堂论辩 / 471

网络实践 / 472

团队合作 / 472

章末案例　多渠道零售：以诺德斯特龙和 REI 公司为例 / 473

第五部分　电子商务战略

第 14 章　电子商务战略、全球化和中小企业 / 476

学习目标 / 476

导入案例　Teltra 为客户论证电子商务项目的价值 / 476

14.1　公司战略 / 477

14.2　为什么要论证电子商务和社交媒体投资以及如何论证 / 484

应用案例 14-1　阿尔迪超市进军英国电商领域 / 486

14.3　社交媒体与全球电子商务战略 / 488

14.4　中小企业的电子商务战略 / 491

应用案例 14-2　网站生成器 / 492

14.5　电子商务项目实施 / 494

应用案例 14-3　电子商务网站生成器 / 495

14.6　电子商务和社交媒体项目的开发策略 / 496

应用案例 14-4　你会在网上开发应用程序吗 / 498

14.7　电子商务和社交媒体的机遇与风险 / 499

管理问题 / 502

本章小结 / 503

关键术语 / 503

讨论题 / 504

课堂论辩 / 504

网络实践 / 504

团队合作 / 505

章末案例　B2C 巨头之战 / 505

第 15 章　电子商务的监管、道德及社会环境 / 507

学习目标 / 507

导入案例　虚假新闻：美国得克萨斯州奥斯汀市的一场灾难 / 507

15.1　道德挑战和指导原则 / 508

15.2　知识产权法和版权保护 / 510

15.3　隐私权、隐私保护和言论自由 / 513

应用案例 15-1 用网络摄像机监控居家学生 / 516

15.4 与电子商务相关的重要法律问题 / 520

15.5 网上的虚假内容 / 523

15.6 公共政策、税收和政治环境 / 526

15.7 社会问题和绿色电子商务 / 528

15.8 电子商务的未来 / 532

管理问题 / 537

本章小结 / 538

关键术语 / 538

讨论题 / 539

课堂论辩 / 539

网络实践 / 540

团队合作 / 540

章末案例 海盗湾和文件共享的未来 / 541

参考文献⊖

参考文献

⊖ 全书各章的参考文献栏目,扫此二维码可见。

PART 1

第一部分
电子商务与网络市场

第1章

电子商务导论

学习目标

1. 理解电子商务的定义及分类；
2. 描述电子商务的内容和框架；
3. 描述电子商务交易的种类；
4. 描述电子商务的驱动力；
5. 讨论电子商务给组织机构、消费者和社会带来的利益；
6. 讨论社交计算；
7. 描述网络社交商务及社交软件；
8. 理解数字社会的要素；
9. 描述电子商务的商务模式；
10. 列出并描述电子商务活动的局限性。

导入案例

星巴克如何向数字化、社交化企业转变

星巴克是全球最大的连锁咖啡店，在全球各地开设了23 768家分店（2016年7月17日统计数据）。很多人认为星巴克是一家传统的商店，顾客进店、点单、买咖啡或其他食物，在店里消费，也可以办公。而事实并非如此，星巴克正在向数字化、社交化企业转型。

一直以来，星巴克都以吸引年轻顾客而知名，因为在美国和加拿大的门店都能提供免费Wi-Fi。但星巴克近来开始启动数字化行动方案，以期成为一家真正的高新技术企业。

存在的问题

自2007年起，星巴克的运营收入锐减（2007年运营收入10亿多美元，2008年和2009年分别降至5.04亿和5.6亿美元）。这不仅因为经济衰退，也因为绿山咖啡等竞争对手的出现导致竞争加剧。优质的咖啡和服务只能带来短时间的优势，星巴克还需要更好的解决方案。

星巴克意识到有必要与顾客建立更好的互动，并决定通过数字化解决这一问题。

解决方案：走向数字化、社交化

如今，星巴克把自己看作一家高新技术企业。公司的首席执行官和许多高管都来自纯粹的高科技公司。除了用传统的措施来改进运营、提高盈利能力，星巴克还发展电子商务，用计算机系统来执行、支撑其业务。公司任命了一位头衔为"首席数字官"的高管，负责数字化战略管理，还成立了数字创新

团队来落实技术成果。

启动电子商务行动

星巴克开展的电子商务项目主要有以下几项。

（1）在线商店。星巴克在 store.starbucks.com 上在线出售许多商品，包含咖啡、茶和其他周边商品。这个网店已运作几年，采用普通的购物车（叫"我的购物袋"）。2011 年 8 月，星巴克重新设计了网站，使购物更加简易、便利。此外，顾客（个人或企业）可以对配送日程安排和特殊项目做个性化规划。顾客还可以订购市场罕有、制作精致的咖啡，这些咖啡原本仅在美国个别实体门店才有售，现在全美、全世界的顾客都可以享用到。最后，在线顾客还能享受专属优惠。

（2）电子礼品卡项目。顾客可以从星巴克购买电子的礼品定制卡（例如为朋友购买一张将在指定日期自动送达的生日礼品卡），可以用信用卡支付，也可以用 PayPal 或是星巴克公司的 App 在线支付。礼品卡会通过电子邮件或邮寄的方式送到接收者手中。接收方可以把礼品卡打印出来，到星巴克实体店消费，也可以把消费金额转账到他们自己的星巴克支付卡或电子卡（请浏览 starbucks.com/card）。

（3）客户忠诚度项目。与航空公司等其他企业一样，星巴克也有客户忠诚维系方案（我的星享卡）。达到金卡级别的会员能享受到额外的福利。这个项目实行电子化管理。

（4）移动支付。客户在星巴克门店消费可以采用储值卡支付（这类似于交通卡），也可以用智能手机里的 App 来支付消费金额。顾客手机里需要预装一款 App，支付时选择"触摸支付"，手机屏幕上会出现一个条码，对准收银台的扫码枪一扫，即可完成支付。这一系统自动关联到借记卡或信用卡上，仅在星巴克自有商店才能使用（2016 年）。移动支付与客户忠诚度项目相关联。2016 年有 25% 以上的交易是通过移动支付完成的。

社交媒体计划

星巴克意识到了社交媒体的重要性。社交媒体基于互联网系统，提供社交互动、用户参与、约会的平台（见第 7 章）。因此，星巴克采取了若干行动，培养基于需要、需求和兴趣爱好的客户关系，

发展潜在客户。以下就是一些具有代表性的措施。在社交媒体上，星巴克开发出了自己的社交关系营销平台。

开发大众智慧

My Starbucks Idea（mystarbucksidea.force.com）是一个网络平台，超过 30 万客户和雇员在这里结成一个社区。在这个平台上，他们可以提出改进建议，对某一项意见进行投票，提出疑问，合作完成一个项目，也可以表达自己的不满。这个社区在第一年就形成了 7 万条建议，范围很广，小到公司的会员卡、取消纸杯等小点子，大到客户服务改进的方法，皆有涉及。该网站也对这些想法按照种类和状态（审查中、审查完毕、计划中、开展中）进行统计分析。星巴克采取激励措施鼓励某些创意。例如，2016 年公司选出的最佳方案是对用过的咖啡杯重复利用，为此星巴克奖励了建议人 2 万美元。这项行动是基于大众智慧技术，即所谓的"众包"（详见第 2 章与第 8 章），主要依赖下文所述的博客。博客的内容是由员工提供的，他们会对博客网站 blogs.starbucks.com/blogs/Customer 上客户提出的建议发表评论。

Facebook 上的星巴克活动

星巴克公司在 Facebook 上有一个社交平台，2017 年 2 月的点赞数超过了 3 600 万（facebook.com/Starbucks/）。星巴克上传视频、博客帖子、照片、促销信息、产品介绍和特价商品信息。数百万喜爱星巴克的用户证明，这是 Facebook 上最受欢迎的公司之一（相关统计请浏览 fanpagelist.com 及 facebook.com/Starbucks/）。星巴克提供一流的在线营销沟通体验和移动商务应用体验。它把各种各样的内容、问题和最新信息都发在 Facebook 网站上，同时也在自己的 Facebook 主页上做广告（新产品、活动或是竞赛）。

LinkedIn 和 Google+ 上的星巴克活动

星巴克在 LinkedIn 上的粉丝有 76.7 万（2017 年 2 月数据），公司在此提供经营业绩，发布最新的岗位招聘信息。在 Google+ 上，星巴克也同样活跃，发布各种经营数据、员工的状况，也有招聘信息。星巴克会定期对社交网站上的广告进行成本效益分析。

Twitter 上的星巴克活动

2017年2月，星巴克Twitter粉丝（follow@starbucks）逾1 190万（请浏览twitter.com/starbucks）。公司有新的信息发布或者新的营销活动（如饮料打折）的时候，就会发送一条推文。到2013年10月，星巴克成为Twitter上关注度最高的零售商。同年11月，星巴克向10万客户送出一张5美元的礼品卡，原因是这些客户向自己的好友和粉丝推送了星巴克的咖啡（请浏览blissxo.com/free-stuff/deals/cash-back-and-rebates/free-5oo-starbucks-gift-card）。

YouTube、Flickr、Pinterest 和 Instagram 网站上的星巴克活动

星巴克在YouTube（youtube.com/starbucks）和Flickr（flickr.com/groups/starbucks coffeecompany）上都有注册账号，公司发布视频和照片供广大网友观看，还在这里做广告。在图片分享网站Instagram（instagram.com/Starbucks）上，星巴克拥有多达1 310万的粉丝（2017年2月的数据）。

星巴克的数字网络

客户走进星巴克的门店，不仅可以享受免费的Wi-Fi，还可以利用各种移动设备（如平板电脑、智能手机等）登录星巴克的数字网络（请浏览starbucks.com/coffeehouse/wireless-internet/starbucksdigital-network）。星巴克在主要媒体合作伙伴（如Yahoo!）上发布在线内容，主要有新闻、娱乐、商务、医疗以及本地信息等频道。2014年，星巴克开始与Google Wi-Fi合作，方便客户获得更加快捷的网络体验。

全球化经营

星巴克是一家全球经营的企业，与此同时它也十分注重本土化经营。例如2015年12月，星巴克在天猫网站上试水电子商务业务。

失败之旅：与手机服务网站Foursquare的合作

星巴克并非所有的社交媒体项目都是成功的。例如，公司曾决定与手机服务网站Foursquare合作，采用地理定位（详见第7章）。这一举措并未收到预期效果，项目于2010年年中终止。星巴克也曾尝试在英国与一家叫Placecast的地理定位公司合作。2011年秋，星巴克对此业务的机遇和局限有了更好的理解，所以有可能会与Facebook的自动定位服务系统合作，再次尝试定位业务，也可能重启Foursquare项目。

取得的成就

有专家认为，星巴克销售好转，是由于有效地整合了虚拟网络和实体经营。2010年，星巴克营运收入增长将近两倍（当年收入达14.37亿美元，而2009年仅为5.6亿美元），股价也随之上涨。2011年，其营运收入达到了17亿美元，并从此开始快速增长。销售的增长主要是依赖数字化经营和社交媒体的推动。到2017年，公司的业绩更加可观了。

星巴克的社交媒体活动受到广泛认可。2012年，公司荣登《财富》杂志社交媒体明星排行榜（请浏览archive.fortune.com/galleries/2012/fortune/1205/gallery.500-social-media.fortune/5.html），2008年获Forrester市场调研公司年度风潮奖。2014年，星巴克的经营战略受到同行专家更多的关注，这就更进一步推动了销售业绩的增长。星巴克Facebook拥有数百万粉丝，极受欢迎（有时甚至超过流行偶像Lady Gaga）。星巴克认为自己的十大经营理念推动了其在社交媒体行动中的成功（可以浏览mystarbucksidea.force.com；blogs.starbucks.com/blogs/Customer；starbucks.com）。

案例启示

星巴克公司经营的案例阐释了一个大型零售商是如何转型为数字化经营和社交企业的。经营电子化是电子商务的主要手法之一，也是本书的主题。案例中涉及本章将要讨论的多个话题，这些话题也是全书中的主要话题：

- 电子商务有多种形式，包括在线销售、客户服务和智能协作。
- 案例显示，买卖双方都能获益，这是电子商务的典型特点。
- 电子商务能向多地区（甚至是海外）、多客户（个人或企业）提供商品和服务。企业能够这样做是因为它有一个庞大的在线客户群体，而客户又可以在任何时候及任何地方去购买自己想要的东西。
- 在普通实体商店，顾客总是一手交钱，一手

交货。但是在 starbucks.com 和其他购物网站，顾客下单、支付，商品就会配送上门。因此，订单的执行必须及时、高效。

- 数字化经营固然有利，但发展成为社交导向的企业，受益则更大。两条道路都是电子商务的支柱，也是本书的主题。

本章主要讨论电子商务的要素，部分要素已在导入案例中提及。我们将展示电子商务的一些驱动力和给社会带来的利益，并阐释其对技术的影响，尤其关注社交经济、共享经济、社交网络和社交企业。最后，将对本书做一个简要小结。

1.1 电子商务：定义与概念

2002年，现代管理学之父彼得·德鲁克曾预言电子商务将会对商业活动产生意义深远的影响。当今世界电子商务的普及程度，验证了德鲁克的预言。

1.1.1 电子商务的定义

所谓**电子商务**（electronic commerce，EC），就是利用互联网和其他各种计算机网络（如内联网）买卖、交换、配送诸如数据、商品、服务的过程（请浏览 youtube.com/watch?v=3wZwIRb0Vg）。

1.1.2 电子业务的定义

人们往往将"电子商务"与"电子业务"混淆在一起。有些人认为，"商务"仅仅是企业间的买卖活动。如果如此去界定"商务"，那么"电子商务"的概念就会显得十分狭窄。于是，有人就提出了"电子业务"的概念。**电子业务**（e-business）是对狭义"电子商务"的扩充，它不仅指商品、服务的买卖，而且包括客户服务，与商业伙伴的协调、合作，利用网络开展学习活动，以及组织内部的电子信息交换。也有人认为，电子业务是指利用互联网所开展的买卖以外的各种活动，如企业间的合作、企业内部的沟通等。也就是说，它是对狭义电子商务的补充，狭义电子商务隶属于电子业务的范畴。本书中，我们引用的是最广义的电子商务，它与最广义的电子业务有着共同的研究领域。因此，在我们的书中，两个词指的是同一意义。

1.1.3 电子商务的重要概念

与电子商务相关的还有一些重要概念。

1. 完全电子商务与部分电子商务

电子商务可以分为完全电子商务和部分电子商务，这是基于电子商务三大主要活动的特性提出的。这三大活动为下单与支付、订单实施、产品配送，它们既可以是实体的，也可以是数字的。经过组合，就形成了表1-1中的八个模块。若所有活动都是数字化的，则为完全电子商务；若都不是数字的，则谈不上电子商务；除此之外，都是部分电子商务。

表 1-1 电子商务分类

活动	1	2	3	4	5	6	7	8
下单与支付	实体	数字	数字	数字	数字	实体	实体	实体
订单实施	实体	数字	数字	实体	实体	数字	实体	数字
产品配送	实体	数字	实体	实体	数字	数字	数字	数字
电子商务种类	非电子商务	完全电子商务	部分电子商务					

商务活动中只要有一个要素是数字的，我们就可以认为它属于电子商务，但属于"部分电子商务"。例如，在戴尔的网站上订购一台电脑，或是在亚马逊网站上购书，这些都属于部分电子商务，因为商品要通过实体渠道配送。若是从亚马逊网站上购买一本电子书，或是在微软网站上购买一款软件产品，就属于完全的电子商务，因为订购、处理、配送等流程都是数字化的。很多公司的电子商务运作都用了两种或两种以上的数字模式。例如，捷豹汽车公司允许客户在购置汽车前在线进行3D动画的个性化配置，然后厂方按要求组织生产。

2. 电子商务组织

纯粹的实体公司或是组织可以称为**砖瓦水泥式组织**（brick-and-mortar organization），也可以称作**旧经济组织**（old economy organization）。若一家企业或是组织只开展电子商务活动，不管是纯粹的还是部分的，那么就可以称其为**虚拟组织**（virtual organization），或是**纯电子商务组织**（pure-play organization）。还有一种组织称为**鼠标水泥式组织**（click-and-mortar organization），或称**鼠标砖瓦式组织**（click-and-brick organization），它们从事一些电子商务活动，作为营销渠道的补充。许多传统企业都在一步一步地开展电子商务活动，成为鼠标水泥式组织（如GAP、沃尔玛、塔吉特等）。

3. 虚拟空间

虚拟空间就是一个非实体的环境，人们利用计算机和网络开展商务活动。我们将在第2章里介绍网络市场的运行机制。这其中最为重要的是互联网、电子市场、社交网络和沟通工具。

1.1.4　电子市场和网络

电子商务活动可以在**电子市场**（electronic market，e-marketplace）上开展。买卖双方在网络上相遇，交换商品、服务、信息。任何人都可以在网上开店，在线售卖商品或服务。电子市场可以帮助实现人与人之间的匹配，也可以是人与工作岗位之间的匹配。电子市场一般由独立的第三方经营。买卖双方利用互联网在电子市场上联络，而企业或是组织中的各职能部门则可利用内联网联络。所谓**内联网**（intranet）是指公司或是政府机构内的网络，但它使用的依然是互联网工具，例如网络浏览器、互联网标准。与计算机环境相关的还有**外联网**（extranet），是指利用互联网将多家组织的内联网安全地连接在一起。

本节习题

1. 定义电子商务及电子业务。
2. 区别完全电子商务及部分电子商务。
3. 定义鼠标水泥式组织及砖瓦水泥式组织。
4. 定义电子市场。
5. 定义内联网及外联网。

1.2　电子商务：增长趋势、内容、分类及发展简史

2016年，美国联邦统计局公布统计结果，称2014年美国制造业的电子商务销售额占全年总销售额的60%以上，批发行业这一数字是22%以上，零售行业是6.4%（2013年这一数据是5.9%），纳入统计的某些服务行业其网络服务占到了2%。2014年电子商务交易额达到7.692万亿美元（见图1-1）。值得注意的是，

与其他几个数据相比，制造业显得异军突起，而电子商务每年的增长都要比整个商务增长快上 16%～17%。详细数据可见美国联邦统计局的年度报告。

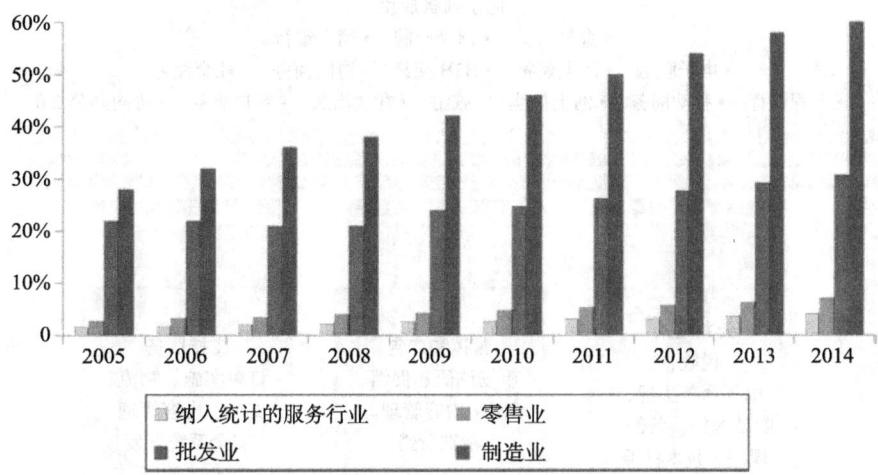

图 1-1　电子商务交易额在总交易额中的占比，2005～2014 年

资料来源：census. gov/content/dam/Census/library/publications/2016/econ/e14-estats.pdf, accessed March 2017.

在线零售抢占传统零售业的市场是一个极明显的趋势。越来越多的人参与网络购物。若要了解更多有关电子商务的数据，请浏览 internetworldstats.com/stats.htm。

2012 年 9 月 5 日出版的《欧洲电子商务》（*Ecommerce Europe*）称，欧洲在线零售额 5 年之内将翻一番，2018 年达到 3 230 亿欧元。

1.2.1　电子商务的内容与主体框架

对电子商务进行分类有助于理解这个多样化的领域。一般说来，在线买卖活动可以在企业和消费者之间进行（B2C 模式），也可以在企业间进行（B2B 模式）。在 B2C 模式中，企业与消费者从事网络交易，例如消费者在 store.starbucks.com 上买咖啡，或在 dell.com 上买电脑。B2B 模式则是企业与企业在网络上做买卖，例如戴尔在线上从供应商那里采购零配件。戴尔也在线上与生意伙伴合作，也向消费者提供在线的客户关系管理服务（e-CRM）。其他电子商务类型将在本章接下来的内容中详细介绍。

据 2013 年的数据，电子商务配送总量一年内增长了 16.5%。互联网信息服务提供商 ComScore 报告称，2012 年第一季度，美国电子商务零售比上年同期增长 17%。电子商务在各地区都呈增长态势。相似的情况可见于许多企业、行业和国家。全球电子商务发展迅猛。2013 年 5 月 23 日，ecommerce-europe.eu/press 网站披露，欧洲电子商务交易额在 2012 年增长了 19%，达到 3 120 亿欧元（请浏览 ecommerce-europe.eu/press-item/european-e-commerce-to-reach-e312-billion-in-2012-19-growth）。电子商务在中国的发展速度同样惊人，2013 年年底，交易额已经达到了 6 000 亿美元。在许多发展中国家，电子商务正成为主要的经济形式。

1.2.2　电子商务的主体框架

电子商务领域呈多样化态势。它包含着各种各样的经营管理活动，还包含着各种组织结构以及技术。因此，有必要介绍电子商务框图，请见图 1-2。

图 1-2 中电子商务的应用多种多样，本书的其他章节也将介绍电子商务的应用形式。要应用好电子商务，企业需要信息、基础设施以及各种支持服务。图 1-2 中显示电子商务应用需要五大支持系统（就是图中的五大支柱）。

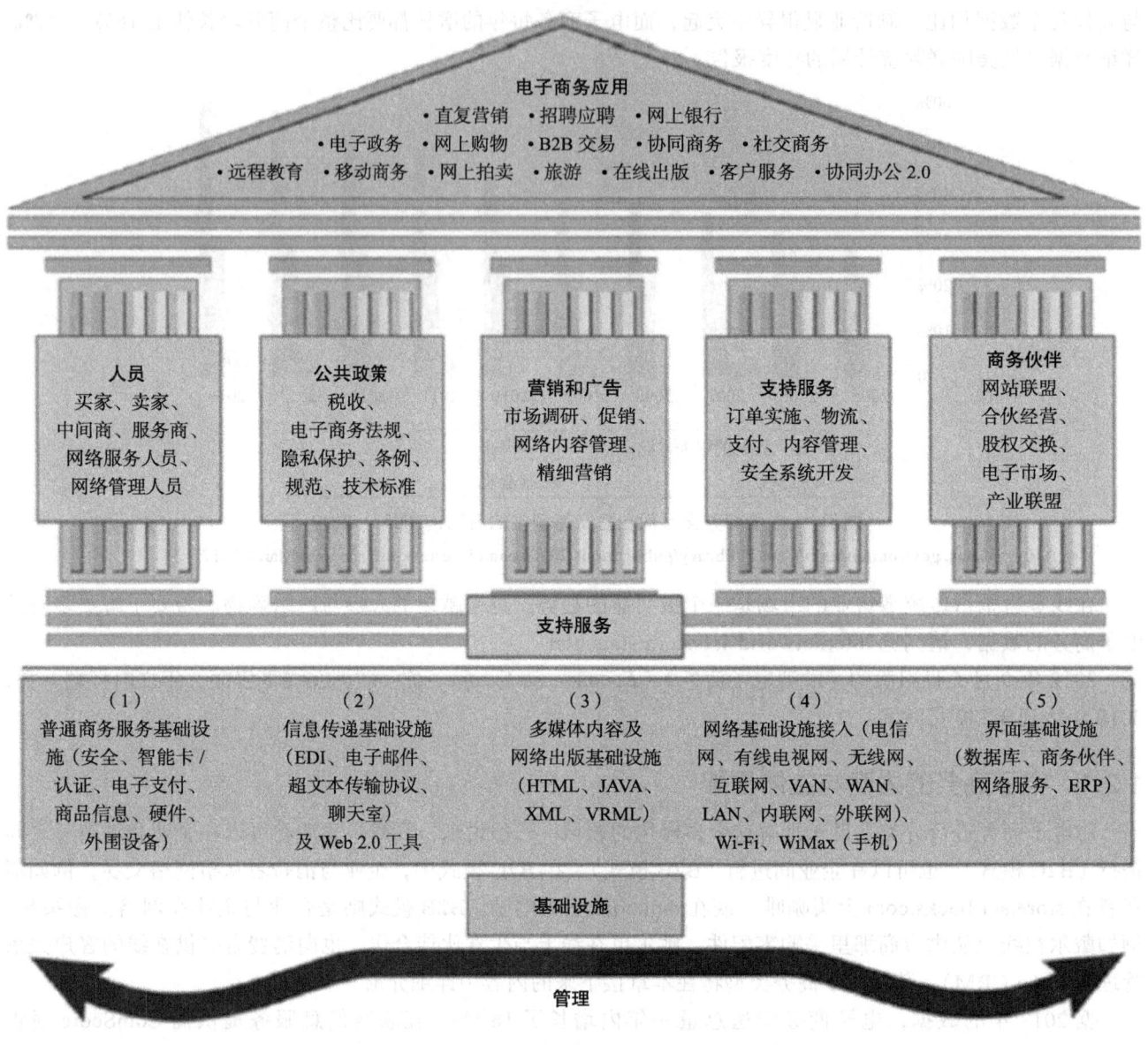

图1-2 电子商务框图

- 人员。买家、卖家、中间商、信息系统及技术专家、其他各种员工及形形色色的参与者共同构成了一大支柱。
- 公共政策。法律、法规、政策等都是由国家和政府来制定并实施的，如税收政策、隐私权保护政策等。还有一些是技术标准和业内人士都需要遵守的规则。
- 营销和广告。与其他商务活动一样，电子商务也需要营销和广告的支持。在B2C网络交易中，营销和广告尤其重要，因为买卖双方并不熟悉。
- 支持服务。电子商务需要各种各样的支持系统，包括内容开发、支付、配送等。
- 商务伙伴。电子商务中合伙经营、股权交换、产业联盟等都是常见的合作形式，尤其多见于供应链中（如企业与其供应商、客户及各种商务伙伴之间的交流与合作）。

框图下方是电子商务基础设施。所谓基础设施是指硬件、软件、电子商务应用网络等。所有这些要素都需要人去管理。也就是说，企业要对此计划、组织、领导、制定战略、对流程进行重构，目的是优化电子商务模式和战略。

1.2.3 按照交易形式及参与者关系对电子商务进行分类

电子商务的分类主要是按照交易形式或是参与者之间的关系。以下是电子商务最主要的几种形式。

1. 企业对企业电子商务

在**企业对企业电子商务**（business-to-business，B2B）中，参与者是企业或是其他形式的组织。如今，85%以上的电子商务交易额都归功于B2B。例如，戴尔的所有批发业务都是B2B交易，其电脑产品零配件的采购大多是用电子商务方式进行的，销售给企业（B2B）和个人（B2C）的电脑也都是通过网络渠道完成的。

2. 企业对消费者电子商务

企业对消费者电子商务（business-to-consumer，B2C）指的是企业向个体消费者销售产品和服务。亚马逊就是这类企业的典型，因为其客户都是个体消费者。这种模式还有一个名称，就是**电子零售**（e-tailing）。

3. 消费者对企业电子商务

消费者对企业电子商务（consumer-to-business，C2B）指的是普通个体将产品或是服务销售给企业。个体还可以通过C2B平台让客户竞价。民宿度假网站Priceline.com就是一个知名的旅游网站，个人或是组织可以为旅游度假出价竞争。

4. 企业内电子商务

企业内电子商务（intrabusiness EC）包括所有组织内部的电子商务活动，组织内的机构或是个人利用网络传递信息。

5. 企业对员工电子商务

企业对员工电子商务（business-to-employees，B2E）是企业内电子商务的分支。组织通过网络将产品、服务、信息等递送给员工。这里所说的员工，主要是指外派的员工，这些员工或者是代表公司外出办理业务，或者是帮助客户开展维修业务。面向员工的这类电子商务也称为"企业对外派员工的电子商务"（business-to-mobile employees，B2ME）。

6. 代销直供模式

"**代销直供模式**"（drop-shipping）指的是卖方通过广告将产品销售给买方，收回货款，然后卖方将订单发送给供货商，支付批发价款，再由供货商直接将产品打包发送给买家。第3章中对此有更为详尽的介绍。

7. 消费者对消费者电子商务

消费者对消费者电子商务（consumer-to-consumer，C2C）是指消费者直接与其他消费者进行交易。例如，一位消费者通过网络分类广告的形式向另一位消费者销售电脑、乐器或在线个人服务。eBay网站上的竞价销售主要是C2C电子商务，Craigslist网站上的广告也大都是面向这样的业务。

8. 协同商务

个人或是群体有时候会利用网络进行沟通，合作共事，这样的商务活动就是**协同商务**（collaborative commerce，c-commerce）。例如，处于不同地点的商务伙伴共同设计一款新产品，这就是协同商务。

9. 电子政务

电子政务（e-government）指的是政府机构利用网络向企业（G2B）或是个人（G2C）提供商品、服务和信息，或是从企业、个人那里购买商品、服务、信息。政府机构与机构之间也可以利用网络开展商务活动，那就是 G2G。

上述各种形式的电子商务可以用图 1-3 进行归纳。本书后面的各章将分别介绍形形色色的电子商务交易活动。

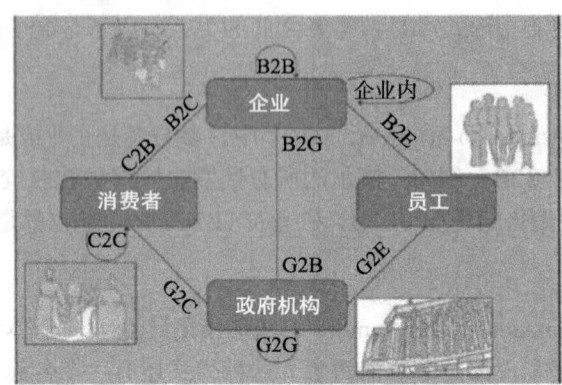

图 1-3　电子商务的各种交易形式

1.2.4　电子商务发展史

20 世纪 70 年代，电子商务应用的雏形出现了。因为那时人们首次使用"电子资金划拨"（electronic funds transfer，EFT）这种形式，将资金从一家企业转移到另一家企业。但是，这样的方法只是一些大企业、金融机构以及敢于创新的企业使用。接着，就出现了"电子数据交换"（electronic data interchange，EDI），那是用电子的方式传输各类文件。开始的时候是财务文件，后来就扩大到各种其他的文件传输。电子商务应用的形式也逐渐增多，如宾馆预订、在线股票交易等。

1969 年，美国政府机构在实验中开始了互联网的应用。它最初的用户是政府机构中的一些学术研究人员以及科学家。有些用户将个人信息也放到了网络上。电子商务发展的重要里程碑是 20 世纪 90 年代万维网（WWW）的出现，因为企业可以借此将文本和照片放置到网络上。90 年代初期，越来越多的人使用万维网，互联网的商业化应用出现了，一个全新的术语"电子商务"也应运而生。人们对电子商务的应用突飞猛进，大批的网络新兴企业如雨后春笋般冒出来。如今，发展中国家几乎所有的企业都开展了网络经营，许多公司的网站上有成千上万的网页和链接。1999 年，电子商务的重头戏从 B2C 转向了 B2B。2001 年，又从 B2B 转向 B2E，以及协同商务、电子政务、远程教育、移动商务等。2005 年，社交网络开始进入人们的视线。后来又有了移动商务、无线应用等。2009 年，电子商务大家族中增添了新成员，那就是社交商务。Facebook 和 Twitter 上的商务活动呈增长态势。随着越来越多的人使用计算机技术和互联网技术，电子商务必将继续发展、变化、成长，这是毋庸置疑的。电子商务会在各行各业中取得成功。读者若想了解更多的有关电子商务的信息，包括统计数据、发展趋势以及对大公司经营状况的分析，可以浏览 plunkettresearch.com/ecommerce-internet-technology-market-research/industry-and-business-data 和 en.wikipedia.org/wiki/E-commerce。

在思考电子商务发展史的时候，必须注意如下几点。

1. 电子商务的全球性

电子商务可以在一国的范围内进行，也可以在国与国之间进行。目前，中国的阿里巴巴集团是全球最大的电子商务公司（见第 4 章的内容）。

2. 电子商务的学科交叉性

前面提到的电子商务发展以及分类，都显示了其多学科性的特征。它所涉及的学科主要包括：会计学、商法、计算机科学、消费行为学、经济学、工程学、金融学、人力资源管理、管理学、管理信息系统、营销学、公共管理学、机器人学等。

3. 谷歌带来的冲击

电子商务发展的初期，对其产生重大影响的企业主要是亚马逊、eBay、美国在线（American Online，AOL）、雅虎等。但是，2001 年以后，谷歌异军突起，没有哪家公司对电子商务的影响可以与其相提并论。谷歌将网络搜索引擎与精准广告联系在一起。在这方面，没有谁能与之竞争。如今，谷歌已经不仅仅是搜索引擎，它还推出了各种创新的电子商务模式，参与了许多电子商务风险投资。它不仅影响着企业，也影响着千千万万普通百姓的生活。谷歌旗下的公司名称各异，2016 年，已经在经营的公司有 Google、Calico、Google X、Nest、Google Capital、Fiber、Google Ventures 等。

4. 美国的"剁手星期一"、天猫的"双十一"和亚马逊的"购物狂欢节"

美国的"剁手星期一"⊖和中国的"双十一"购物节，网络销售成交量极大，有力证明了网购的增长。2016 年，亚马逊推出了自己的"购物狂欢节"，7 月 12 日，单日销售额达到了平时的 160%。

5. 社交商务

社交媒体网络和 Web2.0 工具（如维基、博客等）的迅速发展，催生了电子商务发展的新途径，使其更加社会化。一些新型电子商务模式的出现使这个领域更趋向年轻化。本书几个章节中都会提到这些新模式，尤其是第 8、9 章。

6. 电子商务的致败之由

1999 年以后，为数众多的电子商务公司，尤其是电子零售和 B2B 交易纷纷走下坡路。经营失败的知名 B2C 网站包括 Drkoop、MarchFirst、eToys、Boo 等。经营失败的 B2B 公司有 Webvan、Chemdex、Ventro、Verticalnet 等。这些新兴企业的发展史被戴维·基尔希（David Kirsch）收录在他的《商业计划档案》中（请浏览 businessplanarchive.org）。2005 年，网络调研企业 Strategic Direction 提供的调研报告指出，62% 的网络公司缺乏财务管理能力，50% 的企业不善于开展营销活动。不少网络公司对订单、库存和配送渠道管理不善，难以应对消费市场上的需求波动。到了 2017 年，许多中小网络企业所面临的困境依然是这样。本书第 3、4、14 章将深入探讨电子商务经营失败的缘由。2008 年，又有一拨网站经营失败的案例，这次主要是那些涉足 Web 2.0 概念以及社交商务概念的网络企业（请浏览 blogs.cioinsight.com/it- management/ startup-deathwatch-20.html）。

许多企业经营失败，这是否就意味着电子商务来日无多？当然不是。第一，经营失败的网络企业相对来说比例在大幅度下降。第二，电子商务运营的环境越来越好，商务模式和组织结构也多种多样。第三，有些纯粹的网络公司，如亚马逊和奈飞（Netflix）这样的网络巨头，开始拓展自己的经营领域，目的是扩大销售额。第四，鼠标水泥式的商务模式显得游刃有余，那些网络零售商更是如此（如 GAP、沃尔玛、塔吉特、苹果、惠普、百思买等）。

7. 电子商务的成功之道

过去几年，经营得十分成功的电子商务企业也有很多，如 eBay、Pandora、Zillow、Google+、Facebook、Amazon、PayPal、Pinterest、VeriSign、LinkedIn、E*TRADE 等。不少鼠标水泥式企业（如思科、沃尔玛、通用电气、IBM、英特尔、嘉信理财等）经营得也十分成功。还有一些新兴企业也走上了成功之道，例如面向年轻成功人士的网站 Alloy.com、经营珠宝的 Blue Nile、Ticketmaster、亚马逊、Net-a-Porter（见应用案例 1-1）、Expedia、Yelp、优步、Airbnb、TripAdvisor、Grubhub 等。

⊖ Cyber Monday，感恩节假期之后，第一个上班日的网购促销活动。——译者注

应用案例 1-1　　Net-a-Porter 公司：服饰带来的成功

一名家庭主妇花 2 000 美元在网上购买一件连衣裙，试都不试一下，可能吗？数字时装公司 Net-a-Porter（英国的一家网络零售商）对此却很有信心，其成功经营证明了如今的女性会在网上下单购买连衣裙，购买国际知名品牌服装的时候（如 Jimmy Choo、Calvin Klein 等）更是如此。

机遇

说到电子商务，人们往往会想到在线购买书籍、保健品、数字唱片等。20 世纪 90 年代电子商务刚刚兴起的时候，人们确实是在网络上购买诸如此类的商品。但是到了 2000 年，时尚网络营销大师纳塔莉·马塞内特（Natalie Massenet）在网络上发现了新机遇——有些在线奢侈品商店（如 Blue Nile，见第 2 章）取得了成功。她还发现许多职业女性工作繁忙，她们在网络上购买东西的意愿更强烈。

解决方案

纳塔莉·马塞内特决定开办一家网络公司来销售国际知名品牌时装，她创立了一个集综合性、社会性于一体的在线购物网站，将其命名为"Net-a-Porter"。

根据 net-a-porter.com 上总结的经营之道，这家公司做了如下一些工作：

- 开办了一家网络零售商店；
- 销售 350 多位顶级时装设计师的作品，而一般的实体商店只能容纳几十位设计师的作品；
- 同时销售自己设计的时装；
- 向全球 170 多个国家配送商品；
- 在伦敦和纽约开办实体店，支持在线业务；
- 伦敦和纽约的门店当天订购，当天送货，其他地区隔天送货（见第 3 章）；
- 大大缩短新款服装和其他产品的制造、推广周期，以适应消费者需求；
- 基于社交媒体上消费者反馈的信息，设计了一套预测时尚潮流的方法；
- 举办在线时装秀；
- 基于看板开发一套完善的存货与销售追踪系统；
- 提供电子版时尚杂志；
- 通过社交网站搜集信息，发现消费者真正想要的款式并满足其需求（见第 7 章）；
- 打折力度更大；
- 开设 Facebook 账号，开发适用于 iPhone 的应用程序（App）；
- 截至 2017 年 2 月，在 Google+ 拥有 77.1 万粉丝；
- 截至 2017 年 2 月，每个月网站访问量达 600 万；
- 每月 iPhone 下载量达 75 万次；
- 截至 2012 年，在全球多个城市开设实体购物点（请浏览 digitalbuzzblog.com/net-a-porter-augmented-reality-shopping-windows，在这个网站还能看到 Window Shop 的视频，下载适用于 iPhone 和 iPad 的 Net-a-Porter 应用程序。美国第一夫人梅拉尼娅·特朗普（Melania Trump）是这家商店的常客，2016 年 7 月，她到店里购买了 RNC 品牌的连衣裙）。
- 2010 年，公司开始受惠于能够影响时尚界的社交媒体环境。

取得的成就

当前，该公司拥有来自 170 多个国家的消费者，收入和盈利都迅速增长。每周网店都有几百万访客。踏入电商行业短短一年，公司就获得了盈利，这是极为罕见的。2009 年，全球发生了经济危机。这一年 Net-a-Porter 的销售总额增长了 45%，而其主要的竞争对手尼曼百货（Neiman Marcus，一家通过网络及邮购销售时装的企业）业绩却下滑了 14%。Net-a-Porter 的成功赢得知名奢侈品企业历峰集团（Richemont Corp.）的关注，历峰集团收购了该公司 93% 的股份。2015 年 10 月，公司与 YOOX 集团公司（yooxgroup.com）合并。

2010年6月，正值公司成立10周年之际，Net-a-Porter开发了专营男士服装的新网站。伴随着公司的成功经营，竞争也日趋激烈，竞争对手包括实施低价策略的Bluefly，亚马逊旗下的Shopbop（尚不具备Net-a-Porter所拥有的声誉），以及高端百货商店的网上商店（如诺德斯特龙、尼曼百货等）。尽管如此，Net-a-Porter的声誉以及销售业绩依然名列前茅。eBay或许会成为Net-a-Porter最大的竞争对手。因为eBay将顶尖的时装设计师收归自己的旗下，开设了虚拟商店。eBay的经营特色是，既可以按固定价格销售时装，也可以用竞价的方式吸引顾客。最后，值得注意的是，在2010年下半年，亚马逊创立了"Amazon Fashion"，它以低价销售时装设计师的品牌服装。为了保证在竞争中大旗不倒，Net-a-Porter正在计划投入更多的资金，将产品组合扩大到儿童服装上去。Net-a-Porter是一个非常典型的时尚界企业电商变革的案例。还有一个典型是Polyvore公司，第8章将提及（请浏览businessoffashion.com/2012/01/e-commerce-week-the-rise-ofnew-business-models.html，en.wikipedia.org/wiki/YOOX_Net-a-Porter_Group）。

资料来源：Based on Davis (2016), Pressler (2015), **en.wikipedia.org/wiki/YOOX_Net-a-Porter_Group** (accessed February 2017).

思考题

1. 你会不会在Net-a-Porter上购物？为什么？
2. Net-a-Porter的实体店有什么优势和劣势？
3. 有人说，Net-a-Porter在设计师和消费者之间的关系变革中起到了极其重要的作用。为什么？
4. 学习1.2节中电子商务给消费者带来的好处，哪几条与本案例关联最大？
5. 电子商务哪方面对Net-a-Porter及其设计师有帮助？
6. 分析高端时尚市场的竞争状况。
7. 本案例中，全球化的重要性体现在哪里？
8. 模仿者越来越多，eBay和亚马逊也都在涉足时尚电商界。你对Net-a-Porter有何战略建议？

本节习题

1. 列出电子商务的框图。
2. 列出各种电子商务的类型。
3. 简要叙述电子商务发展史上的主要品牌商标。
4. 讲述几个电子商务成功与失败的案例。

1.3 电子商务的驱动力及给人们带来的利益

电子商务的迅猛发展可以从其驱动力、特征、利益和商业环境的变化等方面来解读。

1.3.1 电子商务的驱动力

电子商务虽然只有24年的发展历程，却被寄予极高的预期，人们认为电子商务会持续成长，并不断进入我们生活的新领域。这是为什么？又是什么在推动电子商务发展？

电子商务的发展动力来自诸多方面，如行业、企业以及相关应用（见图1-4）。后续的各个章节都会对此做深入的阐述。

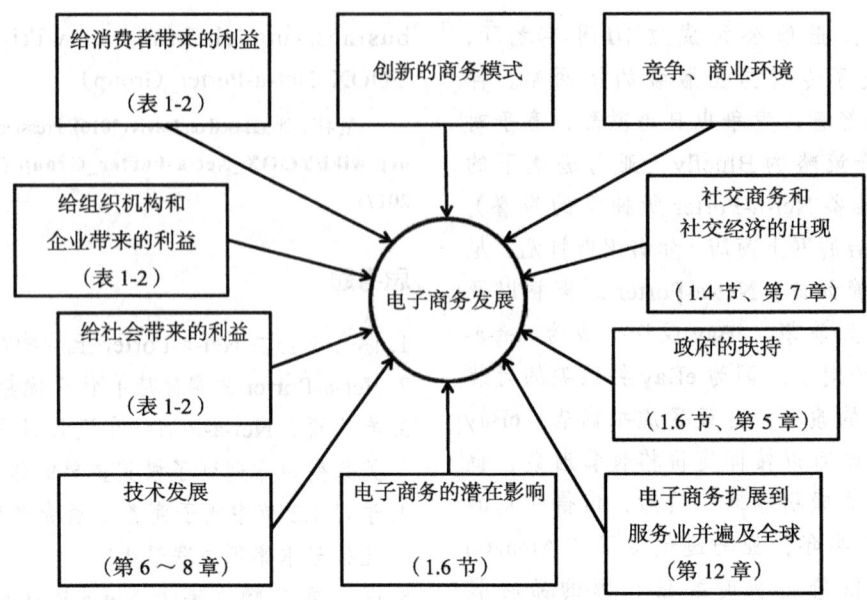

图1-4 电子商务发展的主要驱动力

1.3.2 电子商务带来的利益

电子商务能带来各种各样的利益,而且随着时间的推移,这种利益还将继续增加。我们将这些利益分成三类:电子商务给组织机构、消费者和社会带来的利益(见表1-2)。

表1-2 电子商务带来的利益

利益	描述
给组织机构带来的利益	
覆盖全球	以合理的价格,迅速在全球范围内找到客户和供货商
降低成本	降低信息处理、仓储和配送的成本
帮助解决问题	解决久拖未决的复杂问题
优化供应链	减少存货规模,减少配送延误,降低配送成本
经营全年无休	经营全年无休,不需承担加班费和其他成本
提供个性化产品、服务	根据客户喜好专门定制
经营模式创新	推动创新和独特的商务模式发展
降低沟通成本	利用互联网比专用网络成本低
提高采购效率	网上采购,更节约时间和成本
改善客户服务和客户关系	直接与客户互动,更优质的客户关系管理
帮助中小企业参与竞争	电子商务帮助小企业通过特殊的商务模式,在竞争中与大企业形成有力对抗
减少库存	用规模定制的方式减少库存
数字产品配送成本下降	在线配送数字产品,花费要低90%
更具竞争优势	降低售价,提升服务水平,改善品牌形象
给消费者带来的利益	
选择丰富	从卖家到产品到款式,都有丰富的选择
普遍性	随时随地可以购物,不受时空限制
个性化产品和服务	可以自行定制产品,个性化产品和服务
更容易获取低价商品	使用比价软件,减少支出
实时送货	完成支付后可以马上下载数字产品

(续)

利益	描述
给消费者带来的利益	
免收消费税	有时免税，有时降税
方便远程办公	学习和工作可以在家，或在任何地方进行
方便社交互动	在社交网络可以浏览对商品、服务的评价，或是商品推荐
淘到宝贝	通过在线竞拍买到有收藏价值的东西
舒适的购物环境	可以随心购物，没有推销员烦扰
给社会带来的利益	
方便远程办公	有助于在家办公，减少交通拥堵和环境污染
更多、更优质的公共服务	电子政务厅提供更多公共服务（如在线保健服务）
提升国家安全	促进国家安全
提高生活水准	民众可以购买到更多、更便宜的商品和服务，受到更好的教育
缩小数字鸿沟	使农村地区和发展中国家的人民能获得更多真正想要的商品和服务
配送到家	免去出行的麻烦，减少空气污染

1. 给创业者带来机遇

电子商务的主要好处就是创造了一种非传统的创业方式。这种新的商务模式下，创业者只需要少量的资金和经验就能开办企业，快速成长。许多创业者在网上挣钱，有的甚至挣了不少。

> **实际案例　Fish Flops**
>
> 麦迪逊·罗宾逊（Madison Robinson）在15岁读九年级的时候就开办了一家线上加线下企业Fish Flops。她自己设计鞋类，发很多推文。营业仅仅两年，她的收益就足够支付自己的大学费用。

2. 电子商务提高效率、效益和竞争优势

电子商务可能会使经营生意的方式产生重大改变，这种改变对企业经营有积极影响，如可以增强企业的竞争优势，提高政府和非营利机构的效率。

本节习题

1. 列出电子商务的主要驱动力。
2. 列出电子商务对消费者、企业和社会的好处，每项五个。
3. 根据已有知识，描述推动电子商务的技术发展因素。
4. 界定电子商务对社会的其他好处。

1.4 从社交计算到社交商务

电子商务曾经主要是网络交易、网络服务以及以公司为主导的在线合作。如今，我们已经进入二代电子商务时代，也就是所谓的2.0时代。它主要表现在Web 2.0工具、社交媒体、社交网络、虚拟世界等，这些都是计算机技术社会化应用的结果。

1.4.1 社交计算

所谓**社交计算**（social computing）指的是信息技术与社会行为的融合。它主要通过各种计算机和网络工具来实现，如博客、维客、社交网络服务，以及其他各种社交软件和社交市场（请参阅第8章内容）。传统的计算机技术关注的是企业经营和商务流程，目标是降低成本，提高生产率；而社交计算则是关注改善人与人之间的合作与交流，关注用户创造的内容。在社交计算及社交商务活动中，人们通过网络相互协作，不仅从专家那里得到建议，也从朋友那里征求意见，以此作为购买商品或是服务的依据。

实际案例　社交计算促进旅游

社交计算的发展影响着人们对出游的选择和安排。旅游者在 tripadvisor.com 上交换信息，将自己在某些景点的不愉快经历告诉其他的旅游爱好者。像 WAYN 这种专门的社交网络，在旅行者中非常流行。

在社交计算中，信息都是个体提供的，所有的网络用户可以共享，而且一般都是免费的。社交计算主要是通过 Web 2.0 工具和社交媒体来实现的。

1.4.2　Web 2.0

二代互联网（Web 2.0）这一术语最初是由 O'Reilly Media 公司在 2004 年提出的。它指的是所谓的二代互联网工具以及升级的服务形式，能用新的方式帮助用户编制信息，分享信息，利用网络相互交流、合作。

O'Reilly Media 公司将 Web 2.0 分解成四个层次。2009 年，一些专家将 Web 2.0 比作一种新的数字生态系统，主要表现在五个方面，称为 5C，即创造性（creativity）、连通性（connectivity）、协作性（collaboration）、整合性（convergence）、社区性（community）。

本书第 2 章还将介绍 Web 2.0 的几种主要工具，而对其应用的介绍则散布在各个章节中。读者还可以浏览 enterpriseirregulars.com/author/dion，上面有关于互联网、社会、群体智能、互联网未来的开放性论坛。

1.4.3　社交媒体

社交媒体（social media）这一术语有许多定义。广为认可的观点是，社交媒体主要指用户在线制作文字、图片、音频、视频等内容，通过 Web2.0 平台和工具发布分享。社交媒体主要用于社交互动与交流，如分享观点、经验、见解和认知，并实现在线合作。因此，这是推动社会化的强大力量，其中的关键因素是用户编制、控制、组织信息。其他的定义、描述和框架可参见第 2、8 章。

社交媒体和 Web2.0 之间的区别

Web2.0 的概念和社交媒体之间有关联，很多人认为这两者完全等同，经常互换着使用，实际上这两者存在一定的差异。社交媒体使用 Web2.0 及其工具、技术，它的概念还包含其他理念，例如在人与人之间建立联系与互动、提供社会支持、用户编制数字信息等。

实际案例　奥普拉如何运用社交媒体构建事业

奥普拉·温弗瑞（Oprah Winfrey）把她做的所有的事都整合在社交媒体活动中，鼓励人们通过不同的平台（如 Facebook、Twitter）互动。奥普拉根据人们做的事（如发评论）来评价他们。她利用 Facebook 平台投票，与博客博主建立关系，也用 Twitter 与粉丝互动。

1.4.4　社交网络及社交网络服务网站

近几年来，电子商务应用中最重要的发展要数社会的社交网络以及企业的社交网络。社交网络缘起于网络社区，它们发展迅速，引发了许多电子商务创新，以及新的收益模式和商务模式（请浏览

sustainablebrands.com/news_and_views/blog/13-hot-business-model-innovations-follow-2013）。

社交网络（social network）是由多个节点（它们可以是个人，也可以是群体或是组织）联系在一起组成的社交圈。这些节点由于一个或是多个相互依存的关系而联结在一起，如爱好、友情或专业。社交圈的结构往往十分复杂。

社交网络最简单的结构是节点与节点联结的关系图。社交网络也可以用来描述Facebook上的社会关系图。

1. 社交网络服务

社交网络服务（social networking services，SNS，如LinkedIn、Facebook等）为人们提供网络空间，供他们免费搭建主页。网站还提供各种工具，方便用户开展各种网上活动，方便卖家发布App。社交网站以人为本，但是也越来越多地用于商业活动。例如，许多歌手和演员（如贾斯汀·比伯）是在YouTube网站上被公众发现的。社交网络开始的时候只是用作社交活动，但如今，企业也开始用社交网络来开展商务活动（例如在linkedin.com上发布招聘信息及商务协作信息，或是在Facebook上做广告）。

以下是目前全球主要的社交网络站点：

- Facebook.com——这是全球访问量最大的社交网站；
- YouTube.com，metacafe.com——用户在这些网站上传并浏览视频；
- Flickr.com——用户在此网站上分享、评价照片；
- LinkedIn.com——这是企业导向为主的社交网站；
- Habbo.com——这是按国别划分的成人及儿童社交网站；
- Pinterest.com——这是编辑和分享图片的平台；
- Google+（plus.google.com）——这是业务导向的社交网站；
- MySpace.com——这是为各个年龄层次的网络用户搭建的社交平台；
- Instagram.com——这是分享图片和视频的平台。

2. 网络社交

所谓**网络社交**（social networking）是指各种以Web 2.0技术为基础的交流活动，例如编写博客、在社交网络上开发个人主页等。它同样也包括在社交网站进行的所有活动。

1.4.5 企业社交网站

有些转为企业经营开发的社交网站是公用平台，如LinkedIn.com，开发和维护它的是一家独立的企业。也有一些企业社交网站是由某一家企业自主开发的，并且由企业自主运营。这样的社交网站就称作"企业社交网站"（enterprise social networks，如MyStarbucks Idea），可以直接面向消费者和企业员工。

> **实际案例　一个顾客导向的企业社交网站**
>
> Carnival游轮公司自主开发了一个社交网站（carnival.com/funville），目的是吸引游轮旅游爱好者。网站的浏览者可以在网络上交换信息、组团出游，还可以做许多其他的事情。当初开发网站的时候公司投入了30万美元，由于游客的大幅度增加，公司一年就收回了这一投资。

1.4.6 社交商务

社交网站上人们使用社交媒体来开展电子商务活动，这样的活动称作**社交商务**（social commerce）。有些专家认为社交商务属于电子商务的子系统。说得再具体一些，社交商务就是电子商务、网络营销、计算机技术和网络技术、社交媒体内容的集合体。图1-5是对这一定义的诠释。

从图中可以看出，社交商务就是通过Web2.0工具和社交媒体将电子商务和网络营销集成在一起。其底层逻辑就是社会资本、社会心理、消费心理和网络协同，这些要素共同促进了社交商务的发展。我们将在第8、9章里做深入的阐述。

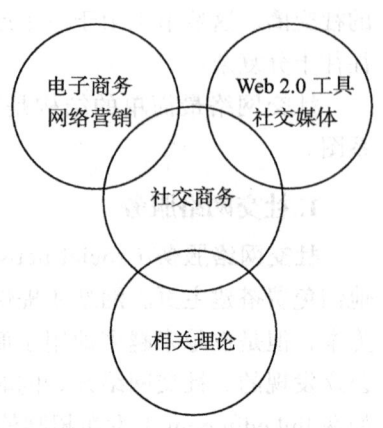

图1-5 社交商务的基础

以下是社交商务的一些实例：

- 希尔顿花园酒店2016年在Instagram网站上推出了影像地图，作为酒店的旅行指南。
- 戴尔电脑通过Twitter网站在两年中销售的电脑价值650万美元，还从网络社区的成员那里（通过Idea Storm网站）获得了许多产品开发及创新的建议。
- 宝洁通过Facebook销售Max Factor品牌的化妆品。
- 迪士尼方便游客通过Facebook预订门票。
- 百事可乐在客户光顾销售百事产品的实体店（如食品店、餐馆、加油站等）时，实时打出促销信息，然后向客户派发折扣券。
- 星巴克利用Facebook发布各种促销信息，还通过Starbucks Idea网站，向网络用户收集促销的好主意（详见本章的导入案例）。
- Mountain Dew举办Dewmocracy竞赛活动，以此来吸引视频游戏及体育爱好者。公司还向最热衷的网络社区成员征集金点子，通过Facebook、Twitter、YouTube等网站聚拢消费者，把有相同兴趣的人聚集在一起。
- 塔吉特通过在Twitter发布视频和广告，推广纽约秋季时装秀，同时在Facebook上播出视频。
- 李维斯则是在Facebook上打广告，告诉人们"你的朋友知道你喜欢这样的商品"。
- 温迪快餐通过Facebook及Twitter网站向消费者派送价值50美元的优惠券，条件是浏览网站的消费者要能迅速地对温迪的挑战提出有趣的怪点子。

总的说来，大多数美国企业在Facebook上开设了公司主页（请浏览emarketer.com及pixtree.com/shoppable-galleries）。本书第8、9章对此还会有更多的介绍。

1.4.7 Web 2.0的几款主要工具

Web 2.0有几十款网络工具，如维客（wikis）、RSS阅读器、博客、微博（如Twitter）等。网络用户可以通过互联网（用有线或是无线设施）向多人发送短信（不超过140个字符）。到了2009年，Twitter成了Web 2.0的主要工具，人们利用它开展各种各样的商务活动。

本节习题

1. 定义"社交计算"，并列出其特征。
2. 定义Web 2.0以及它的各种属性。
3. 定义社交网络。
4. 解释社交网络服务的作用。

5. 介绍 Facebook 并说明它受到普遍欢迎的原因。
6. 什么是企业社交网络？
7. 定义社交商务。

1.5 数字化社交世界里的经济、企业和社会

在数字化、社会化的经济和企业推动下，电子商务（包括电子商务 2.0）获得了快速的发展。

我们正面对着数字革命。每时每刻，我们都会遭遇数字革命，不管是在家里，在工作岗位上，还是在企业里，在学校、医院、道路上、娱乐中，甚至在战场上。以下几节我们将介绍数字世界的三大要素：经济、企业和社会。

1.5.1 数字经济

数字经济（digital economy）也称为网络经济，它的基础是在线交易，最主要的是电子商务。它包括有线的或是无线的数字沟通网络（如互联网、内联网、外联网、增值网等）、计算机、软件以及其他各种信息技术。数字经济有着如下一些特点：

- 存在着各种数字化产品，如电子书和杂志、数据库、数字信息、电子游戏、数码软件等。这些数字产品不受时空限制，可以在数字化的基础平台上传递到全球各个角落。人们已经将各种模拟产品转变成数字产品。2009 年 2 月，数字电视出现了，这就是媒体的数字化。
- 信息变成了商品。
- 如今金融业务的处理也已经数字化。许多实体商品（如相机、汽车）中，都植入了芯片。信息也进行了编码。
- 人们用创新的方法对工作和商务流程进行重组。
- 各行业都在进行颠覆性的创新。

表 1-3 介绍的是数字经济的主要特征。

表 1-3 数字经济的主要特征

应用领域	描述
全球化	全球沟通与合作，全球虚拟市场及全球竞争
数字化	音乐、图书、图像、软件、视频及更多信息，都可以转换成数字形式，进行存储和发送，而且速度快、成本低
速度	由于文件、商品、服务能够数字化了，实时传输得以实现。许多商务流程的速度因此提高了 90% 以上
信息过载及智能搜索	尽管通过网络传递的信息量越来越大，但是智能搜索工具可以帮助人们找寻到自己所需要的信息
市场	市场通过网络运营。实体市场逐渐地被虚拟市场所取代。新型市场的出现也加剧了竞争
商务模式及流程	新的商务模式及流程为企业及行业创造了新的机遇。虚拟中介及无中介的交易模式正在兴起
创新	数字化创新和基于网络的创新活动持续、快速地发展。与以往相比，专利技术越来越多地涌现
淘汰	创新技术多了，越来越多的旧技术被淘汰
机遇	生活、经营的各个角落都蕴藏着新的机遇
欺诈	犯罪分子也利用网络翻新欺诈手段，网络犯罪无处不在
战争	传统战争模式被网络战争模式所取代
组织	传统企业正在转换成数字企业和社交企业

数字革命引发了许多创新，几乎天天都有新事物出现，改进了商务流程，提高了生产率。数字革命为电子商务带来了必要的技术和商务环境的重要变化。详细叙述请见 1.6 节。

1. 共享经济

共享经济（sharing economy）是一种经济体系其构建理念是在相关人员之间共享商品和服务。它也可以称作"协同消费"（collaborative consumption）或"合作经济"（collaborative economy）。这些体系形式不同，运作时往往使用信息技术，例如著名的汽车共享企业优步、小额信贷企业 Lending Club、居住地共享的 Airbnb。第 5 章对共享的概念还会有更多的阐述。

共享经济参与者的主要获益在于，降低买方成本，增加卖方销量。对社会的贡献在于，通过汽车共享降低碳排放，增加循环利用，增加人与人之间的互动。更多阐述请浏览 en.wikipedia.org/wiki/sharing-economy。

共享经济与电子商务 有些电子商务模式和企业，是以共享经济理念为基础的。优步是汽车共享的平台，Yerdle 是分享旧物的自由市场，Kickstarter 是企业筹资的众筹网站，Krrb 是一个 P2P 市场，Knok and Love 是度假换房平台，Lending Club 则是小额信贷平台。度假换房租赁是一个需求很大的市场，房屋所有人短期交互租赁对方房屋（如 Airbnb、HomeAway、VRBO）。第 5 章有关于共享经济的专门介绍，还有更多的案例。

实际案例　瑞典农民也上网

2013 年，瑞典的农民开创了一个名为"MinFarm"（我的农场）的社交网站。在这个平台上，农民可以相互交流，也可以直接与客户沟通。从事种植的人还可以在这里分享经验、寻求帮助。客户可以在线参观农场、下订单、购买农作物。网站鼓励农民自给自足。

---

2. 社会影响

数字革命往往对社会带来影响，社交媒体为沟通合作提供工具。智能手机缩小了数字鸿沟。除了在经济领域提升生产率，社交领域的重大改变也显而易见，社交网络的巨大访问量就是明证。数字革命的另一个影响是社交企业的出现（请浏览 centreforsocialenterprise.com/what-is-social-enterprise）。

App 的社会　新的 App 改变了人们交流、工作和游戏的方式。人们发现了 App 的数千种用途。

1.5.2　数字企业

电子商务的主要影响之一是在社交企业之外，还创造了数字企业这一概念。

人们对数字企业的解释各不相同。普通的解释是，利用计算机和信息系统使大部分经营流程自动化运作的企业，如亚马逊、谷歌、Facebook、Ticketmaster 等。

因此，可以这样认为，所谓**数字企业**（digital enterprise）指的是一种新型的商务模式，它利用信息技术提高员工劳动效率，加快企业的经营流程，优化买卖双方的互动，进而获取竞争优势。它将计算机技术和通信技术整合在一起。表 1-4 列出的是数字企业与实体企业特征的对比。

表 1-4　数字企业与实体企业特征的对比

实体企业	数字企业
在实体商店里销售	在线销售
销售有形商品	在线销售数字产品
库存规模及生产计划由企业自主决定	在线整合的库存预测
纸质商品目录	智能型电子商品目录
实体市场	虚拟市场

(续)

实体企业	数字企业
使用电话、传真、增值网、传统的 EDI 技术	使用计算机、智能手机、互联网、外联网、EDI
时间不固定的实体拍卖市场	跨时空的在线拍卖市场
经纪人提供服务，帮助完成交易	虚拟中介，增值服务
纸质交割单	电子交割单
纸质招投标	电子招投标（反向竞价）
推式生产模式，由需求预测决定生产规模	拉式生产模式，由订单决定生产
规模生产（标准化产品）	规模定制，由订单决定生产
人员推销，收取佣金	会员式营销，虚拟营销
口口相传，缓慢的广告效应	病毒式营销，主要是通过社交网站
线性的供应链模式	基于集配中心的供应链
规模生产需要大量的资金投入	按订单生产对资本的要求低，可以先收款后生产
实体生产经营需要占压大笔资金	生产经营所占压的资金较少
客户价值诉求往往难以满足（成本大于收益）	客户价值诉求可以得到满足（成本小于或等于收益）

所谓"实体"（enterprise），可以是各种形式的，大小不限。它可以是一家制造企业，也可以是一家医院、大学、电视传播网络，甚至可以是整座城市、整个国家。例如，有专家认为新加坡就是实现数字化管理的七个主要国家之一。如今，所有的这些实体都在走数字化的道路。

数字企业利用计算机网络来完成如下的经营管理活动：

- 通过互联网或是一组加密的内联网系统（称作"外联网"），或是企业自建的增值网与商业伙伴保持联系。
- 通过内联网进行内部通信，内联网就是企业内部的互联网。

大部分的电子商务都是通过这样的网络完成的。许多企业开发了**公司门户网站**（corporate portal）。利用这一网站，客户、员工、商业伙伴等可以查询公司信息，与公司保持畅通的联系。

许多企业都在考虑如何将自己打造成数字企业，至少是部分的数字企业，成为数字经济的参与者。

数字企业的概念与社交商务有着密切的关联。

1.5.3 社交商务

社交商务的定义很多，特征也不少，这里只能列举一部分。

1. 社交商务论坛

社交商务的概念几十年前就已出现，而且和计算机并无关联。如今，社交商务论坛把**社交商务**（social business）定义为"通过落实战略、技术和流程，让生态系统内所有个体（员工、消费者、合作伙伴、供货商）有组织地紧密联系在一起，从而使共同创造的价值最大化"（请浏览 2013.socialbusinessforum.com/social-businessmanifesto）。社交商务论坛还讨论了这一定义的含义和相关的内外部组织，强调了用技术提升创造力的价值。该论坛是年会组织方。

2. IBM 给出的界定

研究机构 IDC 认为，IBM 在社交软件平台提供商中占有领先地位。IBM 和 IDC 在对社交商务的界定中都提到了以下特征：使用社交软件等新兴技术，推行社交导向的组织文化，注重改进商务流程。IBM 也关注合作，其基本理念是，社交媒体网络和社交化的消费者要求组织彻底改变自己的工作方式，成为会利用数字变革和社交变革机遇的社会型企业。IBM 帮助组织成为社会型企业（相关案例请参阅 ibm.com/social-business/us/

en）。IBM 拥有资源丰富的社会型企业相关视频资料库，其中两个视频有助于更好地理解这一概念。

- "How Do You Become a Social Business"（如何成为社会型企业）——IBM 的 Sandy Carter 制作，时长 1 分 04 秒（请浏览 youtube.com/watch?v=OZy0dNQbotg）。
- "Social Business@IBM"（社会型企业 IBM）——Luis Suarez 访谈，时长 8 分 50 秒（请浏览 youtube.com/watch?v=enudW2gHek0）。

还可参阅本章末"团队合作"任务第 4 项的内容，有助于理解这一概念。

3. 社会型企业

社交商务的概念往往容易和社会型企业发生混淆。很多人并不区分两者差别，经常混用。**社会型企业**（social enterprise）的目标集中于社会问题，它们会赚取收益，但利润并不归于企业主和股东，而是用于公司建设性的社会化变革。更多细节参见社会型企业联盟网站（se-alliance.org/why）。上述定义更强调社会目标。

1.5.4 数字变革与数字社会

数字世界中最重要的因素应该是人，以及人们的工作方式和生活方式。数字变革已经改变了当代人生活的方方面面，这是显而易见的。我们的工作、娱乐、购物、旅行、医疗、教育等，不管哪个方面，都改变了，如数字电话、数码相机、数字电视、数字汽车、数字家庭，不胜枚举。人们自然而然地融入数字技术。以下是几个例子。

- 谷歌已经开发出一种可以自动驾驶的汽车，它在加利福尼亚等多个州进行测试，并于 2012 年夏天获得了内华达州的核准许可。更多细节请参阅本书第 7 章。
- 澳大利亚的 AeroMobile 公司计划在 2017 年推出一款飞行汽车。这种汽车与数字技术密切相关。如今好几家企业也在尝试开发飞行汽车。
- 2008 年，高中女生可以在 Facebook 上看到西尔斯百货展示的几十款短裙，让自己的闺密帮着拿主意。
- 大学宿舍里的洗衣机、烘干机的功能如今已经与网络挂上了钩。学生们只要在手机里输入一个密码，或是登录 esuds.net 网站，就可以了解宿舍里的洗涤机器是否有人在用。机器自动洗衣、烘干完成以后，人们会收到一封电子邮件，告诉他们可以去取衣服了。有些系统甚至会自动计算需要在何时加入洗涤剂、加多少，何时加入织物软化剂。
- 在南佛罗里达的一些城市和其他一些大城市，现在打车也方便得多了。2012 年 8 月起，只要智能手机里有 ZabCab（zabcab.com）公司提供的应用程序，就能轻松实现一键叫车。你的确切位置会自动显示在出租司机的移动设备上。公司与出租车司机合作，而对乘客完全是免费的。这家公司与优步形成竞争关系（请浏览第 5 章内容）。
- 几亿多用户在苹果的 iTunes 商店下载歌曲、游戏和视频。该平台搜集了超过 5 200 万歌曲和电视剧，为 5.75 亿台移动设备提供服务。据估计，其 2017 年的总收入达到 130 亿美元。iTunes 商店被认为是全球最受欢迎的音乐商店。2003 年创立之初到 2017 年秋之间，该平台卖出 330 亿首歌，同时卖出 120 多万款 App。
- 福特公司通过车载多媒体互动系统 MyFord Touch，计算出最快、最短、最省油的行驶路线。该系统基于交通的历史数据和实时数据，避开拥堵，规划行车路线，结果会显示在仪表板上。该系统最早应用在福特福克斯车型上。
- 2015 年，日本有一家酒店，它的服务员全部由机器人充当。

- 2014年，部分喜达屋度假酒店实现把智能手机作为房间钥匙。
- Pokémon GO 是一款基于增强现实技术开发的智能手机游戏（第 2 章介绍）。这款日本开发的手机游戏目前已经有几亿用户。
- 一个国际研究项目正在开发一套计算机系统，病人在家时就能对其实施监控、做出诊断并给出医疗建议。这套系统的目的是缓解去医院道路上的拥堵，提高医疗质量。该项目在以色列进行，由欧洲多国的专家合作研究（请浏览 haifa.ac.il/index.php/en）。
- Union Pacific，美国最大的铁路运营商，在火车上安装大量传感器及其他设备，搜集数据，并通过有线和无线网络传至数据中心。数据中心通过预测分析，做出最理想的定期检查方案。该公司因此而增加年收益 3 500 万美元。
- 加州月亮谷水域的水资源流失受到诸多变量的影响，使用了 IBM 的智能分析计算技术后，流失量显著下降。
- 在芬兰，超市购物者用带相机功能的智能手机扫描商品条形码，即可获悉商品的成分、营养价值以及消耗这些热量所需的运动时间。
- 普利司通开发的自行车运动记录器，能自动跟踪记录运动距离、速度、时间和能量消耗。自行车运动社区信息请浏览 bikewire.net 和 cyclingforum.com。
- 世界扑克锦标赛的获胜者都是五六十岁年纪的扑克爱好者。他们为了赢得比赛，往往会花几年的时间去积累经验。但到了 2009 年，美国的 Joe Cada 赢得这一赛事时年仅 21 岁。他通过大量的网上扑克练习快速积累经验。2015 年，Joe McKeehen 夺冠时也才 24 岁。

上述这样的案例成千上万，不胜枚举。

1.5.5 数字技术与社交商务的影响

数字技术、社交商务对整个社会都会产生多种影响。我们只简单地介绍电子商务的负面影响，以及社交客户的形成。

1. 电子商务的负面影响

一般意义上的数字技术、电子商务和相关技术（如移动电子商务、社交商务等），可能会对经济发展、各行各业、商务模式和个人产生负面影响。请参阅 2013 年视频资料"破坏性的科技"（Disruptive Technologies，网址为 mckinsey.com/insights/high_tech_telecoms_internet/disruptive_technologies），以及 2014 年采访麻省理工学院 Andrew McAfee 和麦肯锡大学 James Manyika 的访谈视频"为什么领导人都要关注数字化和破坏性的变革"（Why Every Leader Should Care about Digitization and Disruptive Innovation，网址为 mckinsey.com/insights/business_technology/why_every_leader_should_care_about_digitization_and_disruptive_innovation）。

2. 社交客户

社交客户（social customer）是数字社会的重要组成，有时也叫数字客户。他们通常是社交网络成员，在网上分享对产品、服务、卖家的评价并在线购物。他们懂得自己的权利，了解如何灵活利用网络智慧和社交网络的力量。由于无线网络购物和新型网购模式（见第 8 章）加上新型的沟通工具（见第 2 章）的出现，社交客户的数量呈指数级增长。社交客户的各种要素可详见图 1-6。

如图 1-6 所示，社交客户期望更好的服务，愿意给出消费体验、产品评价，并与志趣相投的同龄人引发共鸣。这种新的行为模式要求新的营销沟通策略和客户服务策略。例如，飞利浦电器公司利用数字技术来实践"客户至上"的理念。

社交客户积极参与到购物流程中，既购买商品，也深深影响着购买流程。个人受到的影响，来自朋友、朋友的朋友，甚至朋友的朋友的朋友，商家必须理解这些客户和传统客户的不同之处，进而采用恰当的电子商务营销策略，提供优质的客户服务。

由于网络连接日益紧密，客户们意识到自己可以从企业获取更多信息，并彼此分享产品和服务体验

Web2.0 使消费者行为发生根本性转变

客户与品牌之间的互动开始得更早，却不会结束

新的行为模式要求新的战略、新的市场细分、新的营销渠道和目标信息，以及客户对经营过程的评价

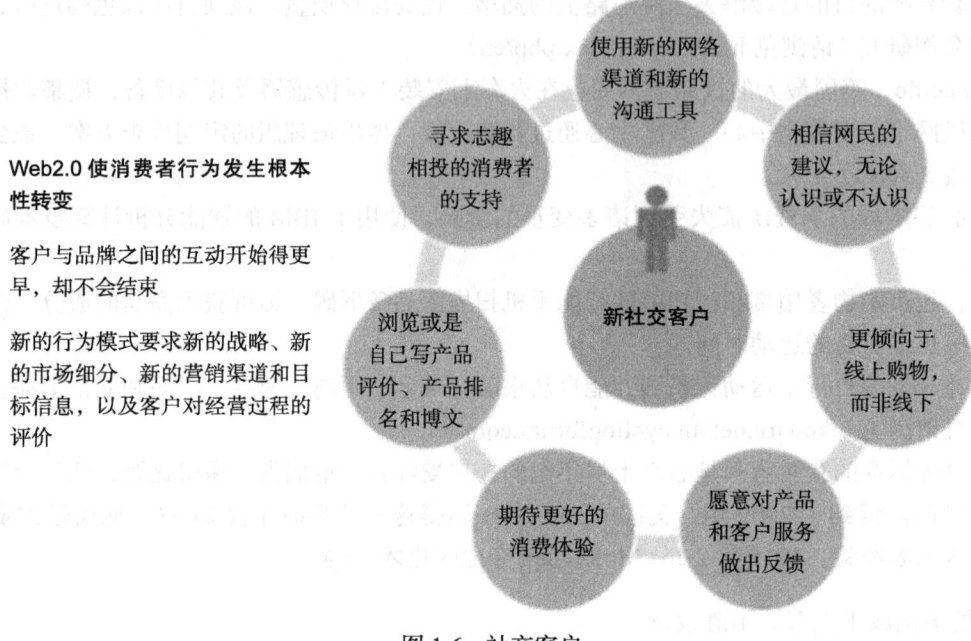

图 1-6　社交客户

如今，有关社交客户关系管理的流程、规则，以及可以使用的软件，都可以在网络上搜索到（请浏览 en.wikipedia.org/wiki/Social_CRM）。

本节习题

1. 定义数字革命，介绍数字革命的内容。
2. 介绍数字经济的特征。
3. 什么是社交经济？
4. 定义数字企业，并阐述其与社交商务的关系。
5. 描述社会型企业。
6. 比较传统企业与数字企业的差异。
7. 描述数字社会的特征。
8. 电子商务技术将如何重组各行各业？
9. 请描述社交客户的特征。

1.6　电子商务的商务模式

电子商务的一个重要特征是它能不断地催生新的商务模式。所谓的**商务模式**（business model）是指开展商务活动的方法，企业就此获得收益，维持生存和发展。其中不可或缺的是组织目标，即吸引大量客户购买组织的产品或服务。由于企业的性质、行业的特征等因素的不同，电子商务模式可以多元化。商务模式不仅

存在于现有企业，也可见于规划中的企业。

《哈佛商业评论》2011年1月、2月刊专门发了5篇文章讨论商务模式变革，其中不少与电子商务有关。

1.6.1 商务模式的结构和属性

思考一般的商务模式时应该考虑如下一些要素（参阅图1-7）。

- 客户的特征，客户的价值诉求，如何开发新客户，如何维系老客户；
- 企业能够提供的产品和服务，产品的细分特征；
- 企业发展战略；
- 必要的商务流程及资源配置渠道，包括人力资源的配置渠道；
- 经营管理所需要的资源及其成本，并说明哪些是现成的，哪些需要在企业内开发、生产，哪些需要从外部获得（包括人力资源）；
- 企业的供应链，包括供应商和商务伙伴；
- 价值链结构；
- 主要的竞争对手，各自的市场份额，以及它们的市场策略和优势、劣势；
- 商务模式带来的竞争优势，包括定价策略和销售策略；
- 企业可能发生的变化，以及阻碍变化的因素；
- 预期的经营收入（即收益模式）、融资渠道、盈利能力。

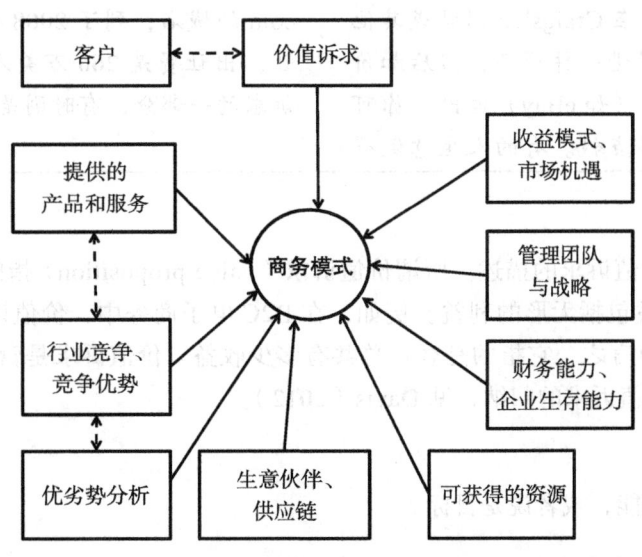

图1-7 商务模式的主要构成

商务模式的要素中还包括价值诉求，也就是某种商务模式能够创造的利益（包括有形的和无形的利益），这些利益既可以是为组织的，也可以是为客户的。维基百科网站上，有关于商务模式与商务计划之间的关系的描述和案例（请浏览 en.wikipedia.org/wiki/Business_model）。

本章主要介绍商务模式中的两个要素，即收益模式和价值诉求。

1. 收益模式

收益模式指的是一个企业或是一个电子商务项目如何创造收益。例如，Net-a-Porter的收益模式就是通过在线销售高端时装获得收益。主要的收益模式有如下几种。

- 销售。企业通过网络销售商品或服务而获得收益。Net-a-Porter、星巴克、亚马逊、歌帝梵都在网络上销售产品。
- 交易费。这是指企业按照交易量的大小收取佣金。例如,房屋所有者出售住房,他会向中介支付一笔交易费。房价越高,佣金就越高。有时候,佣金是按照交易次数收取的。例如,在线股票交易,一般是按照每次交易收取固定的费用,而不是按照交易量的大小。
- 月租费。客户按月缴纳固定的费用,由此获得企业提供的服务。例如,电信公司每个月向客户收取宽带接入费。
- 广告费。企业允许个人或是公司在自己的网站上刊登广告,收取费用。
- 介绍费。企业向客户推荐其他企业的网站,由此收取一定的介绍费。较典型的例子就是亚马逊网站。
- 许可费。另一种收益来源是收取许可费(如 progress.com/datadirect-connectors)。许可费可以按年收取,也可以按使用次数收取。例如,微软公司对使用 Windows NT 网络操作系统的工作站都要收取费用。
- 其他收益来源。有些企业允许用户在网站上玩游戏,但是要收取费用。也有企业实况转播体育赛事,对观看的用户收取费用(如 espn.go.com)。

企业设计收益模式来创造收益,设计商务模式来解释其获得收益的流程。

面向个体经营者的创新收益模式 互联网的出现使得收益模式不断创新。有些收益模式仅适用于个体的经营者,如下就是一个典型的案例。

> **实际案例 低进高出**
> 这种收益模式古已有之。但是如今,普通人也可以运用自如。例如,在 Craigslist 网站或其他分类广告网站上,低价买进一件商品,然后加价 50%~200% 在拍卖网站(如 eBay)卖出。你可以尝试一下这种方式,挣点钱。有的人生意做得很大。例如,有人 1994 年花 20 美元注册了 pizza.com 的域名,到了 2008 年 4 月,他将这一域名转让,出让费是 260 万美元。收益模式有时是价值诉求的一部分,有时则是对价值诉求的补充。

2. 价值诉求

商务模式中还包括对价值诉求的描述。所谓**价值诉求**(value proposition)指的是企业从落实商务模式中可以得到的利益,这些利益包括无形的利益。例如,在 B2C 电子商务中,价值诉求指的是企业的产品或服务如何满足客户的需求。换言之,它指的是客户总共有多少收益。价值诉求是营销计划中的重要组成部分。关于 B2C 电子商务 50 种价值诉求的归纳,见 Davis(2012)。

3. 商务模式的功能

商务模式有如下一些功能,或者说是目标。

- 描述企业的供应链和价值链。
- 设计企业的竞争策略及长期经营规划。
- 设计客户价值诉求。
- 识别谁为了什么目的使用这一技术,创收流程如何,企业在哪一个区域经营。
- 描述企业将要付出的成本与构成,以及潜在利润。

1.6.2 电子商务的一般商务模式

电子商务企业的商务模式有许多种,本书的各个章节中都会有详细的介绍(另见 Rappa,2010)。以下描述的是最常见的五种电子商务的商务模式。

- 在线直复营销。最常见的模式是在线直接销售商品和服务。这样的销售有的是生产厂家直接销售给客户，省去了中间环节和实体店铺（如戴尔电脑公司）。有的是零售商销售给消费者，使配送更加便捷（如 Net-a-Porter 网上直销点、沃尔玛在线商店等）。若产品、服务是数字化的商品（指可以从网络上直接递送的商品、服务），那么这样的销售模式就更能显示出它的效率。这种销售模式有多个变种（见第 3、4 章内容），经营的模式也各不相同（如竞拍），主要运用在 B2C(称为"在线零售"）的交易中。例如 2016 年，印度的有些农民在网络上与客户直接沟通，成为"印度农业改革"的重要组成部分。
- 网络招投标平台。大的买家通常会通过**招投标平台**（tendering（bidding）system，也叫反向拍卖）来完成大宗采购。利用网络来进行招投标既节约时间，又节约金钱。由通用电气开发的网络招投标平台已经受到大家的欢迎。有些政府机构还规定采购活动必须通过网络招投标完成（请参阅第 4 章内容）。
- 电子市场与电子交易。电子市场以单独的形式存在已经有几十年的时间了（如股票交易和期货交易）。但是到了 1996 年，形形色色的电子市场都引入了更加有效的新方法来加速交易的流程。只要精心地组织和管理，电子市场能够给交易双方都带来很大的利益。人们较多地关注的是垂直市场，也就是在一个行业里开展交易的市场。例如，Net-a-Porter 网络交易市场就是专为服装服饰的交易开发的，其客户主要是个体消费者（请参阅第 3、4 章内容）。
- 病毒营销。所谓病毒营销指的是人们利用电子邮件和社交网络，让广告内容像病毒一样传播和扩散。这种广告活动在网络平台上特别是在社交网络上非常流行。
- 团购。团购是一种知名的线下交易模式，B2C 和 B2B 电子商务都适用。它的理论基础是"数量折扣"。互联网是一个把个体聚拢在一起的平台，因此，它天然具备了数量的优势。2010 年，Groupon 网站推出了一种改良模式，方便人们在采购某一类商品时享受折扣优惠（请参阅第 8 章的内容）。当前，团购在中国十分盛行。

需要指出的是，一家企业可以实施多种电子商务模式，本章导入案例的星巴克公司、章末案例 NFL 公司，还有戴尔电脑公司的案例都说明了这一点。

1.6.3　电子商务的商务模式分类

Rappa（2010）将电子商务的商务模式分成七类：

- 网络中介模式——做市商收取服务手续费；
- 广告商模式——帮助有需求的客户在网站上做广告，并收取广告费；
- 咨询中介模式——为买方或卖方提供信息或设施，进而收取服务费用；
- 销售商模式——沃尔玛、亚马逊之类的零售商批量进货，再转手卖掉，赚取差价；
- 直销模式——厂家直接销售，没有中间商环节；
- 会员模式——向网站购买广告位，再向做广告的人收取费用；
- 社区模式——社交媒体模式，主要利用 Web2.0 工具和社交网络，其特征将在第 8 章详述。

Rappa（2010）为每种模式提供案例并介绍其收入模式。此外，他还罗列了每一种模式的变异形式。

本节习题

1. 什么是商务模式？解释它的功能及特征。

2. 解释收益模式和价值诉求。它们之间有什么关系?
3. 请解释以下几种商务模式:直复营销、招投标平台、电子交易、病毒营销、社交网络营销。
4. 识别与购买行为相关的商务模式,以及与销售行为相关的商务模式。
5. 介绍病毒营销的工作原理。

1.7 电子商务的局限性、影响和未来

正如 1.2 节所述,电子商务也会有局限和失败。

1.7.1 电子商务面临的局限与障碍

电子商务面临的障碍表现在两个层面,即技术的和非技术的,见表 1-5。

表 1-5 电子商务面临的障碍

技术层面的障碍	非技术层面的障碍
·在质量、安全、可靠性方面还缺乏全球标准	·安全问题和隐私问题使得有意在线购物的消费者迟疑
·带宽不够,对移动商务、视频、图像等更是如此	·对陌生的卖家、对计算机和看不见摸不着的交易难以给予足够的信任
·软件开发工具还不够	·不愿意接受新事物
·现有的应用软件和数据库老化,因此很难将互联网与电子商务软件整合在一起	·许多法律问题和政策问题还没有解决或不够清晰
·除了应用服务器以外,企业还需要安装网络服务器,增加了开展电子商务的成本	·本国政府或是外国政府对电子商务活动还有种种限制,全球竞争加剧
·互联网接入成本依然较高,不够便利	·对电子商务的成本和带来的利益还难以界定
·大型 B2C 订单处理需要特别安装自动化的仓储系统	·没有足够的客户,供应链环节缺少合作

阻碍电子商务健康发展的一大障碍是伦理道德的缺失。

1. 道德问题

道德问题会给电子商务经营带来压力。不过,也有一些道德监管网站在帮助企业获得客户的信任。所谓**道德规范**(ethics)其实就是一种辨别是非的标准。道德规范是一个难以说清楚的问题,因为它不是非此即彼的问题。对一个人来说这是符合道德规范的,但是对另一个人来说或许情况恰恰相反。同样,在一个国家这样做是对的,但是到另一个国家就是错(请参阅第 15 章内容)。同样,网络安全问题也非常重要(请参阅第 11 章内容)。

在实施电子商务活动的时候,人们会面临种种伦理道德问题,例如是否能监视员工的电子邮件,是否能利用储存在企业或公共服务器中成千上万条客户的隐私信息。人们需要思考这样的问题,因为它们对电子商务的开展会形成限制和障碍。一个典型的例子是零售商店里正在使用或将要使用的射频识别技术,因为它有可能侵犯购买者的隐私。

2. 克服障碍

尽管有诸多的限制和壁垒,电子商务还是在快速地发展。随着人们经验的积累、技术的进步,开展电子商务的成本效益会提升,将会有越来越多的个人和组织接受电子商务。

1.7.2 学习电子商务的意义

学习电子商务,主要是因为这是一个快速发展的领域,对企业的运营以及营销活动产生着很大的影响。

电子商务在整个商务活动中所占的比重越来越大。有人预测，未来大多数商务活动都将在网上完成。因此，任何商务人士或商科学生都要学习电子商务。

这也是电子商务学术研究快速发展的原因。电子商务的学术研究始于 1995 年，那时学校相关的课程只有几门，教科书也只有几本。可是如今，许多高校都开设了电子商务课程和完整的电子商务专业。例如美国弗吉尼亚大学、缅因大学和阿肯色大学都开设了电子商务专业或是辅修课程。电子商务已经融入了各种各样的研究和学习领域，如网络营销、电子金融市场等。研究领域的扩大说明电子商务已经渗透到越来越多的商业领域、服务领域以及政府管理中。总之，这个领域因其创新的商务模式而独具吸引力。

学习电子商务还会带来许多无形的利益。第一，就业机会将会更多更好。市场需要既有技术又能管理的人才，薪酬也水涨船高（请浏览薪酬比较网站：salary.com，careerbuilder.com/insights）。与社交媒体、社交网络、社交商务相关的岗位有数百个，而且待遇优厚。第二，如果你懂得电子商务，并且知道如何利用电子商务技术去捕捉机遇，那么你在公司里升迁的机会就会多很多。第三，电子商务有可能使人成为亿万富翁，这样的例子比比皆是，如谷歌、Facebook、YouTube、亚马逊、阿里巴巴等知名电子商务公司的创办者。你可以利用像 eBay 这样的网站卖东西挣钱，你还可以边读书边挣钱，甚至有些十多岁的青年也有非常成功的电子商务经历。美国加州 Cupertino Monte Vista 中学毕业的 Diane Keng 利用 Web 2.0 技术成功开办三家电子商务公司，赚得盆满钵满。

2016 年，一个 9 岁的孩子售出了几千盒"少女童子军"饼干。她并没有挨家挨户地去推销，而是运用网络销售的方法。

除了本书提到的案例和利用 eBay 等网站挣钱以外，利用电子商务还给人们带来各种各样的机会。美国学者 Hunt 等曾经提出如下一些利用网络赚取外快的方式：（1）销售自己的手工艺品；（2）凭自己的智慧挣钱；（3）做一个应召的看护人员；（4）做一些写作、编辑或校对等文字工作；（5）为人设计图案或是网站；（6）为孩子或是成年人做咨询；（7）为人提出建议；（8）提供客户服务；（9）开设博客；（10）向人提供思路，收取费用；（11）在网络上搜索信息；（12）在线完成一些工作。如今出现了一种非常盛行的电子商务模式，很适合个人去做，那就是"代销直供模式"（请参阅第 3 章内容）。

社交媒体和社交商务中也有很多的机会可以去捕捉。

1.7.3 电子商务的未来

在 2016 年举行的世界贸易组织年会上，许多专家都提到电子商务会在经济发展中发挥无可替代的作用。它将有助于人民生活水平的提高，对那些发展中国家来说更是如此。所以，人们对电子商务发展的美好前景都充满期待。

经济、技术和社会取向等因素影响着电子商务，决定其发展方向。例如，多数专家认为，电子商务向移动化发展是必然趋势。也有专家认为，作为电子商务的一部分，社交商务也是未来趋势。由于手机、平板电脑、电子支付系统的发展，发展中国家将掀起电子商务应用的浪潮。在与传统零售业的竞争中，电子商务终将获胜。在未来，电子商务更将提升开拓国际市场的能力。

电子商务对行业的影响更大，而且将越来越大。在过去的 8 年里，电子商务的影响主要表现在旅游业、零售业、股票经纪行业以及金融服务业。未来受影响的将是电影业、保健行业、图书出版业和电子支付行业。

当前对电子商务未来规模的预测，主要来自权威分析机构 ComScore、eMarketer.com 和 Forrester 等。与电子商务相关的预测和统计数据可参见表 3-1。

据估计，2016 年下半年全球网民已经达到 30 亿，2017 年则达到了 35 亿（请浏览 internet worldstats.com）。上网的人数越多，电子商务的发展空间就越大。

2016 年，市场调研机构 eMarketer 预测，约 85% 的美国网民会在线购物。由于 2008 年到 2013 年发生了金融危机，人们更愿意参与网上购物，因为网络上的商品更加便宜，比价也更方便，例如购物者可以先到亚马逊网站上去看看价格。另一个刺激电子商务的因素是移动设备，尤其是智能手机的普及。电子商务的业务增长来自 B2C、B2B，还有电子政务、远程教育、企业对员工电子商务、社交商务、协同商务等新型应用。尽管有些个体经营的网络企业、某些新创企业以及实体经济在衰退，但电子商务的交易量每年都要增长 13%～16%。

最后，变化了的商业环境也有助于电子商务的发展。

电子商务未来发展取决于技术、组织和社会趋势等因素。高德纳公司（Gartner）每年都会列出"十大战略性技术趋势"。2015 年和 2016 年，该公司提供的报告中都列出了几项与电子商务发展相关的趋势（如移动 App、物联网等）。

还值得一提的是，电子商务的发展依赖于互联网的接入程度。Facebook 开发的激光无人机可望将网络接入的机会带给 50 亿用户。Kelly（2016）罗列出 12 项技术的发展，它们将影响我们的未来。

本节习题

1. 列出妨碍电子商务发展的技术障碍及非技术障碍。
2. 学习电子商务有什么意义？
3. 电子商务对人们的创业有什么帮助？
4. 请概括叙述关于电子商务未来的主要观点。

1.8 本书概要

本书共分 5 个部分、15 章（见图 1-8）。

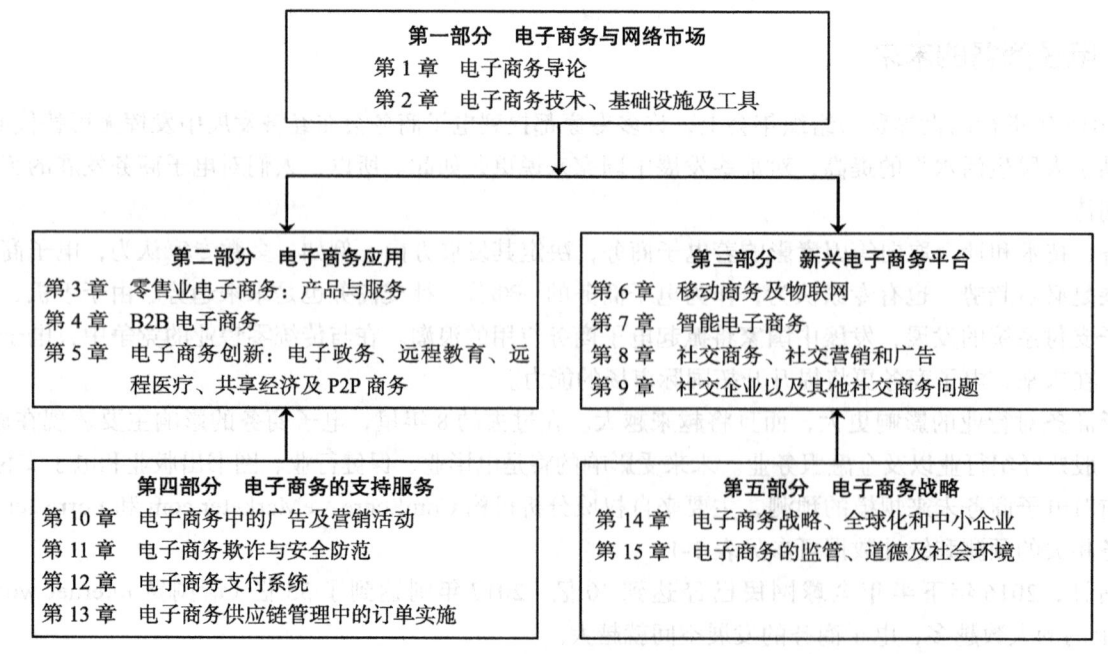

图 1-8 全书的框架

1.8.1 第一部分：电子商务与网络市场

这一部分主要介绍电子商务的概貌，包括它的内容、为人们带来的利益、局限性、驱动力（见第1章）。第2章介绍网络市场及其运行机制，如电子目录和竞价。第2章还将介绍社交网络得以运行的 Web2.0 工具，以及其他一些新的网络技术。

1.8.2 第二部分：电子商务应用

这一部分有三章。第3章介绍电子商务零售（B2C），阐述在线销售产品的创新应用。它还将介绍在线提供服务，如网上银行、网上旅行安排、保险等。第4章将介绍B2B电子商务，主要讲围绕企业开展的商务模式，如一个买家对多个卖家、一个卖家对多个买家以及多对多的电子交易平台。第5章则是介绍电子政务、远程教育、远程医疗、共享经济、C2C商务等内容。

1.8.3 第三部分：新兴电子商务平台

第二部分介绍的是传统电子商务平台，第三部分将用四章篇幅介绍新兴电子商务平台。第6章介绍移动商务。第7章介绍以人工智能技术为主的智能商务，以及与此相关的物联网等。第8章介绍社交商务和社交媒体营销。最后，以第9章的企业社交商务等新兴商务模式结束本部分的讨论。

1.8.4 第四部分：电子商务的支持服务

这一部分包括四章，都是关于电子商务应用的支持系统的。第10章介绍网上购物的消费者行为、在线市场调研以及网络广告。第11章介绍电子商务欺诈与安全防范的内容。第12章介绍电子商务支付系统。第13章则是介绍订单实施。

1.8.5 第五部分：电子商务战略

这一部分包括两章。第14章讲电子商务战略与规划、全球电子商务以及电子商务对中小企业的影响，具体如何实施的问题也是讨论的内容。第15章介绍电子商务活动面临的伦理道德问题和法律问题，论述的问题包括隐私权保护、知识产权保护、虚假内容防范，还有一些内容是有关电子商务与社会发展的。

管理问题

1. **为什么B2B电子商务十分重要？为什么它会取得成功？** B2B电子商务的重要性表现在几个方面。第一，有些B2B商务模式比B2C商务模式容易操作，交易量和交易规模更大。与B2C相比，B2B减少的经营成本容易判断，幅度也大。B2C面临的问题要更明显，如与传统配送渠道的冲突、网络欺诈以及客户规模上不去等，而B2B面对的难题要少一些。许多企业从现有的网络企业或是网络B2B交易平台购物，或是在现有的网络市场上销售商品，或是参与网络竞价销售，电子商务就这样开始了。问题仅仅在于如何判断交易的地点和交易的对象。

2. **选择怎样的电子商务经营模式？** 21世纪初，媒体上开始大肆报道网络企业或是电子商务项目失败的案例。一个产业往往是经历了"淘金"浪潮以后才会慢慢巩固。大约100年前，美国的福特汽车公司靠制造汽车发财，随后有几百家汽车制造厂纷纷效仿，结果只有三家硕果仅存。最重要的是，要从别人的成败中学习经验和教训，寻找最好的商务模式。

3. **如何开展社交商务？** 开展社交商务的途径有很多。有些企业甚至自己开设了社交网站。第一件可以做的事情是广告，网络招聘也是一种比较好的方法，还可以通过社交网络提供产品、服务的折扣。客户服务、市场调研等都是社交网络上可以大有作为的领域。当然，最重要的事情是利用社交网络开展交易，并由此创造收益。

4. **如今电子商务面临的最大挑战是什么？** 电子商务面临的十大技术问题（按重要性排列）分别是：安全问题、基础设施问题、虚拟化问题、后台系统整合问题、智能软件的数量问题、云计算问题、数据存储问题、数据挖掘问题、可测量性问题、内容传递问题。而电子商务发展面临的十大管理问题是：可行性问题、预算问题、项目周期问题、技术更新问题、隐私保护问题、不现实的管理预期问题、员工培训问题、客户开发问题、改进客户服务问题、招聘合格的电子商务人才问题。所有这些问题都将在本书的叙述中提到。

本章小结

1. **电子商务的定义及分类**。电子商务就是用电子的方式开展交易活动。对电子商务进行分类，可以依据是完全电子商务还是部分电子商务，是互联网渠道还是非互联网渠道，是企业外网络还是企业内网络等。

2. **电子商务的内容和框架**。电子商务有诸多应用，它有赖于基础设施，也有赖于参与其中的人。与电子商务相关的还有公共政策、技术标准、营销与广告、支持系统（如物流、安全、支付等）、商务伙伴等，所有这一切，都需要管理工作来协调。

3. **电子商务交易的种类**。电子商务交易的主要类型有B2B、B2C、C2C、移动商务、企业内商务、B2E、协同商务、电子政务、社交商务、远程教育等。

4. **电子商务的驱动力**。电子商务是数字革命和技术革命的重要产物。它既有利于企业增加盈利，也有利于企业发展壮大。这一革命带来的结果就是产品、服务、信息的数字化。技术的发展、全球化的理念日益深入人心、社会的变迁、政府监管的放松等，导致了商务环境的迅速变化。环境变了，企业的经营模式也要随之变化。传统的应对方式并不能奏效，因为外部的压力大了，变化也更快了。因此，企业必须不断创新，重构自己的经营模式。电子商务的固有特征使它成为企业创新与重构的必然选择。电子商务的发展驱动力，更在于它所提供的战略优势，使得企业能够在竞争中胜出。

5. **电子商务给组织机构、消费者及社会带来的利益**。参与电子商务的个人和组织都能从中获得利益。由于这样的利益十分显著，你简直难以无视它。而且，企业可以到偏远的市场，甚至全球市场上，用较有优势的价格开展交易。产品市场化的速度加快了，企业由此获得竞争优势。企业可以改善内部和外部的供应链，提高协调合作的能力，也可以借助电子商务更好地适应政府监管。

6. **电子商务2.0与社交媒体**。这是指利用社交计算开展商务活动。一般是使用 Web 2.0 工具，如博客、维客等，还包括企业社交网络、虚拟世界里的商务活动等。社交网络和企业网络吸引了众多的网络用户。

7. **社交商务及社交软件**。许多企业开始利用社交网络和社交软件（如博客）来开展商务活动。社交商务主要体现于广告、购物、客户服务、招聘、在线合作等。

8. **数字社会的要素**。数字世界的要素主要包括数字经济、数字企业、数字社会三个方面。它们表现的形式各异，发展也十分迅速。随数字社会而来的，还有社会型企业和社交客户。

9. **电子商务的商务模式**。电子商务环境下的商务模式主要有在线直复营销、电子招投标平台、"价格由你定"、会员式营销、病毒营销、团购、在线拍卖、规模定制、电子交易、供应链优化、价格比较、价值链整合、价值链增值、信息中介、物物交换、大幅折扣、会员互动等。

10. **电子商务活动的局限性**。这些局限主要表现在对新技术的抵制，人们担心安全问题，不容易与其他的信息技术平台接轨，执行订单成本较高，隐私保护问题，监管不明确，对计算机和合作伙伴的信任度不高，评价标准缺失，缺少电子商务技术人员等。

关键术语

brick-and-mortar（old economy）organizations：砖瓦水泥式组织（旧经济组织）
business model：商务模式
business-to-business（B2B）：企业对企业电子商务
business-to-consumer（B2C）：企业对消费者电子商务
business-to-employee（B2E）：企业对员工电子商务
click-and-mortar（click-and-brick）organizations：鼠标水泥式组织（鼠标砖瓦式组织）
collaborative commerce（c-commerce）：协同商务
consumer-to-business（C2B）：消费者对企业电子商务
consumer-to-consumer（C2C）：消费者对消费者电子商务
corporate portal：公司门户网站
digital economy：数字经济
digital enterprise：数字企业
e-business：电子业务（电子商务）
e-government：电子政务
e-tailing：电子零售
electronic commerce（EC）：电子商务
electronic market（e-marketplace）：电子市场（网络市场）
ethics：道德规范
extranet：外联网
intrabusiness EC：企业内电子商务
intranet：内联网
sharing economy：共享经济
social business：社会化企业
social commerce（SC）：社交商务
social computing：社交计算
social（digital）customer：社交客户（数字客户）
social enterprise：社会型企业
social media：社交媒体
social network：社交网络
social networking：网络社交
social networking services（SNS）：社交网络服务
tendering（bidding）system：招投标平台
value proposition：价值诉求
virtual（pure-play）organizations：虚拟组织（纯电子商务组织）
Web 2.0：二代互联网

讨论题

1. 比较砖瓦水泥式组织与鼠标水泥式组织的异同。
2. 利用智能卡到自动售货机上购物，为什么属于电子商务的范畴？
3. 为什么电子商务能够减少配送时间，促进向员工授权，改善客户服务？
4. 病毒营销与会员式营销有哪些相同点和差异？
5. Web 2.0 工具的作用有哪些？它从哪些方面促进了电子商务的发展？
6. 企业为什么愿意开展社交商务？
7. 公共社交网络（如 Facebook）与企业社交网络有哪些不同？
8. 电子商务的非技术性障碍表现在哪里？哪些来自企业内部？哪些来自企业外部？
9. 社交客户和社交商务之间有何关联？

课堂论辩

1. 电子商务为什么会对企业经营形成压力？企业应该如何应对这样的压力？
2. 数字商务会取代人为的操作吗？如果答案是肯定的，那么这是坏事吗？
3. 企业为什么会频繁地改变自己的商务模式？这样做有什么利弊？
4. 电子商务创造出一些就业岗位，但是因电子商务而消失的岗位更多。我们是否应该限制其发展？
5. 网络时尚物品交易会影响时尚物品零售商的生意吗？
6. 搜集企业未来发展方面的信息。可以从 ibm.com 开始。用一两页的篇幅概括当今企业和未来企业有何差异。
7. 为什么中国"双十一"购物节单日销售额是美国

"剁手星期一"的两倍?
8. 电子商务的发展对时尚行业有什么影响?
9. 浏览并比较网站 packdog.com 和 entirelypets.com/dogtoys.html。网站上的内容与数字社会有什么关联?

网络实践

1. 浏览所列网站 http://www.excitingcommerce.com 和 www.excitingcommerce.com,查找新型电子商务模式和未来前景的相关信息。
2. 浏览网站 amazon.com。
   a. 查找有关电子商务的五本畅销书。
   b. 查找有关其中一本书的评论文章。
   c. 从亚马逊网站上你能获得怎样的个性化服务?在亚马逊网站上购物你能获得哪些利益?
   d. 浏览产品介绍栏目。
3. 浏览网站 priceline.com 和 zappos.com,了解两个网站使用的收益模式。采用这样的模式有哪些优势?
4. 浏览网站 nike.com,在网站上设计自己的鞋子款式。再浏览网站 products.office.com,在网站上设计自己的名片。再浏览网站 jaguar.com,设计一款自己梦想中的轿车。这样做的好处是什么?弊端是什么?
5. 要想在购物时省一点,请浏览网站 pricegrabber.com、yub.com、buyerzone.com,你会到哪一家网站购物?为什么?
6. 浏览这三家网站 espn.go.com、123greetings.com、facebook.com,列出它们的收益模式。
7. 浏览网站 philatino.com、stampauctioncentral.com、statusint.com,了解它们的商务模式和收益模式。这样的模式对卖家有哪些利益?对买家有哪些利益?
8. 浏览网站 zipcar.com,该网站能够帮助你做什么?
9. 浏览网站 digitalenterprise.com,写一篇报告,说明电子商务的最新模式和发展。
10. 浏览几家电子商务人才招聘网站(如 execunet.com、monster.com)。将电子商务人才的薪酬与会计人才的薪酬进行比较。若要了解更多有关电子商务人才的薪酬问题,可以阅读《计算机世界》(*Computerworld*)期刊上每年一度的薪酬报告,也可以浏览网站 salary.com 等。
11. 浏览所列网站 bluenile.com、diamond.com 和 jewelryexchange.com,对它们进行比较,观察其相同点和不同点。
12. 浏览 ticketonline.com、ticketmaster.com、tickets-online.com 等销售展会入场券的网站,网络售票的优势在哪里?各家网站提供的服务有哪些?
13. 浏览 Timberland 的网站 timberland.com,自己设计一双靴子。它与在耐克公司的网站上自行设计一双运动鞋有什么区别?再与 zappos.com/shoes 网站进行比较。
14. 请浏览如下网站,比较它们的商务模式和收益模式:prosper.com、paperbackswap.com、bigvine.net。

团队合作

1. 请阅读本章开头的导入案例,并回答下列问题:
   a. 你觉得星巴克通过电子商务活动,在哪些方面提高了品牌知名度?
   b. 有人认为 My Starbucks Idea 做的是无效的表面功夫。查阅关于这个项目的正反面信息(参见 Action Blog 上的 Starbuck Ideas)。
   c. 星巴克在 Facebook 上发起了一些非商业话题的探讨,如婚姻平等法案等。为什么星巴克要发起这些活动?
   d. 消费者是如何参与到星巴克的各种电子商务活动中的?
   e. 星巴克坚信自己的数字社交行动极具创新性,而且使消费者行为产生了巨大转变。请讨论这一话题。
2. 每个团队收集两份电子商务的成功案例。团队成员要寻找开展完全电子商务的企业,其在很大程度上使用鼠标水泥式战略。要设法归纳企业成功的主要原因,然后向其他团队介绍。
3. 观看一段10分钟长的视频 E-Commerce Part 1 (youtube.com/watch?v=gOVh-r03zxQ)。

a. 将视频中提到的数据更新。
b. 电子商务带来的主要变化是什么？
c. 视频中所提到的第一项重大变化是什么？
d. 视频中提到亚马逊以及其他一些公司在当时损失惨重，但是如今它们却日进斗金。原因何在？
e. 视频中提到哪些电子商务模式？
f. 人们如何在家里开展电子商务活动？
g. 视频中将电子商务说成是"粉碎机"（disruptor）。为什么？

4. 登录 eweek.com，搜索社交商务。团队间进行任务分工，每个团队选取一个主题，写一份报告。
5. 搜索有关无人驾驶汽车的信息。列出赞成和反对的意见。为什么这也是电子商务的范畴？就这一话题做一个演讲。
6. 搜索有关电子商务对自动操控设备行业影响的信息，包括自动驾驶汽车的信息。
7. Net-a-Porter、亚马逊、Groupon 等网站都销售打折的专门设计的时尚商品。比较它们各自的优势并写出报告。
8. 比较共享汽车企业（如优步）与 ZabCab 的差异。

章末案例

NFL 赛事中的电子商务

在美国，职业体育赛事是一桩价值几十亿美元的商务活动。此类赛事在其他许多国家也在迅速发展。美式橄榄球在美国是最为普及的一项运动，其知名品牌就是美国职业橄榄球大联盟（NFL）。NFL 拥有 32 支球队，它广泛利用电子商务和其他信息技术高效地开展这项商务活动。以下列举的就是 NFL 在公司层面以及球队层面所开展的电子商务活动。

在线销售

除了 NFL 官网上的商店（nflshop.com）、球队自营的门店（如 Atlanta Falcons）以外，全美有几十家商店在销售 NFL 品牌的球衣、球帽、衬衫等物品，有的正宗，有的则是冒牌货。大多数商品是在线销售的，因此粉丝们可以坐在家里买到自己心仪球队的物品。若手中有折扣券，还能享受优惠。这已经成了一项价值几十亿美元的 B2C 交易，支撑的技术是搜索引擎、网购工具（见第 2 章内容），还有比价网站，例如 bizrate.com/electronics-cases-bags。据彭博新闻社 2016 年的报道，2015 年，NFL 运动员协会与电子商务巨头合作，专门负责制作和销售各种特许商品。

有些网店（如 ticketsnow.com/nfl-tickets）销售 NFL 赛事门票，包括转让门票。

在中国销售产品

2013 年 10 月，NFL 正式启动了在中国的官方网络销售店，网址为 nfl.world.tmall.com。为了这项业务的开展，NFL 找了两个合作伙伴：一是上海依珀商贸（Export Now），负责所有交易的行政事务；二就是天猫，中国电子商务领头羊，注册用户超 5 亿。

信息、新闻及社交商务

NFL 在 Facebook 上也有自己的主页，上面登载了 NFL 的介绍，还有粉丝们发布的帖子。在 Twitter 上也发布有关 NFL 赛事的消息，注册的粉丝有 2 300 多万。人们在智能手机里能够看到本地新闻，收到实时的赛事比分。运动员普遍使用社交媒体，所以人们就提出了这样的问题，那就是运动员只能在赛前、赛后使用社交网络，而不是在比赛进行中。相关管理措施，请浏览 sports.espn.go.com/nfl/news/story?id=4435401 上的文章《赛前赛后方可使用社交媒体》。

视频及梦幻游戏

"劲爆美式橄榄球"（Madden NFL 11）是一款视频游戏，只要调整一下格式，就可以在 iPhone 或是 iPad 上运行。也可以关注微软的游戏租赁服务 Game Pass。若要知道详情，可以浏览 en.wikipedia.org/wiki/Madden_NFL_11。与这些视频游戏相似的还有免费的梦幻游戏，可登录网站 fantasy.nfl.com。

智能手机体验

智能手机（特别是 iPhone 手机）如今可以方便用户在线观看 NFL 赛事的实况转播，当然有时收费不菲。在体育场里，你还可以使用 iPhone 手机看那些投射在显示屏上的照片。NFL 对移动技术的应用已经家喻户晓了。

体育场里的无线应用

有些体育场里安装了新颖的无线传输系统。一个典型的例子是凤凰城大学的体育场，那里是亚利桑那红雀队的主场。橄榄球爱好者可以利用手机观看许多套高清电视节目。手持智能手机，可以用触摸屏了解最新赛事比分，让便利店送来啤酒或是热狗，还能在线购买球票。这套系统对售票的员工也有不少帮助。球迷们在体育场附设餐厅购买食品的时候依然可以观看比赛。红雀队的营销部可以为本队的下几场赛事或是其他的赛事打广告。比赛进行中，这套系统可以向教练提供必要的数据。在迈阿密海豚队的主场 Sun Life 体育场，也有一套类似的系统。该队把体育场里的每一把椅子都设计成是可以回放精彩镜头的屏幕。座椅设计相关信息，可登录 youtube.com/watch?v=t2qErS7f17Y，观看视频"迈阿密海豚队把 Sun Life 体育场变成了球迷欢乐营"（Miami Dolphins Transform Sun Life Stadium into Entertainment Destination for Fans）。球迷还可以在线订购食物，让送餐员把食品送到观众席边，还可以用手中的无线设备付款。比赛休息期间，如果你累了，还可以在移动设备上玩游戏。诸如此类的电子商务应用可以让球迷们更快乐，当然，主办方也挣到了更多的钱。

其他应用

NFL 还利用电子商务的种种方式管理球迷如何往返球场，保障赛场安全，完成 B2B 的各种采购，提供在线客户关系管理等。

思考题

1. 网络商店 B2C 经营中有哪些电子商务应用？
2. 球场上有哪些 B2C 的电子商务应用？
3. 球场上有哪些 B2E 的电子商务应用？
4. NFL 经营中，网络游戏与电子商务有哪些关联？
5. Facebook 与 Instagram 上的 NFL 信息有何差异？
6. 本案例中，还有哪些 NFL 的电子商务应用没有被提到？
7. 浏览 www.ignify.com/Atlanta_Falcons_eCommerce_Case_Study.html。阅读这一案例。登录 Falcon 的网店，观察他们应用了怎样的电子商务经营模式。
8. NFL 利用了哪些社交商务的商务模式？请查阅相关信息。
9. 比较劲爆美式橄榄球（Madden NFL 11）游戏与 NFL 梦幻游戏的差异。

第 2 章

电子商务技术、基础设施及工具

学习目标

1. 描述电子商务的主要经营形式、流程及支持系统；
2. 定义网络市场及其构成要素；
3. 列出网络市场的主要类型及其特征；
4. 描述电子商品目录、搜索引擎及购物车；
5. 描述网络竞价的主要形式并列出其特征；
6. 讨论网络竞价的利弊；
7. 描述网络物物交换及网络谈判；
8. 描述虚拟社区；
9. 描述社交网络与电子商务运行机制；
10. 描述新兴技术增强现实与众包；
11. 描述 Web 3.0 和 Web 4.0 技术。

导入案例

Pinterest：电子商务领域的新宠

2011 年以来，大家谈论比较多的一个电子商务网站就是 Pinterest。

机遇

Pinterest 是一个图片社交网站，用户可以把自己感兴趣的东西"钉"在 Pinterest 的图片墙（PinBoard）上。近几年，世界各地都有图片社交形式的网站在运作，巴西和中国的类似公司做得也比较成功。Pinterest 的创始人看到了其中的潜在商业价值。为拓展业务，他们还成功获得了初始创业投资。

解决方案

Pinterest 为用户提供虚拟图片墙，用户可以在上面发布图片，也可以分享在网络上找到的图片（简称 pins）。用户可以分门别类地把图片钉到虚拟图片墙上，这个图片墙就像真实的公告牌一样。比如，一个人可以把收集的帆船图片钉在一个图片墙上，再相应地配上文字解释，也可以把收集的居家装饰品放在另一个图片墙，而收集的中国菜谱放在第三个图片墙上。数以百万计的人们会生成越来越多的图片墙，而且任何人都可以搜索并查看它们。你也可以添加好友和关注好友。所以，Pinterest 是一个帮用户收集图片的工具（请浏览 about.pinterest.com）。关于什么是 Pinterest，以及它是如何运作的，可以浏览 makeuseof.com/tag/your-guide-to-pinterest。

当然，成功的电子商务不仅要有大量用户和较快的增长速度，还需要切实可行的盈利模式。

商务模式和盈利模式

Pinterest是私人控股企业，所以不需要向公众报告公司的商务模式和盈利模式。但是，市场分析人士依然能够对公司的运作做出判断。他们认为，该公司目前的重点是扩大用户数量，而且公司正在探索广告模式。许多人对公司可能的收入机会提出建议（下文会有介绍）。

营销模式

公司可以采用的广告模式很多，但是目前Pinterest似乎比较热衷于"按互动计费"（cost-per-engagement，CPE）和"按行动计费"（cost-per-action，CPA）两种模式。按照这样的计费模式，广告商（即在网站上刊登广告的客户）只有在用户真正点击推送的广告内容时才支付费用。这样，广告商的风险就比较小，也保证了Pinterest会积极地向用户推送广告。

售卖用于市场调研与分析的数据资料

有些业内人士建议Pinterest将网站上获取的客户数据售卖给零售商，零售商可以使用这些数据进行分析，比如进行数据挖掘分析和市场调研。因为客户数据能够揭示出重要的统计信息，显示消费行为、推送的内容（如产品推荐、一对一服务信息、个性化广告）与产品和服务之间的关系。

其他针对Pinterest网站经营的建议

- 对于如何利用Pinterest网站开展营销活动，Hootsuite提出了许多种方式，请浏览 blog.hootsuite.com/how-to-use-pinterest-for-business。
- Hub Spot（hubspot.com）提供了一本免费的电子书，名为"如何使用Pinterest进行商业活动"，内容包括如何在Pinterest创建一个企业账户，以及Pinterest如何运作等。请浏览 offers.hubspot.com/how-to-use-pinterest-for-business。
- 维基百科列出了几个潜在的收入来源（请浏览 en.wikipedia.org/wiki/Pinterest）。
- 欲了解更多建议，请浏览 business.pinterest.com/en/pinterest-guides。

用Pinterest做广告并开展营销活动

以上提到的大部分建议都是针对广告和营销活动的。除此之外，2013年Cario、2015年McDonald还为Pinterest网站的运营提出了更多的建议。

取得的成就及面临的管理问题

Pinterest是增长非常迅速的社交网站。截至2016年3月，Pinterest的全球用户已经达到1.1亿（可以浏览 linkedin.com/pulse/pinterest-2016-statistics-110million-monthly-users-ivonne-teoh）。

对于Pinterest这一惊人的增长速度和用户规模，comScore公司等也有类似报道。根据公开的公司财务报告，2015年Pinterest的营收达到了1.69亿美元，到2018年将达到28亿美元。

在2014年10月，Pinterest的估值约110亿美元。如果公司的用户规模依然快速增长，并且能有可观的收益，可能会考虑上市。公司一旦上市，估值可能会更高。

下面列出的是该公司面临的一些管理问题。具有代表性的管理问题包括如下方面。

法律问题

很多人从网上收集图片来建立自己的图片墙，却未经内容创作者的许可，也没对他们进行补偿。而一些所收集的材料是受版权保护的。Facebook或博客上使用的资料也存在类似问题。不过，根据Pinterest的使用条款，会员要对自己的行为负责，此外，用户所发布的内容必须经过内容创作者的许可。需要注意的是，Pinterest将所有指责和潜在的法律费用都转移给了用户，由用户支付可能发生的律师费。当然，Pinterest也采取了多项措施来缓和法律问题。该公司不断增加措施，以减少法律问题。例如，2012年5月，该公司在网站上增加了一个功能，促进解决创作内容的归属问题。当然，法律问题还可能包括如何处理网络骗子的问题，这些骗子在Pinterest上很活跃。尽管如此，公司网站一直提醒用户，在网站上的各种操作要符合版权保护的规则（请浏览 turbofuture.com/internet/how-to-use-pinterest-copyright-legally）。

竞争问题

Pinterest的流行引起许多公司试图模仿，由于其核心理念基本是图片共享，不能授予专利，因此，竞争对手试图进入诸多细分市场。比如，Juxtapost

（Juxtapost.com）的网站功能与 Pinterest 相似，但是它更注重摄影技巧。美食视觉展示平台 Foodgawker（foodgawker.com）的关注点是烹饪与美食。美酒品尝类网站 Liqurious（liqurious.com）上的图片则侧重于形形色色的酒品。We Heart It（weheartit.com）是一家在美国经营的巴西公司，它与 Pinterest 非常相似。还有一个新兴的竞争对手是 Fancy（fancy.com），2013 年与谷歌进行合作。诸如 Facebook 和谷歌之类的公司也可能会提供类似的服务。有些人认为，由于 Pinterest 与商业领域有更好的匹配性，可避开 Facebook 和 Twitter 的竞争。

结论

Facebook 或 Twitter 虽然能聚集更多的网民，但 Pinterest 可以进行更多的商业化运作。Pinterest 能为小型企业（如一些设计公司）提供一些潜在好处，许多公司已经利用 Pinterest 获得利益。然而，这些公司目前不用向 Pinterest 缴纳费用。Pinterest 是否能成功要看其收入模式和盈利能力。

资料来源：Based on Mangalindan (2016), McDonald (2015), Roof (2015), and Tarver (2015).

案例启示

如上所述，Pinterest 是一个为人提供有趣图片和虚拟图片墙的社交网络。同时，Pinterest 还是一个支持多种电子商务活动的平台。例如，公司可以建立图片墙来推广自己的品牌，或借助 Pinterest 平台通过创意分享推动创新活动。

2.1 电子商务技术面面观

第 1 章中提到的种种电子商务经营模式以及交易形式都有赖于各种电子商务技术。第一，绝大多数的应用是要在互联网上完成的。第二，为了信息系统（如数据库、网络、安全、软件、服务器软件、运行系统、网络服务器、托管服务等）的正常运行，还需要建立各种各样的基础设施。第三，为了电子商务的开展，还需要电子市场、购物车、电子商品目录、电子购物支持服务（如电子支付、订单处理）。第四，电子商务实施过程中还要各种技术，如固定价格交易还是竞价交易，不同的方法使用的技术是不相同的。第五，还有基于 Web 2.0 上的协作和沟通机制（如 Twitter）和特殊平台（如 Pinterest 使用的平台）。本章将主要介绍与电子商务活动相关的技术，目的是在后面章节便于读者更好地理解它们的运行机制。

2.1.1 电子商务活动及相关技术

电子商务交易活动可以分成六大类，显示在图 2-1 的左侧。每种活动都需要一种或是多种电子商务技术来支撑，列在图 2-1 的右侧。本书的后面还将讨论一些特殊的应用技术，如支付、安全、订单实施等。

下一节，书中将介绍网络市场的运行。但是在此之前，要先介绍传统市场的购物流程。

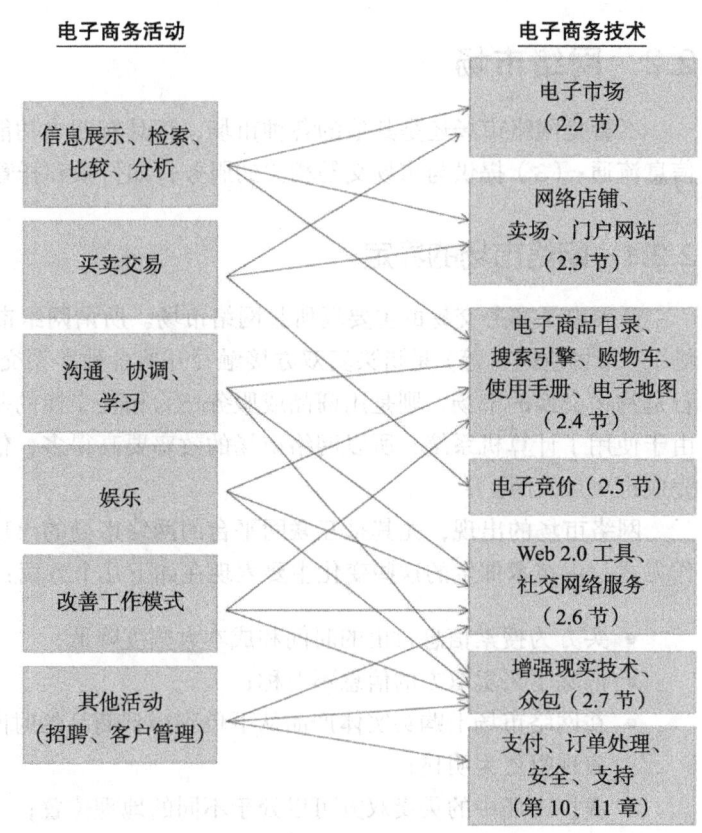

图 2-1　电子商务活动与相关技术

2.1.2 在线购物流程

客户在线购物可以有多种方式。最常见的是按照商品目录，接受固定的交易价格。有时候，价格可以谈，可以打折。还有的是"动态定价"，这发生在拍卖或是股票市场、期货市场上。

购物流程从登录卖方网站开始，然后按规定注册，接下来进入在线商品目录，或是"我的账户"。如果在线目录内容很多，那么就需要设置一个搜索引擎。买方往往需要进行价格比较（现在智能手机就可以比较价格）。在线比价服务对买家是很有帮助的。此时，卖方（如美国航空公司、亚马逊）就要提供一个与竞争对手价格进行比较的渠道。否则买方就会离开网站，先比较价格再进入具体的交易网站。如果不满意，消费者会离开这个站点。如果满意，消费者会选择商品，放入虚拟购物车或是购物篮。消费者会重新回到商品目录，挑选其他的商品。重复前面放入购物篮的动作。选择完成后，买方要进入结算页面，选择送货方式（如"普通配送""隔天配送"等）和支付方式。例如，在 newegg.com 上购物，可以采用信用卡、PayPal、支票、分期付款等多种形式支付。检查细节无误后，买方便可以提交订单。

支持这一流程的主要电子商务技术将在 2.3 节和 2.4 节介绍。下一节要介绍的是买卖得以实现的平台：网络市场。

本节习题

1. 列出电子商务的主要活动形式。
2. 列出与电子商务相关的主要技术。
3. 描述在线购物流程。

2.2 网络市场

不管是网络市场还是其他的各种市场，都具有四大功能：（1）匹配买方和卖方；（2）促进与交易相关的信息流通；（3）提供与市场交易相关的服务，如付款和托管；（4）提供法律、审计和安全等辅助服务。

2.2.1 网络市场的界定

开展电子商务交易的主要场所是网络市场。所谓**网络市场**（e-marketplace；也称为"电子市场""虚拟市场""市场空间"等）是指买卖双方接触并开展各种类型交易的电子化空间。客户支付货币获得商品或服务，若是物物交换的市场，则是用商品或服务作为相互交换的基础。网络市场的功能与实体市场是相似的，但是由于使用了计算机系统，所以网络市场的效率要高得多，信息及时，买卖双方能够得到各种在线服务，交易完成也更加及时。

网络市场的出现，尤其是互联网平台的网络市场的出现，改变了传统交易的流程，也改变了供应链的运作方式。由技术催生的这些变化主要表现在如下几个方面：

- 买方为搜索信息付出的时间和成本大幅度降低；
- 消除了买卖双方的信息不对称；
- 在网络市场上购买实体产品从下单到得到商品的时间缩短了，若是产品可以数字化，这种时间的节省表现得更为明显；
- 虚拟市场中的买卖双方可以处于不同的地理位置；
- 网络市场使得交易不受时间、空间的限制。

2.2.2 网络市场的要素及其参与者

网络市场中的要素及参与者包括客户、卖方、商品和服务（实体的或数字的）、基础设施、前台、后台、中介及其他商务伙伴、支持服务系统（如安全和付款问题）等。以下是对这些要素的简单介绍：

- **客户**。全球互联网用户数已经有几十亿。他们都有可能成为网络市场商品或服务的潜在购买者。这些消费者的目标是寻找廉价商品、个性化商品、收藏品、娱乐和交往的机会，如此等等。与普通的客户相比，社交客户具有更多的市场主动权。他们搜索信息，比较价格，竞价购买，或是与卖家讨价还价。企业或是机构是网络上最大的消费者，它们占据了所有电子商务交易额的 85% 以上。
- **卖家**。网络上有成千上万的商家，他们做广告，提供各种各样的商品。这些商店有的是企业开的，有的是政府机构开的，也有的是普通百姓个人开的。每天都有新的商品、服务在网络上出现。有的商家在自己的网站上交易，有的则是在公共的交易平台上交易。
- **商品和服务**。网络市场与实体市场的主要差异在于网络市场上可以将产品、服务数字化。尽管两种市场都销售实体商品，也能销售**数字商品**（digital products），也就是可以用数字格式显示的商品。不同的是，网络市场可以将商品从互联网上进行配送。除了软件、音乐、机票可以数字化以外，还有数十种商品和服务都可以数字化。
- **基础设施**。网络市场的基础设施包括数字网络、数据库、硬件、软件等。
- **前台**。客户是通过**前台**（front end）与网络市场沟通的。前台主要包括卖家的门户网站、电子商品目录、购物车、搜索引擎、竞价引擎、支付平台，以及形形色色与在线订购相关的网络技术。
- **后台**。企业的**后台**（back end）主要负责订单整合、订单处理、存货管理、向供货商采购、会计和财务处理，还负责保险、支付、包装、配送等工作。
- **中介**。营销活动中，**中介**（intermediary）一般是指在卖家和消费者之间进行沟通的第三方。网络中介一般与传统中介（如批发商、零售商）不同（我们将在书中介绍）。例如，网络中介建立并管理网络市场，帮助撮合买卖双方，提供订约服务，帮助消费者及商家完成交易。实体中介早晚会退出市场，或者将自己的服务提升到数字化的水平（部分的或是全部的，后文中会有介绍）。

2.2.3 去中介及二次中介

中介一般提供三种形式的服务：（1）提供供给、需求、价格、交易条件的相关信息；（2）撮合买卖双方；（3）提供增值服务，如产品交付、订约、支付、咨询、寻求商务伙伴等。一般情况下，第一种和第二种服务完全可以自动化操作，所以可以利用网络市场、信息中介、门户网站来开展，服务费用很低廉。第三种服务需要专业知识和技能，中介要了解行业、市场、产品、技术发展趋势等信息，因此只能部分地自动化操作。

仅提供第一种服务，或是主要提供前两种服务的中介迟早会退出历史舞台，这种现象称为**去中介**（disintermediation）。一个典型的例子是航空企业，它们正在推行通过网络平台直接销售机票。大多数航空公司要求在机票代理处购票或是通过电话订票的客户每张客票支付 25 美元以上的服务费。这样做的结果就是去中介，购票流程中的旅行社选择无中介化。另一个例子是仅靠手工完成交易的折扣股票经纪人正在消失。然而，实施网络中介的代理商不仅没有消失，反而发展得更快了（如旅游行业中的 Travelocity 和 Expedia，证券交易中的 Tdameritrade）。有的企业去中介后采用新的经营模式，有的企业重新加盟，这种现象称为 "二次中介"（reintermediation）。

如果供应链中有众多的中间环节，那就很有可能发生去中介的现象（请参阅应用案例 2-1）。

应用案例 2-1　　Blue Nile：珠宝行业在网络时代的变革

Blue Nile（bluenile.com）是一家纯粹的网络零售企业，专营珠宝及钻石销售。该公司于1999年起家，属于互联网时代的新创企业，专门从事钻石销售。许多教科书都以该公司为例来说明电子商务是如何颠覆传统经营模式的。关于该公司的更多信息可以浏览 quotes.wsj.com/NILE/company-people。

对行业实施变革

Blue Nile利用B2C电子商务模式，去除了实体门店，大幅度降低售价（售价比同行降低35%），却在很短的时间内实现了盈利。Blue Nile的成功之道表现在几个方面。首先是提供比实体店更大的折扣，其次是提供众多的钻石类别供消费者挑选，比实体的专营店提供更多的钻石信息。最重要的是，公司提出了30天无条件全额退款的保证。网站上还有实时聊天、支付方式灵活多样、定制个性化婚戒、礼品建议、移动终端应用（m.bluenile.com）等功能。所有这些都有助于帮助公司赢得客户。

一家实体珠宝销售企业如果要完成4.73亿美元的销售额，它需要300家以上的连锁店，近3 000名销售员。但是Blue Nile却只有一个1万平方英尺（合929平方米）的仓库，再加上301名员工。同时，该公司还跨越了层层叠叠的实体供应链。因为在传统的供应链中，一颗钻石在到达零售商手中之前，至少要经过5个以上的中间环节。Blue Nile却是直接从原始供应商那里进货，因为它是大买家。

Blue Nile在美国的同行中排名第八，2004年公开上市。当年，它是最成功的IPO企业。2003年，公司的销售额达到1.29亿美元，到2015年达4.73亿美元，增长幅度达到367%。从整个发展过程看，公司很好地顺应了市场的变化。尽管2008年由于经济萧条公司的销售额下降了，但是到了2009年和2010年，公司的业绩增长幅度又回到了2.3%。

顺应市场

市场千变万化，竞争也十分激烈，因此，Blue Nile一直小心翼翼。看到这家公司成功了，其他零售商也纷纷效仿。在市场上跟进的既有一般的网络零售商，如Overstock、亚马逊，也有珠宝零售商，如jamesallen.com、abazias.com等。除此之外，还有传统的实体珠宝商店，如Jared、蒂芙尼等，它们也开展了在线业务。

与此同时，市场的变化也对Blue Nile有很大的影响。公司的主营业务之一是订婚戒指。由于人口数量的变化，美国的结婚率下降了。这就导致了公司销售额的减少。2016年第一季度，售出的婚戒减少了7%，相当于5 800万美元的销售额。为了应对这种发展趋势，公司改变了纯网络销售模式，提出了"新零售"的理念，在大型商场里设立网上商店实体展示厅。展示的珠宝钻石品种与网络上的同样繁多，而且能够接受个性化定制，力求提升客户的信任度。

资料来源：Based on Bloomberg (2004), Tu (2016), en.wikipedia.org/wiki/Blue_Nile_Company, and bluenile.com/about-blue-nile (both accessed December 2016).

思考题

1. 按照电子商务企业的分类（见第1章1.2节），Blue Nile曾经属于哪一类？现在属于哪一类？
2. Blue Nile是如何颠覆整个行业的？
3. 该公司经营成功的主要原因是什么？
4. Blue Nile与亚马逊的竞争还将继续。请浏览两家公司的网站，了解它们如何销售珠宝。按照你的观点，哪家企业会最后胜出？
5. 比较如下三家网站：diamond.com、abazias.com和bluenile.com。
6. 了解Blue Nile股票自2003年来的走势（股票代码NILE，请登录网站money.cnn.com）。将其与大盘走势以及行业平均值进行比较。你能得出怎样的结论？
7. 你觉得公司推出的新零售展示厅能成功吗？为什么？

2.2.4 网络市场的类型

在网络上,"市场"的概念是有变化的。"市场"有时候指"网络市场"或"市场空间"。我们将网络市场分成两大类:私有网络市场和公共网络市场。

1. 私有网络市场

所谓私有网络市场,是指由一家企业拥有并经营的市场。星巴克、戴尔、塔吉特、美联航都有自己的销售网站。私有网络市场又分成卖方市场和买方市场。在**卖方网络市场**(sell-side e-marketplace),一家企业(如 Net-a-Porter 或思科)将普通商品,或是个性化商品销售给消费者(B2C)或是企业(B2B)。这种市场是一对多的市场。在**买方网络市场**(buy-side e-marketplace),一家企业从多家潜在的供货商那里采购,这样的市场是多对一的市场,也是 B2B 的市场。例如,一些酒店从认证过的供货商那里购入易耗品。沃尔玛(walmart.com)从数千家供应商购买商品。私有网络市场有时仅对有选择的对象开设,一般不受政府监管。

2. 公共网络市场

公共网络市场往往由第三方(既非卖方,也非买方)开设,或是由卖方集团或是买方集团开设,同时为多家买家或卖家提供服务。它们面向公众开放,受到政府的监管。

本节习题

1. 定义网络市场,描述网络市场的特征。
2. 实体市场与网络市场有哪些差异?
3. 列出网络市场的各种要素。
4. 定义数字产品,并举出五个例子。
5. 描述私有网络市场及公共网络市场的区别。

2.3 客户购物场所:网络店铺、卖场及门户网站

买方、卖方与网络市场的交互有着多种形式。B2C 交易的主要场所是店铺和网络卖场。下面将逐一介绍店铺、卖场,以及网络市场中的门户网站。

2.3.1 网络店铺

所谓**网络店铺**(webstore,storefront)是指一家企业开设的网站,企业通过网站销售商品和服务。许多网络店铺仅针对某一个行业,有着自己明确的细分市场(如专门销售宠物猫玩具的 cattoys.com)。有的店铺是制造商开设的(如 geappliances.com and dell.com),有的是零售商开设的(如 amazon.com),也有的是个人开的,坐在家里卖东西,还有其他的业务类型。有些企业将自己的店铺称作"门户"。

网络店铺经营中涉及多种技术,称为"卖家软件包"。最常见的技术包括电子目录、搜索引擎(帮助消费者在商品目录中搜索商品)、购物车(存放选中的商品,等待结账)、网络拍卖工具、支付网关、安排配送的出货场地以及客户服务(提供产品信息及保修信息和客户关系管理)等。

微网站

"微网站"其实是一个网页或是若干个网页,用作主网站的补充,但游离在主网站之外。有的是出于商

业的目的，有的则是出于编辑的目的，有的是出于教育和培训的目的。

2.3.2 网络商城

消费者除了在网络店铺购物以外，还可以去网络商城。与实体世界相似，**网络商城**（e-mall，online mall）是聚集多个店铺的网络场所，根据买家的销量收取佣金。例如，美国缅因州有一家网络商城（emallsofamerica.com/emallofmaine.htm），它将全州的产品、服务、供货商聚集在一起，商城里能够找到度假服务指南、产品大全，并提供每一类产品的厂商信息，只要消费者表示对某一产品感兴趣，商城就会将其指引到相应的网络店铺中去。此类网络商城并不统一提供在线服务，它们的作用只是导购。还有一些网络商城，例如 choicemall.com、etsy.com 等则是提供共享式服务的。雅虎和 eBay 都在进行网络商城经营。

2.3.3 信息门户

门户网站是一种信息平台，它可以用来支持网络市场、网络店铺的经营，以及其他各种电子商务活动（如网络协同、企业内商务、远程教育等）的开展。**网络信息门户**（web information portal）是通过网络浏览器可以获得重要的内部商务信息（通过企业内联网）或外部商务信息（通过互联网）的一个站点。站点上的信息经过整合，方便展示和浏览。许多门户网站都可以由用户进行个性化改造。如今，无线接入设备也成为接入内联网或互联网的门户。图 2-2 显示的是信息门户的概览图。企业内部或是外部的信息源显示在左侧，屏幕中央显示的则是经过整合的各类数据。门户网站提供的服务功能包括电子邮件、新闻、股票价格、娱乐、购物等。

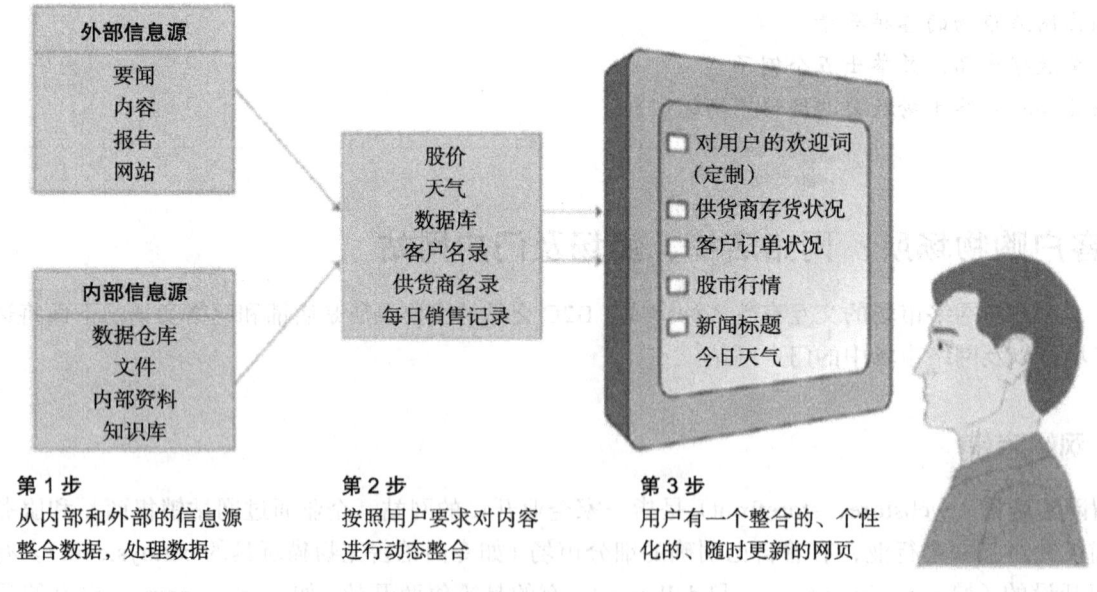

图 2-2　信息门户的工作模式

信息门户的种类

信息门户可以用不同的方法来描述，也会有不同的形式。区分信息门户的一种方法是看它们的内容。有的覆盖面窄，有的覆盖面宽。也可以看它们的社区和受众。门户的类型主要有如下几种。

- 商业（公共）门户。这类门户为不同的群体提供内容，它们是互联网上最流行的一种门户。这类门户虽然也能支持用户定制，但主要的还是面向大众，并提供大众化的内容，有些还是实时更新的，如股市行情、新闻等。这类站点有 yahoo.com、Google.com、msn.com 等。
- 公司门户。公司门户主要提供内部信息，它的受众分成多个等级。公司门户有时也被称为"企业门户""企业信息门户"，它的形式有多种多样，为电子商务服务的公司门户可以在 ibm.com/software/products/en/websphere-portal-family 找到实例。
- 患者门户。有几家公司在做患者门户网站，如 WebMD、myUCLAhealth.org 等。病人可以在网站上查看个人信息。在加州大学洛杉矶分校开发的 myUCLAhealth.org 网站上，患者与医务人员之间能进行沟通交流。
- 出版门户。此类门户网站所针对的客户群是有着特殊兴趣爱好的人。它们提供的内容定制化程度较低，但是搜索功能相对较强，而且可以在线互动。典型的例子是 techweb.com 和 zdnet.com。
- **移动门户**。移动门户（mobile portal）是可以通过移动设施登录的信息门户。如今，能够用移动设施登录的门户网站越来越多。
- **语音门户**。语音门户（voice portal）是有着音频界面的门户网站。这就意味着用普通的电话或是手机都能够登录。AOLbyPhone（aolbyphone.com）就是一个例子，用户可以通过这个网站用电话收取电子邮件，听新闻，以及获取 AOL 发布的其他各种内容。它使用的技术是语音识别，以及文字–声音转换技术。有些企业，如微软公司旗下的 Tellme（tmaa.com/microsoftand247inc.html），提供电话上网的业务，也提供开发语音门户的工具。在 1-800 客户服务领域语音门户技术用得很多。客户可以通过自助服务的形式获得网络数据库中的各种信息（例如查询银行账户余额或是最近一次存款的信息）。
- 知识门户。通过知识门户，企业的员工可以获得公司提供的各种知识。这有助于在知识方面形成协力优势。
- 股东门户。公司的股东门户网站有助于股东做出决策。
- 社区门户。这种网站通常是在线社区的一部分，一些供应商（如索尼）会赞助一些主题。请浏览 gamespot.com/portal。

2.3.4 网络市场中介的作用和价值

在网络经济中，最常见的中介是经纪人和信息中介。

经纪人

在电子商务活动中，经纪人指的是促成买卖双方交易的个人或是企业。以下是不同类型的经纪人。

- 交易履行公司。这是指帮助客户实现买卖交易的企业，如 E*TRADE 和 eBay。
- 网络卖场。这是指将不同的网络店铺集成在一起的企业，如 Yahoo!Shopping 和 Alibaba.com。
- 比价中介。这是指帮助消费者比较价格，让消费者体验各种网店的服务水平，并进行评价的网站，如 bizrate.com（提供多种多样的产品）、Hotwire（提供旅游相关的产品和服务）。
- 购物助理。这是指帮助全球各地的消费者利用网络购物，并帮助货款托管、完成支付和配送、安全认证等，如 PuntoMio。
- 撮合服务商。这是指帮助企业寻找合适的员工，为买卖双方提供合作机会。

2.3.5 B2B 电子商务中的渠道商

电子商务活动中有一类很特别的中介，那就是 B2B 网络渠道商。这些中介（如计算机行业里的二次销售商）将制造商与企业客户联系在一起。**网络渠道商**（e-distributor）主要是将许多制造商（有时可多达几千家）

的产品信息整合在一起，在中介自己的网站上展示（如 grainer.com）。网络渠道商像超市一样，购买产品，然后出售。

本节习题

1. 解释网络店铺和网络商城。
2. 列举不同的网络店铺和网络商城。
3. 什么是信息门户？其主要形式有哪些？
4. 解释网络渠道商。

2.4 商用解决方案：电子商品目录、搜索引擎及购物车

为了实现网上销售，一个网站通常需要电子商务的商用服务器软件。商家软件包含多种工具和平台，提供了基本的工具，包括电子目录、搜索引擎和购物车，旨在推动电子交易过程。一个典型的软件是 osCommerce，这是一种开源软件（请浏览网站 oscommerce.com）。若要了解更多的商用软件提供商，请浏览 cmscritic.com/dir/ecommerce-software。

2.4.1 电子目录

商品目录通常是印在纸上的，如今流行的却是网络上的电子目录或是光盘上的商品目录。**电子商品目录**（electronic catalog，e-catalog）由产品数据库、目录、展示三部分构成。这是大部分电子商务销售网站的重要组成部分。对于厂商来说，开发商品电子目录的目的就是对产品和服务进行促销。从客户那一方说，电子商品目录可以帮助他们寻找产品和服务的信息。人们可以用搜索引擎很快地搜索到目录中的商品，而且它还有互动功能。例如，在 InfiniSys 的网站上（en.infinisys.co.jp/product/cmimage）有一个版块"改变我的形象"（Change My Image），也可以浏览苹果公司网站 en.infinisys.co.jp/product/cmimage_mac。

早期的网络电子商品目录大多是从纸质商品目录上复制过来的文字和图片，但是新颖的电子商品目录更加动态化、个性化，上面有购物车，可以下单、支付、完成交易。有的目录上还有视频链接。开发电子商品目录的工具嵌入在商用软件包和网络虚拟主机中（如 smallbusiness.yahoo.com/ecommerce）。简单的电子商品目录，可参阅 Jetpens（jetpens.com）和星巴克（store.starbucks.com）的电子商品目录。

B2C 电子商务中很少使用定制化的电子目录，但是 B2B 商务中这十分常见。

2.4.2 电子商务的搜索活动，搜索类型及搜索引擎

电子商务活动中，搜索是十分常见的。网络上已经出现了许多搜索工具。有专家研究结果显示，95% 的消费者在购买之前先在网上进行搜索。消费者登录某一家公司网站后，可以在电子目录中搜索产品和服务。他们也可以在 Google 和 Bing 上搜索销售自己所需要产品的企业。本书中将简单地介绍电子商务的搜索功能。读者可以登录 youtube.com/watch?v=gj7qrotOmVY 观看视频"谷歌商务搜索"（Google Commerce Search）。也可以登录 research.google.com/pubs/EconomicsandElectronicCommerce.html 了解谷歌网站上的特殊搜索功能。下面我们介绍三种主要的搜索类型。

1. 电子商务搜索的类型

与电子商务活动相关的搜索主要有三大类，即网络搜索、企业搜索、桌面搜索。

- 网络搜索。这是一种最为普及的搜索，可以搜索到网络上的各种文件。按照许多统计网站（如 pewinternet.org 和 infoplease.com/ipa/A0921862.html）的说法，网络上使用最多的功能是信息搜索。
- 企业搜索。所谓**企业搜索**（enterprise search）是指在一家企业的文档和数据库里搜索信息。例如，谷歌的 GSA 就是一个功能强大的企业搜索设备。
- 桌面搜索。**桌面搜索**（desktop search）是指在用户自己计算机里搜索信息的一种工具（如 copernic.com 或 windows.microsoft.com/en-us/windows7/products/features/windows-search）。用这样的工具可以在用户自己的 PC 机里搜索各种信息，包括搜索电子邮件文档、照片以及各种 Word 文档。

2. 搜索引擎

客户常常要求提供一些信息（如要求提供产品信息或定价信息）。手动回答这些重复性的请求是费时费力的。有了搜索引擎，就可以将问题与"常见问题模板"（FAQ）结合在一起，高效、经济地回答问题，而这些问题的答案其实是预先设定的。**搜索引擎**（search engine）是一款计算机软件，利用这种软件可以进入互联网或是内联网的数据库，搜索特定的信息或是关键词，并且及时地显示结果。

Google、Bing 等都是在美国最常用的搜索引擎，中国国内主要使用百度。有些门户网站（如 Yahoo!、MSN 等）都有自己的搜索引擎。有些特殊领域的问题，由专门的搜索引擎来解决，如 Ask.com、aol.com、looksmart.com 等。网络上有成千上万的公共搜索引擎（请浏览 serachengineguide.com），每一种搜索引擎都不局限于某一个领域，但是又各有千秋。此外，许多企业的公司网站里也有自己的搜索引擎。

3. 语音搜索

智能手机问世以后，为了方便搜索谷歌推出了语音搜索功能，免去了用户键入关键词的劳累（请浏览 google.com/insidesearch/features/voicesearch/index-chrome.html）。第一款语音搜索工具是嵌入在 iPhone 手机中的。用户只需对着手机用语音提问，手机就会说出答案。手机也会用语音报出搜索的结果。有关苹果手机的智能私人助理 Siri 的介绍，可以浏览 apple.com/ios/siri 和 imore.com/siri。有些翻译软件也具备这样的功能。

4. 视频和移动搜索

有几十个专门的搜索工具和网站可以搜索视频和图像。一些网站（如 bing.com/videos）可以搜索多个站点的内容，还有一些网站（如 YouTube）仅搜索自己的站点的内容。浏览 thesearchenginelist.com/video-search 网站，可以看到 40 多个视频站点的名称。还值得一提的是，视频网站 Bing 上可以让用户收听 500 多万首歌曲。

5. 移动搜索

一些搜索引擎适于移动搜索，如 Google、Yippy 和 Yahoo!。

6. 可视化购物搜索引擎

所谓可视化搜索是指搜索结果以照片、图像等形式呈现。有关介绍，请参阅 scholarpedia.org/article/Visual_search。这种技术可以支持电子商务活动。例如 google.com/shopping 利用计算机的视频技术及学习技术提供消费品的可视化搜索。

如今，在移动设备上进行可视化购物搜索越来越普及。

7. 社交网络搜索引擎

社交网络搜索，也被称为社交搜索，是一种在线搜索引擎，帮助人们找到和社交活动有关的材料，如用户生成的内容、小组讨论或建议。像其他搜索引擎一样，社交搜索引擎会对搜索结果进行组织和筛选，选优汰劣。这样的搜索引擎有很多，比如 socialmention.com 是实时社交媒体搜索和分析；yoname.com 是让人们通过社交网络、博客等搜索。此外，有关 bing.com/explore/social 的阐述，请参阅博客"社交媒体是下一个首选的搜索引擎"（见 business2community.com/social-media/social-media-next-best-search-engine-01427662）。对于这种搜索引擎的特点和相关问题的讨论，可以参考 en.wikipedia.org/wiki/Social_search。

2.4.3 购物车

电子购物车（electronic shopping cart，也称为"购物袋"或"购物篮"）是一种订单处理软件，客户在购物过程中，可以将商品一件一件地添加进去，然后再结账离开。因此，它与实体购物环境中的购物车是一样的。电子购物车软件程序自动计算总成本，并在适当时机将消费税和运费添加上去。网站中的软件方便客户选择商品，检查所挑选的商品，更换商品，最后确定所选的商品。完成这一环节以后，点击"提交"，整个购物就算完成了。

B2C 的购物流程（如亚马逊公司购物流程）比 B2B 流程要简单得多。购物车软件有的是卖的，有的则是作为网点开发软件的一部分免费赠送的（见 networksolutions.com/e-commerce/index-v3.jsp、shopify.com、squarespace.com），有的是嵌入在商用服务器里（如 smallbusiness.yahoo.com/ecommerce）。免费的在线购物车软件（试用版或演示版）可以在有些网站获得（如 volusion.com、1freecart.com）。关于 Facebook 的购物车软件，请浏览 ecwid.com/facebook-app.html。

1. 产品配置（个性化配置）

电子商务的一个重要特征是能够实现产品、服务的个性化配置。像戴尔、耐克或 jaguarusa.com 都是比较典型的例子。制造商都希望能够高效而低成本地生产出个性化产品，这样价格才会有竞争力。

2. 在线问答

智能搜索引擎可以回答用户的问题。有些搜索引擎专事问题解答，其中最为著名的就是 ask.com（这是 IAC 的一家子公司）。Q&A 服务（问题解答）是将问题与答案进行配对。读者可以浏览 ask.com 了解详情。与这一网站相类似的是 answers.com，它还有一个子网站 WikiAnswers.com。Wiki Answers 平台是建立在网络社区基础上的社交型知识平台，支持多语种交流。在这个平台上，用户提出问题，由网络社区成员来负责回答。另一个类似的平台是 answers.wikia.com/wiki/Wikianswers。

本节习题

1. 罗列并简要叙述如何对电子目录进行分类。
2. 电子目录的优越性在哪里？
3. 如何理解电子购物车？
4. 介绍语音及视频搜索。
5. 什么是自我定制？

2.5 网络竞价、物物交换及在线谈判

电子商务活动中最引人注目的是在线竞价。不管是 B2C，还是 B2B、C2C、G2B、G2C 的电子商务，都会用到在线竞价。

2.5.1 网络竞价的定义与特征

所谓竞价（也称为拍卖）是融入竞争手段的一种市场机制。运用这一机制，卖方连续请求买方出价（称为"正向拍卖"），或是买方连续请求卖方出价（称为"逆向拍卖"）。形形色色的网络市场都是这样通过出价来动态地确定价格。竞价是在商场上使用了一代又一代的定价方式。传统市场上，有些营销方式效率不高，于是人们就用竞价的方式来销售商品和服务。它能保证交易更加谨慎地进行。例如，通过竞价来销售那些希望尽快处置的物品。稀有的金属币、邮票以及其他许多收藏品，都是用竞价的方式投放到市场的。

竞价的种类很多，每一种都有自己的特征和运行流程（请浏览 en.wikipedia.org/wiki/Online_auction_business_model）。拍卖会可以在公共拍卖网站（如 ebay.com）或企业拍卖网站进行，只是这种企业拍卖网站可能只有收到邀请人才能参与。

2.5.2 动态定价

竞价的一个主要特征是动态定价。所谓**动态定价**（dynamic pricing）就是商品或服务的价格不预先确定，而是根据供求关系的变化上下浮动。与此形成对照的是，电子商品目录上的价格是固定的，百货商店、超市以及大多数网络店铺的价格也是固定的。

动态定价有多种形式，其中最古老的方式是协商定价（也称"讨价还价"），这在农贸市场上已经盛行了几代人。当下，最普及的是在线拍卖。

2.5.3 传统竞价与网络竞价

传统形式的拍卖活动，也就是实体市场的拍卖活动依然很盛行。但是，网络竞价销售的趋势越来越盛行。有时候，个人之间的网络交易也用竞价的方式进行。

1. 传统离线市场竞价活动的缺陷

传统的市场竞价活动不管用的是什么形式，总有许多缺陷。一笔交易往往几分钟，甚至几秒钟就搞定了。因为给潜在买家决策的时间太短，所以许多人就放弃了。结果是，卖家卖不了高价，竞价者得不到自己想要的商品，也有可能他们出的价太高。还有的时候是买家没有足够的时间来审视商品，或是并不十分了解市场竞价的机制，难以对商品进行比较。通常买家必须在场，因此也失去了许多潜在买家。

对卖家来说，要把商品运送到拍卖现场并不容易。拍卖要支付的费用也很高，因为要付租金，要做广告，要支付人员费用，如此等等。而开展网络竞价拍卖活动，这一切都改变了。

2. 网络竞价

网络为竞价拍卖提供了平台，成本低，服务形式多样，也能聚集更多的买家和卖家。网络竞价发展得非常快，不管是个人还是企业，都能参与到这种便利的竞价活动中。

网络竞价（electronic auction，e-auction）与实体竞价是相似的，唯一的区别在于它是在网络上进行的。20世纪80年代网络上就出现了竞价交易活动。开始于1995年的拍卖网站主要的功能是扮演经纪人的角色，它帮助卖家把商品展示在网站上，然后让买家来出价。

一些大的拍卖网站（如 eBay）提供普通的日用品、电子产品、艺术品、旅游套餐、航空客票、收藏品等，也拍卖 B2B 商家积压的库存商品。还有一种越来越盛行的 B2B 竞价交易形式是拍卖一些特殊的商品，如电力、天然气期权等（见 energyauctionexchange.com）。有些商品和交易活动按照传统是要先签合约，用固定的价格销售的，可是如今也越来越多地采用在线竞价采购的形式。

有关十个拍卖网站的对比分析，请浏览 online-auction-sites.toptenreviews.com。

2.5.4 拍卖的类型

按照买家和卖家的数量划分，竞价交易可以分成如下几类：

1. 一个买家和一个卖家

在这一类竞价交易中，人们往往用谈判、讨价还价、物物交换等形式进行。最终价格的形成取决于多个因素，如谈判者的水平、竞价商品在市场上的供求关系以及当时的商业环境等。

2. 一个卖家和多个买家

在这种情况下，卖家采用**正向拍卖**（forward auction）的方式，这是指一个卖家接受众多买家来竞价。（由于这种方式是最常见的传统竞价方式，所以人们就简单地称其为"拍卖"）。拍卖有四种最主要的形式，即"英国式""美国式"（随着拍卖的进行价格逐渐抬高）、"荷兰式""降价式"（随着拍卖的进行，价格逐渐下降）。不管是哪一种形式，都可以用来处理积压物资，或是提高销售的周转速度。

> **实际案例　沃伦·巴菲特每年举办的午餐拍卖会**
>
> 美国著名的投资大师沃伦·巴菲特，每年拍卖一次与他共享午餐的机会。夺标者可以携带最多7位亲友与巴菲特一起共进午餐，并支付天价。拍卖收入捐给美国慈善机构格莱德基金会（Glide Foundation），用于帮助旧金山地区穷人和无家可归者。起初，巴菲特开价3万美元。自2003年7月，巴菲特的竞标午餐开始在eBay上拍卖，投标人从3万美元竞价到250 100美元。2012年和2016年，一位匿名竞标者先后两次拍出金额为3 456 789美元的高价。巴菲特一年一度的午餐拍卖会除了能帮助贫困人群，还给有钱人提供与巴菲特共进午餐的机会。

3. 一个买家和多个卖家

此类拍卖活动主要有两种：逆向拍卖（称为"招标"）及自主定价。

逆向拍卖　在一个买家和多个卖家的情况下，就会出现**逆向拍卖**（reverse auction）。买家在询价系统里提出自己想采购的东西。潜在的供应商有针对性地出价（见图2-3）。在网络逆向拍卖活动中，往往要经过许多轮出价，直到所有的卖家都再也不愿意降价为止。胜出的供货商应该是出价最低的（假设卖家只考虑价格这一个因素）。逆向拍卖一般只在B2B商务或是G2B商务中出现。

自主定价　最先实行**自主定价**（name-your-own-price model）的是Priceline.com。按照这种模式，买家规定了一个价格（包括一些附加条件），只要符合这些要求，它就下单。例如，priceline.com上列出买家想要购买的商品，卖家尽力去满足买家的要求。然后，网站在自己的数据库中搜索，看哪些商家出价最低。一般意义上说，这是一种C2B的竞价模式，但有的企业也采用这一模式采购商品。

4. 多个买家和多个卖家

如果拍卖活动中买家、卖家都很多，网站就将买家、卖家撮合在一起。最终的价格则取决于双方数量的多寡。股票市场和期货市场大多属于这样的竞价模式。买家、卖家既可以是个人，也可以是企业。这种拍卖也称为**复式拍卖**（double auction）。

1分钱竞拍　1分钱竞拍（penny auction）是一种新型的拍卖形式。在这样的活动中，参与者每次都投入一小笔钱，每次增加的幅度很小，但是投入的钱不退。在规定的时间一到，最后的下注者支付竞拍款，并得到商品，当然价格要远低于正常的交易价。读者可以观看视频资料"BidBidSold Penny Auction Site Tutorial"（youtu.be/UeC1w0h2UbY）。由于大多数出价的人都是有去无回，所以有些专家认为这样的拍卖形式与买彩票、赌博中的下注没有区别。竞拍的组织者不仅能收到竞拍中胜出的人付出的佣金，而且能得到那些没有退还给参与竞拍的人出的钱。这样的竞拍网站有happybidday.com、quibids.com/en等。登录

bestpennyauctionsites.org，读者还可以了解到更多这样的网站。有些网站允许那些竞拍失败的人用投入的钱以原价或略有折扣的价格购买网络店铺的商品，用户需要小心诈骗。更多信息，请浏览 en.wikipedia.org/wiki/Bidding_fee_auction。

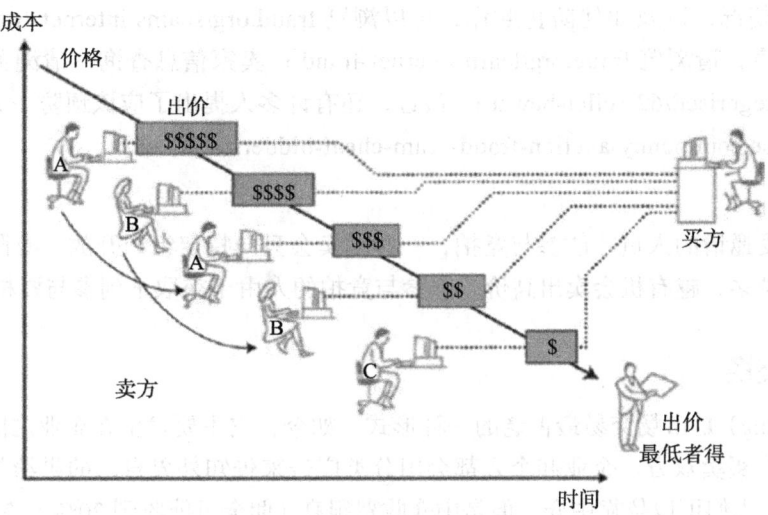

图 2-3　逆向拍卖流程

网上还存在一些其他的创新型竞拍形式。

2.5.5　网络竞价的利弊分析

网络竞价如今已经成了企业和个人热衷的购物渠道。利用这种形式，竞拍者可以不受时空的限制。而且，参与者可以掌握更全面的市场信息，如价格、产品、供求关系等。这些都属于网络竞价带来的利益。

拍卖文化已经颠覆了传统的买卖方式。表 2-1 显示的是网络竞价给各方带来的利益。

表 2-1　网络竞价给各方带来的利益

给卖方带来的利益	给买方带来的利益	给组织者带来的利益
• 参与竞拍的人多了，收入会增加，商品周转加快。可以在全球销售 • 可以竞价销售，而不是按固定价格销售。不受时间限制，拍卖的次数增加 • 可以得到市场决定的最优价（买家多了，信息丰富了） • 向客户直接销售，卖家实际得到的货款增加了（省去了佣金，还有组织实体拍卖的各种费用） • 可以处置大批的积压库存 • 改善客户关系，提高客户忠诚度（指专用 B2B 拍卖网站，网络交易）	• 能找到稀有的商品和收藏品 • 娱乐。参与竞价拍卖是一种快乐、刺激的事情（请浏览现场拍卖网站 tophatter.com） • 便捷。不受时空限制，不用舟车劳顿去拍卖现场，甚至利用手机也能参与竞拍 • 匿名。由于有第三方参与，所以买家可以匿名 • 可以买到便宜的商品，对个人及企业都是如此	• 客户回头率高。marketresearch.com 市场调研公司发现，竞拍网站（如 eBay）上的客户回头率比普通的 B2C 网站（如亚马逊）要高 • 网站"黏度"高（指客户在网站上的逗留时间、光顾网站的频度）。拍卖网站比固定价格网站容易黏住客户。对于拍卖网站，黏度越高，广告的收入就越高 • 拍卖业务扩张容易

2.5.6　网络竞价的局限性

网络竞价也有许多局限性。其中最主要的是安全性低、容易受到欺诈、参与者有限等。

1. 安全性低

有些在网络上开展的 C2C 竞拍安全性不高，因为并不是在加密环境中进行。这就意味着，如果用信用卡支付，密码会被盗用。若是采用第三方支付（如 PayPal）或许能解决这一问题。为了避免信息被盗用，有些 B2B 竞拍是在很安全的企业自建网站上进行的。

2. 欺诈

参与竞拍的商品许多是稀有商品、二手商品或是古董。由于买家不能亲眼见到商品，所以常常会收到假货。有时候，买家也作假。他们收到商品，却不按承诺付款。因此，网络拍卖中欺诈还是很多的。若要了解网络拍卖欺诈的情况，以及如何防止欺诈，可以浏览 fraud.org/scams/internet-fraud/online-auctions。关于网络欺诈的一般信息，请浏览 fraud.org/learn/internet-fraud；卖家信息查询，请浏览 fraud.org/component/content/article/2- uncategorised/62-seller-beware。最近，还有许多人提出了应该预防一分钱竞拍中的风险。更多讨论，请浏览 tomuse.com/penny-auction-fraud-scam-cheat-bidders。

3. 参与者有限

有些拍卖会只有受邀请的人员才能参与竞拍，一些拍卖会只向特定组织开放。有限的竞拍参与者对卖家是不利的，因为买家越多，越有机会卖出高价。想参与竞拍的人由于获取不到参与资格，也可能会不愉快。

2.5.7 在线物物交换

物物交换（bartering）是市场交易最古老的一种形式。如今，它主要发生在企业之间的交易。物物交换中碰到的难题是难以撮合买卖双方。企业和个人都会用分类广告来告知外界自己的供给与需求。但是真要找到自己的所需还是很难。人们可以依靠中介，但是中介收费很高（佣金可能收到 20%～30%），而且速度很慢。

在线物物交换（e-bartering）由于可以吸引到较多的交易伙伴，所以可以加快撮合的进程。不仅速度快了，而且匹配的质量也高了。网络物物交换最多的是办公用房、仓库、厂房、闲置物品、劳力、产品、旗帜广告位等（值得一提的是，从事物物交换，依然要考虑交易税的问题）。

在线物物交换一般是在**物物交换平台**（bartering exchange）进行的。由中介帮助完成交易。这种交易有时进行得很快，人们登录较多的网站有 u-exchange.com、swapace.com、barterdepot.com 等。它们的宣传口号往往是"万物都能交易，无须缴纳佣金"。交换的流程一般是这样的：首先，企业告知中介自己可以拿什么去交换。然后由中介对企业的商品或服务进行估价，并支付一定的"点"或"物物交换用钞票"。企业可以用这些"点"或"钞票"去平台交换自己所需要的东西。

物物交换网站在支付方面必须十分可靠，否则，人们拿着出让物品得到的"返点"就会落空。更多细节请浏览 virtualbarter.net、barternews.com 等网站。

2.5.8 在线谈判

通过谈判还能形成动态定价机制。谈判定价一般用在价格很高，或者是很特殊的商品上。当然，若是订购的商品数量很多，也可以采用议价这种形式。与竞价的形式相仿，在线谈判议价也是在买卖双方之间来回商榷。有时候，在商谈支付方式、交货时间、授信额度等方面也会用到谈判这种方式。在离线环境中（如房地产买卖、汽车销售、签订合同等），谈判是经常发生的。简单的 P2P 谈判可以在网站 ioffer.com 上看到。

本节习题

1. 描述竞价交易及其工作原理。
2. 与传统的离线拍卖活动相比，在线拍卖有哪些优越性？
3. 列出四种拍卖的类型。
4. 说出正向拍卖与逆向拍卖的差异。
5. 描述"自主定价"的拍卖模式。

6. 什么是"一分钱拍卖"?
7. 列出拍卖对买家、卖家、拍卖组织者的优越性。
8. 拍卖的局限性在哪里?
9. 什么是物物交换的商务模式?网络以物易物的优越性在哪里?
10. 商务活动中,在线谈判的作用是什么?

2.6 虚拟社区及社交网络

社区是指有着共同兴趣爱好、聚集在一起的一群人,他们相互之间有着沟通和交流。而**虚拟社区**(virtual community)则是指在计算机网络上(主要是互联网上)进行沟通、交流的社区。虚拟社区与实体社区(如邻里、俱乐部、协会等)有着许多相似之处,但并没有面对面的交流,而是在网络上互动。虚拟社区方便人们用各种方法互动、协作、交易(见表2-2)。

表2-2 社交网络的种类

社区种类	简介
交易及各种商务活动	促进买卖。将信息平台与交易平台结合在一起。社区成员主要是买家、卖家、中介,他们致力于某种交易领域(如水产交易)
有相同的目的或兴趣	不开展交易活动,只是就共同感兴趣的问题交换信息。例如,投资者在 Motley Fool 开办的网站上(fool.com)交流投资经验,音乐爱好者则喜欢登录 mp3.com
工作或生活中有一定的关系	社区成员为某些生活体验聚拢在一起,例如,妇女在 ivillage.com 上聚集,老年人在 seniornet.com 上聚集。专业人士的社交网站也是如此,例如,专门研究信息系统的教师、学生、专业人士都聚集在 aboutus.org/Isworld.org 网站上
意想的角色扮演	社区成员分享意想的某种环境,例如,运动爱好者会聚集在 espn.com 上。类似的网站还有 games.yahoo.com、horseracegame.com 等
社交网络	社区成员沟通、合作,创建内容与他人分享,组织团队,共同娱乐等。网站 Facebook 在这一领域走在前面
虚拟世界	社区成员在 3D 虚拟环境中有自己的化身,这些化身游戏、经商、交往,做许多时尚的事情

2.6.1 传统网络社区的特征及分类

大多数虚拟社区都是以互联网为基础的,因此称为互联网社区。

网络上有成千上万的社区,而且这一数字与日俱增。纯粹的互联网社区其成员往往有几千人,几万人,甚至几百万人,几千万人。到2016年年初,Facebook(已经运营了12年了)全球的活跃用户数已经达到10亿人。虚拟社区虽然与实体社区有许多相似之处,但是在成员人数这一方面,它与传统的实体社区有着很大的区别,传统的实体社区人数要小得多。两者之间的另一个差异是实体社区受到地域的限制,而虚拟社区是不受地域限制的。

虚拟社区的分类

虚拟社区可以从以下几个方面进行分类。

公共社区及非公共社区 有些社区是"公共的",任何人都能参与。社区的所有者可以是私人持有的公司(如 Twitter)、营利或非营利组织。大多数社交网络(包括 Facebook)都属于公共的营利社区。相反,另一类社区是"非公共的",它可能属于某一家或几家企业,也可能属于一个协会,加入社区有一定的限制,例如属于某一家企业的员工,或是某一个行业的从业人员。非公共社区可以是内部的(只有企业员工才能加入),也可以是外部的(专为客户或是供货商建立的社区)。

区分的方式　还有一种区分的方式是按成员区分，如交易参与者、玩家、交友者、娱乐者、互帮互助者等。还有的是把网络社区分成六类：交易、兴趣、关系或职业、时尚、社交、虚拟世界。

接下来将讨论最流行的虚拟社区，那就是社交网络。

2.6.2　社交网络

社交网络是一个虚拟社区，社区里的成员互动、交流，分享信息。社交网络一般是建立在社交网站上的。

1. 社交网络的一般介绍

社交网站其实是基于网络的一家企业，如 Facebook。它向用户免费提供一个网络空间，在这个空间里，用户可以建立自己的个人档案，与其他用户互动交流，分享信息，还可以创建内容上传到网络。

第 1 章 1.3 节中专门介绍了社交网站的特征和基本的功能。本小节的内容将对这一话题做进一步的展开。

社会网络有各种形式。Facebook 是最著名的面向社会的网络，LinkedIn 则是一家面向企业的网络。

2. 全球环境

尽管 Facebook、Pinterest、Twitter 以及 Google+ 等网站吸引了大多数美国媒体的关注，它们在其他国家也有不少用户。其他国家的许多社交网站在全球各地也越来越受到欢迎。例如，renren.com、us.weibo.com 在中国是比较受欢迎的，mixi.jp 受到日本用户的欢迎，vk.com 在欧洲使用较多（主要是在俄国），荷兰用户大多登录 hyves.nl，波兰用户则使用 Nasza Klasa（nk.pl），hi5.com（如今它归属于 Tagged）的用户集中在拉丁美洲、美国、南美、欧洲的小国家，Migente.com 是一个面向西班牙裔社区的英文网站。此外，一些过去主要提供通信服务的网站也开始涉足社交网络服务，例如，中国的腾讯网过去仅提供瞬时通信服务，但是自从它增加了用户身份认证和视频聊天的功能以后，很快便成为全球最大的社交服务网站。最后，韩国的 Cyworld 自从增加了主页和交友功能以后，就变成了韩国首屈一指的网站。

3. 社交网站的功能及提供的服务

社交网站有着如下的一些功能：

- 用户可以创建自己的主页，用来传递信息与社区成员分享；
- 用户可以建立自己的社交圈，相互链接；
- 网站提供论坛，或者按朋友圈分组，或者按话题分组；
- 网站方便用户分享图片、视频、文件，视频可以是用流媒体播放，也可以用户提供下载；
- 利用维客技术可以多人参与创建文档；
- 利用博客技术开展讨论，传递信息；
- 可以在站内发送电子邮件，进行瞬时通信交流；
- 可以邀请专家来解答用户的问题；
- 消费者可以在网站上对产品进行评价，打分；
- 可以进行在线投票，征集民意；
- 网站可以提供电子化的时事通信；
- 网站可以作为会议平台，同时分享图片资料；
- 网站上有电子布告栏，不管是个人还是群体只要在线就可以浏览；
- 网站有储存功能，可以储存图片、视频和音乐；
- 用户可以为自己创建的内容制作书签；
- 用户可以搜索其他的社交网络、有着共同兴趣爱好的朋友或话题。

这些功能可以让用户使用社交网络时更加方便。

2.6.3 商务社交网络

商务社交网络（business-oriented social networks，也称为"专业社交网络"）的主要目标是促进商务活动。最典型的商务社交网络是 LinkedIn.com，它帮助进行商务沟通，还有助于企业招聘和个人寻找工作。再一个例子是 craigslist.org 网站，这是一家大型分类广告网站，它有着明显的社交网络的特征（见本节后面的应用案例2-2）。另一个例子是 The Brainyard，这是一个管理人员查找新闻消息、提供帮助的地方。另外，doximity.com 是为美国医生和卫生保健专业人士提供交流的医疗网络。运用商务社交网站的企业越来越多，它们希望由此来扩大自己的商务伙伴，也希望用这一工具来开展网络促销活动。

商务社交网络的功能

借助 Web2.0 的工具，企业可以不断创新与用户沟通交流的方式。消费者之间、消费者与企业之间可以进行更加直接的沟通。

- 鼓励消费者为产品和服务打分、评价；
- 帮助消费者围绕企业的产品开展交流，建立网络社区（论坛）；
- 雇用博客写手或是安排内容编辑去引导人们对客户的反馈意见开展讨论。
- 鼓励客户参与各种类型的竞争和比赛，参与产品、服务、营销方案的设计；
- 鼓励用户制作有关产品、服务的视频，对优胜者给予奖励；
- 用电子通信的形式发布有趣的故事。

应用案例2-2 描述的 craigslist.org 就是一个商务社交网络公司，该网站提供分类广告服务。

应用案例2-2 Craigslist：将网络社区分类广告做到极致

如果你想登录这样一个网站，它在全球70多个国家，700多个城市，用13种语言提供服务（2016年数据），如果你想找工作，或是招聘人才、租房子、购物、开展社交活动、利用网络谈情说爱、遇到问题找人咨询等，你可以去 craigslist.org 网站。网站上提供的信息，比任何一地的报纸上所有的信息还要多。例如，网站上每个月要刊登 8 000 多万份新的分类广告。光是在美国，每个月光顾网站的人次超过 6 000 万（请浏览 craigslist.org/about/factsheet）。用户每月浏览的网页超过 500 亿个。更详细的统计数据，请参见 alexa.com/siteinfo/craigslist.org。根据 Alexa.com 的数据显示，在美国，Craigslist 的网页浏览量排名在第 11 位。

craigslist.org 网站上有 100 多个讨论专题，用户的发帖量超过了 2 亿。每天，全球70个国家700多个城市的用户会上网浏览分类广告，或是到论坛里参加讨论。尽管许多网站都提供免费的分类广告，但是没有一家网站在这方面能与 craigslist.org 网站齐肩。许多人认为，craigslist.org 有朝一日会改变世界，因为它是一个免费的、面向大众的、可信赖的、用途广泛的布告栏。

craigslist.org 网站之所以受到普遍的欢迎，主要有如下的一些原因：

- 它方便人们发出声音；
- 它始终提倡基本的价值观；
- 它宣传并实践着一种简朴的理念；
- 它方便人们进行社会交往；
- 大多数情况下它都是免费的，除了商务运作、在几个大城市出租、买卖房屋、部分招聘信息、老年病治疗与护理广告以外，普通百姓可以免费刊登广告。

更多信息查询，所以浏览 craigslist.org/about/factsheet。

为了说明craigslist.org网站给人们带来的便利和帮助，我们以本书一位作者的真实体验为例。故事的主人公想把加州长滩的一套公寓房租出去。通常，要做好这样一件事需要2～4周的时间，在报纸、网站上刊登广告需要花费400～700美元。但是利用craigslist.org网站，主人公只用了不到一周的时间，没有花一分钱，一切都妥了。随着越来越多的人了解到craigslist.org网站，平面媒体的分类广告业务会变得惨淡，它们的收费会降低。

对于某些求助广告，或是在某些大城市房屋中介刊登广告，craigslist.org网站是收费的。他们还向广告业主收费，尤其是富媒体形式的广告，更是如此。

对craigslist.org网站的思考

批评者认为会有人在网站上贴一些违法、违规的广告，craigslist.org网站的员工又不能有效地发现、制止。有些用户已经在抱怨，有人张贴令人生疑的广告，特别是诈骗广告。还有一些犯罪分子利用craigslist.org网站让那些警惕性不高的人接收假支票。craigslist.org网站上用户是匿名的，而且没有一个用户评价系统，所以作假的用户不用为自己的作假行为承担责任。

还有人认为，色情服务在craigslist.org网站上占流量的很大一部分。人们担心，利用craigslist.org网站完成的性交易许多涉及未成年女孩。网站的用户那么多，每天贴上的广告量这么大，仅靠网站雇用的40多名监管人员是远远不够的（2016年数据）。（2010年9月8日，craigslist.org网站开始对成人服务和色情服务版块严加监管。）

许多支持craigslist.org网站经营方式的人认为，如果网站加强监管，结果可能是用户到监管比较松的网站去寻找服务。在中国，一家名为58.com的公司模仿Craigslist网站提供类似信息，并已经有了可观的收益。该公司的股票在纽交所的代码为WUBA。

资料来源：Based on Liedtke (2009), Seamans and Zhu (2014), and **craigslist.org** (accessed January 2017).

思考题

1. craigslist.org网站的商务模式是什么？
2. 请浏览craigslist.org网站，归纳其社交网络与商务社交网络的特征。
3. 你认为网站有哪些优缺点？
4. 为什么有人会认为craigslist.org网站"将改变世界"？
5. 使用这一网站有哪些风险？有哪些局限性？

2.6.4 企业社交网络

除了公共的商务社交网络，如LinkedIn和Craigslist，还有很多企业社交网络（也称为公司网络），用内部网为员工提供互助平台。Northwestern Mutual就是西南航空公司的公司社交网络，公司有自己的博客（Mutualblog），还有一个Yammer账户（一种封闭性的企业微博，可以和企业的邮箱系统进行整合，只供企业的内部员工访问。——译者注），支持1 000多名员工进行在线对话，讨论他们感兴趣的话题。这种内部社交网是针对企业内部员工、业务合作伙伴和客户提供服务的。

2.6.5 与社交网络相关的商务模式和服务

社交网站为创新商务模式提供了舞台，例如客户评价食品，体验印度夜生活（burrp.mumbai.com），用户为娃娃打扮，模仿明星（stardoll.com）。每天都会出现新的收益模式。虽然有些人赚得并不多，但是也有的人赚得盆满钵满。最近，Pinterest模式开始流行起来。

许多社交网络吸引了广告商。例如，vivapets.com吸引了众多的宠物爱好者，每个月都有成千上万的网站访问者。于是，宠物食品的制造商也纷纷在网站上打广告。

一些流行的社交化服务网站有：

- Reddit.com。这是一个基于网络社区的网站。用户可以针对播客音频资料、新闻报道、视频资料等写出一份短小的报告。其他的用户再对这些报告进行投票。Reddit 网站的信息在传统的网站，以及苹果或安卓系统的 App 应用上都能看到。
- Xanga（xanga.com）。网站上可以发布文字博客、图片博客、网络社交信息等。Xanga 的用户被称为"Xanga 人"。该网站始创时期，只用来分享图书和音乐的读后感、听后感。如今，它已经成为最受欢迎的博客网站和社交网站之一，全球用户多达一亿人。用户最多的地方是中国的香港、澳门，以及新加坡等地。网络上有所谓的"部落格圈"（blogring），它是指有着共同话题或是关注点的一组博客。

2.6.6 移动社交商务

移动计算的增长速度已经超过其他形式的电子商务计算。据思科 2016 年的预测，移动数据流量将增长 827%（从 2015 年每月 3.7 艾字节增长到 2020 年每月 30.6 艾字节⊖）。移动数据流量的快速增长大大促进了移动商务。根据 2015 年的一份数据显示，90% 的消费者用智能手机来网上购物（2012 年的数据是 64%）。在后面的章节中，我们将讨论一些移动商务应用。有专家认为，照片墙 Instagram 在未来可以成为移动社交商务的重要组成部分。以下是移动社交商务的一般定义和技术，还有几个实际案例。

2.6.7 移动网络社交

移动网络社交（mobile social networking）指的是网络用户利用移动设备进行沟通和交流。绝大多数社交网站都提供移动服务。据统计，2016 年第一季度 Facebook 的 15.9 亿经常访问的用户中有 14.4 亿是移动用户（请浏览 venturebeat.com/2016/01/27/over-half-of-facebook-usersaccess-the-service-only-on-mobile、newsroom.fb.com/Company-info）。也有的社交网站仅提供移动服务（如 path.com、javagala.ru 等）。

移动网络社交在日本、韩国、中国发展得比较快，原因可能是这些国家的数据流量费用比较低（如日本普遍采用的是固定费率）。日本和韩国 4G 网络的带宽比较宽，在社交网络方面运行得最好的是 mixi.jp 和 mbga.jp 两个网站。还有许多移动社交网站正在兴起，呈几何级增长的态势（请浏览 comscore.com）。

据专家预测，移动社交网络将会有突飞猛进式的发展。

1. 企业移动社交网络

不少企业自主开发或是全额赞助移动社交网络。例如，可口可乐公司开发了一个社交网站，专门针对手机用户。目的是吸引更多的年轻人关注可口可乐公司的饮料和各种其他各种产品。

2. 移动社交商务应用举例

移动社交商务应用的例子很多。

实际案例　IBM

利用移动设备进行社交商务，IBM 排在首位。以下是该公司的几个首创项目：

- IBM 移动连接（原称为"IBM Lotus 移动连接"，这是社交媒体及社交网络搭建的软件，简称为 Connect）在业界非常流行。消费者越来越多地使用博客、威客等技术在

⊖ 艾字节是数据存储单位。计算机存储单位一般用字节 Byte、千字节 KB、兆字节 MB、吉字节 GB、太字节 TB、拍字节 PB、艾字节 EB 等表示，每一个单位都是前一个单位的 1 024 倍。——译者注

线共享移动设备（如苹果的操作系统 iOS 和谷歌的安卓系统）上的照片、视频和文件。
- IBM Connections 方便员工提出各种创意，也可以对他人的创意评头论足（请浏览 ibm.com/connections/blogs/SametimeBlog/?lang=en）。
- IBM Connections5.0 软件（如 Moderations、Ideation Blogs）方便员工与有意提供各种创意的人群交往。

实际案例　社交网络

凭借目前的技术，我们已经能看到一种趋势，那就是社交网络与图像、语音和视频的交互性越来越复杂。预计在不久的将来，它们会对管理和营销工作产生巨大的影响。

2.6.8　社交网络的创新工具和平台

有大量的软件工具和平台可用于社交网络。显然，这些工具就是博客、微博和维基。需要注意的是，这些工具的功能是不断变化的。在这里，我们提供了有代表性的最新创新工具：

- Snapchat.com——提供移动照片短信服务，可以通过照片、视频和字幕的方式与朋友聊天，比如用图片或视频发信息（见 webtrends.about.com/od/Iphone-Apps/a/What-Is-Snap chat.htm）。
- Whatsapp.com——根据其网站描述，WhatsApp 是为智能手机提供的一个跨平台免费移动信息应用程序。用户还可以组成群，给对方自由发送图片、视频和音频媒体信息。2014 年，Facebook 以约 190 亿美元收购了该公司。2016 年 1 月，该网站的用户超过了 10 亿。
- Ortsbo.com——这是一个实时会话翻译的网站，在社交媒体应用较多。
- Droid Translator（droid-translator.tiwinnovations.com）——翻译打电话、视频聊天内容（如 Skype）。对话内容可以翻译成 29 种不同的语言。
- Tagged.com——这是一个帮助人们寻找朋友的网站。人们可以通过游戏、浏览习惯、兴趣爱好等聚集朋友，朋友间可以交换书签、网站浏览链接、虚拟的礼品等。
- Viber.com 和 line.me/en——人们利用移动设备和台式电脑可以在这些网站进行免费语音和视频通话。
- Instagram.com——一个免费分享照片和视频的平台。作为一个社交网站，人们可以在上面发表评论。该网站在 2012 年被 Facebook 收购。
- Rocketium.com——该网站展示的是各种视频资料，用户可以在上面发送弹幕。
- Screenr.com——这是一个方便用户进行屏幕录制的网站，背景上还有对用户的语音指导。
- Hshtags.com——致力于标签的社交媒体搜索引擎。用户能够实时看到与任何关键字相关的所有公开内容，并可以实时加入讨论（请浏览 digitaltrends.com/social-media/new-search-engine-like-google-social-web）。

移动社区活动

在移动社交网站上，用户们可以利用移动设备完成与非移动设备一样的动作。企业客户还可以利用移动设备创建移动社区。移动视频分享（有时还包括图片分享）成了当今的一种技术潮流和社交潮流。人们很欢迎移动视频分享平台（如 myubo.com）。许多社交网站都在提供移动服务。

若要了解 2016 年有关社交商务的统计数据，请浏览 bazaarvoice.com/research-and-insight/social-commerce-statistics。

本节习题

1. 什么是虚拟社区？其特征是什么？
2. 虚拟社区有哪几大类？
3. 什么是社交网络？
4. 什么是移动社交商务？
5. 列举一些主要的社交网络。
6. 社交网络的全球化特征有哪些？
7. 什么是网络社交？
8. 简述移动社交网络和商务活动的关系。

2.7 新兴电子商务技术：增强现实和众包

如今，电子商务应用有了一些新的技术平台。本节主要介绍其中的两种。

2.7.1 增强现实

增强现实技术应用在越来越多的商务活动中。由于应用形式多种多样，所以对"增强现实"的解释也各不相同。根据维基百科的定义，所谓**增强现实**（augmented reality，AR），是指"真实世界实时的但是非直接的影像。这些影像通过计算机对音频、视频、图像、GPS 数据的处理得到增强（也称为'补充'）"（请浏览 en.wikipedia.org/wiki/Augmented_reality）。增强现实技术提高了人们对现实的感知。在移动设备（如智能手机、网络摄像头、3D 眼镜、3D 电视机）应用软件的帮助下，人们能够观察到经过计算机处理的细微的影像。谷歌开发出一款增强现实的眼镜，称为"Google Glass"。

1. 增强现实技术在电子商务中的应用

增强现实技术在电子商务中的应用领域主要是在广告活动和其他各种营销活动中。当然也还会有其他的各种应用。2016 年，美国学者 Bauer 介绍了增强现实技术用于吸引潜在客户的几个例子。谷歌的增强现实技术帮助了多家企业。例如沃尔格林依靠增强现实技术培养了客户对企业的忠诚度。在维基百科上，可以看到许多 AR 技术在电子商务活动中的应用。

实际案例　Net-a-Porter

Net-a-Porter 是一家创新型企业，该公司用苹果公司移动设备上的 AR 软件观看"商店橱窗"。请浏览"Net-A-Porter Augmented Reality Shopping Windows"（digitalbuzzblog.com/net-a-porter-augmented-reality-shopping-windows）。客户走进实体商店以后，只要用移动设备对着展示的服装扫一扫，就能 360 度地欣赏服装的各个侧面。他们也可以到时装展览会去，利用 AR 技术了解服装的价格、供货情况等信息。此外，逛商店的消费者可以用移动设备直接在线下单购买（请浏览 itunes.apple.com/ne/app/net-a-porter/id318597939?mt=8）。

实际案例　宜家家居

宜家家居利用 AR 技术帮助顾客判断陈列的家具是否合适你家庭里的装饰。请浏览"Place IKEA Furniture in Your Home with Augmented Reality"（youtube.com/watch?v=vDNzTasuYEw）。这项技术是 Snapshot 开发的一款开源软件，可以应用在苹果公司的 iOS 系统上。

> **实际案例　　CastAR 公司**
>
> CastAR 利用增强现实技术开发了许多桌面游戏环境，做到了小环境，大意象。请浏览 youtu.be/hL1qT0TK6aw and youtu.be/A4TAppwUMWU。

AR 技术在社交游戏中的应用　增强现实技术在许多应用软件中都有体现。社交 AR 游戏对于营销活动和品牌认知是一种极为理想的工具，因为专为一种产品设计的游戏往往会有无数的玩家。请浏览 t-immersion.com/augmented-reality/use-cases/social-augmented-reality-games。

2. 虚拟现实

人们往往将虚拟现实与增强现实相混淆。**虚拟现实**（virtual reality，VR）是指一种利用计算机生成的模拟环境，系统仿真使用户沉浸到该环境中。人们感觉自己是在真实的环境中，并且可以对环境进行操控。要体验 VR 技术，人们需要戴上眼镜和操纵杆，虚拟现实技术用在游戏中其实已经有几十年了，但是近来它被用在了电子商务活动中。Facebook 开发的 Oculus 眼镜可以商用。它是将社交商务与虚拟现实技术结合在一起。

AR 技术与 VR 技术的比较　2015 年，美国学者 McKalin 对 AR 技术和 VR 技术的区别进行分析。他认为，在让用户身历其境这一方面，两者是相似的。但是在如何实现的技术上，两者是有差异的，两者应用的目的也不尽相同。

2.7.2　众包

电子商务应用的另一个平台是众包。人们利用这个平台来聚集电子商务和社交商务的智慧（请浏览 crowdsourcing.org）。我们在这里只对这一技术做一般的介绍。

1. 众包的定义与一般概念

所谓"众"是指一群人，它可以是一群消费者，也可以是企业的一群员工，或是社交网络的一群用户。

众包（crowdsourcing）的平台将许多人的智慧聚集在一起，目的是解决难题，创新技术，完成大型项目等。"众包"这一词汇是 2006 年 1 月由 Jeff Howe 首先提出的。在众包的过程中，首先由发起人将众人（如客户）聚集在一起，发起一个内容，或是一项需要解决的难题（如翻译维基百科上的文章），或是进行一项研发活动。众包的底层逻辑就是"三个臭皮匠顶个诸葛亮"。专家们认为，众人的群体智慧一定能够用较低的成本去解决较为复杂的问题。

图 2-4 列出了众包的基本元素，分别是要完成的任务、工作的人群、执行任务时用到的模型和程序。这些元素与任务和人群特征（如人群的心理）有关，与采取的手段（如创意的产生和投票权）有关，与实施措施（如对参与者的激励机制）有关。

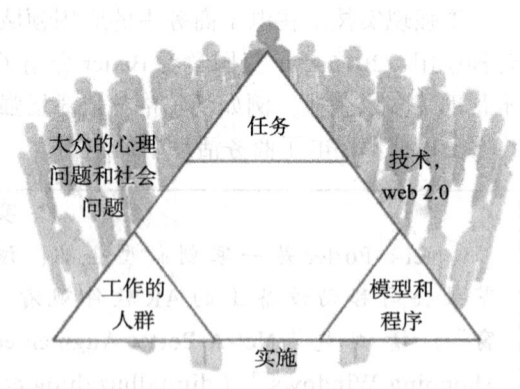

图 2-4　众包的基本要素

2. 众包的流程

众包可以看作是一个借助互联网来集体解决问题或协同工作的活动。通常一个运用众包解决问题的做法就是，把问题告知员工、业务合作伙伴等群体，或向外部群体（如可以帮助解决问题的专家或消费者）传播，靠大家的智慧解决问题。从图 2-5 可以看出，众包的第一步通常是从发布一个收集解决方案或是创意的消息开始，通过在线社区组织人群中的参与者，相关参与者提出个性化解决方案。参与者还可以进一步讨论解决方案，通过投票产生最终候选名单。或者按序列出清单。而最终选择哪个方案可以由参与群体或管理人员选择。胜出者获得特殊表彰或奖金，有的时候，可能只是对出色的表现给予认可，没有其他奖励。众包可以从业余爱好者或未知专家那里获得解决问题的答案。

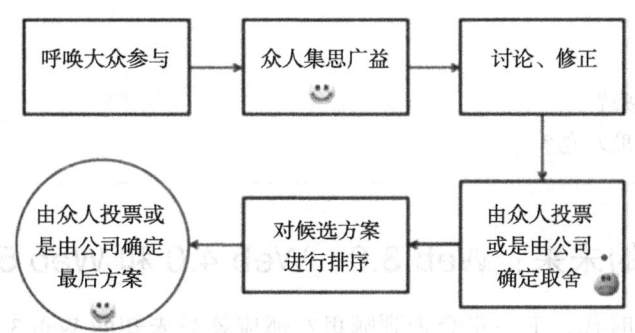

图 2-5　众包的基本流程

实际案例　星巴克的众包方案

星巴克推出了社交媒体网站 My Starbuck Idea（mystarbucksidea.force.com），主要是为了从客户那里征求意见和反馈意见。该网站是围绕三个关键议题构建的：（1）想法是用户提出的；（2）用户在表决前后进行讨论，进行投票；（3）公司的员工充当"创意合作伙伴"，提供问题的答案，并对讨论方向进行引导。

整个星巴克社区都能看到这一全过程。每个成员也可以看到每个提案的情况。在 YouTube 网站上一段名为"Crowdsourcing and Crowdfunding Explained"的视频，提供了有关众包的介绍（请浏览 youtu.be/-38uPkyH9vI、crowdsourcing.org、crowdsortium.org）。一些专家已经展开了关于众包的应用研究。

---

3. 众包的优势

众包主要有如下优势：

- 可以用相对较少的投入进行问题的分析和解决（可根据解决问题的情况决定支付多少，但有时候没有货币支付，只是表扬或荣誉）。
- 可以迅速获取解决方案，因为很多人同时对所需要研究的项目进行工作。此外，也可以加快产品的外观设计。
- 解决问题的人可能存在于组织内，这样也可以发现组织内部的人才。
- 通过倾听群体的声音，组织可以获得客户（或员工）需求的一手资料。还有就是进行群体内的市场调研时，人群本身就都是客户。
- 众包能够领略到世界各地不同的思想。人群中可能包括业务伙伴、客户、学者等，并且众包的会员可能居住在不同的国家。
- 公司有需要解决问题的项目时，如果让客户参与，往往可以提高客户的忠诚度。

4. 众包在电子商务中的应用

众包有很多种电子商务应用，维基百科的创立就是一个非常典型的例子。

本节习题

1. 什么是增强现实？

2. 如何通过增强现实来促进电子商务活动？
3. 什么是众包？
4. 列出众包的要素。
5. 描述众包的过程。
6. 众包的优势主要有哪些？
7. 如何在电子商务中使用众包？

2.8 电子商务发展的未来：Web 3.0、Web 4.0 和 Web 5.0

我们现在处于 Web 2.0 时代，下一步会走到哪里？那应该是未知的 Web 3.0，全新的互联网应用。有些 Web 3.0 的特征已经初露端倪。人们有理由对网络和电子商务的未来抱有期待（请浏览 siliconangle.com/blog/2013/08/02/the-future-of-ecommerce-with-web-3-0 和 wired.com/insights/2014/09/e-commerce-to-web-3-0）。

2.8.1 Web 3.0：互联网技术如何发展

Web 3.0（三代互联网）将是一种新一代的商务应用。商务与社交计算将融合在共同的基础平台上。因此，Web 3.0 将改变人们生活、工作，以及人们工作的组织方式，它甚至可能会彻底改变整个社交网络。

据一些专家介绍，Web 3.0 将会有以下一些功能：

- 使当前的应用程序更智能化；
- 在互动、协作与用户参与等方面，更加方便快捷；
- 功能更强的智能型搜索引擎；
- 更多的用户友好型应用形式，人机互动的形式更多；
- 发挥群体智慧和创造力；
- 创造出更多的智能设备；
- 更宽的带宽；
- 更好的显示效果，包括 3D 工具；
- 简化无线计算和无线社交网络应用。

1. Web 3.0 和语义网

Web 3.0 技术的平台主要应该是语义网。语义网实际上是英国计算机科学家、万维网的发明者 Tim Berners Lee 首先提出的，他将语义网形象化为能使网络更智能化的一个平台。**语义网**（semantic web）没有标准定义，它基本上是一组专注于机器的方法（而 Web 2.0 是一种更注重于人的方法）。该技术试图使用一种能理解自然语言的工具，使计算机理解信息的语义（即"意思"）(请浏览 you-tube.com/watch?v=bsNcjya56v8，观看视频"Evolution Web 1.0，Web 2.0 to Web 3.0"）。

2. 对未来的思考

人们对 Web 3.0 及电子商务未来发展有着种种思考。

- 人们面临的威胁。有些网络行为将延缓电子商务及 Web 3.0 的发展，甚至会使互联网技术止步不前。
- 对安全和隐私权保护的担心。网络购物者、网银及其他一些网络服务的使用者，还有社交网络的用户，担心网络安全和自身的隐私，他们都希望网络更加安全。
- 网络中立的缺失。有些专家担心，如果政府允许大的电信公司对网络宽带接入增加收费，那么小型网络创新企业将会被大企业挤出市场，因为后者的实力更加雄厚。
- 版权问题。YouTube、Craigslist、Wikipedia 等网站带来的诸多法律问题将影响用户提供原创内容的积极性。
- 不稳定的连接能力。上传的带宽依然不够理想，所以要上传视频资料很耗费时间。
- 语言问题。Web 3.0 中的分类技术究竟用什么语言表述依然是需要考虑的问题。
- 标准问题。需要为 Web 3.0 制定一个架构的标准。

因此，有人认为语义网的问世还遥遥无期（请浏览 youtube.com/watch?v=oKiXpO2rbJM）。

尽管如此，由于许多创新技术的问世，Web 3.0 和电子商务依然会有突飞猛进式的发展。

2.8.2 技术环境

电子商务和语义网的发展，都有赖于信息技术的发展。专家们对技术发展做出过种种预测，在此引述其中两种（更多阐述请浏览 gartner.com/technology/research）。

1. Web 4.0

Web 4.0（四代互联网）是 Web 3.0 以后的新一代互联网技术。当然，我们现在对它还无从了解。Web 4.0 被称为"共生网络"。有些未来学家认为，Web 4.0 的驱动力来自功能强大的电子代理，这些代理能将人机互动的信息整合，并对其进行个性化处理（请浏览 bigthink.com/big-think-tv/web-40-the-ultra-intelligent-electronic-agent-is-coming）。

2. Web 5.0

专家 Patel 认为，"Web 5.0 还没有确切的定义，被视为共生网络，呈分散式存在"，他提供了一些技术资料。更多阐述请浏览 flatworldbusiness.wordpress.com/flat-education/previously/ web-1-0-vs-web-2-0-vs-web-3-0-a-bird-eye-on-the-definition。

本节习题

1. 什么是 Web 3.0？它与 Web 2.0 有什么区别？
2. 什么是语义网？
3. Web 3.0 及电子商务的发展受到哪些约束？人们有哪些担忧？
4. 信息技术的发展有哪些趋势？
5. 什么是 Web 4.0 和 Web 5.0？

管理问题

1. **销售中是否应该使用竞价模式？** 所涉及的战略问题是，是否需要用竞价销售作为一个销售渠道。竞价销售模式有一定的局限。正向拍卖会与其他的销售渠道产生冲突。如果企业决定使用竞价销售模式，它需要选择使用哪种竞价模式，还要制定定价策略。这决定了竞价模式能否成功，企业能否在网络销售中吸引新客户，维系老客户。竞价销售模式还需要服务的支撑。如果拍卖的标的很高，企业需要判断如何提供支撑服务，如何与商业伙伴合作。

2. **是否需要使用物物交换的模式？** 物物交换是一种比较有趣的战略，特别是对某些企业（如缺乏现金、需要特殊的材料和设备、有积压库存等）更是如此。但是对商品或服务作价不是一件容易的事情。在有些国家，税收问题也比较模糊。

3. **如何选用商用软件？** 市场上的产品和商家都很多。小企业应该选择Yahoo!或eBay提供的软件，因为这些软件与托管软件捆绑在一起，方便企业了解由供应商管理的网络市场。购买软件时要判断它的功能，还要看是否能比较便捷地建设网络店铺。

4. **商业活动中如何利用Facebook及其他社交网络？** 利用社交网络有许多好处，最主要的是有利营销活动和广告推送。只要企业希望跟上时代潮流，就应该考虑利用社交网络。

本章小结

1. **电子商务的主要活动和技术。** 电子商务的主要活动包括信息的传递及展示、在线交易、商务协作、娱乐以及信息搜索。主要技术包括网络市场、网络店铺、购物车、电子商品目录、搜索引擎、Web 2.0工具、虚拟世界等。

   大部分的商务活动是在买卖双方之间进行的。但是在供应链成员之间，企业内部的员工之间也存在着合作、协调的工作。电子商务的目的就是使所有这些沟通、交流自动化。

2. **网络市场及其构成要素。** 网络市场是一个不受时空和国界限制的虚拟市场。正因为如此，它的运行效率非常高。其构成要素包括客户、卖家、产品（包括数字产品）、网络基础设施、前台处理、后台处理、电子中介、商务伙伴、支持服务等。

   随着网络市场的发展，中介的作用也在变化。有的消失了（去中介），有的则改变了角色重新登场（二次中介）。例如，在B2B市场，网络渠道商把制造商与买方联系在一起，他们的工作是将众多供应商的电子商品目录集成在一起。网络上涌现出了许多新的增值服务，包括内容创造、商家集成等。

3. **网络市场的主要类型。** 在B2C市场，有网络店铺和网络卖场。在B2B市场，有公共网络市场及私有网络市场。公共网络市场还分成垂直市场（指一个行业里的商家的集成）和水平市场（指跨行业商家的集成）。网络交易市场是众多买家与卖家开展交易的平台。不同的门户都可以提供进入网络市场的渠道。

4. **电子商品目录、搜索引擎及购物车。** 网络市场的主要技术包括电子商品目录、搜索引擎、软件代理（智能代理）以及电子购物车。这些技术被称为商用软件包，它创造了一个客户友好、高效运营的商务环境，促进了电子商务的发展。

5. **网络竞价及其特征。** 在正向拍卖中，买方持续出价，它可以是一种提价模式，也可以是一种降价模式。在逆向拍卖中，买方填写报价请求单，卖方进行一轮或多轮报价。在自主定价的拍卖模式中，买方提出愿意为产品、服务出价多少，由中介帮助寻找供货商满足买家需求。"一分钱拍卖"是一种正向拍卖，每次投标只出一笔小的费用。到了指定时间，投标的最终成员将赢得拍卖。

6. **网络竞价的利弊。** 网络竞价对卖家来说可以接触多个买家，加快销售进度，节约中介佣金。网络竞价对买家来说有了更多的机会，可以买到便宜货和稀有的收藏品。而且可以在家参加拍卖活动。面临的风险是可能遇到欺诈。

7. **网络物物交换及网络谈判。** 物物交换的网络平台促进了企业间商品、服务的物物交换。因为网络搜索和撮合都相对容易。软件代理则促进了在线谈判。

8. **虚拟社区的结构和作用。** 虚拟社区为人们带来了新的商机。有相同兴趣爱好的人在网络上聚集，这对广告和营销都是极好的机遇。在聊天室，人们可以针对某些商品、服务发表观点。最具吸引力的是交易社区，那里的成员对各种促销活动都感兴趣。虚拟社区可以提升客户忠诚度，增加提供赞助的厂商的销售额，收集客户对服务和各种商务活动的意见和建议。

9. **社交网络是电子商务的新平台。** 网络社区规模巨大。社区成员可以分享内容，包括文字、视频、图片等。网络社区促进在线沟通和交流。成百上千的社交网站在全球各地兴起，吸引巨额的广告投入。全球有几百万家企业在社交网站上投放广告，开设娱乐活动，甚至销售产品。

商务导向的网络社区主要关注商务活动，有的是在一个国家，有的则是面向全球（如招聘人才、寻找商业伙伴等）。社交网络市场是融合了社交网络特征和商务特征的市场。比较知名的社交网络市场是 LindedIn 和 Xing。有些企业单独创建社交网络，而另一些则是在公共社交网络平台（如 Facebook）开展商务活动。企业社交网络是指由企业拥有，并且在企业内部运作的社交网络，用户大多是本企业员工和退休人员。这些社交网络的作用主要是工作协调、信息创建和分享、培训、社会交往等。许多大企业都有这样的社交网络，如 IBM、Wells Fargo 以及 Northwestern Mutual 等。

10. **增强现实和众包**。这两种新兴技术促进了两种电子商务活动的形成。增强现实融合了计算机视觉和现实世界的各个方面，因此，它可以增强广告效果和呈现更真实的信息。增强现实的工作原理是借助移动设备（如智能手机）更全面地查看产品或建筑特征（如360度的视角、明码标价）。众包利用群体智慧解决问题和产生创意，它也可以把大任务划分成小的子任务，让群体中的成员执行不同的小任务。

11. **Web 3.0 及 Web 4.0**。Web 3.0 是下一代互联网，它将把社交计算与商务计算结合在一起。它的便携性和个性化将更加明显，搜索引擎更强劲，影响力更大，对无线环境的适应性更强，应用更加体现客户友好。知识管理和语义网将是 Web 3.0 的主旋律。Web 3.0 及其应用取决于信息技术的发展，如云计算、效用计算、平行处理、机器智能等。Web 4.0 是一种更加遥远的网络技术，它的基础是应用的普遍性和系统的智能化。它将把不同渠道的智能"孤岛"连接在一起。

关键术语

augmented reality：增强现实
back end：后台
bartering：物物交换
bartering exchange：物物交换交易所
business-oriented social networks：商务社交网络
buy-side e-marketplace：买方网络市场
crowdsourcing：众包
desktop search：桌面搜索
digital products：数字商品
disintermediation：去中介
double auction：复式拍卖
dynamic pricing：动态定价
e-bartering (electronic bartering)：在线物物交换
e-distributor：网络渠道商
e-mall (online mall)：网络商城
e-marketplace：网络市场
electronic auction (e-auction)：网络竞价
electronic catalog (e-catalog)：电子商品目录
electronic shopping cart：电子购物车
enterprise search：企业搜索

eorward auction：正向拍卖
front end：前台
intermediary：中介
mobile portal：移动门户
mobile social networking：移动网络社交
name-your-own-price model：自主定价
penny auction：一分钱竞拍
reverse auction (bidding or tendering system)：逆向拍卖
search engine：搜索引擎
sell-side e-marketplace：卖方的网络市场
semantic web：语义网
virtual community：虚拟社区
virtual reality：虚拟现实
voice portal：语音平台
Web 3.0：三代互联网
Web 4.0：四代互联网
web (information) portal：网络信息门户
webstore (storefront)：网络店铺

讨论题

1. 比较传统市场与网络市场的差异。它们各自的优势和劣势表现在哪里？

2. Craigslist 网站的分类广告竞争优势表现在哪里？
3. 与 Web 1.0 和 Web 2.0 相比，Web 3.0 的优势在哪里？
4. 是否有必要建立电子商务门户网站？
5. 企业自建的社交网络与普通的社交网络（如 Facebook）有什么差异？
6. 为什么把社交市场看成是 Web 2.0 的一种应用？
7. 有人说："从技术上看，你或许能够用一个周末的时间来打造一个门户网站，但是从文化层面上看，有许多事情要做。所以，事情远不是那么简单。"对这样的说法，你怎么看？
8. 利用竞价平台销售汽车有什么利弊？
9. 虚拟现实与增强现实有什么区别？

课堂论辩

1. 从市场效率上看，传统市场与网络市场有哪些相似性？有哪些区别？
2. 有人认为，社交网络，尤其是微博和社交网站，取代了传统的电子公告板系统。你同意这样的观点吗？
3. 动态定价策略与静态定价策略相比具有一定的优势，为什么？动态定价的潜在劣势是什么？
4. 登录 Facebook 搜索进行拍卖活动的公司，识别网站上不同类型的拍卖活动。
5. 企业利用 eBay 平台开展竞价销售比在自己的网站上进行更有利。为什么？请比较 C2C 市场与 B2B 市场的差异。
6. 企业在开展对外沟通、交流的过程中，是利用自建的社交网络好还是利用公共社交网络好？
7. Craigslist 和 YouTube 网站应该对用户上传的信息进行监管吗？谁将为此付出代价？
8. 社交网络服务网站能够为企业提供社交网络服务，而且非常安全。但是，安全的代价是限制用户的创造力，影响商务活动的开展。企业是否应该使用这样的服务？
9. 有些研究结果显示，员工使用公共社交网络有助于企业的经营，因为员工之间加强了联系，分享信息，这有助于提高生产力和创新力。但是也有人认为这是浪费时间，不提倡员工使用 Facebook、YouTube 等社交网站。你怎么看？
10. 请讨论网络社交的商务价值。
11. Facebook 和 Twitter 两个网站都在争夺广告商的生意。谁将在竞争中占优势？为什么？
12. 中国有一些世界上最大的社交媒体网络（qq.com、qzone.qq.com、us.weibo.com、weixin.qq.com、renren.com 等）。查找有关这些网络的信息，并列出它们的特征。它们与美国的社交网络有什么不同？

网络实践

1. 请分别登录 droid-translator.tiwinnovations.com 和 tranzactive.com，比较一下这两个网站的翻译能力。
2. 观察网络物物交换的交易过程，请登录 tradeaway.com、barterquest.com、u-exchange.com。比较这些网站的功能和便捷性。
3. 登录 volusion.com，研究该网站应用的具体的电子商务技术（或解决方案）。
4. 请登录 respond.com，索取产品或服务的报价表。收到回复后进行价格比较。不一定真的下单购买。写一篇报告介绍自己的体验。
5. 请登录 dtsearch.com，注意网站的功能。它的搜索属于哪一种类型（如桌面搜索、企业内搜索、一般搜索）？
6. 请登录 cars.com，列出它对汽车买家、卖家提供的服务。将其与 carsdirect.com 进行比较。判断两个网站的收益模式。
7. 浏览网站 ups.com。
   a. 寄送包裹以前，客户能得到哪些信息？
   b. 关注"包裹跟踪"系统，要说出具体的信息。
   c. 如果你要将一个 10″×20″×15″、重 40 磅（约 18.16 千克）的箱子从家里托运到美国加州的长滩（Long Beach）需要多少钱？比较最快的递送方式与最慢的递送方式的价格。
   d. 用 Excel 文档列出网站上两种计算表。输入具体的数据。

8. 登录网站 magicleap.com。该公司对增强现实技术有哪些应用？就此撰写一份报告。
9. 登录网站 truecar.com。该公司向有意购买汽车的客户提供哪些服务？就此撰写一篇报告。
10. 登录 ibm.com 和 oracle.com。列出开发企业门户网站所需要的产品。
11. 浏览网站 go.sap.com/index.html，观察企业门户网站的主要功能。列出能为企业带来利益的五种功能。
12. 浏览网站 networksolutions.com，观察购物车的演示。哪些特征给你留下了深刻印象？为什么？与购物车相关的服务有哪些？请与 storefront.net、nexternal.com、ecwid.com 进行比较。
13. 登录一家社交服务网站，创建你的主页，利用免费的网络开发工具在主页上增加聊天室和留言板，结交五位新朋友。
14. 请登录 vivapets.com 和 dogster.com，比较它们的产品和服务。
15. 浏览 w3.org，查阅有关语义网的文章，关注网络上相关的 RDF（资源描述框架，Resource Description Framework）和 FAQ，具体有哪些应用。写出一份报告。
16. 登录 zippy.com，了解"电子商务中13种创建链接的方式"（请浏览 zippycart.com/ecom merce-news/1430-13-ways-to-gain-inbound-links-to-your-online-store.html），并写出简要介绍。

团队合作

1. 请阅读本章的导入案例，并回答下列问题：
   a. 为什么把 Pinterest 作为一个社交网络？
   b. 网站的收益模式是什么？
   c. 制造商怎样在 Pinterest 上做广告？
   d. 对比 Pinterest 和 We Heart It。注意区分它们的商务模式。
   e. Pinterest 有大量的资金。它是怎样利用这笔钱增加其竞争优势？
2. 每个小组分配一个大型网络零售商（如 amazon.com、walmart.com、target.com、dell.com、apple.com、hp.com 等）。观察购物流程。关注电子商品目录、搜索引擎、购物车、Web 2.0 工具，以及其他种种能够提升网络销售功能的技术。以小组为单位做陈述，内容要包括改进现有流程的建议。
3. 观看视频资料"网络社区：商务活动部落化"（Online Communities: The Tribalization of Business，youtube.com/watch?v=qQJvKyytMXU），并回答以下问题：
   a. 为什么用"部落化"这个词？
   b. 什么是虚拟社区？
   c. 传统企业如何利用网络社区？
   d. 客户能从社区得到什么利益？
   e. 比较社交网络的架构与营销活动的架构。
   f. 虚拟社区如何与商务活动结合在一起？
   g. 讨论测量、指标、"关键成功因素"等问题。
   h. 选做题：观看第二部分（youtube.com/watch?v=U0JsT8mfZHc#t=15）和第三部分（youtube.com/watch?v=AeE9VWQY9Tc），归纳所提出的主要问题。
4. 小组任务是分析 Pinterest 在美国及全球面临的市场竞争，其中包括中国和巴西类似的公司。首先研究一下巴西的 weheartit.com。你也可以选择其他国家进行分析对比。讨论不同国家的这种网站的文化差异。写一篇报告。
5. 增强现实技术的应用实例很多。请举几个最新应用的例子，并对它们所使用的领域（如营销领域）进行分类。请在课堂上陈述。

章末案例

乐购超市用增强现实技术吸引客户

面临的问题

企业总是在设法用新产品、新服务来开发新客户，维系老客户。这些产品或服务要承担两种职能：一是创造收益，二是通过低价和折扣吸引顾客跨进商店的大门。日用品超市是一个价格竞争激烈的场所，在成熟市场经济国家（如英国）中更是如此。

乐购超市（Tesco）是全球知名的日用品零售商，其门店遍布11个国家（请浏览 www.tescoplc.com/about-us/our-businesses）。英国是该公司的主要市场之一，但是倒闭的压力也与日俱增。这些压力主要来自折扣店（如德国的 Aldi 和 Lidi），这些竞争对手的撒手锏是低价。传统零售商（如乐购超市）若想要在竞争中胜出，吸引更多的客流，就只能用新产品和新服务来取胜。

迪士尼是一个娱乐和媒体品牌，它因为自己的电影、电视、游乐场及其他各种产品而享誉全球（请浏览 thewaltdisneycompany.com/about/#our-businesses）。最近，该公司推出了一部新的动画片《冰雪奇缘》。自从2013年首映至今，《冰雪奇缘》已经在全球创造了12亿美元的票房，电影和电影中的卡通人物拥有无数的粉丝，尤其是广大的儿童卡通迷。

解决方案

2016年，乐购超市意识到应该用创新的促销模式来吸引客户，所以就聘请了 Engine Creative 咨询公司，设法与迪士尼联盟。他们通过增强现实技术，推出各种独特的产品。乐购超市里向客户免费赠送印有《冰雪奇缘》卡通人物的粘贴纸和透明文件袋。通过乐购的增强现实 App 软件，客户可以在3D场景里用自拍照与冰雪奇缘里的卡通人物互动（请浏览 youtube.com/watch?v=P0Zq8YFmiWk）。

取得的成就

这样的促销方式取得了很大的成功。第一，门店的客流量增加了。卡通人物贴纸在许多门店里都是"一纸难求"。第二，促销活动使得越来越多的人下载乐购提供的增强现实 App。这款 App 开发的初衷是宣传《冰雪奇缘》卡通人物。但是渐渐地，这种增强现实技术也被用作其他的促销活动。例如，顾客可以通过 App 搜索自己喜欢的食谱，还可以搜索礼品、期刊、商品目录，参与各种竞赛活动，玩游戏等。而所有的这些活动都要先扫描乐购超市销售的产品，或是超市提供的促销资料。

资料来源：Based on Creative Engine (2016) and Telegraph (2017).

思考题

1. 价格竞争是否会导致企业之间在其他领域的竞争？
2. 乐购为什么会与迪士尼联盟？
3. 乐购在自己开发的 App 里为什么要添加与促销无关的功能？
4. 乐购能否通过增强现实技术的应用使自己在差异性竞争方面胜出？

PART 2

第二部分

电子商务应用

第 3 章

零售业电子商务：产品与服务

学习目标

1. 网络零售及其特点；
2. 网络零售的主要商务模式；
3. 网络旅游观光服务的经营方式以及对旅游行业的影响；
4. 网络职业介绍市场的参与者及其利弊分析；
5. 网络房地产市场经营业务；
6. 网络股票交易市场经营业务；
7. 网络银行及个人理财业务；
8. 日用品或易变质商品的按需配送服务；
9. 数字产品的配送及在线娱乐活动；
10. 消费购买决策支持服务及价格比较网站；
11. 网络零售对零售业竞争的影响；
12. 去中介现象及 B2C 战略问题。

导入案例

亚马逊：电子商务创新者

存在的问题

20 世纪 90 年代初，企业家杰夫·贝佐斯（Jeff Bezos）遇到的不是经营困难，而是机遇。他意识到利用互联网开展零售业务最理想的商品是书籍，因为书籍的销售是不受销售形式和销售地点影响的。1995 年 7 月，贝佐斯创办了亚马逊，并开始在线销售书籍。多年来，该公司不断改进扩大它的业务模式，增加了商品的种类，改善客户体验，增加服务内容，加强与商务伙伴的联系。公司还意识到，订单处理和仓储也是十分重要的工作。亚马逊投资几十亿美元建造实体仓库和配送中心，来发送包裹给数以百万计的客户。2012 年，公司开始实行从新建的配送中心当天交付货物给消费者。2016 年，亚马逊首创使用无人机送货。在 2000 年以后，该公司增加了信息技术产品和服务，主要的是 Kindle 电子书阅读器、流媒体神器 Fire TV、Echo 智能音箱、云服务等。在亚马逊的网站上能够看到各种新产品的清单（请浏览 amazon.com/p/feature/tv76jef8gz289rm）。2015 年，亚马逊又投入巨资到视频平台 Prime Video，目的是与 Netflix、Hulu 等同类平台竞争。亚马逊面临的挑战曾经是，现在仍然是，如何在盈利的状态下出售产品或服务。

解决方案：创新并主动面对客户

为了增加销售量，开拓市场，亚马逊必须全

力以赴方便客户购买商品，千方百计地开发新客户，不断推出新的产品和服务。要做到这一切，就需要创新。创新成了公司最重要的工作。公司创始人贝佐斯曾有一次有趣的谈话，论述技术型企业创新和企业家精神的重要性（请浏览 youtu.be/_KEKkVrzeU8）。

方便老客户购买

亚马逊创新理念的基础就是方便商品的搜索、选择、购买和配送。在网站搜索的便捷度和精确度方面，它曾经是市场的领头羊。公司的网站有着诸多特点，如方便浏览、搜索、下单，商品介绍的信息丰富，允许客户评价、推荐商品，商品的个性化程度高，选择范围广，方便商品比价，价格低廉，支付安全，订单处理高效，退换货方便等。在此基础上，亚马逊还开发了一键下单的功能。这样，老客户下单就十分便捷，省去了屏幕上繁复的操作（请浏览 amazon.com/p/feature/7smbfan9c84m7rd）。公司推出了"Amazon Prime"（请浏览 amazon.com/p/feature/zh395rdnqt6b8ea），在收取适当年费的情况下为客户提供无限量的免费配送服务。公司还有一种非常奇特的称为"Dash Buttons"的项目（请浏览 amazon.com/ddb/learn-more）。这种无线连接的按钮方便客户重新订购商品。每一种按钮对应着一种日用的易耗品。客户只要按一下按钮，下单的流程就完成了。

亚马逊网站在个性化服务和客户管理方面也是公认的领导者。如果客户第二次访问亚马逊网站，网络跟踪器软件就会识别出这个客户，并且在页面上显示"某某先生，您好，欢迎回来。"接着，就会向客户推荐他曾经购买过的图书相类似的书籍，以及其他的商品。你可能会收到一封更低价格商品的推荐信。例如，消费者购买30美元一个的打印机墨盒，亚马逊网站会提示你有65美元四个的墨盒。网站还会提供详细的商品介绍、用户评价等信息，帮助客户做出购买决策。亚马逊网站有一个高效的搜索引擎和高效的仓储系统给公司增加了竞争优势。

公司网站的许多创新措施使得消费者的购物体验变得十分愉快，他们乐意重新光顾公司网站来购买商品。这样，公司对老客户的销售额就增加了。

开发新客户

亚马逊的创新还包括如何开发新客户，增加市场份额。公司不仅注重维系老客户，还采取各种措施去吸引新客户，把他们从其他零售商那里吸引过来。这些措施包括增加商品的品种和花色，组织附属企业生产各种细分市场需要的特色产品，如家庭装饰用品、服装服饰、珠宝配饰等。亚马逊推出的一个为初创公司推广新颖创意产品的项目，名为"Amazon Lauchpad"（请浏览 amazon.com/p/feature/kzwyhyjs7ore8d6），在这个平台上，客户可以买到在其他购物场所买不到的商品和服务项目。

新产品和新服务

亚马逊创新的另一大举措是推出新产品和新服务。这些产品或服务有的是独一无二的，有的是将亚马逊作为品牌可以与其他品牌抗衡的。例如，Amazon Echo（请浏览 amazon.com/p/feature/ofoyqn-7wjy2p39a），这种智能音箱能够识别声音，并且通过网络与各种电器设备连接。有些商品不仅用来与其他品牌的商品竞争，还能促进对亚马逊商品的使用。例如 Kindle Fire 平板电脑，这种设备不仅能否与苹果、三星等品牌产品竞争，还能吸引客户使用亚马逊自己的产品，如电子书、数字视频节目等。还有一种产品是电视机顶盒 Fire TV（请浏览 amazon.com/p/feature/7n5tkm4ugzff7bo），利用这样的机顶盒，连接无线网络以后，用户就可以收看预订的电视节目以及收费电视节目。

取得的成就

1999年，《时代周刊》把亚马逊的创始人贝佐斯评为"年度人物"，2012年，《福布斯》杂志将贝佐斯评为"年度最佳商人"（请浏览 content.time.com/time/specials/packages/ 0,28757,2023311,00.html 和 fortune.com/2012/11/16/business-person-of-the-year.fortune/2.html）。2002年1月，亚马逊宣布2001年第四季度首次获得盈利。从那以后，公司的经营一直处于盈利状态，尽管亚马逊在配送中心和其他项目上投入了大量的资金。尽管美国和全球经济在下滑，亚马逊在2015年的利润是2007年的721%。2016年第三季度，公司实现了2.52亿美元的盈利。公司拥有员工23万名，3.04亿个注册账户，每月公司网站的访问客户达到1.86亿。81%的美国互联网用户是亚马逊的客户。Kindle电子书阅读器的市场份额已经达到了74%（请浏览 statista.com/

topics/846/amazon)。

但是,亚马逊和贝佐斯并不能因此而高枕无忧了。市场竞争激烈,许多人的眼睛都盯着亚马逊。不管是老的企业还是新的企业,都想在零售市场上分一杯羹。它们要想在市场上立足,就要与亚马逊竞争。其中最典型的企业就是沃尔玛。虽然沃尔玛在网络市场上没有亚马逊那么风光,却有实体店。沃尔玛可以发挥的长项是送货上门,还有本地的售后服务。亚马逊也有自己的短板,那就是其商品门类太杂,许多细分市场就被小零售商瓜分了,因为小零售商有差异化优势,可以更好地服务客户。亚马逊的另一个竞争对手是Newegg(newegg.com)。该网络企业的主营业务是计算机、各种硬件及数字技术。由于Newegg细分市场很明确,所以能够提供有针对性的客户服务,这比综合性的大型零售企业具有明显的优势。亚马逊的财务状况也出现了下滑的趋势。虽然公司依然盈利,但2016年第三季度的营收没有达到预期的目标。公司原定的每股收益是0.78美元,但实际只有0.52美元。虽说公司的经营状况还不错,股价下跌却成了不争的事实。

虽说有这么多的挑战,亚马逊还是将发展看成是自己的既定目标。公司依然在发挥庞大的客户群、先进的技术、创新精神等优势,在电子商务经营领域站稳创新者领头羊的位置。

资料来源:Based on Fiegerman (2016), Trefis (2015), and amazon.com (accessed January 2017).

案例启示

亚马逊是全球经营得最好的网络零售企业,从导入案例中我们可以看出,网络零售企业的发展轨迹,面临的困境,以及解决问题、开拓业务的方法。案例还显示了网络零售业务的发展趋势。例如,竞争十分激烈,但是亚马逊凭借自己的规模、创新、个性化经营以及一流的订单实施和客户服务,使自己在竞争中胜出。这家最大的网络零售企业还在持续发展,它在行业里的地位也更加牢固。亚马逊的案例显示,尽管面临全球的经济滑坡,网络零售业绩年增长率依然保持在两位数。究其原因,主要是零售业务逐渐地从实体商店转向网络商店。本章我们将主要介绍向个体消费者销售商品和服务。我们还将讨论网络零售的成功之道。

3.1 网络营销及B2C网络零售业务

亚马逊的案例告诉人们,商务活动是如何与互联网联系在一起的。尽管有许多网络企业经营失败,但是在线销售的商品和服务,不管是从绝对数看还是从相对数看,都在迅速地增长。据Internetworldstats.Com 估计,截至2019年3月,全世界已有43.47亿网络用户,在北美有3.27亿网络用户(请浏览internetworldstats.com/stats.htm)。根据市场调研公司Forrester的研究,美国的消费者在2016年花费将达到3 270亿美元,比2012年增长62%。专家估计,2018年全球的B2C数据将超过2.35万亿美元,这主要归功于中国市场的快速增长。一些人认为互联网的用户数将达到饱和,网上购物的增长速度将会变缓。然而,实际可能并非如此,事实上,随着社交商务和移动商务的发展,B2C电子商务的步伐将会加快(请浏览forbes.com/ sites/theyec/2016/05/27/mobile-commerce-trends-for-the-second-half-of-2016/#569dcc315bde)。此外,由于经济疲软,网上购物省钱的优势可能会加速网购的发展(例如,不需要驾车去实体店会节省部分油费,网店的价格一般也比实体店优惠)。总之,全球的B2C仍在迅速增长,许多企业将此看作是未来几年公司发展的主要方向。因此,网络零售商需要解决的问题是,如何提高消费者在网上的消费额。公司从在线销售产品和服务中可以获得很多好处。创新的营销策略、更多地了解网络消费者的行为是B2C电子商务成功的重要因素。

3.1.1 网络零售概述

零售商实际上就是一个销售中介,它介乎于制造商和客户之间。尽管有许多制造商是直接将产品销售给消费者，但是他们主要的销售渠道还是依靠批发商和零售商。在实体环境里，零售是在商店里，或是在厂家的直销店里完成的，客户要购物（虽然有可能是电话购物）就必须亲自去商店。有些企业产品很多，客户有几百万（如宝洁公司），它们就要利用零售商来提高销售的效率。然而，即使有的企业销售的产品种类不多（如苹果公司），它们也需要依靠零售商来接触各地众多的客户。

利用商品目录的邮购业务为厂家和消费者提供了更多的机会，也解决了地域上的限制。零售商不需要店铺就能完成销售，客户也可以在方便的时候浏览商品目录。在线购物这种模式对电子商品目录形成了需求。在互联网上开展的零售业务称为**网络零售**（electronic retailing，e-tailing），在网络上开展零售业务的厂家就称为**网络零售商**（e-tailer），如导入案例中所述。网络零售既可以用固定价格的形式销售，也可以用竞价的形式销售。网络零售业给制造商（如戴尔）带来了便利。它们可以直接将产品销售给客户，省去了中间环节。本章将介绍网络零售的各种形式，以及与此相关的问题。

我们注意到，有时候很难区分 B2C 业务和 B2B 业务。例如，亚马逊网站大多是向个体消费者销售商品，这是 B2C 业务，但有时候也向企业销售商品，这就是 B2B 业务。沃尔玛也是既向个人销售商品，也向企业销售商品（通过 Sam's Club）。戴尔通过公司网站同时向个人消费者和企业客户销售计算机产品。史泰博、许多保险公司都通过公司网站同时向个人和企业销售商品和服务。

3.1.2 B2C 市场的规模和成长趋势

B2C 电子商务正在迅速发展，尤其是在一些新兴市场经济国家，如中国、俄罗斯、印度等，这种趋势更加明显。

有许多机构和专家都在统计 B2C 电子商务销售的规模，并预测其发展趋势。但是，由于数据采集的方法各不相同，所披露出来的在线销售额往往大相径庭。因此，要获得一个有关电子商务发展的持续、相关的数据十分困难。这种数据的差异有的是因为对电子商务的界定以及分类方法并不统一，还有一个问题是哪些交易属于电子商务。人们对将哪些商品或服务纳入统计范围并没有统一的标准。有的把某种商品或是服务（如旅游）纳入了电子商务零售领域，而有的则并不这样做。有时，统计的时间段也是问题。因此，在阅读 B2C 电子商务统计数据的时候，需要格外谨慎地去解读这些数据。

B2C 电子商务的发展

第一代 B2C 电子商务活动中所销售的商品主要是图书、软件和音乐，此类商品属于标准化产品，价格较低（也有人称其为"大宗商品"），而且配送也比较方便。2000 年开始了第二波电子商务浪潮，此时消费者不仅在线购买简单的商品，还搜索、购买较为复杂的商品，如家具、大型家电、价格昂贵的服装等。现在，消费者在线购买的商品包括床上用品、水疗服务、珠宝、定制服装、电器、汽车、地板材料、大屏幕彩电、建筑材料等。他们还在线购买各种各样的服务，如在线教育、保险、流媒体影视资料等。

3.1.3 成功的网络零售业务的特征和优势

实体市场零售业务的成功之道，许多都可以复制到网络零售业务中。此外，还需要一个具有可扩展且安全的公司架构。但是，网络零售商能够提供传统零售商无法提供的服务。表 3-1 显示的是传统零售业务与网络零售业务的差异，以及它们各自的优势。

表 3-1 传统零售业务与网络零售业务的比较

要素	传统零售业务	网络零售业务
增加销售额	• 通过增加场地和空间扩展销售平台	• 超越本地甚至在全球寻找顾客
购物者增多，但收益并不增加	• 加大营销力度，把潜在购物者变为实际购物者	• 加大营销力度，把网站浏览者变为实际购物者

(续)

要素	传统零售业务	网络零售业务
技术	• 使用自动销售系统，如POS机收款系统、自动结账系统、信息查询系统	• 下单、支付和执行系统 • 比对和客户推荐 • 数字产品的即时交易
客户关系及投诉处理	• 面对面交流，稳定的接触 • 由于是面对面接触，比较愿意让步	• 匿名接触，接触不太稳定 • 怕社交媒体上（如Facebook、Twitter）的负面评价，对投诉的反应较快
竞争	• 本地竞争 • 竞争对手较少	• 竞争对手较多 • 由于方便比价和降价，竞争激烈 • 全球范围竞争
客户基础	• 本地客户多 • 匿名客户少 • 较好地提升客户忠诚度	• 客户所在地域宽泛（可能跨国） • 多数为匿名客户 • 客户忠诚度不牢靠
供应链成本	• 较高，影响公司发展	• 较低，效率较高
定制化与个性化	• 成本很高，速度很慢 • 不多见	• 成本较低，速度较快 • 较常见
价格变化	• 代价较大，速度较慢，很少使用	• 代价较小，随时可以使用
对市场发展趋势的适应性	• 较迟缓	• 较迅速

资料来源：Based on Ingham et al. (2015) and authors' experiences.

网络上销售比较多的商品所具备的特征如下：

- 品牌知名度（如苹果、戴尔、索尼等），有名的售后服务供应商（如亚马逊和BlueNile）提供良好的服务，如退货规则明确、快速交付、免运费等；
- 数字化产品（如软件、音乐、电子书、视频文件等）；
- 相对廉价的物品（如办公用品、维生素等）；
- 易耗物品或生活必需品（如书籍、化妆品、文具和处方药等）；
- 没有必要进行实物检视的商品（如书籍、光碟、机票等）；
- 在实体店中通常不能打开的包装物品（如罐头食品、巧克力糖、维生素等）。

网络零售的优势

网络零售业务对卖方和买方都有优势。

卖方所拥有的优势表现在如下几个方面：

- 产品成本较低，竞争优势明显；
- 能得到更多的客户，许多客户与销售商并不在一个区域，可能会是全球化销售，如中国大陆和台湾地区的一些网络零售商向全世界范围内销售电子产品（如 ewayco.com）；
- 能较快地改变价格和商品目录，包括图解商品目录，灵活的价格带来了竞争优势；
- 供应链成本较低；
- 能够向客户提供充分的信息，由客户自主做出选择，由此降低了客服成本；
- 对客户的需求、投诉、偏好等反应迅速；
- 提供定制化的产品和服务，客户能参与自主设计，能向客户提供个性化关怀；
- 可以根据客户的购买历史和购买习惯推荐商品；
- 小公司可以与大公司展开竞争；
- 更好地了解客户，加强与客户的沟通与交流；

- 在全国甚至是全世界范围内销售特色商品（如 surfstitch.com）；
- 可以使客户参与他们感兴趣的搜索，以及比较和讨论活动；
- 可以接触传统渠道难以接触到的客户。

买方所拥有的优势表现在如下几个方面：

- 购买到比传统实体店甚至是折扣店价格更低的商品；
- 能够找到本地店铺没有的商品和服务；
- 能够在全球范围内购买，对商品的价格和服务进行比较；
- 可以在任何时间、任何地点购物；
- 没有必要花费时间和路费到实体店去，也没有来自销售人员的压力；
- 可以自行设计和创作产品（如 vistaprint.com）；
- 能够购买到稀缺的收藏品；
- 可以参加团购，与朋友一起购物或参加社交商务购物。

下一节将探讨网络零售中成功应用的主要商务模式。

本节习题

1. B2C 电子商务的特征是什么？
2. B2C 电子商务中畅销的商品和服务具有哪些特征？
3. B2C 电子商务的发展趋势如何？
4. 为什么把 B2C 电子商务称为网络零售业务？
5. B2C 电子商务给我们带来的利益是什么？

3.2 网络零售业务的商务模式

为了更好地了解网络零售业务，我们首先来了解面向个体消费者的零售商和制造商（见图 3-1）。销售商有自己的企业，要先从他人那里（见图 3-1 中的 B2B 部分）购入商品或服务。同样是在图 3-1 中可以看出，网络零售（在图 3-1 的右侧）是在卖方（零售商或是制造商）和个体消费者之间进行的。图中还有其他的电子商务交易或是相关的活动，它们都会对网络零售产生影响。零售企业与其他各种企业一样，其经营要有一定的商务模式。所谓**商务模式**（business model），就是企业通过商务运作创造收益的一种方法。

在这一节里，我们将讨论各种形式的 B2C 商务模式，以及对这些商务模式的分类。

3.2.1 按照配送渠道对商务模式进行分类

人们可以用各种方式对网络零售的商务模式进行分类。例如，有些人按照商品种类（有的是通用商品，有的是专用商品）或是根据销售地域（全球商品或是区域商品）对网络零售商进行分类，另一些人则是按照收益来源对网络零售商进行分类。我们这里主要是按照配送渠道的不同将网络零售商分成七大类：

- 传统的邮购零售商开展网络销售。许多传统的邮购零售商（如彭尼百货，Lands' End）也开始在网络上开展销售业务。

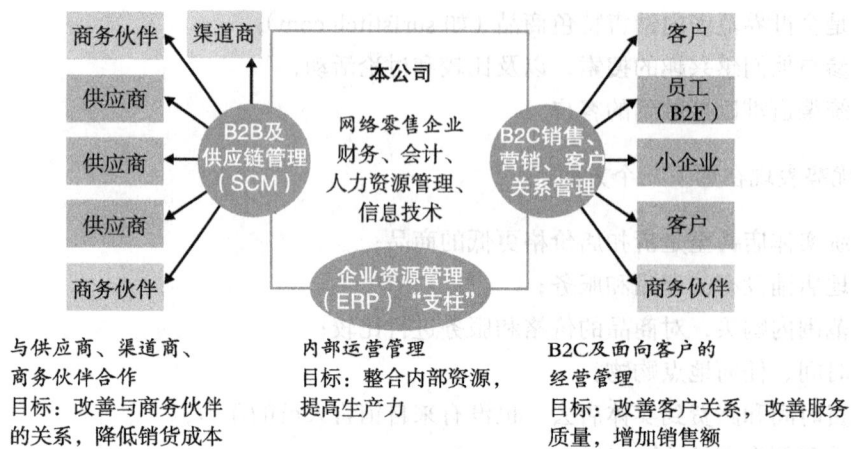

图 3-1　网络零售在企业电子商务中的位置

- 由制造商开展的直接营销。许多制造商（如戴尔、LEGO、Godiva 等）除了通过零售商销售产品外，也利用公司网站直接向个体消费者开展销售活动。
- 纯网络零售商。这样的网络零售商没有实体门店，只开展网络销售。比较典型的是亚马逊（参阅导入案例）。
- 虚实结合零售商。有些传统企业开发了自己的网站，作为辅助经营手段，这样的企业被称为"虚实结合企业"（如 walmart.com、homedepot.com）。但是，现在也出现了反过来发展的情况。一些成功经营的网络零售商自己创办实体店铺。例如，苹果开设了实体店，戴尔也利用合作伙伴的实体店（如百思买、史泰博等）进行产品销售。在线、离线同时开展零售业务是一种独特的商务模式和经营战略，称为**多渠道商务模式**（multichannel business model）。按照这种模式，客户购物有了多种选择，包括在线购物的选择，看哪一种渠道最方便。这种策略有机会让顾客选择最便捷的渠道（请浏览 enterpriseinnovation.net/whitepaper/multichannel-customer）。
- 渠道整合与全渠道模式。这是指纯网络零售商为了某些特殊的市场或是特殊的商品而开辟实体经营渠道。
- 网络卖场。这种网络卖场是由多个独立的网络店铺组合而成的。值得一提的是，在任何类型的直接营销中，卖家和买家有直接交流的机会，并且有机会更好地了解对方。
- 限时抢购。在上述任何类别中，卖家可以通过中间商或直接向客户提供大幅度的折扣，这些折扣有着多种形式。

接下来我们将探讨每一个分销渠道的类别。

1. 邮购零售商开展网络直接营销

从广义上说，**直接营销**（direct marketing）就是不借助于实体门店的营销活动。开展直接营销的厂商直接从客户那里获取订单，跳过传统的中介。销售商既可以是零售商，也可以是制造商。

2. 由制造商开展的直接营销及按订单生产

许多制造商直接向客户进行销售，戴尔、惠普和其他的电脑制造商使用这种模式。这通常与产品的自主配置相结合（定制化生产、按订单生产）。其主要成功因素是能够以合理的价格订购商品。

3. 纯网络零售企业

纯网络零售企业（pure-play e-tailer）也称为**虚拟零售企业**（virtual e-tailer），是指没有实体销售渠道，仅通过互联网直接向消费者销售商品和服务的企业。亚马逊就是一个典型的纯网络零售企业。虚拟零售企业的优势在于固定成本低,缺陷是没有一个有效的订单执行系统。虚拟零售企业有普通商品网络零售(如Amazon.com、Rakuten.com等)和特殊商品网络零售(如Dogtoys.com)之分。

普通商品网络零售的规模可以很大,如亚马逊。另一个典型例子是日本最大的网络购物中心Rakuten Ichiba,该网站销售的商品多达5 000多万种,涉及的制造商有3.3万家。2010年5月,日本的这家企业并购了总部设在美国的Buy.com网络公司(现在是Rakuten.com购物中心)。两家公司合并后,销售的商品有9 000多万种,涉及的制造商3.5万家,遍布全球。无数的公司还在网上经营单一业务的产品,如澳大利亚的dealsdirect.com.au和asiabookroom.com。

特殊商品网络零售是一个很狭窄的网络市场,如销售宠物玩具的CatToys.com。Blue Nile是另外一个例子。经营这些特殊商品的企业在实体市场上很难持续经营,一是因为没有足够的客户,二是库存的品种不会足够多。

4. 代销直供模式

代销直供模式是纯网络零售模式,企业不是从库存中销售商品,而是在接到订单后要求第三方企业从仓库中提货,然后配送给客户。这种经营形式对网络零售商来说门槛很低,因为它们不从事物流业务,也没有库存管理的风险。Shopify是这种商务模式的主要代表(请浏览shopify.com/guides/dropshipping)。

5. 虚实结合零售商及多渠道零售商

为更好地与纯网络企业展开竞争,最常见的做法就是选择虚实结合经营。例如,Walmart.com、Target.com和无数的零售商,它们将在线的商品和服务销售作为一个附加的销售渠道。这一经营方式正在加速发展,但是对于大公司来说并不一定能够成功。百思买就是一个较典型的案例(请参阅3.9节)。

所谓**虚实结合零售商**(click-and-mortar retailer)指的是传统零售商与在线交易网站相结合。**实体零售商**(brick-and-mortar retailer)是指开设实体商店,在实体市场经营。在有些情况下,实体零售商也会开展邮购业务。

在数字经济环境下,虚实结合零售商同时经营实体门店、电话销售、网络销售、移动终端设备销售等商务模式。如果同时经营实体店铺和网络店铺,那么这家企业的经营模式就可以称为"多渠道商务模式"。从实体店铺转向虚实结合零售商的例子有百货商店(如梅西百货、西尔斯百货等)、折扣商店(如沃尔玛、塔吉特等)。它还包括许多超市等零售商。

6. 渠道整合与全渠道模式

过去,人们可以按照零售商的经营场所、销售渠道来对它们进行分类。但是,如今出现了渠道整合的模式(也被称为"全渠道模式")。随着技术的发展,零售商也不断设法去迎合消费者的需求和偏好。实体商务、纯虚拟电子商务、虚实结合的商务之间的界限越来越模糊(请浏览meldstudios.com.au/2012/08/27/future-retail-blurring-boundary-online-offline)。

有些曾经的纯网络经营的零售商(如亚马逊)在有些地方,或是为了某些商品,也专门开设了实体门店。此外,由于新技术的出现,特别是移动App的出现,使得消费者可以与实体商品进行互动,还可以接受在线客服的指导。2015年,Forrester调查发现,61%的购物者还是喜欢与看得见、摸得着的商品以及销售人员打交道,商家只要能够应对商品的"展厅现象",还是能够成功经营的。所谓"展厅现象"(Showrooming),是指客户走进商店,光是看看商品,然后就离开了。他们会去网上购买同样的商品,而且往往是改换门庭的。零售商如果能够将不同的销售模式和销售渠道整合在一起,把技术的优势和实体的门店位置整合在一起,就能更好地迎合客户的需求(请观看视频资料"The Rebirth of Retail, and the Convergence of Online and Offline",见youtu.be/KuZy_bGpnRU)。

7. 网络卖场

网络卖场有两大类,一类是商业目录卖场,另一类是服务共享卖场。

3.2.2 商业目录卖场

这类虚拟的卖场基本上就是按照商品种类组成的一组商业目录。在网站上使用旗帜广告对商品或店家进行广告宣传。用户点击商品或是某一个店铺的时候，通过链接转换到销售商的店铺，然后完成交易。浏览 bedandbreakfast.com 可以看到这种商业目录卖场的例子。目录中的店家有的是合起来经营网站，有的则是向展示自己标识的第三方网站支付注册费或是佣金。这样的网络零售模式实际上就是一种联盟营销模式（请浏览 shopping24.de）。

3.2.3 服务共享卖场

在服务共享卖场里，消费者搜索到商品，完成订购和支付，然后选择配送方式。网站提供所有这些服务。

一般情况下，客户喜欢在网络卖场中浏览多个店铺，但使用同一个购物车，一次完成支付。在 Yahoo! 网站的卖场里就是这样操作的（请浏览 smallbusiness.yahoo.com/ecommerce 和 bingshop.com）。按服务共享模式运作的网站还有 firststopshops.com 和 bing.com/shopping 等。由于电子商务软件的不断完善，再加上企业很容易找到外包的物流服务，所以服务共享卖场这种商务模式正在逐渐消失。

3.2.4 其他 B2C 模式和特殊零售业

B2C 零售还有其他几种商务模式，我们会在后面的章节中讨论。有些 B2C 模式也适用于 B2B、B2B2C、G2B 以及其他电子商务活动。

3.2.5 B2C 社交购物

社交购物活动是由各种新型的商务模式促成的。有些 B2C 网站（如 amazon.com 和 netflix.com 等）向消费者提供广泛的社交环境和约会机会，如产品的评级。零售商可以使用博客、威客、讨论组、Twitter 等帮助客户寻找和推荐购买机会。社交媒体工具创建了各种各样新型的购物模式。

1. 闪电交易（一天内成交）

公司在有限的时间内（通常是 24～72 小时）直接或通过类似于 Groupon 团购网这样的中介机构，提供打折幅度很大的商品给消费者。卖家希望这种超大优惠的消息能够在购买者的亲友之间传播（请浏览 woot.com）。

2. 在线团购

由于宏观经济状况不景气，所以越来越多的消费者利用互联网购物，以此来节省费用。使用在线团购的模式，就能找到足够的消费者去争取厂商提供的数量折扣价。在该市场中有几家新创企业：yipit.com 和 livingsocial.com。其他网站专注于闪电交易，如 Groupon、dealradar.com、myhabit.com 等。

3. 个性化事件购物模式

事件采购（event shopping），是专门为满足特殊活动需求而设计的 B2C 模式（如婚礼促销、"黑色星期五" 促销等）。这种模式可能会与团购模式相结合（来降低客户的支出）。事件销售模式一般分为两类：一个是封闭式购物俱乐部，另一个是群体在线礼品采购。

4. 封闭式购物俱乐部

在线封闭式购物俱乐部（private shopping club）类似于非在线购物俱乐部（如 Costco），它可以使成员享受很大的折扣，并且活动周期很短（仅仅几小时或几天），购物者必须先注册才能看到特殊的商品信息。为了保证质量，许多俱乐部直接从制造商处获得商品。比较典型的例子是美国的 Gilt（gilt.com）和俄罗斯的 KupiVIP（kupivip.ru）。封闭式购物俱乐部可以以不同形式开展（请浏览 beststreet.com、en.wikipedia.org/wiki/ Private_shopping_club）。

5. 群体在线礼品采购

在许多种情况下，一群朋友可以合作来选择礼物，例如选择新婚贺礼。为了协调这些朋友之间的动作并选择礼物，人们可以登录 frumus.com 和 socialgift.com 等网站。

6. 定位商务

定位商务（location-based e-commerce，l-commerce）是一种无线通信技术，利用这样的技术，商家在一个特定的时间向某一区域的客户发送广告信息，这里还涉及 GPS 定位技术。这种技术是移动商务的一部分，这种商务模式是社交网络出现以后才盛行起来的。如今，许多企业（如 Foursquare.com）都在开展定位商务服务。

3.2.6 代销直供模式

代销直供（drop-shipping）这种电子商务模式指的是网络零售商（卖方）向客户销售商品，接着从供货商那里买入，再由供货商直接将货物送达买方。

1. 代销直供模式的流程

代销直供模式的流程一般是：

第 1 步，网络零售商（卖方）寻找一种产品以及它的供货商；
第 2 步，该网络零售商在自己的网站上或是在公共平台上（如 eBay）对这种产品做广告；
第 3 步，买家在线搜索产品；
第 4 步，买家搜索到产品信息；
第 5 步，买家向网络零售商下单并支付货款；
第 6 步，网络零售商向批发商、制造商或是承接代销直供的商家下单并支付货款（按批发价）；
第 7 步，供货商取得货物，并将其包装、发送给买家。

图 3-2 显示的是上述代销直供模式的七个步骤。

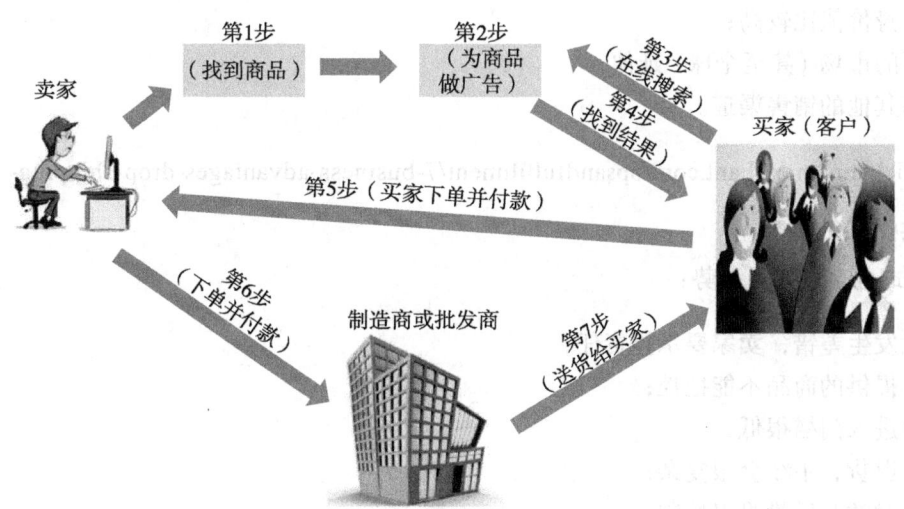

图 3-2　代销直供模式的七个步骤

2. 流程中的参与各方

代销直供活动中有如下一些参与方：

- 卖家。卖家可以是个人，将商品卖给另一个客户（P2P 模式）。卖家可以在自己的网站上做广告，也可以在公共平台上做广告。卖家也可以是一个普通的零售商，试图开展多渠道经营。卖家也可以是一个小的零售商，只做"代销直供"式的生意。
- 买家。买家一般是个体消费者，他们购买的数量很少，购买商品的目的是自用。
- 供货商。供货商可以是制造商、批发商，也可以是一个第三方商家，其业务就是帮助实施订单。
- 商品清单提供商。有些企业专门帮助他人寻找产品和供货商，并以此收费（每月固定的费用，或是每单收费）。商品清单提供商也可以同时承担订单实施的业务。
- 网站创立者。如果卖方的生意很好，可以自行开发网站。卖家可以利用网站做广告，从买家收款，与买家或是供货商沟通，向供货商转发订单和货款，以及其他各种店铺管理的活动。

从事代销直供业务比较知名的网站是 Shopify，该公司会对此类业务进行细致的指导。更多内容请浏览 ecommerce-platforms.com/ecommerceselling-advice/setup-drop-shipping-ecom merce-website/。

3. 代销直供模式的优势

代销直供模式有许多优势：

- 原始投资很少，所以有利于增加现金流；
- 生意启动很容易；
- 生意的扩张或是收缩很容易；
- 生意会有很好的前景；
- 对资源和经营场所的要求不高；
- 从买家收到货款后才向供货方付款；
- 经营比较自由；
- 经营地点比较随意；
- 不用亲自实施订单；
- 不需要积压库存；
- 客户的终身价值比较高；
- 容易向新的市场（甚至全球）延伸；
- 可以开拓其他的销售渠道。

请浏览 multichannelmerchant.com/opsandfulfillment/7-business-advantages-drop-shipping- 14042015/。

4. 代销直供模式的劣势

代销直供模式也存在如下劣势：

- 如果生意发生差错，卖家要承担责任；
- 对供货商提供的商品不能把控；
- 竞争对手进入门槛很低；
- 如果客户退货，手续会很复杂；
- 对配送的时效和质量难以控制；
- 如果客户规模很大，售后服务的成本很高；
- 进销间的价差很小。

5. 代销直供模式的实施建议

Shopify 对开展代销直供模式的经营提出了如下一些建议：

- 对这种商务模式流程要有清楚的了解（请浏览 shopify.com/guides/dropshipping/ understanding-dropshipping/）；
- 要寻找对路的商品和供货商（请浏览 shopify.com/guides/dropshipping/finding- suppliers/）；
- 需要在 eBay、亚马逊等网站上做广告，或是销售（请浏览 shopify.com/guides/dropship ping/ evaluating-saleschannels/）；
- 要寻找一个合适的电子商务平台（请浏览 ecommerce-platforms.com/ecommerce-selling- advice/setup-drop-shippingecommerce-website/）。

有许多个体消费者和小企业都在采用代销直供的经营模式（25% 以上的小企业将此作为主要的销售渠道）。

若要了解更多有关代销直供模式的信息，请浏览网站 shopify.com/guides/dropshipping/ 和 novatech-wholesale.com。这种模式的进入门槛很低，但是竞争对手生成也很容易。为了经营成功，卖家要找到合适的产品，还要判断进销价差是否吸引人。

本节习题

1. 列出 B2C 销售渠道模式。
2. 传统的邮购企业如何转变为网络零售企业？
3. 制造商如何使用直接营销商务模式？
4. 什么是虚拟网络零售？
5. 什么是虚实结合经营方式？它与纯网络零售模式有什么区别？
6. 介绍不同类型的网络卖场。
7. 介绍闪电交易。
8. 介绍 B2C 社交购物模式。
9. 代销直供模式的商务流程是什么？
10. 代销直供商务模式的利弊何在？

3.3　网络旅游和宾馆服务

许多企业都提供在线旅游服务，主要的旅游网站有 expedia.com、travelocity.com、Tripadvisor.com、priceline.com 等。大型航空公司都在线销售航空机票。有些网站提供旅游度假服务（如 blue-hawaii.com），有的销售火车票（如 amtrak.com），有的提供汽车租赁服务（如 autoeurope.com），有的提供宾馆预订（如 marriott.com），有的是商务平台（如 cnn.com/travel），有的提供观光服务（如 atlastravelweb.com）。出版旅游指南的出版社（如 lonelyplanet.com、fodors.com、tripadvisor.com）在公司网站上提供大量的旅游信息，还提供各种旅游服务。尽管竞争激烈，但是企业间也有诸多的合作。例如，在 2012 年 TripAdvisor 帮助新奥尔良酒店吸引了更多的客人。若要了解 2016 年旅游行业的概况，可以浏览网站信息：slideshare.net/yoramw/online-travel-report-by-dealroom-june-2016。

实际案例　TripAdvisor

根据 2016 年 11 月 comScore Media Matrix 的资料显示，TripAdvisor（tripadvisor.com）是全世界最大的旅游网站。该公司提供旅游过来人的建议。这是一个全球性的旅游网站，每个月都有超过 3.5 亿的访问量。有关 TripAdvisor 的发展历史、特点以及更多案例，请浏览 tripadvisor.com/PressCenterc4-Fact_Sheet.html。

实际案例　去哪儿网

去哪儿网（Qunar.com）是全世界范围内最大的中文旅游平台，它和 TripAdvisor 提供类似的信息，如旅行信息、旅行安排和深入调查（请浏览 www.qunar.com/site/en/Qunar.in.China_1.1.shtml）。

3.3.1 在线旅游服务的特征

网络旅游服务企业的收益模式包括直接收益（佣金）、广告收益、潜在顾客开发酬金、会员费或注册费、网站成员会费等。

旅游网站发展迅速，经营得也很成功，所以吸引了众多客户。但是很多欺诈行为的存在导致网络旅游公司的收入下降。客户们成为网络旅游欺诈的牺牲品。但是，网络旅游服务业的竞争还是很激烈的，利润率很低。此外，客户忠诚度和价格差异问题的存在导致该行业难以生存。因此，保证价格优惠，培养客户忠诚显得很有必要。

网络旅游服务行业将会有三个重大的发展趋势。第一，网络旅游企业要用优质的客户服务来提升自己的差异化优势。第二，旅游信息搜索功能越来越强大，例如，可以显示最低价。第三，在线旅游企业越来越多地使用社交商务的模式，向旅游者和潜在的旅游者提供信息。

1. 提供服务

网络旅游服务中介能够提供传统旅游中介的各种服务，例如提供一般的旅游信息，订票、购票，安排住宿和娱乐活动等。但是网络旅游服务中介也提供传统中介没有的服务，例如旅游小常识，其他旅游者的意见和建议，车票、机票信息（免费发送电子邮件，告知优惠价车票、机票信息），专家意见，驾车地图。请浏览 airbnb.com，这个网站可以帮助旅游者相互联络，提供全球各地的旅店信息，还有聊天室、公告板等。

实际案例　HomeAway.com

HomeAway（HomeAway.com）是假期租赁行业的一家公司。这个在线市场共有来自 196 个国家的 126 万套度假房屋出租（2016 年 4 月的数据）。公司的基本理念是以一个可以承受的价格为旅行者提供度假用房屋。例如，你可以以住酒店一半的价格来租一整套度假房屋。房屋的所有者和旅行者通过网站进行联系。除了美国，该公司已经在几个国家建立了子公司，如英国、法国和西班牙，既有短期租赁也有长期租赁。

其他各种特殊服务包括：

- 综合服务。大多数旅游公司将航班预订、汽车租赁、宾馆预订等服务融为一体。对消费者来说，综合预订这些服务的价格，要低于分别预订的价格。
- 无线服务。许多航空公司（如 Cathay Pacific、Delta、Qantas 等）允许客户在飞行期间利用移动设备上网，通常情况下是收费的。
- 先进的登机手续办理。许多航空公司开办了先进的登机手续办理方法。在登机前 24 小时，办理登机卡。乘客可以使用智能手机（或是平板电脑）将登机信息下载到自己的手机里，登机前将手机中的信息及身份证信息出示给安检员。安检员利用手中的电子读卡器读取信息后放行。
- 直接营销。航空公司在网络上销售电子机票。乘客在线购买（或是用电话订购）电子机票以后，只需自行打印登机牌，或是到机场的电子打印亭用信用卡换取登机牌即可。
- 经营联盟。航空公司与旅行社结成经营联盟（如星空联盟，staralliance.com）在网络上开展促销活动，降低运营成本。

2. 使用移动设备

使用移动设备的人数正在逐渐增加，有几百种应用程序可用来进行价格比较、预订服务、查看旅游评论、选择最佳旅游套餐等（请浏览 tomsguide.com/us/pictures-story/491-best-travel-apps.html）。旅游行业对手机 App 的应用与 App 应用的整体发展是同步的。据统计，25% 的旅游服务预订是通过手机 App 完成的，而且这种发展趋势依然十分明显。所有大的旅游公司提供的手机 App 上的功能，与基于浏览器的网站功能是相似的（请浏览 digitaltrends.com/mobile/best-travel-apps）。

3. 社交旅行网络

旅游者利用各种社交网站（如 Facebook、YouTube、Twitter、Gogobot、Flickr、Foursquare、TripAdvisor 等）来规划自己的行程并且分享旅游体验。例如，基本上所有的主要航空公司都在 Facebook 上有自己的网页，公司在网页上提供航班信息和新闻，旅游者也可以在网站上互动并分享旅游体验（请浏览 facebook.com/AmericanAirlines）。

不少社交网络有专门的旅游板块用来满足旅游者的需求。旅游者可以利用这样的场所展示自己的行程、租住的宾馆、旅游公司的服务、各种娱乐活动等。例如 wikitravel.org 网站，它的作用相当于旅游行业的渠道。wikitravel.org 网站创立的初衷就是方便游客分享信息。该网站使用维客技术，方便所有的网络用户都能在网络上写文章，编辑、刷新、加上图片等（如"the travel guide you write"板块，请浏览 tripadvisor.com）。旅游者可以浏览的网站还有 Trip Wolf、Trip Hub（一个专注于组团旅游的博客）、TripAdvisor、Virtual Tourist、BootsnAll、Lonely Plant 等。

这些与旅游相关的社交媒体对客户选择旅游地点以及旅游服务供应商发挥着至关重要的作用。社交媒体上提供的意见在过去是从来没有过的，它对旅游行业提供客户服务的质量有着很大的影响（请浏览 independenttraveler.com/travel-tips/travelers-ed/how-social-media-is-changing-travel）。旅游企业都意识到，顺应着这样的趋势，利用口碑相传的广告效应，能够招徕更多的客户。许多企业开发了自己的手机 App，方便客户分享照片和视频。有一项调查给出了如下的统计数据：

- 52% 的用户认为，朋友晒在 Facebook 上的照片促成了自己的旅游计划；
- 76% 的旅游照片被上传到了社交媒体上；
- 51% 的用户认为 Twitter 网站影响着自己的品牌认知；
- 92% 的用户对自己熟悉的社交媒体的信任度超过了其他所有的媒体广告。

应用案例 3-1　　Zillow：房地产市场的理想工具

Zillow（Zillow.com）这一房地产交易网站是 2006 年开发上线的。该网站可以开展各种各样的房产交易，如独栋别墅、公寓房等，租售都行。这个交易平台与传统房地产交易网站的不同之处在于，它将多个数据库中的房地产信息整合在一起，用户还可以将自己打算租赁或是出售的房产信息上传到网站。网站上还有关于房屋装修、设计的信息。

网站不收取交易费，这也是与传统房地产中介不同的。它们的收益一是来自广告，二是会员费。会员费有的来自个人，有的则是来自中介公司、信贷机构。2016年第一季度，公司收入达到1.68亿美元，同比增加25%（请浏览 investors.zillowgroup.com/ releasedetail.cfm?releaseid=968880）。公司在诸如 Zillow、Trulia、StreetEasy、HotPads 几个平台上的用户已经超过1.66亿。

由于公司的主要收入渠道是广告，所以对潜在的用户公司要有充分吸引人的地方。因此，除了一般房地产中介都有的特征（方便搜索房产信息）以外，Zillow 尽量做到独树一帜。Zillow 在网站上添加一些工具，有的专门针对房地产中介公司，例如帮助中介去完善团队管理和房产信息；也有的针对一般用户，内容包括转发房屋中介有关购买房产、保养房产的窍门，及房屋设计的注意事项等。

Zillow 网站上还有一个特色是对房地产进行评估，其开发的系统能够将既往房地产销售价格信息、目前的市场走势以及房地产交易税费等信息整合在一起，帮助用户算出自己拥有的房地产的价值。虽说这样的估价很有帮助，但往往也不很准确。有的业内人士认为，网站的这一功能会抬高房产所有者的预期。网站正在对这一系统进行优化，希望通过对更多数据的整合，给出更加精确的估价。

Zillow 正在设法提升网站的功能，目的是吸引更多的用户来关注网站，使得网站能得到更快的发展。

思考题

1. Zillow 的商务模式是什么？
2. 为什么公司要不断地完善网站的功能？
3. 网站是否应该继续提供房地产估价的工具？

3.3.2 在线旅游服务的利弊分析

在线旅游服务带给旅行者和旅游服务提供者的利益是十分明显的。网络上的信息是免费的，而且不受时空的限制。旅游者可以享受到超低价；旅游服务提供者也能从中受益，因为它们不需要支付佣金，也可以避免服务设施空置，运营费用也大幅度下降了。

在线旅游服务也有它不尽如人意的一面。若行程复杂，特别是要在中途停留的旅行，利用网络不如求助于人工服务，因为这往往需要专业知识来安排行程。因此，旅游中介还是不可或缺的，至少在目前是这样的。

3.3.3 在线旅游的竞争环境

在线旅游竞争非常激烈。除了那些知名网站，如 Expedia（expedia.com）、Priceline（priceline.com）及 Hotels.com（hotels.com）之外，还有成千上万的在线旅游网站。许多服务提供者都有自己的网站，来宣传旅游和提供导游服务。在这样的激烈竞争下，一个在线旅游企业很有可能会失败（例如2012年9月 Travel-Ticker 宣布破产）。这种竞争还因为出现了旅游综合平台而更加激烈，这些网站帮助用户搜索低价旅游信息（请浏览 independenttraveler.com/travel-tips/travelers-ed/the-aggregators-are-coming）。这样的竞争态势使得许多旅游网站不得不在网站功能和客户服务上另辟蹊径（请浏览 tripbadger.com/smart-travel-tips/10-best-travel-sites、youtu.be/xFSjY5MxwAk）。

3.3.4 商务旅行

商务旅行的市场很大，近年来，在线商务旅行服务发展得很快。前面提到的各种网络旅游服务同样可以用在企业。但是，许多企业都从大的旅行社获得各种特殊的服务。为了降低出行成本，一些企业允许员工自行安排出行计划，自己购票。企业还可以利用旅游公司提供的在线优化工具（例如 American Express

网站提供的工具,请浏览 amexglobalbusiness travel.com),进一步降低旅行费用。Expedia(egencia.com)、Travelocity(travelocity.com)及 Orbitz(orbitzforbusiness.com)等公司也向客户企业提供各种软件,帮助他们规划出差日程,并完成订票工作。TripAdvisor(tripadvisor.com/Owners)提供旅游信息和酒店服务业务。TripAdvisor TripConnect 提供一种方法来帮助旅游者完成预订,并且将旅游者直接带到在线预订界面(请浏览 tripadvisor.com/TripConnect)。许多企业利用这样的网站服务完成预订,同时又降低了出行成本。企业都十分重视成本控制,所以网络商务旅行预订系统帮助它们减少了预订所花费的时间,还有利于企业贯彻出行制度,不突破费用控制的上限(请浏览 gbta.org/usa/About/Pages/TheValueofTravelManagement.aspx)。

实际案例　美国运通商务旅行公司帮助 URS 躲避飓风灾难

为了解决卡特里娜飓风带来的问题,URS(大型工程和建筑设计公司)意识到公司需要一个自动化系统来识别需要帮助的旅客,以开展及时的救援。因此,该公司启用了美国运通商务旅行公司开发的 TrackPoint 跟踪系统(trackpoint.amexgbt.com)。利用这个系统,公司可以及时发现受到飓风影响的出差员工,判断他们所在的位置,以及他们的旅行计划(请浏览 businesstravel.americanexpress.com/se/files/2011/11/CS_URSCorp-US.pdf)。

本节习题

1. 哪些在线旅游服务是传统的旅游企业无法提供的?
2. 旅行者及旅游服务提供商从在线旅游服务中得到了哪些利益?
3. 社交网络对旅游业有哪些促进作用?
4. 商务在线旅游服务有哪些特征?
5. 描述在线旅游的竞争环境。

3.4 网络就业市场

网络就业市场把寻找工作的个人及招募员工的企业联系在一起。网络就业市场越来越普及,除了在一些专门网站(如 careerbuilder.com、hotjobs.com)上刊登广告以外,许多大公司都在公司网站上开辟专门的招聘版块,这样既可以降低招聘成本,又可以及时填补岗位空缺。如今,许多求职者和招聘企业也在利用社交网络寻找岗位,或是寻找合适的求职者。表 3-2 列出了网络就业市场所具有的优势。

表 3-2　网络就业市场与传统就业市场的比较

要素	传统就业市场	网络就业市场
成本	高,尤其是在黄金时段或位置	很低
持续时间	短	长
地点	一般是本地的,有限范围的	可以在全球范围
内容刷新	程序复杂,成本高	较快,简单,价格较低
登载空间	有限	大
搜索难易程度	较难,尤其是外地的申请者	很快,很容易
雇主寻找申请者的难度	很难,尤其是对外地申请者	容易
供求关系的适配性	难	容易
可靠性	邮寄过程中材料会丢失	高
劳资双方沟通的速度	慢	快
员工比较岗位的能力	有限	快捷

3.4.1 网络就业市场

互联网为寻找工作的人以及招募高技能员工的企业都提供了一个理想的环境。《财富》500强企业中几乎所有的公司都利用互联网开展招聘工作。网络资源已经成了许多公司填补空缺岗位最好的方法。从2000年开始在线招聘的人数和收入都已经远远超越了纸质广告招聘。据估计，2017年美国88%以上的就业岗位是挂在网络上的。成千上万的招聘网站活跃在美国，许多网站是免费的。美国招聘市场被几家大的网站控制，尤其是Monster收购了雅虎HotJobs和CareerBuilder之后更是如此。然而，社交网站如Craigslist、LinkedIn、Twitter、Facebook也已成为重要的招聘网站（请浏览askingsmarterquestions.com/how-to-recruit-online- finding-talent-with- facebook-twitter-study）。

使用手机App搜索职位和申请正在成为一种趋势。

1. 社交网络上的就业市场

2016年有一份统计资料显示，25%的求职者利用社交媒体作为自己首选的搜索工具，18～34岁的年轻人有70%表示自己前一份工作是在社交媒体上找到的。招聘企业也在调整自己的工作模式，其中92%的企业使用LinkedIn，54%的企业使用Facebook，24%的企业使用Google+。据LinkedIn 2016年提供的报告称，负责招聘的管理人员青睐社交网站，不仅是因为希望招聘到最理想的求职者，而且是因为招聘优质人才工作的竞争性也越来越激烈了（请浏览business.linkedin.com/content/dam/ business/talent-solutions/global/en_us/c/pdfs/GRT16_GlobalRecruiting_100815.pdf）。

Facebook有许多特性可以帮助求职者找到合适的工作，帮助雇主招聘到人才。其中的一个特性是依靠Jobcast（jobcast.net）来实现的，这是一个App应用软件，企业可以通过App将招聘信息放到Facebook上。这个App有不同的招聘计划种类（有免费的也有收费的）。这个App上的求职和招聘信息还可以分享到许多社交网站上。它帮助求职者和招聘者之间进行联系，也有一些关于工作的有趣的文章（请浏览facebook.com/jobcastnet）。另外一个联系渠道是通过Facebook旗下FindEmployment（facebook.com/findemployment），它可以给求职者提供一些技巧和建议。linkedin.com/job提供类似的服务。Craigslist每个月发布超过100万个新职位。LinkedIn网站上的搜索引擎帮助招聘企业很快寻找到合适的求职者。

过去，人们都认为LinkedIn网站是招聘和求职的首选社交网站，但是现在这一领先地位正在受到Facebook的挑战。前者被认为更专业、更便捷，后者的活跃用户规模更大。但是，也有一些Facebook的用户担心网站会把他们的日常生活和职业生涯混淆在一起，如果真是这样，那么Facebook与LinkedIn在招聘市场上就没有什么差异了，尤其是对年轻一代，更是如此（请浏览linkhumans.com/blog/rise-facebook-recruitment）。为了应对这样的一种趋势，LinkedIn网站又开发了一些新的功能，帮助高校毕业生寻求第一份工作（请浏览students.linkedin.com）。

此外，社交网络帮助企业找到适合岗位的人员（如jobster.com）。这些网站为求职者提供推荐自己的机会并且展示自己的才华，方便被雇主"发现"。网站的运行机制方便了猎头人员按照工作性质对应聘者进行分门别类。一旦介绍成功，推荐网站会收取一笔推荐费。近年来，越来越多的人利用Twitter寻找工作机会。求职网站bortz.com为求职者出谋划策，还告诉他们如何利用Twitter接近招聘人员，提高自己的曝光率（请浏览jobmob.co.il/ blog/beginners-guide-find-a-job-with-twitter）。

2. 全球就业市场的网络平台

想要去国外就业的人，可以从互联网上求得帮助。Xing.com是面向不同国家求职人员和招聘企业的全球门户网站。网络就业市场方便了员工投奔更好的就业岗位，这就使得用人企业产生较高的转换成本。但是，在网络上寻找合适的求职者并不像人们想象的那样容易，这主要是求职者的简历实在是浩如烟海。因此，一些大企业开始使用新的网络招聘工具，例如通过视频来进行远程面试。

3.4.2 网络就业市场的利弊分析

网络就业市场对求职者和招聘企业都是十分有利的（见表3-3）。另请浏览 careercast.com/career-news/how-rock-virtual-job-fair 和 smallbusiness.chron.com/advantages-virtual-recruitment-16632.html。

表 3-3 网络就业市场显示出来的优势

给求职者带来的利益	给招聘企业带来的利益
• 可以了解全球就业市场的信息 • 可以及时与招聘企业进行直接的沟通 • 可以直接地向用人企业展示自己的特长（如 quint careers.com） • 可以在网络上广泛投放简历（如 careerbuilder.com） • 可以在任何时候浏览各地的招聘岗位 • 可以免费获得各种职业规划的服务（如 career builder.com 和 monster.com） • 可以评估自己的市场价值（如在 salary.com 和 rileyguide.com 上了解薪酬水平） • 可以学习如何应对语音面试（如 greatvoice.com） • 可以浏览专门讨论求职问题的社交网站	• 可以向大量的求职者发送招聘广告 • 可以节省广告费用 • 可以用电子申请表降低表格处理成本 • 可以向求职者提供平等的就业机遇 • 可以招募到符合要求的高技能员工 • 可以细致地描述岗位要求 • 可以利用远程视频系统开展在线面试 • 可以进行在线测试 • 可以根据薪酬调查结果来制订自己的招聘计划 • 可以用现有的招聘人员承担招聘工作

网络就业市场也有一定的局限性，如安全问题和隐私保护问题。人们投递的简历以及在线沟通的内容，往往并不加密，难以保证对数据的保护，这就出现了安全和保密的问题。有些雇主或许会有意无意地发现自己的员工正在寻找新的工作。LinkedIn 是注意隐私保护的。该网站允许求职者对自己的简历设定限制，规定哪些人可以在线浏览自己的简历。尽管许多工作岗位都挂在网上，但是据 LinkedIn 公布的数据，85% 的工作还是通过熟人介绍的。有的是在求职者提出申请之前，有的是在求职者提出申请之后（请浏览 linkedin.com/pulse/new-survey-reveals-85-all-jobs-filled-via-networking-lou-adler）。有些社交网站（如 Facebook）的用户担心自己的个人信息、照片、活动资料等会被潜在的雇主看到（请浏览 repnup.com/blog/2015/09/09/employers-can-find-your-facebook-profile-set-to-private）。

有关在找工作时如何保护自己的隐私问题，请浏览 guides.wsj.com/careers/howto-start-a-job-search/how-to-protect-yourprivacy-when-job-hunting 及 youtu.be/xJH-YXsjH3k。

本节习题

1. 网络就业市场的驱动力是什么？
2. 网络就业市场给求职者和招聘企业带来哪些利益？
3. 求职者和招聘企业为什么喜欢使用 LinkedIn 网站？电子商务给求职者提供的工具有哪些？
4. 招聘企业向求职者提供哪些工具？
5. 网络就业市场有哪些缺陷？

3.5 在线房地产市场、保险市场及股票交易市场

网络基础设施的发展为企业提供了更多的营销渠道、新的商务模式以及新的功能。企业可以通过新的方式提供产品和服务。以下探讨的就是这些服务。

3.5.1 网络房地产市场

在线房地产信息搜索和交易的变化显著影响这类业务开展的方式（请浏览 realtor.org/research-and-statistics）。

关于网络和实体的房地产市场请浏览 realtor.org/research-and-statistics/research- reports。例如，在 2015 年有 74% 的房地产经纪人使用社交媒体工具，美国房地产行业协会（NAR）的研究显示，42% 以上的买房者在网络上搜索房产信息，近年来这个数据甚至达到了 87%。

电子商务以及互联网对房地产行业正在发生持续不断的影响，但这种影响是缓慢的。例如，尽管行业内在发生着变化，但中介的地位并没有根本地动摇。买房者如今既利用网络，又离不开中介。不过，中介收取的佣金在下降。

Zillow、Craigslist 及其他各种 Web2.0 房地产交易服务

Craigslist（craigslist.org）、Zillow（zillow.com）和 Trulia（trulia.com）在 Web2.0 时代提供免费的房地产服务，既减少在报纸上进行分类广告，也允许购房者自己去搜索信息，进行价格和区域的对比。

Zillow 的网站上有"乔迁"（Make Me Move）（zillow.com/make-me-move）服务（免费提供），允许使用者了解将要出售房屋的价格，而不需要到实际市场上去（请浏览 zillow.com/wikipages/What-is-Make-Me-Move）。当房屋拥有者匿名挂牌后看到自己房屋的价格，以及类似房屋的价格，他们会提升房屋出售的意愿。买房者可以通过匿名邮件来联系卖家。该公司也提供一些免费的广告服务（如房屋照片等）。用户可以加入博客或威客，发起讨论并参加其他的社交活动。Zillow 也提供房贷计算器和当前房贷利率。Zillow 从广告商处获得利润并于 2012 年上市。Zillow 有几个竞争对手（如 ziprealty.com、listingbook.com 等）。Zillow 在十几家网站上提供它的品牌商标（如 zillow.com/homes/for_rent 和 agentfolio.com），还向在其公司主页上进行卖房广告宣传的商家收取费用。

Craigslist 网站为房地产经营（买卖、租赁）开辟了大的板块。除了一些大城市之外，在 Craigslist 网站上刊登广告是免费的。

涉足网络房地产交易的还有拍卖网站。虽说这样的业务过去也有，如 eBay.com，但是经营得并不成功，原因是房地产交易太复杂，而且客户总是要对交易标的物进行仔细的实地考察。

新的房地产交易网站（如 realtybid.com）用上了新的数字技术，如精美的照片、视频等。还有许多房地产交易网站在广告中使用增强现实技术或是虚拟现实技术。这样，客户看房就能进入一个可以互动的虚拟环境。不过，企业在采用这样的技术的时候还是很谨慎的，尤其是在竞争较为激烈的区域，更是如此。提供这些新技术的公司有 AR Pandora（arpandora.com）、VR Global（vrglobal.com/real-estate）等（请浏览 crcbr.org/augmented-reality-enhancing-the-real-estate-experience 及 youtu.be/TRoK-L0m-zg）。

3.5.2 网络保险交易

越来越多的保险公司在互联网上提供标准化的保单，如汽车险、房产险、意外伤害险、大病医疗险等，所给的折扣很大，主要针对消费者个人。此外，第三方保险门户网站提供免费的保费比较。有几家大型保险公司和风险管理公司（如 allstate.com、ensurance.com、statefarm.com/insurance、progressive.com/insurance-choices、geico.com 等）在线提供各类保单的销售服务。尽管有人不相信虚拟保险经纪人，但还是有许多人被大幅度的保费折扣所吸引。许多保险公司双管齐下，既开展网上销售，又使用保险经纪人（如邮件广告和谷歌搜索）。经纪人主动向众多的消费者发送电子邮件，这一点与房产经纪人相似。由于行业竞争激烈，所以付给经纪人的佣金会降低。有些保险项目费用很难确定，如房产险；有些则比较容易计算，如车险，因此在同一个平台上可以搜索到多家保险公司的报价（请浏览 thezebra.com）。

实际案例

在保险行业内，有 86% 以上的潜在客户在互联网上收集信息，因此保险公司正在试图利用这种趋势。许多保险公司用各种在线工具去满足客户的这些需求（请浏览 bain.com/publications/articles/for-insurance-companies-the-day-of-digital-reckoning.aspx）。

3.5.3 网络股票交易和投资

网络股票交易的佣金每笔是 1 ~ 15 美元（廉价的经纪人）和 15 ~ 30 美元（中间价格的经纪人），全面服务的经纪人平均每笔佣金 100 ~ 200 美元（请浏览 investopedia.com/university/broker/broker1.asp）。利用网络进行股票交易，不会发生电话占线，差错也会减少，因为它不需要在嘈杂的环境中用语言来进行沟通。人们可以在任何时间、任何地点进行交易。而且委托人不会受经纪人思想的左右。此外，投资人可以免费搜索某一家公司或是基金的海量信息。有许多服务网站还提供公司报表、纳税记录、行业分析、即时信息，甚至还提供如何交易的指导（请浏览 etrade.com 或 google.com/finance）。

网络股票交易是如何进行的？假设有一位投资者在嘉信理财开立了一个账户。这位投资者可以先登录公司网站（schwab.com），输入账户号码和密码，点击"股票交易"。点开菜单后，投资人可以输入具体的交易指令（如买进、卖出、利润或本金、价格限制、市价订单等）。计算机告诉投资者实时买入价和卖出价，这与通过经纪人开展的电话交易相似。投资者可以选择接受或是拒绝（请浏览 youtu.be/sqqmY8I8gxU、scivantage.com/celent-defines-the-state-of-online-brokerage-platforms-in-new-report）。图 3-3 显示的就是网络股票交易流程。

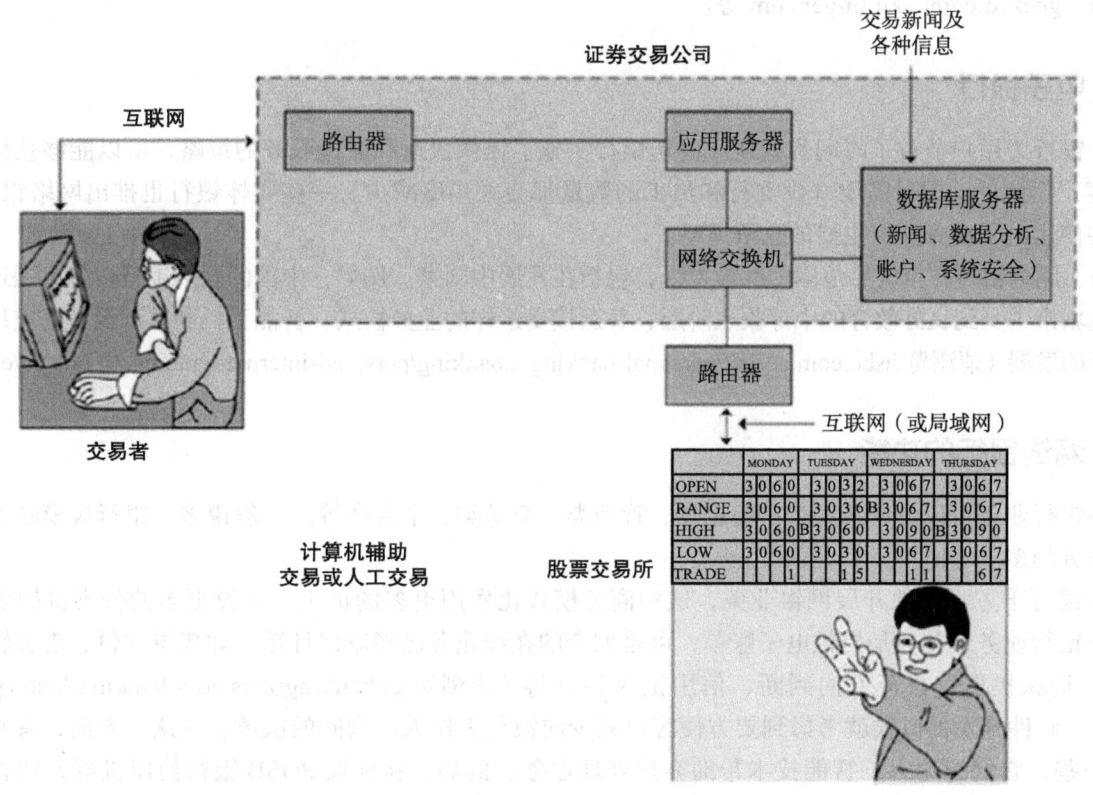

图 3-3 网络股票交易流程

现在出现了一些新型的在线投资网站，它们一般针对所谓的"高净值投资用户"。这些网站的经营理念是借助计算机交易算法主动地管理投资，控制应税收入。它们希望能够打造一片介于指数基金投资和个人交易之间的第三种交易方式。在这方面做得比较成功的是 wealthfront.com 和 betterment.com。

有些网络企业（如嘉信理财）也成为注册的证券公司。这使得它们同时处理众多客户的买进、卖出指令，所花时间仅 1 ~ 2 秒。比较著名的网络股票交易公司有 E*TRADE、Ameritrade、Scottrade、ShareBuilder 等。

伴随着移动计算的迅速发展，移动股票交易变得越来越流行，如用户可以进行账单支付和股票交易（请参阅 E*TRADE 公司提供的移动交易服务）。

本节习题

1. 列举网络房地产交易的主要应用。
2. 在线销售保单的优势表现在哪里？
3. 网络股票交易的优势表现在哪里？

3.6 网络银行和个人理财

电子银行（electronic banking, online banking, e-banking）也称为"网络银行"或"虚拟银行"指的是利用互联网办理各种银行业务。客户可以利用网银查询账户信息，在线支付账单，担保贷款，转账等。61% 的美国成年网民使用网络银行支付订单（请浏览 pewinternet. org/files/old-media/Files/Reports/2013/PIP_OnlineBanking.pdf）。利用移动设备完成支付的美国客户有 46%（请浏览 pewtrusts.org/en/research-and-analysis/issue-briefs/2016/05/who-uses-mobile-payments）。多个网站提供帮助个人理财和预算的工具，如 mint.com、geezeo.com、kiplinger.com 等。

3.6.1 电子银行

电子银行为用户节省了时间和金钱。由于银行实施了提供快速和廉价服务的策略，所以能够获得更多的非本地客户。此外，银行需要开设支行和员工的数量都会大幅度减少。一些实体银行也推出网络银行业务，还有一些使用电子商务作为主要的竞争策略。

目前，网络银行在全世界范围内都被接受，包括在发展中国家。例如，中国的网络银行业务发展迅速，特别是发达城市中受到良好教育的中等收入阶层，普遍接受这样的业务模式。智能手机和移动设备的应用促使了网络银行的发展（请浏览 hsbc.com.cn/1/2/personal-banking/ ebanking/personal-internet-banking 和 boc.cn/en）。

3.6.2 网络银行的功能

网络银行业务可以分成几大类：信息类、管理类、交易类、平台类等。一般说来，银行规模越大，提供的网络业务越多。

许多银行千方百计地开展网银业务，这种商务模式比雇用更多的员工、开设更多的分支机构要经济得多。在线银行业务最初只是提供电子账单，可是如今的在线业务已经难以计数，如账单支付、现金转账、账户开立、贷款提取、投资方向判断、信用记录调查等（请浏览 gobankingrates.com/banking/history-online-banking）。软件开发的时候就考虑到要方便客户减少向银行工作人员询问的次数。在这一方面，有些银行走得更远一些，它们运用人工智能技术帮助客户处理业务。例如，新加坡 POSB 银行使用机器人回答客户在 Facebook 上提出的问题。这样，客户就可以不必求助银行员工来回答问题了（请浏览 enterpriseinnovation. net/article/posb-launches-its-first-ai-driven-chatbot-facebook-messenger-860619969）。

3.6.3 虚拟银行

虚拟银行没有实体形式，只进行在线交易。Security First Network Bank（SFNB）是第一个开展网络银行交易业务的虚拟银行。但是，银行业不断地并购、重组，所以 Security First 网络银行被收购，现在是 RBC 银行（rbcbank.com）的一部分。美国具有代表性的虚拟银行是 First Internet Bank（firstib.com）网络银行和 Bank of Internet USA（bankofinternet.com）。然而，由于缺乏资金支持，2003 年，在几百家虚拟银行中有

97%以上都倒闭了。2007～2012年，又倒闭了一批虚拟银行。最为成功的银行是虚实结合型的银行（如富国银行、花旗银行和汇丰银行）。

虚拟银行可以使用新的业务模式，其中一个模式就是P2P贷款。

1. P2P贷款

使用网上银行的个人贷款被称为在线个人贷款，或简称为P2P贷款。这种模式允许人们通过网络借出或借入金钱（请浏览thebalance.com/how-peer-to-peer-loans-work-315730和youtu.be/G1eXrutcJTI）。

实际案例

英国的Zopa（zopa.com）和美国的Prosper（prosper.com）是开展P2P业务的典型。即使是在2008～2012年全球信贷危机期间，没有政府的支持和保证，Zopa和Prosper的业务都依然保持稳定的增长。例如在2016年5月，Zopa的53 000名活跃用户借出了至少14.5亿英镑的信贷资金给英国的客户，这些贷款主要用于购买汽车、信用卡还款和房屋维修。这些P2P贷款的违约率非常低（Zopa在2010年以来的违约率是0.19%），因为它们的大多数借款都借给信用良好的人（请浏览prosper.com/about）。

需要格外注意的是，在与虚拟银行打交道，或是参与P2P借贷活动时，在发放信贷之前就应明确是否是合法的银行运作，尤其是利率偏高时，更需要警惕。企业或是个人还应该了解与P2P借贷活动相关的政策（请浏览moneyandbanking.com/commentary/2015/3/16/the-cloudy-future-of-peer-to-peer-lending）。

应用案例3-2　　网络银行业务的安全问题

银行为客户提供各种安全保障措施。以下介绍的是一些银行提供的安全措施。

客户从外部访问银行网站必须通过SSL安全密码和数字证书确认。每次用户登录都要经过这种确认程序，目的是保证他们访问的网站确实是该银行网站。密码和数字证书经过检查后，信息经过外部防火墙进入银行网站。当出现登录界面时，用户必须输入账号和密码。用户信息流通过银行的网络服务器和内部防火墙进入银行应用服务器。图3-4中阐述了这一过程。

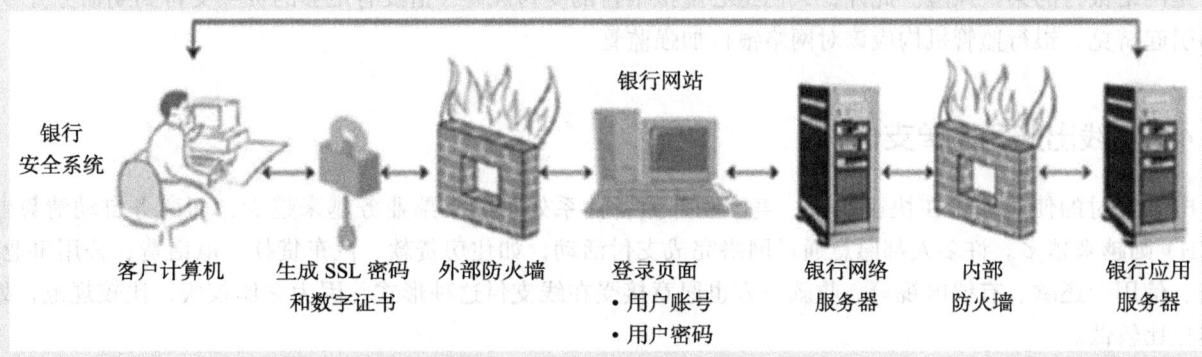

图3-4　网络银行交易的安全性

银行业务伙伴之间共享信息仅用于合法的商业目的。

客户使用网银工具设定密码和其他应对情景方案时，银行并不能捕捉到这样的信息。这是为了保护客户的隐私。许多银行使用网络跟踪器了解客户的在线活动，但如何收集、使用这样的信息，客户是有控制权的。此外，大多数银行还会就安全问题向客户提出建议（例如"在浏览器中使用128位加密"）。

由于移动设备的使用量增加，安全问题变得更加严峻。银行都在设法创新自己的解决方案。例如，2009年1月，美国银行推出了"动态密码"

措施，由银行提供一次性的6位数密码，保障网上交易的进行。动态密码通过短信发送到客户的移动设备里（请浏览 bankof america.com/privacy/online-mobilebanking-privacy/safepass.go）。其他金融机构也提供类似的方案。

人们还在关心的事情是对网银业务的攻击，其中包括DDOS（分布式拒绝服务）攻击、钓鱼网站、恶意软件攻击等。英国央行英格兰银行最近模拟过一次虚拟的网络攻击，结果发现许多漏洞。有专家提出，金融机构可以从五个方面应对网络攻击。

- 对风险进行更好的评估；
- 提高认证标准；
- 采取分层认证的方法；
- 采用最先进的认证技术；
- 提升客户的教育水平和知晓水平。

即使有这些制度保障，个体消费者依然需要养成良好的防范习惯。美国第一联邦银行曾经印制过一份《网上银行操作指南》，建议下载阅读（请浏览 fcbanking.com/media/Online-Banking-Guide.pdf）。

思考题

1. 为什么安全对网上银行如此重要？
2. 为什么要设置两道防火墙？
3. 银行的安全系统保护了谁？客户，银行，还是二者都保护了？请解释。
4. 文中所述安全系统的局限性是什么？

实际案例

许多银行都拥有多级安全系统，例如Central Pacific银行（centralpacificbank.com）要求用户使用ID登录，并回答用户之前设定好的安全问题。然后你将看到一个你预先选择好的图案，如果你不能识别该图案或预先设定的短语，你将无法实现登录。如果所有的答案都是正确的，你才可以使用密码登录到你的账号。

---

2. 风险

网络银行和虚实结合银行一样都会面临风险，特别是在办理跨国银行业务的时候，更是如此。黑客入侵账户是网络银行的第一风险。此外，人们担心虚拟银行的支付风险（指没有足够的资金支付到期债务），并且容易引起挤兑。银行监管机构应该对网络银行加强监管。

3.6.4　在线出账和账单支付

电子支付的使用率正在快速增长。美国联邦储备体系处理的支票业务越来越少，而商务自动清算业务（ACH）则越来越多。许多人都愿意通过网络完成支付活动，如住房贷款、汽车贷款、电话费、公用事业费、房租、信用卡还款、有线电视等。收款一方也愿意接受在线支付这种形式，因为它比较快，比较规范，处理成本也比较低。

另一种在线账单支付形式是电子出账或是电子账单处理及支付系统。消费者可以到收款方的网站上用信用卡支付，或者授权收款方直接到消费者的银行账户上扣款。收款方在自己的网站上告知客户账单信息，或者通过电子邮件、托管服务网站通知客户。客户看到账单信息后，向网站发出支付指令，可以通过自动授权中心或是电子支票等完成支付。

1. 税收

个人理财的一个重要方面是纳税计算和申报。帮助消费者计算、缴纳联邦税的网站有几十个。许多网站还指导消费者如何合法避税。下面是对几个此类网站的介绍：

- Irs.gov——美国国税局的官方网站；
- taxsites.com——提供纳税信息、研究和服务的网站；
- Fairmark.com——投资人纳税指导网站；
- Taxaudit.com——提供应对国税局审计帮助的网站。

2. 手机银行

手机银行可以帮助人们使用智能手机或其他无线设备来处理金融业务。在手机银行领域有很多最新的发展。智能手机支付和小额支付已经彻底改变了金融体系。据统计，2016年43%的手机用户使用过移动应用软件，同比上涨了39%（请浏览 federalreserve.gov/econresdata/consumers-and-mobile-financial-services-report-201603.pdf 以及 magnifymoney.com/blog/consumer-watchdog/best-worst-mobile-banking-apps-100-banks-credit-unions）。

本节习题

1. 网络银行业务有哪些功能？这些功能中哪些对你最有利？
2. 银行如何保护客户数据和交易信息？
3. P2P信贷系统的运行有哪些特征？
4. 如何保护银行交易信息？
5. 什么是手机银行？

3.7 按需配送商品、数字产品、娱乐信息和游戏

本节将主要介绍B2C电子商务中的按需配送问题，包括商品、数字产品、娱乐信息及游戏等。

3.7.1 按需配送商品

大多数网络零售商通过第三方物流将商品交付给客户。它们可以使用本国的邮政系统，也可以使用私人的物流公司（如联合包裹、联邦快递、DHL等）完成配送。商品有的是隔天送到，有的需要几天。客户通常被要求支付快递费用（除非是高级定制，如Amazon Prime，amazon.com/Prime）。

有些网络零售企业及直销的制造商有自己的运输车队，以此来加快对客户的交付或降低交付成本。根据Net-a-Porter（net-a-porter.com）的首席执行官Mark Sebba先生的介绍，该公司更喜欢在内部做尽可能多的事情。这其中包括为伦敦和曼哈顿的客户经营自己的送货车（请浏览net-a-porter-brand.blogspot.com/2013/05/some-more-current-content.html）。这样的公司提供定期交付或按项目交付（如汽车零部件行业），它们可能提供额外的服务来增加买家的价值认知。以**网络杂货商**（e-grocer）为例，网络杂货商接受网络订单，并且在当天或在很短时间内交付。有的会在一小时内交付，如餐厅送餐或比萨。此外，办公用品、汽车零配件、药品等商品的销售商都承诺即时递送，至少是当天送到。

快递业务也称为**按需配送服务**（on-demand delivery service）。按照这种商务模式，企业收到订单后必须及时发货，这种模式的一个变体是"当天交付"。这种模式比"隔日达"快一些，但是比能在30～60分钟内交付的要慢，如比萨、鲜花、汽车配件等。网络杂货商通常使用当天交付模式。

交付速度

交付速度不仅对食品和易腐蚀品是至关重要的，对其他"按需配送"的商品和大型项目也是至关重要的。例如，uber.com 是一个按旅客需求交付的网站，在 2013 年优步与家得宝、Oleander 等公司合作，为客户寄送圣诞树（请浏览 newsroom.uber.com/uae/ubertree 和 businessinsider.com/uber-christmas-tree-delivery-britain-pines-and-needles-app-2015-12）。

在未来，最快的交付可能由无人机来完成。亚马逊、联合包裹、谷歌等公司正在探索这项技术。2014年，Facebook 决定赶超潮流，花费 6 000 万美元并购了无人机制造商 Titan Aerospace（请浏览 forbes.com/sites/briansolomon/2014/03/04/facebook-follows-amazon-google-into-drones-with-60-million-purchase）。亚马逊在 2016 年下半年启用无人机送货，走在了市场的前列（请浏览 mashable.com/2016/12/14/amazon-first-drone-delivery）。零售行业以外的一些企业也在涉足这一领域，例如 Flirtey（flirtey.com）在创投资本市场募集了 1 600 万美元的资金，提供无人机操作的硬件和服务（请浏览 techcrunch.com/2017/01/18/drone-delivery-startup-flirtey-raises-16-million-to-become-a-next-gen-ups/）。

3.7.2 数字产品、娱乐产品、媒体产品的在线配送

有些商品（如软件、音乐、新闻等）既可以以实体的形式（如纸质书、CD-ROM、DVD、报纸等）配送，也可以数字化以后通过网络配送。在线交付的成本非常低并且节省存储空间和配送成本。

1. 在线娱乐

在线娱乐发展得很快，如今，它已经成了美国 8～17 岁青少年主要的娱乐形式。在线娱乐的形式多种多样。人们很难对它们分门别类，因为许多娱乐都是复合型的。人们也很难按照它的传递形式来分类。甚至它究竟是不是一种娱乐活动有时也说不清楚，因为人们的判断标准也各不相同。所有的这些都必须考虑，这到底是不是娱乐活动，是什么类型的娱乐活动。有些在线娱乐活动是互动型的，用户可以与软件互动。2016年，美国普华永道公司预测，到 2020 年，美国本地的娱乐业和媒体业的产值将达到 1 720 万亿美元，其中包括电影、视频游戏、流媒体视频和音频节目等。2015～2020 年，视频游戏的使用预计增长 3.6%，增长幅度是最大的。

如今，所有传统的娱乐项目都可以在网络上实现。然而，由于新技术的出现，有些娱乐项目在新的环境下变得更加受欢迎，例如，Facebook 的在线游戏吸引了数以百万计的玩家。

2. iTunes

iTunes（apple.com/itunes）是苹果公司的一个媒体管理软件，用户可以通过 iTunes 来购买音乐或其他媒体。用户还可以使用这个软件来整理和操作你下载的数码产品。值得注意的是 iTunes 和类似的服务已经颠覆了传统音乐产业（请浏览 money.cnn.com/2013/04/25/technology/itunes-music-decline）。netflix.com 以类似的方式影响了 DVD 和 CD 的销售。Asymco 发现（请浏览 asymco.com/2014/02/10/fortune-130），iTunes 比 Xerox 和时代华纳有线电视赚钱（请浏览 wallstcheatsheet.com/stocks/study-itunes-is-more-profitablethan-xerox-and-time-warner-cable.html/?a=viewall）。

3. 网络购票

网络购票服务方便用户使用电脑或移动设备进行购票（如体育比赛门票、音乐会门票、电影票等）。许多票务公司（如 Ticketmaster）在这一领域很活跃，Fandango 就是一个销售电影票的公司。

3.7.3 网络电视和网络广播

网络电视和网络广播是网络上非常受欢迎的两个具有相似性的流媒体技术。

1. 网络电视

网络电视（Internet TV）是指通过网络视频技术向用户交付电视内容，包括电视节目、体育节目、电影或其他视频节目。netflix.com、hulu.com、hulu.com/plus、amazon.com/Prime-Instant-Video 等公司都提供类似的服务（请浏览 wisegeek.org/what-is-internet-tv.htm）。网络电视的主要优势是具有选择内容和时间的方便。用户可以使用普通电脑、平板电脑、智能手机、蓝牙播放器等播放。

2. 网络广播

网络广播（Internet radio）是指通过网络播放的音频直播内容。这是一个广播服务，用户可以在线听无数个电台（例如欧洲有 4 000 个电台，请浏览 listenlive.eu）。广播电台、组织、政府，甚至个人可以通过网络广播播放任何内容（请浏览 radio.about.com/od/listentoradioonline/ qt/bl-InternetRadio.htm）。网络广播和网络电视一样有版权问题，需要注意的是，在大多数情况下，作者和经销商之间会有一份协议，例如华纳音乐和苹果的 iTunes 在 2013 年达成的协议（请浏览 cnet.com/news/apple-reaches-iradio-deal-with-warner-music-suggesting-wwdc-launch 和 apple.com/itunes/itunes-radio）。

3. Pandora 广播

Pandora 是一个领先的免费互联网广播，它不但使用无线电台播放音乐，而且还有许多其他来源。服务的核心是 Genome 分析软件。根据 pandora.com/about 介绍，利用这个软件可以对无数音乐作品进行分析，用户可以使用 Pandora 体验项目中的所有曲子。

Pandora 实际上是一种流媒体音乐和音乐推荐服务。在 2016 年的时候只能在美国、澳大利亚和新西兰使用。用户可以创建 100 个个性化电台，来播放预先安排好的专辑。在 2014 年 2 月，Pandora 向艺术家们公开了内容提交的流程（请浏览 submit.pandora.com、help.pandora.com/customer/portal/articles/24802-information-for-artists-submitting-to-pandora 和 help.pandora.com）。

各种网络零售商向 Pandora 的听众销售歌曲。用户可以通过 Pandora 访问许多媒体设备，可以通过家庭音乐播放设备和大多数移动设备在网络上免费使用 Pandora。Pandora One（pandora.com/one）以月为单位向用户收取费用，它没有广告，并且能够提供高质量的音频。Pandora 是一家赚钱的企业，它的用户正在快速增长，到 2014 年 3 月它已经拥有了 7 530 万听众（请浏览 investor.pandora.com/file/Index?KeyFile=22417465）。

3.7.4 社交电视

社交电视（social TV）是一个新兴的社交媒体技术，它可以令身处不同地理位置的电视观众相互交流经验，例如，在观看同一节目时讨论、评论和推荐。根据 Mashable.com（mashable.com/category/social-tv）网站介绍，社交电视是"电视和社交的结合媒体"，这指的是"当观看一个电视节目时，人与人之间通过网络进行交流或讨论节目内容的现象"。可以利用社交网络、智能手机或平板电脑发送信息来实现这样的沟通。社交电视将电视和广播的内容结合起来，通过富媒体来实现。

1. 社交电视的特征

社交电视具有以下三个特征：

- 具有发现新视频的能力，并且可以在好友之间分享这一发现；
- 大多数社交电视用户可以一边观看视频一边彼此沟通，即使身处不同地理位置也是如此；
- 社交电视允许人们以一种特殊的方式联系有着共同兴趣的人们。

社交电视吸引了相当多的观众，这也导致了传统电视观众数量的下降。

2. 网络游戏

网络游戏的范围很广，它囊括了各种形式的游戏，如街机游戏、抽奖游戏、赌博游戏、升级游戏等。2008～2016年，尽管经济不景气，但是网络游戏的收益还是扶摇直上。2013年，全球的网络博彩行业增长了8%，交易额达到了355亿美元。根据Statistica.com在2016年的预测，网络游戏市场到2018年会达到561亿美元的销售额。全球市场近年来网络带宽不断增加，网络接入越来越方便，这是网络游戏不断发展的根本保证。

3.7.5 法律问题

尽管网络赌博几乎在美国所有的州都是非法的，但是网络赌博依然方兴未艾。2013年，美国的特拉华州和内华达州率先承认网络赌博合法化，接下来是新泽西州（2013年10月，特拉华州成了美国第一个全方位允许网络赌博的地区）。2014年2月，特拉华州和内华达州签署了一项允许州际网络赌博的协议。2015年特拉华州有180万美元的收入来自于网络赌博。根据联邦法律限制，玩家需要在某一特定的地区内才可以进行网络赌博（这可以通过网络定位软件来验证），因此，如果某一地区允许网络赌博，当你在该地区时你可以进行网络赌博。在其他的一些国家，网络赌博也是合法的（如澳大利亚）。到2015年，美国至少有7个州准备通过允许网络赌博的律法。

本节习题

1. 什么是按需配送服务？
2. 描述数字产品及其交付过程。
3. 软件、音乐等商品在线配送的优势是什么？有哪些限制？
4. 在线娱乐的主要形式有哪些？
5. 请描述网络电视、社交电视和网络广播。
6. 描述网络赌博及其面临的挑战。

3.8 在线购买决策辅助工具

许多网站和工具可以帮助人们做出购买的决定。一些网站将价格比较作为它们的主要工具（如pricerunner.co.uk和shopzilla.com），有些则帮助消费者评价服务、信誉度、质量等因素。购物门户网站、购物机器人、商业评级网站、信用认证网站、社交网站上的朋友建议等，都可以帮助消费者进行购物决策。以下介绍的是几项主要的购买决策工具。

3.8.1 购物门户网站

购物门户网站（shopping portals）是通向网络店铺和网络卖场的入口。具体说来，购物门户网站就是同时经营许多网络商店。就像其他的门户网站一样，它们有的是综合性的，有的则是针对某一细分市场的。综合性的门户上有各种卖家的链接和较为宽泛的产品门类。eCOST.com是一个综合门户网站的例子（ecost.com）。有些门户网站既可以购物，也可以进行商品比较，例如shopping.com（eBay Commerce Network旗下的网站）、shopping.yahoo.com和pricegrabber.com等。eBay也是一个购物门户网站，因为它除了竞价销售以外，也有按固定价格销售的商品。有一些公司评估网站提供购物机器人等购物工具，还有一些公司网站将小型购物工具嵌入门户网站。

一些购物门户网站为某些产品（如书籍、手机）或服务（如大学教育或医院诊治）提供专门的链接。这样的门户网站还帮助客户进行搜索，例如 zdnet.com/topic-reviews 和 shopper.cnet.com 等网站就提供计算机、家用电器和电子产品的搜索。细分市场购物门户的优势是专注在某一类产品上。

关于电子零售商、B2B、营销策略等的综合网站信息，请浏览 Internet Retailer（internet retailer.com）。

3.8.2 购物机器人软件价格和质量的比较

精明的网络购物者喜欢价格便宜的商品。**购物机器人**（shopping robots，shopbots），也称为**购物代理**（shopping agents），是一种购物搜索引擎，它帮助消费者搜索最低价格的商品或满足其他搜索条件。不同的购物机器人所用的方法是不相同的。例如，mySimon（mysimon.com）开发的搜索软件可以在很多受欢迎的商品中找到价格最便宜和实用性最高的商品。

1. 谷歌企业搜索和企业搜索工具

谷歌企业搜索软件（Google Enterprise Search）帮助公司搜索所有公司内或是面向公众的信息。

促进搜索的强大服务器被称为"企业搜索工具"，它对于许多灵活的搜索选项是有效的，包括使用外语搜索。SearchSpring（searchspring.net）也提供类似的服务。

2. "侦探"服务

这里的"侦探"服务，是指网站为消费者提供的一种商品信息查询服务。按照消费者提供的查询条件，网站将查询结果返回给消费者。网络用户和购物者为了获得最新信息，需要不断地监视网站所刷新的信息、特价商品、竞价结束时间、股市行情等。但是，登录网站了解最新信息很费时间，有些网站就跟踪股市行情或特价航班信息，然后给客户发送电子邮件，例如，money.cnn.com、pcworld.com、expedia.com、google.com/alerts 等网站，就是向用户发送个性化的电子邮件提醒。

当然，要有效地侦探网络用户的行为，就要在他们的计算机里安装网络跟踪器软件或是其他各种侦探软件。

3.8.3 评级、评论和推荐网站

朋友或是陌生人（如专家或独立的第三方评估机构）的评级和评论对于社交购物来说总是很容易见到的。此外，每一个买家也都有评论和参与讨论的机会。主要的评级和评论的工具如下（请浏览 bazaarvoice.com/solutions/conversations）：

- 客户评级和评论。客户评级是非常常见的，这些评论可以在产品页面或者独立的评论网站上看到（如 TripAdvisor），或者在客户消息中（如 Amazon.com、Buzzillions 和 Epinions）。客户评级的统计结果可以通过投票来得到。
- 客户感言。客户体验通常发表在供应商网站上或者第三方网站上，如 TripAdvisor。一些网站鼓励讨论（如 BazaarvoiceConnections 和 bazaarvoice.com/solutions/connections）。
- 专家的评级和评论。评级和评论也可以由该领域的专家提供，并且发表在各种不同的网络刊物上。
- 付费评论。这些评论通常出现在博客上，由广告商付费。广告商和写博客的人可以通过搜索找到对方。例如 sponsoredreviews.com，博客作者、卖家和广告商可以通过该网站进行联系。
- 对话营销。人们可以通过邮件、博客、在线聊天、讨论组、微博等形式进行讨论。监控对话可以为

市场调研和客户服务提供丰富的数据。例如 Adobe Campaign 就是一个对话营销平台（请浏览 adobe.com/solutions/campaign-management.html）。
- 视频评论。评论可以以视频的方式体现。YouTube 提供视频上传、观看、评论、分享等服务。
- 博客文章评论。这是一种值得商榷的方式，一些博主由于收取了薪酬，可能提供具有偏见的评论。然而，有许多声望很高的博客作者被视为公正的来源。例如 blog.feedspot.com/book review_blogs/ 网站上罗列了 100 位撰写书评的博主。

许多网站根据多项指标对商品和各类网络零售商评级。这类网站中比较知名的有 bizrate.com 和 consumerreports.org 等。Bizrate.com 组织了一个消费者网络，汇总消费者对商家的各种报告，然后做出评价。需要指出的是，不同的评级机构做出的评价是不同的。Alexa Internet（Alexa.com）是亚马逊的子公司，它经营的网站提供各种网站的流量信息（请浏览 alexa.com/pro/insight）。

3.8.4　购物比较网站

大量的网站提供产品或服务的价格比较（如在线购票网站、邮轮旅游订购网站）。像亚马逊一样的网络零售商也提供价格比较，许多其他的网站也是如此，例如 nextag.com、pricegrab ber.com、mysimon.com 等。FreePriceAlerts.com 是一个价格比较的 App 应用软件。

3.8.5　社交网络的影响

社交网站上有客户的推荐信息，也有客户的询问信息，因此，它对客户的购买决策影响是很大的。由于这些信息都来自分散的民间，所以它的影响力更是不能小觑。根据德勤 2015 年提供的数据显示，由于移动商务中的价格比较功能，它对交易产生的影响达到 2.67 万亿美元。这其中既有移动的数字终端方便比价造成的，也有社交媒体的影响造成的。2016 年，普华永道也做过类似的统计，结果显示，45% 的受访者表示商品评价及反馈信息会影响他们的购买决策。两项研究都得出同样的结论，那就是零售商必须主动培育对自己产品、服务的正面评价。要设法让客户把自己的美好体验说出来。

3.8.6　信用认证网站

网络上商家这么多，许多客户不知道哪个商家值得信赖。于是，就有了一些企业，专门对网络零售商的信用进行评价和认证，其中有一家是 TRUSTe（truste.com）。凡是通过该公司评价和认证的网络零售商，可以在自己的网站下端贴上一枚公司颁发的印章（称为信用标识）。零售商要为此支付费用。TRUSTe 的用户有 1 300 多家，它们希望有了这枚信用标识，消费者可以对自己的经营模式、个人信息保护、隐私保护政策等给予足够的信任。商家通过信用标识向客户表明产品的质量水平（请浏览 youtu.be/tT89ZvX1C7E?list= PLr7xw10POYs7r265jYCgrKX7m7GBOacJz）。TRUSTe 在移动设备上提供的服务是一个被称为 TRUSTed 的 App 软件（请浏览 truste.com/products-and-services/enterprise-privacy/TRUSTed- apps）。该服务提供持续的监控和品牌维护以确保商家的移动应用程序可以被客户所信任。还有一些网站能够提供更加全面的认证服务，例如赛门铁克的 VeriSign（verisign.com）、BBBOnline（bbb.org）等。VeriSign 网站的用户最多。Secure Assure（secureassure.co.uk）等信用认证机构按照年度向企业收取费用。此外，安永向网络零售商提供审计服务，通过审计的企业由安永为客户企业提供商务经营的信用担保。其他类似的网站还有 trust-guard.com 和 trust-verified.org。至于哪个网站的信用度最高，可参考谷歌 2013 年的消费者调查（请浏览 baymard.com/blog/site-seal-trust）。

对于评论、评分和推荐的思考

一些人提出了关于如何去看待评论和推荐的问题。在一些网站中，虚假评论占总评论的 30%～40%。2012 年，Yelp 推出了 Consumer Alerts，对商家为获得好评而付费的情况进行曝光（请浏览 webpronews.com/just-how-bad-is-yelps-fake-review-problem-2014-01）。截止到 2014 年 1 月中旬，Yelp 发出了近 300 份这样的警告（请浏览 searchengineland.com/yelp-turns-up-the-heat-285-consumer-alerts-issued-over-fake-reviews-181706）。但是，关于商家付费给博客作者以求得好评的现象仍然是一个问题，一些人声称这样的评论是有偏见的。另一个问题是，如果评论的数量很少则可能会有一定的误差（积极的或消极的）。不过，浏览博客上的评论还是有意义的。亚马逊将各类商品的一些"有趣的评论"列表公布在其网站上，请浏览 amazon.com/gp/feature.html?ie=UTF8&docId=1001250201。

3.8.7 其他购物工具

有些网络中介在搜索或购物过程中可以向买家或卖家提供帮助，例如第三方支付服务网站（escrow.com 和 safefunds.com）帮助买卖双方进行商品和货币交换。在买卖双方进行商品与货币交易与信息核实时（通常买卖双方彼此并不了解），通常需要一个可靠的第三方来促进。第三方支付网站也提供付款过程支持，就像银行开立的信用证一样。

- 与 Craigslist 类似，Angie's List（angieslist.com）会帮助其会员在 700 多种分类广告中寻找优质的服务公司和卫生保健专业服务。尽管这个网站是收费的，但是其优势在于能够自由评论，没有匿名评论，而且所有的数据都是经过核实的，所以你能得到较为真实的信息（请浏览 angieslist.com/howit-works.htm）。Angieslist.com 也提供投诉解决服务和从高信用等级的服务公司得到折扣的服务。他们也通过呼叫中心提供现场支持。
- 为了让交易信息按照标准化、方便查询、容易理解的格式储存，商家可以使用一些购物工具（如 facebook.com/thefind/）。消费者也能利用这样的工具迅速搜索商家并比较产品，以得到较低的交易价格。

还有一款购物工具是钱包，或者说是电子钱包。其实，它是储存买者信息的一个程序。为了提高购物的速度，消费者可以使用电子钱包，这样，再次购物时就不需要重复输入个人信息。有些网站（如亚马逊）有自己的专用电子钱包。微软通行证（Microsoft Passport）提供两种服务，一种是"单点登录"服务，用户只要使用一个用户名和一个密码，就能登录到多个网站，另一种是电子钱包服务，这样可以更快、更方便地在线购物。

实际案例　Yelp 网站

Yelp（yelp.com）实际上是一个搜索引擎，它帮助消费者寻找本地（某一个城市）的某一种服务，如机修服务、餐饮服务、美容美发服务等。它的运行基础是本地人对这些服务的推荐。它把消费者与商家联系在一起。网站上，社区成员（称为"Yelp 人"）为商家写评论，评级。社区成员还可以搜索各种促销活动、特价商品，还可以与其他用户聊天（例如在洛杉矶市与某人的对话，请参阅 yelp.com/talk/la）。详细信息请参阅 yelp.com/faq。

3.8.8 聚合网站

这是一些聚合信息的网站，它们从其他很多网站获得信息并且将获得的信息放在另外一个网站上。Yipit

（yipit.com）是一个免费的日常电子邮件聚合器，它从日常交易网站中（如 Groupon 和 Living Social）收集商品的交易信息（你所在城市的每一笔交易信息）。告诉 Yipit 你想要什么，当有相匹配的促销信息时，Yipit 就会告诉你，费用通常是交易额的一小部分（请浏览 yipit.com/about）。

1. 电子优惠券

商家向消费者推荐使用一种新型的优惠券，这种优惠券被描述为"不需要裁剪，不需要打印"的优惠券。这种电子优惠券的使用步骤是：用户先进行注册（例如在 Safeway 网站的 Just-For-U 板块上），之后，客户只需要点击特价出售的商品或是想购买商品的优惠券。当客户确实要在 Safeway 上购买产品时，只要是购买可以使用优惠券的商品，便会自动获得 10%～20% 的折扣。SavingStar（savingstar.com）、CoolSavings 公司（coolsavings.com）等在整个美国范围内提供类似的服务。

2. 自助服务

电子商务经营的一大优势是可以提供自助服务。通过提供自助服务，企业可以提高客户的网络购物体验。以下是一些自助购物工具的例子：配置工具、帮助计算成本的计算器、常见问题解答、虚拟的在线助手、应用工具和网站搜索等。

本节习题

1. 请举例说明购物门户网站的定义。
2. 什么是购物机器人？
3. 对企业和网站进行评价，以及网站认证工具在购物决策中起到怎样的作用？
4. 为什么托管服务被应用于网上购物？什么是 B2C 电子商务中的"侦探"服务？
5. 网站如何鼓励消费者对产品和商家做出评价？
6. 什么是电子优惠券？

3.9 零售行业竞争的新局面：传统零售商与网络零售商

B2C 电子商务加剧了零售商市场的竞争。价格不断下降，一些公司破产或者转型。例如，许多零售商将它们的线下产品转到网上，或者干脆只做网上生意。增加网络零售渠道对销售是有帮助的，但是许多知名零售商（如百思买、彭尼百货、RadioShack、西尔斯百货、史泰博、欧迪办公等），还是被迫关闭了许多实体店，有的则是在为生存而挣扎（请浏览 clark.com/major-retailers-closing-2017 和 usatoday.com/story/money/business/2014/03/12/retailers-store-closings/6333865）。接下来我们来探讨一下竞争的基本内容。

3.9.1 在线和离线的竞争环境

Lieber 和 Syverson 两位学者在 2012 年撰写了《数字经济手册》（见 oxfordhandbooks.com），书中提出了他们自己的研究成果，其中描述了在线和离线零售市场的竞争本质和相互影响。他们同样关注在线购物者的特征及需求与供给的变化。手册中研究的主要变量如下：

- 客户的搜索成本。当今的购物比较搜索引擎可以在移动设备上使用，它的成本非常低并且在竞争中的重要度可能会下降。
- 交付时间。实体店的订单实施通常是直接针对实体产品的。但是网络销售商不断地缩短从购买到消费的时间。有朝一日，交付将由无人机来完成。亚马逊一直在对这种技术进行尝试，2016年12月，第一单由无人机递送的商品送达收货人（请浏览 wsj.com/articles/amazon-conducts-first-commercial-drone-delivery-1481725956）。同时，网络零售商正在发展当天交付服务，至少在大都市是这样的。此外亚马逊与USPS合作在洛杉矶和纽约实现周日送货，并且在2014年将这项服务延伸到其他城市（请浏览 usatoday.com/story/tech/2013/11/11/amazon-Sunday-delivery-usps/3479055）。谷歌购物快车（google.com/shopping/express）在旧金山和圣何塞（美国加州西部城市）提供当天交付服务，亚马逊和eBay也提供类似具有挑战性的服务。很明显，网络零售商对数字化产品交付时间是相当快的。这是一个非常重要的因素，因为通常情况下不同的网络零售商提供的产品质量是类似的，所以交付时间变成了一个重要因素。

- 分销成本。通常情况下传统供应商需要购买（或租用）一个商店，有库房费用和广告费用。另一方面，网络零售商需要支付包装和运输费用，但是广告费用和库存费用将会更低。这些成本因产品、地理位置的不同而不同。如此，分销成本将是竞争中的一个重要因素。
- 税费的差异。由于有征收网络商品税的趋势，使得在线购物的优势正在降低。亚马逊已经在美国许多州将销售税加到商品的售价中（请浏览 startribune.com/smaller-states-rejoice-as-amazon-finally-collects-sales-tax/412087413）。
- 价格。网络供应商提供的商品一般价格较低，有些企业自身在实体店和网店销售的商品价格也有差异（见3.10节）。
- 买家有用的信息。虽然人们不能亲身体验商品，但是人们可以通过网络获取他们想要购买的商品的大量信息。在大多数交易中，这一般不是主要因素。
- 其他影响因素。其他几个因素在竞争中也是非常重要的。例如，卖方是谁、买方是谁、分销渠道如何、客户满意度、客户忠诚度、卖家与销售渠道的关系等，都是非常重要的。最后，购物动态明确显示，越来越多的人选择网络购物并且花了更多的钱。年轻的购物者出现了所谓的"展厅现象"，这意味着他们在实体店里体验商品并且查看价格，然后再到网上以更低的价格购买。购物者也使用移动设备上的App进行价格比较（请浏览 verizonwireless.com/news/article/2014/01/showrooming-trend.html）。客户在网购之前一般更喜欢触摸和感受商品（请浏览 cnbc.com/id/100597529）。

全球竞争

到了2016年，我们看到了全球在线购物竞争正在加剧。例如几家中国的企业在亚马逊的价格基础上给电子产品客户提供一定的折扣。在收购了Buy.com之后，日本公司Rakuten（rakuten.com）在美国市场提供英文网站来展开竞争。

3.9.2 传统零售商与网络零售商

电子商务从20世纪90年代中期兴起之后，在某些行业内网络零售商对实体零售商的冲击是很明显的。我们介绍过Blue Nile扰乱珠宝行业的例子。股票经纪商和旅行社也成了受害者。亚马逊最初致力于书籍销售，其竞争对手是Borders这样的书商。可是今天，亚马逊同无数个零售商竞争，包括一些知名的大型企业（如沃尔玛）。《大英百科全书》和一些其他类似的书籍不再有纸质的版本。零售商的防线转移到虚实结合的阵地，也就是说它们开始为实体销售添加一个网络分销渠道，这个方法帮助了一些百货公司和专卖店。

3.9.3 渠道整合与全渠道销售

当年，纯网络销售企业曾经为某些商品的销售或是某些特殊的市场开辟了实体的门店，这样就能更好地与实体企业展开竞争。

实体零售商的经营案例

大部分大型零售商都已经转型成了网络与实体双渠道经营的企业了。以下是几个较为典型的案例。

实际案例　百思买

百思买与沃尔玛、塔吉特等公司相似,为经营添加了网络渠道。然而,与 GAP 相反,百思买的销售是不成功的。这主要是由于该公司设有大型商店,客户到商店中现场体验商品,然后回到家中在亚马逊网站上购买,因为亚马逊的价格更便宜,即所谓的"展厅现象"。2012 年夏天,百思买将价格降低到与亚马逊相当。结果在 2012 年 8 月,百思买这个全球最大的电子产品零售商在一年之内利润下降了 91%。因此该公司决定关闭 50 家门店,并且向小型商店转型,以此来降低成本。经历了这一段下坡路,公司转变了经营战略,起死回生。百思买新任总裁休伯特·乔利提出的"蓝色预期"计划主要指的是两个竞争措施,即价格措施和专营店措施。一方面,百思买继续实施价格对标措施,实体店的销售价格与其他零售商一致,以此来增加实体店的销售量。另一方面,公司到美国的几个州游说,设法降低网购商品的消费税,提升公司的竞争优势。公司还在自己的商场里开出了"店中店",让三星、微软等企业开设自己的专卖店。这些措施的效果是明显的。到 2016 年年底,公司的股票价格开始回升了(请浏览 forbes.com/sites/panosmourdoukoutas/2016/11/19/sorry-amazon-fans-best-buy-is-still-alive-and-rising/#31c493df3419)。

菲律宾的 SM 连锁商场

Magdirila 在 2014 年的研究结果显示,大型连锁卖场 smsupermalls.com(在菲律宾范围内的超过 230 家商场和超市)正在准备 2016 年的全面在线运营。该公司此前在中国以及亚洲的一些国家已经有了很大的发展,它希望在菲律宾也有骄人的业绩,而发展的主要方向是电子商务(请浏览 techinasia.com/philippines-sm-malls-preparing-huge-ecommerce-entry 和 bloom berg.com/news/articles/2014-02-25/billionaire-sy-goes-online-as-web-draws-shoppers)。

其他策略

根据支付网站 PYMNTS.com 2016 年提供的数据(pymnts.com/news/retail/2016/mobile-apps-employees-brick-and-mortar-retail)显示,许多零售商提供 App 来帮助客户在实体商店里搜索商品、支付货款。零售商也可以提供电子优惠券,如果商品断货,还可以在线下单。

3.9.4　传统的零售商可以采取的措施

除了开始网络销售渠道和关闭利润较少的商店之外,传统的零售商还有一些策略来保护自己。这里列举了一些有代表性的例子。

1. 小型企业能否生存

虽然一些大型零售商(如百思买和 HHGregg)可能会退出市场,但是一些小的零售商可以幸存下来。像 dogtoys.com、dell.com 这样的小公司是电子商务的先驱者,并且仍然运作得很好。小公司的成功与以下策略有关:

- 利基市场。利基市场上销售的商品无法批量生产(如非日常用品),可以考虑由小公司制作(例如提供定制产品和一些特殊产品)。

- 比亚马逊更快的交付。本地配送的某些独特商品更适用于小公司（不过亚马逊已经在一些特定的城市通过当地的快递系统提供当天交付服务）。
- 保护隐私（亚马逊是在网上监控客户活动的）。
- 专注于本地市场。
- 提供优秀的客户服务。
- 有竞争力的价格。
- 维护声誉。这种策略许多小公司已经在使用，不管是纯网络企业、实体企业，还是虚实经营相结合的企业，都能够幸存并且获得成功。

2. 走向全球

一些小公司（如 DogToys.com）拥有许多来自全球的客户。像亚马逊这样的大公司也在全球范围内活跃地经营着。根据学者 Brohan 在 2015 年的调查，亚马逊是欧洲最大的网络零售商，其销售额已经高达 30.8 亿美元。大的公司收购当地的一些电子商务公司或者与它们合资。

实际案例

拉夫劳伦（ralphlauren.com）从事服装设计、服装制作和零售，它们的业务正在欧洲网络市场积极地开展着。2013 年，它开始在日本的网络上销售。2015 年第四季度，该公司的销售收入增加了约 6%，达到 8.89 亿美元。其业绩比其他的销售渠道都要出色（请浏览 internetretailer.com/2016/05/13/e-commerce-leads-ralph-laurens-q4-retail-sales-gain）。

---

3. 结论

根据 2014 年一些研究机构披露的数据，许多传统实体零售商的业务看起来并不好，有许多商店已经关门歇业，更多的商店也迟早会倒闭。网络交易正在变得多样化。例如亚马逊正在尝试蔬菜和水果的当天交付，中国的电子商务公司也正在转向银行业的业务。

本节习题

1. 在整个零售行业中网络零售商的主要优势是什么？
2. 为什么实体零售商的经营状况很糟糕？
3. 讨论能使中小企业生存并且经营成功的策略。
4. 为什么网络零售商会走向全球？

3.10 在线零售中存在的问题和教训

在开展 B2C 电子商务活动中需要解决如下一些问题，或者说要接受一些教训。

3.10.1 去中介及二次中介

去中介（disintermediation）指的是在供应链中，去除某些中间组织，或是某些中间流程。如图 3-5b 所示，制造商绕开批发商和零售商，直接把产品销售给消费者。因此，B2C 可能会将一些普通的零售商踢出市场。根据资料显示，1997～2007 年美国大约有一半的旅行代理机构由于网络竞争退出了行业。但是，消费者在选择网络零售商的时候，商家在向客户递送商品的时候，都会遇到各种各样的问题。双方还是需要第三方来提供订约服务，保证交易的顺利开展。于是，就产生了对新的中介服务的需求，这样的服务有的可以由传统中介提供，有的则需要新的中介来提供。这种中介服务就是所谓的**二次中介**（reintermediation，见图3-5c）。例如，Edmunds（edmunds.com）公司提供了中介这样一个新的角色，该公司可以提供一些关于汽车的信息，如价格比较、评级和经销商成本。还有一种是旅游中介，它们为客户安排复杂的行程或是旅游景点，预订车船票或是床位，甚至可以帮助现场完成交易。这种新型公司将会迅速发展，而传统的中介机构将会衰落。

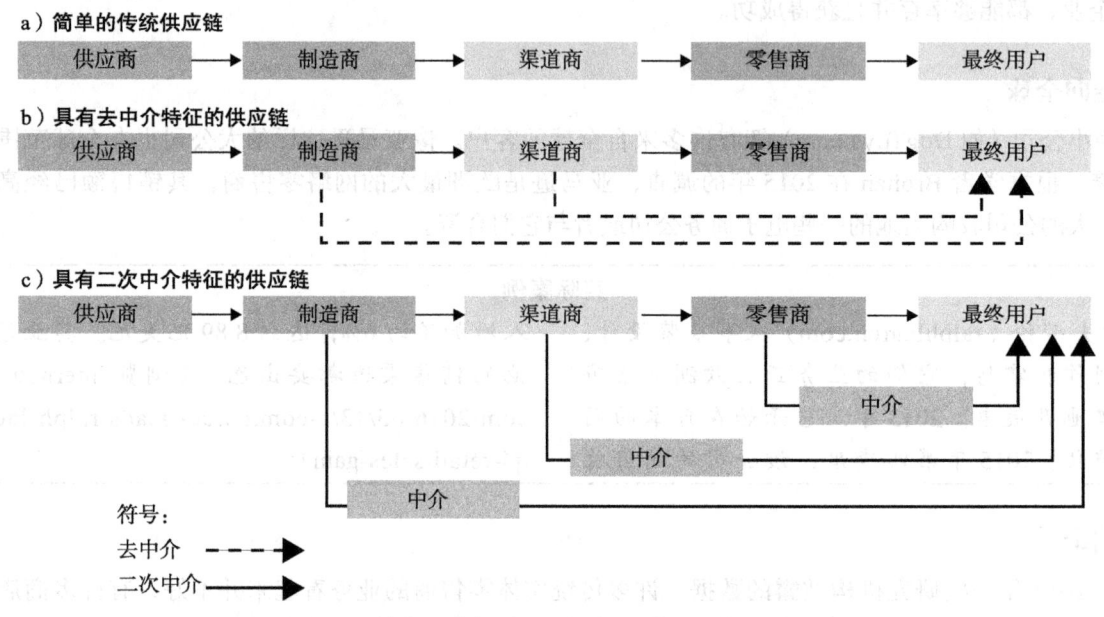

图3-5　B2C供应链中的去中介和二次中介现象

变革的阻力

中介机构可能会被淘汰或者收入会下降，因此，它们会设法阻止这样的变革。例如，芝加哥商品交易所（CME）和芝加哥交易所（CBOT）的管理层希望开展电算化经营，但是来自经纪人的阻力一直很大。

3.10.2　渠道冲突

许多传统的零售商开始网络业务，增加新的营销渠道。同样，有些制造商在保留传统的零售渠道（如零售商和批发商）的同时，也开展网络直接营销的经营模式。这时候，就会出现渠道冲突的问题。所谓**渠道冲突**（channel conflict）是指采用了新的销售渠道后，绕开了传统的渠道伙伴，引发了渠道竞争。这种冲突的激烈程度取决于行业的性质、企业的特征，但是一般情况下，只要开展网络销售，就会损害与既有商业伙伴的关系。当网络交易将传统客户转移到在线环境中时渠道冲突就会发生。所以使用在线销售的办法来调整销售对传统渠道会有一定的负面影响，使得它们的利润减少。一个可以解决冲突的模式是允许客户在线预订并且支付，但是他们所订购的商品必须在实体店中交付。

3.10.3　产品、服务的定制化和个性化

互联网经营允许消费者能够比较方便地开展自我配置，也就是"自己设计产品"。这样就出现了大量的定制产品或定制服务的需求。制造商可以通过"大规模定制"策略来满足这一需求（请浏览 en.wikipedia.org/

wiki/Build_to_order 和 enterpriseinnovation.net/whitepaper/ online-commerce-plotting-course-personalization）。前面介绍过，许多企业在自己的网站上提供定制化产品。

总之，网络零售业作为新增的销售渠道正在迅速增长。即使引起了冲突，虚实结合模式也是成功的（请浏览 dmsretail.com/etailing.htm）。

3.10.4 网络零售企业失败带来的教训

企业开展网络经营会面临失败，这与实体市场是相似的。尽管众多的网络零售企业致力于开发互动型网站，加强与消费者的沟通，使购买流程更加快捷，但是，也有许多网站依然只是展示商品目录，很少有与消费者的互动。许多传统企业正在转型过渡阶段。成熟的交易系统中应该包括支付、订单实施、配送、仓储管理以及各种各样的服务。大多数情况下，企业是保留传统零售经营的流程，再增加一些网络经营的特色。在当今的网络环境下，消费者可以在网站页面上、按键式普通座机上、智能手机上或是利用无线网络使用 PDA 等，查阅订单信息、配送信息、产品信息。在这样的环境里，开展电子商务经营的企业要提高盈利能力是很大的挑战。

传统的零售企业拥有一个成熟的网站，这就是一个成功的虚实结合策略。例如塔吉特、沃尔玛、史泰博等可以创建多渠道经营，这样做的好处是客户可以选择以什么方式购买。

本节习题

1. 什么是去中介？
2. 什么是二次中介？
3. 描述渠道冲突和网络零售业的其他冲突。
4. 什么是网络零售经营中的个性化和定制化？它们带给客户怎样的利益？
5. 虚实结合的公司是如何取得成功的？

管理问题

1. **网络零售面临的问题有哪些？网络零售将向哪个方向发展？** 在韩国，网络零售已经成了第二大零售渠道，它超过了全国百货商店的整体销售额。在许多国家，B2C 是所有零售业中增长最快的。问题是，网络零售业的极限是什么？市场集中化已经开始，这为新的网络零售商设定了一个高的标杆。但是，小企业依然可以在网络卖场中占有一席之地，前提条件是能够找到自己的细分市场。由于融资渠道不畅，收益模式也需要重新审视，所以，网络零售商的整合还将继续，直到网络零售市场逐渐趋于稳定。最终，市场上会留下少数的几家综合性零售网站（如 Amazon.com），再加上许多小型的、专业性的网站（如 Net-a-Porter、Blue Nile 等）。

2. **如何开展无线环境下的购物？** 在有些国家（如日本、韩国、芬兰和美国），利用手机购物已经非常普遍。但在另一些国家，虽说有无线购物平台，但使用手机购物的人并不多。许多国家正在发展多渠道经营和多渠道沟通的文化，以此来促进移动平台购物。此外，由于年轻一代都喜欢使用移动设备，所以厂商应该格外关注客户群的年龄。虽然并不是所有的企业都适宜使用无线购物平台，但是这显然是一个发展趋势。

3. **我们是否应该提倡伦理道德和隐私准则？** 伦理道德问题在在线、离线两个经营环境中都十分重要。在传统环境里，中介在保证买卖双方遵守伦理道德方面发挥着重要的作用。网络上面是否有着足够的规矩去规范买卖双方的行为？我们现在还不能给出明确的答案。例如，求职者将自己的信息上传到互联网上，就会面临一个信息安全问题和隐私保护问题。企业的管理者必须对此做出保证。还有，网络零售商应该制定措施保护客户的网站浏览信息。信息安全和隐私保护都是至关重要的问题。

4. **中介如何在网络环境中发挥作用？** 网络中介的作用越来越明显。在银行业务、股市交易、就业市场、旅游市场、书籍销售市场等领域，互联网成了最重要的服务渠道。这些中间服务领域为销售商和中间商提供了新的商业机会。

5. **我们应该如何利用社交网络？** 许多个人和组织都在 Facebook 以及其他的社交网站上打广告，销售商品和服务。虽说打广告的主要是大企业，但是也有一些大企业在尝试利用社交网络开展 B2C 销售业务。社交商务将成为非常重要的营销渠道，零售商应该早早地去尝试。

6. **企业应该如何对多渠道营销进行管理，以避免渠道冲突和价格冲突？** 对多渠道营销进行管理，需要制定策略，以便利用最合适、成本效益最高的渠道完成交易。这需要伴之以最佳的冲突管理。

7. **发展 B2C 电子商务潜在的局限性主要有哪些？** 第一是要有足够的需求，要预防市场饱和。第二，网络接入的成本和效率将影响 B2C 电子商务的发展。第三，文化差异和消费习惯将影响网络购物的发展。第四，网络购物必须符合便捷的条件。第五，有效的支付和订单处理系统也是成功的关键。

8. **如何处理大量的数据？** 在 B2C 中有大量的电子数据，并且正在迅速地增长。从数据中提取出有价值的信息和知识是有必要的。该技术的应用大多属于商业智能的范畴，这其中包括数据挖掘、网页挖掘以及其他的各种分析工具。

本章小结

1. **网络零售及其特点**。利用网络销售商品、服务的趋势日益明显。在线销售最多的是计算机、软件以及家用电器。其他常见商品有图书、光碟、玩具、办公用品以及一些常见的日用品。在线销售的服务包括机票预售、旅游服务、股票交易以及一些金融服务。

2. **网络零售商务模式的分类**。主要的网络零售模式可以通过分销渠道来分类。制造商和邮购企业直接向消费者销售商品。还有的是纯网络零售企业（虚拟零售企业）、虚实结合企业（同时利用在线、离线渠道的企业）、网络卖场（提供推荐链接，或是共享服务）。社交商务促进了团购和定位购物活动。

3. **网络旅游、观光服务的经营方式**。大多数服务可以通过实体旅行社来提供，也可以通过网络提供。然而客户可以通过网络渠道更快地获得附加信息。客户甚至还可以向旅游供应商提交竞价（例如使用 C2B 商务模式）。最终旅行者可以进行价格比较，参与在线活动，阅读其他旅行者推荐旅游景点的文章，并且观看其他旅行者拍摄的视频。近期，社交旅游正在兴起，旅行者可以分享信息，甚至结伴出行。

4. **网络就业市场带来的利益**。网络就业市场发展正在迅速发展。对于企业来说主要的好处是，能够在付出较低费用的同时快速得到大量的求职信息，开展远程视频面试，甚至是录用前资格考核。企业还可以审核求职者的简历，看其是否与岗位要求相符合。网络上有几百万条招聘信息供求职者选择，求职者还可以在线提交简历。通过社交网络招聘这种模式发展得很快，尤其是 LinkedIn 和 Facebook 正在迅速发展。

5. **网络房地产市场**。在大多数情况下，在线房地产市场支持传统的房地产交易。但是买卖双方可以通过网络市场来节省时间和精力。买家可以在几个不同地点购买房产，这比没有网络要容易得多。购房者支付各种费用（如保险费、贷款服务费等），与此相伴的是实体中介的佣金降低，因为有网络中介参与竞争。卖家通过网络直接销售变得越来越流行。

6. **网络股票、债券交易市场**。网络市场上发展得最为迅速的是网络证券交易。网络债券交易方便，成本低廉，而且投资者可以获得大量的金融信息和投资咨询。网络交易高效快捷，几乎是全自动的，而且不受时空的限制。然而，网络安全依然是不可忽视的问题，所以安全保护是必不可少的。

7. **网络银行及个人银行业务**。由于方便快捷、成本低廉的网络银行业务的出现，去银行网点办理业务的人逐渐减少了，全世界的人变得习惯并信任网络银行。当今，人们可以在任何地点使用网络银行服务。网络银行可以覆盖到很多偏远的地区，并且客户可以使用网络银行在社区以外进行交易。金融市场的效率变得更高。个人银行业务，如账单支付、账户审核、纳税等也很受欢迎。

8. **按需配送**。当人们在线购买一些难以储存的商品，或是需要递送药品、急需文件以及急用日用品的时候，就需要按需配送。网络杂货商就是按需配送的一个例子。这些商品可以在线订购并且发货或者是上门取货，这些通常在24小时或更短的时间内完成。

9. **数字产品的配送**。只要是可以数字化的商品，都可以运用在线配送的形式。如今，人们已经可以方便地通过网络递送音乐、软件、电子书、电影以及其他各种娱乐产品。有些纸质媒体的电子版本，如杂志、书籍，都可以数字化以后通过网络渠道配送。

10. **消费者购买决策的支持服务**。购买决策工具包括购物门户网站、购物机器人、比较代理、商业评级网站、推荐信（包括电子版）、企业信誉认证和一些其他的工具。这些服务可以利用移动终端实时获得，也可以通过社交网站获得。

11. **零售业竞争中的新面孔**。在B2C的强大竞争压力下，许多公司增加了在线销售渠道并且降低了产品的价格，即使是像百思买这样的大公司也变得很挣扎。像亚马逊和eBay这样的网络零售业豪门更加有竞争力（例如增加了当天交付服务）。所以它们的客户更喜欢较低的价格和更好的服务。传统的零售商也需要适当的策略来处理这样激烈的竞争，新的竞争者也来自中国和其他国家的网络销售商。

12. **去中介现象及其他B2C战略问题**。厂商开展的在线直接营销活动导致了去中介的现象，跨过了批发商和零售商直接向消费者销售商品和服务。另一方面，也出现了二次中介的现象，厂商提供了新的服务和价值。例如，帮助消费者在众多商品和商家中间进行选择。厂商开展网络直销，对零售商是一种威胁，所以它也引发了渠道冲突。在线、离线商品的定价也是一个需要应对的问题。

关键术语

brick-and-mortar retailer：实体零售商
business model：商务模式
channel conflict：渠道冲突
click-and-mortar retailer：虚实结合零售商
direct marketing：直接营销，直复营销
disintermediation：去中介
drop-shipping：代销直供
e-grocer：网络杂货商
electronic (online) banking (e-banking)：电子银行，网络银行
electronic retailing (e-tailing)：网络零售
e-tailers：网络零售商
event shopping：事件采购

Internet Radio：网络广播
Internet TV：网络电视
location-based commerce (l-commerce)：定位商务
multichannel business model：多渠道商务模式
on-demand delivery service：按需配送服务
private shopping club：封闭式购物俱乐部
reintermediation：二次中介
shopping portals：购物门户网站
shopping robots (shopping agents, shopbots)：购物机器人，购物代理
social TV：社交电视
virtual (pure-play) e-tailers：虚拟（纯网络）零售企业

讨论题

1. 讨论网络购物活动中商品比价、商品评价、客户对商家排名等的重要性。
2. 专业网络零售商（如dogtoys.com）有哪些优势？这样的零售商在实体市场能够生存吗？为什么？
3. 利用Google搜索旅游社交网站给人们带来的好处。请讨论其中的五个好处。

4. 请讨论 salary.com 给人们带来的好处。该网站运作方式中有什么不足吗?
5. 为什么在线旅游服务这么受欢迎? 为什么许多网站都免费提供旅游服务信息?
6. 请比较在线、离线股票交易的优点和缺点。
7. 请比较数字化产品在线、离线配送的利弊。
8. 你对披露在社交网站(如 LinkedIn 和 Facebook)上的个人信息放心吗? 应该如何保护个人隐私?
9. 许多企业鼓励客户在线购买自己的产品和服务。有时它们还会要求客户这样做。为什么?
10. 你使用 monster.com 和 linkedin.com 等网站进行招聘吗? 或者宁可使用传统中介? 为什么?
11. WAYN 是一家社交旅游网络公司,该公司认为自己是 Facebook 和 TripAdvisor 之间的桥梁,请就此展开讨论。
12. 在进行购买决策时,你会使用社交网络吗? 如何使用? 社交网站上的推荐比专业人士推荐更有价值吗? 为什么?

课堂论辩

1. 与纯网络企业(如亚马逊)相比,传统的虚实结合企业(如沃尔玛)有哪些优势? 有哪些劣势? 像亚马逊和 Blue Nile 这样的纯网络零售商,与像沃尔玛、惠普以及其他百货公司这样的多渠道经营公司竞争,谁会赢? 基于什么样的假设?
2. 网络就业市场有利于人们重新择业,因此,员工跳槽的现象日益增多。这就提高了企业的运营成本。因为它们招聘和培训新员工的成本提高了,而且需要用更高的薪酬来吸引新员工,维系老员工。企业通过什么办法可以避免这一现象的出现?
3. 以下是制约 B2C 电子商务发展的一些因素,请展开讨论:(a)竞争加剧了;(b)对技术的投入增加了;(c)要用计算机进行网购(不过智能手机已经正在改变着这一困境);(d)人们在购物时需要有面对面的交流;(e)许多人还无法上网;(f)人们对网络欺诈和网络安全的担心。
4. 一些雇主在面试期间,要求应聘者提供他们 Facebook 的登录权限来登录他们的账号。还有的企业要求浏览应聘者在 Facebook 上没有被过滤的所有信息。一些美国地区打算通过(有的已经通过)禁止雇主(包括高校)将潜在员工的 Facebook 上的内容作为参考标准的法律。对此你有什么看法?
5. 在 2012 年 4 月,TripAdvisor 在网站上宣布已成为世界上最大的社交旅行网站,一些人说 WAYN 是唯一真正的社交旅行网站。比较这两个社交旅行网站,并提出自己的观点。
6. 在虚实结合的公司里,网络销售部门需要独立出来吗? 为什么?
7. 亚马逊的未来是什么样的? 为什么?
8. 多渠道销售模式会终结传统零售企业吗?
9. 一些人喜欢电子优惠券,但是另一些人认为这是浪费时间,因为优惠券对于他们想要的商品是不可用的。请就电子优惠券和纸质优惠券的价值展开辩论。
10. 网络博彩业对实体博彩业会有什么影响?

网络实践

1. 许多消费平台都有对商品以及零售商的评价和排名。请浏览两个普通的消费者门户网站,上面有比价功能及其他的对照功能。然后就数码相机、微波炉、MP3 播放器的价格进行比较。请浏览网站 yippy.com,该网站对你的购物有什么帮助? 请叙述你的购物体验。利用这样的购物工具有什么优缺点?
2. 浏览网站 landsend.com,用定制的方式订购一件衣服。阐述购物流程。这样购物,买来的衣服是否会更加称心? 这种个性化服务是否能帮助企业提高销售量?
3. 请浏览网站 asktheheadhunter.com 或 careerbuilder.com,按照上面的指点,修改自己的简历,方便众多的企业收阅。浏览 monster.com,学习应该如何规划自己的职业生涯。准备接受一次面试,在 monster.com 上浏览 Tronix 版块,了解自己应该具备哪些能力。利用网络了解所在城市自己擅长的职业薪酬水平是多少。

4. 浏览 move.com、decisionaide.com 或类似网站，计算按照 5.5% 固定利率、30 年还贷期限，自己每月的还贷额度是多少。了解目前的贷款利率水平。如果贷款 20 万美元，最终需要还贷多少？如果不是固定利率，而是可变利率，那么第一年的还贷额是多少？如果是固定利率，还款期限 15 年，总的还款额度是多少？比较 30 年还款期限和 15 年还款期限，两者有多少差异？
5. 注册并登录 virtualtrade.co.uk 网站，从事虚拟股票交易。假设你每个月在资金账户里注入 10 万英镑。你也可以登录 investopedia.com/simulator 或 marketwatch.com/game 进行虚拟投资操作。写出你的投资体验。
6. 对 prosper.com 和 lendingclub.com 两个网站进行评价，再登录 lendingmemo.com/lending-club-vs-prosper 观察两者之间的比较。你有意向在 P2P 平台上放贷吗？为什么？你倾向于使用哪一个平台的服务？
7. 浏览 shopping.com、mysimon.com、bizrate.com、pricescan.com，比较一款索尼数码相机的价格。哪个网站上的产品价格最低？最理想的信息渠道在哪里？
8. 浏览 vineyardvines.com，公司使用了哪些零售渠道？这些渠道对公司有哪些好处？
9. 登录 bazaarvoice.com，消费者如何参与讨论？关注 Conversations 和 Connections 两个板块上面 Q&A 服务。就此写一份报告。
10. 登录 couchsurfing.org 网站，并研究公司是如何将潜在的旅行者与接待方联系在一起的。这一服务有哪些优越性，哪些局限性？并且与家庭交换网站（如 homeexchange.com）进行比较。
11. 登录网站 zillow.com/corp/ZillowPortfolio.htm。网站上有哪些功能？它们能为客户带来哪些利益？请写一份报告。
12. LinkedIn 和 Facebook 对求职者有哪些帮助？对企业有什么帮助？你可以通过 indeed.com 寻找相关答案。
13. 比较 yelp.com 和 epinoins.com。
14. 浏览 hayneedle.com，这是一家怎样的卖场？
15. 登录 layar.com，并且找到 Layar Creator 或其他可以帮助 B2C 购物的产品相关信息。并写一份报告。
16. 登录 play.google.com/store，并叙述该网站上提供的与本章有关的服务。

团队合作

1. 请阅读本章开头的导入案例，并回答下列问题：
   a. 亚马逊网站的成功之道在哪里？网站扩大了经营范围，是一个好的营销策略吗？这样做，公司的品牌价值会降低吗？对公司的长期战略和短期目标会有影响吗？
   b. 亚马逊还开设了 Zappos（zappos.com）门店，这样做有意义吗？为什么？
   c. 浏览网站 amazon.com，寻找三个以上的个性化和定制化的功能特征。浏览某一个专题的图书。退出浏览，再重新登录。你有哪些发现？这些功能会鼓励你在亚马逊网站上购买更多的图书吗？关注"一键订购"功能，以及其他的购物辅助功能。把这些功能列出来，并说明它们将如何提高销售量。
   d. 对亚马逊来说，哪些创新产品对公司的发展会产生很大的影响？为什么？
   e. Amazon.com 上有哪些个性化特征？它们的优势在哪里？
   f. 列举亚马逊的技术导向性活动（如 Echo 智能设备、Kindle 电子阅读器等），列举其中最主要的一个并讨论这种服务的意义所在。
   g. 找一些亚马逊最近的关于市场营销策略的材料，并就此开展讨论。
   h. 查阅亚马逊网站的社交网络活动，其目的是什么？
   i. 查阅有关亚马逊网站所提供服务的资料。这样做的目的是什么？
2. 每一个团队调查两家在线汽车销售网站的服务项目（从以下网站或其他网站中寻找）。当所有团队完成以后，一起讨论调查结果。
   a. 通过中介购买一辆新车（autobytel.com/URL 或 carsdirect.com）。
   b. 购买二手汽车（autotrader.com）。
   c. 通过汽车经销商购买二手汽车（manheim.com）。
   d. 浏览所列的汽车评价网站（carsdirect.com、fueleconomy.gov）。

e. 浏览汽车交易门户网站（thecarportal.com、cars.com）。

f. 购买收藏类轿车（classiccars.com、antiquecar.com）。

3. 每一个团队（或是每一位团队成员）浏览两三个旅游网站或是社交网站（如world66.com、virtualtourist.com、bootsnall.com、tripadvisor.com、travel.tripcase.com、lonelyplanet.com/thorntree、wayn.com、budgetglobetrotting.com 等）。比较这些网站的功能。并写一份报告。

4. 每一个团队代表一个行业的经纪人（如房地产市场、保险市场、股票交易市场、就业市场）。要求关注在被分配的区域内该行业最近3个月内发生的新变化。浏览公司网站上的公告并找到每个领域内发生的新事件。可以在bllomberg.com上浏览行业动态新闻。调查完成后，以团队为单位写一篇调查报告，阐述该行业的去中介现象。

5. 在youtube.com/watch?v=tclu9eqpf68 上观看视频资料 Tom Antion 的网络营销及电子商务（Internet Marketing and E-Commerce with Tom Antion Part One）以及 youtube.com/watch?v=7jmK0_QTguk，并回答如下的问题：

   a. 公司的收入来源是什么？

   b. 还有哪些你了解的 B2C 收益模式视频中没有提到？

   c. 这里有哪两种伙伴营销模式？对它们进行比较。

   d. 为什么 eBay 的销售会非常成功？

   e. 视频中对在家销售商品、服务提出了建议。请你对此做出评价。

   f. 在家经营的问题和局限性在哪里？

6. 在线或离线观看视频资料，了解未来的零售模式。未来的 B2C 电子商务可能会是什么样的？考虑将来的购物创新（可观看谷歌关于零售业发展前景预测的资料，请浏览 youtu.be/O7fSDKBddpU）。

7. 你的任务是帮助人们在网上找工作，每一个团队评估几个招聘网站，并且列举出其功能和不足（craigslist.org、careerbuilder.com、dice.com、glassdoor.com、linkedin.com、mediabistro.com、monster.com、simplyhired.com、tweetmyjobs.com）。此外，再去浏览和评价像 Monster Virtual JobFair（virtualjobfair.be）这样的虚拟招聘会。

8. 了解利用社交网络求职的状况，请浏览 youtu.be/uQ8ULVpAsvE。

   a. 你觉得这样的方式有效吗？为什么？

   b. 你会提出哪些改进方案？

   c. 这种求职方式在你所在的地区可行吗？

9. 各团队研究广播电台 Pandora Radio（pandora.com）。关注以下几个方面：

   a. 所有可以播放的音乐资源。

   b. 所有可以访问 Pandora 网站的设备。

   c. 它的商务模式和竞争力。

   d. 浏览网络视频 youtu.be/uQ8ULVpAsvE，并提出你的发现。

章末案例

Etsy：一个社交导向型的 B2C 市场

Etsy 是在全世界范围内销售独特的手工珠宝、服饰、古董（20年以上）、艺术品、油画、手工艺品等商品的网络市场。Etsy 为卖家创建了一个社区，每一个卖家拥有一个虚拟的店铺。小型的卖家通常就是手工艺品的设计者。所以 Etsy 可以被看作设计者的虚拟集市。每个创作者在 Etsy 上都有一个链接，便于购物者了解他们的店铺，查看评论，也可以询问任何问题。每个卖家可以在 Facebook 或 Instagram 上提供店铺的链接，每个潜在的购物者都能看到可以购买的商品。关于 Etsy 在社交网络上成功的技巧，请浏览 youtu.be/6_95qiLdVec 和 blog.etsy.com/en/tags/etsy-success-social-networking。

公司的使命

根据 etsy.com/about 的描述，Etsy 的使命是"建立一个更加满意的、永恒的世界来重新定义贸易方式"。在 2012 年 Etsy 通过了 B 级认证。这意味着这家公司是新型企业，它使用商业的力量来解决社会和环境的问题（请浏览 blog.etsy.com/news/2012/etsy-joins-the-b-corporation-movement）。

社区

根据 etsy.com/community 介绍，Etsy 不仅仅是一个市场，它还是艺术家、创作者、收藏家、思想家和实践者的社区。它鼓励会员分享创意，参加本地区的各种活动和研讨班。社区成员可以张贴评论和故事。Etsy 把它自己描述为"我们一起做的市场"。

Etsy 使用多个社交工具和网络，例如 2009 年 4 月，Etsy 在 Twitter 上组织了一场名为"Etsy Day"的推介会。2011 年 3 月，该公司推出了一个与 Facebook 类似的社交网络系统，名为 People Search。这是一个社交工具，人们可以通过该工具搜索所有的 Etsy 买家和卖家，并且将搜索到的人添加到自己的圈子里。这样的添加导致了一些关于隐私的批评。随后，Etsy 网站开始注意保护个人信息（请浏览 huffingtonpost.com/2011/03/15/etsy-privacy-debacle-site_n_836277.html）。2016 年，公司发起了第一次全球范围内的活动，征集全球不同地区对"个性化"一词不同的表达方式，目的是为各地的买家和卖家提供服务（请浏览 adweek.com/news/adver tising-branding/etsys-first-global-campaign-expression-individuality-just-stuff-it-sells-173404）。

商务模式和盈利模式

Etsy 是一个以盈利为目的的私营企业，虽然它不收取入会费用，但是 Etsy 向卖家收取一件商品每 4 个月（或是到该商品卖出为止）20 美分的展示费。商品一旦成交，还要支付销售额 3.5% 的附加费用。如果卖方使用该网站的支付系统（被称为直接支付），还有一笔占交易额 3% 的附加费用（或者更多，这取决于当地银行的政策，请浏览 etsy.com/sell）。2015 年，Etsy 上市，但是投资者对其的预期并不一致。有专家认为，公司股价会走低，一是因为上市的时候溢价太高，二是因为人们对公司能否长期发展抱有怀疑态度。

竞争

在美国之外有许多 Etsy 的竞争者，例如总部设在德国的 DaWanda（en.dawanda.com）、总部设在瑞士的 Ezebee（ezebee.com）及总部设在澳大利亚的 Zibbet（zibbet.com）（请浏览 en.wikipedia.org/wiki/Etsy）。在美国许多手工艺品创作者在 eBay 和亚马逊上进行销售。一些竞争网站只销售已某一类商品（如服饰、珠宝、艺术品，请浏览 bonanza.com）。Etsy 有一个官方的博客（请浏览 blog.etsy.com/en）。Etsy 的博客也出现在 Facebook（facebook.com/Etsy）和 Twitter（twitter.com/etsy）上。在 2016 年年中，Etsy 在 Pinterest 上（pinterest.com/etsy）有 955 200 多名粉丝。在该网站上有成千上万个 Etsy 的商品被汇集在将近 70 个板块上。

结论

除了 People Search 上涉及的隐私保护问题之外，该公司还因欺诈检测力不足而被指责。例如，Etsy 只允许原创作品销售，而转卖的商品是被禁止的。Etsy 现在坚持所有的销售商透明化，而且将继续全面调查被标记为违反规定的销售商（请浏览 blog.etsy.com/news/2013/a-frank-conversation-aboutresellers/?ref=about_blog_title）。尽管受到指责，该公司的发展仍然很迅速。Etsy 的运营已经发展到了德国、法国和澳大利亚，并且正在计划扩大到其他国家（请浏览 en.wikipedia.org/wiki/Etsy 和 etsy.com/blog/news）。

思考题

1. 为什么有人把 Etsy 看作亚马逊、eBay 和"奶奶的地窖"之间的结合？
2. 解释该公司通过什么方法来完成它的使命？
3. 本案例中的卖家都是小型企业。因此 Etsy 可以被看作 B2C 公司，然而，它也可以被看作 P2P 的促成者。请解释这一现象。
4. 比较 Etsy 和 eBay 的交易管理相似之处。
5. 登录 storenvy.com 并了解该公司的市场，将之与 Etsy 进行对比。写一份报告。
6. 调查 Pinterest 和 Etsy 之间的联系，并写一份报告。

第 4 章

B2B 电子商务

学习目标

1. B2B 电子商务的定义；
2. B2B 电子商务的主要经营模式；
3. 卖方市场的经营模式和特征；
4. 卖方市场的中介机构；
5. 买方市场的特征及网络采购；
6. B2B 电子商务的逆向拍卖；
7. B2B 市场整合及团购模式；
8. B2B 交易的主要形式；
9. 第三方交易平台；
10. 社交网络及 Web 2.0 工具给 B2B 电子商务带来的利益；
11. B2B 中的协同商务。

导入案例

阿里巴巴：世界上最大的 B2B 市场

阿里巴巴集团是以互联网为基础的电子商务公司的集合，如 B2B 公司（Alibaba.com）、B2C 公司、电子商务服务（如在线支付）公司等（请浏览 alibabagroup.com/en/about/overview）。阿里巴巴创业初期的定位是为中国制造商和各国买主提供了一个桥梁。到 2014 年，阿里巴巴成为世界最大的电子商务公司，2016 年，它一举超越沃尔玛，成为全球最大的零售商。它的 B2B 经营（Alibaba.com）成为全球最大的市场。公司的经营理念是"以数字化格局技术与产品，重构跨境贸易全链路，精准匹配跨境贸易买卖双方业务需求，为其提供数字化营销、交易、金融及供应链服务"。"我们的经营范围包括核心商务活动、云计算、数字媒体、娱乐、创新等。通过海外子公司的运营，我们还在当地提供物流服务"（请浏览 alibabagroup.com/en/about/overview）。

机遇

阿里巴巴集团始建于 1999 年，它预见了一场商机，能将海外的买主与中国制造商，尤其是一些小型企业联系起来。这些企业试图进入国际市场，却苦无出路。最初的公司是 Alibaba.com，是一个 B2B 门户网站，之后发展成一个综合的 B2B 市场。之后，阿里巴巴集团又增加了一个 C2C 市场，即淘宝（Taobao.com）。2004 年，阿里巴巴增设了跨境网络支付服务平台——支付宝（alipay.com）。2007 年，阿里集团建立了基于互联网的商业管理软件公司——阿里软件（alisoft.com），随后又建立了天猫商城（Tmall.com），这是一个最大的 B2C 平台。阿里还建立了一个云计算平台,该平台会随着时间的变化而进行调整。2014年,阿里计划在美国IPO,筹集到200亿美元。本案例主要讲述的是阿里旗下的B2B公司即Alibaba.com。2015年,公司的市值超过了1 580亿美元(亚马逊的市值是2 490亿美元)。本案例主要介绍Alibaba.com,即公司的B2B业务。

解决方案

2014年,阿里已发展为一个网络市场,主要由购买平台、销售平台、购物社区以及B2B服务组成。该公司的使命是为买方、供应商和卖方提供所有必要的支持。公司组成部分以及各方角色的关系见图4-1。

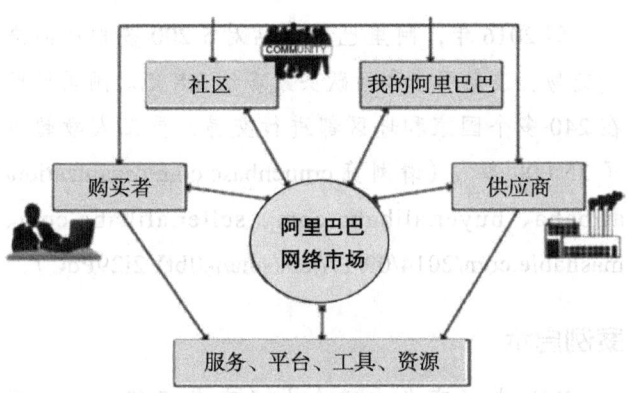

图4-1 阿里公司在B2B市场中的作用

- **供应商**。发布产品目录、公司信息、特殊促销活动等,阿里巴巴负责将这些信息传达给海外买家,供应商可以得到免费的在线培训。
- **买方**。寻找潜在的产品和供应商,同时也可以张贴它们需要的物资,从供应商那里得到报价。买方可以核实供应商提供信息的真实性(请浏览sa.alibaba.com,观看一段关于供应商评估的视频)。阿里巴巴提供可信赖的专家监督服务,买方也可以比较价格和服务质量。
- **向买方和供应商提供服务**。阿里巴巴帮助沟通、协商,促成交易完成。阿里巴巴也会安排支付、保险和送货细节,提供所有所需的技术维持在其网站上的活动,还提供类似第三方托管的服务,处理客户的投诉问题。

- **我的阿里巴巴**。这是阿里巴巴网站上供个人交流和交易管理的工具。目前,买方和供应商是分开的。
- **工具和资源**。阿里巴巴提供进出口的信息和工具,还提供贸易展通道。
- **阿里巴巴云计算和其他设施**。阿里巴巴是云计算服务的开发者,致力于支持阿里巴巴集团下各家企业的运营,提供一个综合的、基于互联网的、以电子商务为主的计算服务,包括电子商务数据挖掘、高速大规模电子商务数据处理以及数据的定制。
- **支付宝(Alipay.com)**。一个跨境网上支付平台,主要用户是从事电子商务交易的商家和客户。它为数百万的个人和企业在网上进行支付和收款提供了一种简便和安全的方式。到2016年年底,已经有4亿人注册支付宝,每月成交次数达5 190亿。移动用户则是通过移动支付宝支付。移动支付宝目前是世界上最大的移动平台(请浏览chinainternetwatch.com/6183/alipay-the-largest-mobile-payments-platform-in-the-world)。
- **阿里巴巴第三方托管服务(alibaba.com/escrow/buyer.html)**。直到交易双方都确认交易完成,卖主才能收到付款。如果买方未收到货物或者对收到的货物不满意,阿里巴巴第三方也有争议处理和退款流程(请浏览alibaba.com/help/safety_security/products/ escrow/faq.html)。

支付宝还为在中国做生意的海外买家和卖主提供网上全球支付方式。到2013年12月,支付宝已经能够支持28种主要外国货币的交易。

数据库

阿里巴巴的核心是其巨大的数据库,这其实就是平行地将信息组织成数十个行业种类,包括农业、服装时尚业、汽车行业以及玩具业。每种行业类别又进一步划分为子类别(总共有800多种),例如,玩具类有洋娃娃、电子宠物、木制玩具等。每个子类别又分门别类,组成四个组:买方、卖方、代理商和合作商。每个组可能会有许多公司和产品。(一些类别有成千上万的产品记录。)另有强有力的搜索引擎来协助对这个数据库进行检索。

社区服务

阿里巴巴具有以下与进口和出口有关主要的特征：免费电子邮件、帮助中心、24小时在线的智能机器人帮助回答问题、交易员培训、免费更新的贸易警示、新闻、贸易展信息、法律信息、仲裁、论坛和讨论组、贸易趋势分析等。此外，供应商可以创建一个个性化的公司网页和产品陈列室。会员也可以张贴自己的市场向导（指示买卖的地方）。阿里巴巴还提供"贸易经理"App应用程序（请浏览trademanager.alibaba.com），这是一种即时通信工具。利用这个App应用软件可以和买方进行实时交谈，进行实时翻译，方便寻找买主和供应商，获得最新的贸易结果。"贸易经理"程序使用多种语言，费用相对较低（即时通信是免费的）（请浏览alibaba.com/help/features-trademanager.html）。

根据DYC软件工作室（chat-translator.com）提供的信息，DYC卖给"贸易经理"名为ChatTranslator的翻译软件，可以翻译40种语言。该翻译软件可以翻译、传输任何一种外国语言的信息，将回复的信息翻译成使用者的母语（请浏览chat-translator.com/products/chat-translator-trademanager.html、download.cnet.com/Chat-Translator-for-TradeManager/3000-20424_4-75212643.html 和 trademanager.alibaba.com/features/introduction.htm）。想要了解更多关于阿里巴巴帮助买卖双方提供的工具和特色，请浏览 alibaba.com/help/alibaba-features.html。

面临的竞争

许多公司试图和阿里巴巴竞争，例如，京东（与腾讯公司电商业务合并的jd.com）是中国第二大电子商务公司。它既开展B2B业务，也开展B2C业务。Trade.gov.cn/product.html是一个综合性的电子商务平台，主要用于促进国内外的贸易。中国制造网（made-in-china.com）是另一个全球B2B交易平台，它是阿里巴巴的另一个竞争者。在国际市场中，许多公司（如Tradebanq、EC21、Hubwoo、Allactiontrade等）都在与其竞争。

近期的市场发展趋势显示，阿里巴巴已经开始与亚马逊等美国的大零售商抗衡。许多媒体和专家都在将两家公司进行对照，引人关注（请浏览cnbc.com/2016/05/05/a-tale-of-two-companies-matching-up-alibaba-vs-amazon.html 和 qz.com/545687/alibaba-vs-amazon-how-the-worlds-two-online-shopping-giants-stack-up/）。

取得的成就

到2016年，阿里巴巴网站对5 200多种产品进行交易，注册用户和活跃买家多达2.8亿。阿里巴巴在240多个国家和地区都进行交易，员工人数超过了35 000多人（请浏览crunchbase.com/organization/alibaba、buyer.alibaba.com、seller.alibaba.com、mashable.com/2014/09/17/jack-ma/#JlbtV2i29PqC）。

案例启示

B2B电子商务在整个电子商务经营中占到了85%以上的份额，它包含了各种不同类型的市场，贸易方法也各不相同。本章的导入案例展示的是由众多买家和卖家构成的市场。案例介绍了B2B市场提供的技术支持。此案例还介绍了相关的服务（如第三方服务）。案例讲述了提供给卖家的服务和提供给买家的服务，还讲述了市场的作用。所有主要的网络B2B交易、B2B市场的类型和B2B交易平台都将在本章中进行说明。我们会将B2B和社交网络以及其他的辅助服务放在一起探讨。

4.1 B2B电子商务的概念、特征和经营模式

B2B电子商务有一些特别的特征和具体的经营模式、组成成分以及概念，接下来我们将讨论其主要的特征和经营模式。

4.1.1 B2B 的基本概念和过程

企业对企业电子商务（business-to-business e-commerce, B2B EC；electronic B2B, eB2B），是指在互联网、外联网、内联网和企业网络之间进行的电子交易。此类交易可能发生在一家企业及其供应链伙伴之间，也可能发生在企业和政府之间，还有可能在其他任何企业之间。本章中的企业指的是任何营利或非营利组织、上市或非上市公司。在 B2B 交易中，为了提高效率和效益，公司的目标是将交易、沟通和协作过程计算机化。B2B 电子商务与 B2C 不同，它比 B2C 更复杂，同公司交易比同个体交易更困难。

推进 B2B 电子商务发展的动力（一些内容已经在导入案例中谈及）主要是为了降低成本，提升竞争优势，当然还包括安全的互联网平台，以及众多的 B2B 电子交易市场。开展 B2B 交易需要业务伙伴之间的合作，需要在供应链中减少交易时间和延迟的出现，需要有效的交互和系统集成的技术。几家大型公司已经开发出了有效的 B2B 交易系统。戴尔电脑公司开发的"PremierConnect"（超级连接）就是一个很好的例子。请浏览 youtube.com/watch?v =vGMHs6gj_1o，观看视频资料"Dell Enterprise Resource Planning（ERP）Procurement Systems"。

4.1.2 B2B 交易活动的基本类型

B2B 中买卖双方的数量和加入的形式决定了 B2B 交易活动的五种基本类型：

- 卖方市场：一对多模式。
- 买方市场：一对多模式。
- 市场或交易平台：多对多模式。
- 供应链的改进。
- 协同商务。

最后两个类别包括除了买卖之间、企业内部、商业伙伴之间活动以外的各种业务。例如，从供应链移除障碍、沟通、合作、共享设计和规划的信息等。

这五种 B2B 类型见图 4-2，下面将进行简要的介绍。

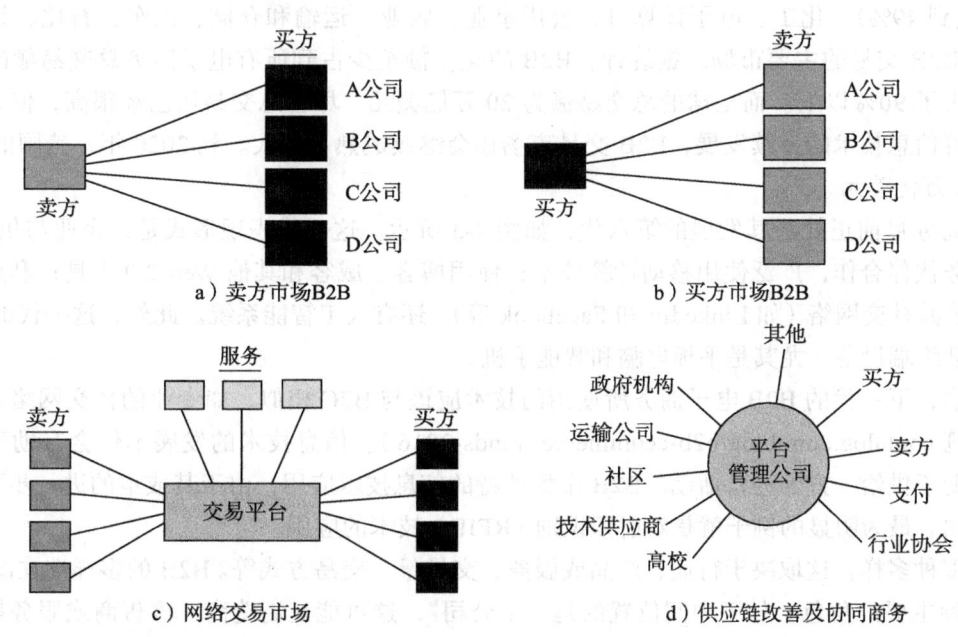

图 4-2　B2B 电子商务的五种类型

4.1.3　B2B电子市场和服务的基本类型

以下是B2B电子市场的基本类型。

1. 一对多和多对一模式：企业电子市场

一对多和多对一市场中，公司要么专做销售（即卖方市场），要么专做采购（即买方市场）。因为电子商务集中于单个公司的买或者卖的需求，这种类型的电子商务也称为**以企业为中心的电子商务**（company-centric EC）。以企业为中心的市场——不管是买方还是卖方，将在后文中进一步说明。

2. 多对多模式：公共网络交易场所（电子市场）

在多对多模式中，许多买主和卖主在网络上进行交易。有不同类型的网络市场，它们也被称作**交易平台**（exchanges，也称为"交易社区"或者"交易场所"）。在本书中，我们将使用"交易平台"这个词。交易平台通常是第三方或者企业集团拥有并运行的市场，我们将在后文中详细叙述。**公共网络交易市场**（Public e-marketplace）对所有感兴趣的人开放（买方和卖方）。阿里巴巴就是公共网络交易平台的一个例子。

3. 供应链改进及协同商务

B2B交易经常沿着供应链各个环节进行。因此，B2B交易需要关注供应链上的各种活动，如原材料的采购、订单实施、运输及各种物流管理。如丽诗加公司（Liz，零售时装公司）对整个供应链进行数字化管理，取得了实质性的效果（请浏览gxs.com/assets/uploads/pdfs/caseStudies/CS_L_Claiborne_GXS.pdf）。许多企业把供给侧管理优化看作是增收减支的好方法，这样做肯定是对的，但是，企业应该设法将供给一方的管理做到最优（请浏览sites.tcs.com/insights/perspectives/entrepreneurial-cio-supply-chain-management-setting-up-b2b）。

协同　一个企业与其他企业打交道并不仅仅局限于做生意，这就是"协同商务"的意义所在。协同商务包括沟通、联合设计、规划以及商业伙伴之间的信息共享（详见4.9节）。

4.1.4　B2B的市场规模和内容

美国人口普查局估计，B2B在线销售约为同类销售额总数的40%，但是行业与行业之间有着较大的差异（如制造业就达到49%）。化工、电子计算机、公用事业、农业、运输和仓储、汽车、石化、纸张和办公用品、食物等是B2B交易的主要市场。据统计，B2B的交易额至少占到所有电子商务总交易额的85%，在一些国家，它就占了90%以上。而全球的总交易额为20万亿美元。尽管总交易额已经很高，但是许多专家依然认为，伴随着信息技术的持续发展，B2B交易市场还会继续成熟、扩大。到2020年，美国的B2B交易总额可以达到1.1万亿美元。

B2B电子商务目前正处于其发展的第六代，如图4-3所示。这一代表现形式是，企业与供应商、买家、政府和其他业务伙伴合作，广泛使用移动计算技术；使用博客、威客和其他Web 2.0工具；利用企业内部社交网络；使用公共社交网络（如LinkedIn和Facebook等），还有人工智能系统。此外，这一代的B2B电子商务利用各种移动终端设备，尤其是平板电脑和智能手机。

许多人相信，下一代的B2B电子商务所使用的技术应该与B2C相似，如专业的社交网络，更多的移动应用等（请浏览contalog.com/blog/b2b-ecommerce-trends-2016）。信息技术的发展不仅会有助于需求方的经营，也会更有助于供给一方的经营活动。B2B市场独特的信息技术应用，由于其成本的进一步下降，必将会发挥更大的作用。最为明显的例子就是对射频识别（RFID）技术的应用。

B2B交易多种多样，这取决于行业、产品或服务、交易量、交易方式等。B2B的多样性在图4-4中显示，我们将区分五种主要的角色：处于中间位置的是"本公司"，这可能是制造商、零售商或服务提供商等；还有供应商（在左边）以及零售商（在右边）；有许多不同的服务（在图底端）支撑公司的运行；公司还同几个中间商（在图顶端）合作。图中的实线表示信息流。

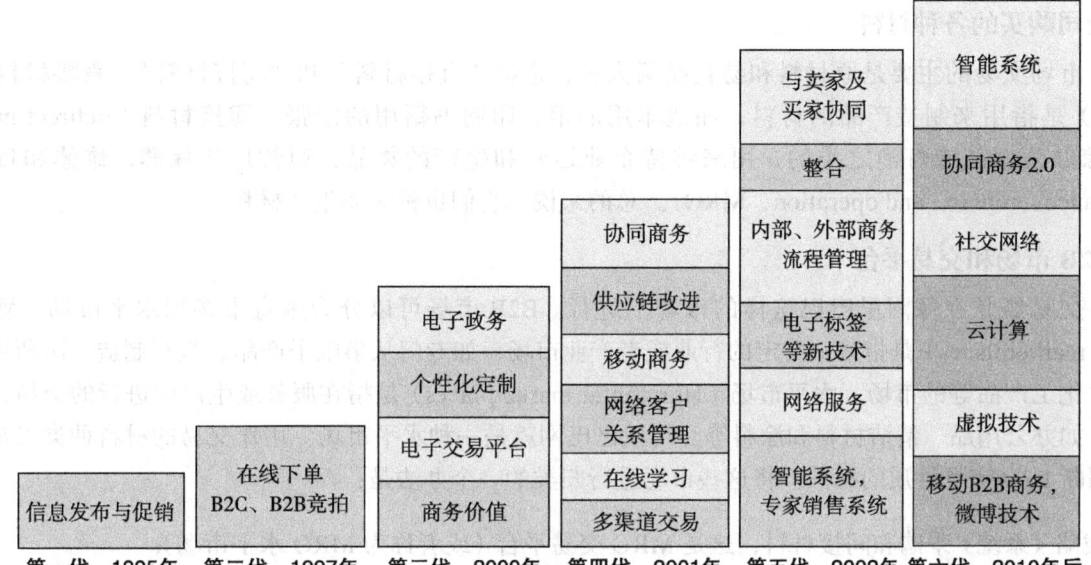

图 4-3　B2B 电子商务的发展阶段

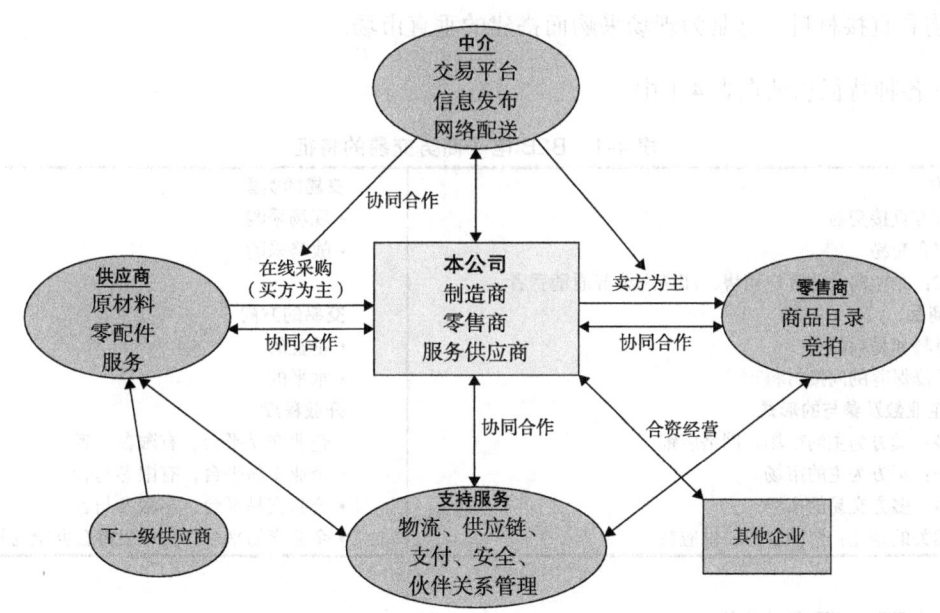

图 4-4　构成 B2B 电子商务的各个要素

4.1.5　B2B 交易中的各种要素

接下来，我们将介绍 B2B 交易中的各种要素。

1. 交易各方：卖方、买方、中介

B2B 电子商务可以在制造商与客户之间直接进行，也可以通过**网络中介**（online intermediary）进行。中介是一个第三方，由其在买卖双方撮合交易。中介可以是纯粹网络形式的，也可以是鼠标水泥式的双渠道中介。为个体消费者提供服务的中介，也适用于企业客户。将买家和卖家集成在一起的网络平台，是典型的

B2B 电子商务中介。

2. 公司购买的各种材料

B2B 市场交易的主要是原材料和易耗品两大类，也称"直接材料"和"间接材料"。**直接材料**（direct materials）是指用来制造产品的材料，如造车用的钢、印制书籍用的纸张。**间接材料**（indirect materials）则是指像办公用品或灯泡之类的，用来维持企业运营和生产的物品，通常用于**保养、维修和日常经营**（maintenance, repair, and operation, MRO）。总的来说，它们也称为非生产材料。

3. B2B 市场和交易平台

B2B 交易经常在像阿里巴巴这样的市场上进行。B2B 市场可以分为垂直市场和水平市场。**垂直市场**（Vertical marketplaces）是指某一特定的行业或者产业市场，如专门从事电子产品、汽车制造、医药用品、钢铁制品、化工产品等的市场。**水平市场**（Horizontal marketplaces）是指在服务或生产中进行的交易，用于多种行业，如办公用品、清洁材料和涂料等。阿里巴巴网就是一种水平市场。用作交易的材料种类以及交易的类型是判断 B2B 市场性质的标准。将这些市场进行归类的一个办法是：

- 战略（系统）采购和间接材料，这是 MRO 交易平台（或者称为 MRO 水平市场）；
- 系统采购和直接材料，这是直接材料交易的垂直市场；
- 现场采购和间接材料，这是为现场采购而搭建的水平市场；
- 现场采购和直接材料，这是为现场采购而搭建的垂直市场。

B2B 交易的各种特征总结在表 4-1 中。

表 4-1　B2B 电子商务交易的特征

交易各方	交易的类型
• 买卖双方直接交易 • 通过中介交易 • B2B2C：企业向企业客户销售，却递送给普通消费者	• 现场采购 • 战略采购
销售的商品	**交易的方向**
• 直接材料和易耗品 • 用于维修保养的间接材料	• 垂直的 • 水平的
参与的企业数及参与的形式	**开放程度**
• 一对多：卖方为主的市场，网络店铺 • 多对一：买方为主的市场 • 多对多：多方交易的市场 • 多家相关的企业：协同合作，供应链	• 企业交易平台，有限参与者 • 企业交易平台，有限参与者 • 公共交易平台，不限参与者 • 企业交易平台，可以发挥公共交易平台的作用

4.1.6　B2B 的网上服务行业

除单纯的商品交易外，B2B 还可以提供网上服务。诸如旅游、银行、保险、房地产和证券交易这些类型的服务业，不仅可以以个人的形式进行网上交易，也可以以企业的形式进行网上交易。B2B 的主要服务有：

- 旅游及宾馆住宿服务。许多大企业都是在线通过旅游中介公司安排员工的行程。例如，American Express 全球商务旅游公司提供多种旅游服务工具，帮助公司旅行管理机构计划和管理员工旅行行程。除了普通的行程安排和一般管理工具之外，American Express 全球商务旅游公司还提供各种在线交易工具（请浏览 amexglobalbusinesstravel.com/total-program-management）。
  - TrackPoint 跟踪工具方便旅行管理部门可以随时了解外出人员的行踪；
  - Travel Alert 工具是提供信息服务的，它会告诉管理人员旅行目的地的种种情况，如当地的天气状况、航班延误信息等；
- Info Point（businesstravel.americanexpress.com/info-point）是一个网站，涉及全球多个国家与城市的具体信息；
- Meetings and Events（amexglobalbusinesstravel.com/meetings-and-events）可以帮助安排会议，包括寻找会场；
- 公司在 Facebook、Twitter、YouTube 等网站上也有自己的窗口；
- Egencia（egencia.com/en，这是 Expedia 旗下的子公司）与世界各国的伙伴合作，帮助企业进行行程管理，优化旅行方案（请浏览 egnecia.com/en/about-egencia）；
- Expedia、Travelocity、Orbitz 等网络旅游服务机构都提供相似的 B2C 和 B2B 服务。

- 商业地产交易。商业地产交易数额巨大，环节复杂。因此，网络不可能完全取代传统的人工中介。但是，企业却可以利用网络寻找合适的地产，对它们进行比较，在线进行谈判。有些政府负责经营的商业地产拍卖仅针对公司房地产经纪人，这样的拍卖活动可以在线进行。
- 金融服务。网上银行是进行业务付款、资金转移或者其他金融交易的一个行之有效的方法。如电子资金转移（EFT），提供网上支付，同电子信用证一样受公司欢迎。网上交易费比其他任何可供选择的方法的费用都要低。企业还可以从纯粹的网上保险公司和虚实结合的企业购买网上保险。
- 在线融资服务。商业贷款可以从网上银行申请。由于经济衰退，一些企业主（甚至是那些信用良好的人）都很难获得贷款；因此，它们可能向 Biz2Credit（biz2credit.com）这样的公司寻求帮助，Biz2Credi 是一家帮助小型企业成长的信贷公司。Biz2Credi 是一种网上信用市场，将贷款申请者和超过 1 200 家的放贷机构进行匹配（请浏览 biz2credit.com/about、cnbc.com/id/101009116）。一些网站，如 Garage Technology Ventures（garage.com）提供关于风险资本的信息。机构投资人有时也使用网络开展交易活动。
- 招聘服务。许多公司帮助企业招募全职或是兼职的员工，有的是专业从事招聘业务的（如 kellyservices.us），有的则是为人力资源管理部门搭建一个网络平台（如 icims.com）。
- 其他网上服务。咨询服务、律师事务所、会计师事务所、医疗服务以及其他提供企业管理知识或是一些特殊的在线服务，都属于这一类。许多其他网上服务，如电子邮票购买（与计量邮资类似，但是在电脑上进行），都可以在网上进行（请浏览 stamps.com）。

4.1.7 B2B 在线交易的优点与缺点

B2B 的优点是针对买家、卖家或者买卖双方来说的，取决于使用何种模式。B2B 交易的主要获益方有如下几类（每种利益下的获益人都被标注出来，S 表示卖方，B 表示买方，J 表示双方）：
- 创造新的销售机会（S）。
- 减少对客户账户管理的时间和费用（S）。
- 消除纸质文件，降低管理费用（J）。
- 加速交易流程，减少了所花费的时间（J）。
- 减少买方寻找商品和供应商的搜寻费用和时间（B）。
- 增加交易中买卖双方的员工的工作效率（J）。
- 减少错误，提高服务质量（J）。
- 提高客户服务质量（J）。
- 简化产品配置（B）。
- 降低营销和销售成本（S）。

- 降低库存数量和成本（J）。
- 通过减少中间人的参与降低购买成本（B）。
- 为不同客户有针对性地制定电子化的产品、服务的价格（J）。
- 加强生产灵活性，允许按需交付（S）。
- 降低采购成本（B）。
- 通过自我配置实现定制化服务（J）。
- 提供有效的客户服务（B）。
- 增加合作机会（J）。
- 丰富的数据有助于高效运营（B）。
- 基于网络的电子商务比传统的 EDI 更便宜（J）。
- 同 EDI 相比，允许更多的合作伙伴加入（J）。
- 接触更多分散在各地的客户（S）。
- 运用新的媒介能进行更好的沟通（J）。
- 提供全年无休的交易场所（J）。
- 有助于帮助小企业获得同样的利益（B）。

请浏览 ecommerceandb2b.com/3-benefits-of-b2b-e-commerce-may-not-considered; insitesoft.com/blog/10-benefits-of-b2b-e-commerce; thebalance.com/business-to-business-ecom merce-1141703。

B2B 电子商务的发展也有其局限性，尤其是渠道冲突和公共交易平台的管理方面，更显突出。此外，还可能需要买卖双方面对面交流，但在网络上要做到就比较难。有些企业试图将语音和视频整合到 B2B 客户关系管理的系统（如 gotomeeting.com）中，以此来解决面临的困境。这样的人际沟通对巩固长期合作关系是非常有利的，对开发新客户也不无帮助（请浏览 cluteinstitute.com/ojs/index.php/IBER/article/view/3236）。

开展网络 B2B 交易可能会越过批发商和零售商，这可能有利于买方和卖方（却不利于批发商和零售商）。这种现象就是所谓的"去中介"。如何判断 B2B 交易的好处和局限性取决于谁买什么物品，购买多少数量；谁是供应商；公司购买频率等各种因素。

本节习题

1. 如何界定 B2B 的概念？
2. 讨论以下问题：现场采购与战略采购；直接材料和间接材料；垂直市场和水平市场。
3. 以企业为中心的市场是怎样的市场？它们是公共的市场还是企业运营的市场？
4. 如何界定 B2B 交易平台？
5. 供应链管理与 B2B 交易有什么关联？
6. 列举在线 B2B 交易的好处与局限。
7. 惠而浦公司及其客户可以通过网络交易平台获得哪些利益？

4.2 B2B 营销：卖方市场

B2B 的主要部分是 B2B 营销中的销售活动。B2B 营销是指供应链销售侧中的制造商和批发商之间的营销。

4.2.1 卖方市场

在 B2C 模式中，制造商或者零售商在店面（或网店）上直接与顾客进行网上交易。B2B **卖方市场**（sell-side e-marketplace）中，公司在网上向业务客户销售商品和服务，通常是在一个外部网上。卖方可以向制造商出售原材料，制造商再向中间人（如批发商）、零售商和个体商户出售。英特尔（intel.com）、艾克森石油（exxon.com）、思科（cisco.com）、戴尔（dell.com）等就是这样的卖家。有时候，卖方可以是批发商，向零售商或是其他企业销售商品。在这两种情况下，卖方市场涉及一个卖家和许多潜在的买家。在这种模式中，个人消费者和商业买家可以使用同样的单个卖方市场（如戴尔），或者是公共市场。

一对多模式主要有三种营销方法：（1）以固定价格的电子目录销售；（2）通过正向拍卖销售；（3）一对一销售，通常有一个长期的合同谈判过程。这样的一对一方式很熟悉：买方公司同卖方公司协商价格、数量、付款、运输和产品质量。我们在本节中谈论第一种方法，在 4.3 节中谈论第二种方法。

B2B 电子商务卖家

卖方市场中的卖家可能是虚实结合企业的制造商或中间人（如批发商）。中间人可以是纯粹的网络公司（如阿里巴巴）。

首先，我们讨论最通常的卖方市场——通过企业的产品目录在网络上销售公司产品。

4.2.2 通过电子商品目录销售：网络店铺

企业可以利用互联网用电子商品目录的形式直接销售商品。它们可以用一种商品目录面对所有的客户，也可以专门为某一家大客户单独制定商品目录，当然也可以兼而有之。例如，专售办公用品的史泰博为企业客户单独制定商品目录，单独设定价格。目录中包含近 10 万种商品（请浏览 order.staplesadvantage.com）。

许多公司使用多渠道的营销策略，其中之一就是电子商务。

在向业务买家进行网上销售的过程中，制造商可能会遇到与 B2C 类似的问题，即与常规分销渠道，包括公司经销商的冲突（渠道冲突）。为了避免冲突，一些公司在网上宣传，但只在实体店销售。

实际案例

人们大都认为亚马逊公司（amazon.com）是开展 B2C 业务的，但是该公司也在启动它的 B2B 业务。公司希望能够利用现有的技术和配送渠道去开拓一个潜在的大市场。还有一个现成的例子是新蛋网（newegg.com、neweggbusiness.com）。该公司向来是以向普通用户提供技术产品著称，但是现在新蛋网也把目光盯上了企业用户，开设了面向企业的网店，提供 B2B 服务。公司希望能利用现有的系统渗透到 B2B 市场去。

---

1. 分销商目录

制造商（如 Gregg's Cycles）或批发商都可以开网店。B2B 中的批发商与 B2C 中的零售商类似，可能经营普通的产品，也可能集中在一个产品领域，如 Toys "R" Us（请浏览 toyrus.com）。

实际案例

Stone Wheel（stonewheel.com）从 15 个仓库中分配 10 万多种汽车零部件，为美国中西部地区 3 500 个维修店提供服务。公司使用自己的车辆，30 分钟之内就能送货到门。通过电子目录，客户可以进行精确订购，既节约了时间，也减少了误解和错误。

---

2. 自助服务门户网站

门户用于多个目的，其中一个就是方便商业伙伴进行自助服务，如下面的例子所示。

> **实际案例　Atomic Software**
>
> Atomic Software（atomicsoftware.com）为客户提供自动化运营服务，为此，公司需要为客户开发一个沟通平台。利用这样的平台，客户快速地自助服务，还能对上报运营中发生的问题进行报告和追踪。
>
> 为了搭建这样的一个系统，Atomic Software与ServiceNow（servicenow.com）合作，并且利用ServiceNow的平台为客户服务。这个服务平台帮助客户管理各种必要的知识以及出票系统。在系统的后台，系统与Atomic Software的客户关系管理系统进行整合，这样公司的销售团队和客户关系管理团队就能很容易发现客户的使用情况及遇到的问题。
>
> Atomic Software所开发的系统方便了公司与客户的沟通，大幅度降低了客服所需要的时间。系统能够自动帮助客户解决的问题占问题总数的80%以上，所需的平均时间也降低了（可以浏览servicenow.com/content/dam/servicenow/documents/case-studies/cs_SN_Automic.pdf）。

3. 网上电子目录销售的优势和局限

B2B网上直销模式成功的例子包括制造商（如戴尔、英特尔、IBM、思科等）和批发商（如向增值零售商销售商品的Ingram Micro），零售商在产品交易过程中提供一些服务。只要卖家在市场中有良好的声誉，有一群足够大的忠实客户，那么使用这种模式就一定会获得成功。在B2B交易中，可以针对客户的需求对电子目录进行个性化的设计，对买方来说，效率提高了，客户的忠诚度也会随之提高。（请浏览rightoninteractive.com/customer-lifecycle-marketing/customize-and-personalize-b2b-buyer）。

尽管网上直销与B2C具有相似的优点，同样它也有一定的局限。网上直销面临的主要问题之一就是寻找买家。许多企业知道如何使用传统渠道刊登广告，但是对如何与网上潜在的企业买家联系知之甚少（阿里巴巴等公司在这方面比较擅长）。此外，B2B卖家可能会同现有的配送系统存在渠道冲突。另一个局限是，如果使用EDI来传输业务文档，一般会要求客户承担费用，这样客户就可能不愿在网上开展业务。解决这个问题的办法就是通过外部网传输文档，用基于互联网的电子数据交换系统。最后，网上业务合作伙伴的数量必须足够大才能支撑系统基础设施建设、日常运营和维修费用。

4.2.3　综合卖方系统

卖方系统必须提供一些基本功能，让B2B供应商能够进行有效的销售，提供出色的客户服务，允许与现有的IT系统实现一体化，并提供与非互联网销售系统的一体化。Sterling是IBM的子公司，它就提供了这样一个系统（请浏览ibm.com/software/info/sterling-commerce）。

4.2.4　通过批发商和其他中间人进行的销售

如果买家的规模足够大，制造商可以向买家直接进行销售。但是，制造商通常通过中间人向许多小型买家销售商品。中间商从许多制造商那里购买产品，将这些产品整合成一个商品目录，再卖给客户或零售商。很多批发商也开网店，在网上销售。

有一些著名的批发商，如Sam's Club（samsclub.com）、Avnet（avnet.com）、固安捷（grainger.com）等。许多网上批发商在水平市场销售，也就是说销售各行各业的产品。然而，一些批发商只销售某一行业的产品（在垂直市场销售），如Boeing PART Page、ChemNet等（请浏览boeing.com/assets/pdf/commercial/aviationservices/brochures/MaterialsOptimi-zation.pdf和www.chemmet.com）。大部分中间人以固定价格进行销售；但是有些也提供数量折扣，或是进行价格协商，或是进行拍卖。

本节习题

1. 什么是买方市场？什么是卖方市场？两者有什么区别？
2. 举例说明 B2B 卖方市场的交易模式。
3. 概述 B2B 系统中客户服务。
4. 简述利用电子商品目录开展 B2B 在线直销的过程。
5. 利用电子商品目录开展 B2B 在线直售有什么优点？受到什么限制？
6. B2B 销售中使用中介有哪些优势？

4.3 通过网上拍卖进行销售

B2B 采购或是 B2B 销售都在越来越多地采用拍卖模式。本节主要讨论一些 B2B 拍卖问题。

4.3.1 卖方拍卖的优点

许多公司通过正向拍卖来处理剩余产品或大型资产。在这种情况下，为了清仓，物品通常在拍卖网站（公司网站或公共网站）展示。正向拍卖给 B2B 卖家提供了各种便利：

- 增加收入。正向拍卖能够增加企业整体的在线销售额，还为企业提供新的渠道，能够快速、轻松地处理多余的、过期的和退回的产品（请浏览 liquidation.com）。
- 节约成本。除了增加收入外，网上拍卖还降低了售出拍卖物品的成本，增加了卖家的收益。
- 增强"黏性"。正向拍卖给网站增强了黏性，即潜在买家在那里停留的时间更长。"黏性"是衡量买家忠诚度的一个特征，买家的忠诚最终会带来更高的收入。
- 招募新会员，维系老会员。注册拍卖会员可以加强业务联系。此外，拍卖软件助手能够让卖家搜寻和报告几乎所有相关的拍卖活动。企业在制定经营战略时，可以对这样的信息进行分析和利用。

有两种方法可用于正向拍卖。公司可以在自己的网站上进行正向拍卖，也可以通过中介拍卖网站进行销售，如 liquidation.com、liquidation.com、ebay.com 等。

4.3.2 在公司自己的网站上进行的拍卖

对一些经常进行拍卖的大型著名公司，建立自己网站的拍卖机制是很有必要的。如果中介不能给公司带来增加值，那么雇用中介操作并付给中介佣金就没有什么意义。当然，如果公司决定在自己的网站上进行拍卖，就需要支付基础设施、运营以及维持拍卖网站的费用。不过，如果公司已经拥有电子目录销售的网上市场，那么进行在线拍卖的额外费用就不会太高。

4.3.3 通过中介进行的拍卖

一些中介提供 B2B 拍卖网站（如 assetnation.com、liquidation.com 等）。一些公司专门从事政府资产拍卖，而另一些公司则专营剩余物资拍卖（如 govliquidation.com）。中介可以从中介网站或卖家网站从事公司财产的拍卖。公司也可以选择通过中介（如 eBay，为小企业开展交易服务）在公共平台进行拍卖。

通过中介进行拍卖有着许多优势。首先，不需要额外的资源（如计算机硬件、网络宽带、程序软件、技术人员等）。使用中介公司拍卖省去了企业招聘新人员必须付出的成本。B2B 拍卖中介网站也缩短了企业将物资投放市场的时间，因为它们能立即进行拍卖。没有中介，公司可能要花数周的时间准备公司内部拍卖网站。与企业自行组织拍卖活动相比，利用中介实施拍卖活动，技术上也更加可行，如开发移动 App 软件、解决物流问题等（请浏览 bstock.com）。

此外，通过中介进行拍卖，中介会帮助处理付款问题。

B2B 拍卖服务中使用中介的例子，请浏览 liquiditysercicesinc.com。

欲了解更多 B2B 网上拍卖的信息，请浏览 vast-house.com/b2b-online-auctions.php、essexb2b.com、wholesaledir.com/category/Auctions/1。

实际案例　B2B 拍卖活动

- Sam's Club（samsclub.com）在公司拍卖网站上（auctions.samsclub.com）承接了成千上万件商品的拍卖活动，主要是电器商品。拍卖的形式有现行评标、限次数投标、规定截止日期或不规定截止日期等。拍卖的商品有库存积压商品、售出后退回的商品以及款式陈旧的商品。
- Yahoo! 公司在中国香港、台湾地区以及日本等地方从事 B2B 和 B2C 的拍卖互动。更多内容，请浏览 vasthouse.com。

本节习题

1. 请列举 B2B 在线拍卖模式给卖家带来的利益。
2. 请列举利用中介进行拍卖的好处。它们提供什么样的服务？
3. 正向拍卖的主要作用是什么？如何操作？
4. 从投标人和投标数量的角度比较在线拍卖和离线拍卖。

4.4　多对一：买方市场采购活动

我们用"采购"一词来表示企业购买商品或服务的活动。这项工作一般由采购代理来完成，也有的称其为公司采购人。

买方采购部门有时不得不手工输入订单信息到自己的企业信息系统。此外，手动搜索网店或网络购物中心来比较供应商和产品，既费时又成本高昂。为了解决这样的问题，大买家可以开自己的市场，即**买方市场**（buy-side e-marketplace），并邀请卖家浏览网站并帮助买家完成订购。

4.4.1　传统采购管理中的低效率现象

采购管理（procurement management）指的是企业为了实现自己的经营目标购买商品或服务过程中的计划、组织、协调等工作。这其中包括了 B2B 电子商务中的易耗品及服务的购买和销售，还包括信息的流动。企业购入的商品中有 80%（大多数是为了完成维护、保养工作）占到采购总金额的 20% ~ 25%。在这种情况下，很多买家的时间都花在文本制作工作中，如输入数据和纠正错误的文本内容等（请浏览 grainger.com/content/supplylink-mro-inventory-management）。

采购活动环节繁复，所以费时也很长。一般的采购要经历如下的一些环节：

- 搜索商品。利用搜索引擎、商品目录、展示厅、在线商品展示会等搜索商品。

- 了解商品的属性和交易条件。利用商品比价引擎、质量报告、行业调研报告等手段对商品进行比较。
- 谈判或参加团购。可以利用智能软件代理进行谈判。
- 制作采购订单。利用计算机辅助系统制作订单，确定每次采购的时间和数量，指定采购人。
- 加入公司社交网络，如 linkedin.com 等。
- 签署协议或合同。利用合同管理软件（如 Ariba 开发的软件）签署合同，安排融资，购买保险。
- 用计算机辅助系统制作专门的采购订单。
- 确定包装、运输和配送方式。可以用在线追踪的方式，或是射频识别技术。
- 安排出票、支付、费用核算、管理、预算控制等事宜。可以用软件包处理这些事宜（请浏览 ariba.com）。

图 4-5 显示的是传统采购流程，它的效率很低。如果采购的商品价值很高，采购人员一般会花费很多的时间和精力去完成一项采购工作。如果采购人忙于采购低值的维修保养用品，就不会有足够的时间和精力去应付大件商品的采购。

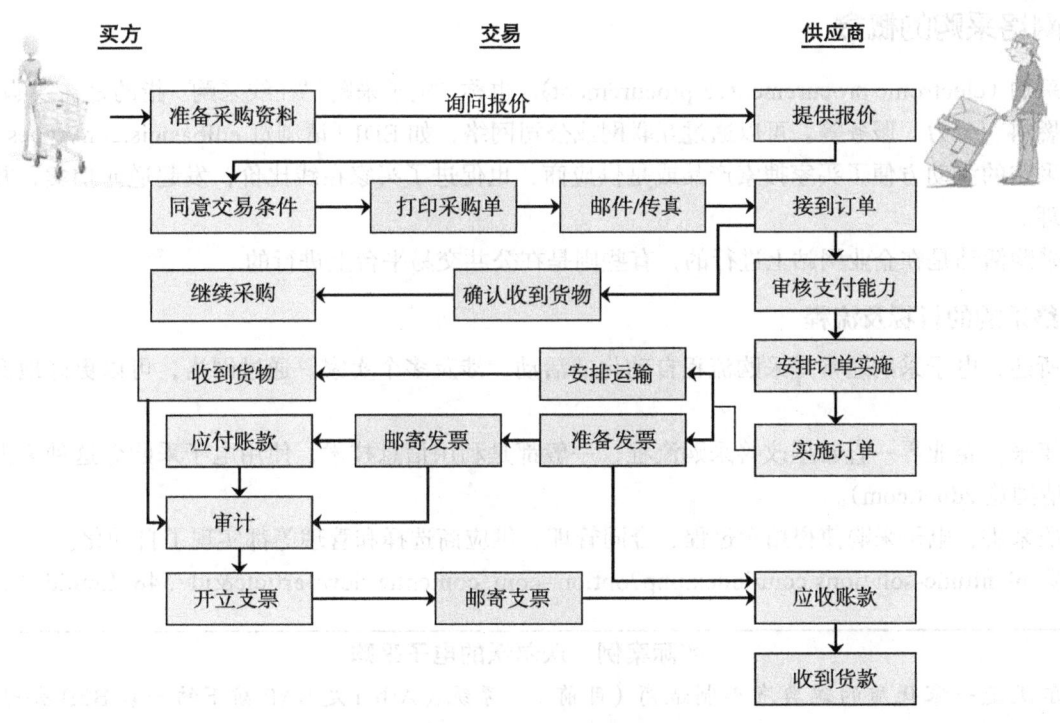

图 4-5 传统手工采购流程

传统采购活动中还有许多影响工作效率的因素，例如供货商送货延误，匆忙订购导致采购价过高等。采购中还有一种低效工作称为**即兴式采购**（maverick buying），这是指为了应付急用而在计划外的购买活动。这样做的结果就是谈判不深入，导致采购价格过高。

为了扭转上述局面，企业就需要改造自己的采购流程，调整采购模式，特别是可以启用在线采购的方式。下面我们首先来详细阐述一般的采购方式。

4.4.2 采购方式

企业有多种多样的采购方式，这取决于采购什么，在何处采购，采购的数量，涉及多少费用等。每一种方式的流程不同，对企业形成的利弊也不同。为了减少采购中的低效率现象，企业会设法在流程中加入自动操作的成分。这也就是运用网络采购的目的所在。使用有效方法的公司有沃尔玛（walmart.com）、戴尔（dell.com）、星巴克（starbucks.com）等。采购方式主要有如下几种：

- 根据商品目录，直接从制造商、批发商、零售商处购买，可以讨价还价。
- 在企业拍卖网站或是公共拍卖平台上参与竞拍，此时会出现多个买家。
- 如果供货商为了相互竞争采用竞拍的形式，企业可以参与竞拍。这主要用于大单商品的采购，以及大批量的采购。
- 根据中间商的商品目录（它们已经整合了卖家的诸多目录）采购。
- 根据公司自己的采购目录采购。这份目录已经整合了公司认可的供货商的商品目录，包括已经商定的价格。这种方法方便了使用部门绕过采购部门直接采购。
- 参加团购，把需求方的采购意向整合到一起，扩大采购量。然后由采购团出面与供货商商谈价格，启动买方招标的过程。
- 在交易中心或行业卖场采购。

4.4.3 网络采购的概念

网络采购（electronic procurement，e-procurement），也称"电子采购""在线采购"指的是在线购买易耗品、原材料、燃料、劳力、服务等。可以通过互联网或公司网络，如 EDI（请浏览 edibasicis.com/types-of-edi）。

电子采购的活动方便了买家搜索产品或是供应商，也促进了买家在线比价，发起逆向拍卖，并能自动进行文档处理。

有些采购活动是在企业网站上进行的，有些则是在公共交易平台上进行的。

1. 网络采购的目标及流程

如前所述，电子采购通常是采购流程自动化的活动，涉及多个卖家。通过网络，可以更好地实施采购和控制。

几十年来，企业界一直希望改善采购流程，一般都是利用信息技术，使用电子采购令这种努力有了重大的改进（请浏览 zdnet.com）。

从本质来讲，电子采购使得拍卖过程、合同管理、供应商选择和管理等都实现了自动化。

请浏览 plenitude-solutions.com/index.php?option=com_content&view=article&id=54& Itemid=62。

实际案例　沃尔沃的电子采购

沃尔沃是一家优质的瑞典汽车制造商（目前由一家中国公司拥有）。该公司在全世界数十个国家都有经营，在六大洲内有超过 30 个购买中心。在过去，这种经营模式导致了采购活动各顾各的，各中心之间缺乏合作，效率低下，采购流程不协调。为了解决这些问题，经营者准备采用统一的电子采购系统，并选择了 Arbia 的采购和合同管理系统（Arbia 是 SAP 旗下的一家 B2B 公司）。该系统确保了采购流程的标准化，共享理想的采购活动，并保证合同管理高效率。所有这些系统都是数字化的。电子采购促进了采购中心更好的整合，好的采购案例得到及时分享，效率提高了，采购成本也就降低了。

实际案例　Thermo Fisher 的电子采购活动

Thermo Fisher（thermofisher.com）专门供应实验室所需要的材料和设备。在这样的市场上，采购活动往往不太专业，需求方会付很多的冤枉钱。为此，Thermo Fisher 致力于帮助各种实验室利用电子采购工具去采购材料和设备，避免不必要的麻烦（请浏览 thermofisher.com/us/en/home/products-and-services/eprocurement.html）。

2. 网络采购的形式

网络采购主要有四种形式：（1）在公司自己的网站上购买；（2）在卖方的网络店铺购买；（3）在交易平台上购买；（4）在其他网站上购买。不管是哪一种形式，都涉及几个环节（见图4-6）。

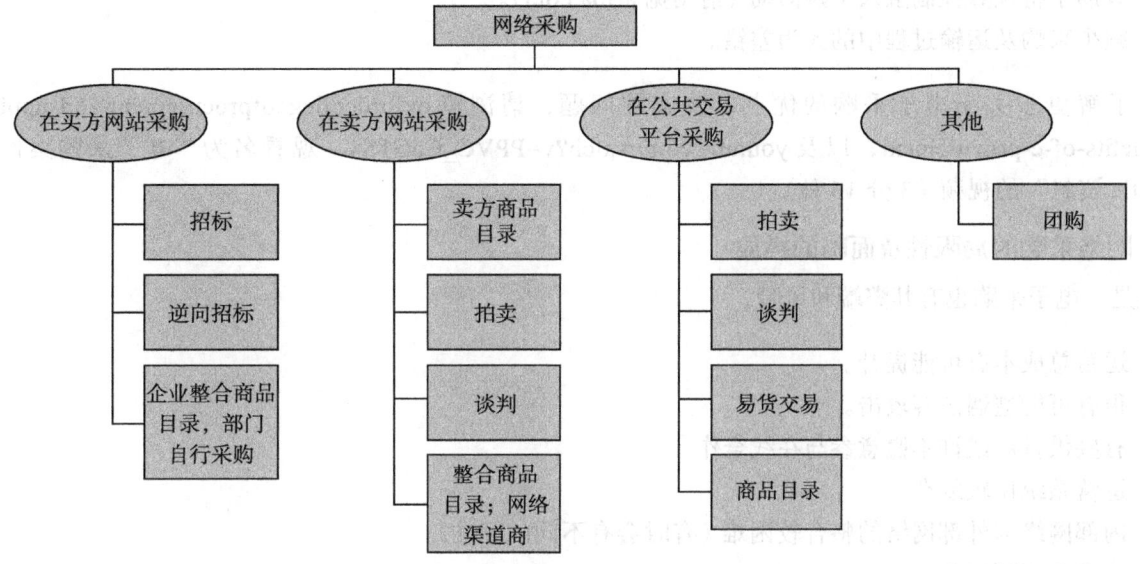

图4-6 网络采购流程

电子采购主要有七种类型：（1）电子采购；（2）网上招标；（3）网上逆向拍卖；（4）网上通知；（5）基于网络的 ERP（企业资源计划）；（6）网上市场网站；（7）网上 MRO（维保用品）采购。

4.4.4 网络采购的利弊分析

网络采购提升了供应链管理的水平，客户可以实时了解供应链上的各种活动（这在行业内称作"可视性"），满足客户的需求。

1. 网络采购带来的利益

开展网络采购可以提高自动化的程度，使得采购人员可以更多地致力于战略采购工作，实现以下的诸多利益：

- 提高采购人员的工作效率（使他们节省时间，减轻工作压力），还能减少采购管理人员的数量。
- 通过产品标准化、逆向拍卖、数量折扣、合并采购、减少供货商数量等方式降低采购价格。
- 改善信息沟通及信息管理（如进行价格比较等）。
- 减少即兴式采购的次数，减少单次采购的成本。
- 改善支付流程，支付迅速，有利于卖家的资金周转。
- 由于信息透明，能够与商务伙伴共享，所以有助于建立有效的、协调一致的供货商关系。
- 改善供货商的生产流程。
- 保证了及时配送，减少断货的次数。
- 降低对工作人员技术的要求，减少了对采购人员的培训时间。
- 减少供货商的数量。
- 加快采购流程。
- 买方可以有效控制零配件的库存量。

- 改善发票开具工作，减少争端。
- 减少采购管理人员，减少采购经纪人，订单管理成本可以下降 90%。
- 有助于寻找新的供货商，它们交货迅速，收费较低（例如开展全球采购，使用网上价格比较）。
- 有助于将预算控制融入采购活动（请浏览 ariba.com）。
- 减少采购及运输过程中的人为差错。

要了解更多关于电子采购的优点以及实施问题，请浏览 oxfordcollegeofprocurement andsupply.com/the-benefits-of-e-procurement，以及 youtube.com/watch?v=PPVC_CaG1S4，观看名为"电子采购案例研究：Oldcastle 资料"的视频（3 分 16 秒）。

2. 网络采购的局限性及面临的挑战

但是，电子采购也有其弊端和风险。

- 运营总成本有可能提升。
- 很有可能遭遇黑客攻击。
- 有些供货商或许不愿意参与在线合作。
- 运营系统比较复杂。
- 内部网络与外部网络的整合较困难（有时会有不同的标准）。
- 技术会不断更新。

若要了解更多有关网络采购的流程，可浏览 eprocurement.software.org。了解政府参与网络采购的案例，请登录 NC 电子采购网（eprocurement.nc.gov）。政府在采购中经常会使用逆向拍卖。

对绝大多数公司来说，采购都是关乎能否成功的重要因素。因此，需要了解电子商务的未来发展。欲了解 Shoplet 电子采购平台，请浏览 shoplet.com/about 和 youtube.com/watch?v=FyGsDYOqeSg。

本节习题

1. 阐述采购活动的一般流程。
2. 传统采购活动有哪些低效率因素？
3. 采购方式主要有哪些？
4. 网络采购如何界定？它的目标是什么？
5. 网络采购可以细分成哪几种类型？每种类型包括哪些内容？
6. 网络采购能给企业带来哪些利益？

4.5 买方市场逆向拍卖

网络采购的一种主要方式是逆向拍卖。**逆向拍卖**（reverse auction）是指由一个买家提出要求，许多卖家（供应商）竞争完成订单的过程。我们之前提到，逆向拍卖就是邀请供应商投标接受订单，价低者获胜的投标系统。在 B2B 商务的逆向拍卖中，买方在自己的网站上开设网络市场（或者使用像 eBay 这样的独立拍卖商），邀请潜在的供货商来竞标。这里所谓的"邀请"是指一张表格，或是一个文件，称作**报价请求**（request for quote，RFQ）。传统的招标一般是要求投标方将标书密封后一次性递交，但是在线逆向招标却允许多次投标（请浏览 reverse auctons.com.epiqtech.com/reverse_auctions.Overview.htm 以及 reverse auctions.gsa.gov）。

政府机构及大企业都喜欢使用这种逆向招标的形式。这样可以节省很多开支,因为有多个供应商参与到一个更激烈的竞争过程。在线招标速度快,费用低。这对卖方也有好处,因为卖方容易发现"报价请求"。在 B2B 电子采购中,逆向拍卖是一种非常重要的形式。

4.5.1 逆向拍卖的主要优势

买方逆向拍卖技术的主要优点有:(1)购买物品成本更低;(2)采购管理费用减少;(3)贪污和行贿减少;(4)供应商生产产品速度加快,服务更好,导致收到货物的时间缩短(见章末案例)。

对于供应商来说,正如导入案例中所述,成本节约来自各方面的减少:(1)寻找顾客的时间减少;(2)管理费用减少;(3)管理人员手工操作的时间减少。

4.5.2 逆向招标的运作方式

由于逆向招标的网站越来越多,使得供货商可能无法手动监控所有相关网站的公开询价。这个问题可以使用列出开放式询盘的在线目录来解决,还可以使用监控软件代理来解决。事实上,软件代理本身在投标过程中就能起到一定的帮助作用(请浏览 auctionsniper.com 和 auctionflex.com)。

与正向拍卖的情况相似,中介也可以参与网络竞标,从事 B2B 逆向拍卖业务(请浏览 opentext.com)。诸如 eBay.com 以及 liquidation.com 这样的拍卖网站也属于此类型。在 B2B 上进行逆向拍卖比较复杂,所以许多企业就借助于中介的力量。

图 4-7 显示的是逆向拍卖的流程。其中第一个环节是买家在网站上约标。收到卖家标书以后,企业中负责合同及采购的管理部门审核标书,并确定最终接受哪一家供货。

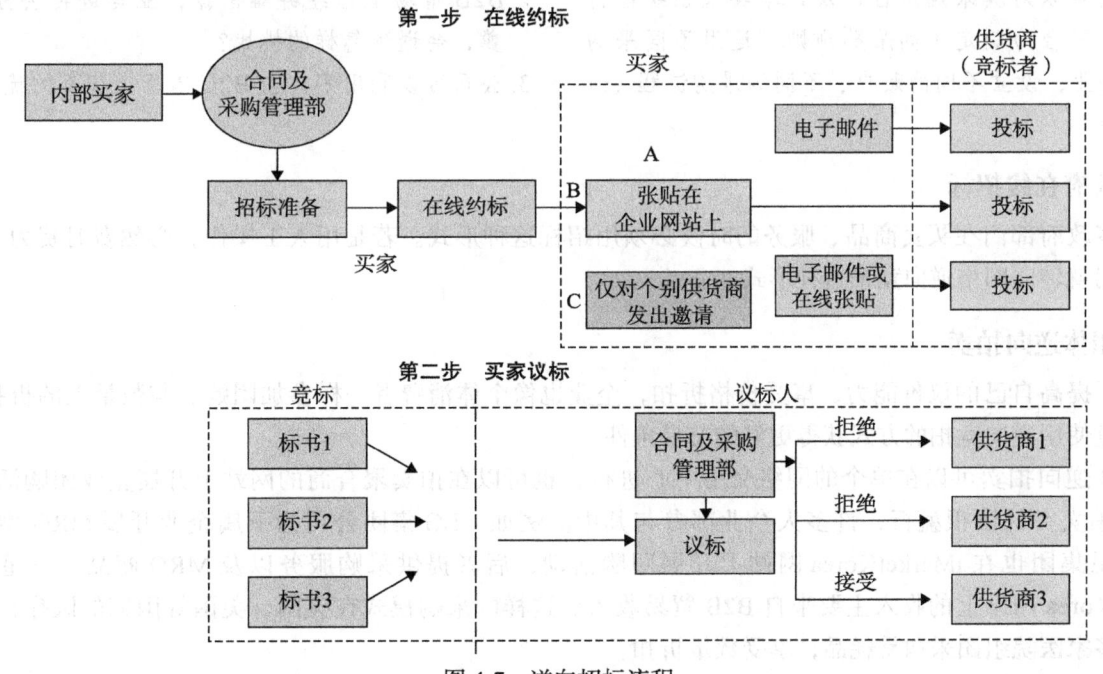

图 4-7 逆向招标流程

应用案例 4-1　亚马逊进军 B2B 电子商务市场

亚马逊在 B2C 电子商务领域因为其不断创新而在行业中处于领先地位。这种创新精神,再加上对基础设施的大笔投资,使其成为美国网络零售企业的龙头老大。然而,在B2C领域的成功,并不意味着其在B2B市场上也能成功。

存在的问题

亚马逊自成立以来,其B2C的业务与B2B的业务发展一直不平衡。公司希望通过拓展B2B业务来扭转局势(请浏览amazon.com/b2b/info/amazon-business)。起初,公司是利用B2C的业务平台来跨界经营。虽然这样做可以减少投入,却不能满足大中型企业的业务需求。因此,在300家B2B经营的大企业中,亚马逊仅仅排名104(请浏览b2becommerceworld.com/b2b-ecommerce/#!/)。

解决方案

公司为面向所有的企业客户专门开发了交易平台,宗旨是为企业客户采购常规商品、大宗商品、库存补给商品节约成本。在交易平台上,企业客户可以对商品进行比价。对于一些大企业,平台还可以对其采购后台以及订单实施系统进行整合。平台为制定不同采购规则、运用不同采购卡的企业,设立不同的账户、不同的采购流程(请浏览网络视频:amazon.com/b2b/info/features)。

亚马逊期望这一举措能使其在与一些B2B企业(如史泰博、OfficeMax、欧迪办公等)的竞争中胜出。

公司对自己新开发的平台寄予厚望,预期在未来的18个月里增加10个工作岗位,以适应平台的发展。亚马逊不仅开发了系统,还再造了流程,以此来与大型的B2B供应商一争高下。

结果

亚马逊在B2B市场上的尝试究竟结果如何,人们将拭目以待。它也成为2017年人们关注的焦点。许多专家认为亚马逊会取得成功,因为它可以动用B2C市场上已经成熟的技术,而且公司实力雄厚,可以在营销和系统开发上大规模投入。

思考题

1. 亚马逊在B2C市场上已经取得了很大的成功,它为什么还要进军B2B市场?
2. B2B市场上已经群雄割据,亚马逊再去分一杯羹,会遇到怎样的挑战?
3. 公司可以利用哪些在B2C市场上积累的优势?

1. 政府在线招标

许多政府部门在买卖商品、服务的时候必须用招标这种形式。若是用人工操作,必然费时费力。因此,许多部门就转向网络逆向竞拍这种形式。

2. 团体逆向拍卖

为了提高自己的议价能力,享受价格折扣,企业也像个体消费者一样参加团购。与数量上的折扣相比,团购通过使用逆向竞拍的方式获得更好的交易条件。

B2B逆向拍卖可以在单个的网络交易中心进行,也可以在拍卖聚合商的网站上开展企业团购活动。组团逆向拍卖在韩国很盛行,许多大企业都参与其中。例如,LG集团公司为下属企业开展MRO物资的团购,三星集团也在iMarketKorea网站上开展团购活动,后者提供采购服务以及MRO商品。三星集团在iMarketKorea网站上的收入主要来自B2B贸易收入。这样的采购模式在英国、美国等国家的医疗行业也很常见,多家医院组团采购易耗品,享受数量折扣。

本节习题

1. 阐述人工招标的流程及其缺点。

2. 阐述在线逆向拍卖的流程。
3. 在线逆向拍卖能给企业带来哪些利益？
4. 阐述集团逆向拍卖的运作方式。

4.6 网络采购的其他方法

企业在采购中，还有着多种网络采购创新模式。这一节主要讨论一些常见的模式。

4.6.1 桌面采购

桌面采购（desktop purchasing）意味着采购人员实施采购的时候不必征得上司的同意，也不会有采购部门来干涉。他们使用采购卡实施采购。桌面采购的好处是可以降低管理成本，缩短流转时间。它一般被用在采购急用物资，或是重复采购的物资，商品价值相对较低。在企业采购 MRO 材料时，这样做更有效。

桌面采购这一采购模式也可以辅之以外部的交易平台。例如，韩国的三星公司及其子公司就是把公司的 iMarketKorea 交易平台与网络采购系统整合在一起。这一平台还可以与团购连接在一起。

4.6.2 团购

许多企业，尤其是小企业，热衷于团购。**团购**（group purchasing）就是多家企业组团采购，增加采购量，降低采购商品的价格。这与 B2C 交易模式是类似的。这种模式还可以细分成两类：内部组团和外部组团（通过第三方）。

1. 企业整合采购订单

有些大企业（如通用电气）每年花费在 MRO 物资的费用有几十亿美元。公司将总部及各家子公司和各种部门（有时有成百上千个）的订单汇总在一起采购，以获得数量折扣，还可以节约 80% 的管理成本。

2. 以团购的形式形成外部整合

许多中小企业都希望享受数量折扣，但是，寻找团购的合作者，增加群体采购量并不容易。企业可以利用第三方（如 buyerzone.com、supplychainassociation.org、usallc.com）寻找团购商务伙伴。其经营理念是利用网络平台把企业的需求整合在一起，让中小企业享受到优惠价，有更多的选择余地，得到更好的服务。采购团可以与供货商商谈价格，也可以用逆向拍卖的形式。图 4-8 显示的是企业团购的流程。

有些大企业（如大型会计师事务所、诸如 EDS 技术公司的软件开发公司、Ariba 等）向常规的客户提供一揽子服务。雅虎等也提供这样的服务。此类企业的成功之道，主要是有一大批常

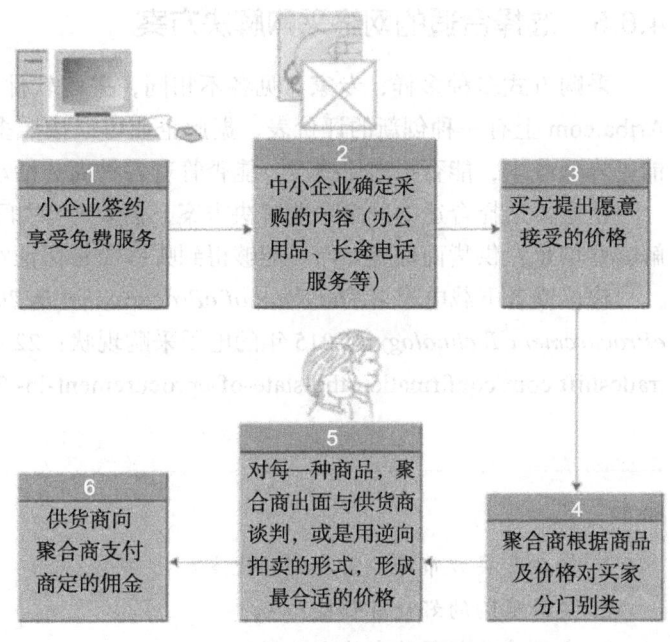

图 4-8 企业团购的流程

年客户。

> **实际案例**
>
> 团购的规模越大，价格就越便宜。有些企业可能因为规模太小，所以无法融入采购团之中，或者无法实现心目中的低价。为了应对这样的困境，有些企业就加入 primeadvantage.com 这样的团体采购平台中。这一平台开发的宗旨就是帮助企业（主要是制造商）聚合成较大的采购团，享受到一定的数量折扣。

4.6.3 其他的采购渠道

本章的 4.2 节阐述了企业利用网络渠道商作为一种销售渠道。若采购量较少，购买者经常从网络渠道商那里采购。网络采购还可以在 B2B 交易中心完成，方法可以各不相同。不管是哪一种方法，有些流程可以用自动化操作，如制作采购订单（请浏览 esker.com 和 arbri.com）。

4.6.4 网络易货贸易的采购模式

所谓易货贸易就是商品、服务的交易，但是不涉及货币支付。这其中的基本理念是企业将多余的物资去交换自己需要的商品。企业可以通过分类广告来寻找交易伙伴，处理多余的物资，但是一般情况下，要找到合适的伙伴并不容易。因此，它们往往会寻求中介的帮助。

易货贸易中介可以依靠人工的方法去撮合双方，也可以建立一个网络交易平台。在**易货交易平台**（bartering exchange），企业可以将多余物资交给交易平台，获得若干个信用点，然后用这些信用点去购买自己需要的商品。易货交易的商品一般是办公场所、多余的生产能力及劳务、企业自己的产品，甚至包括网站上的广告位。易货交易网站有 u-exchange.com、b2bbarter.trade、itex.com 等（请浏览 youtube.com/watch?v=z417imNLIho，观看名为 "How to use barter in your business"（经营中如何运用易货贸易）的视频资料）。

4.6.5 选择合适的网络采购解决方案

采购方式多种多样，专家意见各不相同，采购软件也很多，因此，选择一款合适的解决方案并不容易。Ariba.com 上有一种创新的评价表，据此企业可以按照多种成功因素来评价软件供应商。所谓成功因素是指能否降低成本，能否提高便捷度，能否管理各种商务活动，能否帮助具体操作等。

企业要选择合适的网络采购解决方案，需要考虑如下一些问题：采购方是谁？采购什么？采购前需要了解哪些信息？供货商信誉如何？能够得到哪些质量保证？

建议读者下载电子书 *The State of eProcurement in 2015: 22 World-class Procurement Leaders Rate Today's eProcurement Technology*（2015 年的电子采购现状：22 家世界级采购商对当今电子采购技术的评价）（请参阅 tradeshift.com/confirmation/the-state-of-eprocurement-in-2015）。

本节习题

1. 什么是买方市场？它有哪些优点？
2. 桌面采购的好处有哪些？
3. 桌面采购与团购有什么关联？

4. 团购有哪些利弊？如何组织团购？
5. B2B易货交易如何运作？
6. 在选择网络采购解决方案，以及方案的供货商时，需要考虑哪些问题？

4.7 B2B交易平台的定义和基本概念

B2B交易平台，有时就简称为交易平台，是指众多的企业买家和卖家聚集在B2B网络市场中。交易平台除了交易活动以外，还提供各种支持服务，如支付系统和物流系统，还可以开展咨询活动。交易平台还充当行业内的交流平台。

B2B交易平台的名称很多，例如"网络市场""交易平台""交易社区""交易中心""互联网交易中心""网络市场""B2B平台"等。本书中将多对多网络市场统称为"交易平台"，但是有时候也会用到其他的表述方式（请浏览epiqtech.com/others-B2B-Exchanges.html）。

不管如何称呼，交易平台总是有一个重要的特征，那就是多个买家和多个卖家聚集在一起，有时还会有其他商务伙伴参与其中（见图4-9）。图中央是做市商，它们负责交易平台的运营，有时候，做市商本身就是平台的业主。

交易平台可以是水平市场，服务众多的行业（如ariba.com和alibaba.com），也可以是垂直市场，服务一个或几个相互关联的行业（如supplyon.com上的汽车行业，以及ocean connect.com上的炼油行业和运输行业）。交易平台同传统的露天市场一样，买方和卖方可以交流协商价格、购买数量以及其他各种交易条件。

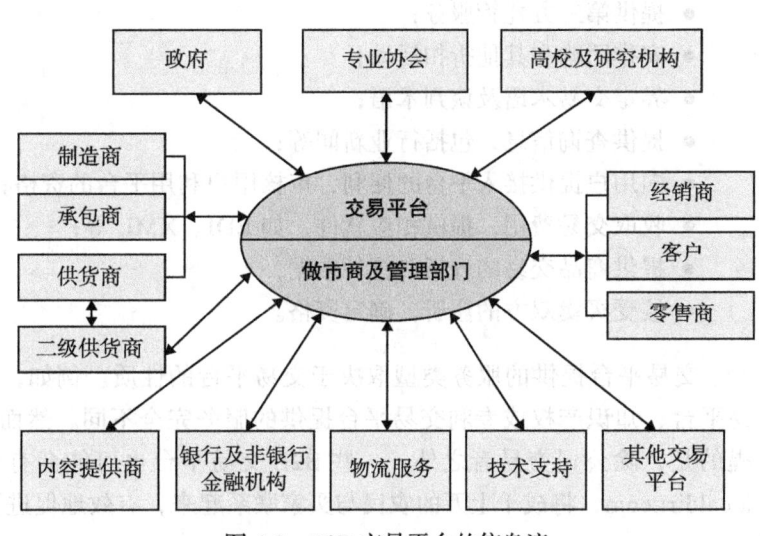

图4-9 B2B交易平台的信息流

4.7.1 全球交易平台

多数大型的网络交易平台（如阿里巴巴、Amazon Business）都是跨国运营的。因此，它们的管理还有一些独有的特点，如关注国别交易规则、货币的转移、语言的翻译等。

4.7.2 网络交易平台的功能及服务

网络交易平台主要有如下四大功能：（1）撮合买卖双方；（2）促进交易；（3）制定交易规则，维护交易平台基础设施；（4）向买卖双方提供服务。接下来我们来具体阐述这些功能。

B2B交易平台的功能及服务

以下是B2B交易平台的主要功能：

撮合买方和卖方 撮合买卖双方要做好如下一些工作：

- 确定能够提供哪些商品（如公司商品目录）；

- 将可供销售的商品分门别类地展示，以迎合买方需要；
- 提供商品价格比较；
- 组织拍卖、竞标、易货交易；
- 提供销售方的信息及产品信息；
- 撮合供给与需求信息；
- 组织供求双方的谈判；
- 提供卖方名录；
- 维护交易的安全性、匿名性和隐私保护。

促进交易 优化交易流程，促进交易。它包括如下一些工作：

- 允许参与者之间进行有效的交易；
- 提供 B2B 竞拍；
- 提供交易平台和技术，如支付、保险、订单实施、信息安全等；
- 提供第三方托管服务；
- 安排团购和其他折扣活动；
- 界定交易术语及谈判术语；
- 提供查询信息，包括行业新闻等；
- 向用户提供接入平台的便利，审核用户利用平台的资格；
- 收取交易费用，提供相应软件，如 EDI、XML 等；
- 提供商品交易的分析和统计数据；
- 接受买卖双方的注册，确定资格。

交易平台提供的服务类型取决于交易平台的性质。例如，证券交易平台提供的服务就与钢铁或食物交易平台、知识产权或专利交易平台提供的服务完全不同。然而，大多数交易平台提供上述的服务。值得一提的是，除公司交易者之外，一些 B2B 交易平台也可能会有个体交易者，要么是买方，要么是卖方。如 localdirt.com，将成千上万的农民与买家联系起来，有效地促进了当地产品的交易。

4.7.3 B2B 交易平台的所有权问题

交易平台的所有权一般是属于第三方的。这对买卖双方都有利。当然，有些买家或是卖家规模比较大，它们自身也可以拥有交易平台。这种经营模式被称为"联合经营"。

1. 第三方独立经营市场

第三方交易平台是网络中介的一种形式。中介不仅提供商品目录，还帮助撮合买卖双方，提供网络平台和电子洽谈室方便双方达成交易。

实际案例　洲际交易平台

洲际交易平台（Intercontinental Exchange，ICE）是一家基于互联网的 B2B 交易平台（2016 年有 11 个常规的交易平台以及 12 000 个主要的合约和票据交换所，每天的交易量达到 930 万美元），它经营的市场主要是期货合约交易、场外能源交易、商品期货交易以及一些金融衍生品交易。该公司过去主要经营能源产品。最近它也经营一些"软性"商品期货，如谷物、食糖、棉花、咖啡等，还进行外汇、股票指数期货等交易（请浏览 intercontinentalexchange.com/about）。

> ICE 公司通过网络与所有的客户连接在一起。它的交易在全球进行,并且是全天候的。目前,该公司主要有三大经营模式:
> - ICE 市场。期货市场、期权市场及场外交易市场。能源期货通过 ICE 欧洲期货平台交易;软性商品期货、期权则是在 ICE 美国期货平台交易。
> - ICE 服务。网络交易保兑及网络交易培训。
> - ICE 数据。市场数据的电子传输,包括实时交易数据、历史价格数据以及每日指数。
>
> ICE 公司向全球客户提供各种交易管理及风险管理服务:
>
> - 基准的期货合约;
> - 通过提供全球中央对手结算所服务进行风险管理;
> - 整合客户进入全球衍生品市场;
> - 领先的网络交易平台;
> - 信息披露及管理;
> - 独立的管理。
>
> ICE 公司拥有几个先进的交易平台,如 ChemConnect。
>
> 若要了解全球所有的交易平台信息,请浏览 internetworldstats.com/links2.htm。

实际案例　太阳能交易平台

> 太阳能交易平台(solarExchange.com)是一个全球太阳能市场,帮助 B2B 网上拍卖与太阳能相关的原材料和产成品。该平台是一个全球性的社区,供应商与世界各地的买家都有合作。
>
> 根据这家公司的介绍,其服务理念是"服务太阳能产业整个供应链,提供太阳能行业的采购管理、风险管理、网上竞拍管理、价格指数管理、人才管理、知识管理等服务"。
>
> 该公司的主要优势在于:
> - 与全球太阳能贸易社区紧密联系;
> - 通过太阳能采购以及销售活动的自动化运作降低成本;
> - 根据变化的市场情形做出迅速的回应,以获得更大的竞争优势;
> - 通过与新的贸易伙伴和供应商合作拓展市场;
> - 促进销售循环,降低存货风险;
> - 降低运营成本,提高利润;
> - 促进品牌意识,驱动商业活动;
> - 帮助寻觅全球行业精英。
>
> 请浏览 solarexchange.com/solarxpages/StaticAboutUs.aspx。
>
> 若要了解该平台如何操作以及竞拍过程,请浏览 solarexchange.com/solarxpages/StaticGetStarted.aspx 及 solarexchange.com/solarxpages/StaticBiddingProcess.aspx。

2. 联合交易平台

联合交易平台(consortium trading exchange,CTE)是由某一个行业里的若干家大企业组成并运营的交易平台。它们可以是供货商,也可以是买家,也可以两者兼而有之。这种交易平台组建的目的主要是提供行业内的交易服务。这类服务包括与参与者后台系统的对接,提供协同规划、协同设计服务。比较典型的联合交易平台有 Avendra(宾馆行业)、OceanConnect(运输行业)等。

值得一提的是,有些联合交易平台上聚集着同一行业的几百家成员单位。

4.7.4　B2B 交易平台动态定价

垂直交易平台或水平交易平台的做市商将供求双方撮合在一起,在撮合的过程中确定商品、服务的价格。这样形成的价格是动态的,它随着供求关系的变化而变化。**动态定价**(dynamic pricing)指的是随着时间的变化和客户的不同,价格随之变化。股票交易市场就是一个典型的动态定价的例子。拍卖市场也是一个明显的例子,市场上价格随时都在变化。

交易市场的动态定价一般有几个环节：
- 某家企业为购买一款商品或是销售一款商品而出价；
- 启动一次拍卖活动（可以是正向的，也可以是逆向的）；
- 买家或卖家可以看到给出的价格，但并不知道是哪家企业在出价，动态定价中匿名是一个非常重要的因素（如在股票市场）；
- 买卖双方为价格实时沟通；
- 有时候，买家会聚集在一起要求享受数量折扣（团购模式）；
- 买卖双方就价格、数量、交货时间、交货地点、质量要求等达成一致，撮合完成；
- 达成交易，并谈妥支付及配送要求。

4.7.5 网络交易平台的收益模式及利弊分析

网络交易平台为买卖双方带来各种利益，例如提高市场运行效率，帮助买卖双方寻找到新的交易伙伴，降低订购的管理费用，加快交易的速度等。利用平台，企业可以参与全球交易，与知根知底的企业结成伙伴关系。

尽管有这些优点，但是从2000年起，不少网络交易平台走向衰败，买家和卖家都意识到，它们会面临交易平台失败或恶化的风险。表4-2归纳了B2B交易中心的利弊。从表中可以看出，总体来说，平台还是利大于弊的。

表4-2 B2B网络交易平台潜在的利弊分析

	对买方	对卖方
潜在利益	• 一站式采购，大量采购 • 方便搜索与比价 • 享受数量折扣 • 跨时空下单 • 一张订单可以向多家供货商购货 • 获得大量、细致的信息 • 接触新的供货商 • 方便核查存货量，重新补货 • 参与企业社区活动 • 配送及时 • 减少即兴式采购 • 改善伙伴关系管理	• 获得新的销售渠道 • 不需要实体门店 • 减少订单差错 • 跨时空销售 • 参与企业社区活动 • 低成本开发新客户 • 利用交易平台开展企业宣传 • 方便处理多余库存 • 方便开展全球营销 • 提高存货管理效率 • 改善伙伴关系管理
潜在风险	• 会接触到陌生的供货商 • 客户服务质量难以保证（难以对服务进行比较）	• 难以开展直接的客户关系管理及伙伴关系管理 • 价格竞争更加激烈 • 需要提供更多的增值服务 • 需要支付交易费，老客户会转向竞争对手

收益模式

网络交易平台像所有的企业一样，也需要获得收益才能维持运营。因此，平台所有者需要为如何获得收益进行决策。一般情况下，交易平台的收益模式包括收取交易费、注册费、服务费、广告费、拍卖费等（由买方和卖方提供）。与此同时，网络交易平台还可以向买家和卖家收取软件使用费、服务器租赁费、管理咨询费等。

本节习题

1. 什么是B2B网络交易平台？它有哪几种类型？

2. 交易平台的功能有哪些？它提供哪些服务？
3. 什么是动态定价？它的工作原理是什么？
4. 网络交易平台对买家有哪些优点？哪些缺点？
5. 网络交易平台对卖家有哪些优点？哪些缺点？
6. B2B 交易平台的权属有哪些形式？
7. 什么是网络联合交易平台？

4.8 Web 2.0 时代及社交网络时代的 B2B 电子商务

许多企业都开展了 B2C 的社交网络活动，社交网络在 B2B 电子商务中同样能够发挥作用。B2B 的发展潜力很大，新的应用也层出不穷。企业如何开展 B2B 社交网络活动，取决于企业的经营目标，以及它所感知的机遇和风险（请浏览 adage.com/article/btob/ social-media-increasingly-important-b-b-marketers/291033）。

4.8.1 B2B 电子商务中的网络社区

B2B 电子商务中涉及多个参与者，如买家、卖家、服务供应商、行业协会等。因此，B2B 市场的做市商就得提供社区服务，如洽谈室、公告板、个性化主页等。

网络社区由三方组成，企业员工、合作者、客户。为了提高创新精神和响应力，网络社区为电子商务提供了丰富的资源，进行网上讨论和交流。因此，有必要学习社交网络的工具、方法，借鉴 B2B 网络社区建立和经营成功的做法。尽管 B2B 社交网络技术与其他的网络社区相似，但是社区的性质以及它所传递的信息却是不同的。

B2B 网络社区主要是交易型社区，因此，社区成员所关注的也就是与交易及各种商务活动有关的信息。大多数社区是垂直交易市场中的社区，因此，社区成员的需求也就比较具体。社区也支持成员之间的合作和交流（请浏览 partners.salesforce.com）。然而，分类广告、岗位招聘、布告、行业新闻等的基本服务也是很常见的。社区促进了合作。最新的社区形式是商务社交网络和专业社交网络（如 LinkedIn）。

4.8.2 B2B 社交商务带来的机遇

使用 B2B 社交网络的企业能够获得以下多种利益：

- 通过网络登广告寻找更大的受众，增加品牌的知晓度；
- 发现新的业务伙伴和销售前景；
- 更好地了解新技术、竞争态势、客户以及商务环境；
- 通过社交网络（如 LinkedIn、Twitter、Facebook 等）的交流引发交易机会；
- 通过搜寻"帮助中心"利用 LinkedIn 等社交网络的答疑功能解决难题，通过"帮助栏目"向社区问问题，或者使用网页上张贴板块询问问题。在其他社交网络的问答栏目发布问题；
- 更多地参加行业内的活动，包括向政府机构的游说活动；
- 为新产品的面世造势；
- 吸引更多的人浏览公司网站或其他社交网站（例如提供游戏、奖品、组织竞赛等），用口口相传的方式增加网站的浏览量；
- 在商务伙伴中对产品开展讨论，获得反馈信息，改进经营和管理；
- 利用社交网络（如 Facebook、LinkedIn）招募人才。

4.8.3　Web 2.0 工具在 B2B 电子商务中的应用

许多企业在开展 B2B 电子商务时都在使用博客、微博、维客、聚合网站、视频广告、播客等网络工具。例如，Eastern Mountain 体育用品公司（ems.com）就是使用博客（blog.emsoutdoors.com）、维客、聚合网站等工具与供货商、渠道商等沟通和协调。成千上万家企业正在使用或是尝试使用这样的工具。有些企业利用 YouTube 网站开展 B2B 经营，请浏览 scgpr.com/41-stories/youtube-for-b2b-marketers。

实际案例

GoToMeeting（gotomeeting.com）向用户提供了形色各异的在线会议工具。虽说公司的服务对象既有个体消费者，也有企业客户，但是公司开发了多种适用于企业客户的系统，定价也各不相同。公司意识到，影响用户接受公司产品的一个障碍是他们不了解产品的性能与操作方法。为了解决这一问题，公司汇集了多个产品使用实例，并将它们投放到信息分享的社交网站上（Instagram.com）。这些图片不仅介绍了产品的性能，而且推广了用户使用这项技术后得到的利益（请浏览 clickz.com/10-b2b-brands-that-are-killing-it-on-social-media/24243/）。

B2B 市场的游戏化

虚拟游戏或者是**游戏化**（gamification），指的是为支持 B2B 培训以及决策而设计的虚拟游戏。参与者和其他人相互竞争，进行市场预测。

4.8.4　虚拟贸易展和展销会

虚拟贸易展和展销会越来越受到人们的欢迎，它们的市场主要是在 B2B 交易上。

虚拟贸易展是对"虚拟世界"的一种应用。**虚拟贸易展**（virtual trade show）也称作"虚拟贸易市场"，与实体贸易展相似，它们可以是暂时的展览场所，也可以是永久的展览场所，参展商将它们的新产品向潜在的客户展示。

欲了解虚拟贸易展的相关图片资料，可以在谷歌搜索引擎里进行"虚拟贸易展"（virtual trade show）的关键字搜索。

实际案例　MarketPlace365

MarketPlace365（marketplace365.com）是一家虚拟供应商，它为企业提供建立虚拟贸易展、吸引顾客的工具详情请浏览 marketplace365.com/Marketing/faq.aspx 和 marketplace365.com/Marketing/features.aspx。

社交媒体可以用来支持展览，甚至在实体贸易展中也可以运用。更多关于社交媒体在贸易展中的使用，可以下载免费的《社交媒体贸易展市场指南》，下载地址为 tradeshowguyblog.com/downloads/Social-Media-Tradeshow-Marketing-Checklist.pdf。

4.8.5　B2B 电子商务中的社交网络

利用社交网络，企业可以改善信息和知识的分享，增加沟通和协调，还能更快地反馈信息。此外，利用社交网络可以帮助发现问题，解决问题。许多企业（尤其是小企业）利用社交网络、Yahoo! Answers 以及 LinkedIn 网站上的答疑功能解决遇到的难题。参与 B2B 商务活动的企业应该将社交网络看成是企业电子商务战略的一部分，否则，它们就难以捕捉到商机，也很难在竞争中胜出。

到了 2017 年，社交网络已经在 B2B 市场上发挥着很重要的作用。不管是小企业还是大企业，都在利用社交网络发现新的商机。研究发现：

- 全球有许多企业利用各种社交网络的功能；
- 有些企业通过社交网络发现新的客户群；
- 许多企业利用社交网络开展营销活动，开发新客户，维系老客户。

社交网络的主要作用是：与商务伙伴保持联系，与有着同样业务范围的企业取得联系，了解有价值的商务信息，组织、联系、管理客户群。

B2B 市场使用社交媒体的人数已经很多了。但是，许多企业并没有去核算在社交媒体中的投资回报率。调查发现，2013 年时 Twitter 和 LinkedIn 是最受欢迎的社交媒体网络。到 2016 年，LinkedIn 和 Facebook 成为在 B2B 商务中使用最多的社交网络。

B2B 商务中使用 Twitter

Twitter 被广泛运用于 B2C 交易活动中，主要是一种交流工具，用于客户服务、广告、客户参与平台、CRM 以及市场调研等工作。B2B 中也可以发现类似的运用，其中包括对商务交流的监控，帮助小型企业寻找潜在的客户，与潜在的客户或潜在的供应商联系。

4.8.6　B2B 社交网络其他的种种活动

以下是一些基于社交网络的 B2B 活动：

- 基于位置提供的服务。基于位置提供的服务为 B2B 交易提供了商机。
- 社交网络上的公司信息。在 LinkedIn 和 Facebook 上，都有许多关于公司及员工的信息。其实，员工的信息就是公司的品牌。例如，2016 年上半年，IBM 有 35 万名员工在 LinkedIn 社交网站注册会员；2016 年下半年，微软员工在该网站上的注册用户约 20 万人。有些社交网站上有公司的介绍，还有员工以及客户对公司的评价。

成功案例

企业根据经营模式的不同，可以有不同的社交工具利用方式。在 B2C 交易中应用成功，并不意味着 B2B 的成功，有时甚至会起相反的作用。

美国的绿色环保组织 Ben Green 开发的社交媒体管理平台 Oktopost 介绍了许多社交网站和社交工具的利用方式（既有 B2C 的，也有 B2B 的），还有许多 B2B 经营的成功案例（请浏览 oktopost.com/blog/differencesb2c-and-b2b-social-media-marketing）。

2016 年，B2B 营销指南杂志 True Influence 发表了一份调研报告，题为"2016 年 B2B 社交媒体应用案例分析"（Top B2B Social Media Case Studies for 2016，请浏览 truein fluence.com/blog/b2b-social-media-case-studies-for-2016）。

4.8.7　B2B 社交网络的发展趋势

企业正在发展社交媒体以及搜索工具。类似谷歌的 OpenSocial 这样的产品可以引起人们对社交网络的兴趣。

企业应该充分利用社交网络去了解客户和合作伙伴的需求。

4.8.8 B2B、B2C 与社交网络的整合

B2C 电子商务与 B2B 电子商务之间其实没有明显的界限。随着新技术的涌现,特别是社交网络的出现,这种界限更加模糊了。许多专家认为,不久的将来,B2C、B2B 与社交商务将会融合在一起。曾经应用在一个领域的技术,会促进另两个领域技术的发展。企业要想经营成功,必定要跨界利用配送渠道和营销方式。现代的营销模式和社交网络已经成为 B2B 商务模式的标配。先进的物流模式和客户关系管理模式都将应用在 B2C 的交易中。有些企业有多个不同的市场,因此,将 B2B 的客户与 B2C 的客户融为一体是企业发展的必然。

2014 年,Heaney 等学者在一份报告中指出,在今后的 10 年中,企业若是能够利用不同的新技术和新知识,开展跨市场经营,就能在竞争中胜出(请浏览 oracle.com/us/products/applications/aberdeen-b2b-commerce-convergence-2431539.pdf)。IBM 利用电子商务技术跨界经营的视频可以浏览 youtube.com/watch?v=ojfNgP0eyLc。

应用案例 4-2 　　　　　　　　　医疗行业的电子采购

许多企业都在设法控制经营总成本,特别是控制随机的支出。在这一方面,采购管理系统发挥了很大的作用。但是,早期的电子采购系统功能不全,使用不便,所以难以在企业中找到热心的用户。研究显示,采购系统只要像 B2C 电子商务系统一样界面友好,并且嵌入了社交的功能,就会受到员工的欢迎,并且在企业的运营中发挥重要的作用。研究人员列出了电子采购系统对美国市场的潜在影响:

- 68% 的 B2B 买家已经在网上采购商品;
- 18% 的 B2B 买家将采购经费的 18% 花费在网络采购上,这一数据在 2013 年是 9%;
- 30% 的 B2B 买家有 90% 以上的商品在采购前已经进行过网上搜索;
- 44% 的 B2B 买家是通过智能手机或是平板电脑进行网上搜索。

许多企业已经认识到新一代采购系统的功能和系统运行的理念,具有前瞻性眼光的企业管理者明白,B2C 商务模式与 B2B 商务模式迟早是要融合在一起的。这些功能包括与社交媒体的整合、界面友好、搜索便捷、自动完成仓库补货、方便桌面采购和移动采购等。

存在的问题

采购费用的控制问题在医疗行业里显得格外突出,因为医疗机构各不相同,而且地域分布很广。最为典型的案例是 Avalon Health (avalonhealthcare.com),这家位于美国西部的医疗机构的服务项目包括长期看护、专业康复、记忆恢复等。公司面临的问题主要是如何控制总成本。公司发现,超过 60% 的支出并不在公司的控制范围内。

解决方案

为了解决这一问题,公司与 Coupa (coupa.com) 合作,Coupa 是成本控制系统软件的开发商,其系统的基础是云计算分布式架构。这些系统可以服务于成本管理的全过程,帮助管理者控制产品搜索、产品分析,一直到最终用户(请浏览 coupa.com/solutions/business-need 及 youtube.com/watch?v=rbrQNDm9wQY)。

取得的成就

Avalon 利用 Coupa 开发的成本控制系统,已经收到了明显的成效。系统与公司的需求高度匹配,云计算分布式架构使得整个控制流程非常方便。由于应用了各种控制工具(包括移动 App),公司原来一直难以控制的采购成本降下来了,而且采购支出、采购项目都变得更加可视(请浏览 coupa.com/pdf/case-study/AvalonHealthCare.pdf)。

思考题

1. 为什么成本管理对企业格外重要?

2. 如何利用采购管理系统来解决成本管理问题？　　4. Avalon Health 的解决方案是什么？结果如何？
3. Avalon Health 向 Coupa 提出了怎样的要求？

本节习题

1. 社交网络在 B2B 电子商务活动中能给企业带来哪些机遇？
2. 社交网络能够为 B2B 电子商务带来哪些利益？
3. Web 2.0 社交软件在 B2B 电子商务中有哪些应用？
4. 社交网络中有哪些 B2B 的应用？
5. B2B 社交商务的战略有哪些？
6. 如何理解 B2B 电子商务中的网络社区？
7. 为什么说 B2B 商务与 B2C 商务的融合具有深远的意义？

4.9　协同商务

协同商务是一种电子商务技术，它可以应用在组织内部，也可以应用在组织与组织之间，尤其是在一条供应链的各个合作伙伴之间。

4.9.1　协同商务概述

协同商务（collaborative commerce，c-commerce）是指网络在商务协同中的一种应用。它有助于企业在产品或服务中的计划、设计、开发、管理、调研、流程创新等各种活动中的协调一致，包括对电子商务技术的应用。典型的例子是一家制造企业为了某件产品或是产品的某一个部件的设计而与一家设计企业进行合作。协同商务意味着运用协同软件、博客、威客等各种专为协同而开发的电子商务工具，企业或组织进行沟通、信息分享、协同计划等工作。有时候，作为一种数字化合作，协同商务能够为商务活动带来很大的成功。协同商务如果应用在供应链上，就能降低成本，增加收益，加速流程，加快商品的周转，减少临时的商品采购，避免库存短缺，优化存货管理等。协同商务与**电子协同**（e-collaboration）是密切相关的，因为后者意味着人们为了共同完成一项工作运用数字技术相互合作。

4.9.2　协同商务的要素和流程

商务环境不同，协同商务的要素及流程也有很大的差异。例如，一家制造企业（或产品组装企业）需要与供货商、设计公司、其他各种商务伙伴、客户甚至政府机构进行协同。协同商务的主要流程如图 4-10 所示。需要指出的是，协同商务的基础是从组织内部或外部获得的数据，这些数据必须是显示在可视化门户网站上的。图 4-10 左下方显示的是协同商务的流程循环。参与其中的人们（图中右侧所示）利用可视化门户网站上的信息，以及相互之间的交互信息。协同商务的各个要素相互之间的关系可以是各种各样的，比较典型的是一个"协同中心"。

4.9.3　协同中心

协同商务的一种常见形式是协同中心，它是供应链上各个合作成员共同的工具。所谓**协同中心**（collaboration hub，c-hub）就是一家企业供应链成员交互的中心点。一个协同中心上参与者可以开展各种各样的活动，例如信息的传递、协调、沟通、分享等。

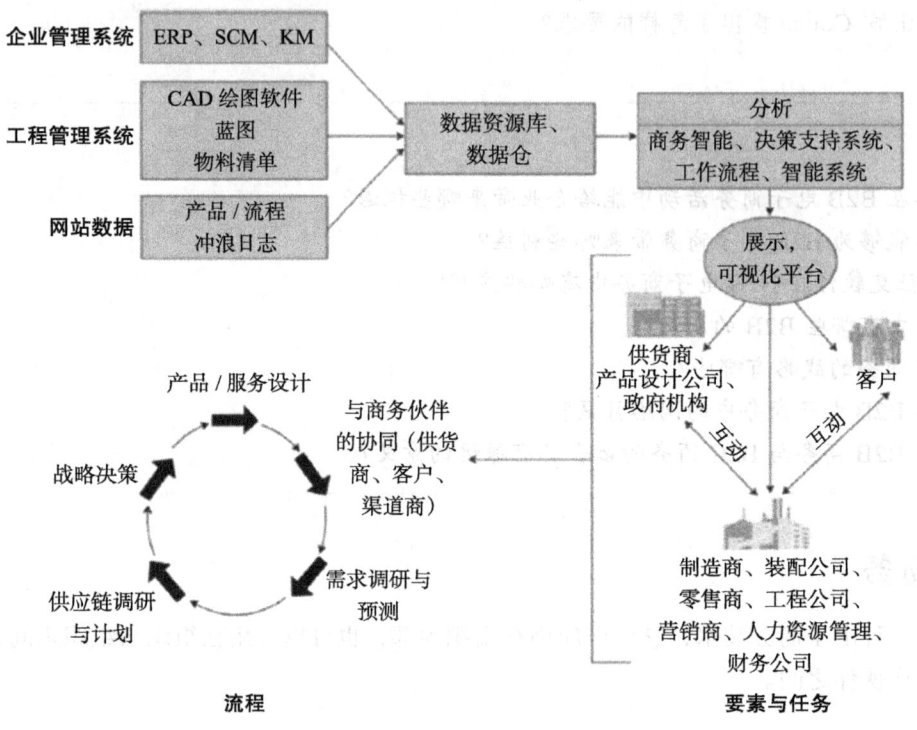

图 4-10　协同商务的要素及工作流程

4.9.4　不断改进的协同商务

协同商务主要有两种表现形式：内部协同与外部协同。所谓内部协同，一般是指企业内部各个部门之间的协调与合作，例如员工之间的协同，或是部门与外派到现场的员工之间的协同。还有的是团队成员之间的协同。所谓外部协同则是指企业或组织与其他组织之间的协同。

为了改进协同的效果，人们开发了许多网络工具，如电子邮件、威客、协同空间等，还有许多协同软件，比如 Microsoft SharePoint（office.microsoft.com/en-us/sharepoint）、Salesforce Chatter（salesforce.com/ap/chatter/overview）、Jive（jivesoftware.com）等。SAP 开发了一款基于社交网络的软件产品，帮助企业优化协同的效果。

许多媒体文章都在介绍如何改进网络协同。若要了解 2016 年协同软件的相关信息，请浏览 captera.com。

4.9.5　协同商务举例

全球一些知名的新技术企业（如戴尔、思科、惠普等）主要是在供应链管理上（如在线采购）运用协同商务技术，还有一些企业运用协同商务是为了提高经营的效率和效益。

1. 供应商管理存货系统

供应商管理存货（Vendor-managed inventory，VMI）指的是这样的一种流程，零售商将存货控制、补货时间、补货数量的责任转移到供应商身上。由供应商通过电子管理的手段完成下单和订单实施的工作。有时候，这些工作可以通过第三方物流来实现。零售商向供应商提供货物销售（通过 POS 机等）、库存量、补货警示线等实时信息。这样做的结果是零售商减轻了存货管理的担子，由供应商来负责进行需求预测，它们可以随时了解某件商品何时需要补货。客户不再是发送采购订单，而是通过电子的手段将每天的销售数据传递给供应商,再由供应商完成订单(请浏览 datalliance.com/whatisvmi.html)。由此,管理成本、库存量都降低了,库存短缺的现象也同时避免了。供应商管理存货这种技术也能够运用在供应商与次级供应商之间(请浏览 en.wikipedia.org/wiki/Vendor-managed_inventory;vendormanaged inventory.com;jda.com)。

> **实际案例　沃尔玛与宝洁的信息共享及 VMI 系统**
>
> 宝洁的产品在沃尔玛超市每销售一笔,沃尔玛都会将信息发送给宝洁。宝洁将沃尔玛各个门店每天的销售信息用电子的方式汇集在一起。由于宝洁实时了解到了公司产品的库存信息,它就知道哪一款产品的库存量低于警示线,于是就自动启动订单实施与配送。所有这一切都是通过电子的手段完成的。对宝洁而言,它获得了精确的需求信息。对沃尔玛而言,它的库存充足了。同时,两家企业的管理成本都降低了,因为它们的纸质订单和手工操作都大幅度下降了。宝洁与其他的大型零售商也有类似的合作。同样,沃尔玛与其他的大型供应商也有类似的合作。

2. 零售商与供应商的协同

零售商与供应商的 VMI 协同还应用在其他各个领域。

> **实际案例　H. Paulin 公司**
>
> H. Paulin(hpaulin.com/welcome.html)是紧固件、液压系统、汽车配件、螺杆机等产品的制造商及供应商。由于要和众多的零售商打交道,所以公司需要保证每一家零售商都不能断货,并且补货及时。断货实际上就意味着客户或许会因为一件很小的、价格不高的配件短缺而把重要的工作停下来。因此,H. Paulin 就从 Askuity(askuity.com)购进供应链管理系统。这套系统保证了 H. Paulin 能够实时地了解客户企业库存信息,并且将其与历史的存货水平相比较。这些数据有助于零售商与渠道商在库存及实时配送方面进行协同与合作。

3. 降低库存及运输成本

通过商务协同,企业还能降低库存及运输成本。亚马逊与物流公司(如联合包裹)之间的协同就是一个很好的例子。亚马逊每周都要从自己的配送中心发送几百万件商品。因此,配送的速度以及与运输公司的协同合作就成了一件十分重要的事情。

4. 缩短设计时间

以下的案例显示的是通过商务协同缩短设计时间的例子。

> **实际案例　Clarion Malaysia**
>
> Clarion Malaysia(clarion.com/my/en/top.html)是全球生产汽车音响设备的 Clarion 集团公司旗下的子公司。
>
> 该公司使用 IBM 开发的计算机技术(如计算机辅助设计软件以及产品周期管理软件)将产品上市周期缩短了 40%,而且产品设计质量也提高了,原因是设计人员可以用更多的时间开展创新设计。此外,Clarion 在产品设计期间与客户的沟通也更加顺畅了,而且工装准备的时间也缩短了。
>
> Commerce Guys(commerceguys.com)等公司已经开发出了社交协同平台软件(请浏览 drupal commerce.org)。

5. 减少渠道冲突:批发商与零售商的协同

有时候,客户会直接向制造商下单购物,这时候,制造商与批发商、零售商就发生了渠道冲突。一个解决的方法就是让客户向制造商订购,然后到批发商或零售商那里提货。这就需要制造商与客户所在地的批发商或零售商之间的协同一致。能够提供这种解决方案的一家企业是 JG Sullivan(jgsullivan.com),其产品帮助制造商实现在线销售，又不引起渠道冲突。另一个例子是思科（请浏览 cisco.com/c/en/us/solutions/collaboration/index.html）。

> **实际案例　惠而浦公司**
>
> 惠而浦（whirlpool.com）曾经也遇到过渠道冲突的问题。客户愿意在线直接向惠而浦购买家用电器（有时候是定制的家电）。当然，这就引起了全球各地渠道商的不快。有些家电是需要上门安装的，如洗碗机、洗衣机等，而这些工作是需要渠道商来安排的。
>
> JG Sullivan 帮助惠而浦在全球范围内使用商务协同系统。系统开发的理念是客户可以在线直接向惠而浦下单购买，但是配送、安装、质保、服务等工作依然由本地的渠道商来承担。这使得客户和渠道商皆大欢喜，公司的营销成本和销售成本大幅度降低了。当然，与客户的直接交流，也使得惠而浦对客户的需求更加了解了。

4.9.6　社交商务协同

协同商务发展的一个重要领域是**社交协同**（social collaboration），这是指人们（不管是个人还是群体）在开展网络社交活动或是实现社交目标时的互动及信息、知识分享。有专家认为，网络协同必须以社交为目的，企业的员工应该在不影响工作的前提下努力提高工作效率。市场上已经出现了许许多多协同软件（请浏览 g2crowd.com/categories/team-collaboration）。

4.9.7　协同商务中遇到的障碍

尽管协同商务能够为企业带来许多的利益，但是除了少数大企业以外，协同商务的发展非常缓慢，许多小企业并不接受这种技术。究其原因，一是企业内部难以将协同技术与原有的系统进行整合，也缺乏运用的标准。还有人担心网络安全以及隐私的泄露。甚至有人提出，储存于商务伙伴数据库里的数据和信息谁有权利利用，谁来控制。当然，企业内部还是有人不赞成信息共享的，也有人不愿意接受新技术，甚至有最简单的理由，就是企业里没有人懂这样的技术。费用如何分摊，利益如何共享，这些都是问题。

要在全球范围内开展商务协同，障碍更大，有语言、文化的障碍，还有预算不足的障碍等。

克服协同商务中遇到的障碍

为协同商务开发专门的软件工具或许能够帮助克服协同商务中遇到的障碍。此外，如果有更多的企业了解协同商务可以给企业带来利益，例如改善供应链上的流程，降低库存及运营成本，提升客户满意度等，那么企业就会愿意投入其中。有些新技术（如云计算、网络服务等）可以有助于克服推广协同商务中遇到的障碍。还有 Web 2.0 的开源协同技术，也会发挥作用。最为重要的，还应该在组织内部及组织之间培养一种协同文化。

协同流程及协同软件　开展协同商务可以使用的方法和协同软件有许多（见图 4-11）。

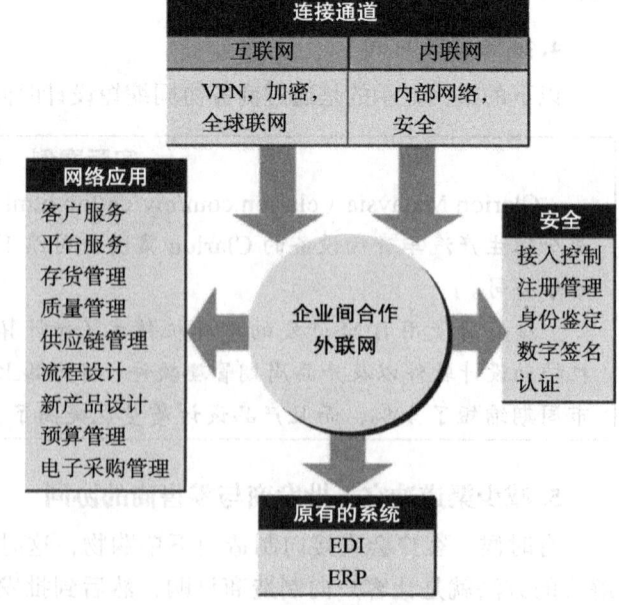

图 4-11　塔吉特的外联网

本节习题

1. 如何界定协同商务？
2. 协同商务有哪些形式和特征？
3. 请列举协同商务的具体应用。
4. 协同商务有哪些要素？它的流程表现为怎样的形式？
5. 协同商务的发展有哪些障碍？如何克服？
6. 社交网络中如何开展 C2C 商务活动？

管理问题

1. **网络采购中应该使用哪些 B2B 商务模式？** 在评价各种 B2B 经营模式的时候，企业应该判断采购的是直接材料还是间接材料。然后根据网络采购目标来选用解决方案。在选用电子商务解决方案时，企业通常有四个目标：（1）提高运营效率；（2）尽量压低采购价格；（3）降低库存规模；（4）尽量消灭断货现象。然后按照这些目标设计解决方案。市场发展的目标应该是让众多的中小企业拥有不太复杂的解决方案。

2. **在线 B2B 销售应该使用怎样的 B2B 商务模式？** B2B 电子商务中一个关键的问题是如何与使用各不相同的 EDI 系统、ERP 系统的客户进行协调。企业应用整合软件（EAI）能够将客户使用的不同 EDI 系统产生的数据转换过来。将 EDI 标准与 ERP 系统进行整合，那是另一个需要解决的问题。除了合同管理以外，B2B 厂商还要使用拍卖、库存清理、社交网络等方式提高销售业绩。

3. **企业应该选择怎样的供货商和解决方案？** 许多软件开发商开发、销售 B2B 解决方案，甚至还能为大企业开发这样的软件。选择软件开发商需要考虑两个问题。第一，应该选择一级开发商，如 IMB、微软、甲骨文等，它们都是自主开发，需要的时候寻找商务伙伴协助。第二，寻找聚合商，它们会将现有的软件、开发商根据企业具体的需求进行整合。

4. **B2B 电子商务会对企业产生怎样的影响？** B2B 商务系统将转变企业采购部门的作用，调整采购的流程。有时候，整个的采购工作或许会被外包出去。企业需要平衡战略采购与即兴式采购之间的关系。设计出一个新的供应链关系管理系统。

5. **B2B 电子商务活动中存在哪些伦理道德问题？** 由于 B2B 电子商务的开展涉及分享单个企业自有信息的问题，所以必定会出现相应的道德问题。员工未经授权，不应该获得系统中的相关信息，企业应该保护商务伙伴的隐私。

6. **应该选择企业社交网络还是公共社交网络？** 不管是企业社交网络还是公共社交网络，都有利有弊。有些大企业（如 northwesternmutual.com）都是两者兼而有之。但是，大多数情况下，还是选择公共社交网络（如 LinkedIn、Facebook 等）为上策。

7. **商业流程中哪些环节可以自动化操作？** 这取决于公司、产业和价值链的具体情况。但是，正如本章中所阐述的，按照供应链进行的销售、购买及其他活动是主要目标，包括支付（金融供应链）。同样重要的有物流、装运及存货管理。

8. **推广电子协同的障碍有哪些？** 要解决电子协同中遇到的技术问题并不困难。但是要应对组织内以及商务伙伴间行为变化的障碍则是很大的挑战。面对商务协同，行为管理（例如对变化的抵制）至关重要。还有，要让协同各方都了解自己的职责。商务协同需要一定的资金投入，还需要在组织内协调各方。由于潜在的风险和收益并不明显，所以要让组织接受商务协同这种模式并不容易。

9. **哪些东西可以与商务伙伴分享？应该给予商务伙伴多少信任？** 许多企业会将销售数据及市场预测数据与商务伙伴分享，但是，一旦要与人分享产品设计、库存数量甚至 ERP 系统的内容，有些管理者就会迟疑，理由就是担心安全与信任的问题。分享的信息越多，协同的效果就越好。但是，信息分享有时会泄露商业机密。还有的问题就是组织文化，有些员工甚至不愿意在企业内部分享信息。因此，要对信息分享带来的风险和收益进行仔细的评估。

10. **供应商管理库存系统对哪些人有利？** 运用了供应商管理库存系统，供应商和零售商都能够从中受益。但是，小的供应商有时候难以对客户的存货进行有效的、系统的控制。因此，大的买家应该帮助自己的供应商管理好这样的系统。有些关键的事项要在项目启动以前就设计好，例如，如果系统中发现库存水平下降时由谁来处理。

11. **使用社交网络对企业有哪些风险？** 社交网络有利于员工与商务伙伴之间的沟通和交流，但是，这样的沟通也会带来负面的影响。企业应该明确，哪些互动形式是不被允许的，而且要为商务协同制定规则。

本章小结

1. **B2B 电子商务的定义**。B2B 电子商务是指企业间的电子商务活动。在整个电子商务活动中，B2B 占了 85% 的比重。B2B 电子商务有不同的商务模式。

2. **B2B 电子商务的主要经营模式**。B2B 电子商务千差万别。人们将做如下的分类：卖方市场（一个卖家，多个买家）；买方市场（一个买家，多个卖家）；交易中心（多个买家和多个卖家）。每一种类型都涉及多个商务模式。在有些 B2B 电子商务中，中介发挥了很重要的作用。

3. **卖方市场的经营模式和特征**。卖方市场是指一家企业（制造商或是中间商）直接将商品、服务销售给多家客户。这里所用的主要技术是电子商品目录，它有助于开展有效的定制化、重新配置，也方便买家采购。现在比较盛行正向拍卖，企业用这种方式处理积压的库存。卖方开展拍卖活动可以在企业自己的网站上，也可以在中介组织的拍卖网站上。卖方市场可以辅之以各种客户服务。电子商务有助于卖方进行产品、服务的定制化操作，体现产品的个性化。

4. **卖方市场的中介机构**。B2B 电子商务中中介的作用主要是向制造商和其他商务伙伴提供增值服务。中介机构还可以整合买家，开展拍卖活动。中介还可以充当渠道商的角色，将多个卖家的商品目录整合在一起。

5. **买方市场的特征及网络采购**。如今，企业都愿意用网络采购的形式提高采购速度，降低采购成本和管理成本，更好地控制采购流程。采购的方式主要有：逆向拍卖（卖方竞标）；通过网络店铺或商品目录采购；协议采购；向整合卖方商品目录的中间商采购；企业内市场组织团购；桌面采购；利用交易中心或行业卖场采购；网络易货交易等。通过网络采购，企业可以节约大量的人力、财力。

6. **B2B 电子商务的逆向拍卖**。所谓逆向拍卖，是指买方招标，卖方竞标的一种拍卖形式，买方以此来获得较低的采购价格。拍卖可以在买方自己的网站上进行，也可以在第三方网站上进行。逆向拍卖可以帮助买方降低成本，这是指商品价格以及招标的时间及管理成本。

7. **B2B 市场整合及团购模式**。将买方或是卖方整合在一起，有利于企业宣传自己的交易意向，并提高自己的谈判地位。将卖方的商品信息整合在一起，形成企业内部的采购市场，有助于买方企业控制采购成本。在桌面采购中，购买者只要不超过采购预算，就可以免去申报的烦琐流程，只要按照卖方给定的价格采购就行了。行业卖场专注于一个行业产品（如计算机、MRO 材料等）的交易。企业可以将几千家供货商的商品汇集在一起。采购代理是在行业卖场上下订单，配送可以由供货商安排，也可以由卖场安排。团购的模式日趋流行，中小企业可以由此降低采购价格。除了直接采购以外，也可以用交货贸易的形式进行采购。

8. **交易平台的定义及其主要类型**。交易平台是为许多买家、许多卖家和其他交易伙伴进行交易提供的电子市场。主要类型有 B2B 第三方交易平台和联合交易平台。交易平台可以是垂直的（以行业为导向的），也可以是水平的。

9. **第三方交易平台**。第三方交易平台由一家独立的企业运营，一般是针对一个具体的行业市场。由于不限制用户的身份，所以被看作公共平台。它们尽量在买方和卖方之间保持中立。

10. **社交网络及 Web 2.0 工具给 B2B 电子商务带来的利益**。尽管 B2C 电子商务中社交网络已经很普及，但是 B2B 电子商务的社交网络应用也非常重要。企业广泛使用博客、维客将供货商和客户整合在一起，利用企业专属社交网络进行沟通。大型企业利用社交网络建立并改善商务关系，小企业则是利用社交网络收集专家意见，还有一些企业利用社交网络发现新的商务伙伴，寻找商机，招募员工。

11. **协同商务**。协同商务指的是商务伙伴对数字技术共同的利用。这种利用包括计划、设计、调研、管理、为商务伙伴服务、任务协调等。协同对象一般都是供应链上的伙伴。协同商务协同的双方身份各不相同，协同也可以在网络中的多方之间进行。利用 Web 2.0 工具和社交网络，商务协同又多了一层色彩，沟通、参与、信任也多了一份保障。商务协同的新工具很多，有些则是传统协同工具的升级版。良好的商务协同有利于供应链管理、知识管理，也有利于个人和组织的工作及运营。

关键术语

bartering exchange：易货交易平台
business-to-business e-commerce（B2B EC）：企业对企业电子商务
buy-side e-marketplace：买方市场
collaborative commerce（c-commerce）：协同商务
collaborative hubs（c-hubs）：协同中心
company-centric EC：以企业为中心的电子商务
consortium trading exchange（CTE）：联合交易平台
desktop purchasing：桌面采购
direct materials：直接材料
dynamic pricing：动态定价
e-collaboration：电子协同
e-procurement（electronic procurement）：电子采购
exchanges（trading communities or trading exchanges）：交易平台（交易团体或交易场所）
gamification：游戏化
group purchasing：团购
horizontal marketplaces：水平市场
indirect materials：间接材料
maintenance, repair, and operation（MRO）：保养、维修和日常运营
maverick buying：即兴式采购
online intermediary：网上中介
procurement management：采购管理
public e-marketplaces：公共网络交易市场
request for quote（RFQ）：报价请求
reverse auction：逆向拍卖
sell-side e-marketplace：卖方市场
social collaboration：社交协同
vendor-managed inventory：供应商管理存货
vertical marketplaces：垂直市场
virtual trade shows：虚拟贸易展

讨论题

1. 以商品目录为基础的卖方市场如何运作？它能为企业带来哪些利益？
2. 与利用商品目录销售相比，网络拍卖有哪些优势？有哪些不利的方面？
3. 团购聚合商主要使用哪些经营方式？
4. 桌面采购这种方式是否只能用在企业内部市场？
5. 私有交易平台和公共交易平台有什么区别？
6. 外部和内部整合目录有什么区别？
7. 社交商务与 B2B 团购有何区别？
8. 组织买家和个体消费者有什么区别？
9. 哪些新兴技术将对 B2B 电子商务产生重大影响？
10. 有人认为协同商务将在供应链伙伴中把重视交易转变成重视关系。这种判断正确吗？为什么？

课堂论辩

1. 社交网络给 B2B 电子商务带来哪些机遇？
2. 社交网络给 B2B 电子商务带来哪些风险？
3. 全球化对 B2B 电子商务有哪些影响？
4. B2B 电子商务与营销组合（4P），与 4C 有什么关系？
5. B2B 电子商务中会产生哪些渠道冲突？
6. B2B 目录（如阿里巴巴）对全球贸易有哪些贡

献？其发展受到哪些限制？
7. 有人认为，网络交易平台应该由第三方中介机构来运作，而不是产业联盟。这种观点站得住脚吗？为什么？
8. 为什么在寻找销售机遇时 Facebook 不如 LinkedIn？
9. 课上观看 4 分 11 秒的视频，名为"数字世界中的 B2B 营销"，网址为 youtube.com/watch?v=nSngph5EC6U。讨论"与时俱进的营销经营者"的含义。
10. 研究进行清算的公司。主要关注 liquidation.com、govliquidation.com 和 govdeals.com。它们提供的服务有哪些相似之处和不同之处？讨论使用这些服务给公司增加的价值。
11. B2C 电子商务与 B2B 电子商务融合在一起，谁将面临较大的风险？请访问 youtube.com/watch?v=krH4SDB1jPQ 观看视频，并思考亚马逊进入 B2B 市场造成的影响。

网络实践

1. Tripadvisor.com 在 2010 年开始 B2B 经营项目。使用该公司网站的客户能获得怎样的利益？
2. 请浏览网站 ariba.com、ibm.com 和 ibxeurope.com。观察它们提供的商品和服务。它们是如何支持移动营销和社交商务的？
3. 第 2 题中的各个网站是如何开展 B2B 业务的？
4. 请浏览 ebay.com。网站上有哪些活动与小企业拍卖有关？网站提供哪些服务？请浏览 Business & Industrial 页面（ebay.com/rpp/business-industrial），这是怎样的网络市场？它的主要功能是什么？
5. 请浏览 ondemandsourcing.com，研究网站上的软件试用版。中小企业能从中得到什么利益？
6. 浏览 bitpipe.com，与网络采购相关的 B2B 企业报告有哪些？有哪些专题是这一章里没有涉及的？
7. 请浏览 cognizant.com，观察它们销售的网络采购软件。对这些软件工具进行分析。
8. 请浏览 navigatorgpo.com/gpo 和其他两个团购网站。就 B2B 团购活动写一份报告。
9. 请浏览 blog.marketo.com，寻找 8 个 B2B 社交商务的成功案例。列表说明博客中有哪些话题。写一份简短的报告，说明博客中的内容，归纳企业取得的经验和教训。
10. 请浏览 smallbusiness.yahoo.com/ecommerce，归纳出一个成功经营的案例。
11. 请浏览 eprocurement.nc.gov。网站上提供怎样的网络采购方式？它们会给企业带来怎样的利益？
12. 请浏览 equinix.com，该网站提供怎样的 B2B 网络经营服务？
13. 请浏览 collaborativeshift.com 或是其他的协同商务网站，阅读有关电子协同的文献，并写出一份报告。
14. 请浏览 opentext.com 或 kintone.cybozu.com/us，阅读协同商务企业版的软件介绍，打开试用版。该企业如何为协同商务提供支持？
15. 请浏览 lightwellinc.com，观看有关 B2B、B2C 商务融合的视频（youtube.com/playlist?list=PLLL8kmgDjbGlIiQJJoUwQq940iTelZaM_）。视频中有关 B2B、B2C 商务融合的预测。

团队合作

1. 请阅读本章开头的导入案例，并回答下列问题：
   a. 阿里巴巴提供什么目录服务？
   b. 阿里巴巴的收入来源是什么？
   c. 找到关于 2014 年该公司上市的信息。你认为公司价值实现了吗？
   d. 登录 slideshare.net/yanhufei/case-study-alibaba-final-v-11，回顾阿里巴巴的案例。应该如何回答老师设计的问题？
   e. 阿里巴巴的业务模式是什么？
   f. 登录 sa.alibaba.com，观看阿里巴巴关于供应商评价的视频，总结其内容。
   g. 观看名为"e-Riches 2.0: -The Best Online Marketing Book by Scott Fox"的视频，网址为 youtube.com/watch?v=60747UHN9Mw。这段视频给你什么启示？
2. 每一个团队关注一种 B2B 社交网络活动，写出小结向全班陈述。陈述内容应该包括：
   a. 使用的机制和技术；

b. 这种方法对买家、供货商以及其他各方的利益；
　　c. 这种方法对买家、供货商以及其他各方的局限；
　　d. 这种方法需要的环境。
3. 每个团队搜索一个与阿里巴巴竞争的全球 B2B 中介商（如 globalsources.com）。准备一份阿里巴巴和你选择的竞争者的买卖双方可以获得的服务清单。
4. 请观看视频资料 amazon.com/Amazon-Business-Tour/dp/B00WN5U03W。亚马逊给制造商、渠道商和客户各带来怎样的利益？
5. 登录 ariba.com，什么软件解决方案（如 Ariba Commerce Cloud）可以加强企业间的商务合作？同时关注公司对采购及合同管理提出的解决方案。向全班展示你的结果。
6. 请浏览 spendmatters.com/2015/10/08/the-future-and-promise-of-e-procurement，阅读题为"电子采购的未来"（The Future and Promise of E-Procurement）的文章。以团队为单位归纳几位作者的观点，并在班级里分享。
7. 观看视频，名为"电子采购案例研究：HOYER 集团"（eProcurement Case Study: HOYER Group），网址 youtube.com/watch?v=BFaJPeDQyIs&noredirect=1。回答下列问题：
　　a. Hoyer 集团面临的问题是什么？
　　b. 公司需要怎样的软件工具？
　　c. 他们怎么评价这些软件？使用的标准是什么？
　　d. 从这个视频中你学到了什么？
8. 全班研究 Ariba 的供应商网，将它与几家类似的网站进行比较（如 IBM Starling B2B Collaboration Network）。每组进行一个比较，向全班展示。
9. 请先浏览 youtube.com/watch?v=bucxXpDvWDI、youtube.com/watch?v=dV_KUJ0eVuE，观看视频资料"关于协同商务的讨论"（Panel Discussion on Collaborative Commerce），并回答下列问题：
　　a. 买方能得到怎样的利益？将这些利益连同协同商务一起思考。
　　b. 公司使用了怎样的电商技术来支持协同商务的开展？
　　c. 协同商务技术如何促进买家与供应商之间的关系？
　　d. 若可以，邀请一家大客户来参加小组讨论。
　　e. 企业如何在线邀请商务伙伴？
　　f. Ariba 扮演着怎样的角色？（请浏览 ariba.com。）
　　g. 从视频资料中你了解到哪些有关电子商务及协同商务给企业带来的利益？
10. 下载题为 *The Forrester Wave™ B2B Commerce Suites* 的白皮书，并写出一份报告，将其与不同供应商的解决方案进行对比（请浏览 www-cmswire.simplermedia.com/cw-cp-ibm-ogilvy-2015-02.html?utm_source=internal&utm_medium=WIR-150412-WP5&utm_campaign=cw-cp-ibm-ogilvy-2015-02&mkt_tok=3RkMMJWWfF9wsRomrfCcI63Em2iQPJWpsrB0B%2FDC18kX3RUnJbubfkz6htBZF5s8TM3DVlJGXqlI4UEKTLE%3D）。
11. 观看视频资料，下载文字资料，并写出相应的报告，论述选择 B2B 电子商务软件的标准（请浏览 ecommerceandb2b.com/the-basics-and-foundation-of-b2b-ecommerce 及 ecommerceandb2b.com/download/5169）。
12. 观看雷诺日产联盟首席执行官 Carlos Ghosn 有关汽车行业发展的谈话视频，思考汽车行业发展的驱动力。这些趋势与电子商务的发展，与 B2B 电商技术的发展有哪些关系？（请浏览 youtube.com/watch?v=gYg2XNEugJ8。）

章末案例

美宝莲公司利用协同商务技术管理配送工作

　　美宝莲公司（maybelline.com）是专营化妆品的全球制造商和渠道商，其销售渠道包括众多的百货商店、药妆店、专卖店等。

存在的问题

　　化妆品行业受到客户的偏好影响很深，随着时间的变化，地域的变化，人们的喜好也随之变化。这对渠道商是很大的挑战。零售商如果不是紧盯着紧俏商品的库存，断货的风险就很大。反过来，如果他们多订货，化妆品一旦过时，存货就会积压。批发商则需要紧盯市场潮流和零售商的订单，要给制造商发出需求的信号。由于市场变化太快，所以交易双方都必须对市场有清晰的了解。

解决方案

为了应对瞬息万变的市场,美宝莲公司时刻了解市场销售趋势,了解渠道商库存的状况,并以此来安排生产计划。为了将这些信息都整合在一起,美宝莲公司与 Market6(这是一家开发协同商务软件的公司)合作,用协同技术来监视零售商的销售状况,看哪些产品热销,并以此来安排生产周期。这一套系统不仅帮助了美宝莲,而且也帮助了零售商,因为它们能够对客户的需求变化及时地做出回应。

资料来源:Fiorletta (2014) and supermarketnews.com/kroger/krogers-analytics-arm-acquires-market6 (all accessed January 2017).

思考题

1. 在化妆品这个行业,为什么了解市场趋势十分重要?
2. 为什么批发商与零售商合作对双方都有利?
3. 这套管理系统将数据分享给批发商和零售商是否非常重要?
4. 能否用这套系统辅助生产决策和营销决策?

第 5 章

电子商务创新：电子政务、远程教育、远程医疗、共享经济及P2P商务

学习目标

1. 介绍电子政务的各种形式；
2. 介绍电子政务活动及实施、电子政务2.0和移动政务；
3. 介绍远程教育、虚拟大学及在线培训；
4. 介绍电子书和读者群；
5. 介绍远程医疗技术；
6. 介绍数字技术的颠覆；
7. 介绍汽车共享与民宿共享；
8. 介绍电子商务中的P2P模式。

导入案例

爱沙尼亚共和国的电子政务

爱沙尼亚共和国是东欧的一个小国，人口不到150万。但是，电子政务的应用在该国却非常成功。

存在的问题

从苏联独立出来以后，爱沙尼亚十分贫穷。虽然它在地理上离技术发达的北欧国家不远，信息技术却不发达。到20世纪90年代末，该国政府意识到，要想转变政府的服务，必须发展信息技术，包括电子商务技术。

解决方案

令人高兴的是，政府首脑和政府官员都一致愿意发展电子政务，这就保证了政府力量的投入和资金的投入。爱沙尼亚政府决心打造一个网络化社会。

由于国家比较贫穷，要把一个纸质化的政府转变为一个数字化的政府并非易事，不仅政府需要出力，整个社会都要出力。那时候，整个国家处于转型期，诸多规范刚刚形成，对人们的行为方式进行改变也比较容易。

爱沙尼亚政府的政策比较宽松。他们紧盯信息与通信技术全球发展趋势，关注本国市场数字社会及电子商务的现状，然后做出相应的动作。他们接受企业、学者以及各方人士提供的意见和建议，包括总理和政府官员提出的意见建议。爱沙尼亚的电子政府项目还得到了欧盟及欧洲经合组织的支持。

应用实例

- 电子身份证。每一个爱沙尼亚的公民都随身带着智能身份证，用这个证件可以接受1 000多项公共服务。身份证的芯片里嵌入了2 048位的公钥加密信息，可以在电子环境里证明持有者的身份。身份证的作用很

大，如数字签名、利用政府数据库、电子投票、预付交通卡、浏览银行账户等。

- 电子居民身份。爱沙尼亚以"服务型国家"著称，向全球所有的人士提供服务。拥有电子居民身份的人可以在线申办企业，一天就可完成。并且可以实现数字签名，为文档及合同加密传输，在全球各地实现对公司的管理。所有的这些服务已经开展了十几年。到2017年1月，已经发出了13 000多份电子居民卡。这项服务吸引了全球各地的投资者。
- 数字签名。爱沙尼亚的数字签名系统为多种电子服务打下了基础，如电子投票、电子报税等。企业可以免费利用这一系统。自2000年以来，完成的电子签名已经有2.42亿次。电子签名的效力与纸质签名相同。全国的电子身份认证系统创建了一个高效、泛在的认证环境。
- X-Road数据传输平台。爱沙尼亚的电子政务平台基础是名为X-Road的后台系统。这个系统将全国的各类服务及数据库连接在一起，政府机构及企业组织都能够使用。公民们可以从中享受到各种服务。每天利用这一系统的服务超过2 000项，上线提供服务的组织有900多个。
- 电子投票。爱沙尼亚的互联网投票系统方便投票者手持身份证和选票在全球任何一台计算机上投票。2005年，爱沙尼亚成为首个利用电子系统投票的国家。2007年，它又成为首个实现电子化议会选举的国家。
- 电子内阁。电子内阁系统方便政府机构决策，内阁成员准备会议、举行会议、审核会议记录，都实现了无纸化。每周一次的内阁例会，从原来的4～5小时缩短到90分钟。每周政府还免去了几千份文件的打印，大幅度降低了成本，提高了效率。
- 网络学校。网络学校是有关各方将教学内容和信息汇聚在一起的网络平台。老师们把各年级的教学资料和学生的上课信息输入系统中，提出作业要求，对学生的学习进行评价。85%以上的爱沙尼亚学校都有自己的网络学校，参与的各年级学生超过95%。
- 电子医疗。爱沙尼亚遍布全国的电子医疗信息系统将不同医疗机构的数据整合在一起，为每一位病人建立了公用的档案。医生们只要查阅一份资料，浏览体检结果和X光片，就能够为病人开出电子处方。国家可以将这些数据汇集在一起来预测医疗保健的现状和流行病趋势，更加有效地配置医疗资源。

取得的成就

电子政务给爱沙尼亚带来了诸多的利益。

- 人民的生活变得更加便利，如数字签名、在线投票等。
- 改进了商务环境，政府的繁文缛节变少了，企业登记的速度加快了。例如电子登记系统帮助企业完成年度报告。
- 政府的工作效率更高了，表现在内阁的高层决策，以及政府机构的日常运作。
- 政府部门的工作速度加快了，例如巡警可以实时地查询政府部门的数据库，现场就可以处置违法、违规事件。
- 政府工作更加透明了，公民参与也更加方便了。电子内阁系统及电子资讯系统方便了政府在决策时倾听百姓的声音，政府制定的法规第一时间就可以告知公众。
- 2011年的议会选举，由于使用了电子政务系统，累计节约了11 000个工作日。
- 2015年的议会选举，爱沙尼亚公民在116个国家参加了投票。

资料来源：改编自Kwang（2017a）及estonia.com/estonias-road-e-governance-went-right（accessed January 2017）。

案例启示

即使是小国、穷国，也依然可以实现政府事务的数字化。数字化的目的是提升服务、降低成本、鼓励公民参与。爱沙尼亚的尝试是成功的，这要归功于它的小，也要归功于各方的协同一致，还有政府的支持。本章的主要内容是电子政务，以及与此相关的远程教育、远程培训和远程医疗。最后，我们还将介绍几个电子商务的创新应用，如共享经济、P2P电子商务等。

5.1 电子政务概述

电子政务(有时也称为"数字政务")是电子商务应用中发展得很快的一个领域,正如导入案例所介绍的,它涉及多方面话题。电子政务涵盖各级政府,有中央政府,也有地方各级政府。它的主要目的是把政府机构带进数字时代。本节介绍其主要几个方面。

5.1.1 电子政务的定义和应用领域

电子政务(e-government)指的是政府利用信息技术(具体说是电子商务技术)改善政府活动和公众服务,例如让市民更方便地获得政府信息,向市民和企业提供有效的政府服务,提高政府雇员表现等。同时,它也是政府与公民、企业和其他实体进行互动的有效方式,改善政府商业活动(如政府采购和出售),提高政府内部的有效运作。电子政务涉及大量活动,请阅读导入案例,或浏览 en.wikipedia.org/wiki/E-Government 及 w3.org/egov。

需要注意的是,电子政务也为政府机构提供了提高内部工作效率的机会。

电子政务包括以下几大类:政府对公民(G2C)、政府对企业(G2B)、政府对政府(G2G)、政府内部效率和效益(IEE)、政府对雇员(G2E)。表 5-1 提供了前四类电子政务的工作目标(请浏览 whitehouse.gov/omb/e-gov、whitehouse.gov/sites/default/files/omb/egov/digital-government/digital-government.htm 及 gov.sg)。

表 5-1 电子政务的工作目标

G2C	G2B
• 节约公民与政府机构的互动时间 • 为政府服务网站创建友好的单点访问界面 • 缩短公民寻找在政府机构工作岗位的时间 • 减少公民查找福利项目的时间,判断自己的资格 • 增加使用互联网查找娱乐信息的人数 • 满足公民日益增长的对信息的需求 • 提高政府服务对公民的价值 • 帮助更多残疾人获得政务信息 • 使公民获得政府的财政资助更加方便,更加快捷,更容易理解,成本更加低廉	• 提高企业寻找、查看、评论政府制定的规章制度的能力 • 在线报税减少企业的工作负担 • 减少出口申报材料的填报时间 • 减少企业配合政府监管的时间
G2G	**IEE**
• 减少应对突发事件所需要的时间 • 减少校验公共记录的时间 • 增加电子申请政府资助项目的数量 • 提高各级政府之间的沟通效率 • 增加与国外合作者(包括国外政府部门和机构)的协作 • 宣传政府机构中好的做法,提高内部工作流程自动化程度,降低政府开支	• 政府雇员更加容易获得培训项目 • 减少填报审核表的平均时间 • 更多地使用在线旅行服务 • 减少政府部门采购的时间和费用 • 更有效地规划 IT 投资 • 用更低的成本提供更好的服务 • 削减政府的管理成本

实际案例　欧盟委员会

欧盟委员会数字化议程网站(ec.europa.eu/digital-agenda/welcome-digital-agenda)是综合电子政务系统一个例子。它是欧盟十年发展战略中的七个旗舰项目之一。该网站包括以下几个重要主题:生活和工作、公共服务、终身学习、智能城市、电子医疗和人口老龄化。具体内容请浏览 ec.europa.eu/digital-agenda/welcome-digital-agenda。

上文是根据政府与各实体之间的交互活动而分类的,而这些实体之间也相互关联,如图 5-1 所示。

以下则是政府与各主要实体间活动的简要说明。

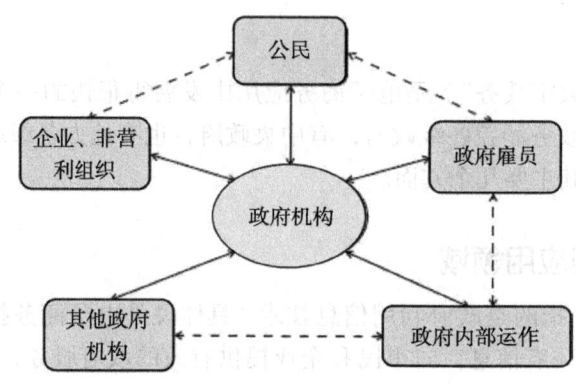

图 5-1 电子政务的活动分类

5.1.2 政府与公民电子政务

政府与公民电子政务（government-to-citizens，G2C）指政府机构与公民利用网络进行的交往。G2C 可以有几十种不同的活动形式，其基本思路是公民可以在任何时间、任何地点与政府进行沟通。G2C 使公民能够方便地向政府机构提出问题并得到答复、纳税缴费、收款、取文件、预约服务（如招聘面试、门诊预约）等。例如，美国的百姓换领驾驶执照、缴纳违章罚款、安排汽车排放检查、预约考驾照时间等事务，都可以在网络上进行。

政府网站的主要功能有："联系我们"、政府公告发布、其他网站链接、教育资源、出版发行信息、数据统计、法律声明、数据库等。G2C 活动主要涉及社会服务、旅游娱乐、公众安全、科研教育、文件下载、政府服务检索、税务申报、公共政策信息、健康医疗等方面。如今在许多国家和地区，G2C 服务可以通过移动设备获得。

G2C 还能为民众解决问题。政府机构（或政府官员）可以使用客户关系管理软件（CRM）将百姓的咨询和问题分配给适当的工作人员（如 ict.govt.nz 网站所示），接着该软件的工作流程会自动跟踪问题的解决进程。

世界上有些国家会由于某些政治、社会或其他原因而屏蔽一些网络功能。更多 G2C 信息，请浏览 usa.gov/Citizen/Topics/All-Topics.shtml。美国劳工部为美国主要公众团体提供的服务内容，请浏览 dol.gov/_sec/e_government_plan/p41-43_appendixe.htm。

G2C 最受欢迎的有两个应用。

1. 网络投票

投票很可能会出差错，也可能被人为操纵、投票舞弊。在许多国家，有人会设法操纵选举，而另一些国家，选举失败的一方会要求重新手工计票。有些国家甚至因选举引发政治冲突。美国 2000 年和 2004 年的总统大选中出现的问题，加速了电子投票的发展趋势。

选举中会遇到一系列技术问题和社会问题，包括选民的登记注册、身份验证、投票计票等。具体的电子投票过程，参见图 5-2。网络投票可以自动地完成其中部分甚至全部工作。

人们对完全依赖电子投票系统持有较多争议，因为各种相关因素会影响选票结果，如软件的性能。其他的典型问题还有如何向选民销售该系统、审计复杂、对选举过程控制缺乏经验等。

被操纵的选举 电子投票比较有争议的一点是可能发生舞弊。如果电子投票设备没有有效的监督，那么舞弊确实是有可能的。当然，如果电子投票系统是在政府监管的网络上进行，而不是在公网上操作，那么被黑的可能性也就小一些。2016 年美国总统大选期间，有人曾提出将一些非投票的系统（如民主党全国委员会的一些数据）融入其中（请浏览 en.wikipedia.org/wiki/Electronic_voting 及 eff.org）。

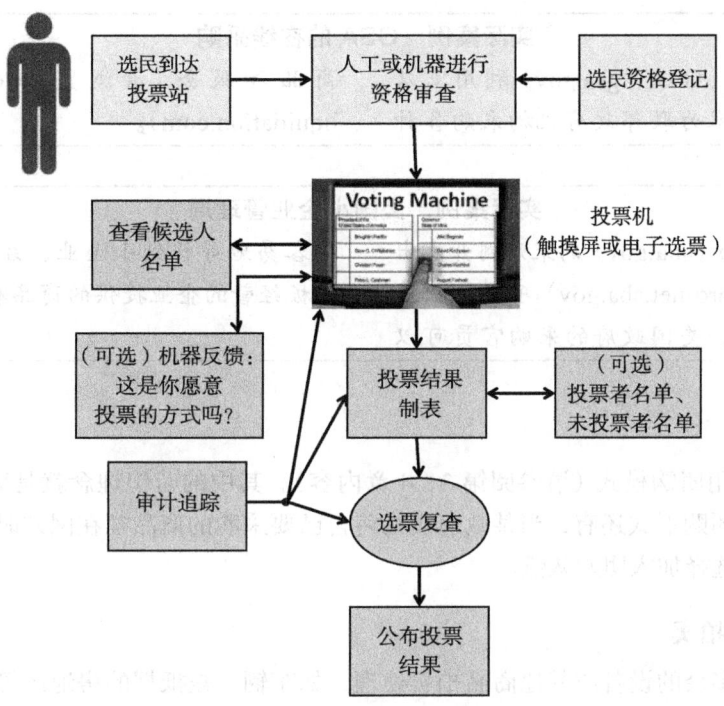

图 5-2　电子投票的过程

2. 救济金电子发放

救济金电子发放（EBT）在电子政务中早有应用，它出现在 20 世纪 90 年代初，如今被许多国家所采纳。美国政府定期向民众发放救济金数十亿美元。1993 年，美国政府试图将救济金从政府账户转账至领用人账户，但问题是约 20% 的领用者没有银行账户。为了解决这个问题，政府启动了智能卡业务（请参阅第 12 章内容）。近来，有些地方政府将救济金转账到智能手机上，领用人将救济金存入智能卡，然后在自动取款机或商店的 POS 机上使用，就像一些预付卡一样操作。这样做的好处是节省了手续费（从纸质支票每笔 50 美分降低到电子转账每笔 2 美分），同时减少了诈骗现象。随着生物识别技术（请参阅第 11 章内容）融入智能卡和计算机技术，官方预计这一领域的诈骗案件会大幅度下降。2004 年，美国所有州都实现了救济金电子发放（请浏览 www.fns.usda.gov/ebt/general-electronic-benefit-transfer-ebt-information）。

在有些发展中国家（如印度、巴西等）政府是采用移动支付的形式将救济金分发给老百姓的。

5.1.3　政府与企业电子政务

政府希望能够提高与企业交往的自动化程度。尽管我们一般将其归入**政府与企业电子政务**（government-to-business，G2B），但实际上它还分成"政府对企业"和"企业对政府"两类。因此，G2B 既指政府向企业销售商品，提供服务，也指企业向政府提供商品和服务。G2B 中最主要的两项活动是在线采购和政府多余物资拍卖。更多有关企业和非营利组织的 G2B 电子政务，请浏览 usa.gov/Business/Business-Gateway.shtml。

1. 政府在线采购

政府机构需要直接向供货商采购大量的 MBO 材料（请参阅第 4 章内容）。许多情况下，法律规定政府采购必须采用招标方式。过去，招标活动是手工操作，但如今政府机构大多将这一工作转移到了网络上。它们利用逆向（买方）拍卖形式，正如第 4 章中所提到的那样，由政府提供所有此类招标系统的支持。美国住房和城市发展部负责向低收入家庭提供住房，如今他们也开展网络采购活动了（请浏览 gsaauctions.gov/gsaauctions/gsaauctions）。

> **实际案例　GSA 的在线采购**
>
> 美国联邦总务局（GSA，gsa.gov）利用需求整合、逆向拍卖等技术为联邦政府机构采购各种商品和服务（请浏览 governmentauctions.org 及 liquidation.com）。

> **实际案例　美国小企业管理局**
>
> 美国小企业管理局（sba.gov）的采购网开发出一种网络采购服务（pro-net.sba.gov）项目。利用这种可搜索的数据库，美国政府的采购官员可以很容易地寻找到小企业、经营不善的企业以及女老板经营的企业提供的商品和服务。

2. 政府团购

许多政府机构也采用团购模式（请参阅第 3、4 章内容）。其中的营销理念就是数量折扣，订购量越大，折扣幅度越大。类似的团购形式还有，当某政府机构将自己要采购的商品挂在网站时，发起了团购行为，其他政府部门看到后可以选择加入团购队伍。

3. 正向及逆向在线拍卖

许多政府机构会将多余的设备或其他商品拍卖处理，如车辆、被抵押的房地产等。这样的拍卖活动如今也在网络上进行。拍卖可以在政府网站上进行，也可以通过第三方拍卖网站（如 ebay.com、bid4assets.com、governmentauctions.org 等）进行。美国联邦总务局（GSA）有自己运营的拍卖网站（gsaauctions.gov），对政府多余的物资及没收物资进行实时拍卖，其中有些拍卖只允许批发商参与，有些则是公开进行的（请浏览 governmentauctions.org）。更多的拍卖活动则是以逆向拍卖的形式完成的，政府机构采购商品或服务（请参阅第 4 章内容）。

5.1.4　政府与政府电子政务

政府与政府电子政务（goverment-to-goverment，G2G）指的是不同政府机构之间的在线商务活动，它也包括某一个部门内部的在线活动。此类电子政务的主要目的是提高工作效率。我们以美国各级政府间的 G2G 活动来说明：Intelink（intelink.gov）是一个政府机构的内联网，由众多美国情报机构共享机密信息，该计算机系统只对授权的美国政府提供服务。

5.1.5　政府与雇员电子政务以及政府内部的运营效率

政府机构中使用的电子商务运作模式多种多样。以下从两个方面进行说明：

1. 政府与雇员的电子政务

政府机构也希望通过网络平台向雇员提供服务和信息，这一点与非政府机构是相似的。政府与雇员电子政务（Government-to-employees，G2E）是政府机构与政府雇员之间的电子政务活动，它可能对新员工的在线培训特别有用，通过网络教育帮助雇员提高技能，加强沟通和协作。它还包括其他的服务，如在线支付薪酬、在线人力资源管理、在线招聘等。

2. 提高政府机构内部的效率和效益

政府机构必须提高内部的工作效率和效益（IEE），以保证其运营开支在预算范围内，避免遭受公众批评。但是，不是所有的政府部门都能做到这一点。电子商务技术为工作效率的显著提高创造了条件。

> **实际案例**
>
> 美国行政管理和预算局（whitehouse.gov/omb）在其 2011 财年向国会的报告中提供了有关 IEE 活动清单。具体表现在：
> - 基于云计算的联邦项目管理；
> - 创新的无线移动应用平台；
> - FedSpace（联邦雇员的协作平台）应用；
> - 联邦数据中心整合计划；
> - 小企业实时评估系统；
> - IT 绩效评估系统（也可通过移动设备实现）；
> - Performance.gov（提供改进绩效活动的信息的网站）。
>
> 此外，还有传统的 IEE 活动，如电子薪资管理、电子档案管理、在线培训、综合数据采集、在线人力资源管理等。

5.1.6 电子政务的实施

与所有的各类组织一样，政府机构也希望能迈入数字时代。因此，人们可以看到政府机构正大量投入电子商务活动（请浏览 innovations.harvard.edu）。

本节探讨了电子政务的发展趋势，以及电子政务实施的相关问题。需要注意的是，实施电子政务的最大障碍来源于许多政府部门想要控制知识和数据的使用和传播。

5.1.7 向电子政务转型

政府服务从传统型向网络型的转变将会是一个漫长的过程。

多家大型的软件开发公司都开发出了电子政务的工具和解决方案。IBM 旗下的 Cognos 公司（ibm.com/software/analytics/cognos）就是其中之一，该公司还提供免费索取的白皮书。

5.1.8 电子政务 2.0 和社交网络

政府机构可以通过社交媒体工具和新的商务模式，利用社交网络让更多用户参与，提高政府在线活动的效率，用合理的成本来满足公众的需求。这样的创新系统被称为**电子政务 2.0**（Government 2.0）。全球各地的政府机构如今都在尝试社交网络工具，在公共社交网站上，它们也有自己的主页。政府机构使用 Web 2.0 工具主要是为了工作协调、信息传递、远程教育、公民服务等。

> **实际案例**
>
> 美国海岸警备队使用 YouTube、Twitter 和 Flickr 等网络平台传播信息并讨论其救援行动。值得一提的是，联邦应急管理局使用 Twitter 反馈通道（以前称作"FEMA 聚焦"）提供信息传播服务。政府执法机构也可以利用社交媒体（如 Facebook 和 Twitter）追捕罪犯（请浏览 twitter.com/fema）。
>
> 更多案例，请浏览 digitaltrends.com/social-media/the-new-inside-source-for-police-forces-social-networks 及 federalnewsradio.com/445/3547907/Agencies-open-the-door-to-innovative-uses-of-social-media。

电子政务 2.0 的潜能

许多政府正着手开始使用电子政务 2.0（请浏览 adobe.com/solutions/government.html?romoid=DJHAZ）。更多信息，请浏览 wise-geek.com/what-is-e-government.htm。

5.1.9 移动政务

移动政务（mobile government, m-government）是在无线网络平台和移动设备（主要是智能手机）上电子政务的应用。它更多应用于 G2C，如加拿大政府的无线门户（mgov world.org）。移动政务使用无线互联网基础设施及终端设备，这是一种增值服务，因为政府可以接触到更多的百姓（通过智能手机或是 Twitter），与有线电子商务相比，它的成本更低。它在灾难的紧急通知中非常有用，进行调查和投票等活动非常快速，公众使用起来十分便利。此外，政府机构有着众多的外勤人员，他们也都可以使用移动设施进行沟通。

移动政务主要是运用在教育、医疗、金融服务、社会福利、环境保护等领域。2014～2016 年，许多政府都在打造移动政务（请浏览 statista.com/statistics/421693/egovernment-availability-mobile-serevices）。

> **实际案例　火奴鲁鲁的公交车**
>
> 美国夏威夷州火奴鲁鲁市的公交定位系统（称为 DaBus）由政府管理（honolulu.gov/mobile）。在夏威夷有 4 000 多个公交车站。乘客只要拿出手机，就能了解到下一班公交车何时到站。每辆公交车上装有 GPS 定位装置，它们实时向系统告知自己的位置，系统自动测算该公交车到达各车站的时间。类似的系统也应用于其他国家和地区，如新加坡的 IRIS、美国的 NextBus、英国的 JourneyPlanner。

移动政务可以帮助政府机构"随时随地"地发布公共信息，提供公共服务（请浏览 usa.gov/mobileapps.shtml）。移动政务的另一个好处是面临紧急情况时，政府机构可以通过短信向所有人群发出警报。

1. 智能城市

政府在打造电子政务的时候，总是伴随着智能城市的建设，这包括政府服务、运输、教育、医疗等各种活动的数字化。

2. 移动政务带来的利益

移动政务带来诸多利益有：

- 更多的市民和雇员随时随地使用电子政务系统；
- 降低成本（通过提高工作效率、削减预算）；
- 使政府工作现代化（如使用移动设备）；
- 雇员可以在自己的移动设备上工作，节省政府硬件和软件开支；
- 向公众提供更优质、更灵活的服务；
- 更快、更有效地向公众散布信息。

此外，移动政务还具有与移动商务（请参阅第 6 章内容）相似的许多优点。

3. 实施中遇到的问题

移动政务实施中也会遇到一些问题：

- 可能需要昂贵的基础设施来补充现有的传统基础设施；需要更多的基础设施来支撑无线系统以及信息流的增量（请参阅本章的章末案例）。
- 很难在公共移动网络上维持信息保密和安全。
- 对市民来说，移动设备可能太小或太复杂，难以使用。
- 关于使用无线方式传送的数据，很多国家尚缺乏相应的标准和法规。

5.1.10　电子政务中出现的新技术

中央政府和地方政府都在尝试各种新技术，尤其是人工智能技术。

1. 人工智能应用

许多专家认为，对政府机构来说，人工智能将会成为下一个重要新技术。总体上说，人工智能将加快创新的速度，提高工作的效率，提升对资源的利用率，促进商务模式创新，推动电子医疗，加快信息搜索，改善政府的决策。政府机构对数据的利用会更有效，对自己的服务对象会更加了解。总的说来，人们可以把人工智能设备当作自己的虚拟顾问。

2. 虚拟顾问

虚拟顾问肯定会变得更加聪敏，它会帮助政府雇员和普通百姓获取信息，帮助决策。

3. 聊天机器人

聊天机器人已经被广泛应用在机场、政府机关、博物馆等处，充当导引的角色。机器人内置相关的知识，用户提出问题瞬间就可以得到答复。

4. 虚拟现实及增强现实

虚拟现实与增强现实技术有助于政府机构与公众的沟通和交流。有助于提高工作效率，还有助于政府机构组织的各类培训和研发互动。

5. 聊天机器人如何影响政府机构的工作

研究显示，聊天机器人可以发挥如下作用：

- 个人用聊天机器人可以帮助公众了解政府机构的工作状况，而不需要到实地去观察（例如通过与机器人的问答）。
- 机构用聊天机器人可以优化政府雇员提供的服务。
- 聊天机器人方便公民参与公共事务，减少了参与市政会议花费的时间和精力。
- 聊天机器人有助于提升群体智慧，方便百姓对数据的利用。

6. 其他领域的应用

在 5.2 节，我们会提及人工智能与聊天机器人对远程学习的帮助。智能计算机（如 IBM 开发的 Watson）可以帮助政府机构更好地预测公众的需求。物联网（将在第 7 章介绍）、预测分析、聊天机器人等都能提升政府的工作效率。

本节习题

1. 定义电子政务。
2. 电子政务服务主要表现在哪四个方面？
3. 对 G2C 进行界定。
4. 电子投票是如何操作的？
5. G2B 应用的两个主要领域是什么？
6. 政府机构内部如何使用电子商务技术？如何利用电子商务技术与其他政府沟通？
7. 电子政务如何与社交网络联系在一起？它的潜在利益是什么？
8. 移动电子政务在实施中存在哪些问题？
9. 电子政务领域如何利用新的信息技术？

5.2 远程教育、网络培训及电子图书

远程教育引起了越来越多的关注，很多世界一流高校均已开设了网络课堂，如麻省理工学院、哈佛大学、斯坦福大学、牛津大学等。图 5-3 显示了传统教育向网络教育发展的各种驱动力。在企业的培训和知识创新方面，远程教育也在发挥作用，它已经成为电子商务活动的一个重要方面。

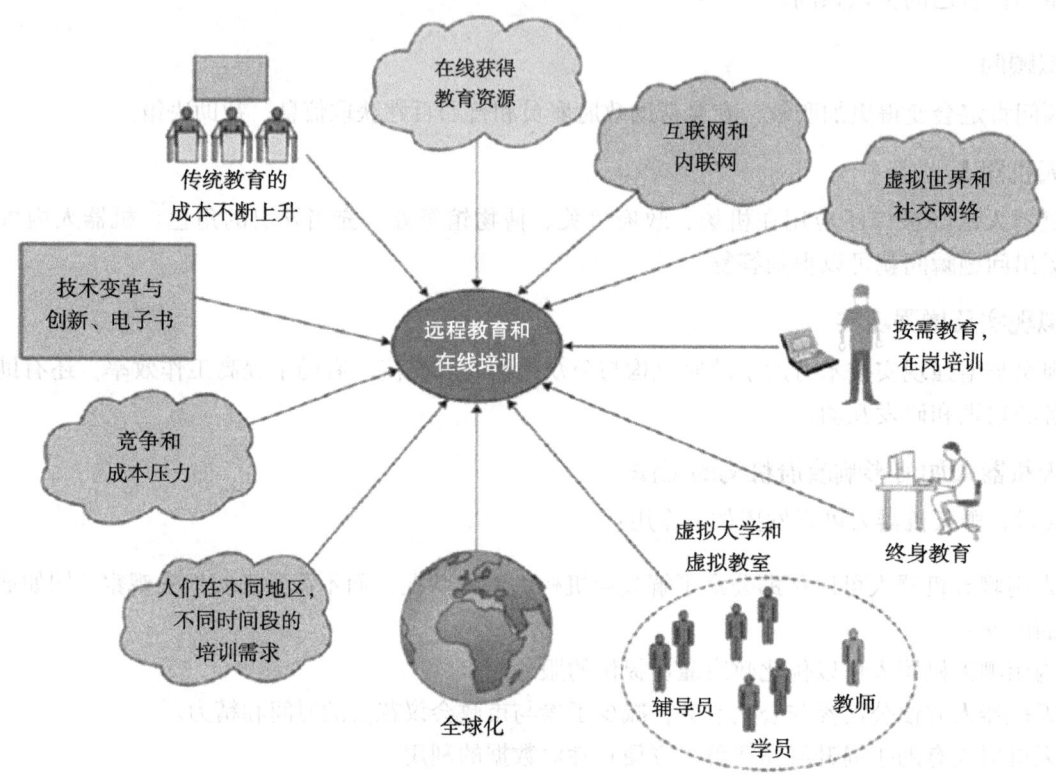

图 5-3 远程教育的驱动力

5.2.1 远程教育的界定

人们对远程教育的解释因人而异。**远程教育**（e-learning）指人们利用信息技术，通过网络传递教育资源，以实现随时随地学习、教育、培训、获得知识的目的（请浏览 people.howstuffworks.com/elearning1.htm、en.wikipedia.org/wiki/E-learning 及 webopedia.com/TERM/E/e_learning.html）。

远程教育比在线学习（online learning）的定义更为广泛。在线学习专指基于网络的学习，而远程教育还包括移动学习（m-learning），即通过无线平台将教育资源发送到学习者的智能手机、平板电脑或其他移动设备上进行学习。远程教育也可称作计算机辅助教学、计算机辅助培训、在线教育等。

远程教育可以以多种形式出现在教学活动中，如虚拟教室、移动会议等。远程教育包括一系列利用电脑方便学习的手段，如使用 DVD 自学，或攻读大学的在线学位课程。远程教育还包括使用网络教材和超媒体⊖、多媒体光盘、学习和教学门户网站、讨论社区、在线协同软件、电子邮件、博客、威客、聊天室、计算机辅助评价、教学动画、教学模拟、网络游戏、教学管理软件等。

丹麦的 Hellerup 学院是一所有趣的学校，它没有教室，那里的学生都是"在实践中学习"，他们可以自主选择最佳的学习方式（请浏览 theglobeandmail.com/report-on-business/economy/canada-competes/no-classrooms-and-lots-of-technology-a-danish-schools-approach/article12688441、en.wikipedia.org/wiki/E-learning

---
⊖ 指连接文本与图像、声音或影像文件的系统。——译者注

及 elearningguild.com）。

5.2.2 远程教育的利弊分析

远程教育对教育机构和学习者都有诸多好处。但是，它也存在着不少的问题，因此，引起了人们的争议。

1. 远程教育带来的利益

在互联网时代，知识和技能需要不断地更新（终身学习），才能跟上快节奏的商业和技术变革。因此，会有更多的人用新的方式更快地学习，对此，远程教育提供了巨大支持。

对发展中国家来说，远程教育的作用更大。请浏览 elearningindustry.com/top-10-e-learning-statistics-for-2014-you-need-to-know。

- 教育。学生可以在家里学习，或一边工作一边学习。忙碌的家庭主妇也能获得学位。
- 减少了学习和培训的时间。远程教育可以节省 50% 的培训时间。
- 降低成本。传统课堂教学转变成远程教育，可以降低教学成本多达 50%～70%，其中包括教师工资、教室占用、交通费等。
- 增加了学习者的人数和种类。远程教育可以向众多的人同时开展培训，学习者的文化背景不同，受教育程度不同，所在的区域也不同。例如，思科为大量的员工、客户、商业合作伙伴提供在线培训课程。
- 教学方法创新。人们可以用各种创新的方法开展教学，如个性化参与、与专家的互动、与其他国家的学员互动等。
- 对学习过程进行测量和评价。可以实时地对学习过程进行评价，发现学员面临的困难，设计补救的方法。
- 自主决定学习进度，学习动机更强。参加远程教育的学生通常自己决定学习进度，自我激励。因此，他们的知识掌握程度更高（比传统学习方法高出 25%～60%）。
- 学习内容丰富，质量更高。远程教育将优秀教师教学与丰富的多媒体手段相结合，使在线学习变得更愉快，知识难点也会变得更有趣、更容易理解。教学质量有所提高。
- 学习方式更灵活。学习者可以根据自己的时间表自主调整学习的时间和地点、学习的内容和速度。
- 持续更新学习资料。如果把知识印在书本上，没有两三年不太可能更新，因为成本太高。但是，远程教育却能够实时获得最新的知识。与传统课堂教学内容相比，远程教育传递的知识水平更加一致，因为它将教师和教材的差异最小化。
- 利用移动设备学习。远程教育中融入无线网络和移动设备，学习者可以在任何地点、任何时间学习，并获得老师和同学的帮助。
- 专家学识。传统的教室里，学生只能接触到一个老师。但是远程教育中可以有多个专家教学，每个专家根据自己擅长的领域准备教学模块。
- 轻松的学习环境。有些学员不适应课堂上面对面的教学环境，他们羞于将自己不成熟的意见告诉大家，远程教育给他们创造了条件。

2. 远程教育的短处及面临的挑战

尽管远程教育有许多长处，但是它也有一些缺点。

- 教师需要进行再培训。有些教师不适应在网络平台开展教学，他们需要接受再培训，而这是需要成本的。
- 需要添置设备，提供支撑服务。教学机构需要额外的资金来购置远程教学系统，与传统教学形成互补。而且，远程教育的启动、使用和维护也都需要资金。
- 少了校园生活，少了面对面的沟通。许多专家认为，教室里学生与教师的"实时"沟通，以此得到的智力启蒙，并不能完全由远程教育来替代。
- 难以进行教育测试与评价。在高等教育环境中存在这样的评论，即教授无法通过远程教学来充分评估学生的作业，其中一个原因就是他们无法辨别究竟是谁完成了作业或考试（不过，课外作业也同样存在这种问题）。
- 难以对教学资料维护与更新。尽管远程教育使用的教学资料比传统纸质教材更容易更新。但是，远程教学资料更新也存在着现实问题，如成本、教师时间等。人们版权意识薄弱，对网站内容缺乏责任心，导致远程教学内容维护困难。在线内容的开发人员，并不完全负责内容的更新。
- 需要构建可靠的在线和离线的沟通网络和设备。人们的隐私需要保护，系统安全也需要考虑。
- 难以保护知识产权。人们很难控制从网络平台上下载有知识版权的资料，这样做的代价太高。
- 难以让学生集中注意。由于学习中缺乏反馈和互动，所以学习者也许难以做到全神贯注、精力充沛。

有专家认为，企业开展远程教育的主要障碍有如下几点：（1）创建和维护成本太高；（2）难以说服人们采用新的方法开展学习；（3）技术支持不足；（4）员工参与社交学习的积极性不高；（5）学生可能更喜欢传统的课堂教学。

先进的技术会使远程教育的不足得以克服。例如，有些在线软件产品有助于激发学生的思维。利用生物识别技术，人们能够对在家参加考试的学生进行身份识别。当然，这些技术的使用也提高了远程教育的成本（请浏览 academia.edu/4052785/Advantages_and_Dis advantages_of_e_Learning）。

5.2.3 远程学习和网络大学

远程学习（distance learning）与远程教育的概念是相似的，它指的是教师与学生不在一个地方教与学。在这种教学形式中，教学系统与学生是分离的，时间和空间都不同步。有时候，学生也会见面，或是与教师、辅导员见面，目的是增强相互之间的了解，或是参加考试。世界各地许多高校和一些教育机构都在开展远程学习，提供在线课程学习和学位。远程学习这种形式越来越被人们所接受（请浏览 onlineeducation.net）。

1. 虚拟的大学——真实的学位

在**虚拟大学**（virtual university）里，学生可以在家中或其他场所利用互联网参加学习。这种学习形式发展得很快。全球有许多国家（如英国、以色列、泰国等）的几十万学生在参加虚拟大学的学习。许多实体的高等院校（如斯坦福大学等全球一流高校）都在用各种形式开设网络教育课程，例如，麻省理工学院提供了成千上万的网络课程（具体课程信息请登录 ocw.mit.edu.index.htm）。每年有来自全世界成百万的学习者（学生、教授、自学者）登录麻省理工学院的开放课程网站（请浏览 ocw.mit.edu/about 及 ocw.mit.edu/about/site-statistics）。有些高校，如凤凰城大学（phoenix.edu）、美国国立大学（nu.edu）、马里兰大学（umuc.edu），向全球各地的学生提供几十种学位、几百门课程的在线学习。加州虚拟校园（cvc.edu）可以链接成千上万的在线学位课程，所有这些都由加州的各所高校提供（cvc.edu/courses）。更多内容，请浏览 distancelearn.about.com 及 onlinemba.com/rankings。

2. 远程教育的创新

远程教育中包含众多的创新因素，如下文案例所示。

实际案例　通过机器人进行远程教育

2010年12月，29个机器人被安放在韩国东　　南部大邱市的19个小学课堂里参与英语教学。这些机器人由韩国科学院（KIST）研发制造，教授学生学习英语。每个机器人高3.2英尺①，下面装有滚轮，教师可以通过遥控器让其在教室里四处走动，还可以用英语进行提问，充分实现了师生间的互动（如图5-4所示）（请浏览cnet.com/news/korean-schools-welcome-more-robot-teachers）。机器人可以读书给学生听，甚至可以随着音乐"跳舞"。机器人的脸像老师，教学内容实际上却由一名在菲律宾的经验丰富的老师所提供，教学费用比在韩国低很多。机器人通过编程来实现最有效、最流行的教学方法（例如使用多媒体游戏）。

照相机捕捉菲律宾老师的面部表情，并同步反映在机器人替身的脸上。面对老师的替身，孩子们的课堂参与更积极，尤其是那些平时害羞不敢大声讲话的学生。机器人也被应用在英语老师短缺的偏远地区。

图5-4　机器人英语教师Engkey

更多信息请浏览nytimes.com/2010/07/11/science/11robots.html?pagewanted=all&_r=0。

① 1英尺 = 0.304 8米。

5.2.4　在线公司员工培训

由于智能技术的出现，用机器替代人工劳动的可能性越来越大了（见第7章内容）。也因为如此，企业就需要对员工进行再培训。

与教育机构的做法相似，许多企业也在全方位地使用远程教育这种形式。很多企业，如思科（cisco.com）向员工提供在线培训的机会。美国培训与发展协会的一项研究显示，近1/3的企业培训资料是在线发送的。

促进企业开展在线员工培训的因素有多种多样，培训渠道一般通过企业内联网和公司网络平台进行。不过，学员也可以通过互联网接受培训。培训的形式各不相同，其中之一是软件公司提供的按需在线培训，如Citrix系统（citrix.com）。但是，如果企业很大，工作场所又很分散，或是鼓励员工在家学习，那就要利用互联网平台了，因为那样可以方便地读取在线资料。更多供应商的在线培训和教材的成功案例，请登录adobe.com/resources/learning及brightwave.co.uk。

> **实际案例**
>
> 美国德莱赛兰（Dresser-Rand）是世界上最大的压缩机制造公司之一，业务遍及26个国家50多个城市，拥有5 500名员工，分别使用14种语言。由于企业的发展和员工的更新，企业需要做大量的培训。之前该培训任务由600多个培训供应商完成，但遇到的最大问题是教材的更新跟不上技术的发展。后来，该公司使用Coastal eLearning的学习管理系统（training.dupont.com，该系统如今是杜邦可持续解决方案的一部分），并与德莱赛兰大学合作开发了一个全面的在线培训课程，每年可以节省100万美元的培训费用。该案例的具体内容，请查阅training.dupont.com/content/pdf/case-studies/dresser-rand-elearning-case-study.pdf。

1. 用电脑游戏进行员工培训

使用计算机模拟仿真游戏进行员工培训是一个新兴的发展趋势。

> **实际案例**
>
> 万豪国际集团开发了"我的万豪酒店"游戏，帮助企业在Facebook上进行员工招聘和培训。该

游戏能让参与者学会酒店和餐馆的运营。最初这只是一个厨房游戏,通过游戏,参与者学会根据食物的价格和品质选择不同的食材和配料,学会从候选人中选择合适的员工,学会进行设备采购决策,了解食品质量等。

若要对培训游戏化有更多的了解,可以登录网站索取免费的电子书:elearningindustry.com/free-ebooks/gamificationreshapes-learning?pushcrew_powered。

2. 移动学习

远程学习的一个分支是**移动学习**(m-learning),是指利用移动设备开展远程学习。因此,只要移动设备可以工作的地方,就能进行学习。移动学习方便了在无线环境下进行教学和沟通。现在人们关注的是,教师和学习资料也要处于移动状态。这种技术使得学习者比在普通的离线环境下工作和协同更加方便。美国的网络大学瓦尔登大学(Walden University)开发了一款在线学习软件 Mobile Learn(请浏览 waldenu.edu/experience/learning/mobilelearn),该网络大学主要使用移动技术开展教学活动。有些传统的高校也在开展移动教学,比较典型的是阿比林基督教大学(acu.edu),教师都使用平板电脑开展教学活动(请浏览 legacy.acu.aem.host/technology/mobilelearning、m-learning.org、en.wikipedia.org/wiki/M-learning 及 slideshare.net/aurionlearning/what-is-mlearning)。

5.2.5 社交网络及远程教育

社交网络一经问世,就与远程教育结下了不解之缘。于是,就出现了一个新的词汇,**社交学习**(social learning),也被称为在线教育 2.0,它意味着利用社交网络和社交软件开展学习、培训、知识共享。许多网络社交环境都支持计算机辅助培训,学员们可以在线分享自己的培训体验。许多企业如今都在利用社交网站开展员工培训工作(请浏览 advancinginsights.com)。社交学习是有自己的一套理论的(请浏览 en.wikipedia.org/wiki/Social_learning_theory)。

一些学生利用 Facebook、LinkedIn、Pinterest、Twitter 等社交网站与同学进行联系和交流。他们可以在网上一起学习,就某一个专题进行讨论,或进行头脑风暴。但是,社交网站也会对他们产生干扰,使他们不能集中注意力学习。还有一些公司让员工分组参与在线学习,实现知识共享。由用户创建的内容成了社交媒体重要的资源,它也成了企业开展远程教育的一种趋势。

有的社交网站是专门从事远程教育和培训的(如 e-learning.co.uk),而 TestDen、LearnHub(learnhub.com)等教育机构则是利用社交网站专门从事国际远程教育的。有学者认为,远程教育的未来就是社交学习。

社交网络技术有着诸多独特的功能,它们会对学习产生影响:

- 在项目过程中与学习者交流。人们可以实时讨论、合作,并解决问题。
- 使企业学习策略更加社会化。
- 积累更多的专家知识。
- 鼓励学习者参与。X 一代(1961~1971 年出生)和千禧一代(1980~2000 年出生)的员工对 Web 2.0 工具进行沟通和交流非常娴熟。企业可以利用社交网络去接触这些群体,开展培训。
- 使用 Pinterest 等图片社交网络加强设计创造,用图像来提高学习技能。
- 在离线投票开始之前,提供所需的相关内容或补充材料,这样做使得资料更加充分。
- 为学习者提供相关学习资源,并让他们评价和分享观点。
- 快速识别个人和团体的培训需求和实施问题。
- 让学习者彼此之间提供社会支持。
- 改进和加快学习交流(例如通过 Twitter)。

很多大学将远程教育与社交网络结合在一起，教授们也将博客和威客引入了课堂教学，鼓励学习者通过 Facebook 进行沟通与协作。

5.2.6 远程教育中出现的新技术

远程教育领域出现了几项新技术。

实际案例

新加坡的 SJI 国际学校利用移动网络平台来创建一个协同学习的环境。这个平台方便了教师和学生互相提问，就某些专题开展讨论，分享学习资源，还可以就某些项目开展协作。

5.2.7 视觉互动模拟

远程教育的一项有效技术是视觉互动模拟（VIS）。在这样的模拟中，用计算机图像技术来展示讨论场景，评价解决方案。它与普通的图像显示不同，用户可以调整决策的过程，预测决策的结果。学员在互动过程中会对视频互动模拟格外感兴趣。例如，人们用视觉互动模拟技术来观察医生的临床治疗过程，目的是提供高质量的医疗服务。人们试图在该模拟系统中识别影响治疗过程最重要的环节，因为合理管理好这些环节，就能降低医疗成本，提高医疗水平。

视觉互动模拟可以带来如下好处：

- 缩短学习时间；
- 教会学员如何操作复杂的设备；
- 不受时间和空间的限制，由学员自主控制学习的进程；
- 提高记忆效果；
- 降低培训的成本；
- 记录学员的学习进程，有针对性地改进。

视觉互动模拟技术与虚拟现实技术是密切相关的（请参阅第 2 章内容）。

机器人技术和聊天机器人

本章我们介绍过韩国学校用机器人开展英语教学的例子。如今，机器人技术和其他诸多的人工智能技术都被广泛应用于教学活动中。

对聊天机器人的利用　聊天机器人是用来聊天的，人们可以用自然的语言与其对话（请参阅第 7 章内容）。有专家认为，用聊天机器人有助于学生的学习。学生可以跟着模仿，也可以用来复习学过的知识。

近期开发的新技术　例如增强现实、大数据、学习游戏化、个性化远程学习等，与此相关的技术还有电子政务中的远程学习、智能社会等。

虚拟助手　虚拟助手能看作是学生和教师的助手。第 7 章中还将介绍将聊天机器人用作人机互动界面和智慧知识库。在远程教学中，虚拟助手正在发挥着越来越重要的作用。

有关 2016 年远程教育中使用的聊天机器人、虚拟助手、聊天代理、虚拟代理等技术，请浏览 chatbots.org/applications/e-learning。

5.2.8 远程教育管理系统

远程教育管理系统（learning management system，LMS）也可称为"课程管理系统"，这是一种应用软件，用来管理远程培训和远程教育,包括内容的提供、课程的安排、讲授方式等。Capterra等公司都开发了类似的应用软件(请浏览capterra.com/learning-manage ment-system-software)。

有专家认为,一个健全的远程教育管理系统必须具备如下功能:

- 提供有效的师生互动;
- 自动的、集中化的管理;
- 能够开展自我服务、自我引导的远程学习;
- 创建并快速传递学习内容模块;
- 对所有的网络学习资料实行单点访问;
- 使管理符合规范要求;
- 在可扩展的网络平台上整合培训活动;
- 支持系统的便携性;
- 提高远程教育的效率;
- 学习内容体现个性化,信息可以重复利用。

许多软件公司(Saba,参阅saba.com/us/apps/learning-work;SumTotal,参阅sumtotalsystems.com)都会提供远程教育管理系统有关的使用方法、软硬件支持、咨询服务和相应解决方案。更多内容,请浏览en.wikipe-dia.org/wiki/Learning_management_system。请登录proprofs.com/c/category /lms,观看远程教育管理系统的视频。

值得一提的是,远程教育管理系统能够在学生自学时调控其行为。例如,Streitfeld在2013年的一项研究中提到,当学生跳页、不耐烦做笔记、不标注重要内容时,教师可以及时发现并提醒。

最有效的远程教育管理系统来自Blackboard(blackboard.com,如今已与WebCT合并),以下是该公司的具体介绍。

实际案例 Blackboard

Blackboard(blackboard.com)是全球最大的远程教育管理系统软件供应商。这些软件究竟如何工作呢?出版商把一本书的内容、教学要点、测试题等用标准格式发布到Blackboard的平台上。教学人员获取相应的教学模块,并将它们放置在自己学校的Blackboard网站上,方便学生浏览。

教授也可以容易地将自己的书本内容嵌入软件中。2009年,Blackboard向全球各地的政府机构及企业员工提供培训课程,提高了培训的效率,降低了成本(请浏览blackboard.com及en.wikipe-dia.org/wiki/Blackboard_Inc)。

实际案例 Moodle

类似的企业还有Moodle,它提供的远程教育管理系统中大部分资源都可以免费使用(请浏览moodle.org)。

5.2.9 电子书

电子书(electronic book,e-book)是以数字形式展示的书籍,人们可以在计算机屏幕上阅读,也可以在移动设备(如平板电脑、手机)上阅读,甚至还可以在专用的电子阅读器上阅读。电子出版是2000年里发生的一个重大事件,当时Stephen King撰写的小说《子弹头列车》(*Riding the Bullet*)只在网络平台上发行。读者可以花2.5美元从亚马逊网站或是其他的电子书供应商那里购得小说的电子版,短短几日就卖出了几十万份。但是，随后黑客侵入了网站，在网络上免费拷贝和传递该小说（请浏览 bookbusinessmag.com/article/after-riding-bullet-12555/1#）。

从此，电子书的网络发行商变得更有经验，在线发行也变得更加安全。如今，电子书通过以下几种途径进行传播和阅读。

- 通过专用阅读器。读者将书下载到电子阅读器上阅读，如亚马逊的 Kindle。
- 通过网站访问。读者找到出版商的网站，在线阅读。这样的书不能下载。
- 通过网络下载到 PC 机。读者可以将电子书下载到电脑上阅读。
- 通过通用电子阅读器。读者下载电子书到移动设备上，如平板电脑、手机。
- 通过网络服务器阅读。将电子书储存在网络服务器上，然后按照需求下载打印（本书后文中会涉及相关讨论）。

大多数的电子书都需要付费阅读。有的是在下载前先付费，例如在亚马逊网站购买 Kindle 版本。有的是在购买 CD 光盘时才需付费。如今，亚马逊网站上有几十万种电子书和电子报纸（还有全球发行的报纸）。它们都比纸质版便宜，一般新书售价不足 10 美元。此外，网上还有大量的免费电子书供读者使用（请浏览 free-ebooks.net 及 onlinebooks.library.upenn.edu）。

1. 电子书的阅读设备

阅读电子书的主要设备是电子阅读器。大多数阅读器都很轻（不足 300 克），携带方便。the-ebook-reader.com 上提供了常用的电子阅读器和平板电脑的性能价格比较。

还有其他几种方法也可以帮助读者阅读大量的在线资料。例如，微软公司开发的 ClearType 软件（microsoft.com/en-us/Typography/ClearTypeInfo.aspx）和 Adobe 开发的 CoolType 软件（adobe.com），都可以改善字体、字号、颜色，提高屏幕显示效果。还有的产品屏幕带有内置灯，帮助读者在黑暗中进行阅读，如 Kindle Touch 和 Kindle Fire。

2. 电子阅读器与平板电脑相结合

如今的趋势是将电子阅读器与平板电脑相结合，亚马逊的 Kindle Fire 首先实现了这一功能。这款阅读器 7 英寸①大小，方便携带，人们可以用它阅读电子书、杂志、文件，听有声读物，还可以玩游戏、听音乐、看电影或电视。Kindle 有 Wi-Fi 上网功能，可以访问社交网络，使用电子邮件。此外，亚马逊对 Kindle 用户提供电子图书馆功能，凡是拥有亚马逊金牌服务的会员可以免费借阅几十万册电子书，而且无限定归还日期。

请注意，平板电脑制造商也将电子阅读器和平板电脑相结合，开发出了新产品。两者的不同之处在于，Kindle Fire 这种以电子阅读器为基础的产品计算能力小一些；而平板电脑（如 iPad）的阅读功能相对较弱，而且价格更贵。

3. 电子书的优缺点

电子书要流行开来，必须要同时给读者和出版商带来利益，否则，人们没有必要从传统读物转向电子读物。事实上，电子书的迅速发展，可归因于以下优点：

- 小小的一台移动设备就能储存几百本书。若是使用外接数据存储器，则储存量更大。
- 价格低廉。功能简单的电子阅读器仅需 75 美元，而平板电脑型阅读器价格不到 200 美元。
- 方便搜索。通过链接，很容易连到网络上。

---

① 1 英寸 =2.54 厘米。

- 随时随地可以下载书籍。平板电脑型阅读器具有多种手提电脑功能。
- 便于携带，走到哪里都能使用。
- 容易整合不同来源的内容。
- 耐用性强。电子阅读器比纸质书更结实（但不小心使用也会损坏），一般也不会丢失。
- 可以将字体放大便于阅读，还可以打开内置灯。
- 可以用多种媒介形式呈现，如音频、视频、颜色等。
- 打印制作的成本也较低。
- 可以在明亮的阳光下阅读（即可以在户外阅读）。
- 内容更新容易。
- 不存在褪色和卷边的问题。
- 容易找到绝版书籍。

请浏览 successconsciousness.com/ebooks_benefits.htm。

对于出版商来说，电子书带来的主要利益是降低了生产、营销、配送的成本，而这些成本在很大程度上决定着书籍的销售价格（电子书的价格一般只有纸质书的 50%）。而且，电子书可以降低改版和重印的成本。这样，读者面会更广。教师可以从几本书中抽取部分章节整合在一本书里授课，更加契合学生的实际。

还有一点需要提及，就是装满书本的书包过于沉重，容易引起学生的背部疼痛，而平板电脑重量轻，可以解决这一问题。

当然，电子书也存在一定的局限性。第一，它需要硬件和软件的支撑，这对有些读者来说是一笔不小的支出。第二，有些人还不习惯长时间在电脑显示屏上看书。第三，电池的续航能力还不理想。第四，市场上软件和硬件的标准还不统一。随着时间的推移，以上这些问题都会得到解决。

4. 纸质图书是否会终结

2011 年，根据 Amazon.com 数据显示，该网站的电子书销量大幅度超过了精装和平装书销售（请浏览 nytimes.com/2011/05/20/technology/20amazon.html）。到 2014 年，各个出版商电子书的销量已经全部超过纸质书。不过到了 2016 年，这种发展趋势已经放慢了。

尽管电子书有不足之处，却已经变得非常流行，这一切归功于尖端的电子阅读技术发展。例如，《哈利·波特》如今已有不加密版的电子书，读者可以在移动设备或电脑上来回拷贝阅读。更多有关电子书和纸质图书的比较，请浏览 thrall.org/docs/ebooksand-books.pdf 及 en.wikipedia.org/wiki/E-book。

2017 年，有专家指出，价值 10 亿美元的电子书行业正在营造出一个全新的企业生态系统，一个数字出版的新世界。因此，出现了这样的问题：大多数的纸质书籍会被淘汰吗？这个趋势非常明显。纸质图书的销量正在减少，而电子书销量正在增加。随着亚马逊 Kindle 免费电子图书馆的发展，会有更多人选择电子书。纸质书籍会彻底消失吗？（请浏览 online-bookstores-review.toptenre-views.com/the-advantages-of-ebooks-versus-traditional-books.html。）

本节习题

1. 远程教育如何界定？它的驱动力是什么？给人们带来哪些利益？
2. 远程教育有哪些不足之处？应该如何克服？
3. 什么是虚拟大学？什么是远程学习？
4. 在线培训的含义是什么？如何操作？

5. 远程教育与社交网络、移动技术有哪些关联？
6. 远程教育的工具有哪些？Blackboard 和 VIS 系统如何运作？
7. 机器人、聊天机器人、人工智能等技术如何促进远程教育的发展？
8. 什么是电子书？
9. 什么是电子阅读器？它有哪些功能？
10. 电子书对用户而言，有哪些优点和不足？

5.3 远程医疗

远程医疗是电子商务技术的一个重要应用。

5.3.1 对远程医疗的界定

对"远程医疗"，有着各种各样的解释（维基百科上有51条）。世界卫生组织的界定是："所谓**远程医疗**（e-health）是指用电子的手段传递医疗资源和医疗保健。它涉及三个领域：（1）通过互联网及其他通信设备为医务人员和消费者传递医疗信息；（2）用信息技术和电子商务技术改善公共卫生服务（例如医务工作者开展教育和培训）；（3）利用电子商务技术对卫生系统进行管理。"

世界卫生组织（telehealthcode.eu/glossary-of-terms.html）最关注的问题是如何将优质、安全的卫生资源有效地传递到世界各地。远程医疗是一个非常广阔的研究领域，它也在彻底地改变医疗保健事业（请浏览en.wikipedia.org/wiki/Ehealth）。本书中，将只介绍几个与电子商务密切相关的应用。

5.3.2 电子病历

远程医疗中最早的应用是电子病历。使用电子病历的目的是方便医生随时随地查阅病人的病历，甚至是在不同的城市或是国家。随着互联网应用的普及，电子病历正在迅速发展。例如，本书的一位作者就能随时随地利用网络查询自己血压测试的记录，以及其他的一些治疗记录。你的家庭医生也能够调阅你的病历。这项应用遇到的一个问题是如何保护隐私，如何保证数据的规范利用。还有，外人（如研究人员）应该如何利用病历信息，这也是一个需要思考的问题。

5.3.3 医生使用的系统

如今，医生调用病历十分容易。他们可以按照需要直接从体检设备（本院的或是外院的）调用检查结果。他们还可以直接向药房购药，向专家咨询，远程对病人进行诊断，判断体检结果等。

5.3.4 病人服务

由于电子病历技术的日臻完善，医疗机构可以向病人提供更多的服务，如门诊预约、随时随地读取检查结果等。由于无线网络的普及，各种医疗信息都能够用移动设备读取，这对病人是十分有利的（请参阅章末案例）。这样的网站有成百上千，如 WebMD.com。由于计算机辅助技术的发展，医疗技术也进步得很快。

2016年巴西里约热内卢的奥运会上，巴西政府开发出一款有趣的智能手机应用软件，它方便了运动员记录自己的健康状况。

5.3.5 社交媒体和社交商务应用

在医疗保健行业,对社交媒体和社交商务的应用是相对滞后的。但是,这种现状正在逐渐改变。从业人员及病患都在积极地投入其中,病人愿意分享自己的经历,医生则建起自己的社交网络。医疗平台(如WebMD)就各种专题提供信息,并且鼓励公众来参与。许多医疗机构都在Facebook、LinkedIn等社交网站上有自己的公众号。无数的博客帖子就法律、医疗、政治、金融等专题开展讨论。公众可以就饮食、锻炼、用药方式等找到自己需要的信息。当然,人们同时也在抱怨,社交媒体上出现了太多的广告信息。

5.3.6 医疗设备与病人监护

医疗行业有许多利用信息技术开发的设备,其中最广为人知的是外科手术用机器人,以及监护病人和残疾人用的各种监护仪器。医疗设备对通信技术也有广泛的应用(请参阅章末案例)。有一种远程医疗信息处理技术被用来远程诊断和治疗偏远地区(如缺医少药的农村地区)的病人。未来有着美好前景的一项技术是物联网(请参阅第6章内容),它将各种医疗设备和监护设备联结在一起,用作对病人的治疗(请浏览healthitanalytics.com/news)。

5.3.7 医疗研究

计算机辅助通信技术帮助研究人员接触到各种医疗知识,还可以开展在线协同。这样的协同合作能够加速医疗领域的新发现,拯救更多病人的生命。有关脑电波的传输技术,请浏览enterpriseinnovation.net/article/ntu-develops-smart-chip-wireless-transmissions-brain-signals-1166441949。

5.3.8 医疗管理

医疗机构利用电子商务技术,可以大幅度降低成本,如电子采购、团购、社交广告、在线招聘等。医疗机构还可以利用电子商务技术对医疗活动进行安排,对员工的身体状况进行预测分析等。它们若是运用B2B商务模式对供应链进行管理,在设备采购方面也可以节省大量的开支。

本节习题

1. 什么是远程医疗?
2. 什么是电子病历?它有什么重要作用?
3. 远程医疗中如何利用社交媒体和电子商务技术?
4. 远程医疗的应用有哪些表现?

5.4 数字革命和共享经济:共享汽车与民宿

数字革命(digital disruption)的形式是各种各样的,对各方(行业、企业、商务流程、普通百姓)的影响都是深远的。这一节我们将关注与数字革命相关的一些话题以及企业对应的战略,并以共享汽车和民宿为例来加以说明。在5.5节,我们还会给出更多的案例。

5.4.1 数字革命概述

在第1章里,我们曾经简要地叙述了数字技术带来的变化,以及电子商务在其中发挥的作用。亚马逊、优步等公司的案例充分地说明了电子商务企业对整个行业的颠覆，Expedia、Priceline 等旅游网站改变了旅游业，E*Trade 和 TD Ameritrade 等网站的出现则改变了证券行业的商务模式。还有许多电子商务企业正在或是将要完成这些颠覆性的工作。

因此，许多企业担心新的信息技术会威胁到自己的日常经营，影响自己的竞争优势，甚至影响自己的生存（请浏览 itbusinessedge.com/slideshows/9-successful-digital-disruption-examples-02.html）。

除了对整个行业进行颠覆以外，电子商务还会改变企业的经营方式和商务流程。例如，电子商务活动改变了客户服务的形式，或是改变了客户消费中的支付方式。

实际案例　客户体验

电子商务技术发挥作用的一个重要表现就是客户服务的体验。2015 年，Mah 等学者撰写了一份报告，介绍了电子商务技术（或称"数字技术"）如何颠覆、创新了客户体验。主要表现为客户参与、客户数据分析、客户服务移动化等。

技术革命的发展使得许多企业面临着"决一死战"的局面。2014 年，星巴克的销量急剧下降，它不得不实施一个革命性的战略，试图把销售额提起来。

实际案例　星巴克颠覆自己的营销战略

星巴克方便客户使用智能手机在线下单，订购午餐或是晚餐。这就把这一家专营咖啡饮料的企业转变成一家多样化经营的连锁饮食店了。

---

1. 应对颠覆性的技术进步

许多专家都在为企业如何应对数字革命出谋献策。2016 年，麦肯锡咨询公司的 Bradley 等写出了一份报告，为企业适应信息技术新环境提出建议。报告中他们列举了一家媒体公司的业务，该公司在传统业务上添加了一种在线分类广告业务，结果令企业收益增长了 80%。

2. 突飞猛进的企业与新技术

加拿大广播公司每年都会开出一份清单，罗列 50 家技术上突破的企业。2016 年的清单中，电子商务企业占比很高，如优步、Ezetap、Airbnb、DAQRI、Snapchat、Teespring、Venian 等。高德纳等机构或是期刊每年也会提供一些有关颠覆性新兴技术的清单。

5.4.2　共享经济

在第 1 章里，我们介绍过有关**共享经济**（sharing economy）的概念。共享经济的出现，导致了商务模式的创新和应用。有人将这种商务模式称为"协同消费""同侪经济"，所以，"共享"实际上是此类商务模式的一个统称，它与电子商务是密切相关的。网站 en.wikipedia.org/wiki/Sharing_economy 上列出了各种实行共享经济这种商务模式的企业名称，所涉及的行业包括餐饮、旅游、金融、交通、物流等。这里，我们主要介绍共享汽车和民宿。在 5.5 节中，我们将讨论 P2P 电子商务模式。若要了解有关共享经济的驱动因素、给各方带来的利益以及引起的争议，请浏览 en.wikipedia.org/wiki/Sharing_economy。

5.4.3　共享出行

汽车共享的流行，其实已经有几十年了。在一个公司上班的员工或是在一个学校上学的学生共享一辆汽车，这样就能节省一些交通费，或是方便家人使用家用轿车。不过，到了智能手机问世，这种商务模式才盛行起来。共享汽车其实是从协同商务发展起来的，然后发展成了 B2C 商务（例如从优步租车）。尽管有人从法律或政治的角度去否定汽车共享这种模式,但是优步还是迅速地成长为一家资产达到几十亿美元的企业(请参阅第 6 章的章末案例)。

> **实际案例　通用汽车与 Lyft**
>
> 通用汽车向 Lyft 的用户出租汽车。这项业务最初是从芝加哥开始的,那里有许多"本本族",有驾照,没汽车。名为"Express Drive"的这项业务已经发展到波士顿、华盛顿、巴尔的摩等城市。估计不久的将来通用提供的汽车会是一种无人驾驶的汽车。通用汽车如今是 Lyft 的股东。

除了优步和它的竞争对手以外,汽车共享领域还有一些参与者:

- 几家汽车生产企业已经加入优步、Lyft 的队伍中,它们提供电动汽车或是豪华汽车给开车者。
- 福特汽车与麻省理工学院合作向校园里的学生提供电动汽车,这项工程被称作"动态班车"(Dynamic Shuttle),它的目的是探索校园里安全、高效的交通模式。
- 2016 年 7 月,美国田纳西州孟菲斯市的 Explore Bike Share 退出了一个共享单车的项目,它在 60 个站点分配了 600 辆自行车。如今,共享单车已经遍及世界上的许多城市。
- 第 1 章里提到的 ZapCab 在迈阿密、纽约、佛蒙特等城市推出了一项类似于优步的汽车共享业务。不过,该公司遇到了法律上和行政管理上的一些麻烦(例如抢了出租车的生意)。
- 2016 年 7 月,优步与它在中国大陆的竞争者联手,这对汽车共享领域的竞争态势产生了一定的影响,因为这两家企业都在其他国家参与竞争。

2017 年,Mack 撰文指出,如果大家都选择共享汽车,城市的街道格局就会改变。共享汽车 App 的应用会让 10 000 辆出租车从纽约街头消失,这会导致严重的失业问题。

5.4.4　共享民宿

由于旅游旺季旅馆的价格飙升,租房困难,所以出门旅游的人就设法寻找租金相对低廉的新式住宿地。一种解决方案是住宅交换,其背后的理念非常简单,我出外旅行的时候愿意让外人免费入住,与此同时,我也可以免费入住对方的住所。

> **实际案例　Home Exchange**
>
> Home Exchange 是一家全球经营的企业,经营范围涉及 150 多个国家。到 2016 年 8 月,该公司已经有付费的注册会员 65 000 多人,公司的运营模式如下所示(homeexchange.com/en/how-it-works):
>
> - 会员将自己的住宅挂牌。"请用几分钟的时间展示一下您的住房。哦,这套住房很特别。展示一下,让我们看看住房的独特之处。"
> - 打算外出旅行的人搜索信息,并交换自己的住房信息。"这不难。浏览无数的挂牌房源,挑选您喜欢的位置,用我们便利的留言系统与会员联系。审视会员对您提出的具体要求。若能够接受,那就接受互换。"
> - 若双方的要求匹配,则互换成功。"互换可以有各种形式满足您的要求。按您的时间、出行地点、日程安排进行规划。与志趣相投的人一起规划理想的出游。按自己的方式出游,却像在自己的家里一样生活。"
>
> 与住宅互换公司相似的企业还有很多,如 HomeLink House Exchange。请浏览 nomadicmatt.com/travel-tips/finding-cheap-accommodation。

免费民宿共享

如果你没有自己的住宅可供互换(例如与父母或是朋友同住),那你还可以搜索你出行目的地的人提供的免费住宿。不仅可以免费住一夜，还可以免费获得当地的旅游信息，或许还能够交上朋友。能够帮助出行者安排的企业有 Couchsurfing、Global Freeloaders、Hospitality Club、Stay4Free（请浏览 nomadicmatt.com）。

本节习题

1. 有哪些电子商务企业颠覆了整个的行业？
2. 什么是汽车共享？它给人们带来哪些利益？
3. 汽车共享业务产生了哪些问题？
4. 共享出行有哪些变化形式？
5. 人们如何互换住宅？
6. 住宅互换的业务流程如何？

5.5 P2P 电子商务

P2P 电子商务（person-to-person e-commerce）有时也被称作"C2C 电子商务"，它是个体消费者之间的在线交易。这些在线交易还可以让第三方中介（如 eBay）来参与，或是在社交网络上进行，由它们来组织、管理、促成交易。P2P 电子商务可以由分类广告、音乐及文件共享而产生交易活动，还可以在网上进行求职招聘（如 linkedin.com 及 careerone.com.au）、个人借贷（如 lendingclub.com），甚至提供个人婚介服务（如 match.com）。

P2P 在线交易为网络购物和交易开创了一个新的领域。尽管 P2P 交易在实体环境中很常见（如报纸分类广告、欧美国家中盛行的庭院旧货交易等），在网络上开展却遇到了很多问题，主要原因是买卖双方不认识，彼此缺乏信任，尤其当他们来自不同的地方，更是如此。后来，这一问题被第三方支付平台（如 paypal.com）和 eBay 等网站提供的担保服务很好地解决了。P2P 在线交易的好处是，它降低了买卖双方的佣金成本和管理成本，而且它也让许多个人和小企业主以一种低成本的方式来销售自己的商品和服务，而客户群体却很大。

社交网络为 P2P 在线交易提供了理想的场所，人们通过 craigslist.org、facebook.com 等网站，或其他社交网站上的分类广告来销售商品和服务。人们以 P2P 在线交易的形式分享音乐，或是销售音乐文件，物物交换，销售虚拟装备，提供个性化服务。

许多网站为个人之间的交易提供服务。下文讲述了几种典型的应用形式。

5.5.1 P2P 拍卖活动

在线拍卖是 P2P 电子商务发展得较为成功的一种形式。在许多国家，通过拍卖网站进行买卖已经十分流行。大多数买卖活动是中介网站操作的（如最为著名的 eBay 网站）。消费者可以登录一般的拍卖网站，如 eBay.com、auctionanything.com 等，也可以登录专门的拍卖网站，还有一些消费者用专门的软件自行开展拍卖活动。例如，ProcurePort.com 开发了一款软件，提供逆向拍卖形式的 P2P 在线交易（请浏览 procureport.com/reverse-auction-services.html）。

5.5.2 P2P 买卖活动

除了拍卖之外，eBay 还可以使人们以固定价格出售商品。Amazon.com 和 Etsy（请参阅第 3 章内容）也提供类似的服务。此外，还有数以百计的其他网站用分类广告来实现 P2P 交易。

5.5.3 个人借贷业务

在线货币转移技术促成了个人借贷业务到网络上进行。这种业务被称为"P2P 借贷"。个人之间可以通过互联网借入或是借出一笔资金（请浏览 thebalance.com/a-quick-timeline- of-peer-to-peer-landing-985114）。

在线参考文献 W5.3 介绍了 P2P 借贷运行的底层逻辑。

实际案例

P2P 借贷业务开展得最早的是英国的 Zopa（zopa.com）和美国的 Prosper Marketplace（prosper.Com）（请浏览 en.wikipedia.org/wiki/Zopa 及 en.wikipedia.org/wiki/Prosper_marketplace）。尽管全球各地都遭遇了 2008～2012 年的信用危机，而且没有政府的信用背书，Zopa 和 Prosper 都得到了长足的发展。例如，到 2014 年 4 月，Zopa 公司 50 000 名活跃会员以协议利率借出了 5.28 亿英镑，借款人的主要用途是支付汽车购置款、信用卡还款、住房装修款等。P2P 借贷的违约率并不高，例如 Zopa 自 2010 年以来历年违约率只有 0.19%，因为借贷对象都是信用良好的借贷者。若要了解 Prosper 的经营情况，请浏览 prosper.com/about，或参阅在线参考资料 W5.3。

Lending Club 是一家最大的 P2P 借贷机构。它在纽约证券交易所挂牌，而且获得了机构融资。但是，它也遭遇了一些经营困难，这导致了 P2P 借贷活动发展的迟缓。

应用案例 5-1　　　Lending Club 的运营

Lending Club 是全球最大的 P2P 借贷平台。据公司的报告显示，到 2017 年 1 月 15 日，公司平台上已经实现了 220 亿美元的借贷额，其中的 20 亿美元是在 2016 年第四季度完成的。该公司是第一家在美国证券交易委员会注册的 P2P 借贷企业。

公司的商务模式

Lending Club 网站上，需要借款的个人或是企业可以提交一个"需要借款"的信息，详细介绍自己的情况、需要借入的金额。所有的借款都是无抵押借贷，金额从 1 000 美元到 40 000 美元不等。按照借款者的信誉状况、借贷记录、借款额、借款/收入比等信息，公司判断该借款人是否"值得信赖"，并给出在这个贷款额度下的"信誉值"，以此来确定贷款利率和手续费的高低。贷款期限一般是 3 年（请浏览 lendingclub.com/about-us-action 及 en.wikipedia.org/wiki/lending-club）。

另一方面，投资人则可以在公司网站上查阅需要借款的个人或是企业的信息，并确定自己想要投入的资金。其判断的依据是网站上披露的借款者的信息、借款额、信誉值、借贷目的等。借贷利率只能由 Lending Club 来确定，但是投资者可以决定向每一位借款者借出多少资金。

收益模式

投资者靠利息来赚钱，利率依据每一笔贷款的信誉值不同从 6.03% 到 26.06% 不等。Lending Club 则是通过收取借款者手续费和投资者服务费来实现收益。手续费的多少，由贷款的信誉值来确定，一般是借款总额的 1.1%～5.0%。服务费则是借款人支付总费用的 1%。Lending Club 设定的利率水平，不管是对借款方还是对贷款方都比绝大多数的银行要优惠。

值得一提的是，对贷款人来说他们是将自有的资金出借给个人，因此其贷款收益是要按照个人收入缴纳所得税的，而不是缴纳投资所得税，所以缴纳的所得税数额要多一些。

二级市场

投资者在 Lending Club 放出无抵押贷款后，

可以出让未到期的贷款。这项服务由 Lending Club 的合作伙伴 FOLIOfn Investments 提供，收取 1% 的交易费。这样，Lending Club 就成了第一家建立二级市场的 P2P 贷款企业。

存在的问题

Lending Club 开始运营的第一年业务增长很快，还有商务伙伴加盟，金融机构（如对冲基金）加入。但是，接踵而来的却是一系列的问题，导致股价下跌 80%，CEO 离职，美国证券交易委员会派人来企业调查。证券交易委员会发现，个体投资者对信用风险并不了解，他们也无法像银行那样获得借贷者的信息。不管是借款者还是贷款者，他们的信息都来自 Lending Club。Lending Club 自己并不想在放贷经营中承担风险，P2P 借贷一方面扩大了整个市场的借贷规模，另一方面也扩大了信用风险。因此，有专家认为，从 Lending Club 遭遇的困境可以看出，P2P 借贷业务是走不远的。

近年来，借款人违约的现象有增无减。Lending Club 不得已，只能收缩业务，提高手续费和借款利率的门槛。

结论

尽管面临着许多问题，Lending Club 终究是生存下来了，经营规模也还在扩大。2016 年，公司经营亏损，股价却是在慢慢提升，财务分析的数据显示，股东应该静候业务复苏，而不是马上抛售手中的公司股票（请浏览 en.wikipedia.org/wiki/Lending_Club 及 lendingclub.com）。

思考题

1. 有人认为，Lending Club 所经营的业务相当于 eBay 在网络上开展信贷业务。这样说有道理吗？
2. 美国证券交易委员会是如何对上市企业开展调查的？请搜索信息并写出报告。
3. Lending Club 的网站上有 B2B 的业务吗？
4. 请将 Lending Club 的业务与英国 Funding Circle 的业务进行比较，并写出一份报告。

对虚拟银行（包括 P2P 借贷业务）需要保持谨慎。在将自己的资金转给任何企业（尤其是承诺对你的投资给予高额回报的企业）以前，一定要调查清楚，这是否是一家合法的企业。

5.5.4 通过分类广告开展销售业务

在线分类广告与报纸分类广告相比，有着诸多的优越性。第一，它们的受众遍布全国各地，而不是仅仅在本地，而且广告更新非常便捷。第二，它们几乎不向商家和消费者收费，或者收费非常低廉。这样就增加了商品、服务的供给，也增加了潜在的客户。第 2 章里曾经介绍过最为成功的 C2C 分类广告，就是 craigslist.org。美国的网络分类广告中还有公寓房和独栋别墅的租售信息（请浏览 forrent.com）。Freeclassifieds.com 刊登分类广告，客户买卖任何商品或是服务都不收取费用。许多报纸也在网络上刊登分类广告。有时候，你在某一网站的分类板块上刊登广告，网站会自动将其转发到伙伴网站的分类广告中（业内称为"交叉发布"）。

分类广告在成千上万的网站上都有，也包括一些社交网站，如 facebook.com/PostFree AdsToday 及 linkedin.com 等。

5.5.5 在线个人服务

网络上有各种各样的个人服务（如律师、钟点工、报税助理、投资咨询、交友助手等），这样的服务信息有些是刊登在分类广告板块中，有些则是刊登在专门的网站上（如 hireahelper.com），或是在服务指南中。有些是免费的，有些则是收费的。

值得一提的是，在寻找个人服务的时候，一定要非常谨慎。因为欺诈现象也很普遍，例如有的自称是律师，可能并没有某一领域的专业知识，甚至根本就不是律师。

5.5.6 短期度假用民宿

有些个人有住房空闲，可以将其出租给短期外出度假的旅行者，收取的租金往往比宾馆要低很多。租借者也可以租赁一套公寓，包括卧室、客厅、厨房等。这种短租在夏威夷等地很普遍。电子商务为买家和卖家（那些想把住宿场所租借给旅行者的人）搭起了一个平台。过去，这样的沟通平台是报纸的分类广告，或是电话。电子商务则提供了一个方便、快捷、安全的交易模式。2016年闪亮登场的是爱彼迎，类似的网站还有Wimdu、Roomorama、HomeAway等。

应用案例 5-2　　电子商务对宾馆业的颠覆

爱彼迎（Airbnb）是一个平台，它把旅行者与愿意向游客提供住宿的人联系在一起。这样的住宿场所可以是一个单间、合租的房间，也可以是一个套房，甚至是整栋的房子。爱彼迎充当的是中介的角色，它把旅行者和房东联系在一起，并收取费用。客户愿意接受这样的服务，因为它比传统的旅馆费用要低，选择的余地也更大。爱彼迎公司成立于2008年，但是它很快将业务扩展到全球190多个国家，34 000多个城市（请浏览nextjuggernaut.com/blog/airbnb-business-model-canvas-how-airbnb-works-revenue-insights）。

许多专家认为，爱彼迎公司的业绩增长是格外耀眼的，从2014年到2015年收益增长了113%（请浏览skift.com/2016/05/03/state-of-travel-2016-airbnb-vs-hotel-rivals-in-6-charts）。尽管该公司还不是一个上市公司，但已经有人将它估值为300亿美元（可以浏览bloomberg.com/news/articles/2016-06-28/airbnb-seeks-new-funding-at-30-billion-valuation）。这种增长开始于美国，如今全球各地业绩的增长早把美国本土的业绩抛在了后面（请浏览growth hackers.com/growth-studies/airbnb）。近期，平台上的订单只有16%是在美国实现的，发展最快的出租市场是在亚洲，其次是在欧洲。

人们提出的一个问题是，爱彼迎是否抢了传统宾馆业的生意，如果是，抢走了多少。对宾馆客房率的影响是很难估计的，当然也难以回答上述问题。虽说爱彼迎在美国的租赁市场生意红火，但是与美国宾馆创造的年客房合计出租次数相比，它还是不值一提的。

虽说业务增长很快，但爱彼迎也面对着许多挑战。有一个需要将住房出租的房东重视的问题是，万一房子遭到破坏怎么办？因为这些住房一般都没有财产保险（宾馆是不会不购置保险的），遭受损坏就得不到赔偿（请浏览mashable.com/2015/04/30/house-destroyed-airbnb-renters/#ztIl4rFrFiqm）。为了回应这样的问题，公司已经着手开始对潜在的租赁者开展必要的调查，消除房东的担忧。

另一个问题是爱彼迎公司自身的合法性和规范性问题。许多地方政府是将爱彼迎与传统的宾馆、旅店一样看待的。因为现行的法律、法规制定的时候，并没有爱彼迎这样的商务模式，因此，公司花费了许多人力财力去与政府机构打交道，目的是把相关的法条梳理清楚。

对爱彼迎和类似的企业来说，一个大问题是如何纳税。例如，在纽约，宾馆业的消费税是17%。2016年，爱彼迎同意向房屋租用人收取这些费用，并向市政府交纳这笔费用。

资料来源：Compiled from Buhayar (2016), en.wikipedia.org/wiki/Lending_Club, Chafkin and Buhayar (2016), and lendingclub.com.

思考题

1. 哪些因素导致了爱彼迎业绩的快速增长？
2. 爱彼迎会对传统的宾馆业产生很大的冲击吗？

3. 在利用爱彼迎租赁平台的时候，房东和旅行者应该如何保护自己的利益？
4. 选择一个你或许会前往旅游的城市。对普通宾馆的报价（Travelocity.com）和爱彼迎平台（Airbnb.com）的报价进行比较。

5.5.7 文件分享平台

这项业务是从1999年兴起的。用户登录一些服务网站（如Napster），就可以下载一些其他人愿意免费与之分享的文档。这样的P2P网络使得人们可以到他人的计算机硬盘里去搜索一些文件，这些文件可以是计算机主人自己创建的，也可以是他从其他地方复制过来的。这些共享的文件中，最主要的是音乐和游戏。随后，电影、电视节目、视频资料等也都在这样的网络中传递开来。Napster在2002年有6 000万用户，但是后来因为涉及版权保护问题而被迫停止了这样的业务。

Napster（以及随后出现的类似网站）的网站服务器其实就是一个共享文档指南，它为用户罗列出了一份文档的清单。用户一旦登录到服务器，就可以搜索歌曲，然后查询到文档主人的位置。他们可以直接链接到主人的计算机，下载选中的歌曲。Napster网站上有聊天室功能，可以将几百万用户连接在一起。

但是，美国联邦法院认为Napster违反了版权法，因为它帮助用户获得音乐的文件，却不支付版权使用费给音乐的创作者。正是2002年3月的这样一纸判令，迫使Napster网站关闭，公司申请破产。2011年，Napster网站被Rhapsody（rhapsody.com）并购，后者是一家注册以后才可以下载音乐的网站，Napster在公司里依然是一个独立的部门（请浏览theguardian.com/music/2013/feb/24/napster-music-free-file-sharing）。

实际上，免费文档分享的活动依然有人在做。例如，有一个更加纯粹的P2P文档分享应用软件BitTorrent（bittorrent.com），用户可以更加快捷地下载文档。还有一些P2P网站是专门分享游戏软件的，如TrustyFiles（trustyfiles.com）。尽管许多人都希望能够免费获得一些什么，但是，应该牢记的是，免费下载享有版权的资料通常是违背法律规定的。

5.5.8 社交网络上的P2P活动及虚拟财产的交易

社交网络上的P2P行为包括照片、视频、音乐以及各种文档的分享，有时人们也交易虚拟装备等（请参阅第8章内容）。

本节习题

1. 什么是P2P电子商务？
2. P2P电子商务能够给人们带来怎样的利益？
3. P2P电子商务的主要应用形式有哪些？
4. P2P借贷活动有哪些形式？有什么利弊？
5. P2P民宿共享有哪些形式？有什么利弊？
6. 如何界定在线文档分享？
7. 在线文档分享有哪些形式？它涉及哪些法律问题？

管理问题

1. **如何设计成本效益最理想的政府电子采购系统?** 电子政务规划过程会出现以下问题:政府利用网络平台开展采购活动能够节约多少开支?该系统是否适用于小批量采购?如何处理来自其他国家的投标人?怎样预防非法行贿?除了成本之外,还需要考虑什么?如何设计线上、线下采购系统?如何在网上发布报价邀请?如何将桌面采购与拍卖合理组合在一起?政府是否可以利用B2B商务网站进行采购?企业是否可以利用政府采购系统实现自己的采购?所有的这些问题都必须在系统设计过程中考虑周全。

2. **如何设计远程教育的知识渠道?** 远程教育服务有多种渠道。远程教育管理团队需要对在线及离线培训方案、企业内外的知识渠道、付费和免费渠道进行优势组合。如果是大企业,应该主要使用企业内部的培训资料,小企业则要尽量使用外部的资源,这样比较符合成本效益原则。知识渠道组合还要根据不同的需求进行调整,并选择合适的软件供应商。相关案例研究,请浏览brightwave.co.uk。

3. **如何将社交网络学习和服务与组织管理相结合?** 随着社交网络在企业经营中作用的扩大,管理者应该思考如何将社交网络与企业的各种管理系统(如客户关系管理、知识管理、培训系统、管理流程等)结合在一起。有一个问题需要格外关注,那就是如何平衡远程教育与培训项目中知识的质量和数量之间的关系。

4. **电子书的应用会产生怎样的影响?** 只要读者广泛接受了电子书,那么在线图书销售渠道就可能带有强大的颠覆性,因为这种新的阅读形式必然会影响到线下图书零售业务。此外,由于电子书很容易被复制并在网上传播共享,因此有必要对电子书实行知识产权保护。一般来说,今后会有更多的电子书出版,供人们阅读。

5. **如何认识数字技术对传统经济的颠覆?** 不同的情况有不同的结果。但是,有些企业会因此而失去一些市场份额,有的甚至会破产。这样的颠覆活动往往会吸引媒体的关注,甚至会影响股价。有些管理咨询机构提醒人们要注意数字技术对一些行业的颠覆。

6. **汽车共享会产生怎样的影响?** 共享汽车对出行者是有利的,因为可以降低出行成本。汽车共享的出现,出租车行业会受到重大的影响。它也会给政府管理、法律和社会带来种种影响。

7. **P2P商务未来会有怎样的发展?** 在有些领域(如民间信贷、艺术品转让、民宿类服务的供给等)肯定会有很大的发展。在宾馆业它将会是颠覆性的。

本章小结

1. **电子政务活动。** 政府机构与其他的各种组织一样,也能够从电子商务活动中节约成本,提高工作效率。政府机构常用的电子商务应用主要有通过逆向拍卖开展电子采购、与公民和企业之间的电子支付、多余物资通过拍卖处理,以及旅行安排及费用管理的电子化。政府机构之间也可以开展电子业务。因此,政府可以用更低的成本将工作做得更好。

2. **电子政务与公民、企业及政府机构自身的关系。** 全球各地的政府机构都在利用互联网向公民提供各种各样的服务。这些服务提升了公民的满意度,降低了政府各项工作(包括电子投票)的开支。政府还通过网络平台与企业开展交易。政府机构之间,以及政府与政府之间都在开展电子商务活动。电子政务还因为无线技术的发展而得到了提升。有人将这样的服务称作"移动政务"。由于出现了威客、博客、微博、社交网络等技术,电子政务2.0得到了更大的普及。

3. **远程教育及在线培训。** 所谓远程教育是指通过电子媒体(包括互联网和内联网)传播教育信息。全球范围内,成千上万的企业都在开展学历教育、终身教育、在职培训等项目。目前日趋盛行的一种教育模式是由网络大学、虚拟大学开展的远程学习。有些是纯粹的在线学习,有些则是在线、离线相结合的学习形式。公司的在线培训也如火如荼,有些企业还为此专门成立了公司的学习中心。远程教育的开展是循序渐进式的。开始的时候一般是在网络上提供一些学习资料。发展到较高形式，就是将远程教育与社交网络结合在一起。新型的电子阅读器既有方便阅读的电子内容，也有搜索功能、富媒体及其他各种功能。电子书的售价并不高，却有强大的存储容量，可以将许许多多的书储存在一个小的电子设备上。因此，它广受欢迎。

4. **电子书及其读者。** 由于电子书带来的各种利益，所以接受它的人越来越多（亚马逊的电子书销量比纸质书要大很多）。电子阅读器和平板电脑制造商之间的竞争很激烈。电子阅读器的功能越来越强大，它的价格却越来越便宜。人们使用电子阅读器有的是为了消遣，有的则是为了学习。人们可以利用平板或是其他便携式电子阅读器阅读电子书。

5. **远程医疗。** 电子商务、移动商务、社交商务的应用已经越来越多地渗透到医疗领域。B2B商务、B2C商务、协同商务甚至P2P服务，都已经在全球各地开展。其中人们最为熟悉的是电子病历，它帮助人们实现了医疗服务的快速提供，还有就是农村医疗的普及。另一个应用比较广泛的领域是病人关怀，从对病人的全方位、全时段监护，到改进医疗检查，改进对医疗设备的使用，再到改善病人的体验。开发出医疗服务平台以后，对病人的教育也更加方便了。医生能够很快地获得所需要的各种信息，他们还能够在线采购各种医用物资。社交媒体和网络帮助病人和管理者分享信息，在线协同。将电子商务技术应用到医疗领域还有助于对医疗设备的采购、保养和使用。电子商务技术改进了医疗管理、医疗研究。远程医疗中遇到的主要问题是对病人医疗信息和隐私的保护。

6. **数字技术的颠覆与共享经济。** 电子商务时代的共享经济（如共享汽车）是数字技术对传统经济进行颠覆的主要原因。数字技术对普通消费者、商务流程、整个企业甚至整个行业都会有重大的影响。汽车共享、住宿共享等共享模式越来越普及。类似的商务模式还有很多。共享能够为参与其中的个人减少支出，但也存在需要思考的问题，如税收问题、安全问题。

7. **P2P交易。** P2P交易是指个体消费者与其他消费者开展电子商务活动，主要表现为拍卖（例如在eBay网站上的拍卖）、分类广告、撮合服务、eBay及Etsy网站上的专业服务交易等。这一领域里还有就是不合法的文档（如音乐、视频、游戏等）免费分享。

关键术语

digital disruption：数字革命
distance learning：远程学习
e-government：电子政务
e-health：远程医疗
e-learning：远程教育
electronic book（e-book）：电子书
government 2.0：电子政务2.0
government-to-business（G2B）：政府与企业电子政务
government-to-citizens（G2C）：政府与公民电子政务
government-to-employees（G2E）：政府与雇员电子政务

government-to-government（G2G）：政府与政府电子政务
learning management system（LMS）：远程教育管理系统
mobile government（m-government）：移动政务
m-learning：移动学习
person-to-person e-commerce：P2P电子商务
shared economy：共享经济
social learning（e-learning 2.0）：社交学习（远程学习2.0）
virtual universities：虚拟大学

讨论题

1. 利用社交网络开展电子政务与传统的电子政务相比，各有什么优缺点？
2. 电子投票的优势是什么？缺点是什么？
3. 电子书的优点是什么？缺点是什么？

4. 远程教育在企业培训中发挥了什么作用？
5. 汽车共享的优点是什么？缺点是什么？
6. 电子商务对传统经济的颠覆表现在哪些方面？
7. 爱彼迎（airbnb.com）及类似的企业成功的秘诀是什么？
8. 电子商务技术为什么会迫使企业处于"何去何从"的困境？
9. 优步等汽车共享企业面临着怎样的法律问题？
10. 有人认为，B2G 就是 B2B。这种说法成立吗？为什么？
11. B2E 与 G2E 有哪些相似之处？有哪些区别？
12. 在电子政务活动中，哪些属于机构内部的电子商务活动？为什么将它们归类在"内部活动"？
13. G2C 电子政务活动给政府机构和普通百姓带来哪些利益？
14. 电子商务技术给医疗行业带来哪些进步？
15. 人工智能技术将对电子政务和远程医疗造成哪些影响？

课堂论辩

1. 远程教育给本科生带来什么利益？给 MBA 的学生带来什么利益？
2. 利用电子商务技术开展医疗保健工作有哪些利益？有哪些局限性？还有哪些不足之处？
3. 智能城市是政府重大项目之一（尤其是在欧盟国家，请参阅第 6 章内容）。请讨论这些政府举措，并解释为什么它们是电子政务的一部分。
4. 优步将其在中国的业务与滴滴打车合并，但是经营依然是分开的（其他许多国家的竞争企业也是这样做的）。请搜索这两家企业近期的经营状况。
5. 请举例说明电子商务技术颠覆了传统企业的商务流程。
6. 电子商务技术颠覆了哪些行业？哪些企业？
7. 2015 年 7 月到 2016 年 8 月，爱彼迎公司的估值从 50 亿美元增长到 300 亿美元。这符合实际吗？为什么？
8. 有人认为众包和众筹都是共享经济的模式，但是也有不同的意见。请解释。
9. 电子书会取代传统纸质书吗？为什么？
10. 讨论：电子投票的利弊。
11. 请登录 en.wikipedia.org/wiki/E-Government，找到"电子政务的争议"这一版块。讨论它的优缺点，并将讨论结果写成一篇报告。
12. 远程教育真的能发挥很大的作用吗？为什么？
13. 讨论联合国电子政务发展数据库的内容以及它带来的利益（请浏览 unpan3.un.org/egovkb）。
14. 电子投票和人工投票各有什么利弊？
15. 机器人辅助咨询在电子政务和远程医疗工作中能发挥怎样的作用？

网络实践

1. 请登录 e-learningcentre.co.uk、elearnmag.acm.org 和 elearningpost.com，关注网站上的热门话题。搜索两篇讨论在线培训带来益处的文章。写出一份报告，列出网络上有关远程教育渠道的清单。
2. 请登录 adobe.com，搜索网络上有关远程教育、知识管理、电子出版的辅导材料及软件工具。并将搜索结果进行展示。
3. 请登录诸如 blackboard.com、en.wikipedia.org/wiki/Blackboard_Inc 等网站，关注该公司提供的各种服务，包括它的社区系统。写出一份报告。
4. 请登录 fcw.com，阅读网站上发布的有关电子政务的新闻，关注本章内容中没有涉及的问题。再登录 gcn.com 和 com，比较三个网站上出现的内容。
5. 请登录 lendingclub.com，了解该公司的收益模式。
6. 假设你将要去新西兰旅游，请搜索那里的免费住宿机会。写出你的体验。
7. 了解爱彼迎公司，该公司的竞争优势表现在哪里？
8. 请登录 stay4free.com，该公司的服务哪些是"真正免费"，哪些是"有条件免费"？
9. 请登录 en.wikipedia.org/wiki/Sharing_economy，了解协同消费的各种类型。就这种消费模式的驱动力和带来的利益写出一篇报告。
10. 请登录 procurement.org 和 govexec.com，关注网站上近期的政府采购的信息。写出一份报告，说明两个网站明显的特征。

11. 请登录网站 amazon.com、barnesandnoble.com 和 sony.com，关注这些企业生产的电子阅读器的最新信息。比较这些产品的功能并写出一份报告（请参阅 ebook-reader.com）。
12. 请登录 chegg.com 或是类似的远程教育平台网站，说明它们的运行原理。
13. 选择两家推行 C2C（或 P2P）电子商务的企业（如 egrovesys.com），对它们的功能进行比较。
14. 请列举电子政务活动开展得比较好的政府机构。在 quora.com 上设计问题。
15. 再过 10 年，P2P 网络借贷业务会完全颠覆传统的银行业务吗？为什么？
16. 汽车共享的商务模式有哪些利弊？它对传统的出租车业务有哪些影响？

团队合作

1. 请阅读本章开头的导入案例，并回答下列问题：
   a. 爱沙尼亚的电子政务活动开展有哪些驱动力？
   b. 最主要的成功因素在哪里？
   c. 由于存在着黑客攻击的风险，那么在爱沙尼亚利用互联网投票还有可行性吗？
   d. 请登录 e-estonia.com/case_study 电子政务案例分析网站，设法列出一份案例清单。观看三份案例视频，并写出大致的内容。
2. 比较下列各国电子政务开展的情况。分小组分析这些国家的电子政务活动，了解它们的成功因素，以及各自的特点，并向全班同学展示。
   a. 丹麦（egov_in_denmark_-_17_0_final.pdf）；
   b. 新西兰（ict.govt.nz）；
   c. 新加坡（centreforpublicimpact.org/case-study/building-digital-government-singapore）。
3. 将班级分成 5 个团队，其中 4 个团队分别负责 G2C、G2B、G2E、G2G。每一个团队根据各自的电子政务形式，为一个小国家（如荷兰、丹麦、芬兰、新加坡等）设计电子政务活动。第 5 个团队负责那 4 个团队中所有电子政务活动的协同与合作。最好编写一份完整报告。
4. 社会上有哪些新趋势？政府如何应对这样的趋势？请参阅《2016 年联合国电子政务调查报告》（UN E-Government Survey of 2016），向全班做介绍。
5. 假设你所在的企业将受到电子商务技术的威胁，设法寻找应对策略，写出一份意见。
6. 颠覆与创新间有什么辩证关系？
7. 汽车共享模式对传统出租行业是一种颠覆。出租车司机是如何应对这样的竞争的？
8. 福特和沃尔沃都在与优步合作推出自驾汽车，开展这样的合作项目的还有通用汽车和 Lyft 等。请写出一份报告，罗列共享汽车商务模式给合作各方（包括租车人）带来的利益。
9. 2016 年，加拿大广播公司罗列了 50 家对传统行业有颠覆性影响的企业，其中有许多是电子商务企业，如优步、Lyft、Pinterest、爱彼迎等。请解释为什么这样的企业被称为电子商务企业。
10. P2P 网络借贷业务为什么会有生存空间？请仔细观察 Lending Club。
11. 登录 youtube.com/watch?v=Q42flb1Fnck，观看视频"E-learning Debate 2010—Highlights"，讨论远程教育的利弊：
    a. 列出视频中提到的正反两方陈述。
    b. 班上所有人对每一种陈述进行投票，并解释赞成或反对的原因。
    c. 把班级讨论中听到的或在网络上看到的不同见解添加到列表中。
    d. 对新的陈述再次进行正反方举手表决，解释赞成或反对的理由。
    e. 共同完成一份总结。可以利用威客这种形式。
12. 把班级分成两组，每组分别观察 netlibrary.com 和 ebooks.com 的技术、法律问题、价格、商务伙伴等内容。然后以"电子书的前景看好吗"为题写一篇报告。

章末案例

HFHS 系统向病人提供一流体验

福特医疗系统（Henry Ford Health System，HFHS）是一个综合医疗保健系统。在美国的底特律和其他的一些城市，它每年要向 220 万病人提供医疗服务。HFHS 医联体有 5 家医疗中心，24 000 多名员工。

面临的挑战

福特医疗系统的宗旨是向处于流动状态的人员（如医院职工、病人、保险公司职工、医生、探望病人的家属、医疗器材的供应商）和移动设备（如生物医学设备）提供通信支持、协调和保障。HFHS 以强大的电子网络为基础。它需要支持病人各种信息的传输，甚至是实时的传输（在医生治疗的现场），但是又要保证隐私的保护和数据安全。系统面临的挑战包括数量众多的移动设备，这些设备有的是病人携带的，有的则是来探望的家属携带的。此外，所有的这些移动设备和生物医疗设备出自不同的制造商，应用目的也各不相同（如 X 光透视车、静脉输液泵、移动超声仪、心电图检查仪等）。有些医疗设备被 6 英尺⊖厚的墙阻隔，无线电射频几乎无法穿透。医院需要能够全区域覆盖的无线网络，还要保证很快的网速和带宽。

解决方案

HFHS 决定使用一种高级的移动网络系统。这个系统的使用需要对不同的软件、硬件进行测试，还要判断接入的无线设备的数量和位置。

最终，整个系统可以将 3 500 台生物医疗设备接入无线网络。这需要与设备的采购方进行协调。为了保证无线网络的全覆盖，需要把发射装置安装到 90 多台老旧的电梯里和楼梯走廊上。系统还要保证网络信号可以穿透铅板隔墙和 6 英尺厚的水泥墙体。病人和探视者携带的移动设备厂家不同，品牌各异。还有，HFHS 的经营场所有 60 多处，加在一起有 700 多万平方英尺的面积。2016 年，整个医联体有 3 200 多个无线设备接入点，还有 1 200 多个监控探头。处理移动网络设备以外，HFHS 还使用了其他的一些电子商务信息系统，例如飞利浦公司的 CareSage 开发的预测分析系统，3M 公司开发的临床文件整合系统（360 Encompass system）。

取得的成绩

美国的医疗器械促进协会（Association for the Advancement of Medical Instrumentation）曾经提供报告，介绍 HFHS 医联体对移动技术的成功应用。病人的满意度大幅度提高了，医院医生和普通员工的服务质量和效率也提高了。所有参与其中的人员还有机会看到医院发布的各种医疗保健资料。无线网络使得生物医疗设备的运行更加顺畅了。有关人员和设备可以读取所需的各种信息，还可以沟通、协调，开展团队合作，满足了全院上下规范运营的要求。

思考题

1. 为什么只有移动技术才能帮助 HFHS 医联体解决问题？
2. HFHS 开发的这个项目为什么这么复杂？
3. 整个项目的实施能够带来哪些利益？受益者是谁？

⊖ 1 英尺 =0.304 8 米。

PART 3

第三部分
新兴电子商务平台

第 6 章

移动商务及物联网

学习目标

1. 探讨移动商务的增值属性、好处及基本驱动因素；
2. 介绍支持移动商务的技术基础，包括设施、软件和服务；
3. 探讨移动商务在金融服务中的应用；
4. 介绍移动技术在企业中的应用；
5. 介绍移动商务的消费应用及个人应用，包括移动娱乐活动；
6. 介绍定位商务；
7. 介绍普适计算及无线传感器网络；
8. 介绍可穿戴装备、谷歌眼镜、智能手表和健身追踪器；
9. 探讨移动商务实施中的安全问题、隐私问题及其他障碍。

导入案例

赫兹公司：全面实现移动商务

存在的问题

汽车租赁行业的竞争十分激烈，赫兹公司（hertz.com）是全球最大的汽车租赁公司，它在150个国家的10 000多个城镇开展租赁业务，竞争对手有几百个。市场的激烈竞争严重影响了企业利润（请浏览hoovers.com/company-information/cs/company-profile.Hertz_Global_Holdings_Inc.7b9c49d62787624c.html）。赫兹公司需要不断维护其移动网络服务，保证顾客能用自己的移动终端迅速联系到公司，获得他们所需要的服务。赫兹公司的移动App适用于iPhone、iPad、Android、Windows Phone等各种移动终端设备。

解决方案

赫兹公司率先设计了一些移动商务应用以增加公司的竞争力。移动商务已经嵌入公司在全国各地的无线网络。移动平台允许客户预订车辆，确认或更改预订，以及其他相关的客户服务（如查看历史租车信息，将信用里程用于客户忠诚计划）。

赫兹公司开展的移动业务有如下几种形式：
- 便捷的租赁方式。通过电话、电子邮件和网站（无论用智能手机、平板电脑，还是台式机上网）都可以完成预订；客户预订汽车租赁以后，公司会通过电子邮件（或短信）发送确认信息。客户抵达目的地，会收到一条信息，告知所租车辆在赫兹停车场的具体位置。在许多租车点，车辆都配备了射频识别系统。客户只需用赫兹钥匙链/卡在射频识别器上扫一下就能解锁车辆。还有一些租车点，需要赫兹公司的现场业务员通过手持设备确认客户预订信息，并将信息无线传输到租赁中心，中心再将预订车辆的停车位置反馈回来。客户只需走到停车场，将车开走即可。

- 及时还车。顾客现在无须排队等待还车。通过无线系统连接数据库的移动设备能够帮助客户很快将汽车归还赫兹公司。在停车场，现场业务员用手持设备为前来还车的客户自动计算出租赁费用，打印出发票。整个过程不到一分钟，全部在停车场完成。

- GPS 导航系统。赫兹公司在很多租赁汽车上安装了 NeverLost 导航系统（neverlost.com），并配有显示屏和语音提示（如转弯提醒）。系统采用谷歌地图或 MapQuest 地图，屏幕上的地图会显示路线和周边的公共服务信息和商业信息（如最近的医院、加油站和餐馆等）。赫兹公司同时提供了移动 App（见 www.neverlost.com/Products/ProductDetail?Product Name=hertzneverlostcompanion），让顾客可以在手机上规划自己的行程，并在 App 内可以直接导航到华盛顿、纽约等 40 多座城市。这款 App 还有一些特点，它能够增强现实（将你的照相手机变成实时地图），整合社交媒体（在 Facebook 和 Twitter 等社交网络上分享你的体验），提供天气信息（获取实时天气信息和 5 天预报）。

  赫兹公司还为租赁汽车安装了内置摄像头，试图升级其 NeverLost 的服务（请浏览 finance.yahoo.com/news/navigation-solutions-hertz-neverlost-r-221503204.html）。

- 其他客户服务项目。除了定位导航，NeverLost 系统还提供以下一些服务：驾驶提示、急救电话、城市地图、购物指南，以及宾馆、饭店和其他消费服务的客户评价。赫兹公司俱乐部成员在家中也可以打印这些信息或将其下载到移动设备上。

- 汽车的位置。赫兹公司开发了基于 GPS 的汽车追踪系统。利用该系统，公司能够随时了解租赁汽车所在位置，甚至能够实时了解汽车在公路上驾驶的速度。虽然公司承诺确保信息安全，也有人认为这样做侵犯了客户的隐私。然而，一些租客在得知自己被全程追踪时反而会更有安全感。目前赫兹公司只使用该系统追踪被盗汽车，查询车辆归还时间。

- 全天候服务。在赫兹公司的网站上，公司给顾客提供定制化服务，提供短时间内（可以按天或小时计算）自助租用车辆的服务，以此与汽车共享公司 Zipcar（zip-car.com）竞争。下载赫兹公司全天候服务 App，请登录 hertz.com/renta-car/productservice/index.jsp?targetPage=hertzmobilesite.jsp，它可用于寻找汽车租赁地点。此应用程序可安装在个人电脑和移动设备上（请浏览 hertz247.com/NewYork/en-US/About/Mobile）。该应用程序包括拼车共享，还可以用来比较公共交通与汽车租赁的费用。

- Wi-Fi 连接。在美国、加拿大等一些国家，顾客可以在赫兹公司的办公区域连接免费的无线网络。

- PlatePass 道路付费电子设备。使用该设备，司机可以支付道路通行费用。在不同地区，租赁的汽车都配有无线发射器（即一个电子标牌）。如果汽车上没有这样的设备，收费公路将自动读取汽车车牌号码，以便司机稍后结账。PlatePass 每天服务费为 4.25 美元，先支付给赫兹公司，再加上收费公路的费用（请浏览 platepass.com）。

- 赫兹 App。赫兹 App 适用于 iPhone、iPad、Windows 和安卓系统，顾客可以预约，搜索门店位置，享受特别优惠等服务（请浏览 hertz.com/rentacar/productservice/index.jsp?targetPage=hertzmobilesite.jsp）。

- 社交媒体。赫兹公司在许多社交网络应用程序中都有活跃的用户。

取得的成就

2008～2014 年全球经济危机，赫兹公司依然在汽车租赁行业保持着行业第一的地位。在 2008～

2009年，公司的收入一度下滑，但是2010～2014年，公司业绩就回升了。与竞争对手相比，赫兹公司的经营业绩是十分可观的。公司股票价格于2009年跌至底部，2010年涨了两倍多，2011～2014年持续走高。公司开发并投入使用的移动应用技术，使得业务不断拓展，同时企业形象也在不断提升。

案例启示

赫兹公司的案例表明，将移动电子商务应用于运输行业不仅提升了顾客服务质量，而且优化了公司经营模式。应用程序的运用依赖于移动设施和无线网络。无线技术有一系列独特的属性，使许多应用程序得以实现。

赫兹公司的案例只是日益增长的移动技术和无线技术影响电子商务活动的一个典型。本章我们将探讨各种新兴移动技术和无线技术，及其在商务活动和社交活动中的应用。本章还将讨论移动企业、定位服务以及普适计算，这些都是新兴的技术领域。

6.1 移动商务的定义、应用范围、属性、驱动力、应用方式及优势

正如第1章所描述的，商业活动已经趋向数据化。此外，许多企业正在跨地区发展，甚至走向全球，对移动通信的需求也在迅速增长（请参阅第7章章末案例）。据全球移动通信系统联盟（GSMA）在2016年提供的统计数据，移动通信行业已经成为世界经济主要贡献行业。全球超过75%的人口都拥有移动电话，其中大部分是智能手机。显然这些因素都是移动商务发展的驱动力（请浏览 mobileinfo.com/mcommerce/index.htm）。

移动商务本身有自己的框架、属性、领域、概念和术语，这正是其优势所在。请浏览 youtube.com/watch?v=QtpTTpgpELg，观看视频"什么是移动商务"（What is M-Commerce）。

计算机技术与电子商务领域最明显的趋势之一是移动计算呈指数级增长。每年高德纳都会列出未来最具前景的十大战略技术趋势，这些趋势将在未来3年内给个人、企业、IT行业带来巨大的收益。2010～2017年间的所有报告都提到了移动计算。2017年，移动商务交易占所有电商交易的40%。有些国家正在向移动经济跨越式发展，中国就是其中之一（请参阅第12章有关移动支付的内容）。

6.1.1 移动商务的基本概念、规模及其应用范围

移动商务（mobile commerce, m-commerce, m-business），指的是利用移动设备和无线网络开展商务活动。移动商务活动包括B2C、B2B、移动政务、客户关系管理和移动远程教育，以及通过无线移动设施开展的信息与资金的交换。与普通电子商务一样，移动商务也包括通过互联网、企业内部网、公司通信线路或其他无线网络使用移动设备进行的电子交易。例如，在自动售货机上支付款项，或者通过手机缴税，都可被视作移动商务。通过移动商务，可以随时随地为老客户提供服务，也可以吸引新客户。起初，移动设施屏幕小、速度慢，限制了移动商务对用户的价值，但是，这一情况正在迅速发生变化。一是因为手机和平板电脑的广泛使用，二是现在的消费者更加接受手持设备，三是4G（乃至5G）网络的发展以及到处覆盖的免费Wi-Fi。

值得一提的是，移动商务与传统电子商务的商务模式是有很大差异的（请浏览 mobilinfo.com/Mcommerce/differences.htm）。移动功能带来了许多新的应用程序，令买卖双方的关系发生了变化（请浏览 ibm.com/software/genservers/commerce/mobile）。

1. 移动商务规模

全球知名的市场研究机构 eMarketer 在2013年的一份调查研究表明，到2017年美国大约有25%的线上零售交易是通过移动商务实现的（请浏览 mashable.com/2013/04/24/ mcommerce-sales-forecast）。2014年，全球最大的移动广告网络 InMobi 发布的一份报告显示，83%的消费者计划将在2014年使用移动商务，与上年相比增长15%。以下是更多参考数据。

2015 年，移动商务占全球 GDP 的 4.2%，预计到 2020 年将接近 5%。到 2020 年，全球近 90% 的互联网用户将使用近 58 亿部智能手机（请浏览 gsma.com/mobileeconomy/global/2016/）。

有关移动商务的统计数据，请浏览 statista.com/topics/1185/mobile-commerce 及 gartner.com/newsroom/id/3270418。

本章将主要探讨移动商务的突出特征和主要驱动力，与移动商务相关的技术问题，以及移动商务的主要应用形式（请浏览 mobilepaymentstoday.com/blogs/social-media-becomes-more-of-a-mobile-commerce-tool-worldwide）。

2. 移动商务领域

图 6-1 概括了移动商务所涉及的各个领域。

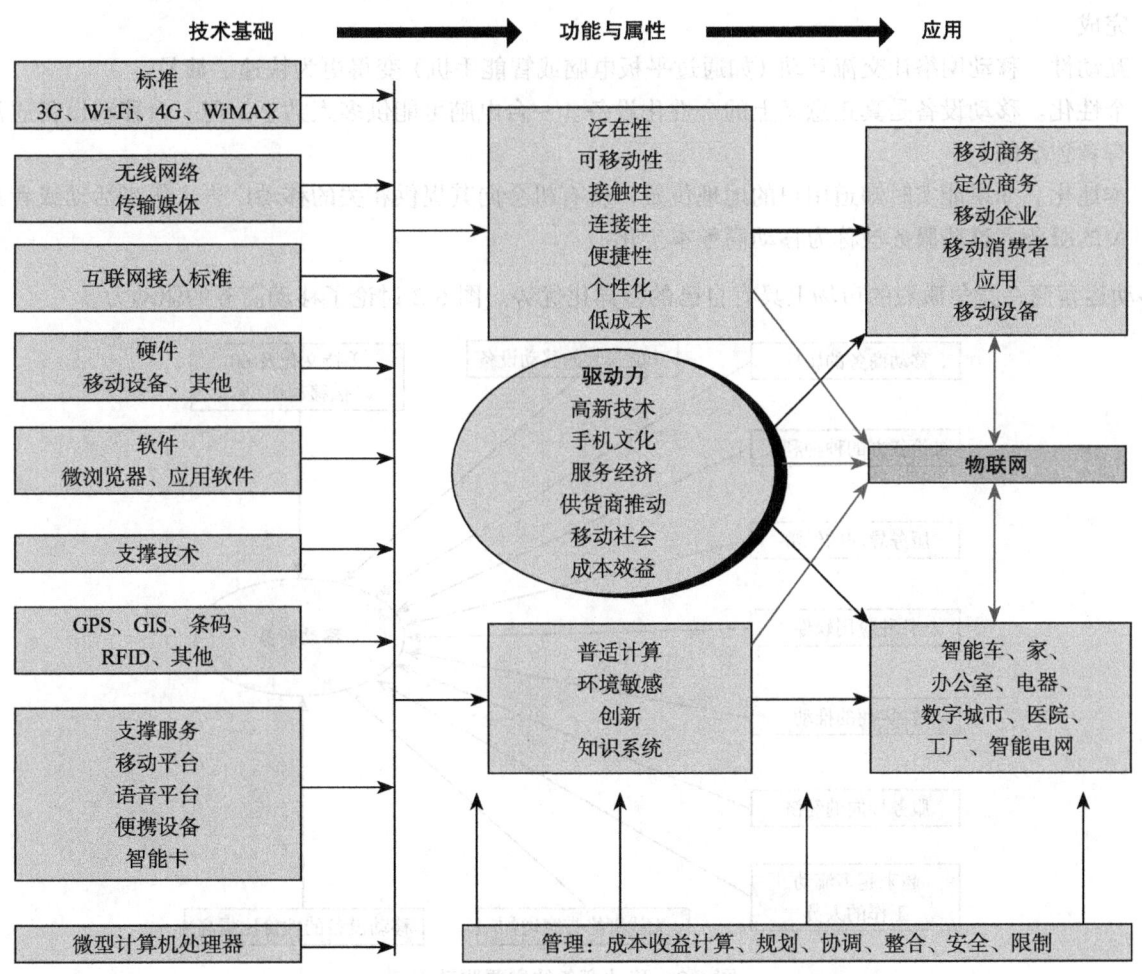

图 6-1　移动计算技术以及移动商务所涉及的主要领域

在图 6-1 中，支撑技术（如设备、网络）位于左侧，生成的功能和属性位于中间，这些为图右侧所示的应用程序提供了基础。在本节中，我们将介绍移动商务的技术属性和应用形式。6.2 节则介绍移动商务的主要技术要点。

3. 移动商务与社交网络：强大的电子商务组合

移动商务是一个功能强大的商业平台，再结合社交网络将产生更大的功效，这部分内容主要在第 7、8 章介绍。这一整合将塑造电子商务未来的发展趋势和主要推动力。

6.1.2 移动商务的属性

本书所述的电子商务应用在移动商务中也都有体现。例如，在线购物、电子旅行、线上教育、线上娱乐、在线游戏等，在B2C移动商务中都有应用。在线拍卖网站在拍卖过程中通过移动商务平台向竞拍者发送短信通知；政府部门鼓励使用移动政务（见第5章内容）；B2B电子商务中的无线协同商务正在崛起。新应用程序的有些关键属性仅适用于移动网络环境：

- 泛在性。泛在性指的是随时随地应用。无线计算为其提供了便利。如今，覆盖Wi-Fi的场所越来越多，而且几乎一半的移动设备都是智能手机，泛在性更容易实现。
- 便捷性。拥有移动设备增强了通信的便利性。现有移动设备体积越来越小，价格越来越便宜，同样也增加了移动设备的功能和可利用性。与传统电脑不同，移动设备接入网络的速度相当快，几乎是瞬间完成。
- 互动性。移动网络让交流互动（如通过平板电脑或智能手机）变得更为快速、简易。
- 个性化。移动设备是真正意义上的个性化设备。一台电脑可能供多人共享，但一台移动设备通常是持有者独享的。
- 本地化。如果能实时知道用户的地理位置，就有机会向其提供相关的移动广告、优惠活动或者其他相关的服务。这些服务被称为移动商务本土化。

移动运营商在竞争激烈的市场上具有自己的差异化优势。图6-2讨论了移动商务的驱动力。

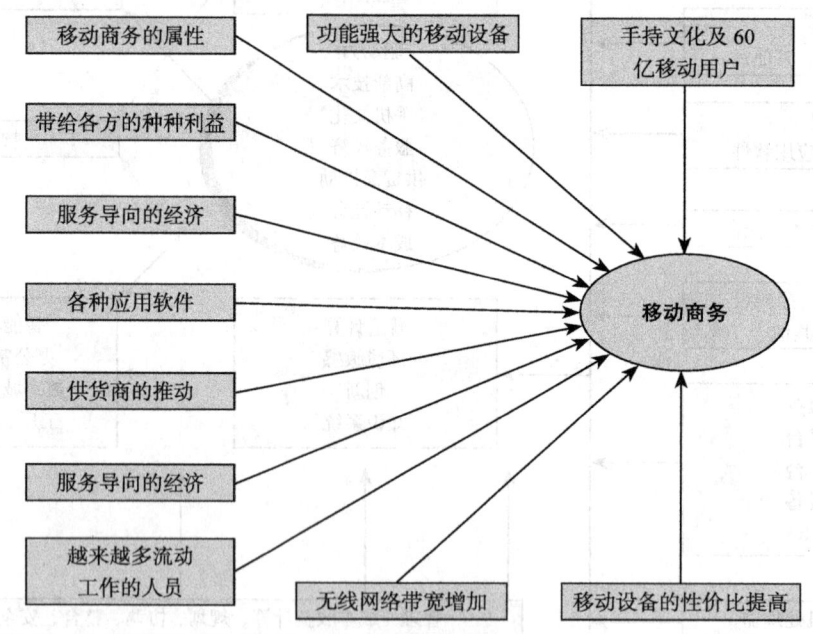

图6-2 移动商务的主要驱动力

6.1.3 移动商务的应用

移动商务的应用可以归纳出几千种。有些应用与有线网络环境下的电子商务应用相似，就像第3、4章介绍的内容，还有一些则只能在移动设备上应用。

为了方便叙述，我们按如下的主题对移动应用进行分类（外加消费者应用）：

- 银行及理财服务（详见6.3节）；

- 移动企业应用（详见 6.4 节）；
- 消费服务及娱乐（详见 6.5 节）；
- 普适计算应用（详见 6.7 节）；
- 新兴产品的应用，如可穿戴设备、谷歌眼镜、智能电网、无人驾驶汽车（详见 6.8 节）；
- 物联网（详见第 7 章）；
- 移动购物（详见第 8 章）；
- 移动营销及移动广告（详见第 10 章）；
- 移动支付（详见第 12 章）；
- 移动网约车（详见章末案例）。

我们根据摩托罗拉公司的移动应用框架，对与企业相关的应用程序进行了分类（请浏览 motorolasolution.com/US-EN/enterprise+mobility）。根据这个框架，企业应用必须要满足特定的商业需求。这些需求既有通用性又有差异性（见图 6-3），主要表现在四个方面：

- 现场操作的移动性——有助于帮助越来越多的现场操作员工；
- 车队的移动性——有助于缩短装卸时间，提高运输效率；
- 仓库管理——有助于提升仓库运作效率；
- 门店直接配送——提前做好配送前的准备工作（例如，运输车队可以通过短信向收货门店发送新的货物信息）。

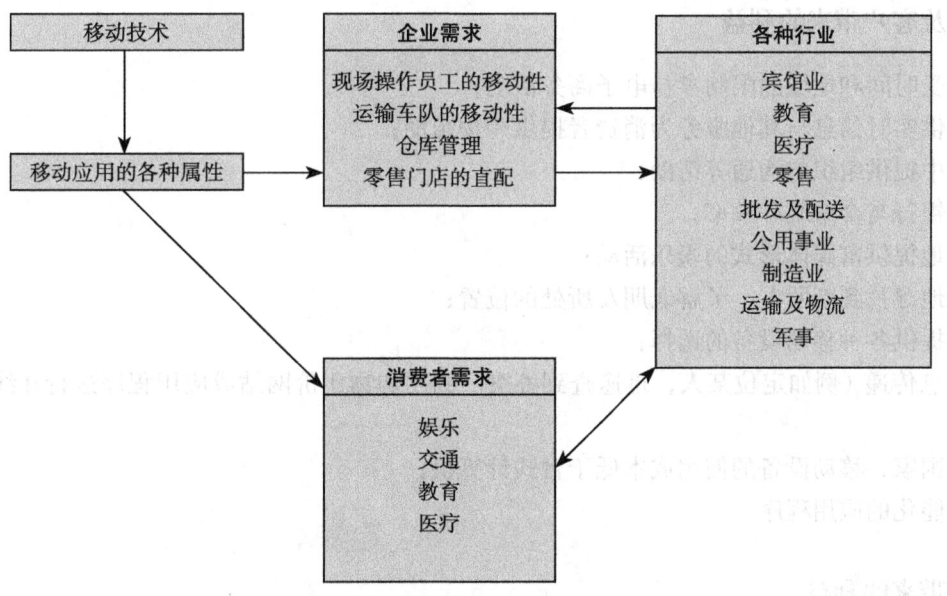

图 6-3　移动商务的应用及分类

本章从管理的角度主要讨论移动商务中的技术与应用问题。与之相关的普适计算问题将会在 6.7 节讨论。同时，我们还将探讨移动智能这一新兴领域的研究问题（请参阅第 7 章内容）。

6.1.4　移动商务的益处

移动商务给组织、个人和社会带来了诸多好处。因此，大家更加确信电子商务的未来将是移动商务的应用请登录 youtube.com/watch?v=kYSMP_RH67w，观看名为"电子商务的未来将是移动应用"（The Future of

E-Commerce Is: Mobile Applications)"的视频。

1. 给企业带来的利益

- 由于可以不受时空的限制而订购商品,销售量提高了;
- 定位商务的开展为企业带来了更多的销售和收入;
- 为广告和优惠券发放提供了新的渠道(接触面更广);
- 提高客户忠诚度;
- 通过 App 实时服务,提高客户满意度;
- 通过物联网增加协作、广告、客户服务和销售;
- 为更多的企业提供应用;
- 有助于客户管理以及与客户之间的协作;
- 节省员工培训时间和办公室资源;
- 帮助外勤人员提高时间利用率和生产效率;
- 加快与外勤人员之间的信息交换速度;
- 通过移动设备直接为客户提供数字化产品和服务;
- 缩短订单实施时间及订单履行周期;
- 可以实时调整价格,提高竞争力;
- 实现在家办公和弹性工作制。

2. 给个人及客户带来的利益

- 可以不受时间和地域的限制参与电子商务活动;
- 通过提供实时信息与其他服务为消费者提供购物帮助;
- 旅行途中提供组织与沟通等帮助;
- 提升了银行与金融服务效率;
- 随时随地提供富媒体形式的娱乐活动;
- 更快捷地寻找到新朋友,了解老朋友所处的位置;
- 为交易提供各种移动设备的选择;
- 方便信息传递(例如定位某人,迅速查到答案,利用购物比价网站或应用程序进行在线或离线的价格比对);
- 在一些国家,移动设备的使用成本低于台式计算机;
- 开发智能化的应用程序。

3. 给社会带来的利益

移动商务也给整个社会带来很多的益处。例如,无人驾驶汽车可以减少交通事故的发生;智慧城市可以为民众带来更多的福利。移动商务带来的好处几乎惠及社会各个领域,从医疗保健、教育到行政执法等。通过使用智能电网能够明显实现节能,利用无线传感器可有效缓解交通拥堵等。

当然移动商务也会存在很多不足与缺陷,这些问题将在 6.9 节进行讨论。

6.1.5 移动商务的发展趋势

2016 年有专家认为,移动商务的主要趋势有如下几点:

- 实体世界与网络世界将继续融合；
- 社交商务将持续升温，但消费者是否会不断地下单"购买"则是一个未知数；
- 超过 85% 的移动设备使用时间都花在 App 上，但只有 25% 的购买量来自 App；
- 消费者预期会驱使零售商关注移动设备；
- 对移动支付的忠诚比便利性更加重要；
- 物联网仍在充分挖掘潜力，可穿戴设备有望更加普及；
- 移动技术的发展将迫使品牌商优化移动支付功能。

本节习题

1. 什么是移动商务？
2. 简述移动商务有哪五个增值服务属性。
3. 简述移动商务有哪八个驱动力（请参阅图 6-2）。
4. 描述移动商务的应用框架。
5. 移动商务应用有哪几大类？
6. 描述移动商务的主要领域。
7. 移动商务能够带来哪些利益？
8. 描述企业的主要线上应用。
9. 列举移动商务的五个主要发展趋势。

6.2 移动商务的技术基础：移动计算的要素与服务

移动商务的技术基础是纷繁复杂的。我们所介绍的，只是其中主要的技术部分。

6.2.1 移动计算技术

传统的计算环境把使用者限定在一个固定的位置。解决的方法就是使用**无线移动计算**（wireless mobile computing，mobile computing），这种技术能够让移动设备与计算机网络（或是另一台计算机设备）进行实时连接，不受时空限制。根据美国专业 IT 网站 TechTarget 对无线移动计算的定义，"无线移动计算"也被称为"游牧计算"（nomadic computing），是指利用便携式计算设备（如平板电脑和智能手机）与移动通信技术结合，使用户能够在任何地方，利用家中或办公场所的网络访问互联网和各种数据（请浏览 bitpipe.com/tlist/Wireless-Computing.html）。

这一节将简要介绍移动计算系统的主要技术与应用领域。相关术语表，请参阅 mobileinfo.com/Glossary/index.htm 或 en.wikipedia.org/wiki/Mobile_computing。有关移动计算的介绍和发展史，请浏览 slideshare.net/davidjlivi/introduction-history-of-mobile-computing。

6.2.2 移动设备

移动设备有各种形状和规格，如手提电脑、轻薄型笔记本电脑、平板电脑、智能手机、超便携设备、可穿戴设备、超便携式移动个人电脑等。能够区分这些移动设备的是它们的各种特征，如尺寸、形状和性能。大多数电脑生产商（如惠普、苹果、戴尔、华硕、东芝、宏碁、联想等）都生产轻薄型笔记本电脑和超便携设备。

几年前，便携式电脑、手机和其他移动设备彼此之间各不相同，各有特点。但是，如今所有这些移动设备都趋于相同，从功能上看，很难将它们区分开。

移动设备也有比较大的。一些生产商（如戴尔、惠普、联想）生产 23 英寸的手提电脑或移动工作站。平板电脑的屏幕尺寸从 7 英寸到 15 英寸不等，手机可选择的尺寸也很多。

1. 智能手机

智能手机（smartphone）就是能够接入互联网，并且具备 PC 功能的手机（如苹果手机）。

如今，市场上有很多智能手机的生产商。值得注意的是，智能手机变得越来越智能了，功能越来越多，容量越来越大。同样，市场上也有很多操作系统的生产商，如塞班、谷歌应用、安卓、Windows Mobile 系统、苹果 IOS 系统和 OS/X 系统、RIM 黑莓系统以及谷歌 Chrome 系统等。像 PDA 一样，智能手机有小巧的屏幕、键盘、内存以及硬盘。绝大多数智能手机都配备了内置摄像头，很多手机还内置了 GPS 系统。

2. 平板电脑

平板电脑是一种迅速普及的移动设备。2010 年，随着苹果公司 iPad 及其竞争产品的推出，平板电脑销量出现了爆发式增长。它使用虚拟键盘（但也可以配备便携式实体键盘）。自此，很多公司开始进军平板电脑行业，比较典型的有苹果、亚马逊、三星、惠普、戴尔、微软、HTC 以及谷歌等。跟笔记本电脑一样，这些平板电脑都可以通过热点连接到互联网。iPad 大约 1 磅重（介于智能手机和小型笔记本电脑之间）。在很多企业、学校，平板电脑代替了台式机与笔记本电脑，甚至代替了厚重的课本。平板电脑具有电子阅读器功能并且还可以上网。平板电脑的价格在逐渐下降，而其性能却在不断提高。比如，在印度，只要花 35 美元就可以买到一部 Aakash 平板电脑。

平板电脑在企业的应用也逐渐流行起来。Waste Management（wm.com）给其长途货车司机配备了 7 寸平板电脑便于他们寻找最佳行车路径（请浏览 informationweek.com/ mobile.asp 及 apple.com/ipad）。平板电脑主要用途是促进沟通和协作，但现在越来越多地用于娱乐、学习和购物。

3. 可穿戴设备

此类设备是移动设备中最小的。很多企业都会给员工配备一些可穿戴设备（一般佩戴在胳膊、头部或者身体的其他部分）。例如，三星公司在 2013 年推出了 Galaxy Gear 智能手表，在 2014 年 4 月又推出了 Gear Fit 设备，这是一款健身追踪器与智能手表的混合体（请浏览 mashable.com/2014/04/08/samsung-gear-fit-review）。2015 年，Fitbit 的智能手环和苹果公司的 Apple Watch 双双上市（请参阅 6.7 节内容）。

4. 无线射频识别技术

射频识别（Radio-frequency identification，RFID）常用于无线数据的传输，主要用于自动识别与商品标签追踪。为实现上述目的，RFID 需要借助于射频电磁场。大部分企业将这项技术应用于物流管理和存货控制（参阅第 13 章内容）。与电子商务相关的 RFID 应用，还包括提升安全性和实现移动支付（如支付过路费）。有关 RFID 应用的图片资料，请在 Google Image 上搜索"RFID 应用"。更多全面介绍 RFID 的资料（如白皮书、案例研究、定义）以及 RFID 技术入门，请浏览 impinj.com/ guide-to-rfid/what-is-rfid.aspx。有关 RFID 技术的 100 种应用，请浏览 rfid.thingmagic.com/100-uses-of-rfid。

6.2.3 移动计算软件与服务

移动设备拥有一些台式电脑不具备的功能，这些功能为移动设备的新应用提供了基础。

1. 移动门户与内容提供商

移动门户（mobile portal）是指可以连接互联网的一个内容平台，该平台上的内容有多个来源，且能够实现用户的个性化需求。此类平台提供的服务与 PC 机平台提供的服务类似（请浏览 gartner.com/it-glossary/mobile-portal 及 ehow.com/facts_7631652_definition-mobile -portal.html）。一个比较典型的纯移动门户是总部位于西班牙的 Zed（zed.com，芬兰电信公司 Sonera 的全资子公司）。日本最大的移动运营商，是 NTT DOCOMO 公司开发的 i-mode 移动服务，拥有 6 000 多万用户（请浏览 nttdocomo.co.jp/english/service/imode）。

移动门户提供的服务与传统的门户网站有相似之处（如新闻、健康、体育、音乐等）；有时会收取服务费。

2. 短信息服务

短消息服务（short message service，SMS），也称为文本消息或是短信，该技术实现了无线设备之间的短消息传送（最多是 140 或 160 个字符）服务。与按分钟收取通话费的电话相比，短信服务的费用是很低的。短消息对信息长度有一定的限制，所以用户就会使用首字母来表示想要表达的意思，例如，"how are you"这样的问候语就缩写成了"how r u"，甚至是"hru"，"in my opinion"变成了"IMO"。由于智能手机和微博的广泛使用，短信息变得越来越流行。

3. 多媒体信息服务

多媒体信息服务（multimedia messaging service，MMS）是一种新兴的无线通信服务，可以为移动设备提供丰富的媒体内容，如音频、视频、图像等。它是短信服务的延伸（无须缴纳短信绑定的额外收费），允许提供更长的信息内容。

有关 SMS 和 MMS 的区别，及它们对移动通信市场的积极影响，请浏览 blog.mogreet.com/ understanding-mobile-marketing-what-is-sms-mms-message-marketing。

4. 物联网

物联网是电子商务最新最热的话题。这个生态系统可以看到数十亿连接到互联网的计算设备，其中大多数都是无线的。在第 7 章，我们会介绍物联网及其应用。

5. 定位服务

定位服务使用的是全球定位系统（GPS）或其他各种定位技术，寻找到客户以后，就可以有针对性、实时地传递商品或服务的广告信息或是优惠券。全球定位系统还被用于紧急服务、交通管理和其他应用。

6.2.4　语音支持服务

人们相互沟通最常见的形式就是语音交流。移动商务应用语音识别和语音合成有多种优点，例如免提操作，减少用眼，方便在嘈杂和移动的环境中进行交流，传递信息快（声音交流的速度是文字输入的 2.5 倍），并且方便残疾人交流。

1. 互动式语音应答系统

语音支持应用，如**互动式语音应答**（interactive voice response，IVR），方便用户用任何类型的电话与计算机系统进行互动，接收信息，交换数据。这些系统早在 20 世纪 80 年代就已问世，但随着基于人工智能的语音识别功能不断增强，这些系统的功能更加强大，使用也更加广泛（请参阅第 7 章内容）。

2. 智能个人助理与机器人顾问

第 7 章中将会提到，企业用人工智能来理解口述的自然语言。这是开发聊天机器人和其他机器人的基础。如今，此应用服务都由大公司提供，将用于**智能个人助理**（intelligent personal assistants）。众所周知的是 Google Now、微软的 Cortana、苹果的 Siri 和亚马逊的 Alexa，其他公司也在开发类似的产品，如 SoundHound。这些产品将会与智能手表、智能电视和智能汽车整合。

3. 语音门户

语音门户（voice portal）是一个网站，通过电话能进入其语音界面。用户通过说话发送请求信息，语音门户网站会在网络上查找信息，将其转换为计算机生成的语音回复，提供语音答案。例如，微软公司开发的必应语音助手（请浏览 bing.com/partners/developers#Bing SpeechApis）允许呼叫者咨询各种信息，内容不一，从天气到当前交通状况等。交互式语音应答和语音门户网站有可能成为通过音频提供移动商务服务的重要方式，被广泛应用于银行、医院、航空公司、政府服务和网络娱乐。苹果手机中的 Siri 是一个类似的服务，客户可以用声音来发布指令，包括发送信息、提问和接收回复。

值得关注的是，有些公司正尝试从空中乃至太空中发送信号来联网。请登录 money.cnn.com/video/technology/2014/02/26/t-beaming-internet-from-space-outernet-cubesat.cnnmoney，观看视频"从外层空间接入互联网"（Beaming the Internet from Outer Space）。移动云计算的发展也值得关注，请浏览 prezi.com/dpniferapgzh/examples-of-mobile-cloud-computing。

4. 其他移动设备

还有其他形式的移动设备。例如，微软生产了一款可连接键盘的平板电脑，戴尔制造了带键盘的可折叠平板电脑，它们兼有笔记本电脑和平板电脑的功能（请浏览 pcmag.com/article/342695/the-best-mobile-device-management-mdm-software-of-2016）。

6.2.5 移动 App 及其管理

在 WhatIs.com 上，**移动 App**（mobile App）是这样界定的："专为在小型无线计算设备上使用而开发的应用程序，如智能手机、平板电脑等，而不是台式机或笔记本电脑。移动 App 的设计考虑了设备的需求和限制，并充分利用这些设备的所有专业功能。比如一款游戏 App 可能会利用 iPhone 的加速器"（请浏览 whatis.techtarget.com/definition/mobile-app）。

移动 App 在消费者和企业中都很受欢迎。截至 2016 年春季，苹果的应用程序商店 App Store 中批准上架的应用程序约有 120 万个。

移动 App 可以在智能手机、平板电脑和智能手表、智能眼镜等设备上运行。大多数设备都会预装 App，如网页浏览器。很多 App 可以免费下载，有些需要支付小额费用。PC Magazine 和 CNET 对此有最新的评论。按平台和主体分类的政府机构移动 App 目录，请浏览 usa.gov/mobile-apps。据福克斯新闻（Fox News）2016 年的报道，美国 FDA 在移动 App 上推出了众包竞赛，征求公众对药物使用的意见。

由于移动 App 易于开发，成本也低，许多公司都向客户提供这类应用程序。移动 App 的发展主要集中在社交网络、体育、商业融资、购物、健康和企业移动应用领域。

移动 App 的典型案例就是线上叫车服务。优步（见章末案例）和 Lyft 等公司发展迅速，也冲击了出租车行业。

6.2.6 整合

之前介绍的软件、硬件、通信网络可以整合在一起成为一个管理系统，由此来支持移动商务活动，如图 6-4 所示。从图中可以看出，整个的商务流程从用户发出信息开始（第 1 步），到交易完成为止（第 9 步）。

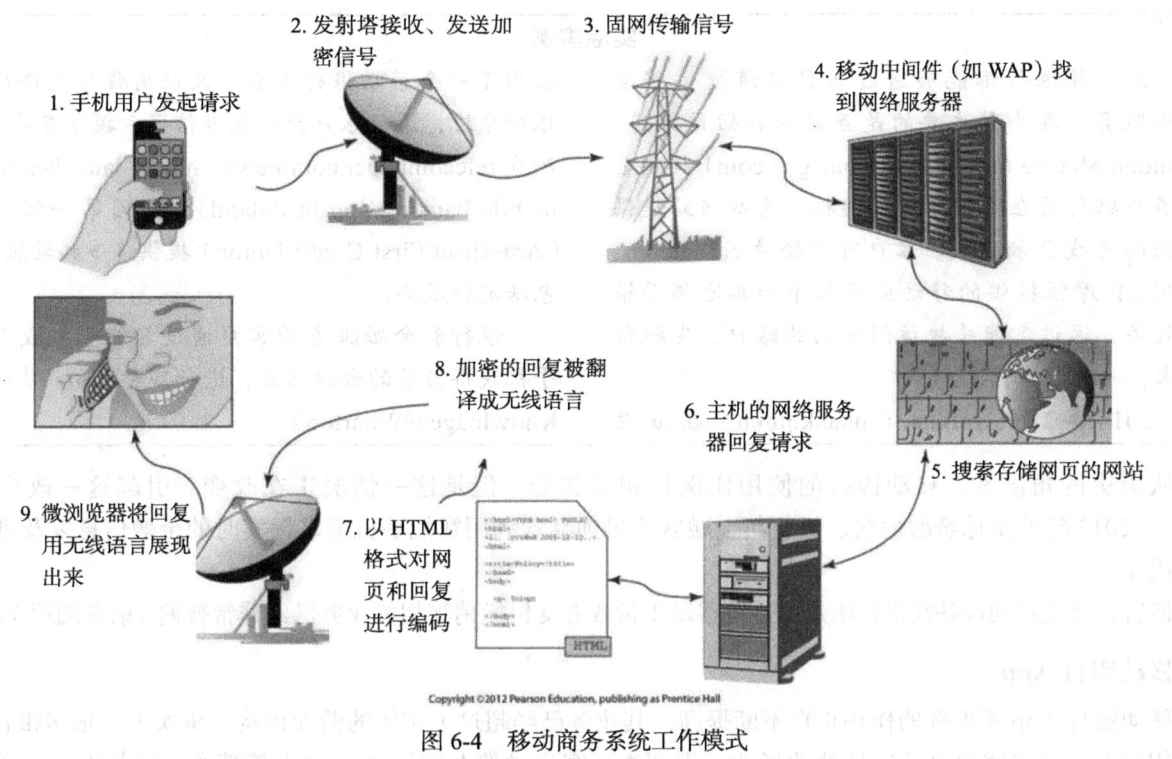

图 6-4　移动商务系统工作模式

本节习题

1. 简要介绍各种移动设备的相同点和不同点。
2. 移动设备的信息传递服务有哪些类型？
3. 如何界定移动门户和语音门户？
4. 简要描述 MMS 和 SMS 的区别。
5. 如何界定互动式语音应答系统？
6. 描述智能手机 App 并列出其优点。

6.3 移动金融服务

大多数无线金融服务都是有线金融服务的移动版，用户不受时空的限制就能享受到金融服务。我们将各类金融服务分成两类：移动银行业务及其他金融服务。对移动支付的介绍将在第 12 章进行。更全面阐述，请浏览 ericsson.com/m-commerce/node/11。

6.3.1 移动银行业务

移动银行（mobile banking，m-banking）指的是利用移动设备（通常为智能手机、平板电脑、短信或移动网站）开展各种银行业务。由于智能手机、平板电脑，尤其是 iPhone 和 iPad 的大量涌入，导致了移动银行的使用率增加。现在流行的服务是支票存款移动化。你在支票的正反面签字，并拍下两面的照片，包括背面的背书，然后提交即可。

在世界各地，越来越多的银行正在提供移动网络金融、账务信息与交易业务。

> **实际案例**
>
> 大多数银行都能够通过多种渠道提供移动网银服务,其中最主要的是互联网和短信渠道。Brandon McGee 的博客平台(bmcgee.com)提供全球多个银行的在线服务网站链接,这些网站提供全面的无线金融服务。客户可以登录 chase.com,使用 J.P. 摩根提供的移动应用程序和其他移动银行服务,通过智能手机访问他们的账户,发短信请求,接收账户信息。
>
> 2014 年 2 月,mBank(mbank.pl/en)在波兰推出了一个移动银行平台。此应用程序允许接入银行系统,进行账户余额或者信用卡额度查询(请浏览 telecompaper.com/news/ mbank-launches-new-mobile-banking-app-in-Poland)。美国第一信用社(American First Credit Union)提供许多移动服务,包括定位服务。
>
> 银行和金融服务的客户通过智能手机或普通手机获得当前的金融信息,进行实时交易(请浏览 Knowledge@Wharton)。

从历史的角度看,移动银行的使用比例仍相对较低。但是这一情况正在改变。引起这一改变的是 2008~2013 年的全球金融危机。银行与金融客户更加喜欢利用智能手机来掌握实时的金融信息以及进行实时的操作。

最后,通过移动设备在银行账户上进行移动支付或者支付撤销等相关业务已经非常普遍(请参阅第 11 章)。

移动银行 App

移动银行 App 所发挥的作用正在不断提高,其业务已经超过了实体的营业机构。事实上,很多银行(如美国银行)正在关闭自己的实体营业场所。据调查,客户对掌上银行 App 越来越满意,这其中,大通银行(Chase Bank)的 App 最好。这款 App 可以指纹登录,实现移动支票存款,并查看存入支票的图像。

> **实际案例**
>
> 2017 年 1 月,美国国民银行(Citizens Bank)列出了智能手机 App 的各种功能。
> - 使用 Fast Balance 轻松、快速、安全地查询余额;
> - 从 Apple Watch、Andriod Wear 或其他小设备上的 Fast Balance,安全地查询余额;
> - 支付并添加账单;
> - 远程存入支票;
> - 查看支票图像;
> - 转账;
> - 通过 Popmoney 个人支付服务向其他人付款;
> - 查看 18 个月以内的账户交易明细;
> - 帮助查找 ATM 机和营业网点,在 Apple Watch 和 Android Wear 上也有这项服务;
> - 用指纹或密码登录;
> - 接收提示信息。
>
> (请浏览 citizensbank.com/online-and-mobile-banking/ap;ps.aspx)

移动支付,如通过银行账户支付消费金额,通过手机拍照完成支票存入等,现在已经很普及了(请参阅第 11 章内容)。

6.3.2 互联网银行

互联网银行是指没有实体营业场所的虚拟银行。越来越多的银行关闭自己的实体营业场所。随着移动设备的使用越来越频繁,人们也越来越习惯线上交易。

互联网银行的成本远低于传统银行。因此它们可以提供更多免费服务,如免去支票和账单支付的服务费。另外,客户无须担心银行是营业还是休息。因为所有数据都是数字化的,在线银行就可以为用户提供更多更快的信息。大多数互联网银行都可以移动访问。

互联网银行也有不足。需要现金的时候,客户就得去 ATM 机上取,如果不是客户存款行的 ATM 机,可能还要收取手续费；如果没法从 ATM 机里取到钱，客户就得到超市使用借记卡试着换取零钱。此外，如果客户无法在线转账，就需要邮寄存款；为旅行准备银行本票或旅行支票就更麻烦了。最后，当你有硬币时，你可能需要支付 10% 的手续费来把它们换成纸币。

尽管有各种不足，人们可能还是更喜欢互联网银行。

选择一家银行

互联网银行有好几家可供选择，知名的有 Ally Bank 和美国互联网银行（Bank of Internet USA），其他还有 Bank5 Connect、EverBank、Discover Bank、FNBO Direct、State Farm Bank 等。消费者可以使用权威的电子商务评价公司 Gomez 发布的评价信息"互联网银行计分卡"（Gomez Internet Banker Scorecard）来帮助选择。这项服务使用的标准包括银行所提供的服务、支付给客户的利息、收费标准、安全措施、配套支持和奖励计划等。

美国互联网银行（BOFI）是最早的互联网银行之一，也是第一家在纳斯达克上市的互联网银行。它是美国的一家全国性银行，获得了评价机构 GOBankingRates.com 颁发的"2017 年度最佳银行"奖（GoBankingRate 类似于 Gomez 互联网银行计分卡）。该银行也是美国最早获得联邦保险存款公司（FDIC）担保的互联网银行，被认为是最值得信赖的银行（请浏览 bankofinternet.com）。

6.3.3 在移动银行使用尖端技术

由于移动银行业务要求所有数据都经过数字化处理，因而更容易实施尖端技术，如人工智能、虚拟现实、增强现实等。有专家认为，尖端技术将冲击传统的银行业务和金融服务。据称以下领域将受到影响：财富管理、交易、面向"千禧一代的新渠道"，以及通过数据可视化提供身临其境的体验等。

6.3.4 其他各种移动金融服务

移动金融服务的形式还有很多，以下是其中的两个应用例子。

1. 移动股票交易

不少证券公司提供各种移动服务和股票交易工具。

2. 房地产移动交易

房地产市场是移动商务的理想领域，因为经纪人和客户都在不断移动。房地产商大多要在电脑上或移动设备上为每一套房产建立一个图片库。

借助于移动商务，我们还可以做更多事情。让我们来看看下面的例子。

实际案例　使用增强现实技术

通过增强现实技术（见第 2 章），欧洲与美国的许多公司允许顾客在智能手机上寻找到某个城市的某栋大楼，然后可以在智能手机上通过图片了解关于这栋建筑的属性。这项技术需要结合使用 GPS 定位系统，方便让系统知道你本人所在的位置。

HomeScan 是一款由 ZipRealty 开发设计的，支持 iPhone 和 McIntosh 的应用程序。顾客可以在移动网络上寻找、查看、下载所需要的内容（请浏览 ziprealty.com/iphone）。HomeSpotter 则是一款常用的应用程序，你可以登录 youtube.com/watch?v=LgBCkIDQjb0，观看一段视频。

还有不少与谷歌地图、谷歌地球及移动应用等技术结合的房地产交易软件正在开发中，有的已经可以使用。当然，也有人持反对意见，认为随意拍摄别人的房子属于侵犯隐私。

电子签名技术在房地产之外其他领域也在使用，DocuSign 是其中的领军企业。

本节习题

1. 请描述移动银行提供的服务。
2. 请列举银行服务的益处。
3. 什么是互联网银行?
4. 什么是移动银行 App?
5. 请描述房地产交易中的移动应用服务。
6. 虚拟现实和增强现实在房地产行业是如何应用的?

6.4 企业对移动技术的应用:从支持员工到提升内部运营

虽然 B2C 移动电子商务得到了媒体的广泛关注,但移动商务最主要的应用场所还是在企业中。而这些应用大多数支持移动型员工,即一天的工作时间不会一直待在公司里的员工。

企业对移动应用的需求主要是**企业移动化**(enterprise mobility),或称移动企业。企业移动化包括人和技术(如设备和网络)的移动化,使得企业需要使用移动计算应用程序。实现企业移动化是高德纳在 2013 年十大战略技术项目之一。企业移动应用程序在 2016 年发展势头强劲。

6.4.1 移动企业(企业移动化)的定义

移动技术在企业中快速发展。在前几节中,我们介绍了几个面向企业应用的实际案例,我们将其称为"移动技术在企业中的应用",或是简单地称为"移动企业"。这个术语是指企业中的移动应用(区别于移动技术在消费者中的应用,如移动型娱乐)。很显然,此类的应用非常多,有关于移动商务具体应用的例子可以参阅图 6-3。

移动企业的定义

移动企业(mobile enterprise)指的是企业对移动技术的应用,目的是改进员工、设备的运作,提高供应链的效率,这些目标既涉及企业内部管理,也涉及与商业伙伴的合作。

更多信息,请浏览 searchconsumerization.techtarget.com/definition/Enterprise-mobility。欲了解更多有关企业移动性和移动企业应用程序的内容,可以使用谷歌搜索。市场调研机构高德纳对企业移动化的数据分析以及企业移动化对 IT 行业的影响,请浏览 gartner.com/doc/1985016/enterprise-mobility-impact-it。

许多公司和专家认为,移动化可以改变企业。

6.4.2 移动企业应用的框架与内容

目前有多个移动应用程序的分类框架。美国电话电报公司(AT&T)的企业业务横跨垂直行业、医疗保健、移动性和移动生产力等不同类别的领域。摩托罗拉公司也开发出了移动企业应用框架。

6.4.3 移动型员工

所谓**移动型员工**(mobile worker),指的是每周至少有 10 个小时以上(或超过 1/4 的工作时间)不在固定岗位上工作的员工。根据 IDC 的最新预测,未来 5 年,美国移动型员工数量将以稳定的速度增长,从 2015 年的 9 620 万增加到 2020 年的 10 540 万。IDC 预计,到预测期结束时,移动员工将占美国劳动力总数的近

3/4（请浏览 businesswire.com/news/home/20150623005073/en/IDC-Forecasts-U.S.-Mobile-Worker-Population-Surpass）。

移动型员工包括销售人员、经常出差的专家和管理人员、远程上班族、在公司场地外负责维修或是安装的工人等。这些工作人员需要与固定场所工作人员获得同样的数据，或是应用软件。

移动客户关系管理

这是一个增长中的应用领域。对客户关系管理和客户关系管理应用程序的界定，请浏览 ringdna.com/inside-sales-glossary/insidesales-glossaryinside-sales-glossarywhat-is-mobile-crm 和 bitpipe.com/tlist/mobile-crm.html。关于概述、好处和案例研究，请浏览 powershow.com/view/1497bd-M2JiN/Mobile-CRM-a_Case_Study_powerpoint_ppt_presentation。另外，请打开 slideshare.net/Sage_software_solutions/mobile-crm-ppt-fromsage-software-solutions 观看 2015 年的幻灯片。登录 salesforce.com/eu/crm/mobile-crm，了解关于移动客户关系管理的全面介绍，包括一段 2 分 59 秒的视频、一些案例等。

用短信开展客户关系管理活动 2016 年，有专家提出利用短信可以在如下一些场景开展客户关系管理活动：

- 当有人需要帮助时；
- 当有人需要客户服务时；
- 当购物者需要帮助时；
- 当事情紧迫时。

6.4.4　企业的其他移动应用模式

企业的移动应用模式有数百种。摩托罗拉公司提出了一系列的企业移动应用解决方案（请浏览 motorolasolutions.com/US-EN/Enterprise+Mobility）。

现在最为流行的移动应用就是在医疗保健领域，可以在诊所、医生办公室和医院使用移动通信设备。有关马里兰州弗雷德里克纪念医院（Maryland's Frederick Memorial Hospital）使用松下的笔记本电脑的一个有趣的案例研究，请浏览 business.panasonic.com/industries-healthcarelifesciences-casestudies-frederickmemorial。

运输管理

另一个应用较为广泛的领域是物流运输管理（如卡车、叉车、公共汽车、货车等）。在该领域，移动应用主要表现在可以利用移动设备与驾驶员进行沟通，对控制、监视、调度系统的使用等。有关这方面的例子在导入案例中也有提到。移动设备也广泛应用在机场、飞机、交通控制系统、公交车管理系统等方面。

体现企业、车辆移动化重要性的例子，可以参考福特公司的新部门"智能移动部"（Smart Mobility），这个部门里有企业移动化管理和车辆移动化管理的应用（Austin, 2016）。

6.4.5　2015 年及以后的发展趋势

很明显，应用程序的数量和积极意义都在不断增长。全球知名的软件公司 Infosys 发表了一篇题为"构建未来的企业"的文章（请浏览 infosys.com/mobility）。该网站描述了企业移动化面临的挑战和机遇，并提供了大量相关的资源（如案例研究、白皮书等）。

企业移动化 2017

2016 年，有专家就移动企业的发展趋势提出，公司应关注知识型员工，为他们提供高效的移动应用程序

（如 Box、Evernote）。另一个领域是移动型员工，通过向他们提供 Invoice2go 和 PlanGrid 等应用程序，可以提高他们的工作效率。不久的将来，智能手机可以通过实时定位数据来收集现场的真实数据。

本节习题

1. 移动企业的定义是什么？
2. 请描述移动企业应用程序的内容。
3. 移动型员工的定义是什么？
4. 请列出移动型员工的主要种类。
5. 移动技术给移动销售人员自动化、现场工作人员自动化、客户关系管理人员带来哪些利益？

6.5 移动娱乐、游戏、消费服务和移动营销

利用移动技术开展娱乐活动已经有多年。最近由于技术和移动设备的发展，移动娱乐服务为更多的消费者所接受。消费者应用始于 20 世纪 90 年代，但是真正形成规模是在 2000 年以后。这一节将主要介绍移动娱乐服务，并简单介绍其他的一些消费者移动服务和移动购物。

6.5.1 移动娱乐服务简介

对于究竟哪些属于移动娱乐服务，哪些可以归入移动商务，还有很大的争议。例如，假设消费者在网络上购买一首歌，下载到自己的 PC 机里，然后又复制到自己的 MP3 播放器里，这属于移动娱乐服务吗？如果复制到智能手机里，而不是 MP3 播放器里，又该如何界定？如果是直接从网络上购买歌曲并下载到智能手机里呢？这样的"如果"还能列出很多。目前常用的一种定义是，**移动娱乐**（mobile entertainment）是利用移动通信网络，将娱乐信息传递到移动设备上，或与移动娱乐服务商直接线上互动（请浏览 youtube.com/watch?v=9opLALHrFQ8）。

这一节主要讨论移动娱乐服务的形式，例如移动音乐和视频、移动游戏、移动博彩、移动运动等。我们讨论的是一般意义上的移动娱乐。社交网络中的娱乐活动将在第 8 章中讨论。

6.5.2 移动音乐与视频服务供应商

苹果公司无疑是音乐和视频数字传播的领头羊。2001 年，苹果公司开始向消费者提供在 iTune 网络商店下载歌曲和视频的服务。iTune 网络商店的客户每年从店里购买几十亿首歌曲。在线音乐服务供应商还包括 spotify.com、youtube.com、pandora.com 等。值得注意的是，现在有些用户使用手机观看模拟格式的电视节目，在发展中国家尤为流行。智能手机则可以显示网络上提供的所有信息。美国卫星广播服务提供商 Dish Network 提供一款名为 Dish Anywhere 的移动应用程序，用户在任何地方都可以通过智能手机或平板电脑访问公司的网络，再加上公司开发的 Sling Technology 技术，用户可以在移动设备上（如 iPhone、iPad、Android、Kindle Fire 等）收看电视节目或是 DVR 视频（请浏览 dish.com/technology/dish-anywhere）。Netflix 免费为其订阅用户提供一款应用程序，方便客户在移动设备上（如 iPhone、iPad、Android）收看来自 Netflix 的流媒体电视节目和电影（请浏览 get.it/netflix）。TallScreen(其前身为 imDown) 有一个移动娱乐网络，专做 1 分钟垂直视频（按主题分类）。

6.5.3 车载娱乐

如今车载娱乐工具可直接接入互联网。2014 年 3 月,苹果宣布正与一家大型汽车制造商合作研发 CarPlay 系统,该系统能够将苹果手机接入车载设备,可通过语音或者点击车载屏幕获得你所需要的歌曲。JVC(其广告语是"以一种新的移动方式体验的应用程序")允许客户将 iPod 连接到 JVC 接收机,用你喜欢的应用程序接收节目。JVC 只能在与之兼容的汽车接收器和应用程序下使用(请浏览 jvckenwood.com/english/car/applink)。未来有机会发展的领域可能会更多,包括汽车安全诊断、驾驶员健康监控、保险使用情况及父母安全预警等。一些汽车品牌商已经在车上增加了信息交流、远程信息技术、社交网络接入以及移动商务等功能。

6.5.4 移动游戏

移动游戏是在移动设备上运行的视频游戏。针对不同类型的玩家,企业开发出各种各样的手机游戏。绝大多数玩家使用智能手机和平板电脑。很多原本在电脑上玩的游戏现在也可以在移动设备上玩。例如,像万智牌(Magic: The Gathering)之类的纸牌游戏,是一款网络游戏或正计划成为一款网络游戏(请浏览 accounts.onlinegaming.wizards.com)。移动游戏可以按照下面几种方法进行分类:

- 按技术分类,可以分为嵌入式游戏、短信/彩信游戏、网页游戏、J2ME 游戏、软件包游戏、本机操作系统自带游戏。
- 按玩家数量分类,可以分为单人游戏和多人游戏(参与者可以是少数几人,也可以数量众多)。
- 按社交网络分类。人们可以利用手中的智能手机在社交网络上玩游戏,如 Facebook 上的"虚拟农场"(Farmville)等。

一些博客上会有很多如今市场上比较流行的游戏与讨论话题,这些博客既有游戏开发商发布的,也有游戏平台为了吸引更多的玩家发布的,其中较好的如 pocketgamer.biz。Venture Beat 经常提供手机游戏新闻,请浏览 venturebeat.com/mobile-games。

移动游戏逐渐流行的因素有以下几个方面:

- 移动设备数量不断增加,使用智能手机的人越多,玩游戏的人也越多;
- 游戏接入社交网络,尤其是 Facebook;
- 流媒体视频的质量不断提高,数量也在增加;
- 对于游戏化运动的支持;
- 游戏开发商通过在游戏中植入广告赚钱;
- 技术进步使下载游戏程序变得越发简单;
- 可以下载免费在线游戏。

移动娱乐服务的市场潜力和规模都不可小觑。正因为如此,许多企业都开展了移动游戏的开发、销售、运营等业务。

行业发展的瓶颈

尽管移动游戏市场发展迅速,但是游戏运营商(尤其是在中国和印度)也面临着各种发展瓶颈,例如缺乏统一的标准,软件及硬件不兼容,以及成本不断攀升。最新一代的游戏对移动设备的要求较高,需要使用高端移动设备,而且最起码要有 3G 网络。虽然目前移动游戏的广告费用相对较低,但也在不断增长。

为了克服这些瓶颈,游戏开发商都将焦点转向苹果公司的 iPhone 手机和 iPad 平板电脑,以及类似比较流行的移动设备。

最后，手机游戏也可以用于医学研究。2016年有一份调研报告披露，手机游戏玩家的数据被用来推进老年痴呆症的研究。

6.5.5 移动博彩业

与其他移动娱乐服务不同，移动博彩行业的市场需求非常大，但同时遭遇的瓶颈也更为明显。首先，移动博彩业需要双向的金融服务支持。其次，博彩网站有一个信任度的问题，参赌人员要认为网站是信得过的，是公平的。最后，尽管立法和监管方面的限制非常严格，却也很模糊，且处于不断变化调整中。

虽然美国几乎所有的州都禁止开发赌博网站，但是赌博网站还是迅速发展了起来。2013年美国特拉华州与内华达州最早允许开设赌博网站，而后是新泽西州（2013年10月，特拉华州成为第一个允许"全套"网络赌博的州）。2014年2月，这两个州都签订了相关法律允许开设赌博网站。值得注意的是，联邦法律限制赌博者在不同的州进行跨州赌博（这可以通过使用地理定位软件验证）。因此，如果这个州允许网上博彩，你只能在这个州玩网上赌博。2016年2月，网上博彩在很多州合法化，有些州则开始研究网上博彩的合法性问题，或允许开发赌博网站（请浏览washingtonpost.com/blogs/govbeat/wp/2014/02/05/at-least-10- states-expected-to-consider-allowing-onlinegambling-this-year）。但是，2014年3月美国国会通过一项法案，任何网上赌博都是不合法的，包括那些已经宣布合法的州也同样为不合法（请浏览reviewjournal.com/news/new-bill-would-prohibit-internet-gamblingincluding-where- already-legal）。据了解，美国联邦政府仍然在考虑这个问题。

6.5.6 移动体育服务

与体育活动相关的移动应用非常多（请参阅第1章的章末案例）。下面我们就来看几个典型的例子：

- 耐克公司与苹果公司共同开发了一款iPod运动鞋，也称作纳米运动鞋。穿着这款鞋外出，它能计算出你所消耗的热量，这是通过无线传感器完成的。除了能够计算消耗的热量，用户还能够知道运动了多少距离，传感器会把收集到的数据发送到跑步者的iPod和耳机中。此外，Nike+iPod系统可以在健身者跑步的时候播放音乐和其他娱乐节目，包括各种体育话题的播客。
- 利用移动设备可以定制个性化的体育比赛实况转播。用户可以选择体育赛事。将来，系统甚至可以根据用户观看比赛的情况预测用户的喜好。移动设备上的流媒体体育赛事直播正变得非常流行，但是，这种服务一般是收费的。
- ESPN公司旗下的SportCenter开发出一个WatchESPN系统，订阅者可以通过它在平板电脑或移动设备上观看ESPN上的相关节目（请浏览espn.go.com /watchespn/index）。
- Eventbrite（eventbrite.com）是一家为在线活动管理提供多个应用程序的公司，具体管理活动包括门票销售、活动推广、赛事过程管理等。

6.5.7 服务行业的消费者应用软件

服务行业的移动应用软件各种各样。

1. 医疗保健

医疗保健行业所使用的移动设备随处可见：

- 接诊的医生在门诊室或病人床边用手持设备就可以直接将处方发送给药房。医生还可以安排身体检查，读取医疗信息，浏览计费项目，检查服务成本和费用。
- 医生可以通过远程监视器监测病人在家里的身体体征，还能通过使用传感器操纵医疗设备。
- 医生可以利用移动设备对输血的过程进行监视和管理，减少差错。Promises Treatment Centers 的主要业务是酒精和毒品康复，它运用一个免费的移动应用程序（可在 iPhone 手机上下载 iPromises；ipromises.org），充当虚拟的恢复工具（例如加拿大和美国的 AA 会议列表、添加好友、跟踪进度等）。虽然 iPromises 康复计划不会为公司带来收益，但其宗旨是"加强病人和医生之间的承诺和信誉"。

更多应用，请浏览 motorolasolutions.com/US-EN/Business+Solutions/ Industry+Solutions/ Healthcare。

2. 酒店业的管理：酒店、度假村和饭店

酒店行业的应用程序使用覆盖了从旅行预订到房间安全的方方面面。例如，双向的无线通信、无线网络接入、食品安全检查、停车场管理、物品寄存管理、客户服务、宾馆内安保、娱乐、存货管理等（请浏览 motorola.com/Business/US-EN/Business+Solutions/Industry +Solutions/Hospitality）。

实际案例　行业领先的酒店

所有房间和公共区域都覆盖 Wi-Fi。你不需要排队办理登记手续，可以直接进房间，房号已提前发至你的手机。房间不需要钥匙，你的智能手机就能帮你进入房间。在线指南将告诉你酒店和度假村的所有设施，以及附近餐馆和景点的信息。所有这些都配有地图。

在酒店业，无线网络系统的一大贡献是餐厅的运营。

实际案例　海豚快餐公司

海豚快餐公司（Dolphin）在美国明尼苏达州开设了 19 家汉堡王特许快餐店。这家公司使用无线系统来简化操作、控制成本、提升员工与客户满意度，做到合规经营。该系统包括餐厅和企业管理无线网络的免费 Wi-Fi 接入。公司意识到，顾客会在等待或用餐时使用移动设备。管理者使用移动设备来提高效率。无线系统还有助于提高餐馆内的安全性（如视频监控）。公司用 VPN 保护互联网访问，屏蔽不合适的内容。无线系统还能运作支付网关和 POS 终端（请浏览 dolphinfastfood.com）。

在许多提供全方位服务的餐厅中，还有一些其他应用程序，例如客户在手持设备上下单，订单信息直接传递到厨房、收银台和移动设备，以便在餐桌准备好时通知等待的客户用餐。Ziosk 就是这样一家为平板电脑提供菜单、订购食品、娱乐和支付等移动程序的供应商。

---

3. 餐厅里的平板电脑和其他移动设备

全球数家餐馆正在推出平板电脑或智能手机来替代纸质菜单。例如，Au Bon Pain（美国的一家快速休闲面包和咖啡连锁店）正在几家门店使用 iPad。一种做法是为顾客提供带有内置菜单的 iPad，这样顾客就可以直接把订单送到厨房。顾客可以使用平板电脑自行点餐，并提供信用卡信息以便结账。平板电脑的使用似乎也促进了客户关系，因为自助下单加快了服务的速度，减少了错误。

实际案例　Genski 寿司店

这家总部位于日本的公司在亚洲多个国家和美国加利福尼亚、夏威夷都设有餐厅。如果你喜欢寿司，一定要找一家 Genski 门店尝一下。当你坐到柜台前，可以在平板电脑上找到你想点的食物和饮料（按类别列明，还配有图片）。一旦你在平板上完成选菜，它就会马上弹出清单，等你确认。你在平板上确认之后，订单上的食物就会由一个火车状的托盘运送到你面前。你拿起食物，按下按钮将托盘送回厨房，然后享用美食（见图6-5）。整个过程快速、干净、无误。genkisushiusa.com 上有一些视频。请浏览 youtube.com/watch?v=PkzBGjjNzPU 或者 youtube.com/watch?v=C6ISPgtrqOo 观看视频"Bullet Train Sushi"。

还有许多其他移动应用程序。例如，在塔可贝尔、温迪快餐、Shake Shake 和其他餐馆都可以从智能手机上下订单，不用排队等候。消费者可以从菜单中选择菜品、门店和抵达时间，当然也可以完成支付。收到确认信息后，你去往餐厅就可以立即就座。在有些星巴克的门店，消费者可以通过自己的智能手机语音下单，而不是使用商店的触摸屏菜单。

图 6-5　Genski 寿司店基于平板电脑的系统

4. 其他行业

移动系统与应用程序几乎已经运用于所有行业。例如，在移动政务和远程学习中已经广泛应用（见第5章）。美国国土安全局应用了许多应用程序和设备，运输业和军队也是如此。在农业领域，无线设备甚至可以指挥拖拉机在夜间工作。

6.5.8　移动营销：购物与广告

移动营销是指所有的营销沟通活动都由无线设备执行。总体而言，移动营销的应用呈指数级增长。这里涉及的内容是对第 10 章内容的概览。

6.5.9　移动购物

利用智能手机或平板电脑，线上购物将更为便利。人们需要一个类似 ADCentricity（已经被 Omni-channelTechnologies 收购）或 adMobile 提供的移动购物平台。iPhone 的许多应用程序都可以促进广告和购物，例如，你可以下载 Costco 移动应用程序以轻松兑换优惠券（请浏览 costco.com/costco-app.html）。iPhone 应用程序中列出了许多企业的手机应用程序。2014 年，Wishpond Technologies 展示了智能手机消费者如何使用手机进行与购物相关的各种活动（例如价格比对，查看评价）。值得一提的是，大约 50% 的客户在购买前会通过手机做信息调查。

Facebook 上受欢迎的应用程序是其"商店"（stores）。Facebook 上有成千上万的商店。2015 年，Facebook 推出了零售购物区（请浏览 wired.com/2015/10/facebook-testing-shopping-section-app）。

实际案例　达美航空

达美航空在很多班机上都提供了 Wi-Fi 连接（被称为 Delta Connect）。乘客可以免费登录许多购物与娱乐网站，包括 eBay。当然也提供了一些收费内容，顾客可以购买 Wi-Fi 口令，将智能手机连上网络进行收发移动信息、查看邮件、浏览网页（请浏览 delta.com/content/www/en_US/traveling-with-us/in-flight-services/amenities-information/in-flight-wi-fi.html#）。其他的航空公司也提供了类似的服务。

菲律宾航空公司广泛提供 Wi-Fi 服务（名为 iN AiR-mobile 服务）。用户可以上网（需付费），收发短信，拨打或接听电话，发送邮件，使用其他移动设备服务等。用户可以下载 PAL iN AiR Player 这款 App，享受很多服务。一旦你连到飞机的 Wi-Fi 热点，就可以打开应用程序观看电影、电视节目等。

另外，顾客可以利用移动设备寻找商店、进行价格比对以及下订单等。例如，中国消费者可以在微信程序里直接购物。2014 年，中国最大的电子零售商天猫和淘宝，为了鼓励消费者使用智能手机进行网上购物，推出了特别的优惠措施。最后，短信的普遍使用特别有助于购物者发布推荐和意见，在社交网络上更是如此（请参阅第 7 章内容）。欲了解移动购物的运作流程，请登录亚马逊、彭尼百货、塔吉特、REI、Crate & Barrel 等公司网站，下载它们的购物应用程序。

实际案例　麦德龙集团

麦德龙集团（METRO Group）推出一款适用于大容量手机的应用程序，供顾客在德国莱茵贝格的麦德龙 Future Store 使用。根据其网站的信息描述可知，这款移动商店助手（MSA）是一个软件包，消费者通过扫描商品条码就能得到最新的产品价格信息，同时可以快速浏览与商品相关的内容。移动商店助手在线提供商品描述、商品图片、价格信息以及商店地图等。同时，顾客还可以在商品放入购物车之前，扫描商品价格，计算出总价。在结账时，MSA 允许顾客通过利用扫描商品数据进行"即时支付"。欲了解麦德龙 Future Store 应用商店的移动商店助手的具体措施和功能，请浏览 metrogroup.de/internet/site/ts_fsi/node/139611/Len/index.html。麦德龙对 Future Store 的顾客满意度进行了调研，其结果表明顾客到店次数和满意程度明显比以前增加。更多内容，请浏览 ebooks.localytics.com/2016-app-marketing-guide#new-page。

6.5.10　移动广告

移动广告的发展比移动购物还要迅猛。这一话题将在第 10 章作详细探讨。

本节习题

1. 请简要描述各种移动娱乐的发展状态。
2. 移动音乐市场由哪些要素构成？
3. 移动游戏市场面临的关键障碍有哪些？
4. 制约移动网络博彩业发展有哪些法律问题？
5. 移动技术在体育活动、饭店管理中有哪些应用？
6. 移动技术在酒店行业管理中有哪些应用？
7. 请描述移动购物与移动广告。

6.6　定位商务

定位商务（location-based commerce，l-commerce，LBC）指的是利用 GPS 定位设备，或类似的技术（如基于无线电台或蜂窝电台的三角定位基站）对客户进行定位，并向其发送广告或提供最优路径选择等各类服务。LBC 也称 LBS（location-based system，基于位置的系统）。根据 TechTarget 网站的定义，LBS 是移动设备上的一款带有位置识别的软件应用程序，该程序能定位移动设备的位置（请浏览 searchnetworking.techtarget.com/definition/location-based-service-LBS）。定位商务包括情景感知计算技术（请参阅 6.7 节）。定位商务给消费者带来了极大的便利，如方便与朋友进行沟通，及时了解相关促销信息，安全性提升（发生紧急情况时可以确认移动设备持有者的精确位置），便利性提升（用户不用查阅目录或地图就能了解周边的设施）。商家有机会做广告，实时提供或满足客户需求。本质上，定位商务就是将移动商务业务在特定时间发送给指定位置的用户。基于位置的系统（LBS）也称为位置感知系统。2017年，LBS主要包括带有定位追踪功能的智能手机、平板电脑，允许各种应用程序将人们的行踪信息用于社交商业用途。

6.6.1 定位商务的基本概念

基于定位的移动商务提供的实时服务主要表现在如下五个方面：

- 定位——定位人（带有智能手机）或另一台移动设备或物（如卡车）；
- 导航——确定并引导从一地到另一地的路线（例如通过谷歌地图）；
- 跟踪——监视人或物（如车辆或飞机）的移动状况；
- 测绘——使用叠加的数据创建特定地理位置的地图（如 GIS 或 Google Maps）；
- 测时——确定抵达或离开某一地点的时间（例如公共汽车到达某个公共汽车站的时间，或飞机抵达机场时间）。

例如，WeatherBug（weather.weather-bug.com）及 Send Word Now（sendwordnow.com）将上述五种服务结合在一起，在恶劣的天气状况下或是突发事故时，保障客户、员工、商铺的安全。

最新的定位商务叫**实时定位系统**（real-time location system，RTLS），利用这种技术可以实时地判断或跟踪某物体的具体位置（请浏览 searchmobilecomputing.techtarget.com/definition/real-timelocation- system-RTLS 及 computerlearningcentre.blogspot.com/2014/04/l-commerce.html）。

6.6.2 定位商务的基础设施

定位商务必须依赖于基础设施以及一些应用程序，一般由以下九个部分组成：

- 定位组件——能定位人或物的 GPS（或其他移动设施）；
- 移动定位中心——包括一个服务器，该服务器负责管理收集位置信息；
- 用户——用户可以是人或物（如汽车）；
- 移动设备——用户必须有移动设备（如智能手机），这些移动设备必须具有 GPS 或其他定位功能；
- 移动通信网络——通信网络将用户的数据及服务请求从移动终端发送到服务供应商，服务供应商再将用户所需要的信息发送给用户；
- 服务或应用程序供应商——供应商要满足用户的需求，用户可使用应用程序，如地理信息系统（GIS）；
- 数据或内容提供商——供应商通常需要获得信息（如地理、财务或其他数据信息）来回复用户咨询，数据可能包括地图、优惠券和地理信息系统信息；
- 地理信息系统（GIS）——该系统包括地图、企业所在位置等内容；
- 安装应用软件——在美国或者一些其他国家，LBS 只能在获得用户许可的情况下使用（选择加入），需要用户安装另外的 App 软件。

上述九种要素共同发挥作用（其他的组成部分，请浏览 www.gps.gov/technical/icwg）。
定位系统的工作原理如下（如图 6-6 所示）：
（1）用户点击某项功能来发送自己的请求（如寻找附近的加油站）；
（2）移动网络运营商利用卫星和 GPS 确定用户所在的位置；

（3）通过移动通信网络把用户的需求传递给应用服务器，由服务器负责搜索；
（4）搜索信息传递给数据库，寻找到最近的加油站，并确定该加油站是否营业及其服务内容等；
（5）利用地理信息系统，服务供应商发送信息给用户，若需要，还可以提供地图和驾车指南。

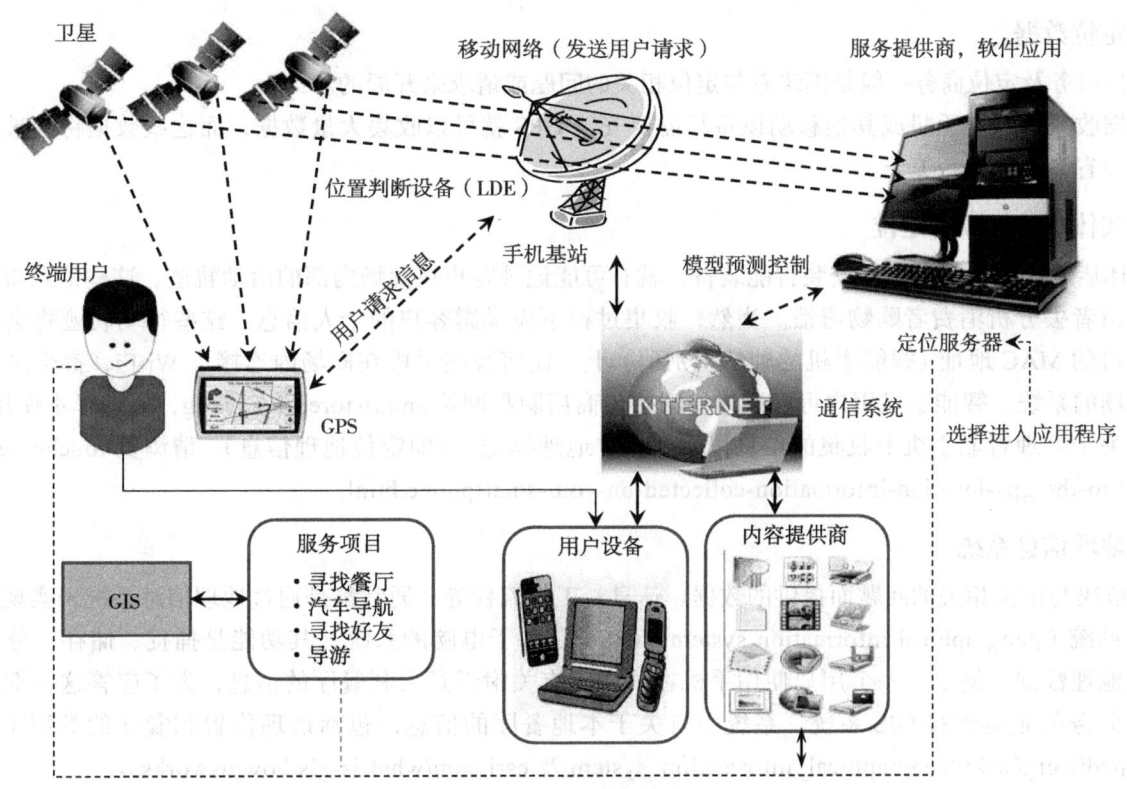

图 6-6　定位服务系统

类似的系统可以用于车辆或物品定位，当然，前提是它们都安装了 GPS 软件。

1. 地理定位

定位服务与地理定位是分不开的。**地理定位**（geolocation）指的是能够识别那些利用移动设备与网络相连接的用户的位置。全球许多网站都在使用地理定位。

定位商务与普通移动商务是有区别的，主要表现在三个方面：（1）它使用定位工具；（2）只能用"选择进入"的方式；（3）混合使用地理信息系统（GIS）或其他数据源。

2. GPS 定位的构成

定位商务中最主要的部分就是全球定位系统（GPS）。根据 GPS.gov 网站 2017 年给出的定义，**全球定位系统**（global positioning system）是美国所拥有的、基于卫星的公共设施，给用户提供定位、导航以及对时服务。该系统主要由三部分构成：

- 空间部分。空间部分主要由 24 颗卫星组成，负责传输信号。在任何时间，信号都能够被标出位置（使用原子钟）。每颗卫星环绕地球一周需要 12 小时，运行约 17 542 千米。
- 地面控制部分。地面控制部分包括一个全球监控系统和控制系统，控制系统负责监控卫星。
- 用户设备部分。用户设备其实就是 GPS 接收器，主要负责接受卫星信号，并在给定的时间计算出用户的位置。

美国政府是这样描述这三个部分的：近年来，GPS 定位器已经逐渐成为消费者电子产品中的一个主要部分，它方便安装在许多智能手机上，广泛用于商务活动与娱乐活动中。

GPS 数据应用可以让你轻松整理、分析数据，同时你可以接收任何时段你需要的数据（类似的应用程序有 Skout，请浏览 skout.com 上的"the global network for meeting new people"页面）。

3. 定位数据

定位服务及定位商务一般是围绕着与定位相关的问题或请求来开展的。

数据收集　智能手机或其他移动设备只需要安装 GPS 就可以收集大量数据，而这些数据将会被用于决策，以节省下数百万元美金。

4. 实体店里的顾客定位

实体店的经营者若在店里安装智能装备，就有可能记录客户在商场内部的活动轨迹。这些信息将有助于卖场决策者去分析消费者购物习惯。当然，收集过程不应暴露客户的个人信息。这些行动轨迹将会传递到智能手机的 MAC 地址（智能手机的独特识别码）上。任何智能手机在商场内连接了 Wi-Fi，都会把信息传输到商场的系统。智能手机用户可以通过访问智能商店隐私网站 smartstoreprivacy.org，来选择不使用 MAC 地址。关于处理智能手机上收集的信息以及禁用"地理标记"（即定位地理信息），请浏览 fouche.net/what-happens-to-the-gps-location-information-collected-on-your-smartphone.html。

5. 地理信息系统

为解决与定位相关的问题而提供的数据、信息、工作流程等，通常都是通过地理信息系统来实现的。**地理信息系统**（geographical information system，GIS）是基于电脑的系统，其功能是捕捉、储存、分析及显示各种地理数据。例如，一个用户使用手机在线询问有关附近意大利餐厅的信息，为了应答这一询问，提供指南服务的企业连接 GIS 系统，系统中有关于本地餐厅的信息，包括地理位置和餐厅的类型（请浏览 en.wikipedia.org/wiki/Geographical_information_system 及 esri.com/what-is-gis/howgisworks）。

GIS 系统经常与 GPS 系统结合使用，如下面案例所示。

实际案例　智能手机应用于打车

使用智能手机打车在全球的发展速度并不快。ZabCab（zabcab.com）将出租车和乘客连成一体。公司开发了一款 App 程序，用户使用智能手机通过 GPS 就可知道用户的位置。出租车司机的移动设备上会出现一个带有地图的图标，让司机知道待接乘客的具体位置。2017 年，ZabCab 只在美国的纽约、伯灵顿、佛蒙特州和南佛罗里达的部分城市提供服务。Yellow Cab（美国的一家出租车公司）的 HAIL A CAB 应用软件（hailacabapp.com）在得克萨斯州的不少城市（奥斯丁、休斯敦、圣安东尼奥、加尔维斯敦等）提供约车服务，今后将有更多城市纳入服务范围。同样，阿里巴巴在北京也开发出了一款打车 App 应用（请浏览 online.wsj.com/news/articles/SB10001424052702303287804579442993327079748）。

新加坡的 Comfort Transportation 出租车公司为出租车司机提供了一款出租车预约系统，可以通过短信预订出租车（请浏览 cdgtaxi.com.sg/commuters_services_booking.mvn）。该公司还提供出租车预订应用程序和在线预订。系统本身不是定位系统，但解决了订车电话占线无法打进的问题。最后，GetTaxi（位于纽约，也称 Gett；gett.com）在纽约和全世界一些主要城市（如莫斯科、伦敦、特拉维夫）提供免费 App 应用软件预订出租车的服务。

---

6. 定位服务及其应用

定位服务实际上是一种基于移动设备的计算机服务。系统能够识别用户移动设备（如跟踪手机）的位置，然后为用户提供服务（例如广告商可以针对特定区域投放广告）。

定位服务的应用非常广泛，详情请浏览 geoawesomeness.com/knowledge-base/location-based-services/location-based-services-applications。

定位服务的应用领域很多，如营销、经营、服务、金融等。人们用这种服务形式来判断人或物的位置，然后根据定位信息采取相应的行动。定位服务还可以用来追踪包裹（如美国邮政或联邦快递的包裹）以及车辆（可以浏览 geoawesomeness.com/knowledge-base/location-based-services/location-based-services-applications 的 Tracking 部分）。基于位置的游戏活动实际上也属于定位服务的范畴。

定位服务在其他方面应用的例子有：

- 向本地居民和外来游客推荐城市的会展活动；
- 帮助寻找丢失的物品，如被盗车辆；
- 寻找附近的商务服务，如加油站；
- 提供详细的点对点导航服务（有时还带有语音提示）；
- 定位物品（如卡车等），并显示在移动地图上；
- 跟踪仓库中的库存量；
- 提供通知信息，如在一个特定的商店中的实时销售通知。

用无线射频识别技术对仓库中的物品进行无线跟踪的内容，请参阅在线辅导材料 T2 和第 13 章内容。

实际案例 Four Labs 及其子公司 Swarm

Foursquare 是定位商务的先驱。如今，它是一个本地搜索和发现的移动服务应用程序。该应用程序提供个人推荐。它提供城市指南，是 Yelp 的竞争对手。Foursquare 最初的定位商务功能则由其子公司 Swarm 提供。

人物追踪　企业可以利用各种技术对公司内以及外派员工进行追踪。

7. 社交定位营销

社交定位营销指的是在社交媒体环境中，用户允许与商家实时共享他们的位置信息（由用户"选择进入"），这样商家就能有针对性地发送广告、优惠券、折扣和返利给用户。此外，商家还可以进行市场调研，了解用户的偏好，并收集有关产品质量的反馈信息。更多信息请浏览 youtube.com/watch?v=F58q6yUAsHE，观看视频"移动商务的未来"（The Future of M-Commerce-Did You Know）。

8. 2016 年的地理定位应用

美国汤姆高科技产品指南（Toms Guide）的网页上列出了以下七项最佳定位应用，大多数都是免费应用（请参阅 tomsguide.com/us/best-location-aware-apps，review-2405.html）。

- Foursquare 和 Swarm。Foursquare（现在已经拆为两家公司）是入住地点定位服务的先驱，它帮助用户寻找附近的餐馆、活动等。此外，系统会让你的朋友知道你的位置，你就可以和他们见面了。
- GasBuddy。这是一款帮助用户寻找周围最便宜的加油站的 App。价格是由用户报告的，用户报告和更新价格会获得积分，有了积分，用户就可以参加定期抽奖活动。
- Waze。它跟 GasBuddy 一样，信息也是通过用户报告形成的。但是，这些提供信息的用户更有组织，所以 Waze 会被认为是一个社交网络。此外，该公司正在使用众包的概念（见第 9 章内容）。Waze 让司机报告交通状况和事故，在动态变化的地图上实时分享。Waze 还会建议最佳路线，这些建议是基于用户的报告以及从其他来源（包括用户所在地附近最便宜的燃料）搜集来的。Waze 是谷歌旗下的智能应用程序，能了解用户的通勤行为和偏爱路线。因此，该应用程序可以做出更多个人推荐。你可以看到哪些朋友正驾车去往你要去的地方，并使用 Facebook 来协调到达时间。

Waze 社区是世界上最大的交通与导航社交网络。它起源于以色列，现在正活跃于十多个国家。移动设备只要能接入互联网，并有 GPS 功能，都可以应用 Waze 社区。

在有些国家，当你打开 Waze 地图和路线时，会同时看到付费广告图标。这就是谷歌愿意投资 13 亿美元的原因。

不过，如果你使用 Waze，你有被黑客跟踪的风险。

- Glympse。这是一款手机应用程序，可以方便你将自己的位置分享给他人。那些没有按时到达地方的人（例如你约见的人），只要他们在使用 Glympse，你就能在这个 App 上看到他们。这款 App 是基于 GPS 的，可以在任何支持互联网的设备上运行，快速且免费。你的位置会显示在数字地图上。
- Dark Sky。这是一款本地天气应用程序，提供准确的基于雷达测绘的实时天气预报，还可以给用户提供中长期预报（24 小时预报和一周预报）。雷达图和你在电视上看到的很相似。当然，系统需要知道你所在的位置。
- Happn。这款 App 提供位置分享服务，让不在一起的人可以碰面（如跟恋人约会的时候或约见潜在客户的时候）。假设你正在公园慢跑，当你和另一个慢跑者（Happn 用户）相遇时，你可以查看他的资料，然后进行沟通，或是在一起安排一些事情。
- Trigger。这款 App 可以根据点对点无线通信的 NFC 标签、Wi-Fi 连接和蓝牙自动触发各种手机操作。用户可以设置地理位置。

6.6.3　定位移动商务面临的障碍

定位移动商务也面临着一些障碍，影响着移动电子商务的普及：

- 部分手机中缺少 GPS 的功能。没有 GPS，就无法使用定位服务。不过，现在带有 GPS 功能的手机越来越多了。另外，使用手机信号塔也有帮助。
- 设备的精度不够。有些定位技术并不是很精确。好的定位设备精确度应该在 10 英尺之内，但价格比较高。有些定位设备售价不高，但是精度只有 1 500 英尺左右。
- 成本效益不高。定位服务的成本收益并不高，甚至有可能收不回投资。对用户而言，使用定位服务也不一定会带来方便。正如第 1 章提到的，星巴克叫停了定位服务。
- 带宽不够。目前的无线技术带宽并不够。随着 4G、5G 技术的普及，移动定位应用会增长，技术的应用也相应增加。
- 侵害个人隐私。人们并不想让别人清楚地了解自己的一举一动，更不想被跟踪，所以，这个问题就显得更为突出（请参阅第 15 章的相关内容）。

6.6.4　定位商务的可行性

2009～2013 年间，由于 Foursquare 及其竞争对手的发展，定位商务的概念也得到了发展，但其主要问题是缺乏盈利能力。使用定位商务进行广告和营销的目标无法实现。然而，自 2016 年以来，由于移动应用程序的进步，这一概念出现了复兴。Waze 等公司吸引了数百万访问用户。定位商务会盈利吗？我们将拭目以待。(请参阅第 10 章)。

本节习题

1. 定位商务的基础设施包括哪几个方面？
2. 什么是 GPS？它的工作原理是什么？
3. 人们在享受定位服务的时候面临哪些问题？
4. 什么是地理信息系统？它如何与定位服务联系在一起？
5. 请列举定位服务的具体应用领域。
6. 如何理解社交定位营销？
7. 请列出定位商务的应用程序。
8. 请列出定位商务面临的主要障碍。

6.7 普适计算

许多专家认为，计算机技术下一次的重大发展将会是"普适计算"，也有人称其为"泛在计算"。在普适计算的环境中，几乎所有的物品都有信息处理能力（如微处理器），都能通过有线或无线的方式连接网络（通常是通过互联网或是企业内部网络）。这样就可以进行交流和信息处理。这一节将简要介绍普适计算，及其在感应技术领域的一些相关的应用。

6.7.1 普适计算的一般概念

普适计算是一个综合的概念，它涉及诸多的领域（请浏览 en.wikipedia.org/wiki/ubiquitous_computing）。本书中介绍的只是与电子商务相关的一些基本概念。

1. 普适计算的定义及基本概念

所谓**普适计算**（ubiquitous computing，ubicom）是指无形的，又是无处不在的计算，是人机互动的一种形式。相比之下，移动计算通常由用户使用的有形设备（如智能手机）实现。普适计算也称为"内置式计算""扩张式计算""普及计算"。也有专家把普适计算与普及计算区分开来，区别在于移动性上。"普及计算"（pervasive computing）是内置在物品内的，不移动；"普适计算"则是将移动性及内置性紧密地结合在一起。因此，智能家居中的大多数智能设备属于有线的普及计算，而内置计算功能的移动物品就属于普适计算，如服装、汽车、个人通信设备中的移动对象等。本书把两者视作同义概念，并且可以互换使用。

物联网 普适计算是物联网的基础。当事物之间通过互联网（如使用云计算）完成网络连接时，该网络就被称为"物联网"（IoT）。

更多关于物联网的信息（如定义、发展历史），请浏览 internetofthingsagenda.techtarget.com/definition/Internet-ofThings-IoT。

物联网将包含很多日常用品，从智能汽车到智能家居、服装、城市以及其他许多联网的东西。

物联网应用与智能系统有关，我们将在第 7 章阐释。

普适计算为物联网、可穿戴计算和传感器提供了理论基础，它发展迅速。谷歌、亚马逊、Facebook 和苹果在这一领域都很活跃。

2. 情境感知计算

情境感知计算（context-aware computing）是一种预测用户需求，然后提供可实现选项（有时甚至在用户提出请求之前）的技术。该系统里面包含个人信息，如所处地理位置和偏好。无论最终用户属于什么类型，该系统都可以感知出不同场合所需要的个性化数据。在前文引用的 2014 年预测中，市场调研机构高德纳将该技术列为未来十大技术之一（请浏览 gartner.com/technology/research/top-10-technology-trends）。

在一般情况下，该技术有望提高生产率，并产生许多新应用。美国宾夕法尼亚州匹兹堡的卡内基梅隆大学在情境感知计算技术的研究和商务应用领域处于全球领先的地位。

6.7.2 从理论到实践

现在我们将阐述智能电网这一主题，其他应用将在第 7 章探讨。

智能电表和智能电网

使用智能电表测量电力使用情况，是普适计算的应用之一。智能电表不但让挨家挨户去读电表成为过去，还可以优化减少电量消耗问题。

据美国能源局提供的界定，**智能电网**（smart grid；smartgrid.gov）就是利用数字技术对电网进行管理的电力网络。如同互联网一样，智能电网有控制器、计算机、自动化，以及新技术与设备相结合工作。这些技术与智能电网相结合是为了更好地提高使用效率，从而达到改变电量需求的目的。

智能电网的优势主要表现在如下几个方面：

- 电力传输更高效；
- 断电之后电力系统恢复更快速；
- 降低生产与运作成本，同时降低客户花费；
- 降低高峰电量需求，同时降低需求处于低谷的概率；
- 增加大规模的可再生能源系统的整合；
- 有利于客户自身能量系统的整合，包括增强可再生能源系统的安全性；
- 实现全球二氧化碳零排放的目标。

美国能源部（DOE）的供电和能源可靠性办公室提供了大量有关智能电网的信息（请浏览 energy.gov/oe/technology-development/smart-grid）。根据 DOE 提供的资料，智能电网必须要有感应装置收集数据，还要在现场设备和电业管理中心之间建立双向数据传输。电网的基本要素，请参考图 6-7，以及 edf.org/energy/infographic-smart-grid-basics 网页上的"智能电网基础"咨询图。

更多信息，请参考 en.wikipedia.org/wiki/Smart_grid。智能电网使智能家具和家电的使用成为可能（请浏览 edf.org/climate/smart-grid-brings-us-power-21st-century 及 smartgrid.gov）。

6.7.3 普适计算的实施问题

普适计算系统的广泛部署，需要克服与移动计算相关的许多技术、伦理和法律障碍（请参阅 6.9 节内容），以及普适计算、无形计算所特有的障碍。

在所有的非技术性问题当中，最突出的问题是个人隐私受侵犯的问题。隐私保护组织担心，有时候物品中的标签以及感应器（特别是零售商品中的标签）使得他人得以跟踪这些物品的主人或购买者。更严重的一个问题是，标签、传感器和其他设备处理的信息可能被不当使用或不当处理。

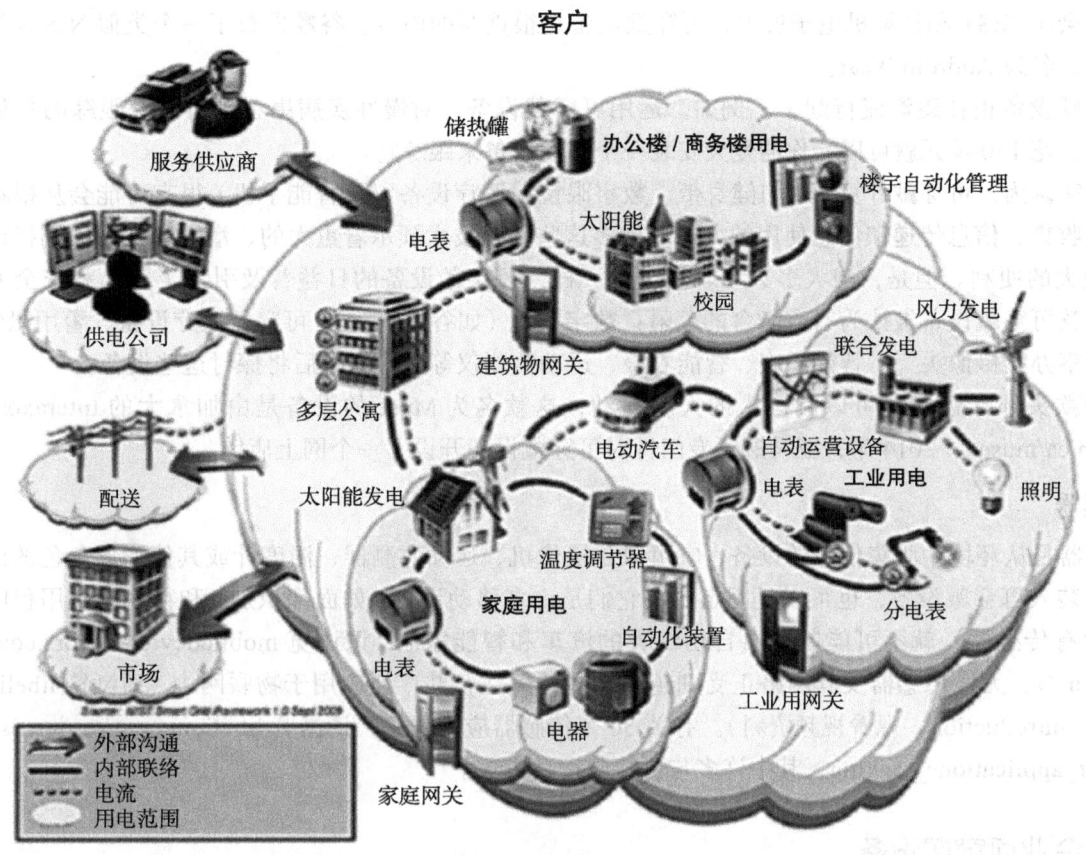

图 6-7 智能电网环境

本节习题

1. 什么是普适计算？
2. 什么是物联网？
3. 什么是智能电网？网络中的传感器发挥着怎样的作用？
4. 普适计算会以何种方式侵犯个人隐私权？

6.8 可穿戴计算和智能设备：智能手表、健身追踪器和智能眼镜

本节我们主要讨论与无线计算有关的新兴话题。

6.8.1 可穿戴计算应用程序和设备

2015 年以来，随着物联网的发展，可穿戴计算应用和可穿戴计算设备得到了巨大发展。自 20 世纪 90 年代中期以来，可穿戴计算设备一直应用于工业中。典型的穿戴设备包括绑在手腕上的无线电脑、安装在头上的数码相机和系在腰带上的移动设备等。无线计算机系在人的袖口位置，数码相机安装在人的头部位置，移动设备系在腰上等。三星公司推出了一款安装在手表上的电脑（即智能手表）。2015 年 4 月，苹果公司也发布了 Apple Watch，这些可穿戴计算设备受到广大消费者的欢迎。在拉斯维加斯一年一度的国际消费类电子

产品展览会（CES）和计算机电子展上，可穿戴设备是很重要的内容。谷歌发布了一个类似 Nexus 的可穿戴设备平台，名为 Android Wear。

可穿戴设备正在逐渐流行起来。例如，运用可穿戴设备，对慢性疾病患者进行医疗跟踪的数量逐渐增加；同样，花 130 美元就可以给你的爱犬安装一个移动设备来跟踪它。

有专家认为，可穿戴计算机（如健身带、数字眼镜、医疗设备以及智能手机）很有可能会从根本上改变人们信息收集、信息传递和信息使用的方式。许多这些新兴技术预示着重大的、潜在的变革，同样也给使用者带来极大的便利。但是，与大多数互联网设备一样，可穿戴设备的日益普及引发了隐私和安全方面的担忧。有七款可穿戴设备被认为有着隐含的危险：数字眼镜（如谷歌眼镜）、可穿戴医疗设备、警用摄像头（可穿戴"警察办案摄像头"）、智能手表、智能衣服、运动监测仪等。本节稍后将探讨这些设备。

有一款头部穿戴设备可以阅读人的大脑活动，这款名为 Muse 的设备是由加拿大的 Interaxon 开发的（interaxon.ca/muse）。2014 年，亚马逊还专门针对可穿戴设备开设了一个网上店铺。

传感器

传感器是从环境中收集信息的设备，它可以是摄像机、运动监测器、温度计或其他形形色色的设备。传感器可以装入可穿戴设备，也可以是固定的。它们是许多移动设备（如面部识别）和物联网应用程序的组成部分。没有传感器，就不可能制造出自动驾驶的汽车和智能家居（请浏览 mobiledevicesensors.com/sensor-applications/）。无线传感器及其网络正受到越来越多的关注，并广泛应用于物联网中（请浏览 libelium.com/video-wsn-introduction，观看视频资料）。有关 50 个传感器应用程序，请浏览 libelium.com/resources/top_50_iot_sensor_applications_ranking，其中许多与可穿戴设备有关。

6.8.2 企业可穿戴设备

可穿戴设备被广泛地用于消费品中。也有许多企业在使用可穿戴设备，有的甚至已经使用了很长时间。有关产品和制造商的案例研究和应用报告，请参阅市场研究机构 Tractica 在 2016 年发表的白皮书《企业可穿戴技术案例研究》，其中提到了 40 款不同的应用程序（请浏览 tractica.com/resources/white-papers/enterprise-wearabletechnology-case-studies/）。

普华永道的报告（pwc.com/us/en/advisory/business-digital-technology-trends-wearables.html）显示，"可穿戴设备之所以有如此大的前景，是因为它们让员工可以解放双手，让他们可以实时了解特定环境的商业信息，与客户以及其他的员工互动。例如，各行各业的公司都可以为佩戴智能徽章或可穿戴显示器的员工提供量身定制的、即时的职业培训。在工业环境中，护目镜、挂绳或传感器嵌入式服装可以帮助执行重复或危险任务的工作人员提高生产率，并减少伤害"。

目前的技术水平

日本是发展可穿戴设备领先的国家之一。2014 年的一篇报道称："一所日本大学展示了一款微小的个人计算机设备，可戴在耳朵里，比很多蓝牙耳机还要小得多。但是它可以通过眨眼或者咂舌头进行控制。"

接下来将介绍三大代表性可穿戴设备：智能手表、健身追踪器和智能眼镜。

6.8.3 智能手表

智能手表（Smartwatch）是一种电脑化的手表，其功能已经超出了计时的范围。今天，智能手表是可穿戴计算机，很多都用移动操作系统运行各种应用程序。

智能手表可以用作便携式媒体播放器；有些手表还具有智能手机的全部功能。

和其他电脑一样，智能手表可以从内部或外部传感器收集信息。它可以控制或检索来自其他仪器或计算机的数据，还可以支持蓝牙、Wi-Fi、GPS 和移动通信技术等无线技术。

具体功能请查看智能手表制造商官网，如苹果、谷歌、Pebble、索尼、三星等（请浏览 en.wikipedia.org/wiki/Smartwatch）。智能手表的一个特殊类别，是健身（活动）追踪器。有些手表可以用作医疗设备。许多公司都生产智能手表，如苹果、谷歌、三星、Fossil、卡西欧、中兴等。Nixon 和 Qualcomm 公司制造运动手表。智能手表往往与健身和追踪设备相结合。

6.8.4 健身（活动）追踪器

活动追踪器是一种设备或应用程序，用于监测并跟踪与健康、健身相关的指标，如步行或跑步的距离、卡路里消耗、心跳甚至睡眠质量。如今，这些设备很多都是可穿戴的，可以与电脑相连。（请浏览 en.wikipedia.org/wiki/Activity_tracker）。

有些追踪器和常规智能手表看起来非常时尚（像 Fitbit Blaze），而且随着时间的推移，正变得越来越流行。2016 年最好的健身追踪器，请浏览 pcmag.com/article2/0，2817，2404445，00.asp。健身追踪器和健康监测器可以放在手表、耳机、鞋子和其他可穿戴设备上。

6.8.5 数字（智能）眼镜

数字眼镜是一种光学头戴式设备，看起来像普通眼镜一样（请浏览 en.wikipedia.org/wiki/Google_Glass）。它能显示网络信息并对语音指令做出回应。智能眼镜与虚拟现实和增强现实密切相关（请参阅第 2 章内容）。最知名的就是谷歌眼镜。

2012 年，谷歌发布了 Project Glass 智能眼镜，采用智能手机的主要功能，并将这些功能嵌入一个看起来像虚拟现实眼镜的可穿戴设备中。谷歌眼镜有一个类似智能手机的显示屏，你可以使用智能手机的基本功能（短信、电子邮件），而且不用手操作（请浏览 newatlas.com/google-glass-review/30300）。谷歌眼镜的 Field Trip 应用程序可以通过语音指令激活（请浏览 mashable.com/2014/04/29/field-trip-google-glass-update）。

1. 谷歌眼镜

据统计，到 2017 年，谷歌眼镜（及其他"智能眼镜"）由于提高了员工的工作效率，每年可以为企业节约 10 亿美元，特别是那些需要使用双手来完成复杂工作的员工（如外科医生、技术员）。另外，保险代理可以运用该设备对被损坏的财产视频录像，同时可以确定配件的费用。此外，智能眼镜还具备和其他可穿戴设备一样的功能优势。

美国、日本和韩国的一些公司也在研发、制造智能眼镜（如索尼）。不过谷歌眼镜采用雷朋（Ray-Ban）和奥克利（Oakley）这些顶级眼镜品牌的外观，更显时尚。

有人喜欢智能眼镜，有人却不是。2014 年，Toluna 市场调研网站在一项民意调查中发现，由于隐私与安全问题，72% 的美国公民不愿意佩戴谷歌眼镜（请浏览 mashable.com/2014/04/07/google-glass-privacy）。谷歌正试图揭开所谓的"有关谷歌眼镜的十大谎言"。

2. 增强现实眼镜

增强现实是不少可穿戴设备的基础。现在市场上有两种智能眼镜。微软公司的 HoloLens 可以帮助你在家里或工作场所找到丢失的物品（如钥匙）。有一款特殊的摄像头，可以帮你制作一个房间的特殊地图。机器视觉技术可以识别或跟踪物体。Aira 是一项基于智能眼镜的服务，协助为有视力障碍的人提供导航服务。盲人用的相机会将相关照片发送到用户面前的实时代理，然后由该代理进行导航。

本节习题

1. 什么是可穿戴计算设备？
2. 可穿戴设备的优势有哪些？
3. 什么是传感器？
4. 什么是智能眼镜？为什么有人质疑它？
5. 什么是智能手表？
6. 什么是健身追踪器？
7. 智能眼镜如何帮助盲人？

6.9 移动商务的实施问题：安全、隐私及障碍

在实施移动应用之前，要充分考虑很多问题，这里我们只讨论其中一部分。

移动商务虽有诸多好处，但是要改变企业的经营模式并不容易。有些障碍影响了移动商务应用程序的发展，主要是安全问题、性能问题、可行性问题、成本效益问题，以及缺少明确的战略，难以与传统的信息技术融合，难以实现客户定制应用服务等。这一节的内容会探讨其中的一些问题，我们从安全问题开始介绍。更多的应用问题可参阅一系列有关移动商务的视频，请浏览：youtube.com/watch?v=a--5yhJCg，观看视频"Mobile Commerce: Part1：Where Are We Now？"；youtube.com/watch?v= fBlLxVeCouo，观看视频"Mobile Commerce：Part 2，The Evolution"；youtube.com/watch?v=DsDGLjYPxQ，观看视频"Mobile Commerce：Part 3，How to Make mCommerce Work"。

6.9.1 移动商务中的安全问题及隐私问题

2004年，手机中首次出现了Cabir病毒，侵入手机然后通过蓝牙传播到其他设备中。自此，病毒攻击手机和智能手机的情况迅速增加（请浏览 f-secure.com/v-descs/cabir.shtml）。

如今，绝大多数联网手机的硬件中都嵌入了基本的软件，这使得恶意软件的编程存在一定的难度。然而，随着智能手机和平板电脑功能的不断提高，恶意软件攻击带来的威胁也在增加。移动App和物联网应用程序也有此类情况。伴随着智能手机的广泛使用，通过网络下载的程序中含有病毒的可能性大大增加。移动商务与普通的电子商务有着相似的安全问题，但两者之间还是有一些差异（参阅第11章内容）。

保密性、身份验证、授权和诚信问题等基本安全目标，对于移动商务和电子商务都很重要，但实现难度非常大（参阅第11章内容）。尤其是，移动商务的业务通常要通过多个网络进行，包括有线和无线网络。每一个网络都需要一定的安全级别。但是，实际上要保证网络之间的安全集成是很困难的。

一般来讲，许多用于信息技术和电子商务的防御机制也都会用于移动商务。然而，考虑到移动安全的独特性质，可能需要额外的防护方法。例如，很多防盗应用程序，可以帮助用户找回丢失的手机，并可以保护用户的个人数据安全，免受身份盗窃。

隐私问题

隐私受侵犯是与使用移动计算技术相关的主要问题之一，尤其是定位系统、追踪、射频和情境感知等应用程序（请参阅第15章内容）。

与此相关的是打击欺诈的问题，请参阅第11章的内容。

6.9.2 移动商务中的技术障碍

移动应用中的导航系统更新速度要快速，才能使用户更迅速、轻松地找到目标并购买。同样，信息内容也必须满足使用者的需求。另外一些移动计算的技术障碍主要包括电池的使用寿命，以及与家庭应用的信息传递。表 6-1 列出了一些技术障碍，值得注意的是随着时间的推移技术障碍将会不断减少。

表 6-1 移动计算中的技术障碍

障碍	举例
带宽问题	要普及移动计算，首先要保证一定的带宽，而且宽带使用费还不能太高。在许多地方，要普及 4G 技术和 LTE 技术还有待时日。目前，人们用 Wi-Fi 技术来解决近距离无线联网的问题
安全标准问题	行业内正在开发通用标准，估计这需要 3 年甚至更长的时间
电源问题	电池的续航时间越长，设备的寿命越长。电池续航时间在不断提高中
传输干扰问题	气候、地形、建筑物等都会影响信号的接收。微波炉、无绳电话，以及各种其他的电子设备不受干扰，但拥挤的 2.4 G 频段会干扰蓝牙及 Wi-Fi802.11b 的信号传输
GPS 的精确定位问题	城市里如果高层建筑密集，GPS 定位的精确度就会受到影响，这就会影响定位商务的运行
对身体的潜在威胁	手机发出的无线电波是否会影响人们的健康（如癌症），尚未明确。过度使用手机、拇指综合征、开车打手机，都会损害人们的健康，或是造成灾难
人机界面问题	屏幕太小，键盘不够大，都是人们（尤其是老年人或是视力不太好的人）不愿意接受移动设备的理由
复杂性问题	插件太多、功能复杂，导致很多人难以使用

6.9.3 移动计算及移动商务中的失误

与许多新技术的命运一样，移动商务技术中也不乏败笔，许多移动商务企业也因此而倒闭。但重要的是，要预测和计划可能的失败，并从失败中学习。

6.9.4 移动商务中的道德、法律、隐私保护、健康等问题

随着移动设备越来越多地用于社会生活和商务活动，新的道德问题、法律问题、健康问题等也都浮现出来，需要个人、组织以及全社会认真去解决。

商务活动中出现的一个问题是，移动设备把员工们隔离开来。有的员工喜欢面对面交流，而移动商务环境不需要这种面对面交流，这对部分员工而言很难适应。

移动设备的这种个体活动模式在企业中也引发出新的道德和法律问题。许多员工不仅在单位里用电脑，家里也有电脑，这还比较容易把工作和家庭生活区别开来。但是，用手机操作就很难将两者区分开来，除非工作、生活使用不同的手机。"自带设备"（bring your own device，BYOD）这个做法普及得很快，这就带来了一些管理、监督和安全问题。假设某一企业规定管理者可以利用内联网查阅员工的电子邮件，那么管理者是否可以监听员工利用工作电脑或手机进行的语音通信？

尽管没有得到科学验证，但是许多人都在担心手机辐射可能造成的健康问题（如癌症）。手机成瘾也是一个问题。

道德、法律、健康等问题还包括监视员工的动向等。还有一个不可忽视的问题是，在安装了移动设备的情况下，如何防止隐私被侵犯。

6.9.5 企业移动管理

据 TechTarget 的说法，企业移动管理是"一个全方位的策略，来保护业务人员安全使用智能手机和平板电脑"。它包括数据与接口安全、设备跟踪与配置以及应用管理（请浏览 i.zdent.com/whitepapers/SAP_

Enterprise_Mobility_for_Dummies_Guide.pdf）。当越来越多的员工带着他们的智能手机与平板电脑进公司，并且使用这些移动设备时，企业应该支持这些设备的运转。此刻，移动管理将进入企业管理者的视野中。由于使用移动设备的人越来越多，对移动计算进行管理成为一个重要，又非常棘手的问题。

移动管理一般包括以下三个方面的内容：

- 移动设备管理。一些公司允许该公司的 IT 部门管理、控制公司的所有移动设备，而有的公司只允许用户自己维护设备。公司可以借助于一些特殊的软件进行移动设备管理。
- 移动应用管理。与移动设备管理相类似，移动应用管理试图控制公司所有的应用程序。
- 移动信息管理。这是一个最前沿的领域，用来处理公司的云计算。

与此相关的两个特殊领域，是 BYOD 和移动 App，下面做一些简单的介绍。

1. BYOD 问题

企业中，移动设备的数量激增，引发了"自带设备"（BYOD）的问题。许多员工喜欢用个人设备开展工作（例如用自己的 iPhone 收发公司邮件、旅程预订等）。他们把自己的移动设备带到公司，并接入公司的网络。BYOD 可能会节约公司成本，但另一方面，也会在执行方面出现很多问题，从安全问题到赔偿政策再到技术支持等。

关于 BYOD 的管理与控制方法有很多建议，例如，高德纳（gartner.com）和 Forrster（forester.com）等几家咨询公司对 BYOD 问题提供了很多免费的白皮书、网上研讨会以及报告等。更多可穿戴设备和物联网的 BYOD 问题，请参阅 techproresearch.com/downloads/research-byod-wearables-and-iot。

用户自建 App 应用（BYOA） BYOA 呈现出一股日益增长的趋势：越来越多的用户而不是软件开发人员也来开发应用程序。不幸的是，BYOA 面临安全问题的挑战。

2. 通过移动应用程序实现的"随需而变"

有成千上万的移动应用程序可以按需提供信息和服务。我们可以通过移动应用程序叫外卖、预订、付款等。这正在成为一种文化。很快，这种现象可能会使个人电脑和其他设备过时。如何保护和管理这些应用程序（其中一些还是由用户开发的）将来会更加重要。

3. 其他管理问题

其他问题涉及移动管理。比如，有专家提出了投资回报率问题、移动平台问题、培训问题、预算与成本控制问题以及合理性验证问题。其他问题包括整合问题、合作问题、沟通问题。数据流量的增加以及如何处理它，也是一个令人感兴趣的问题。

4. 结论

尽管存在很多障碍，移动商务还是在快速发展，而且比普通电子商务的速度要快得多。可穿戴设备和物联网的发展最为迅猛。

本节习题

1. 移动商务安全与电子商务安全有哪些相似之处？有哪些差异？
2. 从技术上看，移动商务有哪些局限性？
3. 从组织、健康、隐私保护方面看，移动设备的应用会带来哪些潜在影响？
4. 什么移动性管理？

5. 什么是 BYOD？它面临什么样的挑战？
6. 什么是移动 App 应用？为什么它会如此流行？

管理问题

1. **企业该制定什么样的移动商务战略？** 移动商务由几个基本要素构成：支持企业内部流程；现有电子商务客户服务、供应商和其他业务伙伴的可用性的扩展；将基于 Web 的服务扩展到智能手机和平板电脑用户。在移动商务领域立足的关键，是要明确企业有关电子商务和移动商务的整体战略，明确首先需要从哪里突破，明确工作中的轻重缓急，明确利用怎样的移动技术。

2. **有哪些企业在移动技术上走在了前面？** 在移动设备领域，确实有一些企业走在了前面。有些移动设备功能齐全，如智能手机或平板电脑，因此能够脱颖而出。但是，有些移动商务的基础设施则并不令人看好，因为标准不一，设备不一，支持的硬件也是五花八门。若要解决这些问题，首先需要选择一个理想的平台和基础设备，必须能够满足现有客户的需求。尽管移动商务在营销、支付、制造和服务领域变得日益流行，定位商务应用却仍处于起步阶段。

3. **自带设备（BYOD）如何管理？** 当很多企业员工将自己的移动设备带到工作中去，移动设备的管理变得越来越复杂。移动设备的生产来自不同的生产商，使用不同的操作系统。因此，面对成千上万的 App，公司需要一个好的制度和政策来管理 BYOD（请浏览 cisco.com/c/en/us/solutions/byod-smart-solution/overview.html）。

4. **移动商务的应用应该从哪里开始？** 尽管人们对各种移动商务（尤其是基于位置的商务服务）的兴趣不大，但仍然必须像其他商业技术一样，通过投资回报、成本效益分析、潜在成本削减和效率提升等，来评价移动商务应用。企业因为在很多场合（如支持移动作业、车队司机、仓库管理员）使用了移动商务取得了最高的回报。实施者需要记住，移动商务平台在年轻人中有很大的市场。这就是为什么韩国、日本的普及率最高，而有些国家尽管移动通信基础设施跟日韩水平相当，普及率却不如它们。移动商务实施也包括移动设备管理相关的内容。

本章小结

1. **移动商务的概念、增值属性及驱动因素。** 所谓移动商务是指利用无线通信网络开展的商务活动。移动商务是电子商务的发展和延伸。企业只要充分利用移动商务的各种特征（如普适性、便捷性、互动性、个性化和本地化），就能改善客户的价值诉求。目前，移动商务的发展有以下这些驱动因素：大量移动设备用户；年轻人中的"智能手机文化"；服务导向下的客户需求；供应商的营销；价格下降；移动劳动力规模扩大；性价比提高和带宽的提高。

2. **促进移动商务发展的移动计算环境。** 移动计算环境是由三个部分构成的，即移动设备、无线网络和服务。移动计算设备的功能和大小差异很大，但是，如今的一个发展趋势是多功能合一，目的是克服适用性弱（如屏幕小、带宽窄、信息输入慢等）的缺点。尽管有不少缺点，但是移动设备还是为人们提供了各种服务，如短信通信、语音通信、基于位置的服务，这些都是传统电子商务难以企及的。

3. **金融与银行业务应用程序。** 金融服务业的很多电子商务应用（如电子银行服务）可以通过无线设备进行。大多数移动金融应用程序只是有线金融应用程序的无线版本，它们通过短信服务或移动网络系统执行。移动银行和移动支付就是这类例子。世界各地的银行越来越多地允许客户使用移动设备进行支付、查看支付支票、比较银行服务、转移资金和查找营业网点。

4. **移动技术在企业中的应用。** 移动商务主要应用于支持各类员工（如销售人员、维修人员和现场操作员）的工作，还可以应用到企业的移动客户关系管理、存货管理、无线作业调度。对这些应用的投入，会给大多数企业带来丰厚的回报，即使是在短期内也是如此。移动技术还可以应用于其他领域，如车队、运输管理和仓库应用等情况。

5. **移动商务创造的娱乐及消费者服务**。移动娱乐活动是移动商务发展最快的内容之一。移动娱乐包括移动音乐、游戏、博彩以及专门的用户生成内容。其中，移动音乐是最大的细分市场，但移动视频是增长最快的。移动博彩业虽说因为受到法律和政府法规的制约，但也在迅速增长。移动体育应用也在增长。使用移动应用程序的服务行业包括医疗、酒店、公共安全、预防犯罪和国土安全等。

6. **定位商务的技术和应用**。确定人们的实时位置，使得许多社交互动得以实现。另外，这些信息可用于企业和产品的广告推广，以及吸引人们来到某些服务机构。这项技术还可以用于提升客户服务、改善驾驶、节省汽油，以及让人们参与不同的任务。

7. **普适计算**。物联网已经来到我们身边，包含许多嵌入式和隐形处理器的前沿技术和系统也在向我们靠近。这些系统以多种格式出现，特别是情境感知形式，它们催生了智能应用程序。它们与感知系统相互关联，并为智能电网、智能住宅、智能建筑、智能汽车等智能应用提供服务。

8. **可穿戴设备：谷歌眼镜、智能手表和健身跟踪器**。可穿戴设备与物联网相关，也与企业生产力提升相关，正在变得越来越重要。可穿戴设备改善了沟通和协作，解放了人们的双手，使生产效率大大提高。人们可以通过声音和大脑控制可穿戴设备。当可穿戴设备连接到互联网时，会带来许多好处。宣传力度最大的可穿戴设备是智能眼镜。一方面，它们能提高生产率，但另一方面，很多人担心潜在的隐私受侵犯风险。可穿戴设备和其他移动设备都是智能城市的重要组成部分。智能手表和智能健身跟踪器是面向消费者的移动设备的代表。这些设备每年都在不断改进并提高我们的生活质量。

9. **移动商务的实施中安全及其他问题**。移动商务应用的潜在利益是不言而喻的，但是，实施过程中也面临着各种挑战，例如，技术不兼容、网络空隙、移动网络速度慢和应用程序漏洞引起的性能问题，移动设备的管理和保护，以及移动网络带宽的管理等。移动计算环境还造成了独特的安全问题，例如多个网络中信息传输的安全问题。从技术上看，最大的挑战是设备的适用性和技术变革问题。最后，还有隐私方面的问题需要考虑，如法律、伦理、健康等问题，这些都会伴随移动商务而出现，尤其是在工作场所中。

关键术语

context-aware computing：情境感知计算
enterprise mobility：企业移动化
geographical information system，GIS：地理信息系统
geolocation：地理定位
global positioning system，GPS：全球定位系统
intelligent personal assistants：智能个人助理
interactive voice response system，IVR：交互式语音应答
location-based m-commerce；l-commerce；LBS：定位商务
mobile App：移动 App
mobile banking，m-banking：移动银行
mobile commerce；m-commerce；m-business：移动商务
mobile enterprise：移动企业
mobile entertainment：移动娱乐

mobile portal：移动门户
mobile worker：移动型员工
multimedia messaging service，MMS：多媒体通信服务
pervasive computing：普适计算
radio frequency identification；RFID：射频识别
real-time location systems；RTLS：实时定位系统
short message service；SMS：短消息服务
smartphone：智能手机
smart grid：智能电网
smartwatch：智能手表
ubiquitous computing；ubicom：普适计算
voice portal：语音门户
wireless mobile computing；mobile computing：无线移动计算

讨论题

1. 移动商务从哪些方面延伸了电子商务应用？
2. 本章中所提到的移动商务面临的局限性，有哪些会在近期对其发展产生负面的影响？有哪些局限性会在近5年内消失？哪些不会消失？
3. 什么是互联网银行？请查找美国互联网银行（BOFI）的移动服务，并与美国银行的服务做个比较。
4. 对移动银行整体增长至关重要的因素有哪些？
5. 为什么许多移动博彩网站都设立在一些小的岛国上？
6. 请讨论管理自带设备和用户自建App的必要性。
7. 与有线的电子商务相比，无线移动商务有哪些优越性？

课堂论辩

1. 在社交网络上开展移动商务有哪些潜在的利益？有哪些不利因素？
2. 请讨论移动商务的战略优势。
3. 谷歌收购了AdMob（google.com/ads/admob）的部分股权，目的是应对苹果公司的iAds战略措施。从战略上看，两者的优势各表现在哪里？
4. 请讨论企业追踪员工活动轨迹的利弊，以及跟踪人或车会产生的侵犯隐私问题。请分析利弊。
5. 企业在上班时间是否有权查阅员工的电子邮件以及语音通话信息（无论这些信息是用自己的设备完成的，还是用公司的设备完成的）？
6. 移动商务在酒店管理中的应用如何？是否有必要对纸质菜单进行改进？
7. 请浏览baymard.com/mcommerce-usability，探索移动商务适用性方面的问题。
8. 请研究谷歌眼镜的发展过程，写一份报告。从谷歌眼镜的变革入手（请参阅redmondpie.com/the-evolution-of-google-glass-in-two-years-since-its-inception-image）。移动设备给使用者带来哪些好处？请浏览golocal-worcester.com/business/smart-benefits-visvion-coverage-for-google-glass-is-clear，并比较谷歌眼镜竞争对手的产品。
9. 请讨论增强现实在移动性中的作用及其与智能眼镜的关系。
10. 请查找有关思科提出的"BYOD智能解决方案"的内容。阐述它的优势何在，讨论该方法用在中小企业是否可行（请浏览cisco.com/web/solutions/trends/byod_smart_solution/index.html）。
11. 请讨论Waze的价值和局限性。
12. 在实体零售店，对消费者的店内移动跟踪正在增加。阐述其好处和保护消费者权益（例如是否有权选择不参与）的必要性。在什么样的情况下，允许跟踪客户移动轨迹？
13. 参与iotcommunity.com上的讨论，并撰写一篇报告。
14. 请讨论优步的业务是否属于共享经济，还是仅仅是B2C匹配业务？

网络实践

1. 查找有关4G和5G的内容，可以在谷歌上搜索，也可以查找有关Verizon Wireless的内容（请浏览verizon.com/wcms/consumer/4g-lte.html）。同时阅读pcmag.com/article/345387/what-is-5g?ipmat=345235&lpmtype=3上的内容，并撰写一份关于4G和5G使用现状的报告。
2. 假设要你编写一份本地Wi-Fi网络的分布指南。有些网站上可以查询相关信息，如hotspot-location.com。请列出这样的网站名称与特点。
3. 市场调研机构Juniper编写了许多白皮书，介绍各种移动娱乐市场，如移动游戏等。请登录网站juniperresearch.com，并下载一份白皮书。请你选择一种娱乐市场，并按照白皮书的内容写出一份摘要，内容包括市场规模、主要厂商、影响该市场发展的因素、未来的发展趋势。
4. 浏览网站meetup.com，查看上面的移动应用程序，并写一份总结。
5. 谷歌地图为移动设备提供哪些服务？了解谷歌的

短信等功能和其他相关应用程序。请就这些内容写一份报告。
6. 请浏览 mobile.fandango.com，找出哪些服务是提供给移动客户的，并撰写一份报告。
7. 登录 waze.com 和其他关于 Waze 的资源，并识别社交网络的所有特性。社交网络共享什么？
8. 进入 Faceboook 并找到与便于移动购物相关的所有功能，同时请浏览 shopify.com/facebook，撰写一份相关报告。

团队合作

1. 请阅读本章开头的导入案例，并回答下列问题：
   a. 当 iPhone、iPad 这类智能设备和便携式 GPS 也都提供同样信息的时候，你是否还愿意使用 NeverLost 提供的每天收费 13.99 美元的 GPS 定位服务？例如，将赫兹公司在夏威夷的网站上提供的信息表，与你通过智能手机上的 TripAdvisor 获得的信息表进行比较。
   b. 赫兹公司的移动应用程序中有哪些属于移动企业应用？哪些属于移动消费者服务？
   c. 区别这个案例中提到的应用程序，哪些属于金融方向，哪些属于营销方向。
   d. 赫兹公司引入移动应用程序有什么好处？
   e. 作为赫兹公司的客户，对于公司能时刻了解你所处的位置，你有怎样的感受？
   f. 进入 neverlost.com，找出近期的服务。查看上面的 Companion 应用程序，并写一份报告。
   g. 查找 NeverLost 的 Companion 应用程序相关信息，并说说它的好处是什么。
2. 每个团队了解一家生产移动设备的厂商（如诺基亚、京瓷、摩托罗拉、谷歌、黑莓等）。研究这家公司提供的移动设备的功能，并在班里陈述，说服班里的同学购买该公司的移动设备。
3. 每个团队了解如下移动商务应用领域：金融服务（包括银行业）、证券、保险、营销和广告、旅游与运输、人力资源管理、公共服务、餐饮、医疗卫生。然后将了解到的信息向班级同学陈述。
4. 印第安纳大学有 8 个校区、11 万多名学生、1.8 万位教职员工。其信息系统包含了许多自带设备（BYOD）的应用问题。请浏览 citrix.com/products/enterprise-mobility.html，阅读与印第安纳大学相关的内容。观看视频 "Indiana University Customer Story"（印第安纳大学的客户经验谈），查找有关印第安纳大学如何对移动设备安全管控的内容，并写一份报告（请登录 uits.iu.edu/page/bcnh，从大学的 IT 服务入手）。
5. 请浏览 youtube.com/watch?v=398EztRwPiY，观看视频 "Technology Advances Fuelling M-Commerce Today"（技术的进步助力移动商务的发展），并回答如下的问题：
   a. 移动商务提供了怎样的电子商务服务？
   b. 移动商务在零售业有怎样的作用？
   c. 讨论移动商务战略的缺乏和移动商务广受欢迎之间的矛盾。
   d. 移动商务在市场上的应用为什么有很大的差异？
   e. 零售企业为什么愿意在移动商务技术上投入这么多的经费？
   f. 移动商务在零售业竞争中有什么影响？
   g. 对移动技术的管理有哪些困难？
   h. 移动支付有哪些优势？
   i. 研究移动支付的主要方法和供应商。

章末案例

优步能否在不断发展的市场中继续增长

优步公司于 2009 年始创于美国加利福尼亚州的旧金山，自称能通过智能手机应用实现叫车服务。这个最初的想法如今已经扩展到全球 81 个国家，结合了智能技术和大量分散的独立司机（见 uber.com/our-story）。该公司依靠的是司机根据自己的时间安排去接送客户。公司有一套以智能手机应用程序为核心的技术解决方案，允许客户与离他们最近的司机匹配。该公司提供的服务不断增长，目前已经包含了不同档次的汽车，甚至包括了仅在某些市场使用的自动驾驶汽车（请浏览 nextjuggernaut.com/blog/how-uberworks-business-model-revenue-uber-insights）。所有这些成功，都让人们开始谈论 2017

年公司上市的可能性（2019 年 5 月 10 日优步在纽交所上市。——译者注）。优步当前的估值约为 680 亿美元，现在是一家在数百个城市运营的全球性公司。

商务模式

优步一直面临的一个问题，是其商务模式的根本稳健性。与公司一起快速增长的，还有它的亏损。公司领导人将这些亏损视为未来增长的前奏，并表示公司正在积极扩张，也保持着市场领先地位。但是也有人担心，公司面临着竞争压力和法律问题，可能永远都不会扭亏为盈。由于优步是非上市企业，我们无法完全获得其利润和亏损的准确信息。然而，泄露出来的信息让分析人士得以做出一些估计。据估计，优步 2016 年第一季度亏损 5.7 亿美元，第二季度亏损 7.5 亿美元。

优步商务模式的一部分，是与汽车制造商、赫兹公司以及 Rent-A-Car 合作，其中跟 Rent-A-Car 的合作主要用于短期汽车租赁项目。另外还跟西尔斯百货合作。

监管

除了财务问题，优步还面临各种各样的监管挑战。第一波挑战直接打击了优步的商务模式和使用独立司机的能力。优步的这一模式引发了许多法律问题。第一个问题是，优步扮演的是出租车服务的角色，但没有为这项服务向有关部门支付适当的营业许可费。市政管理部门辩称，优步必须支付与出租车公司相同的营运许可费，否则就是在骗取市政收入，进行不公平竞争。在另一起诉讼中，原告辩称优步的司机并非真正独立，而是优步的雇员。既然这样，员工有资格获得福利和加班收入，而优步公司并不提供这些。最后一个问题与优步的无人驾驶新服务直接相关。加州政府一直认定无人驾驶汽车是非法的，优步最近取消了旧金山的试点项目，主要就是因为这项投诉（请浏览 nytimes.com/2016/12/21/technology/san-francisco-california-uber-driverless-car-.html）。

竞争

随着优步的持续发展，其他企业也注意到了它的成功，而且也开始进入这一领域与优步展开竞争。这种竞争在优步初创阶段是没有的。它们有的直接搬用竞争对手的做法，如 Lyft（美国的第二大打车应用），有的则在已有出租车公司的基础上改变一下商务模式，如 Yellow Cab。Lyft 的商务模式跟优步非常相似，使用独立司机，并通过智能手机的 App 联系（lyft.com）。Lyft 在本国的业务规模较小，但在尚未确定业务边界的国际市场上看到了自己的潜力（请浏览 cnbc.com/2017/01/13/lyft-to-go-global-take-on-uber-outside-the-us.html）。在出租车行业有一定发展历史的公司，如 Yellow Cab，正在改变自己的商务模式，满足使用优步的那些客户的需求。变革内容包括智能手机应用和某些市场的低价策略（请浏览 theverge.com/2016/9/26/13035642/nyc-taxi-cab-android-touchscreen-tablet-verifone）。

未来规划

优步已经开始测试无人驾驶汽车，但正如前文所述，该行为已经遇到了阻碍。自动驾驶汽车可能会使许多工作岗位消失，因此可能会遭到政府的反对。

思考题

1. 优步的客户和收入都保持快速增长的原因是什么？
2. 为什么优步估值 680 亿美元，却并不盈利？
3. 优步司机应该被视作普通雇员还是独立的合同工？
4. 地方政府应该向优步收取出租车公司营业许可费吗？
5. 优步应该如何保持对 Lyft 等竞争对手的优势？
6. 自动驾驶车是优步未来获得成功的关键吗？请阐明理由。
7. 评述优步与汽车制造商、租赁商之间的合作。

第 7 章

智能电子商务

┇学习目标┇

1. 了解智能电子商务系统的应用理由；
2. 熟悉人工智能的基本要素；
3. 列出人工智能在电子商务中的主要应用；
4. 理解知识系统及其管理；
5. 了解计算机化的智能个人助理及其适用性；
6. 了解物联网相关知识；
7. 描述自动驾驶汽车、智能家居和智慧城市。

┇导入案例┇

INRIX 公司解决运输问题

存在的问题

在许多大都市区域，交通堵塞问题日益严重。司机可能每天要在路上花费数小时。空气污染越来越严重，交通事故也越来越多。

解决方案

INRIX（inrix.com；美国的一家交通数据分析公司）为司机提供实时交通信息。司机可以在 iOS 和安卓系统下载安装 INRIX-XD Traffic 应用软件。这些信息是通过对从消费者和环境中获取的大量数据（如道路建设、事故）做分析而产生的。信息来自：

- 利用直升机、无人机等实时采集车流和事故信息；
- 由运输公司和 1 亿多拥有 GPS 智能手机的匿名志愿司机提供的实时交通流量状况；
- 关于路况、实时天气及天气预报的公众报告；
- 交通拥堵的报告。

INRIX 使用专有的分析工具和公式处理所收集到的信息。处理后的信息用于生成交通流量预测。例如，它可以为许多地点创建未来 15～20 分钟、几个小时甚至几天的交通流量和延迟情况的图片。有了这些预测，司机就能规划好最佳路线。2016年，INRIX 的服务覆盖了全球 41 个国家和主要城市，有关交通信息的获取渠道多达 100 多个。这项服务与数字地图相结合。例如在美国的西雅图市，交通信息通过智能手机和公路沿线广告牌上的彩色代码传播。智能手机还显示道路畅通或拥堵的估计时间。到 2016 年，该公司覆盖了全球约 500 万英里的高速公路，可根据用户要求实时提供最佳推荐路线。

INRIX 系统提供的信息或推荐可以帮助人们做出行决策：
- 运输车辆及其他旅客的可选择路线；
- 去工作单位或其他地方的最佳出发时间；
- 如何重新规划路线，以避免遇上刚发生的交通堵塞；
- 计算高速公路上需要支付的通行费，此费用一般是依据道路状况和通行时间来计算的。

收集数据要用到的技术有：
- 闭路电视摄像头和雷达，用以监控交通状况；
- 政府提供的安全报告及交通信息；
- 高速公路出入口的流量信息；
- 收费口排队情况；
- 埋在路面下的磁感应探测器（这种设备价格比较昂贵）；
- 为 INRIX 收集数据的 2.76 亿辆汽车、智能手机和其他数据收集设备。

有些信息源通过物联网（详见 7.6 节内容）与公司连接。根据 INRIX 官网的信息，公司已经与 Clear Channel Radio 合作，通过车载或便携式导航系统、广播媒体、无线和基于互联网的服务，直接向车辆广播实时交通数据。Clear Channel Radio 的交通总网络覆盖 4 个国家的 125 个城市（请浏览 inrix.com/why-inrix/customers-partners）。

取得的成就

除了驾驶员个人，企业和城市规划者也将这些信息用于规划目的。另外，INRIX 覆盖的城市，交通拥堵情况有所缓解，污染和交通事故也有所减少，员工花在通勤路上的时间减少了，心情变得舒畅，工作效率也有所提高。

INRIX 交通应用软件（可以从 inrix.com/mobile-apps 下载）适用于智能手机，支持十种语言，包括英语、法语、西班牙语和匈牙利语等（请浏览 inrix-xtraffic.com/features 及 inrix.com/global-resources/case-studies）。

资料来源：Based on inrix.com, Gitlin (2016), inrix.com/mobile-apps, and inrix.com/why-inrix/customers-partners (all accessed December 2016).

案例启示

INRIX 的案例向我们阐释了海量信息（大数据）的收集与分析是如何提升车辆在大城市里的畅通性的。具体而言，通过向司机和其他信息源收集信息，而非仅仅从收费昂贵的传感器收集信息，公司可以帮助优化车辆的流动。而且，公司使用物联网（IoT）应用程序将车辆和设备与其计算系统连接起来。这个应用程序是智能城市的构建模块之一。数据分析是通过使用强大的算法来完成的，其中一些算法是人工智能的应用。

7.1 智能电子商务简介

人们都希望看到电子商务更简单，更易使用，更直观，更安全。此外，随着时间的推移，人们确实在努力简化和自动化电子商务的许多任务。想想有一天，你的冰箱将能够测量和评估放在里面的东西，并订购需要补货的物品。在不久的将来，这样的情况将在物联网的支持下实现。这就是人们所说的"智能"或"智能电子商务"，也是本章的主题。

2001 年创刊的杂志 *CIO Insight* 预计，到 2035 年，智能计算机技术的经济价值将达到 5 万亿～8.3 万亿美元（请浏览 cioinsight.com/print/ot-strategy/tech-trends/slideshow/ten-technologies-that-will-disrupt-business-07）。智能技术包括物联网、先进机器人和自动驾驶汽车。所有这些都将在本章进行介绍。2016 年，技术咨询行业的领军企业高德纳撰文指出，一些新兴技术将进入成熟周期，如专家顾问、自然语言问答、商用无人机、智能工作区、物联网平台、智能数据挖掘、情境中介、通用机器智能、个人分析等。所有这些都将在本章中描述或引述到。

智能电子商务概述

电子商务智能化是一个持续增长的趋势（请参阅第 2 章内容），Web3.0 将使许多系统变得更为智能。有些应用已经使用人工智能（AI）。这就意味着我们会在各种电子商务活动中看到更多的自动化操作。例如，机器在语言翻译领域已经能帮助人们在语言不通、看不懂广告页面的情况下，进行跨语言的线上购物。同样，机器翻译可以帮助语言不通的人实现实时交谈。

其他智能应用中，有的可以借助机器回答客户的提问。另一些是基于知识的系统（也称为"专家系统"），这些系统可以提供建议，帮助人们做决定，甚至自己做决定。例如，这种系统可以批准或拒绝买家的线上购买请求（如果没有预先得到批准或没有信用额度）。还有自动生成在线购买订单和安排在线订单的实施。谷歌和Facebook都在试验一些项目，试图教机器如何学习（机器学习）和做决定。其他公司也在做同样的事情，如丰田。

智能电子商务系统对创新也很重要，它们与大数据分析处理领域相关。该领域最先进的项目之一是IBM的Watson Analytics（是基于自然语言的认知服务，为商务人士即时提供预测和可视化分析工具。——译者注）（请参阅7.5节内容）。

智能电子商务可以通过其智能应用程序进行识别。大部分应用程序都是基于计算机技术的基本原理来开发的；智能技术主要与人工智能有关。人工智能的基础和应用如图7-1所示。

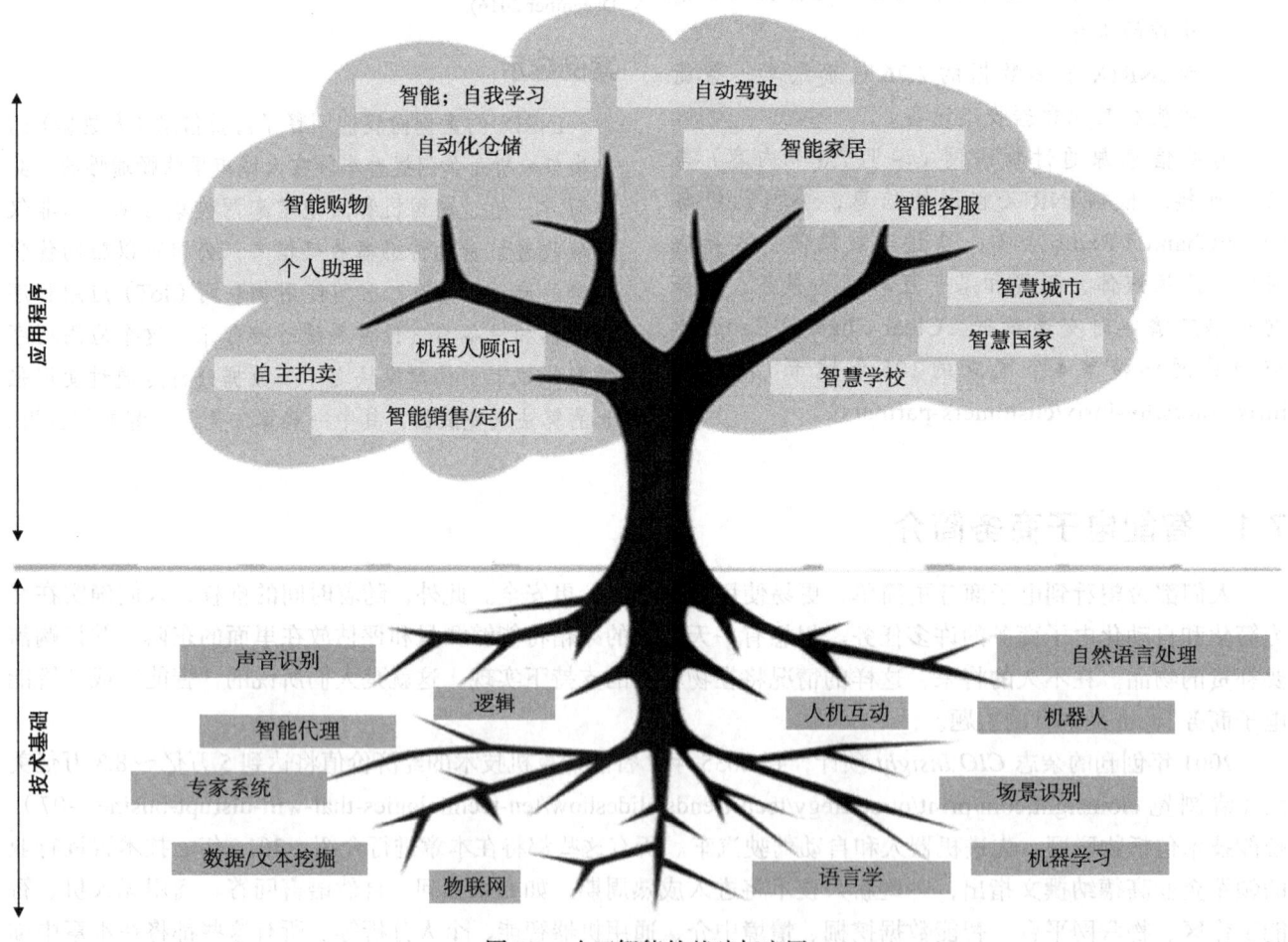

图7-1 人工智能的基础与应用

2016年1月，Facebook的CEO扎克伯格宣称他的年度目标是制造人工智能助理，帮助他完成个人事务和商务活动的决策。扎克伯格正在教机器学习辨识他的声音，听从他的指令，以及识别他的朋友和商业伙伴的面孔。

> **实际案例　必能宝通过 AI 变得更智能化**
>
> 必能宝（Pitney Bowes）集团是一家总部位于美国的全球电子商务解决方案供应商，业务领域包括产品运输、职能定位、客户参与和客户信息管理。该公司每年为数十亿笔实体和数字交易提供支持，涉足互联互通的跨国商业领域。
>
> 如今，运输价格是根据每个商品的尺寸、重量和包装自动计算的。费用计算产生的数据被输入算法。手机的数据越多，计算就越精确。必能宝估计，其算法的准确率将提高25%。这将为企业提供准确的定价基础、更好的客户满意度和更强的竞争优势。

以上案例展示了人工智能的应用，它是智能电子商务系统的主要驱动力。事实上，人工智能的使用正在增多。

本节习题

1. 我们为什么需要智能电子商务？
2. 请列出实现电子商务智能化的技术。
3. 请列举智能电子商务的积极意义。

7.2　人工智能的基本要素

智能电子商务的主要技术基础就是人工智能。

7.2.1　人工智能的定义与特征

人工智能（Artificial intelligence，AI）的定义虽然众说不一，但是许多专家都认为，AI 是基于两个基本理念：（1）研究人的思维过程（以理解什么是智能）；（2）思维过程在机器（如计算机、机器人）中再现和复制。

人工智能的一个广为人知的定义是："本该由人类来操作的动作由机器来执行，就被称为人工智能。"

人工智能的一个著名应用是在超级计算机上运行的国际象棋程序（深蓝是 IBM 的一个研究团队开发的）。这套系统击败了著名的世界冠军、特级大师卡斯帕罗夫。

1. 智能的能力

要理解什么是人工智能，我们要检验被称作智能的标志性能力：

- 从经验中学习或理解；
- 从模糊的、不完整的甚至矛盾的信息和资料中获得意义；
- 快速、成功地对新环境做出反应（最正确的反应）；
- 理性地理解与推断、解决问题，并有效地指导行为；
- 运用知识来操控环境和情境；
- 认识和判断不同因素在某种情况下的相对重要性。

人工智能试图形成以上这些能力，但是总体而言，现在还是没有达到人类的智能水平。

2. 人工智能有多聪明

人工智能机器在许多游戏中的表现已超越人类。国际象棋，打败了世界冠军；《危险边缘》（Jeopardy，一款益智问答游戏），打败了最好的选手；围棋，战胜了好几个顶级的围棋手。其中最为知名的是谷歌的 DeepMind 程序。尽管有这些引人注目的演示（耗资巨大），许多人工智能应用程序显示出的智能仍明显低于人类。要定义我们所认为的智能机器，让我们看看图灵测试。

阿兰·图灵设计了一个有趣的测试，看电脑是否有智力行为，名为**图灵测试**（Turing test）。根据这项测试，人类提问者向隐藏的一个人和一台电脑提出相同的问题（见图 7-2），而他又无法辨别哪个是人的回答，哪个是电脑的回答，只有这个时候，我们才认为电脑是智能的。

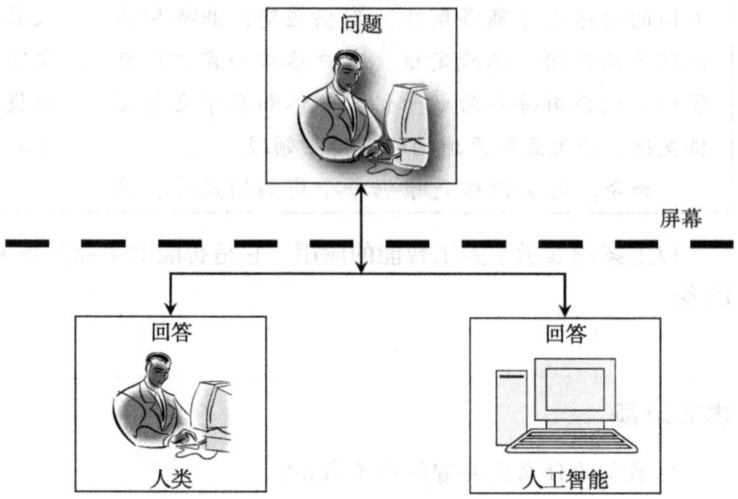

图 7-2 图灵测试示意图

7.2.2 人工智能领域的内容

人工智能的领域非常广泛，我们可以在医学、体育等数百个学科中发现人工智能技术和应用。在这里，我们只介绍一些主要用于电子商务的人工智能。

1. 智能代理

智能代理（intelligent agent，IA）是一个自主的、相对较小的计算机程序，它观察和处理不断变化的环境，并通过自主运行特定任务，指导其活动实现与上述变化相关的特定目标。智能代理可以通过使用和扩展嵌入的知识来学习。智能代理是一种强大的工具，可以克服互联网最大的负担（信息过载），并使电子商务成为更可行的组织工具。20 世纪 90 年代中期，电子商务诞生不久，学术界首先表现出在电子商务中使用智能代理的兴趣。然而，直到 2014 年，智能代理的能力才有明显提升，此后我们看到出现了许多应用程序，这些应用将在 7.3 节介绍。

起先，智能代理主要用于支持常规活动，如产品搜索、推荐信息、制定价格、策划营销、进行谈判、提升电脑安全、管理拍卖、促进支付和改善库存管理。然而，这些应用程序非常简单，使用的都是低水平智能，主要作用是提升速度、控制成本、减少错误和提高客户服务。我们将在本章看到，现在的应用程序要精细、成熟得多。

更多电子商务和智能助理的信息，请浏览 ai.ijs.si/sandi/docs/ECIAgents.pdf。

实际案例　病毒检测程序

智能软件代理的一个简单例子就是病毒检测程序。它安装在计算机中，扫描所有传入的数据，并在学习新的病毒类型和检测方法时，自动删除发现的病毒。

智能代理还应用于个人数字助理、电子邮件服务器、新闻过滤和传输、预约处理、自动化信息收集等。

---

2. 机器学习

人工智能系统不具备人类的学习能力，但是它们有一种简化的（也在不断改进的）学习能力（模仿人类学习方法），称为**机器学习**（machine learning）。机器学习领域的科学家试图通过展示大量的例子和相关数据，来教计算机识别模式并建立联系。机器学习使计算机系统可以监控并感知周围的活动，并调整自己的行为，以适应环境变化。从技术上讲，机器学习是一门学科，关注计算机的设计和开发，允许计算机根据来自传感器、数据库或其他来源的数据进行学习。

今天许多公司都在使用机器学习算法。众所周知的例子是产品推荐服务。

有专家认为，计算能力的提高，加上其他改进，包括更好的算法和深度神经网络，用于图像处理和超快的内存数据库，如 SAP HANA，这就是机器学习成为当今企业软件开发最热门的领域之一的原因。机器学习应用程序也因大数据源的可用性而得到扩展，尤其是物联网提供的数据源（请参阅 7.6 节内容）。

3. 机器人系统

如果将感知系统（如场景识别系统和信号处理系统）与 AI 结合在一起，就形成了一个更为广泛的复杂系统，通常称为机器人。机器人有好几种定义，而且随着时间的推移也在发生变化。经典的定义是，**机器人**（robot）是一种机电设备，可以通过编程来执行手工操作和脑力任务。美国机器人研究所正式将机器人定义为"一个可编程的多功能机械手，设计用于通过可编程的可变运动来移动材料、部件、工具或专用设备，以完成各种任务"。这一定义忽略了当今机器人所做的许多脑力劳动。

智能机器人有一些感觉器具，如摄像头，用以收集机器人周围的信息和它自己操作的信息。收集的数据将由机器人的"大脑"解释，使其能对环境变化做出反应。

机器人可以完全自主，完全靠自己编程完成任务，也可以由人类远程控制。有些机器人的外表与人类相似，大多数工业机器人却不是这样的。这些自主机器人配备了人工智能代理。更先进的智能机器人不仅是自主的，而且可以按照自己的能力，从环境中学习。如今的机器人可以通过观察人类来学习复杂的任务，这将带来更好的人机协作。麻省理工学院的互动小组用这种能力进行实验，旨在教会机器人做出复杂的决定。

机器人在电子商务仓库中得到了广泛应用（亚马逊使用了数万台机器人，请参阅第 13 章内容）。它们也被用来安排"订货型生产"，或是用作自驱动机器和无人机。新一代机器人被设计成 7.5 节中描述的"顾问"。值得注意的是，它们被计划用于投资、旅游、医药和学术咨询等领域。它们可以充当接待员，也可以充当教师和培训人员。

机器人可以帮助线上购物，收集购物信息（搜索），并进行价格和性能比较。这些被称为**购物机器人**（shopbots；请浏览 igi-global.com/dictionary/shopbot/26826）。机器人可以在露天市场运送货物。沃尔玛正在尝试使用机器人购物车（请浏览 businessinsider.com/personal-robots-for-shopping-and-e-commerce-2016-9?IR=T，观看视频）。

"聊天机器人"是一类特殊的机器人，本节稍后将介绍。智能个人顾问，包括投资机器人顾问，将在 7.5 节介绍。

机器人抢走了我们的工作 很多人担心机器人抢走的不仅是工业操作类工作，还有白领工作。英国牛津大学调查了 700 种工作岗位，并进行了自动化风险程度打分排行，打分范围为 0～1，不存在自动化风险的岗位打 0 分，风险极高的打 1 分。Rickard-Straus 列出了 100 种自动化风险极高的工作（得分全在 0.95 以上），和 100 种自动化风险极低的工作（得分为 0.02 及以下）。十大最"安全"和十大最具风险的岗位见表 7-1。

表 7-1 十大最"安全"和十大最具风险岗位

自动化可能性	岗位名称
	低风险岗位
0.0036	消防与火灾预防工作人员的一线主管
0.0036	口腔颌面外科医生
0.0035	医疗社工
0.0035	矫形师和假肢医师
0.0033	听力学家

(续)

自动化可能性	岗位名称
0.0031	精神健康和药物滥用的社会工作者
0.0030	危机管理人员
0.0030	一线机械师、安装人员和维修人员的主管
0.0028	休闲理疗师
自动化风险高的岗位	
0.99	电话推销员
0.99	从事标题审查、摘要编写和资料搜索的从业人员
0.99	下水道清洁工
0.99	数学技术人员
0.99	保险承销商
0.99	修表工
0.99	货运代理
0.99	报税员
0.99	图片加工人员和加工机器操作人员
0.99	银行新客户接待员

2016 年，有专家分析了机器将在哪些领域取代人力，以及哪些领域目前还无法取代人力。人们关心这一话题的主要原因是，许多工作处于危险之中；随着机器人的能力提升，以及大量高风险职业的存在，机器人的优势也在迅速增长。

4. 自然语言处理

自然语言处理（natural language processing，NLP）技术使用户可以用母语与计算机进行交流。与使用由计算机术语、语法和命令组成的编程语言相比，这项技术允许使用会话型界面。它包括两个方面：

- 自然语言理解，研究使计算机能理解用普通语言提供的指令或查询的方法；
- 自然语言生成，致力于让计算机生成普通口语，以便人们更容易理解计算机。

NLP 与语音生成的数据以及文本和其他数据有关。

5. 言语（语音）理解

言语（语音）理解（speech（voice）understanding），就是通过计算机识别并理解口头语言。这项技术的应用越来越广泛，许多公司的呼叫中心都使用这项技术（请浏览 cs.cmu.edu/~./listen）。

与 NLP 相关的，是语言的机器翻译，包括书面文本（如 Web 内容）和语音对话（如 Skype）。

6. 语言翻译

机器翻译就是采用电脑程序来完成不同语言之间的词句翻译。你可以从 babelfish.com 下载 Babel Fish 翻译器，它可以翻译超过 25 种不同的语言。简单一点的话，谷歌的免费翻译也可以翻译几十种不同的语言（translate.google.com）。用户还可以用任意一种语言在 Facebook 上发布自己的状态，然后可以马上翻译成别的语言。

另一个与自然语言处理及机器人相关的 AI 技术，是聊天机器人。

7.2.3 聊天机器人

聊天机器人（chatbot），是一种计算机服务，能实现人与计算机对话，通常通过互联网进行。对话一般是简短的问答。智能化程度较高的聊天机器人会装备自然语言处理器，电脑就能理解语法结构不太严谨的话语。一些公司在实验学习型聊天机器人，它们能从经验中吸取更多的知识。计算机与人交谈的能力是由知识系统提供的（通常是基于规则的，请参阅 7.4 节内容）。计算机可以看起来像个人或人的化身。Facebook 的 Messenger 和 Twitter 等即时通信服务也提供此类服务。

1. 电子商务中的聊天机器人

聊天机器人（简称机器人）最常见的电子商务应用，是客户服务。塔可贝尔（Taco Bell）正在 Slack（一种信息服务）上试验订餐聊天机器人。2016 年，Schlicht 提供了聊天机器人的初学者指南。他举了一个假想例子，是关于今天在诺德斯特龙百货购物和使用聊天机器人的场景。

实际案例　诺德斯特龙百货使用聊天机器人

如果你想从诺德斯特龙百货的线上平台买鞋，你要登录其网站，不停浏览直至找到你想要的那双，然后付钱购买。如果诺德斯特龙百货有聊天机器人——我确信将来肯定会有的——你只要在 Facebook 上发一条消息给商家。机器人会问你需要买什么，而你，只需要口头告知需求即可。

你不用再浏览网站，只要与诺德斯特龙百货的聊天机器人交谈，就和你去实体店购物的体验是一模一样的。

网页 cnbc.com/2016/04/13/why-facebook-is-going-all-in-on-chatbots.html 上有一段 5 分钟的 Facebook 视频，内容是一段与 Facebook 创始人 David Marcus 的问答对话，探讨了 Facebook 为何全力打造聊天机器人。

聊天机器人还应用于广告与营销。2016 年，有文章列举了 11 款聊天机器人，包括谷歌的 Allo、Slack、亚马逊的 Echo、Snapchat 的 Discover、苹果的 Apple TV 和 Siri Magic、Telegram、Kik 和微信。微信提供了应用广泛的中文聊天机器人服务，它能够帮助你做如下的一些事情：

- 线上约车；
- 订外卖；
- 买电影票；
- 定制并订购耐克鞋；
- 向最近的星巴克门店发送订单；
- 记录你每天的健身进度；
- 购买巴宝莉的新品；
- 预约医生；
- 交水费；
- 主持商务电话会议。

更多有关聊天机器人的案例，请浏览 botlist.co/bots。

实际案例　LinkedIn

LinkedIn 正在引入的聊天机器人，它会执行一些任务，如比较参加会议的人的日程安排，并建议会议时间和地点。

实际案例　万事达

万事达推出了两款人工智能支持的沟通平台：银行万事达卡机器人和商家万事达卡机器人。

---

2. 知识系统

这些系统将会在 7.4 节详述，它们是计算机知识存储程序，应用程序用这些知识来形成专家建议并解决问题。它还帮助人们验证通信，并可以做出某些类型的决策。

本节习题

1. 如何界定人工智能？
2. 人工智能的能力有哪些？
3. 什么是图灵测试？
4. 什么是智能助理？它有哪些能力？
5. 电子商务中的智能助理应用程序有哪些？
6. 什么是机器学习？它在电子商务中如何应用？
7. 请界定机器人，并阐释其在电子商务中的重要性。
8. 请描述机器人系统。
9. 什么是自然语言处理？它的两种主要格式是什么？
10. 请描述语言的机器翻译，为什么这对电子商务很重要？
11. 请描述聊天机器人，并列出其在电子商务中的应用程序。
12. 什么是知识系统？

7.3 人工智能在电子商务中的新应用

2014 年以来，我们见证了越来越多的人工智能应用于电子商务。这一增长有几个原因，如技术革新、智能手机的广泛使用、实体零售商和网络零售商之间的竞争加剧等。一些成功案例表明，人工智能支持的电子商务具有战略优势。在对人工智能应用于电子商务的潜在好处做总体探讨之后，本节会举几个实例来说明问题。

7.3.1 人工智能对电子商务的贡献

如前所述，人工智能从一开始就应用于电子商务。然而，直到现在我们才看到一波强大的应用程序。以下是几家主要的技术公司对人工智能的做法：

- 苹果公司。人工智能和增强现实是苹果未来的核心技术。苹果公司一直在改进 Siri（Siri 是苹果的私人助理机器人；详见 7.6 节）。苹果还有其他几项人工智能计划，包括让 iPhone 更加智能化。
- 谷歌。谷歌有好几个人工智能计划，其中一个主要项目是 Google Brain，这是一个包含机器学习的秘密项目，还有我们在 7.1 节中提过的 DeepMind。谷歌相信人工智能能够解决世界上最大的问题。Google Brain 的科学家 O'Brien 强调，"需要一些聪明的人才能实现"。
- Facebook。Facebook 的 CEO 非常相信人工智能，他正在研发自己使用的私人助理机器人（参阅 7.6 节）。Facebook 正在进行其他几个与广告和客户服务相关的项目。Facebook 表示，它的新人工智能理解文本的精确度会接近人类。
- IBM。IBM 率先于 2013～2014 年间提出了智慧商务的概念，那时就专注于大数据及其分析，主要内容是使用数据挖掘技术（一款人工智能产品）来发现隐藏的相关性。这样可以实现更好的预测分析，用于电子商务战略和决策。"深蓝"是功能强大的计算机，在 20 世纪 90 年代击败了世界象棋冠军。IBM 还因其在《危险边缘》游戏中获胜的超级计算机 Watson，以及它对医学研究的贡献而闻名。Watson 还被用于根据人们的 Twitter 文章对他们进行心理分析，以帮助营销人员。
- 亚马逊。这家公司在 20 世纪 90 年代就是人工智能方面的先驱。最知名的就是其图书推荐引擎。如今，这家公司正在其电子零售业务中试验、试用多种人工智能活动，众所周知的是在仓库中使用智能机器人。亚马逊还使用预测分析和机器学习来评估其产品需求。人工智能也用于库存管理。

其他很多公司也在安装，或至少在试验人工智能的电子商务应用。例如，ViSenze 是新加坡的一家初创企业，该公司将人工智能的优势带给了电子商务的用户（主要是亚洲用户）。概言之，人工智能正在改变电子商务的"样貌"。

2016 年，有专家介绍了人工智能是如何帮助全世界电子商务使用 Deep Agent 这一平台的。人工智能尤其吸引互联网初创企业和那些对"深度学习"感兴趣的人。下面将介绍几个实际案例。

7.3.2 电子商务中的人工智能

以下是近期的一些应用案例。

1. 营销与广告

人工智能用于很多线上营销和广告任务：

- 预测分析和人工智能用于定制和自动进行电子邮件营销活动；
- ClickZ Intelligence 在 2013 年曾经列出了以下领域，即新客户体验、新产品发布、程序化广告、内容创建和网站设计；
- Rossi 在 2016 年描述了人工智能帮助消费者的三个例子，即改进搜索、帮助买家了解自己的喜好、做购物者的个人助理；
- Blog 在 2016 年列出了 13 家在营销、广告和售卖中使用人工智能的公司；
- Davis 在 2016 年从产品推荐开始，列举了 15 个人工智能用于营销的例子；
- Salesforce（美国的一家客户关系管理软件服务提供商）的 Einstein 服务促进了销售；
- Kohl 在 2016 年阐述了使用人工智能提高客户参与度，这一点尤其重要，因为网站浏览会演变为交易，而交易将在没有人类互动的情况下发生（请参阅 7.6 节和 7.7 节内容）；
- IBM 的 Watson 正在通过人们的推文了解他们，这将有助于公司预测消费者的行为，并决定向消费者提供什么产品或服务，以及何时提供；
- 总体而言，人们相信人工智能在未来零售中将起到重要作用；
- 聊天机器人广泛用于营销；
- 有关电子拍卖中的人工智能使用，请观看 youtube.com/watch?v=O65XJd7j2BE 的视频。

2. 客户的服务和建议

与市场营销有关的是客户服务。聊天机器人（详见 7.5 节内容）广泛运用于回答客户的提问。

- 谷歌的电脑在其谷歌云平台使用聊天机器人来回答客户的问题，这提高了 IBM 数据中心的效率。
- 正如 Salesforce 开发的 Einstein 服务所证明的那样，使用人工智能（机器学习）和云计算可以实现更智能的客户关系管理。

实际案例　聊天机器人在医疗保健方面提供咨询

7.5 节将要提到，聊天机器人会成为个人助理中的人机互动界面。百度公司推动了医疗保健领域的聊天机器人使用。百度的 Melody（百度医疗大脑）是一个智能对话机器人，可以帮助病人决定是否需要去看医生。目前，对话是文本形式的，模式是一问一答式的。该系统集成了百度医生，

> 病人可以向医生提问、预约、搜索健康和医疗相关的信息。Melody 从数字化的材料中获取数据,包括科研论文和在线论坛,从而获得智慧。

3. B2B 中的人工智能

人工智能在 B2B 中主要用于电子采购、供应链管理以及智能机器人。

4. 其他应用

另外还出现了许多其他应用:

- 社交网络中的应用;
- 旅游中的应用(如出行计划)(请浏览 utip.com 及 eurovacations.com);
- 机器人顾问(参阅 7.5 节);
- 远程教育中的人工智能正处于发展初期,但也有人担心整个教育界是否为人工智能化教育做好了准备。

5. 结论

越来越多的证据表明,人工智能正在改变许多企业。其中一个主要领域将是诸多电子商务任务自动化,并以人工智能取代人类。

本节习题

1. 为什么要在电子商务中使用人工智能?
2. 主要科技公司在这个领域正在做什么?
3. 人工智能是如何辅助营销活动的?
4. 人工智能如何辅助广告?
5. 人工智能对客户服务和客户关系管理的贡献是什么?
6. 人工智能如何促进 B2B 交易?

7.4 知识系统

人工智能的一个主要衍生物就是知识系统,其中有几个与电子商务相关的应用。这种系统的主要作用就是知识的创造和使用。

在智能电子商务的讨论中,人们经常提及知识系统和管理。这是为什么呢?要回答这个问题,首先需要理解什么是知识管理。

7.4.1 知识管理概述

知识是任何组织中最重要的资产之一,因此捕获、存储、保护和重用(共享)知识非常重要,这是知识管理的主要目的。因此,**知识管理**(knowledge management,KM)是指获取或创造知识,储存和保护知识,不断更新知识,传播知识,并在必要时加以利用的过程(请浏览 en.wikipedia.org/wiki/Knowledge_management)。

组织中的知识来源既有外部的,也有内部的。它也可以由人工智能系统创建,然后对其进行检查、解释、加工并存储在组织知识库中，即企业知识的存储库中，或者可以立即在不同的应用程序中使用。组织开发知识库的主要目的是知识共享。

7.4.2 知识管理的类型和活动

组织的知识包含在以下关键资源中：（1）人力资本，包括员工的知识、能力、智力和创造力；（2）组织资本，包括储存的组织经验（如最佳实践、专利、手册、教材等）；（3）人工智能系统生成的知识；（4）客户和合作伙伴知识，包括与客户和业务伙伴合作的经验。

这些组织知识必须通过共享和传播进行适当的管理和利用。这是知识管理的主要目的，其主要任务如下：

- 创建知识。知识是随着人们获得更多的经验（如尝试和错误）和教育而产生的。有时，外部知识也会被引入（例如由供应商和顾问提供）。
- 获取知识。对现有的知识必须做识别和汇集。大量的知识并没有被记录下来，它只是存在于人们的记忆中。
- 完善知识。新知识必须放在特定的环境中，这样才能付诸实施，所以必须同时重视人类的洞察力（隐性的品质）和显性的事实。
- 存储知识。有用的知识必须以一种易于检索的格式存储在安全的知识存储库中。
- 更新知识。知识必须与时俱进。必须对其进行审查，以核实其相关性和准确性；如果不相关，不准确，就必须加以更新。
- 传播知识。知识必须以一种有用的形式提供给组织中任何需要它和有权使用它的人。

这些任务可以视作一个循环的过程，如图7-3所示。电子商务的目标是知识管理活动自动化，并帮助使用存储的知识。更多内容，请参阅 en.wikipedia.org/wiki/Knowledge_management 及 kmworld.com。

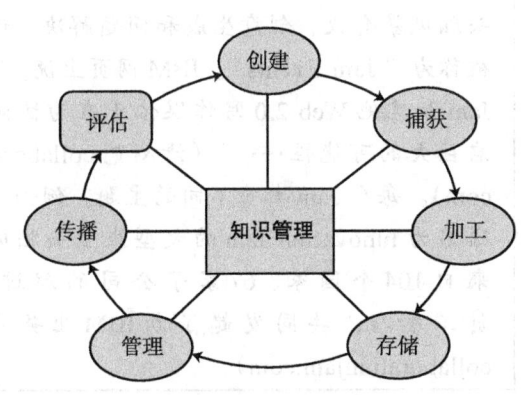

图 7-3　知识管理循环图

7.4.3 知识共享

知识如果不升级、不共享，其价值就很有限。共享和传播知识的能力会降低每个用户的成本，提高效率。知识共享还能降低风险和不确定性，促进问题解决。知识是智能电子商务应用的主要构成部分。

7.4.4 知识管理与电子商务有什么关联

组织需要知识，知识管理提供知识，以便更好地执行任务。过去，知识管理和电子商务活动是不相关的，但是现在它们协同一致，为组织创造利益。

实际案例

有专家认为，电子商务零售商使用知识管理解决方案，把订购单、库存、销售及其他交易信息整合在一起，完善客户反馈，提升整体电子商务体验。以下是实际的几个案例：

Dog Is Good（一家"狗狗主题服装"商家）使用知识管理整合成电子商务子系统（包括订购、

库存、订单履行、账单和电商店铺），这个系统使用的是 NetSuite（一家云 ERP 软件提供商的产品）。

Ideeli 是一家线上日用品零售商，通过知识管理分析（ForeSee 提供的满意度分析服务），从收集到的反馈信息中了解客户体验；Ideeli 还采用知识管理分析（ForeSee 的移动分析解决方案）来识别高频访客的需求（通过移动设备细分）。由此，该公司修正了其电子商务战略。

Retina-X 工作室提供追踪与监测手机、电脑等设备的活动的服务。知识管理系统用于提升因订单取消而产生的电商退款处理。该公司改用了 Avangate 的电子商务解决方案，降低了成本，改善了客户服务。

有关支持知识管理技术及其如何应用于业务部门计划的更多信息，请参阅 kmworld.com 及 knowledgestorm.com。

7.4.5 知识管理和社交网络

知识创建的主要场所是在线社区（包括社交网络），通过众包以及客户和员工的讨论与反馈实现。知识创建有多种形式，可以是仅限于一家公司内部，也可以通过用户生成的内容（参阅第 8 章内容）和某些社交网络的"回答"功能创建。

Web 2.0 的应用有助于收集企业知识，促进沟通协作，简化最佳实践存储库的构建，如下面的案例所示。

实际案例　IBM 的 Jam Events

自 2001 年起，IBM 就开始用社区进行在线头脑风暴会议、创意生成和问题解决。这些会议被称为 "Jam Events"。IBM 网页上说，"IBM 的 Jam 和其他 Web 2.0 写作媒体正在为协同创新开启巨大的可能性……"（请浏览 collaborationjam.com）。每个 Jam 都有不同的主题。例如，IBM 一项名为 Innovation Jam 的大型线上头脑风暴，有来自 104 个国家、67 家子公司的超过 150 000 员工参与，共同发起了新 IBM 业务（请浏览 collaborationjam.com）。

IBM 员工可以参与在"第二人生"（Second Life，SL；一个网上虚拟世界）中进行的 Innovation Jam 虚拟会议。IBM 前 CEO 甚至创建了一个代表自己的替身形象。除了业务之外，IBM Jam 探索的最新主题还包括社交问题（请参阅 collaborationjam.com/IBMJam）。其他的探索主题包括水质过滤、3-D 网络和无网点银行业务等新技术。有关 IBM Jams 的发展，请浏览 collaborationjam.com/IBMJam。

知识管理是创建专家系统的一项主要活动。

7.4.6 专家系统

专家系统（expert system）也称**基于知识的系统**（knowledge-based system），是一种计算机系统，通常利用特定领域的知识来解决那些需要专业技能的问题，并向非专业人士提供建议。因此可以说，它在模仿人类专家的决策。它被认为是人工智能的衍生。这项功能需要的知识都存储在知识库中，并在知识库中组织，以便根据要求将其传播给非专业的用户。专家系统在人工智能电子商务领域广泛应用（例如在产品推荐和咨询系统中）。

1. 专家系统的主要构成

如图 7-4 所示，专家系统的主要构成具体包括（具体细节，请浏览 en.wikibooks.org/wiki/Expert_Systems/Components_of_Expert_Systems.）：

- 用户——需要专业知识的人；
- 人类专家——向系统提供具体知识；

- 系统构建者——从专家和文档资料来源获得知识；
- 知识库——将获取的知识组织起来，存储备用；
- 推理引擎——将用户要求与根据规则得出的计算机化答案相匹配的程序；
- 用户界面——人机沟通的界面，用户可以从多种输入-输出沟通模式（如文字、语言、图像）中选择；
- 解释机制——提供系统输出的逻辑。

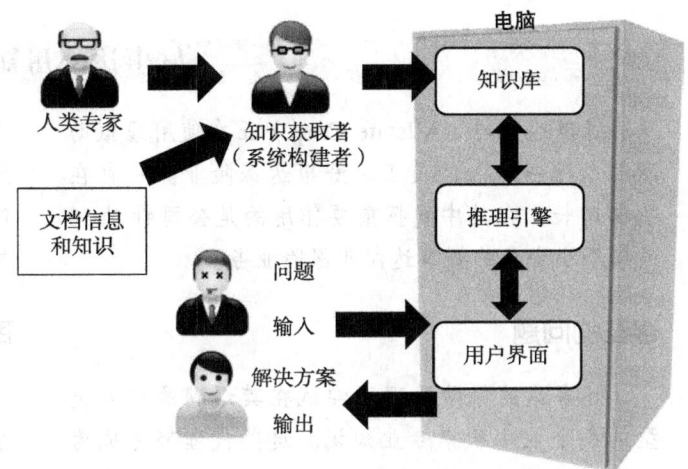

图7-4 专家系统的构成和处理过程

2. 专家系统的工作过程与功能

特定领域的知识或专门知识，贮存在人类专家或文档资料中。这些知识由一位知识获取者收集，他使用这些知识来为系统编写程序（或者他会要求系统构建者来做这件事）。

知识存储在组织知识的知识库中。这些知识可以存在"云"端，即可以由许多用户共享。当用户与系统互动时，就是在与推理引擎对话。推理引擎就会挑选恰当的知识（如规则），并在问答对话结束时提出解决方案或建议。有些系统还有解释机制，会显示推理过程（如使用的所有规则）。

专家系统有以下主要功能：

- 分析症状；
- 识别问题；
- 解释用户输入信息；
- 推动解决方案和建议的产生；
- 指导和协助人类做出决策；
- 显示和演示流程；
- 预测结果；
- 证明结论，提供解释。

详细信息，请浏览 en.wikipedia.org/wiki/Expert_system。

这些功能支持许多应用程序。但是要记住，输出信息的质量，高度依赖于知识本身的质量和用户提供的症状的质量。

7.4.7 基于知识的系统

专家系统通常与知识系统同义。但两者还是有些区别。根据 en.wikipedia.org/wiki/knowledge-based_systems 网站上的内容，"专家系统指的是解决问题、取代或帮助人类专家完成任务的系统。知识系统则是指系统的体系结构，它明确表示知识，而不是程序代码。早期的知识系统几乎就等同于专家系统，但是，相同的工具和体系结构可以并且已经用于其他类型的系统。也就是说，几乎所有专家系统都是基于知识的系统，但基于知识的系统并不全是专家系统"。

知识系统和专家系统有大量应用。例如，前面提到的聊天机器人通常使用专家系统来生成输出信息。同样，在7.6节描述的虚拟个人助理也配备了基于知识的系统，好事达公司（美国一家保险公司，财富500强企业）也是这方面的例子（见应用案例 7-1）。总之，专家系统和知识系统为非专业人士提供快速、一致和低价的专门知识服务，并以快速、经济的方式共享知识。

应用案例 7-1　　好事达使用知识系统

好事达公司（Allstate Corp.）正在使用虚拟助理帮助呼叫中心的员工。好事达保险业务一直在快速增长，在其中发挥重要作用的是公司针对 50 人以下小企业的好事达商业保险业务。

存在的问题

好事达的保险代理正尝试在其遇到的许多类型的小企业中积累专业知识。这些代理努力成为有资质而可靠的顾问，即让自己成为不同行业的专家，而且是"以客户为中心，而不是以产品为中心"。这些代理商需要帮助来适应新的角色。好事达有 10 000 个独家代理机构和 2 000 个独立代理人，这不是一项简单的任务。为了处理许多客户来电，代理需要时间来研究客户提问的答案；如果不知道，就要向好事达呼叫中心寻求建议。结果是，客户和保险代理的时间都被浪费了。代理不仅遇到棘手的问题需要打给呼叫中心求助，连遇到小问题也要这样。因此，中心一直深受业务代理培训问题的困扰。

解决方案

公司决定建设基于知识的系统，在响应客户的同时还能向保险代理提供快速回答。人工智能服务提供商 Earley Information Science 向好事达提供了这样一个系统，这个系统像一个智能虚拟助手，它使信息变得可访问、可使用。为了构建这个系统，软件提供商从呼叫中心的员工、销售人员和营销团队代理那里收集信息。这些信息帮助人工智能软件提供商识别出大量的"常规情境"（如提供保险理赔证据）。针对每一个情境，软件提供商都开发出了逐步操作说明，所有知识都打包在知识系统中，供代理需要时使用。

取得的成就

这个名为好事达商业保险专家（ABIe）的知识系统，是基于 Web 的实时系统，公司所有保险代理都可以使用。登录以后，代理会看见一个虚拟化身，可以与之交流。根据 PRWeb 的说法，"ABIe 成为好事达公司与保险代理沟通的主要渠道，并确保代理始终有最准确和最新的可用信息。因此，公司呼叫中心的呼叫量大大降低，而代理的效率和绩效却大大提升了。"ABIe 知识系统的问世，对商业保单销售增长和业务运营效率的影响是显著的。另外，代理不仅增加了知识，而且提高了技能，工作效率也更高了。这个系统被《知识管理世界》（KMWorld）评为"知识管理的领导者"。

思考题

1. 请解释为什么说这是一个智能咨询系统？
2. 如何使用基于知识的系统？
3. 销售人员如何节省时间？
4. 呼叫中心的员工如何节省时间？
5. 请浏览 earley.com/knowledge/case-studies/allstate's-intelligent-agent-reducescall-center-traffic-and-provides-help，阅读"好事达案例研究摘要"（Allstate case study summary），分析其对好事达的影响。

在 7.5 节，我们会介绍使用专家系统生成智能查询答案的智能个人助理。

本节习题

1. 如何界定知识管理？
2. 请描述知识管理的主要活动及其循环过程。
3. 请描述知识管理、电子商务和社交网络之间的关系。

4. 如何界定专家系统?
5. 请列出并简单介绍专家系统的主要构成。
6. 请描述专家系统运行的过程。
7. 请列举专家系统的主要功能。
8. 如何区分专家系统和知识系统?

7.5 智能个人助理与机器人顾问

前面几节,我们介绍了聊天机器人,它们可以进行有限的对话,主要用于向用户提供信息,或是进行简单的问答对话。随着时间的推移,聊天机器人和类似的机器得到了改进。例如,一些医院安排机器人接待员引导病人到治疗地点。Zora Robotics 开发了一款名为 Nao 的机器人,可以作为老年病人的聊天伙伴,为痴呆症患者提供一种治疗方式。

上述机器的下一代要聪明得多。它们的知识库容量更大,且通常可以将各种数据保存在"云"端,对大量用户而言,这更为经济。用户甚至可以从它们那里得到复杂的帮助和建议。这些新一代机器被称为**智能个人助理**(intelligent personal assistants),帮助人们改善工作或生活方式。在本节中,我们将提供一些有趣的应用程序。第一类应用涉及虚拟个人助理,尤其是亚马逊的 Alexa 和苹果公司的 Siri;第二类是关于个人机器人的,这些机器人主要扮演特定主题(如投资)的顾问。

7.5.1 亚马逊的 Alexa

在这些虚拟个人助理中,有一个被认为是 2016 年最好的系统,叫 Alexa。Alexa 是亚马逊为了与苹果的 Siri 竞争而开发的竞品,后来成了一款优秀的产品(见图 7-5)。

图 7-5 亚马逊的 Echo 和 Alexa

亚马逊开发的 Alexa 是基于云技术的智能人声助理,可以完成许多事情:

- 回答不同领域的问题;
- 通过语音指令控制智能手机操作;
- 提供实时天气和交通状况更新;
- 控制智能家居(见 7.6 节)和设备,将自己作为家庭自动化的中心;

- 安排音乐播放盒；
- 设置闹钟；
- 为你播放有声读物；
- 控制家庭自动化设备；
- 分析购物清单。

要了解 Alexa 是如何工作的，请观看 youtube.com/watch?v=KkOCeAtKHIc 上的视频。

1. Alexa

除了上面列出的标准（本机）功能之外，人们还可以使用 Alexa 应用程序（也称技能）通过智能手机下载自定义功能到 Alexa 上，这是用来教 Alexa 一些新东西的。其应用例子包括：

- 为你呼叫优步，并告知你费用；
- 订比萨饼（如达美乐的比萨）；
- 了解来自第一资本集团（Capital One）的财务建议；
- 从家里启动你的汽车。

这些技能由第三方供应商提供，需要调用命令才能激活。例如，你需要跟 Alexa 说："Alexa，帮我叫一辆优步，下午 4：30 到办公室来接我。"Alexa 配备了 NLP（自然语言处理，见 7.3 节）用户界面，你只需要给出语音指令就能激活它。这是通过将 Alexa 软件与名为 Echo 的智能扬声器结合起来实现的。

2. Alexa 的语音界面与扬声器

亚马逊有三种类型的 Alexa 扬声器：Echo、Dot 和 Tap。通过 Fire TV 线路和一些非亚马逊设备也可以访问 Alexa。

3. Echo

亚马逊 Echo 是一款由语音控制的免提智能无线扬声器。它是 Alexa 的硬件部分，所以 Alexa 和 Echo 是同步运行的。Echo 一直开着，一直在听。当 Echo 听到你的问题、命令或请求时，它会将音频发送到"云"端。在那里，亚马逊的服务器将匹配问题和回答，并将其发送给 Alexa，由 Alexa 告诉你。

4. Echo Dot

亚马逊 Echo Dot 是 Echo 的迷你版。它提供了完整的 Alexa 功能，但它只有一个非常小的扬声器。它可以连接到任何现有的扬声器系统，提供类似 Echo 的体验。

5. Echo Tap

亚马逊 Echo Tap 是 Echo 的另一个迷你版，可以随时使用。它是完全无线和便携式的，并通过充电座充电。

Dot 和 Tap 都比 Echo 便宜，但功能和质量也要差一些。但是如果你已经有了好的家用扬声器，可以选择 Dot。

有关这三款扬声器的讨论，请参阅网站 trustedreviews.com/news/amazon-echo-vsamazon-dot-vs-amazon-tap-difference 上的 "Trusted Reviews"。

7.5.2 苹果 Siri

Siri（全称为 Speech Interpretation and Recognition Interface，意为"语音翻译与识别界面"）是一款智能虚拟个人助理和知识导航器。它也是苹果几个操作系统的一部分。根据 en.wikipedia.org/wiki/Siri 网站上的内容，Siri 可以"通过将请求委托给一组 Web 服务来回答问题、提出建议和执行操作。该软件的原始版本和 iOS 功能都能随着用户的不断使用而适应其个人语言使用偏好和个人搜索偏好，并也以个性化的结果做出回应"。

Siri 可以集成到苹果的 Siri Remote 中。结合 CarPlay，Siri 可以在一些车型上使用，由 iPhone 5（或更高版本）控制。

Viv

2016 年，Siri 的发明者 Dag Kittlaus 推出了 Viv，"一个适用一切的智能界面"。Viv 有望成为下一代智能虚拟交互软件。与 Siri 相比，Viv 作为一个平台向所有开发者（第三方生态系统产品）开放。Viv 现在是三星旗下的公司。三星计划推出手机 Galaxy S8 的私人助理。

7.5.3 其他个人助理

其他一些公司也有虚拟个人助理。例如，Google Home 和微软的 Cortana 都比较有名。2016 年 9 月，微软合并了 Cortana 和 Bing。

1. Facebook 及其 CEO

Facebook 的 CEO 扎克伯格正忙于完善他自己的虚拟助理。作为第一步，私人助理将帮助马克管理他的家（例如，执行与音乐和家用电器操作相关的命令）并完成他的工作。

2. IBM 的 Watson

IBM Watson 可能是最聪明的虚拟个人助理。它耗资数十亿美元。然而，它的服务可以卖给其他组织，从而抵补部分费用。这台机器能听懂八种不同的语言，每秒可以阅读近 10 亿页，还可以学习、理解、推理和互动。它采用 50 种不同的人工智能技术，从 NLP 到机器视觉，有着强大的分析能力。Watson 可以通过 Web 访问——它是一个"云"工具。IBM 与 36 个国家的数百名开发人员合作，为越来越多的应用程序创建必要的知识库。下面是一些例子：

- 梅西百货开发了一项服务，帮助顾客在购物时导航。使用基于位置的软件，应用程序就知道你在商店的什么地方。顾客可以在商店里询问有关产品和服务的问题，然后从"梅西百货随叫随到"（Macy's On Call）得到回应。
- 使用 Medical Advisor（医疗顾问），Watson 可以帮助医生做出更快的诊断，并给出最好的治疗建议。它可以更快地分析图像，并寻找医生可能错过的东西。Watson 已经在医生严重短缺的印度得到广泛使用。
- Deep Thunder 提供准确的天气预报服务。
- 希尔顿酒店的前台正在使用基于 Watson 的"康妮机器人"（Connie robot）。这项机器人服务正在改进，而且试验阶段的表现很好。
- 2016 年，Clark 提供的一份报告称，到 2018 年，将有 10 亿人使用 Watson，这在一定程度上是因为 IBM Watson 即将进入 iPhone 的系统。

3. Alfie：西尔斯声控购物助理

Alfie 是一款 Kenmore（西尔斯旗下的家电品牌）品牌设备，类似于 Alexa，但功能较差，价格也便宜得多。根据 Kenmore 网站 Kenmore.com/products/kenmore-alfi-voice- control-intelligent-shopper.com 的说法，你只需要连接到 Wi-Fi，就可以实现如下愿望：

- 个人购物。获得你想要的，你需要的产品评论，你接受的价格和你喜欢的送货方式。

- 杂货服务。逐项购买，计划再订购，或建立一个购物清单。易腐杂货将配送至指定区域。
- 完美的礼物。只要说明收信人，Alfie 将代你购买礼物，节省你的时间。
- 变得更聪明。你用得越多，阿尔菲就越了解你的需求和偏好。
- 人性化。Alfie 有真实的人类智能支持，而不仅仅是计算机处理；可以避免虚拟助理的不足。阿尔菲努力工作，提供好的解决方案。响应时间可以根据请求的不同而变化。
- Kenmore Alfie App。可在 App Store 和谷歌 Play Store 免费下载。
- 在家中任何地方使用 Alfie。Alfie 需要使用你的家庭 Wi-Fi 网络，可以和其方便的可充电池内置磁性底座一起放置在家里任何地方。

请浏览 alfietech.com，了解更多信息。这个网站还有实用的手册、指导视频、常见问答以及故障排除指南。

7.5.4 个人机器人

基于聊天机器人和个人助理的能力，我们看到**个人机器人**（personal robot）正在走向世界。其中一些机器人还能做体力活。聊天机器人被用作接待员提供信息，在机场充当向导，而个人机器人可以改善服务。

应用案例 7-2　　　　自主的个人机器人

你不用因为 Facebook 的 CEO 扎克伯格拥有自己的智能个人助理就嫉妒他。如果能承担 1 499 美元的价格，你也可以买一台这样的机器人。如果你用机器人帮助你工作，那这笔费用可以被视作税前成本。看看它的功能，个人助理可以提供相当大的帮助。

既然是个人机器人，这个助手（autonomous.ai/personal-robot）就被设计成了与其主人一起生活。供应商认为，个人机器人可以帮助做如下一些工作：

- 识别你的脸；
- 理解你的情绪；
- 理解你说的话；
- 知道你的真实意思；
- 天天学习，越来越聪明；
- 管理智能家具和家电（详见 7.7 节内容）；
- 确保家里安全，节省能源；
- 为你买晚饭，并自动记录你的卡路里摄入；
- 为你约车；
- 帮你购物。

有个明显更便宜的方案，就是购买亚马逊的 Alexa，它具备上述的许多功能。

思考题

1. 为什么人需要个人助理？
2. 请比较自主的个人机器人和亚马逊的 Alexa/Echo。
3. 自主机器人和 Alexa 都能帮助你完成线上购物，它们是怎么做到的？

机器人顾问

前文提到，个人助理能提供信息和基本建议。现在有些机器人，甚至可以提供特定领域的更为复杂的建议。

实际案例　金融机器人顾问

根据 A.T. Kearney 的调查，**机器人顾问**（robo advisors）指的是通过移动平台，提供自动化、低成本的投资咨询服务的在线服务提供商。这类机器使用分配、部署、再平衡和贸易投资的算法。一旦注册了机器人服务，您就可以使用高级 AI 算法，输入你的投资目标和参阅资料，然后，机器人会为你提供另一种个性化的投资选择，这与投资共同基金或非个性化的 ETF（交易性开放式指数基金）不同。通过与机器人的对话，机器将完善你的投资组合。这一切都是数字化的，你不需要和一个活生生的人交谈。

你可能会想，这样的投资建议是否可靠。答案是，这将取决于机器人的知识库、投资类型以及机器的干扰引擎等。然而，你需要记住，机器人没有偏见，它们是一致的。事实可能证明，在如何合法避税方面，它们甚至比人类做得更好，而这是投资建议中最重要的一个方面。这意味着所有投资者现在都可以像机构那样合法避税。

众所周知，绝大多数股票的买卖决策、在各大交易所进行的交易，对金融机构来说都是由计算机做出的。当然，电脑也可以管理个人账户。请浏览 investorjunkie.com/35919/roboadvisors。

康奈尔大学开发了一个名为 Gsphere 的新兴商业机器人顾问。

Regan 在 2015 年报告称，到 2020 年，机器人顾问业务可能达到每年 20 亿美元。

除了投资顾问，还有其他几种类型的机器人顾问，从旅行到医疗到法律。

虽然目前的机器人顾问是没有人情味的，但未来的机器人将有自己的个性。Nadine 是新加坡正在研发的一款实验性社交机器人，它具有自己的个性（请浏览 upi.com/Science_News/2015/30/New-social-robot-Nadine-has-a-personality）。

本节习题

1. 请描述智能虚拟个人助理。
2. 亚马逊 Alexa 有哪些功能？
3. 亚马逊的 Alexa 和 Echo 是什么关系？
4. 请描述 Echo、Dot 和 Tap。
5. 请介绍苹果公司的 Siri。
6. 如何界定个人机器人？
7. 机器人顾问是如何进行投资工作的？
8. IBM 的 Watson 有哪些功能？

7.6 物联网与电子商务

自 2014 年以来，物联网这一话题一直备受关注。虽然它的应用还在兴起之中，但在许多领域具有创造价值和创新的巨大潜力，包括电子商务。在本节中，我们将介绍物联网的基本内容。一些与电子商务相关的不断发展的应用将在 7.7 节中进行描述。

7.6.1 物联网的基本要素

物联网（Internet of things，IoT）是一个不断发展的术语，有好几个定义。一般来说，物联网指的是许多带有嵌入式微处理器的物体（人、动物、物品），大部分无线连接到互联网的情况。也就是说，它使用普适计算。分析人士预测，到 2020 年，将有超过 500 亿台设备接入互联网，成为物联网的支柱。甲骨文的 Java 产品管理副总裁 Peter Utzschneider 在接受采访时讨论了这种颠覆性技术面临的挑战和机遇。此外，你也可以参与 iotcommunity.net 上的交流。

将计算机和其他设备嵌入到物件中，并将所有设备连接到互联网，从而允许用户和物件之间进行广泛的通信和协作，这种互动为许多应用程序打开了大门（请浏览 iofthings.Org 及 intel.com/content/www/us/internet-of-things/infographics/guideto -iot.html）。本章章末案例也提供了一个有趣的例子。

定义和特征

物联网有很多定义。维基百科给出了这样的定义："物联网是物理对象（指嵌入了电子、软件、传感器和网络连接的设备、车辆、建筑物和其他物件）相互连接的网络，这个网络使这些对象能够收集和交换数据。物联网允许通过现有的网络基础设施远程感知和控制对象，可以更直接地将实体世界集成到基于计算机的系统，从而提高了效率、准确性和经济效益。当物联网被传感器和执行器所增强时，该技术将成为更通用的实体网络系统，该系统还包括智能电网、智能家居、智能交通和智慧城市等技术。每件东西都可以通过其嵌入式计算系统进行唯一识别，但能够在现有的互联网基础设施中进行互操作。"

物联网是具备如下特征的一个生态系统：

- 可以连接大量的对象（事物）；
- 每样东西都有一个唯一的定义（IP 地址）；
- 能自动接收、发送和存储数据；
- 主要通过无线互联网传输；
- 机器对机器（M2M）通信是物联网的基础。

7.6.2 物联网应用程序的结构

物联网中的"物"指的是各种物体和设备，从汽车和家用电器到医疗设备、电脑、健身追踪器、硬件、软件、数据、传感器等。连接"事物"并允许它们进行通信是物联网应用程序的必要功能；但是对于更复杂的应用程序，我们需要额外的组件，即控制系统和业务模型。物联网使"物体"能够通过网络无线感知或被感知（见章末案例）。房间温度控制系统是一个非互联网的例子。另一个非互联网的例子是十字路口的交通灯，在那里，摄像机拍摄来自各个方向的车辆数量，控制系统根据程序规则调整换灯的时间。稍后，我们将介绍一些基于互联网的应用程序。

7.6.3 物联网的主要好处

物联网系统的主要目的是提高生产效率、质量、速度和生活品质。

根据一些专家的归纳，物联网给各方带来的利益主要是：

- 创造新的收入来源；
- 优化资产利用率；
- 提高可持续性；
- 提高员工的生产效率；
- 物联网正在改变和改善一切；
- 系统将预测我们的需求；
- 人们会做出更明智的决定和购买决策；
- 准确性更高；
- 快速识别问题（甚至在问题发生之前）；
- 通过自动化流程降低成本；
- 信息的瞬时可用性；

- 实现快速、低成本的物件跟踪；
- 加快问题解决和修复；
- 支持设施集成。

7.6.4 物联网的驱动力

物联网的发展受到了各种因素的驱动：

- 到 2020～2025 年，可能会有 500 亿到 750 亿件"物"被连接起来；
- 相互连接的自动装置及系统（如汽车）遍布物联网；
- 宽带互联网更加普及，并随着时间的推移继续增长；
- 连接设备的成本不断下降；
- 更多设备（通过创新）被创造出来，而且是相互连接的；
- 更多传感器被内置到设备中；
- 智能手机的普及率正在飙升；
- 可穿戴设备到处都是；
- 数据移动的速度正在增加，达到了 60HTz；
- 正在为物联网开发新的网络协议（如 WiGig）；
- 客户期望正在上升。

7.6.5 物联网的工作原理

以下是物联网工作的一个完整的过程。在许多情况下，物联网工作只完成这一过程的一部分。

图 7-6 解释了该过程。互联网生态系统（上面的部分）包含了大量的内容。传感器和其他设备从生态系统中收集信息，然后这些信息得以显示、存储或处理这些信息（包括数据挖掘），并通过分析将信息转化为知识或智能。机器学习可以帮助将知识转化为决策支持（由人或机器做出），这可以通过一些行动来证明。生成的决策可以帮助创建创新的应用程序、新的业务模型和业务流程中的改进。这些会导致"行动"，这个行动又可能会影响原始场景中的其他内容。

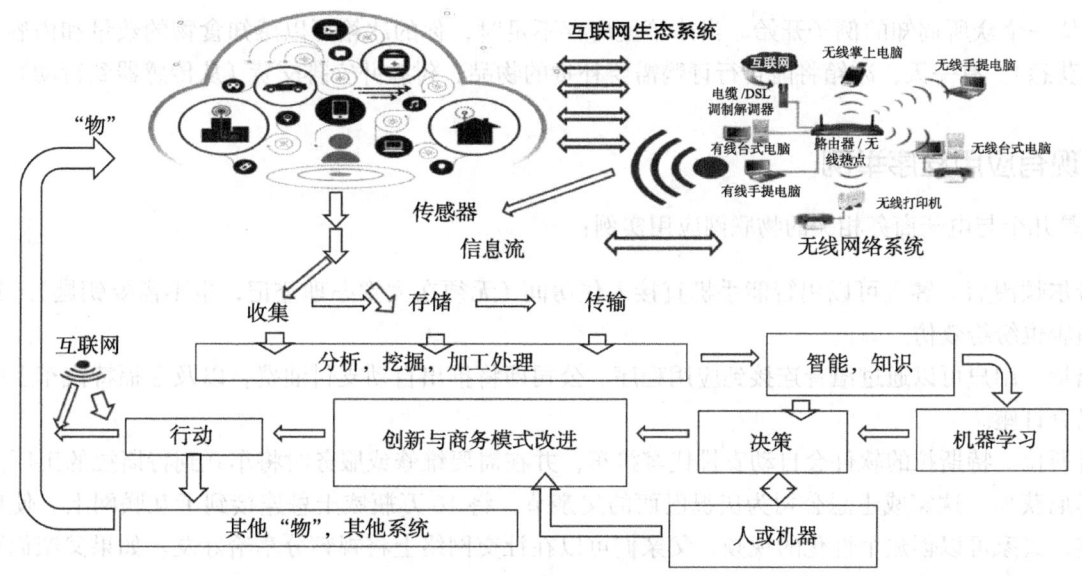

图 7-6　物联网工作原理

请注意，大多数现有的应用程序都位于图的上部，称为"从传感器到洞察"，意思是重视新信息的创建和传递。然而，现在的焦点正转向整个周期，即从传感器到行动。

物联网可能会产生大量需要通过各种商业智能方法进行分析（包括深度分析）的数据（大数据）。

7.6.6 物联网实施中的一些问题

以下是几个重要问题：

- 安全问题。鉴于互联网的安全性不高，应用物联网需要特殊的安全措施。有专家认为，物联网创造了一种无处不在的数字化存在，将组织和社会作为一个整体连接起来。新的参与者包括数据科学家、外部集成商和"暴露的端点"，安全决策者必须接受风险和弹性的基本原则，以推动变革（请浏览 gartner.com/analyst/25748）。
- 连接数据孤岛。互联网上有数以百万计的数据孤岛，其中许多需要相互连接，这个问题被称为"结构的需要"和"连接的需要"。如果某个应用涉及属于不同组织的许多不同的孤岛，问题就会更加复杂（请浏览 machineshop.io/blog/the-fabric-of-the-internet-of-things）。
- 在许多组织中，为物联网准备现有的IT架构和运营模型可能是一个非常复杂的问题。

本节习题

1. 请给物联网下一个定义。
2. 请描述物联网的主要构成。
3. 请列出物联网的主要驱动力。
4. 请结合图7-6，解释物联网是如何工作的。
5. 请介绍物联网实施的主要问题。

7.7 物联网行为的几个演示

我们从一个众所周知的例子开始。当冰箱里库存不足时，你的冰箱可以感知食物的数量和内容（从传感器到实际获悉）。有一天，冰箱将能自行订购需要补货的物品，付款并安排交货（从传感器到行动）。

7.7.1 现有应用程序举例

以下是几个与电子商务相关的物联网应用实例：

- 希尔顿酒店。客人可以用智能手机直接入住房间（无须在大堂办理登记，也不需要钥匙）。其他连锁酒店也纷纷效仿。
- 福特。用户可以通过语音连接到应用程序。公司即将推出自动支付油费，以及在福特汽车上完成在星巴克订座。
- 特斯拉。特斯拉的软件会自动安排代客接车，并在需要维修或服务时将车开到特斯拉的工厂。
- 尊尼获加。这家威士忌公司为庆祝巴西的父亲节，将10万瓶威士忌连接到了互联网上。使用智能标签，买家可以创建个性化的视频。父亲们可以在社交网络上将视频分享给好友。如果父亲们喜欢，他们就可以以优惠价购买威士忌。

- 苹果。通过 Apple Pay 的软件，使 iPhone、Apple Watch 和 HomeKit 的用户的购物流程得到简化。
- 星巴克云端三叶草网。这个系统将咖啡机和顾客的喜好联系起来。该系统还可以监控员工的绩效、改进配方、跟踪消费模式等。

物联网的应用还有许多，下面是另一个例子：

Nest：一家谷歌子公司

谷歌旗下的 Nest 是一家知名的物联网应用开发商。公司生产可编程的自主学习类产品、传感器驱动以及支持 Wi-Fi 的产品。2016 年春季，该公司有三种产品：

- 学习恒温器。该设备了解人们喜欢的温度和湿度，并相应控制空调和加热器。该公司声称，它平均可以节省 13% 的能源，这足以支付两年内的设备费用（请浏览 nest.com/thermostat/meet-nest-thermostat/?alt=3）。
- 烟雾探测器和报警器。该设备可以自动测试，使用寿命约为 10 年，由智能手机控制（请浏览 nest.com/smoke-co-alarm/meet-nest-protect）。
- Nest.com。这是一个基于网络摄像头的系统，可以让你从智能手机或台式电脑上看到你外出时家里发生的事情。当没有人在家时，系统会自动打开。你可以监视你的宠物、婴儿等。有一个信息记录器可以让你回看过去发生的事（请浏览 nest.com/camera/meet-nest-cam）。

有关 Nest 的更多信息，请浏览 en.wikipedia.org/wiki/Nest_Labs。

许多公司正在尝试面向零售的物联网产品（B2C），以及 B2B 运营方面的产品，用于运输、物流和工厂仓储的产品等。

关于物联网的更多案例研究和例子，请浏览 ptc.com/internet-of-things/customer-success 及 divante.co/blog/nternet-e-commerce。

在所有与消费相关的产品中，有三种是众所周知的：智能家居和家电、智能汽车和智慧城市。

7.7.2 智能家居与家电

在**智能家庭**（smart home）中，电脑、冰箱、洗衣机、烘干机、电灯、空调、热水器、电视、安全系统等家电用品都是互相连接的，可以通过互联网实现智能手机远程控制（请浏览 smarthomeenergy.co.uk/what-smart-home）。

在美国，数千个家庭已经使用这样的系统，其他国家也在朝这个方向发展。目前，智能家居系统支持许多不同的任务：

- 照明。用户可以在任何地方管理他们的家庭照明。
- 能源管理。家庭加热和冷却系统可以通过远程控制来调节室内恒温器（如 Nest，请浏览 nest.com/works-with-nest）。
- 水控制。WaterCop（watercop.com）是一个通过传感器监测漏水情况来减少水损失的系统，传感器向阀门发送信号，让阀门关闭。
- 家庭娱乐。音频和视频设备可以通过编程来响应远程控制设备。例如，一个接入 Wi-Fi 的遥控器可以控制家庭房间里的立体声系统，命令系统播放安装在家中任何一处的扬声器。家庭自动化用一个遥控器、一个按钮为用户执行所有指令。
- 家庭安全。家庭安保和安全系统可以编程，提醒你与财产安全相关的事件。家庭安全还可以使用摄像头，你可以远程实时查看你家里的情况。传感器可以用于检测家中入侵者，监视工作设备等。

> **实际案例　iHealthHome**
>
> 在老年社区和独立生活的老年人的辅助生活设施中，安全措施很常见。例如，iHealthHome 触摸屏系统能够收集数据，并与该公司的软件进行通信。根据其官网信息，这是一个面向护理人员和独立生活社区的综合监测和沟通系统。家庭护理人员和医生可以远程访问患者的健康数据。使用这项技术，iHealthHome 项目会提醒老年人每天的日程安排，让互联网变得有用，让他们的大脑保持忙碌等。iHealthHome 还会提醒老年人服药，监测血压，并与护理人员保持联系。

1. 更多有关智能家电的信息

根据 smartgrid.gov 网站的信息，智能家电是"包括基于用户偏好或外部信号自动或远程控制的智能和通信设备，由公用事业公司或第三方能源服务提供商提供。智能设备可以利用家庭区域网络与客户的其他设备通信，或者利用其他渠道与公用事业系统通信"。

2016 年，有专家对包括海尔所有产品在内的智能家电做了概述。海尔公司想把屋内所有东西，甚至包括其他制造商的产品，都建立通信，如智能冰箱、空调和洗衣机。海尔提供适用于所有电器的控制板，无论是哪家公司制造的电器都一样。苹果公司也正在开发一款适用于所有家庭智能电器的单一控制系统。

2. 2016 年 CES 上的新型智能家电

以下新型智能家电是 2016 年 1 月拉斯维加斯的国际消费类电子产品展览会（CES）的参展品：

- 三星智能冰箱。用摄像头检查冰箱里的物品，传感器监测温度和湿度。
- Gourmet 机器人炊具。为你干活。
- 厨房 10 合 1 设备。搅拌食物，如翻炒过的菜和鸡蛋等。还可以选择适中烹饪方式，如烘焙、调味等。
- LG HOM-BOT Turbo+。用户可以指定家中需要特别注意的区域，用摄像头远程监控家里情况（类似于谷歌的 Nest）。
- 海尔 R2D2 冰箱。虽说它不是 CES 上最实用的冰箱，但它肯定是最具有娱乐价值的冰箱。这是《星球大战》最著名的机器人的仿真复制品，具有真实的声光效果。它能装下六包饮料，而且能将饮料送给你。它还有一个内置投影仪，你可以边喝酒边看电影。
- 惠而浦智能洗衣机。这是一款智能控制的全自动洗衣机。它还能节约能源，甚至支持慈善事业，用户每加载一次洗衣机，惠而浦就会向开展慈善活动的"仁人家园"（Habitat for Humanity）捐赠少量资金。该公司还生产智能烘干机。
- LG 洗碗机。为了节约用水，机器摄像头的传感器会记录下已经清洗过的东西。此外，它的操作还具有灵活性。

在 CES 大会上能够观察到 2016 年智能家居的一些发展趋势：

- 三星将电视作为家用电器的智能中心；
- 杜比全景声（Dolby Atmos）产品包括扬声器、接收器和其他娱乐产品；
- DIY 家庭智能安全摄像头（在报警之前，它会确认不是家里的猫咪在干扰）；
- 水龙头、洒水器和漫水探测器的水控制器。此外，还有一个机器人会教你如何在室内节约用水（请浏览 hydro.fr/en）。

更多有关家居自动化的信息，请浏览 smarthome.com/sh-learning-center-what-can-i-control.html。有关各种用于家居控制的 App，请浏览 smarthome.com/android_apps.html。

7.7.3 智慧城市

智慧城市的概念出现于 2007 年左右，当时 IBM 启动了智慧地球项目，思科也启动了智慧城市与社区项目。这个概念是说，在**智慧城市**（Smart cities）里，数字技术（主要是移动技术）会推动更好的居民公共服务、更好的资源利用，以及减少对环境的负面影响（请浏览 ec.europa.eu/digital-agenda/en/about-smart-cities）。一家非营利机构的创始人 Townsend 从广阔的历史视角和范畴看待这些技术。他在著作中提到这样一些例子："在西班牙的萨拉戈萨（西班牙第五大城市），凭市民卡可以免费享受全市范围内的无线网络、无锁的共享单车、图书馆书籍外借和支付回家的公交费用。在纽约，一支平民科学家组成的队伍在当地的下水道里安装了传感器，当暴雨淹没下水道系统，它们会发出警报并将废水倒进当地河道。"到 2016 年，智慧城市将会用到 16 亿个互相连接的物品。请登录 money.cnn.com/video/technology/2016/03/21/cisco-ceo-smart-cities.cnnmoney，观看视频"思科大举押注'智慧城市'"（Cisco Bets Big on "Smart Cities"）。最后，在智慧城市，你会看到智慧校园，就像新加坡那样。

在许多国家，政府和其他组织（如谷歌）都在发展智慧城市应用。例如，印度正在计划发展 100 个智慧城市（请浏览 enterpriseinnovation.net/article/india-eyes-development-100-smartcities-1301232910）。

与智慧城市有关的，是智慧工厂。另外，在智慧城市，人们还能够找到联网和自动驾驶的汽车。

7.7.4 智能汽车

智能汽车，也称**无人驾驶汽车**（driverless cars）、机器人驾驶汽车、自动驾驶汽车或自动汽车，在一些地方已经上路行驶。这个概念由谷歌初创（名为 Google Chauffeur），美国好几个州都在为该车上路做准备。这些汽车是电动的，因其能减少排放、事故和交通堵塞而掀起了一场革命。有专家估计，2020 年美国将有 1 000 万辆这种汽车上路。到目前为止，这些汽车正在全球一些城市试运行。

图 7-7 谷歌无人驾驶汽车

这些汽车都有传感系统，可以防止碰撞；它们会是全自动汽车。在诸多实施问题中，主要是法律问题、成本问题、隐私受侵犯问题、安全问题等。

尽管存在这么多问题，不少制造商已经准备在不久的将来售卖这类汽车（如宝马、奔驰、福特、通用、特斯拉，当然，还有谷歌）。

除了家用载人汽车，其他交通工具也有新发展。例如，芬兰的自动驾驶公交车就是个新事物。以下是更多相关发展：

- 优步和其他共享汽车公司在做自动驾驶汽车计划；
- 邮件会被自动寄到家中（请浏览 uspsoig.gov/blog/no-driver-needed）；

- 芬兰正在测试无人驾驶公交车（请观看 money.cnn.com/video/technology/2016/08/18/self-driving-buseshit-the-road-in-helsinki.cnnmoney 上的"无人驾驶公交车"视频）；
- 新加坡在运营自动驾驶出租车。

本节习题

1. 请列出五项物联网的新应用并做简单描述。
2. 简述家庭安全和电器的物联网应用。
3. 请列出智能家居中的家用电器。
4. 人们如何控制所有智能电器设备？
5. 什么是智慧城市？
6. 什么是自动驾驶汽车？它们如何接入物联网？

管理问题

1. **我们如何证明在人工智能系统上的投资是合理的？** 如同任何投资的理由一样，人们也应该评估其成本和收益（见第14章）。问题是，其中一些收益是无形的，而未来的投资收益并不确定。一些公司是创新的领导者，冒着风险探索；其他的则是追随者。同时也要关注竞争，要记住，人工智能项目可能很昂贵。
2. **聊天机器人到处都是。我们也要跟这个潮流吗？** 这个概念很有吸引力。成本可能也合理，但从机器获得答案的准确性，显然取决于你将在机器的知识和培训中有多少投入。聊天机器人可以节省很多钱，让客户满意。但是，它们"愚蠢"的对话也可能并不能让客户满意。
3. **我们的员工为公司的知识库贡献了他们的智慧。我们应该给他们额外的补偿吗？** 这取决于劳动合同，取决于贡献的性质和大小。如果对人工智能项目的贡献与员工的日常工作无关，管理层应考虑给予特殊奖励。
4. **机器人和其他AI技术创新会导致一些人失去工作。我们该怎么做？** 这是一个会在未来加剧的重大问题。大多数企业都在收益大的地方安装机器人，同时也尽力安排岗位受到影响的员工。跟其他自动化一样，机器人会导致员工失业。
5. **我们公司考虑引进机器人助手。如何处理这个问题？** 企业出于各种不同的目的使用机器人助手（或顾问）。最常见的用途就是做内部员工的咨询顾问（就像好事达的案例一样）；做客户助理（如航空公司的做法）；做决策助理，就像在投资中的机器人顾问或批准小额银行贷款。你要根据应用的特性挑选供应商和产品（查阅IT书籍的介绍，了解如何做）。最后还有，你需要做成本收益分析（参阅第14章内容）。
6. **物联网应用有很多前景和潜在好处。但这是给我们的吗？** 物联网有很多潜在优势，但现在还处在发展的初期。正如章末案例所示，大公司能获得大收益。家居家电小应用现在是可行的，但组织大规模应用的话，可能会引起不少问题，如安全问题、系统集成问题、财务现实性问题以及实施供应商的选择问题。最好要向IT管理公司（如高德纳）寻求建议，并咨询专业的技术供应商（如思科）。

本章小结

1. **智能电子商务的应用理由。** 最主要的理由是，智能化会使电子商务更易于使用，功能更多（有很多新应用），更为直观，更少威胁。智能电子商务系统可以自动、自主地工作，省时省钱，还能持续工作。它们还可以在缺乏专业知识的农村和偏远地区工作。从购买到客户服务，所有的电子商务活动都可见到智能化。智能虚拟系统还可以成为人类的助手。

2. **人工智能的基本要素**。人工智能系统是显示低水平（但正在增长）的智能的计算机系统，使很多电子商务活动更加自动化，如全球贸易中的语言机器翻译等。智能电子商务系统可以促进培训和决策。人工智能有许多定义，其重要性也在不断提高。许多企业和政府机构都意识到了人工智能的重要性。例如，美国政府假设人工智能将成为"美国经济的关键驱动力"。人工智能的主要衍生物是智能助理、机器学习、机器人系统、自然语言处理及识别、知识系统等。

3. **人工智能的主要应用**。这些应用包括机器人和聊天机器人、智能个人助理、语言的机器翻译、各种不同的专家系统、顾问系统和自动订购系统。人工智能也是无人驾驶汽车的重要元素。

4. **知识系统和管理**。知识管理会创造、捕获、存储、处理、加工、保护和传播知识，其主要目的是长久地保有知识并与人共享。知识存储在组织的知识库中。知识也是专家系统的主要组成部分。专家系统是非专业人士的顾问，为他们提供问题的答案，指导他们做事，帮助他们解决问题。该系统会将存储的知识和非专业人士提供的症状及其他输入数据做匹配，系统推理引擎据此生成建议。一些系统还会解释建议是如何生成的。专家系统非常适合低逻辑水平的任务处理（如匹配任务和简单运算）。

5. **智能个人助理**。知识系统一项新的应用是智能个人助理。这方面的主要示例就是亚马逊的Alexa、苹果的Siri和谷歌的Home。知识集中维护在"云"端，通常通过人机对话传播。这些助手可以根据主人的特点进行个性化设置。特殊类型的帮助是为投资者提供建议的个人顾问，如机器人顾问。

6. **物联网的基本要素**。物联网指的是大量物体（如人、传感器、计算机）通过互联网（通常是无线的）相互连接的生态系统。到2020年，物联网连接的物体将达到500亿。这样一个连接许多物体的系统，可以实现很多目的（参阅章末案例）。物联网可以用于改进新型电子商务应用。

7. **自动驾驶汽车、智能家居和智慧城市**。这些是主要的基于消费者的物联网应用。自动驾驶汽车可以减少事故、污染和交通拥堵。这些无人驾驶车还可以减少交通成本。自动驾驶汽车还没有完全应用，但智能住宅与家电已经很普及。投入一笔不大的金额，你就可以在家里使用几个智能家居应用，从家宅安全到控制电器都可以。随着新加坡、印度、德国和美国的项目开展，智慧城市的概念正在全球范围内兴起。它们的目标是为城市居民提供更好的生活，主要领域是交通、医疗、教育和政府服务。

关键术语

artificial intelligence (AI)：人工智能
chatbot：聊天机器人
driverless cars：无人驾驶汽车
expert systems (knowledge-based systems)：专家系统（基于知识的系统）
intelligent agents：智能代理
intelligent personal assistants 智能个人助理
internet of things (IoT)：物联网
knowledge management (KM)：知识管理
machine learning：机器学习

natural language processing (NLP)：自然语言处理
personal robot (personal assistant, virtual personal assistant)：个人机器人（也称个人助理，虚拟个人助理）
robo advisors：机器人顾问
robot：机器人
shopbot：购物机器人
smart cities：智慧城市
smart homes：智慧家庭（智能住宅、智能家居）
speech (voice) understanding：言语（语音）理解
turing test：图灵测试

讨论题

1. 知识共享的概念与知识管理、专家系统有何关联？
2. 讨论专业知识如何从"云"（通过互联网）流动到专家系统用户。这种流动的好处是什么？
3. 查找有关印度100个智慧城市计划的最新进展资

料，并撰写一份报告。
4. 为什么物联网被认为是一项颠覆性技术？
5. 请登录 youtube.com/watch?v=Br5aJa6MkBc，观看视频"什么是智慧城市"（What Is a Smart City），讨论智慧城市的问题。
6. IBM Watson 与认知计算有关，请解释其中关联。
7. 查找谷歌 DeepMind 和世界围棋冠军之间竞争的有关信息。总结获胜方具备优势的原因。
8. 了解无人驾驶合法化的现状。

课堂论辩

1. 很多人为机器人快速发展和许多工作岗位的消失而担心。另一部分人却坚称，最终产生的新岗位会比消失的岗位多。考虑到机器人在全世界的发展如此之快，这份威胁看起来的确合乎逻辑。参阅表 7-1 内容。就这个主题进行辩论。
2. 有人说，目前虚拟助手还达不到《钢铁侠》中贾维斯的水平，也不如《2001 太空漫游》中的人工智能 HAL 9000。然而，它们的预期功能在很大程度上是相同的。请讨论这一话题。
3. 人工智能代替人类是好事还是坏事？
4. 2016 年 6 月 23 日，"自动驾驶汽车可能有一天会面临救谁、放弃谁的决策难题"（Self-Driving Cars May One Day Face Decision of Whom to Save, Kill）一文发布于 abcnews.go.com/Technology/driving-cars-day-face-decision-save-kill/story?id=40072003 网页上，请阅读这篇文章，并讨论这一论题。
5. 请观看一段关于拍卖中应用人工智能的视频"利用人工智能开展拍卖活动"（Applying Artificial Intelligence to Auctions，见 youtube.com/watch?v=O65XJd7j2BE），回答以下问题：
   a. 这类系统的主要优势是什么？
   b. 这类系统的主要障碍和限制是什么？
   c. 你推荐哪类拍卖使用 AI 系统？为什么？
   d. 请评论视频中没有提到的可能的应用。
6. 据说物联网会使客户服务和 B2B 互动产生新的发展。请做出解释。
7. 讨论知识系统和社交网络之间的关系。
8. 物联网对企业和电子商务的影响日益增强。请找出证据。
9. 消费者、汽车制造商、保险人员和政府官员真的都已经准备好迎接自动驾驶汽车了吗？请开展讨论。
10. 请讨论 IBM Watson 如何到 2018 年实现连接 10 亿人，以及其影响。请做些研究并撰写一篇报告。

网络实践

1. 请浏览 saleforce.com/products/Einstein/overview 上关于 Salesforce Einstein 的故事。然后进入 saleforce.com，寻找更多与这项服务相关的信息。请列出"Einstein"支持的所有任务的清单，并阐述使用它的理由。
2. 请浏览网站 perveya.com，了解其技术的特点，说明这些特点对组织有什么具体的好处。
3. 浏览网站 theinternetofthings.eu，查找物联网协会相关信息，并写一份总结。
4. 浏览网站 kmworld.com，查找电子商务相关的知识管理和专家系统的最新信息，并撰写一份报告。
5. 浏览网站 gravityinvestments.com/digital-advice-platform-demo。你会投资这个项目吗？请做出研究并撰写一份报告。
6. 浏览网站 ptc.com/internet-of-things/customer-success，选取三个案例，并各写一份总结。
7. 浏览网站 nuance.com 并查找 Dragon 医疗建议的相关信息。请简述其好处。查找这个公司的其他应用，并撰写报告。
8. 浏览网站 shopadvisor.com/1/platform，查看平台 3 的组建。检查它们的能力，并与其他购物顾问进行比较。

团队合作

1. 请阅读本章开头的导入案例，收集相关材料，并回答下列问题：

a. 请解释为什么拥堵时交通效率会下降（参阅 inrix.com 上伦敦的案例）。
b. 这个案例与移动商务有什么关联？
c. 识别出这个系统里的智能元素。
d. 探索这个系统的盈利模式。
e. 浏览 index.com/global-resources/press-releases 上最近4个月的新闻稿，并识别与智能商务相关的开发。撰写一份报告。
f. 据称 INRIX 的新移动交通 App 应用对 Waze 是一个威胁（第6章介绍了 Waze）。请解释其理由。

2. 线上和线下的销售智能系统都越来越流行。请组成团队，研究并比较主要的软件供应商。建议研究 Salesforce、LinkedIn、Sales Navigator、Nimble、InsideView for Sales、DiscoverOrg、RainKing、ZoomInfo、Salestools.10 这几家供应商。

3. 对物联网的主要担心是其安全性和隐私保护方面的疑虑。团队需要调查这一话题。请准备一份关于物联网威胁的演讲稿（家庭、企业、国家等各种场景中的物联网），然后检查现有的和已经提出的防御机制，最后讨论与实施有关的组织问题。

4. 查找有关 Nest 恒温器的信息，然后解释亚马逊的 Alexa 如何控制该产品。

5. 浏览 autonomous.ai/personal-robot。比较它与亚马逊的 Alexa，谷歌 Hmoe，苹果 Siri 的能力差异。在产品的成本上，它们之间有着显著的差异。请准备一份能证明（或无法证明）其成本存在差异的分析报告。

6. 请加入"智能电子商务"小组，并在 LinkedIn（linkedin.com/company/smart-e-commerce）上写博客。介绍目前的主要讨论话题。找到也对智能商务感兴趣的相似小组。撰写一份报告。

7. 有些供应商会提供旅行建议。比较知名的是欧洲的 Utrip 和美国的 TripAdvisor。检查这些机构的机器提供的建议的质量。

8. 查找与思科相关的智慧城市的发展状况，并撰写一份报告。

9. 阅读有关万事达机器人的文章，并搜索更多信息。并撰写一份报告。

章末案例

凯斯纽工业公司使用物联网脱颖而出

凯斯纽工业公司（CNH）是一家总部位于荷兰的全球汽车制造商，主要生产农用车、建筑用车和商用汽车。该公司生产300多种汽车，业务遍布全球190个国家（员工人数超过65 000人）。公司的业务在竞争激烈的环境中不断发展。

存在的问题

要从伦敦的公司办公室管理和协调这样复杂的业务，公司需要一流的通信系统和客户服务网络。例如，零件的可用性至关重要。客户的设备如果不把坏的零件换掉就无法运转。企业的竞争压力很大，尤其在农用车领域，天气、季节、收割压力都会使设备运转情况变得复杂。监控和控制设备是重要的竞争因素。要维持理想情况，就非常需要预测设备故障。与客户的快速沟通，与客户购买的 CNH 设备快速连接都至关重要，同时还需要高效的数据监控和收集。

解决方案

公司以 PTC Transformational 为供应商，实施物联网系统和内部结构转型，解决自身问题，重塑互联工业车辆。最初的实施是在农业部门。具体实施由 PTC 提供。解决方案主要表现在：

- 物联网将全世界数百个地点的所有车辆（做了连接系统的配备）都连接到 CNH 的指挥控制中心。此连接还可以实现监控；
- 物联网可以监测产品的状况和作业，还可以通过传感器监测周围环境，收集外部数据；
- 物联网让客户可以在自己的所在地定制产品性能；
- 物联网提供必要的数据以优化设备运转；
- 使用物联网可以分析驾驶拖拉机用户的行为，并提出改进车辆效率的建议；
- 预测车辆油箱的储油量；
- 提醒车主进行预防性维护，并为这些服务订购必要的零件（例如通过监测使用情况或预测故障），这样就对车辆进行主动维护；
- 可以发现卡车超载，违反保修合同；
- 提供产品故障的快速诊断；
- 通过将卡车与计划人员、交付地、目的地相互连接，使卡车能按时支付；
- 从准备土壤开始到收割，帮助农民优化整个农业周期；
- 将收集到的数据与标准进行对比分析；
- 所有这些都是通过无线网络完成的。

取得的成就

CNH 通过物联网将客户现场使用设备的故障停机时间降低了一半。它还帮助农民监测土地和设备，以提高效率。该公司现在正通过向效率较低的用户展示出色的操作实践来帮助客户。客户订购的零配件可以很快完成。此外，产品开发也从收集的数据分析中获益。

资料来源：Compiled from PTC, Inc. (2015), Marcus (2015), and cnhindustrial.com/en-us/pages/homepage.aspx.

思考题

1. 为什么物联网是 CNH 所遇问题唯一可行的解决方案？
2. 列出并讨论物联网在这个案例中的益处。
3. 产品研发如何从数据收集与使用中获益？
4. 物联网如何实现联网车辆的远程信息处理？
5. 为什么认为物联网是"未来企业战略的核心"？
6. 物联网将如何帮助 CNH 公司实现新型的服务（如客户服务和对 B2B 合作伙伴的服务）？
7. 根据图 7-5 解释物联网在 CNH 的运用。

第 8 章

社交商务、社交营销和广告

学习目标

1. 社交商务的定义、产生根源及演变；
2. 社交商务的范围、驱动力以及主要形式；
3. 社交商务的优势和局限性；
4. 社交购物的主要类型；
5. 社交网络中的广告和促销；
6. 社交网络对客户服务、客户支持、客户关系管理的支持与促进。

导入案例

社交媒体：寻求营销资金支持

缺乏连贯且明确的商务模式，是社交网络共同关注的话题。一些社交网络（如 Facebook.com），在其初创期和成长期，便开始努力尝试制定和实施商务模式，而还有一些社交网络（如 Twitter.com），却还没有一个成熟的商务模式。对于任何一种商务模式，除非它能够清晰地界定其收入模式，并能证明该收入模式的有效性，否则，其可行性尚不得知。作为一家著名的社交网络公司，Facebook 在其发展初期也同样面临着上述问题。Facebook 在过去十年中的成长十分曲折（请浏览 ignitevisibility.com/history-of-facebook-infographic 及 en.wiki pedia.org/wiki/History_of_Facebook）。

存在的问题

目前，Facebook 拥有稳定的收入来源，这些来源中大部分是基于营销、广告和赞助。还有一部分是来自在线游戏和服务（可以浏览 business-management-degree.net/facebook）。这些营销活动都取得了非常好的效果。2016 年，该公司的年收益增长了 52%。

对绝大多数企业而言，日益成熟的社交媒体已成为它们向潜在客户进行产品推广的较好选择。过去，在线广告主要集中于搜索引擎广告，特别是搜索引擎营销。谷歌是该领域名副其实的领头羊。2015 年，谷歌的收入超过 750 亿美元，其中绝大部分来自搜索引擎收入。公司坚定地致力于这种商务模式，并继续通过其所有平台，包括移动设备，对其 AdWords 产品不断进行创新。

社交媒体和搜索引擎两大巨头之间的竞争，对广告商而言喜忧参半。虽然竞争给予企业更多的选择，企业拥有更多瞄准潜在客户的方式，但具体使用哪个平台或每个平台使用多少，对许多企业而言却是一个难题。谷歌和 Facebook 都试图确定其在市场中的地位，但是这样的地位往往是会动摇的。虽然在搜索引擎领域，谷歌一直保持着领先地位，但是，这两家公司现在专注于根据用户偏好向用户展示有针对性的广告，在这个新领域，胜负还未见分晓，因此，成功的定义似乎正发生着变化（请浏览 wordstream.com/facebook-vs-google）。

解决方案

为了使营销资金发挥最大的效力，企业老板和营销部经理必须慎重地确定营销资金的使用领域。与过去的广告商相比，现在的营销人员能够获得两家供应商提供的各种指标和数据信息，利用这一优势，企业使用任何搜索供应商或社交网络，都能够较易获得其营销活动的盈利能力和效益指标。通过这些指标，如流量和销量，营销人员能够判别哪些产品、计划以及搜索关键词对销售业绩贡献较大。

取得的成就

企业能够利用上述数据，制定出最佳的营销组合，平衡它们在不同供应商（如谷歌和Facebook）之间的媒体支出。虽然这一切在理论上是可行的，但真正实施起来，并非易事。许多企业使用专门的软件产品来管理这些数据（请浏览 hubspot.com），或将其运营外包给营销公司，后者能够更好地进行上述分析和平衡其营销组合（请浏览 distilled.net）。

要了解有关使用Facebook投放广告的更多信息，请浏览 blog.hootsuite.com/how-to-advertise-on-facebook 及 youtu.be/XYY6zn3c8Xk。要了解有关谷歌广告的详情，请浏览 fitsmallbusiness.com/advertise-on-google 及 youtube/_KEzjdWATYQ。

案例启示

该案例显示了社交网络正在挑战其他供应商，寻求企业营销资金的支持。通过基于营销活动定义的收入模型，社交媒体网站已经能够将其营销活动货币化，以确保将来能够盈利。今天的企业，面临着更多的营销选择机会。但是这些选择机会，会增加企业评估营销预算决策时的复杂性。虽然企业可以借助于一些决策工具和解决方案，但具体操作起来也并非易事。

8.1 社交商务的定义和演变

社交商务（social commerce，SC）也被称作"社交业务"（social business），指的是通过社交网络开展商务活动。

8.1.1 社交商务的定义

由于社交商务是一个全新的话题，且涉及多个专业和学科，因此目前对于社交商务的内容和界限还没有一个统一的描述。无论其定义如何，社交商务领域发展迅速（请浏览 bazaarvoice.com/research-and-insight/social-commerce-statistics 及 yotpo.com/blog/the-4-most-powerful-social-commerce-trends）。

8.1.2 社交商务的发展轨迹

社交商务是多个领域的融合（见图8-1）。有专家在2012年解释了社交媒体如何促成销售，如何促进社交商务的应用。

社交商务发展的一个主要基础是Web 2.0技术。

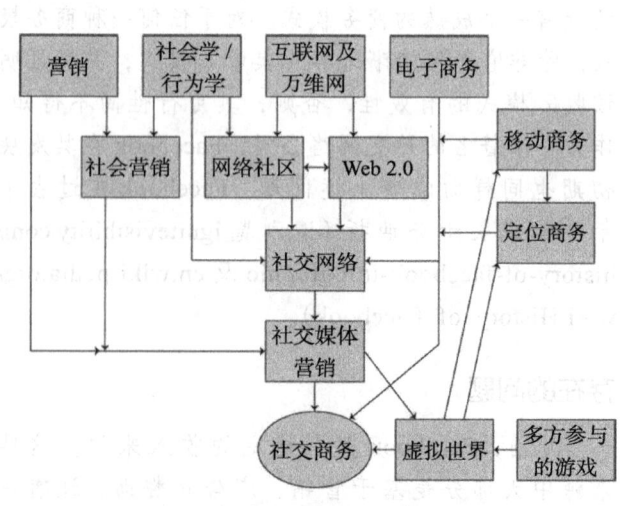

图8-1 社交商务是多种活动的融合

该技术的商业化应用，包括社交网络的活动，以及对社交软件（如博客、威客）的应用。另外，经济的全球化也推动了社交商务的发展，因为在此背景下，更加需要员工、合作伙伴和客户的分工与协作，有时甚至是在全球范围内。Web 2.0 技术的应用为这种协作创建了高效的平台。Web 2.0 是社交媒体的主要技术支撑，而社交媒体是社交商务的主要推动力。

移动计算和智能手机的快速发展和增长也促进了社交商务的发展。因此，移动商务也是社交商务的基础，如定位商务、消费者社交网络、企业社交网络等。

社交商务的侧重点在于其营销导向。传统的网络营销活动，始于 20 世纪 90 年代中期，企业开始创建自己的网站，并使用邮件进行产品宣传以促进实体销售。随着网络的发展，营销人员开始利用互联网开展电子商务。而在此之前，营销人员一直控制着品牌信息，向现有客户和潜在客户继续进行广告宣传和单向的信息传递。随着社交媒体的出现，营销沟通转变为与网络用户之间的交流，许多营销战略也逐渐转变为社交商务支持型。

有关社交商务的完整指南（免费），请浏览 pixlee.com/download/the-complete-guide-to-social-commerce。电子商务和社交商务的主要区别如表 8-1 所示。

表 8-1 电子商务和社交商务的主要区别

	电子商务	社交商务
主要目标	达成交易	社会交往
主要活动	发布信息	参与交流
内容主体	公司产生信息	用户生成信息
问题解决方式	公司专家、咨询顾问	众包
协作方式	传统的、统一的沟通方式	依托 Web 2.0 工具
产品信息	网站上的产品说明	用户的产品评论
交易市场	电子零售商（如亚马逊）和直营店（如戴尔）	社交网络（如 Facebook 商务）、协作市场
定位	大众营销、细分市场	行为目标定位、微细分
客户关系管理	卖方或制造商提供支持	用户、供应商以及员工等的社会支持
网络营销策略	网站销售	多渠道策略，在社交网站上直销
集成方式	系统集成	混搭和系统集成
数据管理	报告和分析	分析

关于社交商务的发展史，请浏览 socialtimes.com/social-commerce-infographic-2_b84120。

本节习题

1. 如何界定社交商务？请列举其主要特征。
2. 社交商务的发展轨迹是什么？
3. 社交商务和电子商务的主要区别有哪些？

8.2 社交商务面面观

社交商务是一个色彩纷呈的研究领域。例如，有的专家专注于从企业角度研究社交商务，介绍社交商务的五大主要参与者（Twitter、Pinterest、Facebook、Instagram 和 YouTube），而有的则是从功能的视角解读社交商务的具体表现形式：

- 点对点销售；

- 社交网络驱动的销售活动；
- 团购；
- 同行建议；
- 用户策划购物；
- 参与式商业。

8.2.1 社交商务的主要内容

社交商务是一个色彩纷呈的经济领域。它的主要表现形式是利用社交媒体进行的网络营销，尤其是营销沟通、广告、促销以及公共关系管理等活动，人们一般笼而统之地称为社交媒体营销活动。但是，如今这一领域又涌现出各种新的表现形式，尤其是在企业中的社交商务，人们将其称为社交企业或企业2.0。本书的作者在2012年对形形色色的社交商务进行了归纳，如图8-2所示。但是这一节中我们只介绍其中的几种。其他的各种表现形式，我们将在其他章节中介绍。

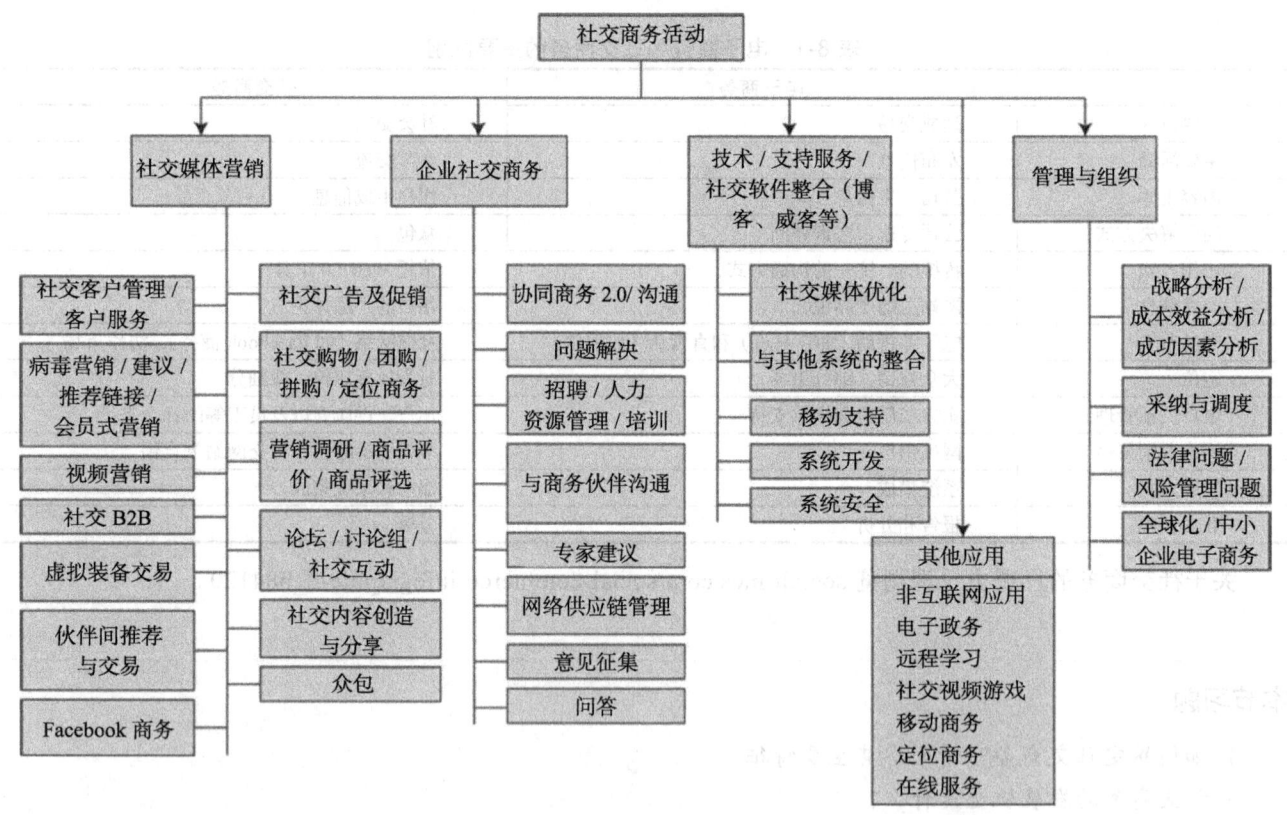

图 8-2 社交商务面面观

相关内容的详细讨论，请参阅幻灯片资料"社交商务为品牌创造的机会"（Social Commerce Opportunities for Brands，请浏览 digitalinnovationtoday.com/new-presentation-social-commerce-opportunities-for-brands）。有关社交商务及其使用情况的统计数据请参阅"社交商务统计"（请浏览 bazaarvoice.com/research-and-insight/social-commerce-statistics）。接下来我们将讨论社交商务的两大要素，社交媒体营销和企业2.0。

8.2.2 社交媒体营销

社交媒体营销（social media marketing，SMM）指的是在社交媒体平台上，应用营销沟通等手段开展营销活动。社交媒体营销有利于社交商务活动开展，也有利于打造品牌、维护品牌声誉，以及建立长期稳定的客户关系等（请浏览 act-on.com/resources/ social-media- marketing-toolkit）。

8.2.3 企业 2.0

企业 2.0，通常也被称作社交企业。越来越多的企业开始在企业内部使用社交媒体，开展社交商务活动，例如在产生创意、解决问题、共同设计以及招聘等方面。

企业 2.0（Enterprise 2.0）有多种定义。最初的定义与 Web 2.0 以及协作相关联。最新的定义是 Nation 在 2016 年修订的："若将企业 2.0 只是理解为将 Web 2.0 技术应用到办公室，这并不准确。在某种程度上，企业 2.0 促进了企业将 Web 2.0 的社交和协作功能集成到办公环境中，它意味着企业经营、管理方式的根本改变。"

有关"企业 2.0"更多的定义和概念解释，请浏览 slideshare.net/norwiz/what-is-enterprise-2.0，阅读题为"何为企业 2.0"（What is Enterprise 2.0?）的幻灯片。以下是企业 2.0 所具备的特征：信息流动更加便捷，管理更加敏捷、灵活，用户驱动内容，自下而上的沟通方式，全球化团队，模糊边界，更高的透明度，采用大众分类法而不是专家分类系统，使用开放式标准，按需组织活动而不是按日程组织活动等。此外，扁平化组织结构（而不是等级森严的垂直组织结构），以及从研发到上市周期缩短等，都是企业 2.0 的特征表现。

有关社交企业的更全面的文章，请浏览 worldlibrary.org/Articles/Socialenterprise?& Words=socialenterprise。

社交企业应用实例

有关社交企业应用的案例如下：

- 戴尔、索尼、IBM 以及很多其他的公司，都会向大量的员工、客户和业务合作伙伴征求有关改进业务操作的想法和建议（如戴尔的 IdeaStorm 网站）；
- 50% 以上的大中型企业都会使用 LinkedIn 和 Facebook 发布公司职位空缺信息，并寻找到合适的人才；
- 百思买使用基于 Twitter 的系统为客户提供最先进的服务，在这个系统中，有数千名员工在回答着客户提出的各种问题，有时候一些问题在短短几分钟之内便可以得到解答。

8.2.4 未来发展

如今，虽然社交商务与社交媒体营销和企业 2.0 有着密切的关系，但其发展前景并不明朗。社交媒体及其附属的商业活动正在迅速发展，且在不断地扩展和多样化，或许还有可能会重新定义该领域。根据市场发展趋势，更多的领域也在利用一些相关的技术，融合成为社交商务的一部分。这些技术部分是基于软件的，包括人工智能和虚拟现实技术；还有一部分是基于硬件的，专注于物流（如利用无人机实现当日交付）和先进的移动设备。

本节习题

1. 请描述社交商务的主要内容。
2. 什么是社交媒体营销？
3. 请描述企业 2.0 的概念。

8.3 社交商务带来的利益和局限性

根据许多实践者和研究者的经验发现，社交商务正在对一些组织和行业产生显著影响，尤其表现在时装行业。

一些调查结果已经证实，社交商务给企业带来了重大的经济收益和战略意义（请浏览 info.sumoheavy.com/2016）。调查报告显示：

- 72% 的人每天都使用社交媒体；
- 47% 的人每天多次使用社交媒体；
- 11% 的人从来未使用过社交媒体；
- 42% 的人受到他们在 Facebook 上看到的信息的影响；
- 56% 的人受到来自家庭成员和朋友的关于品牌及产品帖子的影响；
- 62% 的人会在社交媒体上分享有关产品和优惠的信息；
- 83% 的人会在 Facebook 上分享他们喜欢产品的信息。

社交商务带来的利益通常可以分为以下三种：带给客户的利益、带给零售商的利益以及带给其他类型企业的利益。接下来，我们将对社交商务带来的利益进行详细讨论。

8.3.1 社交商务带给客户的利益

社交商务的成功源于其能够为客户带来诸多的利益，主要包括以下几点：

- 易于得到朋友和其他客户的建议（例如通过 Twitter、社交网络的讨论组以及产品评论网站）；
- 相互之间的建议有助于增强客户的信心和信任度，方便客户做出产品和服务的购买决策；
- 在线购物便捷性增加；
- 客户可以得到较低的支付价格（如通过团购）；
- 能够更好地满足客户的特殊需求、期望、口味和意愿。增加客户满意度的同时，能够缩短产品选择的决策时间；
- 方便客户应用社交商务技术；
- 社交商务与当代移动生活方式相匹配；
- 实现与厂商之间的真实互动；
- 增加了对厂商的信任（通过更紧密的关系）；
- 客户之间可以相互帮助（社会支持）；
- 客户可以从厂商那里获得更好的服务；
- 客户可以结识新朋友（如通过旅游），进行在线交往；
- 在制定购买决策时，客户可以得到更全面的信息；
- 客户能够接触到更多的个人和企业。

请浏览 businessnewsdaily.com/8430-social-commerce-trends.html、academia.edu/1364232/The_benefits_of_social_commerce_for_suppliers_and_customers。

8.3.2 社交商务带给零售商的利益

零售商是社交商务的主体。例如，全球 50% 以上的企业通过社交网络寻找到新客户。此外，为了开发并维系客户，全球约有 30% 的企业在社交网络上投入资金。

零售商从社交商务中得到的利益如下：

- 消费者可以提出各种反馈意见和建议，如营销沟通方案、产品及服务设计；
- 提高客户忠诚度；
- 可以获得免费的口碑相传的营销活动；
- 提高网站的浏览量，它可以为零售商带来更多的销售收入；
- 提高搜索引擎排名次序；
- 零售商利用协同过滤及其他的社交营销技术可以增加销售额；
- 可以获得有关客户偏好的更多数据和指标。
- 请浏览 blog.pixlee.com/5-business-benefits-of-social-commerce 及 trendwatching.com/trends/TWIN-SUMER.htm。

社交商务带给零售商的更多利益，请浏览 youtube.Com/watch? v=1ByDmQICXs4，观看题为"社交媒体——在线零售商的强大工具"（Social Media a Powerful Tool for Online Retailers）的视频。

实际案例

GoPro 是极限运动相机供应商，利用社交媒体吸引了一批年轻、活跃的目标客户。公司组合使用各种社交媒体网络，并允许客户在其官网上分享他们的照片和视频（类似于 Instagram 和 YouTube）。公司确信，在公司成立之初，产品能够迅速打开市场，被客户所接受，实现收入增长（不过 2016 年开始增长势头减缓了），这其中，与公司采用社交媒体营销是密不可分的（请浏览 youtu.be/oCUjAmW5yCA 及 gorilla360.com.au/blog/gopro-user-generated-content-marketing）。

8.3.3 社交商务带给其他类型企业的利益

社交商务除了能够帮助企业增加销量，提高收入，还可以通过以下方式为企业带来更多的利益：

- 能够接触到更多的求职者，实现高效的招聘；
- 借助于员工及合作伙伴的集体智慧，能够实现创新，降低成本；
- 有助于培养更好的企业外部关系，比如与合作伙伴以及分销渠道成员之间的关系；
- 有助于企业内部以及与合作伙伴之间加强协作、完善沟通（例如通过使用博客、微博、威客）；
- 有助于培养更好的企业内部关系（例如通过提高员工的工作效率和满意度）；
- 通过 LinkedIn 等沟通平台，其他企业和专家可以为小企业提供免费咨询；
- 社交商务系统的安装和操作成本通常不是很高；
- 能够较快地找寻到所需的专家，不管是在企业内部还是外部（请浏览 guru.com）；
- 能够在短时间内以较低的成本进行市场调研，并能够得到客户、员工和业务合作伙伴的反馈意见；
- 有助于更好地了解客户需求；
- 有助于提高企业市场份额和利润；
- 通过交流和社交媒体促销的形式树立企业品牌；
- 有助于通过对市场进行细分，实现以较低的成本接触到更细小的市场；
- 可以在线进行企业管理和品牌建设；
- 通过正面的口碑在网络上创建品牌社区；
- 增强客户服务和客户支持能力；

- 有助于获得更真实的客户反馈信息；
- 有助于提高线上线下的客流量和销量；
- 通过关注客户的网上交流信息，有助于市场调研的开展；
- 提高企业和品牌在搜索引擎结果中的排名。

社交商务能够为企业带来如此多的潜在利益，这些利益最终能够转化为企业的生产效率和企业价值，甚至会成为企业的一种战略优势。最起码，这些利益能够鼓励企业尝试开展社交商务。

8.3.4 IBM 成为一家社交企业

既然社交商务能够给企业带来上述诸多好处，对于众多企业来说，就特别希望能够发展成为 IBM 所称的社交企业。**社交企业**（Social business）是指"依靠网络上的社交人群而创造价值的企业"。很多人认为这个概念等于"社交商务"的概念，其实不然。IBM 所称的社交企业更注重的是企业的结构和运营。

此外，IBM 战略性地将社交媒体整合运用到企业的各个业务流程中去（如采购业务），为了支持这种整合的过程顺利实施，并产生满意的结果，企业正在建设一种组织文化（请浏览 ibm.com/social business-business/us/end 及 slideshare.net/AndersQuitzauIbm/social-business- innovation-inibm-cbs-2016）。

IBM 非常重视社交媒体的应用，并专门为其 Watson 超级计算机开发了一套系统，用来分析其社交媒体的内容。公司将此创新系统描述为："IBM Watson 社交媒体分析系统，能够在云端实现，根据消费者的社交网络流量和系统自动创建的可视化数据，获取有价值的信息，之后便可以确定消费者感兴趣的主题、快速获取相关的信息内容，向消费者进行推送。利用该系统，能够较好地把握住消费者的需求动向，更加深刻地认识某一主题或市场，比较不同的数据源信息，以挖掘出新的知识和见解。"此应用程序最初在内部使用，现在也可供其他企业使用（请浏览 ibm.com/us-en/marketplace/social-media-data-analysis）。

8.3.5 新型的或改进的商务模式

社交网站催生了许多电子商务经营模式。有些模式是全新的，有些则是对传统电子商务模式进行的改造（如团购）。大多数的社交商务模式都属于社交购物范畴，我们将在 8.4 节对此话题进行讨论。其他一些新的商务模式则属于企业商务范畴。下面是一些简单的实例：

- 在社交媒体网站有设置一个"立刻购买"的窗口；
- 将移动设备的位置与营销和购物系统绑定（定位商务）；
- 在线软件代理商能够将买卖双方联系到一起，比如 TripAdvisor 能够为用户提供在旅行网站上订购房间的服务；
- 内容赞助，例如 YouTube 能够在网站上销售广告，支持内容的开发；
- 众包模式，有助于企业发动客户帮助设计出产品或品牌标识；
- 在社交网络上进行促销活动（如举办竞赛、折扣、免费下载音乐和软件），有助于增加公司网站的流量；
- 在社交网站（如 LinkedIn）上进行招聘；
- 博客、威客、众包等有助于协作商务模式的开展。

许多初创公司已经探索出了各种商务模式，如 Webkinz（webkinz.com）围绕着虚拟宠物，为孩子们创造了一个宠物世界，成就了一个巨大的商业帝国。IZEA（izea.com，社交赞助商的先驱者）将广告商和社交媒体的内容创作者联系起来，为他们提供了一个交易市场（如博客）。请浏览 youtube.com/user/katespadenewyork，观看纽约时装设计师 Kate Spade 在"冒险小姐"（missadventures）专栏中创建的付费视频。

更多内容，请浏览 businessfashion.com。

8.3.6 开展社交商务的注意事项和局限性

尽管社交商务给企业带来了各种机遇，但在其具体实施过程中，仍存在各种潜在的风险，也有可能会出现一些棘手的问题。例如，将新的系统整合到现有的信息系统中去。所谓的风险通常指这样几个方面，例如，高层管理人员倡导实施社交商务的理由不够充分、安全问题、隐私保护问题、网络欺诈问题、法律问题、用户创建内容的质量问题以及员工消极怠工等风险。在社交媒体的交流平台中以及在产品的评论网站上，公司还有可能面临着难以控制品牌形象和声誉的风险，这将会影响到企业产品的销量。采用企业2.0的主要障碍是：变革的阻力、投资回报率的难以衡量、与现有的IT系统和安全系统整合问题。

本节习题

1. 请列出社交商务带给客户的利益。
2. 请列出社交商务带给零售商的利益。
3. 请列出社交商务带给其他类型企业的利益。
4. 请描述新型或改进的社交商务模式。
5. 开展社交商务需注意什么？有哪些局限性？
6. 在IBM案例中，公司制定了哪些更好地理解客户的社交媒体指标？

8.4 社交购物的概念、利益和模式

有了社交网络，自然而然地就会出现社交购物。尽管购物在社交网站上刚刚开始，其发展潜力却是不可低估的。Facebook和谷歌是社交购物的引领者。这一节将主要介绍社交购物的方方面面。

8.4.1 社交购物的概念和驱动力

购物本来就是一个社会性很强的活动。**社交购物**（social shopping，也有人将其称为Sales 2.0）是利用社交媒体和社交平台进行在线购物的一种形式。购物者在从事购买活动的时候，将亲朋好友的意见加入自己的体验中。社交购物也是将社交媒体与电子商务结合在一起。换言之，它是将社交网络中各种要素结合在一起（如讨论组、博客、评价、讨论等），一起促成购物活动。

1. 社交购物的驱动力

社交购物的发展有着各种各样的驱动力：

- 访问社交网站的用户众多，能够吸引广告商；
- 更容易获得朋友提出的各种意见和建议；
- 企业要应对越来越有竞争力的对手，以及越来越精明的社交客户；
- 社交客户利用网络查看评论和进行价格比对；
- 有必要与业务伙伴进行合作；
- 利用新的商务模式提供大幅度折扣（如"秒杀"）；
- 面向社会的商务模式（如团购）；

- 融入社交网络以后购物的便捷（例如利用 Facebook 的 "Buy" 按钮）；
- 利用 Twitter 和智能手机可以与朋友进行实时的沟通。

欲了解更多有关社交商务方面的内容，请浏览 webtrends.about.com/od/web20/a/social-shopping.htm。

2. 社交购物的内容

社交购物可以在各种环境中发生，如社交网站（Polyvore、Wanelo）、厂商开设的社交门店、有些中介开设的门店（如 groupon.com）。买家是那些"社交客户"，他们喜欢社交购物这种模式，也相信这样的购物方式不容易上当受骗。社交购物的模式多种多样，这些模式既使用 Web 2.0 技术，也使用社交购物社区。社交购物的购买对象主要是品牌服装以及相关的商品。例如，一些网上零售品牌，如 GAP、Shopbop、InStyle 等，参与类似 Stylehive 或 Polyvore 的时装网络社区，目的是开展旺季最新款式的促销活动。购物者会登录到购物网站（如 Net-A-Porter），在线购买一些名牌服装。他们也会登录购物社区（如 ThisNext），在社区里写文章，上传博客帖子，介绍自己喜欢的品牌。有关社交商务实践中可能会面临的问题，请浏览 digitalintelligencetoday.com/social-shopping-101-a-practitioners-prime 及 sage.ie/business-advice/growing-and-running/small-business-guide-to-social-media。

人们可以通过以下两种基本的方式开展社交购物：

- 在现有的电子商务网站上添加社交软件、社交应用程序和新增一些功能模块（如投票）；
- 在社交媒体和供应商的网店上添加电子商务功能（如电子目录、支付网关、购物车等）。

3. 消费者乐意社交购物的理由

许多人在购物前都喜欢去听听亲朋好友的意见。因此，人们倾向于从朋友那里得到购买的建议或是使用所谓的"社区购物"概念。

社区购物（communal shopping），也被称为"协同购物"，指的是一种购物方式。购物者将许多人召集在一起参与购买决策。由于购物者获得了更多的意见，所以他们对自己做出的购买决策就更自信了（这种现象被称为"从众效应"）。请浏览 bloomberg.Com/video/eden-s-communal-shopping-experiencexvmRAIhTE2AZapKKd5aVA.html，观看名为"共同购物体验的新趋势"（New Frontiers in the Communal Shopping Experience）的视频。

4. 社交商务中的参与者

社交商务及电子商务活动中有如下一些参与者：

- 联络者。联络者是指那些把各种不同人群联系在一起的人。他们与各种社会群体都有联系，并且乐意向亲朋好友介绍自己相识的人。联络者试图影响人们的购买决策。提供咨询和联系的人通常会扮演此角色。
- 销售者。跟线下的销售人员一样，他们的主要任务是影响消费者的购买决策。他们一般有很好的人际关系，能够说服消费者购买某些商品。
- 搜索者。向专家、朋友或购物专家寻求购买产品或服务的建议和信息的消费者。
- 购物专家。他们在某一个领域拥有专门知识，得到行业人士的认可，但是是非官方的专家。购物专家会为搜索者提供有关商品或企业正面或负面的信息。
- 自主决策者。这些人在满足需求的时候主要靠自己的判断，不易受到别人的影响。
- 其他人。大部分人其实并不属于上述的任何一个群体。

对社交购物产生影响的人主要是朋友、其他消费者、销售者、联络者和购物专家。

5. 社交购物给人们带来的利益

社交商务带来的诸多利益（见 8.3 节）基本上在社交购物中也是具备的。此外，社交购物还为人们带来了其他的一些利益：

- 消费者在购物的同时可以进行社交活动；
- 消费者可以快速获得真实的信息反馈；
- 消费者能发现自己所不曾知道的商品或服务（请浏览 thisnext.com）；
- 消费者可以较便捷地与厂商（品牌商）代表进行互动（请浏览 stylehive.com/blog）；
- 通过共同参与以及朋友之间的互动可以增加在线购物的信任和自信；
- 通过团购、特价销售等形式可以买到便宜货（加入团购看看当日有哪些特价活动）；
- 可以与亲朋好友交流购物的诀窍，可以借鉴别人的购物经验；
- 可以编制并与他人分享自己的购物车清单；
- 可以与志同道合者一起购物。

欲了解更多相关内容，请浏览 digitalintelligencetoday.com/social-shopping-101-a-practitioners-prime。

社交购物网站的收入来源主要是如下几个方面：广告、销售佣金、与零售商分享客户信息、联盟营销等。

很多案例都显示使用社交媒体营销是值得的，请浏览 stuartjdavidson.com/how-to-win-in- social-media。

我们注意到，Pinterest 和 Twitter 会直接或间接地开展上述这些活动。有关在 Twitter 上开展的活动，请浏览 business.twitter.com/twitter-101。

6. 社交购物网站的构成元素

依据社交购物模式、网站提供的产品和相关信息，以及信息支持系统，我们会发现社交购物网站上的内容丰富多彩。下面将介绍社交购物网站上的主要构成元素，这些内容有助于消费者做出购买决策：

- 视觉共享。通过提供产品的照片、视频或其他形式的图像，使得消费者能够在视觉上分享他们的产品体验。
- 在线讨论。排名、评论、互动、推荐、博客和意见这些信息有助于消费者就产品特点和优势进行在线讨论。
- 产品及使用日志。利用视频、博客、使用说明向消费者演示产品使用方法。
- 指南。由有经验的消费者、专家或员工制作，主要通过案例分析、个人体验以及一些视频资料得到。

8.4.2 应用社交媒体的传统电子商务网站

除了一些纯粹的社交购物网站之外，还有一些使用社交媒体工具的传统电子商务网站。比较典型的是亚马逊的社交购物网站，该网站新增了一些建议、评论和排名等功能。

实际案例　奇多博物馆激发客户想象力

奇多（Cheetos）是一种独特的美国小吃，由膨化玉米制成，俗称"奶酪味的玉米粉"小吃，在美国非常流行，可谓是家喻户晓。但是近些年，随着美国人对饮食健康的关注，他们对休闲食品的消费呈下降趋势。出于上述担忧，为了更好地留住客户，增加客户忠诚度，奇多利用社交媒体，定期与客户进行互动，加强其产品的正面性和趣味性宣传。

奇多发现，最成功的社交媒体活动是直接让客户参与其中，公司最近创办的 Cheetos 博物馆（cheetosmuseum.com）就是一个最好的例子。Cheetos 博物馆旨在让客户寻找与动物、物品和名

> 人相似的独特形状的Cheetos小吃，并允许客户使用网络浏览器或移动设备上传图片，同时将其发现的相似的小吃图片和文字描述也一并上传。为了鼓励客户参与，奇多开通投票通道，竞选最佳作品，并为最佳作品提供现金奖励。
>
> 利用社交媒体进行品牌推广使用了沉浸式体验方法，该方法在其他品牌中也是屡试不爽。博物馆的一系列策划活动也属于上述活动，这些活动不仅能够帮助企业吸引客户，还有助于企业更好地了解客户偏好和消费模式。由于整个活动需要通过提交作品、投票选举以及发放奖品环节，便会自然地延长活动开展的时间，也就能够在较长时间内保持客户的关注度。
>
> 请浏览twitter.com/ChesterCheetah/status/755895976359931904。

8.4.3 社交购物的主要模式

最近几年，市场上出现了多种社交购物的商务模式。有些是普通电子商务模式的延伸，有些则仅适用于社交购物。这些商务模式可以单独存在，也可以结合在一起使用，或在社交网络中使用。这些商务模式可以归纳为如下几大类：

- 团购；
- 特价销售（也称"闪购"），如"每日特价"；
- 在线实时结伴购物；
- 在线购物社区和俱乐部；
- 交易市场；
- 创新购物模式；
- 购买虚拟产品和服务；
- 基于位置的购物活动（在8.5节介绍）；
- 购物展示网站（如YouTube）和游戏网站；
- 购物伙伴模式（如相互之间的借贷）；
- 私人在线购物俱乐部；
- B2B购物。

对于上述这些购物模式，以及一些在线购物的辅助工具，我们接下来将进行详细的讨论。

1. 团购

团购B2C模式在许多国家并不盛行，这其中就有美国。但是在另一些国家（如中国），这种经营模式却取得了成功。问题是，如何将一个购物团组织起来，能否依靠中介来做好这件事情。即使购物团组织起来了，如何开展价格谈判？如果采购量不够大怎么办？为了聚集购物者，有些网站（如LivingSocial、BuyWithMe等）提供大幅度折扣或是优惠促销，但都会限制在一定的时间段内。一些网络企业开始充当中介的角色与厂商展开谈判。团购又往往与特价销售（"闪购""秒杀"）等销售模式紧密相关。社交商务使得原本疲软的传统电子商务得以复活，并且通常都会结合"闪购"形式。

团购在中国非常流行。2015年上半年，全国有近1 000家企业开设团购网，有近1.8亿的消费者参与团购，消费额度超过了120亿美元。仅在2015年6月，就有近1/5的人参与团购。例如，拉手网（lashou.com）在中国的100多个城市开展团购活动。糯米和美团是中国的两大团购巨头。就商品销售总量而言，美团占据中国团购市场50%以上的份额，目前的估值已经高达70亿美元，且近期斥资33亿美元，用于团购产品的研发。

2. 团购流程

有资料显示，近几年，中国的消费者正在通过组团购买商品（例如购买汽车）。组织团购的领导者将会与潜在的卖方进行价格谈判，有时组织团购的领导者会带着整个购买团体开展面对面的集体谈判。请浏览 vimeo.com/8619105，观看名为"团购"（Group Shopping Tuangou）的视频。

几乎中国所有的互联网公司都已经推出或计划推出团购和快闪销售的商务模式，包括百度（ir.baidu.com）、新浪（sina.com）、腾讯（tencent.com）以及阿里巴巴（alibaba.com）。更多详细信息，请浏览 cnn.com/video/data/2.0/video/business/2011/01/26/yoon.china.coupon.Gen.cnn.html，观看名为"团购在中国"（Group Buying in China）的视频，或浏览 eggplantdigital.cn/china-buying-trends-2016-this-article-could-change-your-entire-business-model-for-2016。

3. 特价销售

短期的特价销售在实体店里一般是针对已经进店的购物者，或是厂商为了促销，开展一天或是数天的促销活动（可以利用报纸、广播和电视进行宣传），或是在某天的特定时间开展开门大抢购。这样的商务模式有多种，有时候又与其他的促销活动捆绑在一起。

有些"快闪销售"网站只是针对某一个行业，例如 Gilt.com 就是针对品牌服装、珠宝、手袋、高档家居用品等。

Woot（Woot.com）是亚马逊旗下的一个子公司，它专门提供各种特价销售信息。例如，Woot 有一个博客，名称是"今日特价探讨"，博客中有各种关于特价销售的消息，例如往日特价商品排名、特价商品新闻、社区成员青睐某种特价商品的比例及购买的量等。网站上还有社区成员见证的信息。Woot 网站已经成了精明购物者十分热衷的去处，因此，人们不仅把 Woot 看成是一个品牌，而且把它看成是一种文化。开展快闪销售的企业还有 Jetsetter（一个旅行社区公司）、Rue La La 等。快闪销售所提供的折扣有时甚至高达 80%。

4. 在线实时结伴购物

在网络购物活动中，消费者可以邀请伙伴或亲朋好友（通过微博、电子邮件等）一起参与实时购物，甚至可以要求不同地方的亲朋好友一起参与购物。他们可以利用 Facebook、Twitter 等网站相互交流社交购物方面的话题，并提供一些意见。

结伴购物网站 开展结伴购物活动的网站有几十个。例如，Select2gether 网站用户在网站上参与聊天室的讨论，创建一个购物希望清单，与朋友一起进行实时购物，了解其他消费者的意见和建议，与朋友一起创建一个商品展示厅，挑选一件网站推荐的最新的时尚产品（请浏览 select2gether.com/about/help）。

共同购物 共同购物是 IBM 提供的一款软件工具。利用此工具，两个在线购物者能够实时进行网站浏览，查看产品，聊天等。该软件也有助于客户服务中心的员工与客户进行实时互动。

5. 在线社交购物社区

根据 socialecart.com/category/stories 网络资料显示，购物社区能够将志同道合的人联系到一起进行讨论、分享经验及购买商品。网络社区和网络论坛等各种平台将人们聚集在一起，有时甚至与企业、与其他社区的人连接到一起。到目前为止，时尚社区是最为流行的（如 Polyvore、Stylefeeder、ShopStyle 等），其他一些购物社区则主要是围绕食物、宠物、玩具等。例如，Listia（listia.com）是一个有关二手物品、新物品以及时尚产品进行交换的在线社区，在此平台上还可以使用虚拟货币进行网上拍卖。再如 DJdoodleVILLE（djdoodleville.com）是一个专注于艺术品和工艺品的在线购物社区。

请浏览网页 digitalinnovationtoday.com/speed-summary-ijec-social-commerce-specialedition-social-shopping-communities。

6. 购物社区案例

目前，存在很多可以归为单纯购物社区的网站。一个典型的例子便是 Polyvore 网站。

应用案例 8-1　　混搭社区 Polyvore：社交购物的引领者

根据 Polyvore 的网站内容可知，polyvore.com 是一个有关时尚和潮流的在线社区。它最大的特色就是能够让用户去了解时尚风格，并可以创建自己的风格，甚至可以引领时尚潮流。用户可以在网站上分享自己的服装搭配创意。为了提高产品参与度，Polyvore 除了跟一些著名品牌，如 CK（calvinklein.com）、兰蔻（lancome-usa.com）、古驰（coach.com）等，还跟一些零售商品牌进行合作，如 Net-a-Porter。用户产生的各种服装搭配创意可以放到网站上，接受来自社区成员以及一些名人的评价。如今，公司也开始利用移动技术。比如，公司开发了一款能够自动给出购买建议和时尚精选组合的应用程序（请浏览 venturebeat.com/2015/04/07/polyvores-new-mobile-app-chooses-outfits-for-you）。一些名人也会在网站上销售自己的物品。

许多专家详细介绍了处于盈利中的 Polyvore（请浏览 volusion.com/ecommerce-blog/articles/success-tips-polyvore-infographic）。用户可以利用网上提供的免费图片编辑器为他们的衣橱设计服装搭配创意。这些创意可以发布到 Polyvore、Facebook 以及 Twitter 等网站，并与其他客户进行创意分享。商家（如服装设计师）可以使用该网站免费获得以下服务：（1）完善个人信息；（2）上传自己的产品；（3）创建服装搭配创意。

商家完成个人信息注册，上传了自己的搭配创意之后，Polyvore 会鼓励该商家以及其他社区的成员对这些搭配创意进行浏览和评价。Polyvore 确信商家的这些行为一定会有回报。为了便于实现真正的购物行为，这些搭配创意都会链接到创作者的网站。

Polyvore 采用的是一种众包的操作模式，这种模式能够尽可能地展现出有关时尚的创意和看法。因此，Polyvore 也代表着目前时尚的流行趋势，他们也将同样的方法应用在室内设计上。2015 年，时尚女装品牌 Remix 为那些想要浏览和购买商品的人创建了一款应用程序，但是并不涉及产品制造。

据报道，Polyvore 每月有 2 000 多万的访客，网站上每月会引进 200 万件时尚单品，每月会产生大约 250 万个时尚创意，创意的浏览量高达每月 10 亿次。用户愿意花时间去 Polyvore 网站上浏览创意，追随喜爱的时尚潮流，问一些问题，并分享创意。大家一致认为 Polyvore 是发现和评价流行趋势最好的地方。Polyvore 举行的创意比赛更是加深了大家的这一看法。Polyvore 于 2015 年被雅虎收购。

为了增加网站流量，Polyvore 可以联合使用视觉社交网站 Pinterest。

资料来源：Based on Porcellana (2016) Perez (2015), Silverbean (2014), polyvore.com/cgi/about, and crunchbase.com/organization/polyvore (all accessed January 2017).

思考题

1. 用户如何使用 Polyvore 编辑器进行创意设计？请浏览 vimeo.com/7800846，观看题为"如何利用 Polyvore 编辑器设计搭配创意"（How to Create a Set in the Polyvore Editor）的视频。
2. 公司在 2013 年新增一名超级名模泰拉·班克斯（Tyra Banks）作为公司投资者，请对此事加以讨论。
3. 请对 Remix 创建的应用程序加以评论。
4. Polyvore 网站能够取得成功的关键因素是什么？
5. 解释一下 Polyvore 产品管理部副总裁的一句话，"我们的使命是使得时尚民主化"。
6. 通过此案例，分析购物社区的所有特征。

7. 私人在线购物俱乐部

One Kings Lane（onekingslane.com）是一家高档私人购物俱乐部，专注于独特的家居装饰和家居装饰用品。俱乐部为会员提供一定的折扣，但具体折扣额度并没有公开。该俱乐部提供的是限量产品，其他商家无法提供或使用。该公司确信能够为其会员在有限的条件下，提供各种独特和有品位的产品，会员会非常享受这样的购物体验。公司最近在纽约刚开了一个专门为会员提供产品的展厅。

一些私人（或称为会员专享）俱乐部的例子有：Beyond the Rack（beyondtherack.com，在美国和加拿大开展一些闪购活动）、Gilt Groupe（gilt.com）、Rue La La（ruelala.com）、JackThreads 男士时装（jackthreads.com）、Ideeli（ideeli.com）以及 BestSecret（bestsecret.com）。我们注意到，为了尽可能避免与实体百货店产生冲突，一些奢侈品牌对于部分商品允许在实体店购买时使用网上的定价，如塔吉特（target.com）。

8.4.4 各种创新模式

开展社交商务的新企业成百上千，下面是一些具有代表性的例子：

- Wanelo。Wanelo（wanelo.com）是一个结合了书签和购物分享的网络社交购物市场，尤其是在年轻人中特别流行。成员可以追寻别人的购物经历，以发现流行趋势。Wanelo 是一个以网络社区为基础的电子商务网站，它将众多门店的产品汇集成一种网络书签式的平台。Wanelo 在 iTunes 和 Google Play 也有 App，还有一个 Facebook 的粉丝页面。更多有关 Wanelo 的信息，请浏览 crunchbase.com/organization/wanelo。
- 虚拟礼品。虚拟礼品在社交网络市场上获得了迅速的增长。Facebook 在网络上销售虚拟礼品。
- 向朋友求助。要想获得朋友的帮助，可以登录 ShopSocially 网站，你可以提出问题、分享购物体验，还能利用其他各种功能。
- 在 Facebook 链接上直接购物。从 Facebook 用户网页链接到零售网站有各种途径。因此，用户可以在 Facebook 上完成购物。当然，支付及安全等也是问题（请浏览 facebook.com/auctionitems）。
- 社交拍卖。目前 Facebook 为 eBay 的卖家提供商店应用程序，称作 Auction Items，利用这个应用程序，会员可以邀请朋友到自己的店铺里来。这个拍卖项目应用程序可以用多种语言操作（请浏览 facebook.com/AuctionItems）。此外，Facebook 还为 Etsy 的商店提供应用程序。
- 众人提供购物建议。许多人都可以为你的购物活动提供建议，Cloud Shopper 所从事的业务就是这样。该公司的经营目标就是帮助购物者征求朋友的购物建议。网络用户可以在 Facebook 上就他们感兴趣的产品进行交流。公司还会为用户关注的产品提供价格比较、价格提醒等功能（请浏览 cloudshopper.com）。
- 帮助卖家和博客写手销售产品。Etsy 是面向社会的网络市场，该网站能够帮助博主和卖家（主要是艺术家）直接将产品销售给消费者，以此来赚取钱财。
- 为活动购物。有许多网站帮助参与活动的人购物（如婚礼），当然其中也借助于朋友的援手。这种形式的购物活动多种多样。
- 用户参与。为支持慈善事业，社交网站 Tumblr 最近将社交捐赠与购物整合到平台中。用户可以从选定的合作伙伴网站（目前有 Artsy、Etsy、Kickstarter、Do Something 等）共享链接，并在帖子的右上角显示操作按钮，供人们"购买""浏览""承诺""做一点事"。

8.4.5 社交购物辅助工具：从建议到评论、排名和交易市场

电子商务较为典型的辅助工具有：比较引擎和建议（如亚马逊提供的购买建议）。而对于社交商务，还存

在一些比较特殊的辅助工具。

1. 社交商务中的建议

网络客户购物时需要借助于购物工具（如类似于 nextag.com 的价格比较网站），浏览购物网站（如 epinions.com），还要到各种网站上去搜索信息。如今，这些渠道中又增加了网络社交购物。参与网络购物的客户绝大多数都依赖社交网站来辅助购物决策。社交商务的各种模式其实都可以满足这样的需求。以下介绍的是两种主要的商务模式。

2. 排名和评价

由朋友、陌生人（如购物专家或是第三方评价机构）对商品或服务进行排名和评价在社交购物中是十分常见的，每一位购物者自己也可以参与其中。接下来要讨论的排名和评价工具有如下几种（请浏览 bazaarvoice.com/solutions/conversations）：

- 客户排名和评价。网站上的客户评价很常见。这是指客户的反馈意见，这些反馈意见有的是在商家提供的产品或服务的网站上（如 Bauzzions），有的则是在独立的评价网站上（如 TripAdvisor），或是在客户提供的内容板块上（如 Amazon.com、Epinions 等）。客户评价可以用投票或是民意调查等方式来进行。
- 客户见证。在商家的电子商务网站上或是在第三方网站上（如 tripadvisor.com），人们常常能够看到客户叙述自己的经历。许多网站鼓励客户参与讨论（请浏览 bazaarvoice.com/solutions/conversations）。
- 专家排名和评价。这是指独立的专家、学者的意见。这些意见可以发表在网络上的各种平台。
- 受到资助的商品评价。这是指收取费用的商品评价，有的是博客写手，有的则是社交媒体平台上的专家。广告商和博客写手可以通过一些网站（如 sponsoredreviews.com）寻找到对方，这些网站能够为博客写手与营销人员以及广告商建立联系。
- 对话式营销。这是指人们通过各种渠道进行交流，如电子邮件、博客、瞬时通信、讨论组、微博等。开展市场调研的人员或客户服务人员若是设法关注人们的交流内容，能够得到丰富的数据和信息（如戴尔的"社交媒体指令中心"）。
- 视频产品评价。人们也使用视频模式开展产品评价。视频网站 YouTube 就提供评价的上传、浏览、评价和共享服务。
- 博客写手评价。由于部分博客写手写评价是以收费为前提的，所以这种评价可能存在偏颇。然而，也存在一些比较有声望的博客写手，大家相信他的评价会比较公正客观。

实际案例

Maui Jim（mauijim.com）是高品质偏光太阳镜制造商。该公司利用 Bazaarvoice 的评价网站让客户对自己所拥有的产品进行评分。

Maui Jim 主要采用口碑营销来进行产品宣传，并帮助购物者更好地购买产品。公司邀请客户分享购物体验，包括产品的款式、是否合适以及具体产品的质量等。当客户进行产品搜索时，公司便会发送一份这样的邀请。一般通过电子邮件邀请客户浏览公司的产品，在客户选择的社交网站上也会出现公司的产品评价信息。

---

3. 社交推荐和引荐

推荐引擎是指消费者可以从其他购物者那里得到购买意见，也可以为其他人提供购买建议。

社交购物把实际的销售和社交平台的建议联系到一起。社交推荐、社交引荐与排名及评价相似，有时甚至会整合在一起。

实际案例

亚马逊（amazon.com）是一家专注于B2C销售的全球大型零售商。与其他电子零售商相比，亚马逊的一个巨大优势就是拥有庞大的客户群。亚马逊能够利用该客户群向潜在买家在购买决策过程中提供额外的产品信息。除了能够提供产品说明、图片、视频、用户排名和用户评论外，亚马逊还启用了一个系统，允许潜在买家向以前的买家询问有关产品的问题。例如，如果潜在买家有兴趣购买新地毯，他们可能会询问以前的买家有关地毯抗磨损的程度，或者是询问实物与图片之间是否存在色差。潜在购买者可以匿名向以前的买家提出这些问题，以前的买家可以进行回复。另外，系统会存储这些问答信息，为将来的客户提供参考（请浏览 amazon.com/gp/forum/content/db-guidelines.html）。

把社交推荐与营销沟通、购物结合起来，是很有意义的。此类网站允许购物者与朋友之间相互交换购买建议。而传统的在线产品评论可能是来自陌生人的意见。此外，这些网站还可以出售在线广告位，与当地的实体店一起开展促销活动，比如，提供优惠券或是自动返现的奖励活动。

商品推荐信息有时候是汇集在社交购物平台上的，这些平台不仅提供一些购物工具，还可以提供建议、排名和评论。

推荐一般有如下几种模式：

- 社交标签。所有推荐给朋友的产品、服务等设置了便签，这有助于社交网络里的其他成员找到想要的产品。
- 社交推荐。这种推荐主要是针对与自己有类似需求或特征的人。通过分析这些客户的实际购买行为，可以为客户的购买提供一般性或针对性的建议。例如，"我附近的Apple店"（getnearme.com），利用定位来开展促销活动的各种应用程序，亚马逊网站的推荐，Snoox网站上的"朋友推荐"板块（snoox.com）等。
- 引荐项目。联盟计划中，如亚马逊联盟（affiliateprogram.amazon.com）、Apple's iTunes联盟计划（apple.com/itunes/affiliates）等，合作者只要引荐了新的客户，企业就会给予一定的奖励和酬报（请浏览 slideshare.net/getAmbassador/building-an-effective referral-program）。
- 匹配算法。一些咨询公司和商家（如Netflix）能够根据相似性算法向相似的消费者提供推荐。

4. 社交推荐网站的举例

Buzzillions（buzzillions.com）是一个产品评论网站，它从母公司取得这些评论资料。其母公司就是PowerReviews（已经被Bazaarvoice收购），一家为客户提供针对电子商务网站进行评论的软件开发公司。它还整合了其他一些产品评论，包括使用第三方供应商的企业，或是建有自己评论系统的企业。该网站提供了多种可以标注和研究评论的实用工具。它还提供了排名功能。截至2016年，该网站的产品评论数量已经超过1700万条。

Buzzillions的商务模式是基于通过使用PowerReviews而产生的从Buzzillions网站到商户网站的销售流量或是销售机会。换句话说，Buzzillions的读者阅读来自许多其他网站导入的评论，然后他们再点击感兴趣的产品，使得他们能够了解关于这些产品的更多信息，并可能会在卖方的网站购买这些产品。

这家公司在以下几方面是独一无二的：

- 排名是基于用户反馈的。公司提供工具帮助客户缩小搜索范围，但是客户为了了解产品是否适合他们，不得不查阅大量的评论。
- 无论是正面还是反面评论，所有评论在Buzzillions都是受欢迎的。除非评论亵渎或违反了公司的条款，它都会显示在网站上。
- Buzzillions 不卖产品，但该公司在网站上列出了零售伙伴，消费者可以直接进行购买。

5. 对社交评论和建议的思考

有些人提出了这样一个问题，就是这些报道出来的评论和建议是否客观准确。在有些网站，虚假的评论和观点的比例被怀疑高达 30%～40%（请浏览 en.wikipedia.org/wiki/Yelp._Inc. 上的"针对企业主的指控"）。还有一个受关注的问题是，有企业会付钱给评论网站对评论进行操纵。另一个需要关注的问题是，要防止少部分评论人员的偏见（正面或负面的）可能也被列入其中。

社交推荐在购买决策制定过程中起的作用越来越明显，但是消费者对虚假评论的担忧也在不断增加（请浏览 bbb.org/hawaii/news-events/news-releases/2016/11/increase-in-fake-retail-appsas-the-holidays-approach）。无良卖家发现，即使没有正确描述产品属性，使用虚假评论也会大大增加其产品的购买量。无论是对商家还是对消费者，这都是一个大问题。对于商家而言，虚假评论会诱导消费者去购买劣质商品，退货会增多，客户满意度会下降。对于消费者而言，虚假评论会误导人们做出错误的购买决定，买到的产品并非物有所值。因此，有关如何辨别真假评论的教程如雨后春笋般出现（请浏览 howtogeek.com/282802/how-to-spot-fake-reviews-on-amazon-yelp-and-othersites）。作为用户评论使用最多的商家平台，亚马逊正在想方设法打击上述虚假评论的做法，已经开始起诉那些在其网站上发布或者购买虚假评论的卖家（请浏览 techcrunch.com/2016/10/27/amazon-sues-more-sellers-for-buying-fake-reviews）。公司希望借此能够曝光那些不诚实的行为，降低虚假评论出现的频率。

相关的讨论话题，请浏览 vendasta.com/blog/50-stats-you-need-to-knowabout-online-reviews。

8.4.6 其他购物帮助和服务

除了建议和市场之外，还有些网站提供社交购物帮助。

1. Yelp：购物者的最佳帮手

Yelp 是这样一家公司，它提供了一份帮助人们寻找城市服务的本地指南，基于用户的评论和建议对维修、餐馆等各行各业进行排名。通过这种方式，它帮助人们寻找到当地最好的商业服务。被称为 Yelpers 的社区成员，制定商业评论并对其进行排名。Yelpers 还可以找到各种活动和特别优惠，并可以与对方进行"对话"（请浏览 yelp.com/talk）。

这个网站也是一个企业为其产品和服务打广告的地方（向 Yelp 支付费用，提高曝光率）。Yelp 也可以通过手机进行访问。该网站提供了多种社交功能，如论坛、照片墙、聊天群、粉丝群等，还有公司博客（officialblog.yelp.com）以及社区博客 Elite Yelpers（communityblog.yelp.com）。经常积极参与网站活动的 Yelpers，可以申请成为一名"Elite Squad"成员（请浏览 yelp.com/elite）。

用户在一个特定区域寻找某种商业服务。Yelp 搜索引擎会找出可用的商业服务，并对其进行排名和评论，连同获取服务的方法一同呈现给客户。

Yelp 连接谷歌地图，显示相关业务的地点，并进一步帮助发现相关业务。

通过对用户评论进行归类标注来构建一个信用系统，网站访问者可以看到好评和差评。有关信用管理的话题，请浏览 seofriendly.com/tag/reputation-management。有关 Yelp 运作的更多信息，请访问 youtu.be/RPRDZgYSZ_c，观看名为"Yelp 运作"（Yelp Explained）的视频。想要了解更多信息，可以参阅 yelp.com/faq 及 en.wikipedia.org/wiki/Yelp。

值得一提的是，一些购物帮助对线上购物和线下购物都是适用的。如 Kohl 百货的信息亭提供的触摸屏电脑，在店内的时候，你就可以查找相关商品，并就送货上门的服务下单。

2. 协同评论

ProductWiki（productwiki.com）这类的网站就是一种类似威客平台的架构，每个用户都可以为网站做出贡献，目标就是创建一个全面的资源集合。该公司认为有必要建立一种公正、准确并以社区资源为基础的产品信息集合机制。这些网站使用协同评论的方式，由消费者提交对一种产品进行褒贬的评价。评价结果是一个较为全面的评论，综合了很多人的意见，并突出产品的最重要方面。协同评论由两部分构成——短评和投票。社区成员提交和票选特定的按利弊分类的评论，使得人们更容易去判断每个产品是好还是坏（请浏览 productwiki.com/home/article/collaborative-reviews.html）。

3. 投诉处理

正如前面所看到的，客户已经学会了如何使用社交媒体来表达他们的投诉。英国一项调查显示，顾客更愿意通过社交媒体表达抱怨（请浏览 xlgroup.com/press/new-survey-finds-customers-increasingly-likely-to-use-social-media-to-complain 及 wptv.com/dpp/news/science_tech/facebookfb-twitter-twtr-used-to-complain-get-answers）。

8.4.7 社交网络市场与直复营销

社交网络市场（social marketplace）借助于社交媒体工具和社交平台开展各种活动，充当一个买卖双方的网络中介。从理论上说，社交网络市场是有利于网络用户推销自己的产品和服务的，正如 Polyvore 所做的那样。

比较典型的社交网络市场有：

- Craigslist。该网站（craigslist.org）是一个比较典型的社交网络市场，因为网站上不仅有分类广告，还帮助组织各种社交活动，如会议、约会、展会等。
- Backpage。该网站（backpage.com）与 Craigslist 类似，为当地社区提供分类广告。
- Fotolia。该网站（fotolia.com）是一个分享图片、照片和视频剪辑的社交网络市场。2014年，该网站分享的图片量超过了 3 100 万，主要为艺术家、设计师，以及其他愿意通过图片、视频、论坛、博客等方式与人分享自己创意的创作者服务。成员提供各种不主张版权的设计和图片，网站上的其他成员可以买卖（按次支付或是定期支付），或是分享或是使用（如转售或修改等），而不会触犯法律（请浏览 usfotolia.com/info/AboutUs）。
- Flipsy。在该网站（flipsy.com）上人们可以买卖图书、音乐、电影、游戏等。这是一个开源的、值得信赖的媒体市场。网站并不收取交易佣金，目的是能促进用户之间的交易。支付是通过第三方支付平台（如 PayPal）来完成的。
- ShopSocially。该网站（shopsocially.com）是消费者对消费者的关于购物方面的营销传播和经验分享平台。在此平台上，购物者还可以向朋友推荐产品。ShopSocially 集聚了网上购物和社交网络的功能，开创了一种新型的在线社交购物的业务模式。用户可以通过 Facebook、Twitter 及电子邮件等方式从朋友那里搜集到购物方面的信息。ShopSocially 将购物中遇到的问题、用户的答案以及购物分享等这些信息集合到一起，为用户创建了一个非常强大的购物体验和购物知识库（请浏览 shopsocially.com）。

1. 社交网络上的直复营销

在 Facebook 等社交网络上，直复营销的业务量越来越大。下面是一些典型的案例。

> **实际案例　音乐家如何通过 Spotify 等社交网络在线销售自己的作品**
>
> Spotify 逐渐成为一个非常突出的新音乐社交网络。该服务于 2008 年推出，目前拥有的用户量已经超过了 7 000 万。它提供了来自不同音乐家的各种各样的音乐。该系统允许客户通过 Facebook 和 Twitter 等社交网络分享他们喜欢的歌曲和艺术家。由于这种分享提高了社交的互动性，因此，那些对音乐非常感兴趣的用户群，将 Spotify 视为自己的社交网络（请浏览 businessonmarketst.com/blog/spotify-the-social-network）。在 Spotify 上，艺术家可以通过设置标签或自我发行的形式发布音乐。一些新出道的、鲜为人知的艺术家，他们的歌曲和音乐无法通过传统的广播或 CD 发行的方式为百姓所了解，而 Spotify 通过上述方式为他们提供了音乐展示的机会，许多艺术家也因此初获名声。但是，从经济角度来看，通过 Spotify 或其他类似渠道授权音乐的方式，对艺术家来说并不划算。为获取较可观的收入，他们需要借助于其他方式，如专辑销售和开音乐会等形式（请浏览 digitalmusicnews.com/2016/06/03/artist-sales-equal-spotify-salary）。

> **实际案例　购买按钮如何运作**
>
> 继 Facebook 之后，其他社交网络和零售商（如 Twitter、Pinterest、Instagram、谷歌等）均在平台中植入了购买按钮，通过在顾客感兴趣的商品位置提供购买按钮，将受众群体的社交观点转换为实际的购买行为。

2. 社交网络中的 P2P 交易：销售、购买、租赁或交换

个人在网络上开展交易活动的时候，会借助于社交网络。例如，有些人会把 Craigslist.org 以及 altimetergroup.com 当作一个虚拟社区。

P2P 分享（协同消费） SnapGoods 网站帮助人们互通有无。有些网站市场比较单一，如 SwapBabyGoods.com（swapbabygoods.com）、Swapmamas（swapmamas.com）和 Neighborhood Fruit（neighborhoodfruit.com，帮助人们了解邻居中有哪一家院子里有果树，哪些公共绿地里有果树苗）。所有这些分享和租赁网站都在蓬勃发展，尤其是在经济萧条时期。当然，绿色消费理念的深入人心也有一份功劳，因为物品的分享从总体上看是有利于节约资源的。但是，协同消费最主要的成就是促进了人际交往。

物品分享的形式多种多样。有些人是分享汽车（如优步、Lyft），有的则是邀请不相识的人到家里免费过夜，或是短期内交换房子（如 couchsurfing.com），如此等等。

8.4.8　虚拟经济中的虚拟产品购买

通过网络购买虚拟产品和服务的消费者越来越多。**虚拟商品**（virtual goods）是指实物产品或虚构产品的计算机图片。例如 Second Life 上的装备和商品（例如给自己的化身添置一台手机），以及社交网络中售卖的多人游戏产品（如 Facebook 上的 Farmville 游戏）。

1. 虚拟经济

虚拟经济（virtual economy）是存在于多种虚拟世界中的新兴经济形态。在虚拟经济中，人们经常交易网络游戏中的虚拟装备，或是虚拟经济中的虚拟商品。在虚拟经济中人们主要是为了进行娱乐。也有些人会交易他们的虚拟商品或产权。虚拟产权可以是任何一种资产，只要是虚拟主体、虚拟人物或是用户账号可以控制的资源。关于这些产权的具体特点，可以查看 en.wikipedia.org/wiki/Virtual_economy。

2. 人们购买虚拟商品的原因

人们购买虚拟商品的原因多种多样。例如，很多人在现实世界中买不起某种商品，就会在虚拟世界购买这种商品。有些专家的研究结果显示，在任何国家发生的这种虚拟采购，其原因主要有四种：

- 体验某种快感；
- 情感上的满足；
- 小额交易带来的更强幸福感；
- 虚拟商品价格低，交易方便。

8.4.9 实时在线购物

人们在进行线上购物的时候，若发现一个较好的购买网站，会通过 Facebook 或是通过智能手机或电脑上的其他实时社交工具进行交流，或是通过 Twitter 或电子邮件邀请朋友或家人，多个朋友同时进行在线购物，交流和比较购物体验。

一些实时线上购物平台，是基于 Facebook 社交网络的购物平台。另一些实时线上购物平台，是以 BevyUP 为代表的购物平台（请浏览 bevyup.com/resouces 和 samesurf.com/about.html）。这些平台使得用户可以实时分享他们的购物体验。

值得一提的是，Facebook 正在考虑建立一个与 Amazon.com 竞争的购物中心，且计划在该购物中心增强"社交气息"。

8.4.10 未来的社交购物模式

我们来设计这样的一个场景：有一家商店要求到店里来购物的顾客，使用手机等移动设备连接到 Facebook 的应用平台。Facebook 的很多合作者都有 Facebook 的应用程序（合作者应用程序），此款程序可以在 App 的网店（包括黑莓和 Windows 手机）上下载（请浏览 facebook.com/FacebookMobile）。

这样一来，用户的移动设备便会收到企业发来的个性化购物建议。据报道，你曾经来这家商店消费的朋友会在这个平台上告诉你，哪一件衣服款式最合适你（例如可以使用"点赞"功能）。这时候，你可以直接走到柜台前，找到合适你的衣服款式。这样做当然也有风险，那就是很多人担心的隐私问题，但是在新世纪，还是存在那些热衷要与他人分享自己购物体验的人，但是又不会将个人的信息完全暴露在店堂内的屏幕上。请访问网站 youtube.com/watch?v=R_TAP0OY1Bk，观看题为"未来的购物"（The Future of Shopping）的视频。

例如，当你走进百货商店的试衣间，镜子里出现你的影像，这不稀奇。但是镜子里同时显示出有一个模特穿着你喜欢的衣服款式，摄像头还会将你试衣的照片上传到网络，供大家欣赏。于是，店里的消费者与社交网站上的用户就形成了互动。这套系统使用的技术就是射频识别（RFID）。纽约的 Prada 专卖店已经尝试使用该技术，为客户在更衣室里试穿衣服，进行鞋子和包的搭配（请浏览 youtube.com/watch?v=0VII-xdg5Ak&feature= related，观看题为"未来的商店——智能更衣室"（Future Store：Smart Dressing Room）的视频）。但是，由于存在隐私问题，Prada 以及其他商家已经停止使用 RFID 技术。

本节习题

1. 什么是社交购物？它的驱动力是什么？
2. 社交购物能给人们带来什么利益？
3. 社交购物有哪些模式？各有哪些功能？
4. 什么是排名、评价、推荐活动？

5. 什么是团购？
6. 网络社区与社交俱乐部如何影响营销活动？它们是如何运作的？
7. 什么是社交网络市场？它有哪些功能？
8. 主要的社交辅助工具有哪些？
9. 请描述虚拟产品的购物行为。
10. 社交购物将如何发展？

8.5 社交广告

开展社交商务的厂商主要的盈利渠道就是广告。因为网络上的浏览者数量众多，而且网络用户在网络上逗留的时间都很长，所以广告商都愿意在社交网站上投放广告，开展促销活动。广告既可以在公共社交网络上做，也可以在企业自主开发的网站上做，这一点与其他各种社交商务活动是一样的。

广告商投放广告的主要场所是 Facebook、YouTube、LinkedIn、MySpace、Pinterest、Twitter 等网站。社交媒体企业对实际的在线销售或许并没有非常直接的作用，但是对提升品牌知名度方面却是有着非常积极的意义的。数以百万计的公司在所有主要的社交网络平台上都有自己的网页。社交媒体营销的价值越发明显和重要。请浏览 blog.hootsuite.com/social media-advertising-stats，了解一些社交媒体广告统计数据，主要包括：

- 在过去两年间，全球社交媒体广告预算翻了一番，从 2014 年的 160 亿美元增加到 2016 年的 310 亿美元。
- 在美国，社交媒体支出预计将在 2019 年增加到 173.4 亿美元。
- 2017 年社交媒体广告支出可能超过 350 亿美元，占全球数字广告支出的 16%。

8.5.1 社交网络广告及社交应用软件

社交商务广告大多数是由广告商付费刊登的，这些内容有着广告商的品牌印记。社交商务广告一般分为两大类：

- 社交广告。一些展示广告和旗帜广告植入在社交游戏或社交网络讨论题板的边角上。
- 社交应用软件。这些应用软件便于社交互动，也方便用户提交内容，但是在具体实施时要比社交广告复杂得多。

Facebook 上有成千上万的第三方软件应用，其中最普遍的应用是旅游。例如，有一种应用称为"Where I've Been"。地图上能够标出用户到过的地方或是想要去的地方。用户可以制订旅行计划，结伴出游，也可以对免费住宿的机会进行排名和评价（例如在 Couchswap 网站上）。网站可以将这些信息销售给各类旅游公司，这些公司再到 Facebook 上去打广告，比如，TripAdvisor 的 "Gities I've Visited" 提供互动地图，标记客户特别感兴趣的城市。研究表明，社交媒体用户特别容易受到他人旅行建议和旅行体验的影响（请浏览 independenttraveler.com/travel-tips/travelers-ed/social-media-the-ultimate-travel-guidebook）。

8.5.2 病毒营销（口碑营销）和社交网络

病毒营销（viral marketing）指的是消费者之间（一般是朋友之间）口口相传，告诉他人自己对某种产品的好恶。病毒营销的形式有很多种，它对电子商务和社交商务的作用都很大（请浏览 learningmarketing.net）。

病毒营销中的主力军是年轻人。只要有人喜欢某种商品或服务，口碑广告的流传会非常快，往往是一夜之间家喻户晓。对广告商来说，广告成本变得微不足道了。例如，YouTube 网站在最初的几个月根本就不放广告，但是几百万人成为网站的用户，靠的就是口碑相传。有关"口碑的力量"，请浏览 bazaarvoice.com/research-and-insight/social-commerce-statistics。

1. 病毒博客

许多零售商利用博客主来开展口碑营销（请浏览 viralbloggingsystem.com）。在这种情况下，病毒营销就可以称为**病毒式博客**（viral blogging）。如果在 Twitter 等平台上开展病毒式博客营销，效果是十分明显的。

值得一提的是，有些博主写文章是收费的，他们的文章就可能会偏向于雇主。此时，读者就需要多加留意。

2. 病毒营销的其他方法

绝大多数的社交网站会通过内部邮件、短信息、视频、故事及特殊折扣等方式实施病毒营销。此外，还有一些创新的病毒营销方法。

8.5.3 利用 YouTube 和各种社交网站做广告

利用视频资料做广告已经是一种十分有效的营销手段了。厂商利用社交网络或是合作的门户网站进行产品宣传或是提高品牌形象，上传视频资料，使得网站的浏览者对产品有更加深刻的印象、更好的体验。

病毒营销视频

所谓**病毒营销视频**（viral video）指的是人际通过网络迅速传输的视频资料，有时会带有一些推荐评论。对于这样的视频资料，社交媒体是一个理想的平台。一段视频资料通过视频网站、文本、博客或是电子邮件在网络用户之间分享，广为传播，这就是病毒营销视频。这种营销方式成本较低廉。

社交媒体中的病毒营销视频的作用是很大的，因为它能引起人们的兴趣，成为关注的焦点。很多人会向自己亲朋好友发送视频资料，广告效应被不断复制和加强。在不到一周的时间内，有些视频的点击量就高达几百万。当然，从中受益的不仅仅是大品牌，例如，2016 年病毒营销视频中主要出现的品牌是 HBO、Visa、DNC，还有一些初创公司，甚至是个人。

人们在 YouTube 网站上看到一段有趣的视频，一般都会将链接发送到 Twitter 或是 Facebook 上，也可以将链接用电子邮件的方式发送给自己的朋友。朋友再发送给自己的朋友，视频信息的效果就这样被放大了。

一些有趣的案例，请浏览 blog.socialmaximizer.com/youtube-business-use-cases。

8.5.4 利用 Twitter 开展广告和营销活动

Twitter 以及类似的微博网站也新增了网络社交功能，例如为粉丝及好友创建个人资料和名单，企业可以接触到这些朋友，以产生强大的口碑营销效果。

Twitter 越来越像一家企业。2010 年，该公司第一次推出广告平台"promoted tweets"，一下子就收入了 4 500 万美元的广告费。这主要是因为一些大品牌（如维珍航空、可口可乐、福特汽车、威瑞森等）都想到 Twitter 上去尝新。Twitter 的广告收入从 2014 年的 14 亿美元增加到 2015 年的 22 亿美元。在 2016 年，Twitter 的收入开始下滑，它的股票价值也有所下降（请浏览 recode.net/2016/4/26/11586438/twitter-earnings-q1-added-new-users）。

企业可以在 Twitter 上为自己的公司或产品做广告，也可以开展其他各种促销活动。公司在 Twitter 上的粉丝都可以来光顾门店。Twitter 通过帮助公司进行广告宣传，从而增加公司的销量。Twitter 的配套软件帮助企业去接触 Twitter 的粉丝。企业推出新产品或是开展新的促销活动的时候，只要在 Twitter 上一"招呼"，就会有很好的效果（请在 Google 中搜索"twitter simply speakers""twitter SBL publishing"关键词，查看相关成功案例）。Twitter 如今已经是全球第二大网络社交平台。2016 年 9 月的注册用户达到 3.17 亿（请浏览 mediabistro.com）。在吸引广告商的能力方面，它或许可以与 Facebook 一争高下。

其实，在 Twitter 上面做广告的方法还有很多：

- 招聘和求职。人们可以直接或者通过中介在 Twitter 上进行信息交流。
- 品牌展示。公司的博客、展示广告或是各种营销传播都可以展示在 Twitter 上。博主也可以在 Twitter 上发布自己的博文。
- 市场调研。通过查看 Twitter 上的信息，公司可以了解客户和竞争对手的想法。同时，企业也可以参与在线讨论。
- 提供优惠。公司可以为那些选择加入的用户提供促销、优惠券和折扣等优惠措施。例如，美国运通公司将客户的账户和客户在 Twitter 的账户同步化，并为其提供折扣。
- 共同协作。Twitter 为组织内部和组织之间提供了合作的平台。
- 客户服务。Twitter 平台有助于管理客户关系和提供客户服务。
- 利用专家来提高公司在 Twitter 上的影响力。许多专家以及行业中有影响力的人员很可能都在 Twitter 上参与过讨论。企业也可以与这些专家以及一些活跃的博客主进行互动。
- 成本效益。利用 Twitter 与客户或合作伙伴进行交流的成本非常低。一个典型的例子就是 American Apparel 公司，该公司利用 Twitter 征求客户对广告的看法，并展开相关的讨论。

在 2016 年美国总统选举期间，Twitter"名声大震"。大多数参与竞选的政客、政党和特殊利益集团都选择使用 Twitter 平台与选民或彼此之间进行交流。Twitter 允许候选人与选民在平台上直接进行沟通，把传统媒体远远抛在后面。平台还允许个人回复候选人的留言和他们发布的消息。从社会性角度来看，该系统便于志同道合的人之间互相沟通，但也有反对的声音，认为这将导致该平台成为一个"回音室"，人们只能接纳与自己观点一致的意见。

Twitter 成功的一个主要的因素是其具备相当的灵活性。绝大部分人都可以通过移动设备登录 Twitter。实际上，Twitter 大部分的广告收入都来自移动设备上的营销广告（请浏览 blog.kissmetrics.com/twitter-marketing-guide）。

8.5.5 利用 Facebook 开展广告活动

拥有巨大规模的用户和客流量，Facebook 理所当然成为开展社交媒体广告的理想之选。使用 Facebook 对公司的产品和服务进行宣传的方法有很多，企业可以根据自己的目标，选择合适的方法。

1. 发布横幅广告和其他形式的展示广告

这是使用 Facebook 发布广告的最直接的一种广告形式。这些广告可以根据客户的搜索情况和喜好，直接投放针对性的广告给客户，以此来带动商家主页或网站的客流量。

2. 优惠券

此功能允许企业在它们的 Facebook 页面上发放优惠券。公司的粉丝及其他用户可以在动态新闻中索要优惠券。优惠券被索要之后，商家会将优惠券通过电子邮件的形式发送给客户，客户可以在线下打印优惠券或者与朋友分享优惠券。这些优惠有的当日有效，有的是其他形式的促销活动。

3. 社区空间

Facebook 上的另一种广告形式是在页面上留一个空间。它可以单独使用，也可以与其他广告方法结合使用。页面上用户可以查找产品、服务或活动的各种信息，它比链接到其他的网页要方便，因为用户已经在社交网络中。

8.5.6 对 LinkedIn 网站的利用

凭借着庞大的专业用户群，LinkedIn 为企业营销提供了另一种可能性。与许多其他社交网络不同，LinkedIn 专注于职场人士，所以其提供的产品和服务类型应与职业相关，针对个人或企业本身。LinkedIn 为企业提供了多种不同的广告方式。企业可以在 LinkedIn 官网植入包含企业描述和营销信息的页面，还可以购买 LinkedIn 页面上的展示广告位，企业还可以与其他用户一起赞助 LinkedIn 内举办的活动，以建立品牌知名度和美誉度。

8.5.7 社交媒体上各种创新的广告模式

企业利用社交广告的目的主要是增加网络上的浏览量和实体店的客流量。社交媒体上广告的创新模式很多。3dCart（3dcart.com）网站上列出了如下一些形式：

利用企业的 Facebook 站宣传企业的网络店铺，在 Facebook 上放置"喜欢""赞"（like）某一件产品的按钮，并刊登相关的文章，也可以利用社交电子邮件在 Facebook 上进行广告宣传；在 Twitter 上利用客户的案例宣传公司的网络店铺；在 YouTube 视频中植入广告；利用移动应用软件；利用社交书签改进与客户的沟通。

- 利用企业在 Facebook 建立网络店铺，吸引粉丝，让他们在店铺里与其他有相同兴趣爱好的客户"见面"；
- 发微博向客户宣传企业、促销活动、新产品等；
- 发博客给客户，方便他们及时了解各种新产品；
- 在公司网站上植入视频（例如在 YouTube 中）；
- 在产品宣传网页上插入社交标签，以便随时返回浏览；
- 利用移动应用程序。
- 在 Facebook 上增加"喜欢"某一件产品的按钮，并刊登相关的文章（例如，佳得乐运动饮料品牌用六个月的时间聚集了 120 万篇相关的文章）。

具体细节，请浏览 blog.3dcart.com/7-social-commerce-tools-toincrease-Traffic。也可以浏览 digitalintelligencetoday.com/downloads/White_Paper_Social_Commerce_EN.pdf，下载名为"Social Commerce: Monetizing Social Media"（利用社交媒体的生财之道）的电子书。

1. 不断变化的品牌规则

随着社交网络的出现，品牌创立在许多方面都发生了变化。为了适应新规则，企业需要与客户进行真实的互动（请浏览 allbusiness.com/transparency-changed-rules-branding- 23303-1.html）。

2. 对博客的利用

博客是一种 Web 2.0 工具。许多人都把博客看成是营销沟通、信息传播、对产品（包括即将出现的新产品）提供建议和讨论的一种非常有效的方法。例如，企业可以在博客中发布新产品创意，展开讨论，搜集客户意见。企业不仅可以在自有网站上刊登博客，也可以在 Facebook（或是其他的社交网站）的公司站点上刊登博客。此外，企业也可以在多个博主的文章里嵌入公司的广告按钮，供用户点击。

3. 对优惠券的利用

社交商务中可以使用两种方法来发布优惠券。一种是基于定位商务，根据客户所在位置发送优惠券。一旦商家知道客户所在的位置，知道如何利用电子邮件或短信向客户发送信息，便可以向客户发送有针对性的优惠券。另一种是在公司的 Facebook 页面上提供优惠券，主要通过 Facebook Offers 功能实现。Groupon 团购网站就经常使用优惠券。

4. 利用 Snapchat 照片分享社交网站

这款"一夜成名"的社交网络正在成为广告和销售的"热土"。

5. 移动广告

移动广告发展得很快，它是指在手机或其他移动设备上展示广告内容。许多企业都希望在移动广告领域分一杯羹。随着智能手机越来越普及，这种竞争日趋激烈。广告商开始在视频资料中嵌入广告。广告商会使用微博，尤其是 Twitter 上的视频去接触自己的目标受众。

本节习题

1. 请描述社交商务中的广告业务。
2. 请解释社交广告和网络社交应用程序。
3. 请界定病毒营销。
4. 请描述病毒式博客。
5. 什么是病毒营销视频？
6. 企业如何利用 Twitter 开展广告活动？
7. 什么是移动广告？

8.6 社交客户服务及社交客户关系管理

客户服务领域正发生着翻天覆地的变化。这既表现在客户服务的方式上，又表现在客户与企业的互动方式上。

社交媒体的引入促成了上述客户服务发生的变化。起初，人们对社交商务与客户服务之间的联系并没有多少预期。但是实际上，两者之间的联系越来越紧密。客户关系管理被认为是社交商务面临的两大挑战之一。

8.6.1 社交网络提升客户的参与能力

有人说，一篇微博能帮助企业解决一个问题，但是一篇微博也可能扼杀一个品牌。根据社交媒体分析公司 Sysomos 的分析发现，由于商家提供的客户服务不够完善，超过 65% 的客户都流失掉了。下面让我们来了解一下 Facebook 是如何帮助企业改变经营策略的。

实际案例　激浪利用客户和社交媒体设计新风味饮品

社交媒体可以通过多种方式提升客户的参与能力。借助于社交媒体，客户可以帮助解决并克服客户服务问题，也可以向社交网络上的朋友和其他人推荐产品和服务，还可以与公司进行合作，

> 帮助公司设计和完善他们喜欢的产品。类似的一个有趣的例子是：百事可乐与激浪 Mountain Dew 开展的合作。为了更好地利用激浪的忠诚用户，百事可乐计划研制柠檬味激浪饮料系列，且部分饮料系列深受用户喜爱，但是也有部分饮料不受欢迎。
>
> 为了研制出粉丝们喜欢的饮料口味，公司利用社交媒体对用户做了一项调研，以确定他们对饮料口味的偏好。通过分析调研结果，公司能够确定用户容易接受并深受用户欢迎的饮料口味。激浪的"Voltage"新口味饮料也是利用这种方式产生的。事实证明这种尝试是成功的，与早期的饮料系列相比，Voltage 新口味饮料在市场上更受欢迎。请浏览 visioncritical.com/power-of-customer）。

8.6.2 社交客户关系管理

客户关系管理（customer relationship management，CRM）指的是向客户提供服务的一种方法，目的是建立长久的、可持续的客户关系，为客户及企业创造价值。这样的客户服务如果是通过网络实现的，就是在线客户关系管理（e-CRM）。在线客户关系管理的主要领域是社交客户关系管理。

1. 社交客户关系管理的界定

社交客户关系管理（social CRM，SCRM），也被称作 CRM2.0，指的是一种基于社交媒体的客户关系管理（如 Web 2.0 工具、社交网站），鼓励客户参与到交流、分享及其他互动中去，目的是向所有的参与方提供利益，增加客户信任。社交客户关系管理以社交媒体为基础，为实现企业的既定目标，优化客户体验，提高客户信任度和忠诚度。要在社交客户关系管理方面取得成功，需要格外关注涉及与客户交往、互动的人、流程和技术。正如客户关系管理一样，社交客户关系管理的主要目标还是建立客户对企业的信任和品牌忠诚。

传统的客户关系管理需要依靠独立的系统进行信息的收集和沟通，而社交客户关系管理可以将上述工作整合到系统中来，汇总客户提出的问题并集中给出解决方案。据数字客服平台 ConverSocial 提供的报告显示，有 71% 的用户利用社交媒体寻求服务或帮助，而凭借着较为舒适的环境，社交客户关系管理能够较好地满足用户需求，成为他们的首选（请浏览 converSocial.com/social-crm）。

社交客户关系管理并不是传统客户关系管理的替代，而是一种延伸。它增加了两个层面：社交媒体和人。它希望客户能够使用社交媒体工具进行交流。社交客户关系管理不仅为商家提供价值（提高客户的信任度、忠诚度及销量），也为客户带来价值（更好、更快捷的服务，客户更多地参与，产品不断改进）。社交客户关系管理是社交商务战略的一个组成部分。在开展社交商务活动中，企业需要调整自己的战略，满足社交客户的预期和需求（请浏览 salesforce.com/eu/crm/social-crm）。

2. 社交客户关系管理的组成要素

社交客户关系管理的主要组成要素和特征如图 8-3 所示。这些特征是在社交网络驱动下产生的社交客户从事社交商务的基础。社交客户的需求和那些不使用社交媒体的客户的需求是不同的。例如，社交客户希望通过互联网与商家进行沟通，这种交流就要以社交媒体为基础，这也正是社交客户关系管理的主要组成要素。此外，社交环境也是社交客户关系管理的主要组成部分，因为它是商家与社交客户进行交流的基础。

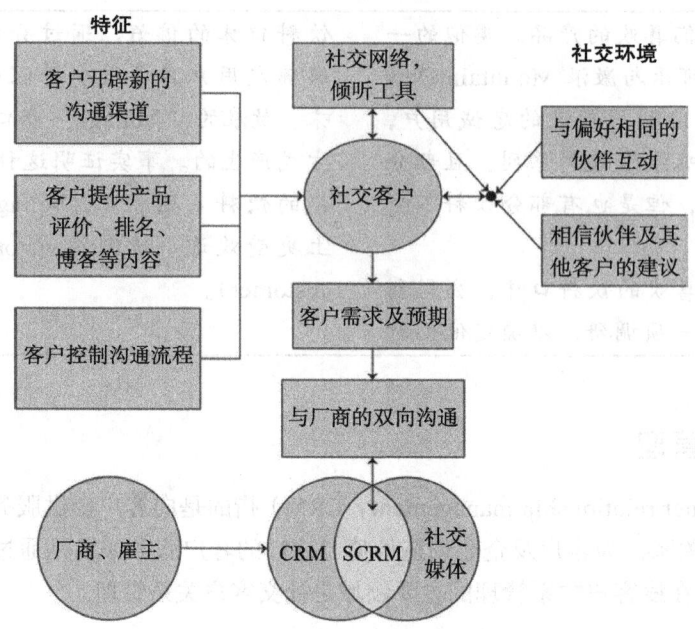

图 8-3 社交客户关系管理的要素

8.6.3 如何为社交客户提供服务

所谓**社交客户**（social customers）就是指在市场上处于意见领袖地位的客户。这样的客户都是社交网络的用户，他们参与社交购物，了解自己有怎样的权利，知道怎样利用社交网络来赢得自身的利益。社交客户懂得如何与企业进行互动，这些客户容易受到朋友、专家和家庭的影响。企业应该了解社交客户与传统客户的差异，向社交客户提供优质的服务。

社交客户服务的方法和原则

企业如何为社交媒体客户提供服务？

企业思考的问题，一是避免网络用户在社交网络上发布对企业不利的言论，二是认识到社交网络也给企业带来了机遇，因为在社交网络上企业可以向客户征求改进客户服务和企业运营的反馈意见与建议。此外，通过征求客户的反馈信息，企业还有可能提升客户忠诚度，提高客服人员的工作满意度。

在社交网络平台上，实时回复客户咨询、监控客户发帖内容、标记有负面倾向的帖子等行为，被许多业内人士称为"社交倾听"。它涉及所有利用社交媒体搜索有关产品或品牌信息（帖子）的行为，这种做法有些类似于过去用于纸质媒体时的"剪辑服务"，快速识别这些信息（帖子），并尽快妥善处理。企业借助于"社交倾听"可以做到：

- 尽快有效消除可能对品牌产生的负面影响；
- 主动解决问题时，创造积极正面的口碑。

通常，借助于一些社交媒体管理软件，能够实现更有效的社交倾听。

更多细节，请浏览 sproutsocial.com/insights/social-listening 及 blog.hootsuite.com/social-listening-business。

社交客户关系管理带来的好处

社交客户向企业提出了新的要求。然而，社交媒体工具能够以较低的成本较好地满足这些需求。社交媒体为企业提供了客户参与和协作的机会，如果实施得当的话，最终会给企业带来一定的竞争优势。

社交客户关系管理为客户（标记为c）和企业（标记为e）带来了以下潜在的好处（其中一些好处显示在应用案例8-2中，SCRM为iRobot带来的好处标记为I）：

- 较快解决客户问题（c）；
- 有助于为企业和客户提供高效的合作（c）(e)；
- 提高企业声誉（e）(I)；
- 有助于更好地了解客户的需求和欲望（e）；
- 提供专注、直观且便捷的CRM应用程序（e）；
- 用户创建内容以及口碑营销有助于更好地进行市场营销、更准确的定位以及改进产品和服务（e）；
- 通过客户提供的信息更快地进行市场调研，以较低的成本改善产品和客户服务（e）；
- 更快地为客户提供产品/服务信息（c）(I)；
- 提高客户信任度和忠诚度（e）；
- 相对于传统CRM，能够更全面地了解客户（e）；
- 降低客户维护费用（例如可以通过网上自助社区）(e)；
- 销售人员较快、较容易地找到销售线索（e）；
- 开发新的收入机会，并把新客户变成回头客（c）；
- 通过教导他们使用分析和协作2.0技术，提高客户关系管理人员的能力（e）；
- 受益于社交网络的知识共享，提高员工绩效（e）；
- 通过利用社交媒体平台，为客户提供参与的机会，提高客户满意度（c）(I)；
- 为企业带来更好的营销机会（e）。

更多信息，请浏览business.com/social-media-marketing/leveraging-the-power-and-benefits-of-social-corm。

应用案例 8-2　iRobot利用社交媒体开展多渠道客户关系管理

美国iRobot公司于1990年由美国麻省理工学院的三位机器人专家共同创立，公司的愿景是：研发制造实用性的机器人，为全球设计和生产一些最重要的机器人。根据公司网站内容可知，2015年公司实现6.17亿美元的收入，且预计2016年收入会增加到6.5亿～6.55亿美元。iRobot主要为各国的政府、国防和安全、军事和民防部队生产机器人，同时该公司的机器人也适用于商业应用、工业和家庭使用，较为公众所熟知的一款机器人是Roomba真空吸尘机器人。由于公司产品的技术水平要求较高，公司的客户一般会需要专业的技术支持和服务。公司在其客户服务网站上提供了多种服务栏目，包括自我诊断、支持视频、在线聊天、产品常见问题解答、寻求"客户帮助"（客户提出问题，并会自动接收到答案）等（请浏览homesupport.irobot.com/app/answers/list/session/L3RpbWUvMTQwMDQzNjk4NS9zaWQvODJsX1ZBVWw%3D）。但是，由于在家用机器人市场上很多客户都是首次使用机器人，所以这些客户需要更多的技术援助。现阶段公司的主要目标是扩大家用产品的销售。因此公司必须为那些没有使用经验的客户尽可能地提供帮助。公司在网站上为社区提供各种支持，包括讨论区、社区搜索以及实时聊天等。

SCRM：服务客户的同时，从客户身上学习

iRobot在Oracle RightNow的帮助下，使用了客户关系管理系统（请浏览oracle.com/us/products/applications/rightnow/overview/index.html）。该系统有助于公司的客户服务部通过多种渠道与客户进行沟通，包括使用电子邮件、即时通信、社交网络和Web自助服务。这样一来，iRobot能够使用各种方式及时与客户进行在线沟通。所有的这些沟通都要尽可能降低成本，因此

有必要实施服务的自动化。

特殊的社交媒体活动

iRobot 的客户可以在 homesupport.irobot.com 上发布服务需求、提出请求或投诉，也可以在"帮助中心"进行信息咨询。公司会实时搜集这些在线信息，并及时进行回应。公司希望通过各种渠道（如社交网站上的论坛）搜集客户的交流信息，试图寻找到有问题的客户。一旦确定有问题的客户之后，iRobot 便会私底下与客户进行沟通，以解决客户所遇到的问题。

RightNow 整理了以社交媒体为导向的一系列活动，并将相关的文档和视频集成为知识库。iRobot 使用了 RightNow 的搜集工具，以识别发布评论的客户，而且有些客户也可能会提供自己的真实姓名。公司还鼓励匿名客户直接与公司进行联系。至于公司如何从社交媒体获取客户反馈信息，请浏览 informationweek.com/software/social/roombarobots-Listen-to-social-media/d/d-id/1100404?。相关的播客内容，请浏览 moneybasicsradio.com/2013/04/irobot-social-media。

快速响应客户问题是至关重要的，正如之前所讨论的，客户利用 YouTube 或 Twitter（公司举行的促销活动，比如在 Twitter 上开展免费赠品和游戏活动）能够吸引大量的关注，也可以进行投诉。除了能够解决客户遇到的问题之外，公司还能够获得客户的宝贵意见，这些都有助于改进公司的产品和服务。

常见的社交媒体活动

若想利用社交媒体更好地为客户提供服务，需要基于一个前提，那就是客户必须很积极地参与到社交媒体中，并热衷于谈论产品。为了实现上述目标，iRobot 开展了一系列的活动，鼓励客户在社交媒体上讨论其产品。

例如，公司利用社交媒体来吸引客户。在 2017 年年初，公司鼓励客户在 Twitter 上关注"HappyBirthdayRoomba"（祝扫地机器人 Roomba 生日快乐）活动，有机会赢取奖品；鼓励客户发布关于他们的 Roombas 的图片和故事，以及他们与猫、狗和圣诞树的有趣互动（请浏览 medium.com/@invoker/social-media-lessons-from-a-robotic-vacuum-2941a65b5cff#.ccka bj4yx）。

这些社交活动在向潜在客户介绍产品功效时，起到了非常积极的作用，但也必须确保客户积极参与产品讨论，并感觉产品本身已然成为社区的一部分。此时，社交客户关系管理方能更好地为该社区提供服务。

iRobot 充分利用各种社交网络平台，包括 Facebook、Twitter、Pinterest、YouTube、Tumblr 等，进行信息传播，并收集客户的反馈和投诉信息。

思考题

1. 什么是多渠道服务支持，它为公司带来哪些好处？
2. iRobot 案例中，公司利用社交媒体开展了哪些活动？为公司带来了哪些好处？
3. 描述一下公司如何获取客户反馈信息，如何为客户解决问题。

8.6.4 社交客户关系管理的演变

在对 CRM、e-CRM 和 SCRM 有了基本的认识以后，我们来总结一下社交客户关系管理的发展演变过程，分析一下 SCRM 和 e-CRM 的差异性。SCRM 可以看作是 e-CRM 的扩展。大部分的 e-CRM 软件公司，例如 Salesforce（salesforce.com），也开始利用社交媒体进行产品供应。但是，e-CRM 和 SCRM 之间存在一些显著的差异（请浏览 slideshare.net/JatinKalra/e-crm-112520123741）。今天的 SCRM 在很多情况下都是通过移动设备进行的，所以它也可以应用到一些小企业中去。

8.6.5 SCRM 的全方位报告

有专家对 CRM 和 SCRM 之间存在的差异分别从宏观、客户接触点、业务处理模型、技术发展过程和组织模式五个角度进行了总结归纳。图 8-4 和图 8-5 展示了 CRM 1.0 和 CRM 2.0 之间的差异。

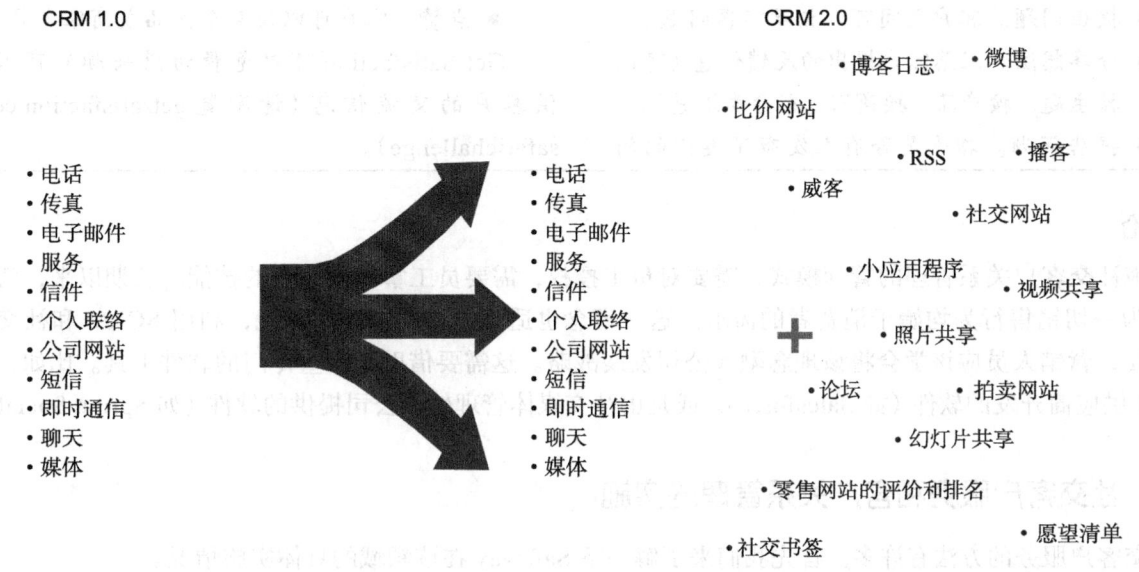

图 8-4　从客户接触点分析 CRM 与 SCRM 的区别

资料来源：Courtesy of F. Cipriani, " Social CRM: Concept, Benefits, and Approach to Adopt," November 2008. <URL>slideshare.net/fhcipriani/social-crm-presentation-761225</URL> (accessed January 2012). Used with permission.

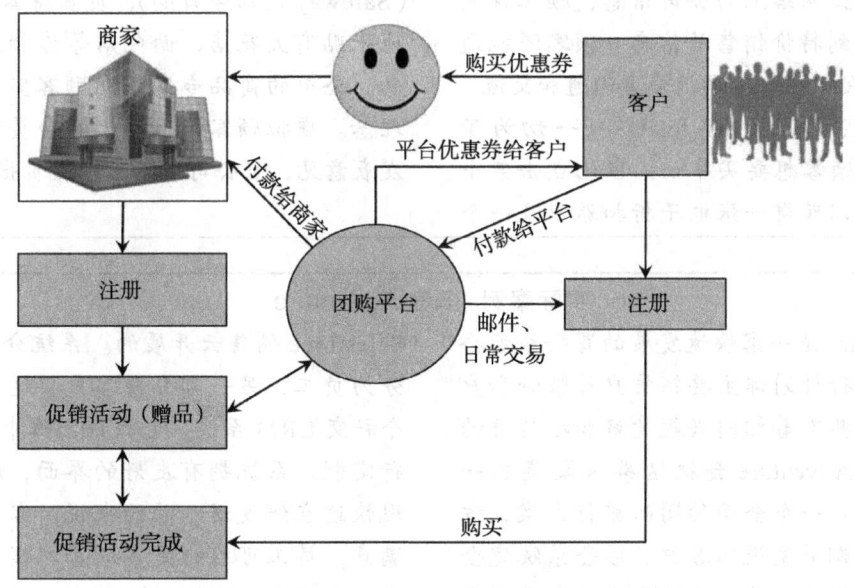

图 8-5　Groupon 团购平台的业务模式和流程

实际案例　Get Satisfaction

　　Get Satisfaction（getsatisfaction.com）是一个为客户提供相互沟通，表达意见和建议，以及进行投诉的在线交流平台。客户可以使用论坛快速获得问题的解决办法。其创建的每个社区都围绕着以下四大主题：
- 提出问题。客户之间可以相互回答问题。
- 分享想法。汇总客户提出的反馈信息（可以按主题、按产品、按商家进行分类汇总）。
- 报告问题。搜索是否有人发布了类似的问题，同时可以发布自己的问题。
- 点赞。客户可以为某个产品或商家点赞。

Get Satisfaction 可以免费为感兴趣的商家提供客户的交流信息（请浏览 getsatisfaction.com/safarichallenge）。

结论

实施社交客户关系管理的管理模式，需要对员工授权，需要员工掌握一些新的技能。长期以来，营销人员都认为一切销售行为均始于消费者的需求。这一理念也适用于今天的营销环境，利用 SCRM 和社交媒体产品论坛，营销人员应该学会将该理念融入公司发展战略。这需要借助于一些专门的软件工具。比如，由传统 CRM 供应商开发的软件（如 Salesforce），或是由社交媒体管理软件公司提供的软件（如 Sprout Social）。

8.6.6 社交客户服务和客户关系管理的实施

社交客户服务的方法有许多。首先我们来了解一下 Safeway 在该领域的具体实施情况。

实际案例　Safeway 提供社交客户服务

Safeway 是一家日用品大型连锁零售企业。公司向会员用电子邮件的形式发放优惠券，告知促销的信息。还会通过在线通信的形式向会员发送健康提示、食谱、购物小贴士等。该公司的客户服务还包括邀请客户成为公司 Facebook、Twitter 的粉丝。有了社交网络上的公司信息，顾客就能在第一时间了解到特价销售的信息。顾客还能通过社交网络与其他 Safeway 的消费者沟通和交流。

Safeway 还实施了 "Just for U"（一切为了您）计划。例如顾客想要买牛奶，当他点击某个优惠券后，便可以获得一张电子折扣券以及一个专属的优惠折扣，接下来，当他真正购买时，便可以获得 10%～20% 的折扣。这种情况下，就不需要再带打印的优惠券（请浏览 safeway.com/ShopStores/Justforu-FAQ.page）。

Safeway 还开通了公司博客 "Today at Safeway"（Safeway 门店今日购），负责博客内容的团队不断地张贴有关花店、面包店等连锁门店里的商品信息。公司的商品专家还向顾客宣传营养、环保等理念。虚拟顾客俱乐部上的会员都可以在博客上发表意见，且公司鼓励社区成员张贴原创的内容。

实际案例　REI Adventure

REI Adventure 是一家快速发展的冒险旅游公司。该公司的旅行计划部主要销售户外服饰和户外装备。对于那些有着相同兴趣爱好和旅行目的地的客户，REI Adventure 会把这群人聚集在一起，并为他们制订一个全面的团队旅行方案，方案由人工进行编制并发送给客户。该套系统完全采用计算机化的解决方案，且整个方案都是围绕 Salesforce 销售云开展的。系统分为两部分：一部分为员工，另一部分为客户。这基本上形成了一个社交 CRM 系统，它允许团体中的部分人进行旅行定制。系统拥有友好的界面，所有文件都能实现快速在线发送。总的来说，客户对该系统非常满意，员工可以为更多的客户提供服务，客户可以就他们的旅行发现实时相互沟通。

实际案例　百思买利用 Twitter 平台提供实时的客户服务

百思买是一家大型的电器设备零售商，该公司在 Twitter 开设了名为 @twelpforce 的账户，通过这个账户为客户提供实时服务。

百思买授权 Geek Squad 的技术服务团队和其

他员工（一共有 4 000 人）可以利用 @twelpforce 平台在上班期间为客户排忧解难。客服的微博答疑是通过 @twelpforce 平台发送的。答疑的结果在 @twelpforce 平台上可以看见，其他员工也可以进行补充回答（请浏览 thesocialcustomer.com./sites/thesocialcustomer.com/files/TheSocialContract.pdf）。

社交网络对小企业客户服务工作的帮助

上述案例都是有关大公司社交客户服务工作的案例，那么小企业在这一块的应用如何呢？显然，许多小企业没有足够的人力和物力来开展这样的应用，但是也有一些中小企业做得很好。

实际案例　Teusner Wines

Teusner Wines（teusner.com.au）是澳大利亚一家小型的葡萄酒销售公司，只有 3 名员工。但是这家公司仅有一人的营销部也把 Twitter 利用得很成功。其做法是：

- 邀请葡萄酒行业的知名人士在网络上发起讨论；
- 向参与讨论有关 Teusner Wines 品牌葡萄酒的人士（如一些社区网站上的用户）发送微博，感谢他们品尝；
- 通过在线交流与客户建立相互的信任关系；
- 邀请人们来参观葡萄园，品尝葡萄酒；
- 在美国、加拿大开发潜在客户；
- 搜集客户的实时反馈信息；
- 管理客户与客户进行交流；
- 在 Twitter 上张贴客户的评价；
- 在网络上共享信息；
- 在 Instagram 展示产品照片并获得"粉丝"。

小企业做到这一切几乎不需付出任何代价（请浏览 dottedlinecollaborations-com/social-media/case-study-using-twitterattract-new-customers）。

对于大公司而言，就有必要对营销、客户服务和社交网络进行整合。

8.6.7　声誉管理系统

公司并不能确保社交网络上的所有评论都是正面的。问题是当发现网站上出现负面评论时，公司如何应对。一直以来，公司都在试图隐瞒、淡化或诋毁客户发布的负面信息。然而，这与社交媒体的本质相悖，社交媒体倡导的是开放和诚实参与。因此，在社交网络和互联网的环境下，试图隐藏负面信息几乎是不可能的。公司不能阻止用户在社交平台上（包括在 Facebook 上）发布一些负面的评论。如果公司去阻止发布这样的帖子的话，那么同时也会失去一些粉丝对公司积极的评价，失去了正面的口碑以及有用的客户反馈。如果公司选择删帖的话，那么很容易遭到发帖人或其他人的报复。

这就需要一个应对客户在社交空间中投诉的解决办法。一些观点认为，公司不应该竭力隐藏负面反馈信息，相反，这些信息可以为公司所用，通过倾听客户意见，及时纠正问题，成为公司对外展示的一个很好的机会。有些人将此称为"声誉管理"或者"主动损害管理"。声誉系统应该具备以下特点：

- 快速发现并解决问题；
- 建立对卖家的信任；
- 提升产品和服务的质量；
- 保持客户忠诚度。

声誉系统可以使用社交平台本身，也可以借助于那些帮助企业管理社交媒体互动的系统（如 hootesuite.com）来实现。此外，信息的监控能力对于快速解决问题是至关重要的。据网站 sproutsocial.com 上的信息，无论采用上述哪种方法，社交媒体声誉管理系统均有较为成功的实践，可以帮助企业完成如下一些工作：

- 明确监控信息内容；
- 关联社交媒体账户与平台；
- 专注于社交参与；
- 鼓励产生更多社交评论；
- 衡量声誉系统的投资回报率。

大家一致认为，无论应用声誉系统业务规模的大小，都能够促进上述实践更好地实现。

更多详细信息，请浏览 reputationinstitute.com。

本节习题

1. 如何界定社交客户？他们具备哪些特征？
2. 社交网络为什么能提升客户在市场上的力量？如何提升？
3. 如何界定社交客户关系管理（SCRM）？
4. 企业如何满足社交客户的需求？
5. 社交客户关系管理能够带来哪些好处？
6. 社交 CRM 与传统 CRM 有何区别？
7. 如何界定声誉管理系统？

管理问题

1. **社交商务将对企业产生怎样的影响？** 企业的社交营销会改变消费者的购买决策。社交商务将会通过增加互动、客户参与和协作来影响 B2B 和 B2C 电子商务模式。也会对企业的商务模式产生影响，包括企业对待客户和员工的方式，甚至有可能会需要调整企业的组织架构等。影响还表现在广告内容、病毒营销、协同合作、品牌认知、客户服务、市场调研、组织协作等各个方面。

2. **企业是否需要去赞助一家社交网站？** 企业赞助一家社交网站，听起来似乎是一个好主意。但是落实起来不见得就很容易。网络社区成员需要得到服务，而这是需要花费代价的。最困难的事情是为自己的企业寻找到合适的网络社区。大多数情况下，为社交网络投入一些资金是值得的，因为网络成员能够为企业的广告活动做贡献。但是，为网络社区提供服务的人或企业需要有一定的收益，这样才能保证服务的持久，而要做到这一点是非常不容易的。

3. **我们应该参与哪些社交网络？** 有许多社交网络可供企业选择。企业可以根据网络规模、网络的专有功能（如照片分享）或是员工可用于管理社交网络的时间来做决定。

4. **小企业利用 Facebook 开展商务活动是否明智？** 这个问题取决于企业的性质，以及企业的经营目标。如果企业需要持续不断地与客户或供货商联系，利用 Facebook 开展商务活动是有利的。利用 Facebook 开展直接的销售活动，至少目前还不合适。如果只是在 Facebook 上建立企业自己的一个站点，花费不多，应该是可行的。中小型企业需要考虑的主要问题是社交网络的安全性（请浏览 entrepreneur.com/article/239539）。

5. **如何应对虚假的产品评价和假粉丝？** 网络上有很多的假粉丝。有些假粉丝是公司自己付钱请来吹捧自己的，目的是提高公司的形象。有些假粉丝是竞争对手付钱请来的。是否是假粉丝可以使用专门的软件检测到。这些假粉丝发布的信息可能会误导企业制定决策，例如，选择在哪里进行广告宣传。

6. **企业是否需要利用社交网络进行销售？** 在大多数情况下，答案是肯定的。很多企业认为这只是增加企业销量的一种新渠道。至于最终采用哪种模式则取决于产品种类、市场竞争状况以及存在的潜在风险。

7. **企业是否需要使用社交媒体声誉管理系统？** 利用该新工具，使得企业能够对社交网络中客户提出的问题快速做出反应，也有助于企业主动解决问题。虽然利用声誉管理系统有诸多好处，但是，若要真正实施，则对公司的软件系统、员工时间和公司政策有所要求。

本章小结

1. **社交商务的定义和演变过程。** 所谓社交商务是指利用社交网络开展电子商务活动。它被认为是电子商务的一个子集，其活动主要在社交网络中进行，主要使用的是社交媒体工具。它集合了社交媒体、电子商务、电子营销及相关支持理论等多个学科，具体包括社会心理学、营销学、社会学和信息技术。

2. **社交商务的范围、内容及发展驱动力。** 社交商务涉及的领域非常广，主要包括社交媒体营销（广告、市场调研和客户服务）和社交企业（问题解决、员工招募和协作），还包括社交娱乐、社交游戏和众包。社交商务的驱动力主要有：庞大的社交网络、Web 2.0 工具和社交客户。

3. **社交商务的优势和局限性。** 社交商务能够给客户、零售商和其他类型的企业带来诸多的好处。客户可以得到更实惠的价格，客户服务也会得到改善，并能够得到来亲朋好友的社交支持（如产品推荐）。社交商务还能够帮助他们结识新朋友，建立新的联系。零售商可以接触到更多的客户，改善与客户之间的关系，易于实施全球化，还能够免费利用口碑营销。对于其他类型企业也有很多的帮助，有助于企业进行高效且低成本的市场调研，可以在全球范围内招聘员工，有助于企业创新、协作以及在必要时寻求专家的帮助。

4. **描述社交购物。** 社交购物是利用社交媒体进行的一种在线购物形式，主要涉及朋友和社交媒体社区。社交购物的主要驱动力是众多的访问社交网站的用户，喜欢参考朋友提出的各种推荐，买家可能会获得较大的折扣，卖家可能会有更大的销量，面向社会的购物模式以及社交顾客数量的不断增加。

5. **网络社交中的广告及促销活动。** 社交商务活动中主要的支撑者依然是广告商，它们在广告上投入了大量的资金，因为它们看到了社交商务中蕴含的巨大市场。社交商务中的广告形式多种多样。口碑相传是不需要支付费用的，但同时它也是有风险的，因为网络中有可能出现负面信息。旗帜广告及其他各种付费广告为社交网络（特别是谷歌和 Facebook）提供了巨额资金。社交网络中有许多广告应用软件。博客一般提供的是正面信息，但是偶尔也会出现负面的评价。定位商务则是将广告、优惠券等与地理位置结合在一起（当然要把握好时间及地点）。许多企业开发了自己的社交网络，吸引网络用户来参与各种活动，如玩游戏、投票、提出意见和建议。Pinterest、Twitter 及 YouTube 上的广告有着很大的吸引力。

6. **开展社交客户服务和客户关系管理。** 利用社交媒体（如 Web 2.0 工具和社交网站）进行客户关系管理就是社交客户关系管理（SCRM）。社交客户关系管理为客户、商家以及一些公共机构带来了诸多的好处。具体包括：有助于改善意见领袖和商家以及服务提供商之间的关系，也能够为客户提供更好的服务。对于社交客户关系管理的演变进程可以从以下五个角度来分析：宏观（如结构和关注点）、客户接触点（如社交媒体工具的使用）、业务处理模型（如如何倾听客户）、技术发展过程（如面向社会的媒体工具）和组织模式（如互动类型）。社交客户关系管理的发展驱动来自社交网站的爆发式增长，社交客户的迅速增多以及买家对社交评论关注程度的不断增加。社交网络使客户拥有了更多的主动权。一旦遇到问题，企业会很快做出回应。客户在 Facebook 上进行投诉是轻而易举的事情。客户也能提出建议，要求企业改进经营，也可以通过投票表决参与企业意见。企业可以利用社交网络维护其品牌声誉，还可以利用社交聆听积极主动地解决负面问题。

关键术语

communal shopping（collaborative shopping）：社区购物（协同购物）
customer relationship management（CRM）：客户关系管理
enterprise 2.0：企业2.0
social business：社交企业
social commerce（SC）：社交商务
social customer：社交客户
social customer relationship management（SCRM，CRM 2.0）：社交客户关系管理
social marketplace：社交网络市场
social media marketing（SMM）：社交媒体营销
social shopping（sales 2.0）：社交购物
viral blogging：病毒式博客
viral marketing：病毒营销
viral video：病毒营销视频
virtual economy：虚拟经济
virtual goods：虚拟商品

讨论题

1. 社交购物和传统购物有哪些差异？
2. 社交媒体中有哪些社交因素？
3. 社交商务对电子商务有什么贡献？
4. 社交网络平台 Polyvore 和 Pinterest 之间有什么差异？有哪些相似点？
5. 人们购买虚拟产品有哪些原因？
6. 讨论传统的网络公司如何在其网站中增加社交网络的功能。
7. 在何种情况下，消费者会相信专家而不是朋友的建议？
8. 企业如何利用社交网络开展病毒营销？
9. 社交媒体营销和搜索引擎营销之间的主要区别是什么？
10. 广告商为什么钟情于社交网络？
11. P2P 交易中可能出现哪些欺诈问题？
12. 用户生成评论和建议存在哪些缺点？

课堂论辩

1. 请就社交购物中的社交顾客面对的隐私问题展开辩论。
2. 请访问网站 linkdex.com/en-us/inked/digital-shopping-behaviorreport-is-social-media-overrated/，阅读题为"数字购物行为报告：社交媒体的作用被高估了吗？"的文章，围绕"社交媒体在采购中的作用被高估了"这一主题展开辩论。
3. 围绕"未来，所有的电子商务都将社交化"这一主题展开辩论。
4. 如今，很多线上、线下的零售商以及一些其他的组织机构（如报业行业）都选择在网上提供每日特价活动，是否需要一个中介机构提供此项服务呢？就此展开辩论。
5. 讨论社交购物中客户信任受哪些因素影响（请浏览 pdfs.semanticscholar.org/674e/ 4c8b395c35be6bca11a5b909dc25f602d4ed.pdf）。
6. 你认为 Wanelo 如此受欢迎的原因是什么？
7. 查看 Facebook Offers，分析病毒服务具备哪些潜力，移动资讯具备哪些优势，将其与 Living Social 网站进行竞争力对比分析。

网络实践

1. 浏览 smartmobs.com 上的博客板块，寻找涉及社交商务的三组博客，并归纳它们的主要特征。
2. 浏览 thisnext.com，该网站具备哪些特点？哪些是你喜欢的？哪些又是你讨厌的？为什么？
3. 浏览网站 salesforce.com，识别公司开展的所有社交 CRM 活动特别是与公司 Chatter 产品有关的那些活动。浏览网站 slideshare.net/Salesforce/salesforce- customer-servicebest- practices-25640141，查阅幻灯片，写一份报告。
4. 浏览网站 salesforce.com/dreamforce/DF14，查找

与社交CRM相关的主题,并写一份总结。
5. 浏览网站bazaarvoice.com,总结该网站提供的主要服务,特别关注SocialConnect板块。
6. 浏览网站hootsuite.com,总结该网站提供的主要服务。
7. 浏览网站hubspot.com,总结该网站提供的主要服务。
8. 浏览网站tkg.com/social-media-marketing,搜集网站上有关社交购物的信息,并整理列表。
9. 浏览网站hootsuite.com/pages/social-media-marketing-certification,搜集网站上有关Hootsuite社交营销认证的信息,分析其具备的主要优点。
10. 浏览网站powerreviews.com,对该网站的活动内容和类似网站进行对比。
11. 浏览网站deal-of-the-day-review.topTenreviews.com,从该网站上有何收获?
12. 浏览网站socialshoppingnetwork.org,找到与本章内容相关的资料,并写一份报告。
13. 浏览网站socialmediaexaminer.com/smmworld/,了解会议内容,讨论你最感兴趣的会议特征和内容。

团队合作

1. 请阅读本章开头的导入案例,并回答下列问题:
   a. 社交媒体公司拥有一套收入模式的重要性是什么?
   b. Facebook的收入模式是什么?
   c. 任选一个社交网络,试着识别其商务模式。
   d. 在营销支出方面,Facebook如何与谷歌竞争?
   e. 企业如何有效地确定营销资金的使用组合?
2. Facebook上不断地提供一些营销工具,如Open Graph、Social Plugins等。设法找出这些软件工具。每个小组重点关注一个方面的软件应用,如广告及搜索引擎优化(SEO)、购物、市场调研、客户服务、客户关系管理等。将了解到的结果在班上交流。
3. 每个小组在如下的企业(可口可乐、星巴克、福特、百事、迪士尼、维多利亚的秘密、丰田、索尼、宝洁等)中挑选一到两家,它们都在Facebook或是Twitter上做广告,开展其他各种业务。了解它们的广告模式。
4. 以班级为单位调查团购活动在中国以及印度发展的情况。在整个亚洲,团购模式会有怎样的发展前景?可以先阅读Yoo的文章《2015年6月,中国有近20%的人参与团购,且该比例还在不断上升》(Almost 1 in 5 People In China Group-Bought In June 2015, And It's Rising),请浏览technode.com/2015/07/30/chinas-group-buying-market-turn-over-reaches-77b-rmb/,也可以调查美团公司。
5. 请浏览cpcstrategy.com/blog/social-commerce-guide-small-2,下载名为"零售商社交商务渠道指导手册"(The Retailer's Guide to Social Commerce Channels)的文件,归纳小企业在选择社交渠道、增加与客户接触的机会方面应该采取的步骤。
6. 请访问youtu.be/XeIQRBmSgqk,观看名为"企业2.0和社交商务"(Enterprise 2.0 and Social Business)的视频,总结企业2.0的关键要素。该视频创建于2012年,这么多年过去了,企业2.0的基本原则是否随着时间的推移发生了变化?

章末案例

索尼公司:如何利用社交媒体改进客户关系管理

索尼是消费类电子产品的巨型生产商,在过去几年经营状况不是很好。如今,该公司开始使用社交媒体改进这一局面,初步取得一定的成效。

存在的问题

索尼公司(sony.com)面临着来自三星(samsung.com/us)、夏普电子(sharpusa.com)、LG电子(lg.com/us)以及其他大型跨国公司的激烈竞争。在近年来经济增速放缓期间,这一竞争已经白热化。结果导致从2008年到2012年,该公司的经营收入每年都在下降。尤其是在2009年和2012年公司损失惨重,导致其股价从2010年和2011年的每股35美元降到2012年的每股9.57美元。伴随着东京证券交易所的复苏,2013年大多数股票开始上涨。作为一个非常成熟的市场，消费类电子产品的质量和价格差异不是很明显。因此，该领域的竞争主要集中在客户服务上，希望在这方面实现差异化竞争优势。索尼正在试图利用社交媒体实现这一目的。

解决方案

索尼公司为提高客户服务质量实施了社交客户关系管理。根据 Jack 在 2013 年提供的资料显示，索尼公司主要通过社交渠道联合开展了客户支持服务和直复营销计划。索尼的客户体验管理团队采取了多项措施。该团队建立了索尼的社区网站（community.sony.com），为客户提供信息和帮助。该网站上包括思想交流板块、讨论组、博客、Twitter 交流板块以及其他内容交流板块。此外，该网站还为企业进行市场推广活动。

下面是企业采取的一些主要的活动，其中大部分是在索尼欧洲公司实施的：

- 社交社区。一些社区是针对具体的产品，还有一些是以所有的索尼品牌为对象。公司的员工和客户都参与到这些社区中来。他们在社区中可以互相提供一些帮助，并共享一些反馈的信息。提供客户服务的雇员会"倾听"客户的声音，并利用这些信息改进服务。
- 公司在 YouTube 上为客户提供索尼产品的使用培训视频。
- 使用 SAP 的 Lithium 社交网络软件，对相关网络站点上的回复和评论（包括好的和坏的）进行搜集。这些信息有助于索尼完善经营、解决问题、捕捉商业机会。
- 在索尼的社区网站上，有一个特殊的"客户关系"板块，作为公司的核心社交网络，方便客户进行交流。
- 公司在 Facebook 上创建了 Facebook Support Community（facebook.com/sony），在 Twitter 上创建了 Sony Support USA(twitter.com/sonysupportusa)，在 Tumbler 创建了 Tumblr Support（sony.tumblr.com），还在 YouTube 上创建了索尼支持频道"Sony Listens"（youtube.com/user/SonyListens）。
- 公司员工在社区网站上，向顾客演示如何快速高效地解决问题。例如，网站上有一个"专家"板块用来解决 How To 视频上出现的问题，并提供相关的技术支持等（请浏览 community.sony.com/t5/Meet-Our-Experts/bg-p/experts）。
- 索尼利用其所有的社交媒体渠道，包括 LinkedIn，积极主动地吸引用户，并及时为客户提供优质服务。
- 索尼电子利用图片社交平台 Pinterest 向社区成员发送产品信息（请浏览 ohsopinterest ing.com/lessons-from-sony-on-pinterest）。

索尼对社交媒体上的交流信息进行搜集，并进行敏感度分析，以提高客户服务质量，改进产品质量和产品外观设计。我们注意到，索尼在进行社交媒体活动时特别注重用户的参与。此外，公司利用 Reevoo.com 提供的软件实现网站语言的自动翻译。

取得的成就

在社交社区这一举措实施之后，企业在 2014 年和 2015 年取得了较好的业绩。而实际上，很多成果在 2013 年便已经实现。例如，据相关资料显示，新的交流模式使得网站的点击率提高了 22%，有些情况下，甚至超过 100%。其他方面的成效主要有：

- 企业的客户信任度增加；
- 网页的浏览量、转化率、客户参与度（例如发布信息）都增加了一倍；
- 客户服务与营销推广的结合为索尼带来了新的收入来源；
- 2014 年 3 月，公司在 Twitter 上的游戏平台有大约 250 万粉丝，Facebook 上有 3 500 万粉丝。

索尼的股价在 2015 年和 2016 年有所回升。

思考题

1. 索尼使用哪些社交媒体工具和平台？
2. 索尼所使用的每个工具是如何促进客户服务的？
3. 社交 CRM 对索尼的主要好处是什么？
4. 索尼对 Pinterest 的使用与社交 CRM 有什么关系（请浏览 community.sony.com）？
5. 查找索尼实施的与 CRM 相关的活动，并做总结。
6. 前往索尼的在线社区，提一个问题，获得解答。总结四点体验心得。

第9章

社交企业以及其他社交商务问题

学习目标

1. 理解社交企业的概念及各种形式；
2. 描述公共商务型社交网络及其特点和益处；
3. 描述企业在内部开展的社交商务活动以及企业内部社交网络的特点；
4. 论述社交商务活动以及它与网络娱乐和网络游戏之间的关系；
5. 描述社交网络游戏和游戏化；
6. 解释众包的定义以及在社交商务中的应用；
7. 描述社交协作及其益处；
8. 论述社交商务的未来发展。

导入案例

抵押贷款行业：将社交媒体的影响力发挥到极致

未曾想过，社交媒体能够改变企业的运营方式，且能提供多种挖掘客户的方式。借助于公共社交网络，员工能够与客户和潜在客户以更加直接和更加真实的方式进行沟通，这就是所谓的营销或客户关系管理。无论上述何种情况，都在一定程度上打破了传统意义上公司与客户之间的沟通障碍。

存在的问题

然而，社交媒体也给应用它的公司和员工带来了一些潜在的不利因素。2015年，管理咨询机构埃森哲公司编印了一本电子书《社交媒体风险应对方法》，详细介绍了这些问题。他们主要的关注点是，对于多样化和超负荷的社交媒体信息，员工可能会应付不过来。但是，更加令人担忧的一个问题是，对于那些并不是"数字原生代"的员工而言，将要使用社交网络，本身就是一个挑战。

上述问题的产生与社交媒体网络的多样性密不可分。很多公司都致力于在多个社交网络上保持一定的活跃度，以便能够建立更为广泛的网络以吸引客户。虽然这个想法听起来不错，但是要真正实施起来，势必会增加员工的工作量，且会增加社交媒体出错或失误的发生概率。虽然应用社交媒体在一定程度上可以提高工作效率，但是，如果社交媒体成为与客户互动的主要方法，这种做法是不妥的。

抵押贷款行业

在抵押贷款行业，可以感受到企业欲与客户和潜在客户建立更真实联系的强烈愿望。在过去的几年里，该行业出现了许多与政府监管和内部流程相关的变化。为了保持竞争力，许多大公司都想与客户建立更加牢固的联系，它们认为社交媒体是实现这一目标的理想之选。

RPM Mortgage（rpm-mtg.com）是一家拥有独立经营权的住宅抵押贷款机构，位于美国加州的阿拉莫市。RPM旨在为每位交易中的客户提供咨询和资源，并确信可以使用社交网络来实现此目标。与美国其他抵押贷款机构一样，RPM在使用社交媒体时面临着类似的障碍。

解决方案

Hearsay Social（hearsaysystems.com）是一家位于旧金山的初创型技术公司，专门开发社交媒体管理系统，旨在帮助企业简化与客户的社交互动。该公司的Predictive Omnichannel Suite（hearsaysystems.com/product/）系统允许集成多个社交网络的信息。此外，该解决方案还使用预测技术，帮助金融服务专业人员能够在最需要和最合适的时机更好地向客户提供内容和消息。由于整体抵押贷款市场会发生一些变化，上述特征便显得尤为重要。Hearsay Social的首席执行官兼创始人Clara Shih表示："数字原生的千禧一代正处于他们购买首套房屋的时代，这是一个巨大的商机，但是对于那些不善于利用社交媒体的信贷机构工作人员，不善于利用搜索引擎，或无法通过电子邮件或短信与客户沟通的人，则是一种潜在的风险。"

取得的成就

RPM利用Hearsay Social平台，对社交媒体资料进行自动化处理和有效管理。系统帮助公司员工在适当的时间与客户建立联系，构建更加牢固的客户关系。公司坚信，这些努力不仅有助于发展公司现有业务，还有助于促进未来的信贷业务（请浏览hearsaysystems.com/2016/03/digital-technology-transformation-and-adoption-at-rpm-mortgage）。

案例启示

参与社交媒体活动可以帮助改变企业运营方式，并有助于企业更好地与客户建立联系。然而，这种转变并非易事，可能会需要使用一些辅助系统，以便更好地控制社交媒体活动和活动开展的时机。美国的金融服务行业，已经将社交媒体作为其与客户建立联系的主要工具，并辅助使用一些专业的软件系统，以促成它们更有效地实现上述目标。

9.1 社交商务和社交企业

社交商务的大趋势是在企业层面的发展。该趋势也与社交商务的概念相关。

9.1.1 社交商务和社交企业的定义

社交企业没有统一的名称、定义和解释，其概念也往往与社交商务相混淆，一般两者间的区别会经常相互替代使用。

1. 社交商务

社交商务（social business）是为营利或非营利组织实现一定的社会目标（例如改善人类福祉）而设定的名称，并不仅仅是以赚钱为目的。SocialFirms UK网站上（socialfirmsuk.co.uk）还提供了几个定义（其所称的"社交企业"）。该网站引用了英国政府的定义："社交企业主要以实现社会目标为己任，并以此为目的将企业盈余部分再投入到公司业务或社会团体中，而不只是为公司股东和老板赚钱。"（请浏览socialfirmsuk.co.un/faq/faq-what-social-enterprise-and-what-types-are-there）

在美国，社交企业被划归到"B类企业"，根据bcorporation.net网站上的资料显示："所谓'共益企业'（B Corps）是由非营利组织B俱乐部根据社会与环境绩效、透明度以及责任感方面的高标准筛选出的一批营利性企业。"目前，这个全球性的共益企业运动已在42个国家的120多个行业的1 600多家公司中展开，致力于"在全球范围内尝试重新定义商业成功"（请浏览 bcorporation.net/what-are-b-corps 观看在线视频）。

社交媒体 About.com 区分了社交商务中的两种类型：第一类是致力于社会责任多过谋求盈利；第二类是利用社交媒体达到商业目的（请浏览 webtrends.about.com/od/web20/ a/social-media.htm）。

上述第二种类型指的正是社交企业。在我们看来，"社交商务"主要是为了社交目的运营的，而"社交企业"则是利用社交网络来实现商业目的。

社交企业联盟（Social Enterprise Alliance），一家致力于社交商务的大型组织，也视其自身为"社交企业"（请浏览 se-alliance.org/what-is-social-enterprise）。

成功的社交商务需要给予其员工相应的权利（例如使用 IBM Connections 网站）。

2. 社交企业（企业 2.0）

社交企业（social enterprise）是指以商业活动或非营利活动（如政府）为主要目标，运用社交媒体工具和平台在组织内开展社交网络活动。

社交企业的概念近年来已相当流行（请浏览 innov8social.com/2011/05/5-buzzwords-to-know-in-sustainable），其应用正在急速扩大。它们以不同的名称出现，大多被称为"社交企业"和"企业 2.0"。企业的应用是通过企业内部网络和门户网站在企业内部开展的。它们也可以在公共社交网络上开展活动，无论是商务型网站（如 LinkedIn），还是普通网站（如 Facebook 和 Twitter）。一些主要的应用是人员招聘、协同协作和问题解决。企业的社交功能促进了新型的协同与协作，还有商务模式的创新，出现了更多的商业应用。很多工作人员每天都会出于商业目的而使用社交媒体。企业正争先恐后地参与多种创新的方式中。

有关社交企业更多的定义、特征和讨论，请浏览 centreforsocialenterprise.com/what.html。

3. 较复杂的定义

除了上述定义，下文将介绍关于社交企业一些比较复杂的定义。

社交商务论坛将社交企业定义为"设定战略、技术和流程并系统化地衔接体系中的每个个体（员工、客户、协作伙伴和供应商）从而共同创造价值最大化的组织（请浏览 2012. social-businessforum.com/what-is-social-business）。论坛还探讨了这一定义的内涵和跨组织及外部组织之间的相关性。不管怎样，运用技术进行有效的价值创造才是重点。

为更好地理解上述定义，在此推荐六个值得一看的视频：

- Andrew McAfee 的"What is Web/Enterprise 2.0"，请浏览 youtu.be/6xKSJfQh89k。
- "Social PHD Sandy Carter：How Do You Become a Social Business"，请浏览 youtube. com/watch?v= OZy0dNQbotg。
- "How Do You Become a Social Business"，请浏览 youtube.com/watch?v=3Hov017SvAo。
- Marquis Cabrera 在 TEDxTeachersCollege 的演讲视频"How to create a successful social enterprise"，请浏览 youtu.be/M3fl1R2lZFk。
- "Social Business @ IBM"，采访计算机专家 Luis Suarez，请浏览 youtube.com/watch?v= enudW2gHek0&featuer= related。
- "Enterprise 2.0: The Pros and Cons of Social Media"，请浏览 youtu.be/RvJ7oxTQaGc。

以上种种对社交企业的定义是以社交媒体工具和平台使用为基础的，与此相关的话题是"商务网络"。

9.1.2　商务网络

作为社交企业的核心组成部分，商务网络是指有特定业务关联的人群，如销售者与购买方、购买方与供应商、专业人士与同事等。本章中我们所说的购买方是指从某一公司购买任意商品（如一家采购代理）的代理商。诸如此类的人际网络就可以构成基于社会关系、以业务导向的**商务社交网络**（business social networks），并且可存在于线上或线下。例如公共场合中，在机场或高尔夫球场，如果有人善于社交，那么就有机会建立新的面对面业务联系。同样地，互联网也被证明是一个建立关系网络的好渠道。在本书中我们讨论的是在线网络，最为人熟知的网站就是 LinkedIn（linkedin.com）。更多关于商务社交网络的讨论资料，请浏览 lifewire.com/business-social-networks-3486557。

商务社交网络的类型

商务社交网络可分为三大类：

- 公共网站。例如 LinkedIn，该网站归独立公司所有并由其负责运营，向所有用户开放业务关系网。销售者与购买方、雇用者和求职者都可以在 LinkedIn 网站上建立联系。
- 企业内部网站，运行于公司内部。此类网络的用户资格仅限于员工或商业伙伴。全球保险业巨头 USAA 就有一个内部网络，员工可以借此向同伴寻求帮助。
- 企业自主经营的网站。此类网站归某公司所有，由该公司进行运营管理，但面向公众开放，通常与品牌相关（如星巴克、戴尔电脑等）。

9.1.3 企业社交网络的利弊分析

企业社交网络吸引企业客户的原因有很多。例如在网络上可以毫不费力地找人，查找公司信息，了解人际关系和一些引起关注的交流方式，并且创建出一种跨组织的共同文化。

吸引一家公司成为社交企业的原因主要有：

- 改善企业内部，以及与商务伙伴的协同协作；
- 加快知识的获取和传递，特别是专业知识；
- 改善与客户、供货商及员工的关系；
- 有助于招聘新员工，维系老员工；
- 有助于捕捉市场机遇（如接触潜在的协作伙伴或客户）；
- 减少运营、通信和差旅成本；
- 增加销售额和销售收入，有更多的成交机遇；
- 有助于提升客户满意度；
- 有助于降低营销及广告费用；
- 有助于降低其他运营成本；
- 有助于改进员工和营运绩效；
- 有助于促进公司内部与外部的关系；
- 有助于收集员工反馈；
- 有助于建立高效的生产队伍；
- 有助于提升预测与决策能力；
- 有助于获得内部及外部的专家意见和建议；
- 有助于改进客户服务和客户关系管理；
- 有助于加快革新，扩大竞争优势。

那些广泛使用社交媒体的企业肯定能够感受到上述列表中提及的各种利益，并有可能转变成一家社交企业（请浏览 ibm.com/social-business/us/en）。

企业成为社交企业的障碍和局限性

信息安全和信息污染等都减缓了企业社交化的步伐。埃森哲在 2015 年编写过一本名为《社交媒体风险应对方法》的电子书，书中详细介绍了在组织中开展社交商务时可能会遇到的几个问题：

- 选用的软件平台不合适或功能不完善；
- 暴露组织弱点；
- 数据滥用；
- 知识产权受损；
- 经济损失；
- 侵犯隐私；
- 品牌受损；
- 违反政府法规。

所有这些问题都可以克服，但是，企业在运用社交媒体，试图转变成社交企业的过程中必须要关注这些问题。更多细节，请浏览 slideshare.net/norwiz/what-is-enterprise-20。

9.1.4 企业如何运用 Web2.0 工具

各种公司正在以不同的方式使用 Web 2.0 工具：加快获取知识的速度；降低沟通成本；加快获取企业内部信息的速度；减少差旅成本；提升员工满意度；降低运营成本；缩短产品/服务的上市时间；增加新产品或服务创新成功率。

此外，还可以应用于企业的外部需求，包括招聘、收集问题解决的建议、协同设计、协作解决供应链问题和营销沟通等（请浏览 slideshare.net/norwiz/what-is-enterprise-20）。

为使企业能够成功应用社交媒体，需要提前做足准备。企业非常有必要了解应用过程中可能出现的潜在问题，以及完成具体项目的实施步骤。因此，对各种类型项目的实施进行咨询成为一项重要的业务，已经有一些公司欲加入该咨询业务中来。该项咨询服务可以由传统的商业顾问、软件和服务提供商提供。

1. 埃森哲公司

埃森哲（accenture.com）是一家传统的商业咨询公司，为那些期望将社交媒体应用到公司业务，以及客户关系管理的企业提供各种咨询服务。公司专注于有效实施社交媒体的三大步骤和社交媒体风险管理。这些领域包括：

- 治理。确保公司治理结构与社交媒体使用相关的标准相匹配，并且拥有相应的审计和危机应对系统。
- 流程。调整和优化企业标准，使其可用于社交媒体互动和风险管理评估。
- 系统。管理技术和数据，以降低社交媒体的风险，并提高员工工作效率。

2. Salesforce 公司

Salesforce（salesforce.com）是企业 CRM 系统的领导者，它还为希望在现有业务结构中实施社交媒体战略的公司开发了一个框架。作为一家软件公司，Salesforce 更专注于这些系统的实施以及可以优化这些系统的方法，以便与既有客户和潜在客户进行最积极和最有影响力的联系。在设计和实施时，公司建议企业首先完成以下四个步骤：

- 明确社交媒体工作的愿景；
- 为可以实现的社交媒体设定明确的目标；
- 确定将要开展活动的目的和类型；
- 建立一个社交工作团队，来指导实施和评估。

完成了上述四个步骤以后，Salesforce 就会帮助企业制订实施计划，目标是利用公司开发的系统改善客户关系，优化部门和企业间的协作，加快从企业社交网络及公共社交网络获取各种信息。

有关上述两家服务提供商的信息，请浏览 accenture.com/t20150523T022413_w_/us-en/_acnmedia/Accenture/Conversion-Assets/DotCom/Documents/Global/PDF/Dualpub_1/accenture-comprehensive-approach-managing-social-media-risk-compliance.pdf。还可以下载埃森哲公司的名为《社交媒体风险应对方法》的电子书（请浏览 secure2.sfdcstatic.com/assets/pdf/misc/Salesforce_ebook.pdf）。

本节习题

1. 什么是社交商务？什么是社交企业？
2. IBM 是怎样定义社交商务的？
3. 什么是商务网络？
4. 列举公司想要成为社交企业的五个原因。
5. 为何存在多种在企业中实施社交媒体系统的方法？

9.2 商务型公共社交网络

社交网络活动是在公共网络或企业网络上进行的。LinkedIn 就是商务型的公共网络，而 Facebook 主要用于社交活动。不过 Facebook 允许用户在其网络开展商务活动。My Starbucks Idea（mystarbucksidea.force.com）是由企业自主经营但面向公众开放的网站范例。在本节我们将讨论公共社交网络。

下面列举一些商务型公共社交网站：

- Google+。在 2011 开始运行的 Google+（Google 万能账号）将自身定位于商务型社交网站，在它投入运作的第四年就有超过 110 万的用户（请浏览 socialmediatoday.com/ content/google-overview-breaking-through-misconceptions）。
- LinkedIn。作为首屈一指的商务型网站，如本章章末案例将讨论的，LinkedIn 早已为人所熟知（请浏览 lifewire.com/what-is-linkedin-3486382 及 blog.hootsuite.com/social-net work-for-work）。

LinkedIn 以多种语言显示网页内容，提供客户报务，包括英语、西班牙语、法语、菲律宾语等，并有在将来使用更多语言的计划。

其他类似于 LinkedIn 的网站有 Wealink（wealink.com，中国）、Rediff（Rediff.com，印度）、International High Potential Network（Ihio.com，瑞典）、Moikrug（moikrug.ru，俄罗斯）。

还有很多致力于特定行业或各类专业领域的公共商务型网站，如女性企业家网站（networkwomen.org）。

实际案例　Facebook 也会发展成为商业网络吗

与纯粹的商业网络（如 LinkedIn）不同，　Facebook 成立的初衷是成为一个亲朋好友间进行信息分享的个人社交网络。商业网络则侧重于专业的网络搭建，类似于求职简历一样，主要用于介绍商家的详细信息。然而，实际上很多人将 Facebook 应用于商业目的。例如，有些人将 Facebook 用作专业的商业网络，有些人则利用其寻找工作。实现这种交叉应用的原因主要有两点：一是 Facebook 拥有庞大的用户量，二是现代人（尤其是千禧一代）对工作和个人生活的区分不是很敏感。因此，很多人想知道 Facebook 是否真的可以用作商业网络。从用户数量和特定的求职功能来看，Facebook 作为商业网络的应用是很有希望的，但同时，也还存在着一些阻碍因素。例如，在系统设计上，Facebook 并不具备 LinkedIn 等其他商业网络展示专业技能的功能。另外，一些用户担心在同一平台上，会混淆个人活动和专业活动。此外，隐私也成为关注的问题之一。Facebook 当然可以设计出更多支持商业网络的功能，但这似乎并不是公司目前的发展战略方向。至于 Facebook 将来是否会拓展到该领域，只能等待时间来证明。

企业家网络

有一些商务型公共网络聚焦于企业家活动。下面列举一些此类网站：

- Startup Nation（startupnation.com）。社区中那些初创公司的老板和专业人士可以帮助人们启动或运作新的业务。分享知识和想法是网站的主要目标。
- Entrepreneur Connect (econnect.entrepreneur.com)。该网站是《企业家杂志》的出版公司专为企业家和小企业主创建的社交网络，允许他们利用与服务提供商、供应商、顾问和同事之间的关系。
- Biznik（biznik.com）。Biznik 是一个创业者和小规模企业主分享理念和知识来互相帮助的社区，他们的口号是"协作贵于竞争"（请浏览 biznik.com/articles/coll-aboration-beats-the-competition）。根据 Biznik.com，用户必须使用实名制，Biznik 提供面对面的网络会议进行互动。
- Efactor（efactor.com）。这是世界上最大的创业者网站（超过 100 万用户，来自 222 个国家，遍布 240 个行业），提供给用户真实、可信并能长久联系的人脉关系、工具、市场和专业建议，以期这些资源能够帮助用户获得成功。用户还可与志同道合的人员和投资者相联结。
- Inspiration Station（inspiration.entrepreneur.com）。Inspiration Station 对于小型企业和初创公司来说是最好的门户网站之一。它不仅有大量实用的信息，企业老板还可以利用其大型的社区联络来自全球的同行业公司老板。

关于社交企业家的工作方式，请浏览 youtu.be/bWAxdYN0dlc，观看名为"What is a social entrepreneur？"（什么是社交企业家？）的视频。

本节习题

1. 如何区分内部商务型网络和公共商务型网络？
2. 列出并简要描述公共商务型网络。
3. 请定义企业家网络并请列举两个实例。
4. 为何存在多种商务型社交网络？

9.3 企业社交网络

越来越多的公司创建了自己内部的企业社交网络。其中有一些是私有的，仅供自己的员工或前雇员还有商业伙伴使用。还有一些向公众开放，不过绝大部分是由客户来使用。此外，其中还有许多系统连接到 LinkedIn 和 Facebook 等其他社交媒体网络，以丰富其功能，增加受众人数。内部网络（通常就是指企业社交网络）都有安全防范措施（俗称"在防火墙背后"）。此类社交网络依照目的、行业、国家等不同，就会有多种形式。

9.3.1 社交企业应用分类

企业网站经常使用下列术语（大多数都将在本章进行讨论）：

- 网络搭建与社区创建。建立网络与社区，要让员工、管理层、业务伙伴和客户都参与其中。
- 网络众包。收集来自众人的想法、见解和反馈（如员工、客户、商业伙伴）（请浏览 success.salesforce.com 及 mystarbucksidea.force.com）。
- 社交协作。利用威客、博客、即时信息、语音和语音聊天、协作型办公文档以及其他有特定用途的网上协作平台，如 Laboranova（laboranova.com）和 WebEx（webex.com），来协同共事，一同解决问题。
- 社交发布。在企业内由网络用户发布自行创作的内容，所有用户都可点击访问（如 slideshare.net 及 youtube.com）。
- 社交观点与反馈。就一些具体的话题在企业内部和外部交流社区中收集反馈和评价。

1. 企业社交网络的特征

像所有社交网络一样，企业社交网络使员工能够建立个人简介并与其他用户进行互动。通过鼓励用户间的互动交流，企业可以促进团队协作并提高员工满意度（请浏览 zdnet.com/ blog/hinchcliffe；访问 youtu.be/xxHJLXXAask，观看名为"Why Companies Need Enterprise Social Networking"（为什么企业需要公司社交网络）的视频资料）。

更多相关信息，请浏览 inderscience.com/jhome.php?jcode=ijshc 及 socialcast.com。

2. 一个企业内部网络的案例

我们介绍了星巴克创办的企业网站，也讨论了索尼和 iRobot 各自创办的企业网站。还有许多公司都有各自的企业网站。

实际案例　IBM 社交网络

Greater IBM Connection（ibm.com/ibm/greateribm）是一个企业内部社交网站。网站提供给 IBM 员工和已经离职的同事在个人空间和专业领域一个丰富多彩的连接。社交网站帮助员工建立新的联系，了解目前朋友和同事的最新动态，也可以和他们过去共事过的人员包括退休的员工重新开始联系。当你加入该社交网站，就会有个人主页，你可以使用在个人页面上的状态栏和 MyIBM 功能，让公司其他人员知道你在哪、你正在做什么甚至你的所思所想。2017 年大约 50 万的 IBM 人员使用 IBM Connection 网络平台。

员工还可以利用社交网站上传照片、发帖和安排活动。如果用户正在主办一项活动，他们还可以在网站上开立活动主页并邀请大家加入。网页也能成为渲染活动热闹氛围或通过评论功能来畅所欲言的场所。

除了社交这一目的，团队还创建了网页帮助 IBM 员工面对建立职业关系的挑战，这对在大型跨国公司的员工特别重要，能帮助 IBM 员工为一个项目搜索到志同道合的人员或适用的技能。更多地了解一个人，无论是从个人生活还是工作方面，可以促进联络或者有可能吸引你去了解那些人正在进行的项目和各项活动。该网站还可以为管理人员评估员工晋升提供独到的见解。

> IBM 网站与本章稍后引用的 IBM 社交商务创新项目有关。同样也与公司社交软件平台 IBM Connections 有关。
>
> 2015 年，高德纳将 IBM 评为社交软件开发的领导者。

9.3.2 企业社交网络如何帮忙员工和企业

企业社交网络可以在以下多个方面帮助员工：

- 快速获取知识，懂得如何做、懂得何人能做。根据员工列出他们所掌握的技能、经历和经验，企业社交网络可以快速查找出掌握特定知识技能的员工。
- 扩展社交关系和拓宽人脉组织。企业社交网络可以帮助管理人员和专业人士通过在线交流互动和掌握最新个人信息来更好地了解员工。类似的互动和员工信息可以在公司内减少彼此间的距离感。
- 个性标签。员工可以凭个人的喜好有创意地建立个人简介，这将有助在公司内提升个人形象。
- 推荐及褒奖。公司社交网络可以帮助员工准备和展示工作中的成就和技能，树立员工在公司中的地位。

给企业带来的益处

企业社交网络给企业还有员工带来的益处已在 9.1 节部分阐述。除此之外，从长远来看，员工得到的益处最终必将使公司受益良多。请浏览 youtu.be/Kx9tizv S8NY，观看 Alex Hannant 的 TEDx 演讲视频："Why social enterprise is a good idea，and how we can get more of it"（社交企业好在哪里以及如何从中获得更多）。

9.3.3 企业社交网络的支持服务

公司可以使用各类服务和供应商支持其社交网络。

> **实际案例　Tibbr**
>
> Tibbr（tibco.com）是一个企业社交协作平台，为企业员工进行讨论、任务管理、内容分享、个人联系提供联合工作区。该平台旨在加强员工之间、员工与客户或业务协作伙伴之间的协作和交流。为实现这一目的，该平台借助基于 Web 和基于移动的应用程序。此外，它还允许与其他的社交工具（如 Facebook、Twitter、LinkedIn、WebEx、Google Drive、Skype、SharePoint 等）进行功能集成。2017 年，Tipper 已在全球 100 个国家拥有 600 多万的活跃用户（请浏览 tibco.com/products/tibbr 及 vimeo.com/video/80391600）。

> **实际案例　Socialtext**
>
> Socialtext（soialtext.com）是一家企业社交软件供应商，提供包括社交媒体技术和平台在内的全套网络应用软件，也提供网络安全服务。员工随时了解企业战略和运行的最新情况将使企业受益匪浅（请浏览 socialtext.com/aboutus）。

> **实际案例　Yammer**
>
> Yammer（yammer.com）是一家软件公司。根据其网站介绍，Yammer 是 "一款企业社交网络平台，可以帮助企业员工进行跨部门、跨地域协作。到 2016 年为止，该公司已为 50 多万家公司提供

> 商务应用程序。通过Yammer可以将各方人员组织起来进行交流，讨论工作内容，审核商业数据。有了Yammer，你就可以随时随地了解同事情况，收集最新信息，与团队成员保持协作，在工作中树立威信"。它可用于提升企业内部，或组织成员和预先设定团队之间的沟通和协作。
>
> **主要特点**
> Yammer社交网络允许其用户做如下的一些事情：
> - 利用企业微博进行交谈。利用企业微博实时地交流、阅读帖子与同事积极协作。
> - 创立个人简介。可以公布你的专长、工作经验和联系方式，也可以上传照片、图片和文档。这将有助于你与其他人分享，也使其他人可以快速搜索到你。
> - 管理群组。创建新的群组，加入私人或公共群组，与群组成员讨论问题或互相协作（搜寻和加入群组，或通过软件功能邀请团队成员）。
> - 进行安全的私人通信。与同事进行一对一或多人的对话，类似与你在Facebook网站所能做的。Yammer的保密功能将确保信息安全。
> - 建立外部网络。与商业伙伴创建可共事的外部网络。
> - 建立公司通信录。建立公司员工通信录。
> - 保存资料。保留所有在线对话记录以便搜索。
> - 使用行政管理功能。增加管理控制的一系列功能，确保Yammer网络可以平稳运行。
> - 使用标签。对公司网络中的内容和消息打上不同的标签将易于搜寻和整理。
> - 整合应用。在Yammer网络上安装第三方应用软件可提升企业网络的功能性。
> - 使用移动功能。随时随地连接到公司网络，免费下载苹果、黑莓、安卓和Windows的移动应用。
>
> 请访问youtu.be/Fz5yi4Cyj5，观看有关如何使用Yammer的短视频。

9.3.4 企业与社交网络如何互相衔接

企业可有多种途径与公共网络或内部网络相连接。图9-1中显示的主要界面也将在下面进行讨论。

- 利用已有的公共社交网络，如Facebook或LinkedIn，建立主页和微型社区，宣传产品和服务，征求意见和建议，张贴空缺职位等。
- 建立企业内部社交网络，便于在职员工、退休人员及外部人士（如客户、供货商、设计师等）之间沟通协作。员工可以使用应用软件在社交网络上建立虚拟空间来分享信息或协同协作。
- 在商务社交网络或是专业社交网络上开展商务活动（如LinkedIn或Sermo等网站）。
- 为网络社交活动提供服务，如软件开发，网络安全，咨询服务等（如甲骨文、IBM、微软等）。
- 利用Web 2.0软件工具，主要是博客、威客、工作间、微博、VOIP通信、团队工作室等，为企业内外部用户提供创新应用软件。
- 创建或参与一个社交场所（如Fotolia，请浏览us.foolia.com等）。

与其他社交工具集成使用

为实现网站功能的多样化，许多系统都高度依赖与其他社交网络的集成。至于集成数量多寡的确定，需要考虑两个因素：一是企业社交网络软件本身的功能，二

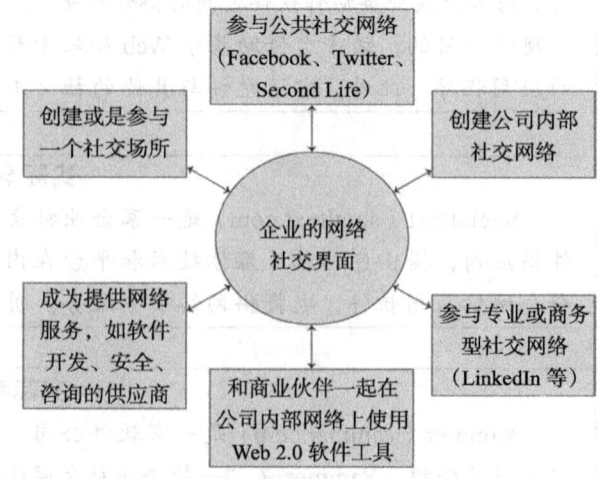

图9-1 网络社交的主要界面

是究竟搭建私有网络还是公开网络。

许多社交网络允许集成到大量社交媒体系统，并且这些系统有助于增加企业的目标受众。还有一些集成是面向客户的，旨在促进与客户之间的互动，获取客户支持，例如 Facebook、Instagram 和 Twitter 就属于这类集成。另一类集成旨在增强企业社交网络本身的功能。在许多情况下，这些集成用于向系统添加功能，否则它将不会存在或不会普遍存在，例如，使用 WebEx 进行语音和视频聊天，使用 Google Drive 进行文档存储和共享。

9.3.5 社交网络技术的应用模式和速度

企业社交网络自最初推出以来，其增长速度有所放缓，其主要原因是企业内部用量的饱和。通常，问题的关键不在于企业是否应用了社交网络，而是如何应用以及应用的程度。麦肯锡公司的 Bughin 早在 2008 年就指出，在他们追踪调查的公司中，有 2/3 的公司使用了某种社交网络技术，但公司内部的使用率却非常低，仅有 20% 的员工在积极使用该系统。还有专家指出，社交网络需要具有一定的使用规模才能在组织中获得认可。

因此，随着时间的推移，"网络扩散"已经发展成为系统的一种附加功能，系统的可集成性，尤其是与外部网络（如 Facebook、LinkedIn）建立连接的集成，已经成为系统的新增功能。评估进一步表明，企业社交网络确实充当了公共社交网络的"模仿者"。企业社交网络通过采用公共社交网络的功能和技术，并在公共社交空间获得成功应用之后，便开始加快其采用速度。

根据麦肯锡公司的一份报告显示，当考虑到一些特定的社交媒体技术时，一些技术在企业领域比其在其他领域更受欢迎。例如，视频共享技术在初期被接受的速度非常快，之后便趋于稳定。相比之下，博客和与其他社交网络的整合技术均具有较为稳定的采用曲线，没有特别明显的高速采用期。

社交网络未来的增长趋势，在很大程度上并不取决于企业对技术的接受程度，而是取决于是否提高效率和增强客服能力，以及企业可以利用的工具和功能。

本节习题

1. 什么是企业内部社交网络？
2. 请列举企业社交网络的主要特点。
3. 请描述 IBM 的企业社交网络。
4. 企业在哪些方面受益于企业社交网络？
5. Yammer 社交网络有哪些特征？它如何与外部社交网络连接？
6. 列举企业与社交网络衔接的几种不同方式。
7. 哪些社交工具与特征促进了企业社交网络的发展？
8. 企业社交网络与公共社交网络对接的促进因素是什么？

9.4 社交网络上的就业市场

求职和招聘是企业社交网络（私人网络及公共网络）中的主要活动领域之一。

9.4.1 社交招聘

在一些领域，寻找到可胜任的员工绝非易事。为此，公司需要向高级招聘经理和第三方在线公司支付相当大的一笔费用。

如果求职者尝试在网上寻找工作，能够在网上积极搜索岗位信息，发布求职简历，那么他的简历信息会较易被招聘人员发现。与此同时，也有一些所谓的被动求职者也能找到工作，虽然他们并没有积极去寻找新工作。因此，不管是主动还是被动求职者，最重要的一点是，需要维护好个人的在线简历，特别是在LinkedIn和Facebook上。

招聘方和求职方都在转向新的招聘平台——在线社交网络，主要是LinkedIn、Facebook和Twitter（即运用Twit Job Search、twitjobsearch.com）；这是允许雇主在Twitter上发布招聘广告的求职搜索引擎）。企业招聘人员在社交网络、博客和其他信息源方面进行搜寻，以便识别和查找到潜在员工的信息。随着招聘方法的改变，企业招聘人员的这种转变变得尤为重要。据估计，目前多达85%的职位都是通过网络方式实现匹配的（请浏览linkedin.com/pulse/new-survey-reveals-85-all-jobs-filled-via-networking-lou-adler）。在这种环境下，招聘方和求职方都必须积极参与到该生态系统（社交网络）中，以便做出正确的选择。

很明显，网络就业市场能够带来诸多好处。但是，正因为网络就业市场为寻找工作带来了较大的便利性，公司员工的流动性也增加了。对于雇主而言，这无疑增加了员工的周转成本。尤其是那些有"千禧倾向"的员工，他们跳槽的频繁程度相对较高。此外，由于社交媒体网站上提供的简历量过多，使得在线寻找合适的候选人要比想象中复杂得多。为了便于招聘，一些高层的招聘人员开始借助于一些电子辅助设备，例如，利用远程视频来面试候选人；还可以利用社交媒体工具和多个社交网站更快地筛选候选人，例如，一些招聘人员利用Facebook向面试过的候选人发送"朋友"邀请；招聘人员还有可能利用社交网络和其他在线工具来调查潜在的求职者，然而，这一做法，从道德的角度来看，还存在一定的争议。

Facebook也具备很多求职功能（为求职者和雇主提供联系的网站，请浏览jobcast.net；Facebook与美国劳工部协作的社交工作伙伴关系网站，请浏览facebook.com/socialjobs）。

LinkedIn也提供类似的求职服务。LinkedIn的搜索引擎可以帮助雇主快速找到合适的候选人。若想寻找其他国家的员工或工作岗位，可以使用LinkedIn或Xing（xing.com）。EURES（ec.europa.eu/eures）是一个有趣的全球招聘社区，专门提供欧洲的在线招聘。LinkedIn最近还推出了针对高校应届毕业生首次求职的移动应用程序。

最近，移动招聘工具的应用范围越来越多，尤其是Twitter和LinkedIn，作为求职者的辅助工具。下面是移动招聘工具在社交网络上应用的一些例子：

- 搜索发布职位；
- 关注求职专家；
- 跟踪你所在领域的人才；
- 与人进行接触和沟通，并可以寻求帮助；
- 通过社交媒体账户评估招聘公司；
- 与目标公司的人员建立联系，以评估公司或寻求推荐。

有关如何使用社交媒体找到新工作的幻灯片，请浏览oney.usnews.com/money/careers/slideshows/10-ways-social-media-can-help-you-land-a-job。有关选择哪些社交网络的详细信息，请浏览thebalance.com/best-social-media-sites-for-job-searching-2062617。

利用社交网络招聘和求职

公共社交网络，尤其是商务型的社交网络，非常有利于开展招聘和求职工作。例如，招聘是LinkedIn的主要活动之一，也是该社交网络发展的主要驱动力（见章末案例）。为了提高竞争力，企业还需要关注全球人才市场。幸运的是，全球社交网络的存在有助于企业在全球范围内寻找和发现人才。许多大公司都在公司网站上开辟专门的招聘板块，以填补岗位空缺。此外，社交媒体的出现极大地改变了传统的招聘流程。

根据 Jobvite 网站 2016 年提供的一项关于社交招聘的调研报告（请浏览 jobvite.com/wp-content/uploads/2016/09/-RecruiterNation2016.pdf），有 95% 的公司已经使用或计划使用社交媒体招聘和雇用新员工，87% 的招聘人员认为在招聘过程中，使用 LinkedIn 审查候选人信息最有效。招聘人员还使用 Facebook（43%）、Twitter（22%）、博客（11%）、YouTube（6%）和 Snapchat（3%）等社交网络。然而，67% 的求职者在求职时使用的是 Facebook。此外，45% 的招聘人员拥有移动求职网站（请浏览 jobvite.com/wp-content/uploads/2016/09/Recrui terNation2016.pdf）。

如前所述，LinkedIn、Facebook、Google + 和 Craigslist 通过提供岗位列表，与非社交网络在线招聘网站（如 Monster）进行竞争。此外，还有一些社交网络也提供岗位列表。

需要注意的是，虽然有超过 90% 的招聘人员使用社交网络寻找和筛选候选人，但近 69% 的招聘人员却因求职者在社交网站上发布的信息内容，而拒绝了该候选人。因此，对于求职者来说，维护他们在社交媒体上的个人信息安全（或尽可能私密）非常重要。招聘时常见的另一个问题是，雇主在社交网络上发现，其受雇的员工正在其他网站上寻找工作。

求职者应该恰当地制定一份在线简历，这非常重要。

9.4.2 虚拟招聘会和招聘活动

虚拟招聘会能够帮助企业快速地寻找到合适的求职者，同时能降低招聘成本。这些招聘可以在特殊的卖家网站（如 on24.com、expos2.com、brazencareerist.com 等）或是雇主网站上进行。

以下是一些例子：

- IBM 为了快速寻找到适合到非洲担任领导职位的员工，使用 ON24 开展虚拟招聘会（请浏览 on24.com/case-studies/ibm-job-fair）。
- 宝洁西欧公司使用 INXPO 平台进行年度虚拟招聘会。该活动取得了成功，且成为欧洲公司招聘的典范（请浏览 inxpo.com/assets/pdfs/CS_P&G.pdf）。
- 密歇根州定期举办虚拟招聘会，求职者和招聘人员可以在网上见面。最近的一次活动是在 2015 年 11 月举行的（请浏览 michiganvirtualcareerfair.com）。

企业社交网络还可以应用于员工培训。Black&Decker 使用发布在 YouTube 上的用户生成视频帮助用户了解产品信息，利用这些视频进行员工培训，能够缩短培训时间。

9.4.3 社交网络隐私和求职

对于大部分的求职者而言，社交媒体是他们的福音。但也有一些人对自己的个人隐私有所顾虑，因为他们所使用的系统是基于商业环境中的友好互动而设计的。Facebook 的用户发现，潜在的雇主不仅会核对他们的个人资料，还会去检查他们的 Facebook 账户，以便更深入地了解申请人的性格和历史信息（请浏览 huffingtonpost.com/2013/06/28/facebook-posts-employ-ers_n_3517130.html）。还有一些求职者则关心他们的信息是否会同时被两个招聘人员看到。

就业顾问给求职者提供了一个建议：评估所使用的公共社交媒体，确定在面试或工作选择期间，社交媒体上是否存在一些可能会使他们处于不利地位的信息。如果有的话，建议删除或禁用那些可能给人留下不好印象的社交媒体内容和功能。一些人则建议用户接受这样一个事实，即在线的任何东西都不可能真正私有，一旦信息发布到任何公共网络，就应该清楚这可能会影响到他们的声誉。

有关社交媒体如何影响求职的更多信息，请浏览 forbes.com/sites/jacquelynsmith/2013/04/16/how-social-media-can-help-or-hurt-your-job-search/#3b272a5b24fd。有关如何保护 Facebook 的信息账户，请浏览 breakingnews.ie/discover/5-easy-ways-to-make-your-facebook-account-more-private-634953.html。

本节习题

1. 社交媒体给求职者带来哪些利益？
2. 社交媒体给招聘者带来哪些利益？
3. LinkedIn 等社交网络提供了哪些特殊服务？
4. 描述一下虚拟招聘会。
5. 为何求职者在线求职时会担心自己的隐私？

9.5　社交娱乐活动

Web 2.0 技术带来更多的富媒体功能，有能力吸引聚集在社交网络和对在线娱乐兴趣的百万用户，创新社交媒体工具的可用性，加之 Web 2.0 技术本身具备的创意性和协作性的特质，这一切都推动了社交娱乐的发展。Web 2.0 技术还有助于按需生成的娱乐活动的传播。最广为人知的就是流媒体音乐（如 iTunes；apple.com/itunes）。其他受欢迎的还有 Spotify、Pandora、谷歌的 All Access（play.google.com/about.music）以及亚马逊的 Prime Music (www.amazon.com/PrimeMusic)。按照当前的趋势，按需点播的音乐基本都是免费的，也可以按月或者按年订阅，听众可以随时随享受他们喜爱的音乐。音乐评论家 Jurgensen 在 2014 年全面阐述了数字音乐的前世今生，还介绍了数字音乐的提供者和表演者。最终，Facebook 和 Twitter 都加入了这一领域。本节我们将讨论娱乐型的社交网站，还有关于社交商务中与娱乐相关的一些问题。

9.5.1　娱乐和社交网络

大量的社交网络都已全部或部分从事网络娱乐。到 2016 年为人熟知的有 Vimeo、Netflix、Vudo、Prime Video 等。下面将列举一些使用 Web 2.0 技术提供娱乐活动的代表：

1. Mixi

Mixi（mixi.co.jp）在日本是一家有着超高浏览率的社交网站，用户受邀才能加入。网站的目标是让有着共同兴趣爱好的用户互相结交成为朋友。该网站拥有大约 2 700 万的用户和超过 100 万个小型的朋友群以及兴趣社区。Mixi 正在走向全球化，不过在日本，Facebook 有超越它的趋势。

2. Last.fm

这个网站不仅是一家网络广播网站，也是一个在线音乐目录，提供免费的音乐流媒体、视频、歌词等，还向听众推荐音乐。当用户使用 Last.fm 插件收听个人音乐收藏或收听 Last.fm 网络收音机时音乐日志就会自动生成。截至 2017 年，Last.fm 网站普通用户不用交费，高级用户每月费用 3 美元；用 12 种文字展示内容。该网站 2006 年赢得最佳音乐社交网站中的数字音乐奖。

3. Pandora

与 Last.fm 网站相似，Pandora（Pandora.com）也是一个音乐爱好者的网站。网站好比是一个社交广播电台，以用户推荐音乐为主。网站根据用户对艺术家、歌曲和收藏等搜索内容建立个性化的收听列表。

4. 亚马逊网站的 Prime Music

该服务允许用户将广泛的流媒体音乐目录传输到各种互联网设备,例如,支持 Wi-Fi 的 MP3 播放器、智能手机、平板电脑和亚马逊自己的生态系统。Prime Music 提供两种规格的服务:拥有 Amazon Prime 账户的用户可以免费访问以流媒体形式传输的音乐;想要扩展目录的用户可以选择每月或每年以付费的形式来访问,扩展音乐列表可用歌曲数量会显著增加,包括许多其他流媒体服务无法提供的歌曲(请浏览 amazon.com/PrimeMusic)。

5. 网络连续剧及流媒体电影

网络连续剧与电视播放的肥皂剧很相似。网络连续剧的数量正在逐年增加,有的已经被录制成 DVD 光盘出售。其中比较知名的有"怪奇物语"(Stranger Things)、"纸牌屋"(House of Cards)、"丛林中的莫扎特"(Mozart in the Park)等(请浏览 webserieschannel.com/web-series-101 及 geekwire.com/2016/amazon-netflix-challenge-major-tv-networks-in-spending-on-original-shows-study-says)。

6. Hulu

hulu.com 播放由用户点播来自 NBC、福克斯、迪士尼和其他网站或工作室拍摄的电影或电视连续剧。亚马逊和 Netflix 是最大的流媒体供应商(geekwire.com/2016/ study-amazon-video-now-third-largest-streaming-service-behind-netflix-youtube),Hulu 则在提供最新资讯内容方面具有独特的优势。为了遵守版权法,hulu.com 播放的视频内容仅对美国境内的用户和少数国家的用户开放,其播放格式是 FLASH,有些还是采用高清模式播放的,这一点与 Google、Fox Interactive Media、Yahoo! 是类似的。点击 Facebook 键,用户就可以在 Facebook 上分享自己喜欢的视频,而且用户不需要将自己的 Hulu 账户连接到 Facebook。Hulu 是最受欢迎的网络视频网站之一(请浏览 screencrush.com/nielsenstreaming-data-hulu-netflix)。Hulu 提供一些免费视频,网站收益来自广告。网站还提供一种称为 Hulu Plus 的服务,每月收费 7.99 美元,可以收看一些高品质的电影,还可以用其他多种播放模式来观看视频。不过这项服务对广告有限制。与其他流媒体服务一样,Hulu 也开始创造原创内容(请浏览 comingsoon.net/tv/features/695179-the-10-best-hulu-original-series)。有关 Hulu 和 Hulu Plus 的服务内容及差异,请登录网站 hulu.com/plus 并点击常见问题栏,同样的网址还可收看操作浏览。

绝大多数流娱乐网站都是以广告服务和会员订阅作为基本的社交商务模式。

7. Funny-or-die 及 Cracked.com

Funny-or-die 是一家由喜剧演员 Will Ferrell 和他的朋友创建的搞笑视频网站。与一般的病毒式营销视频网站不同,网站鼓励会员在观看视频的时候参与投票。如果观看者觉得视频很有趣,就投票给 Funny。视频在人们投票后会得到一个分数。如果收看的人超过了 10 万,而选择 Funny 的人超过 80%,这段视频就可以归入"流芳百世"经典排行榜。但是如果有 1 000 人收看后,只有不到 20% 的选择 Funny,那么视频就要被放进网站的"地窖"里,永世不得翻身。

Cracked.com 也是一家幽默搞笑网站,使用众包来征求大众用户对网络内容的看法。

9.5.2 多媒体展示与分享网站

人们有多种方法分享多媒体内容,其目的是娱乐、广告、培训和社会交往。下列是各领域网站中的一些代表:

- 图片及艺术作品分享——Flickr、Instagram、Picasa、SmugMug、Photobucket;
- 视频内容分享——YouTube、Viddler、Vimeo、Metacafe、Openfilm、日本的 Niconico(nicovideo.jp;

目前已有英文版可用）；
- 实况转播——Twitch.tv、Livestream、Skype、Ustream、Facebook；
- 移动社交网站——Path、Liveme、Vine；
- 音乐及视听分享——ccMister、FreeSound、Last.fm、MySpace、Reverb-Nation、The Hype Machine（hypem.com/popular）；
- 幻灯资料分享——SlideSnack、SlideShare、authorSTREAM、SlideBoom；
- 虚拟世界——Second Life、The Sims、Activeworlds、IMVU；
- 游戏分享——Miniclip、Kongregate、Techcult、GameTap。

上述网站中有许多网站具有社交功能，因此它们也可称为社交网站。此类网站的收入大多来自广告、订阅费和移动装置（请浏览 accenture.com/us-en/industry/media-entertainment/Pages/media-entertainment-index.aspx）。

本节习题

1. 娱乐活动与社交商务有什么关系？
2. 描述你在网络上观看视频的方法（流媒体或是点播视频）。
3. 列举一些多媒体展示的网站。

9.6 社交网络游戏与游戏化

社交游戏（social game）是指一种由多人同时在线参加的视频游戏，一般是在社交网络或虚拟世界中进行。玩家可以与电脑或多个不同的玩家玩。许多网络游戏是大规模的玩家在线游戏，如 MMOG 或 MMO，这两种游戏可以支持上百到数千名玩家同步参与游戏。MMOG 的玩家可以互相竞争或互相协作，或是和全球玩家进行互动。许多游戏主机，如 PSP、PlayStation3、Xbox、Nintendo 和 Wii，都可以参与在线游戏。另外，使用 Android、iOS 和 Windows Mobile 的移动装置和智能手机的用户正在越来越多地加入 MMO 游戏。社交游戏非常受欢迎。

9.6.1 社交网络游戏

社交网络游戏（social network game）指的是在社交网络上玩的视频游戏，通常会有多个玩家参与。社交游戏其实与如何以游戏进行"社交"并无太多关系。只是许多游戏都含有一些社交元素，例如对公众进行教育、赠送礼物、互相帮助或是分享游戏心得。

为了让游戏变得更社交化，可以运营或整合一家社交网络来推动和鼓励在游戏之外对游戏设置开展沟通讨论，并利用该社交网络提升玩家间的游戏比赛乐趣。

实际案例　Facebook 上的热门游戏

Facebook 上的游戏有几千种可供选择。其中一些热门游戏每个都有从 5 000 万到 1.5 亿用户在玩。许多热门游戏都有几千万的玩家。Facebook 在 2016 年 10 月列举了一些热门的游戏，其中包括 Candy Crush Saga、Clash of Clans、Candy Crush Soda Saga、Farm Heroes Saga、8 Ball Pool、Criminal case 等（请浏览 statista.com/statistics/267003/most-popular-social-games-on-facebook-based-on-daily-active-users）。

Facebook 主要的游戏开发者有 King、Zynga、Social Point、Pretty Simple。更多的赌场类型游戏已成趋势。为了提升游戏体验，一些平台会利用玩家的社交图表（请浏览 museumstuff.com/learn/topics/Social_network_game）。

9.6.2 社交游戏的商业性

为了更好地了解社交游戏的多样属性以及商业机会，可以观看视频"社交媒体游戏：全球范围的游戏化倾向是生活和商务活动的全新范式"（Social Media Games: Worldwide Gamification Is the New paradigm for Life and Business）（请浏览 youtube.com/watch?v=xCWsgBHY_VU）。游戏中展示了很多广告、营销和培训的机会。你还可以浏览业界另外一个主要供应商 Zynga 的网站（zynga.com）。

应用案例 9-1  Pokémon GO

Pokémon GO（pokemongo.com）是一款基于玩家位置和动作的手机游戏。玩家通过"战斗"收集 Pokémon 超受欢迎的"口袋怪物"图集，且可以与其他玩家进行互动。该款游戏发行之初，即在 20 世纪 90 年代非常流行，但发展后势并不强劲。

该游戏是一款适用于 Apple iOS 和 Android 的移动应用程序，可以免费下载和使用，但游戏里面的一些道具需要付费购买。此款游戏应用了手机的 GPS 系统和增强现实技术，让玩家可以找到并捕捉神奇宝贝精灵。捕获精灵需要物理操作，包括跟随精灵行走和跑步。可以在各种各样的地理位置找到这些精灵，在搜索这些精灵的时候，它们可能会引导玩家到各种奇怪的地方。用户之所以喜欢这款游戏，是因为它与经典系列相结合，以及该游戏借助于移动设备应用了增强现实技术（请浏览 primagames.com/games/pokemon-go/coverage/pokemon-go-guide-and-tips-legendary-pokemon-gym-combat-strategies）。

增强现实是该款游戏的重中之重，借助于该技术，移动设备上的相机以及游戏软件在真实位置显示虚构精灵形象。这给用户的印象是：虽然精灵实际上是不存在的，但是它的形象会通过增强现实技术出现在用户面前。Pokémon GO 是第一个在美国大规模实施增强现实技术，并且取得了巨大的成功的游戏（请浏览 forbes.com/sites/kevinanderton/2016/11/14/augmented-reality-the-future-and-pokemon-go-infographic/#53a8a5344e66）。

毫不例外，该款游戏也饱受非议。由于一些玩家可能会陷入增强现实中，导致在移动位置时受到意外伤害，也可能会无意中进入他人的私人领域，侵犯他人财产。据报道说，有不少玩家在游戏时受伤甚至被杀。

此款游戏在经营业绩方面也不同凡响，在最初发布期间，由于短时间内大量用户开始下载游戏，因此游戏的采用曲线非常陡峭。在初期的高采用阶段，产生了大量的游戏内购买。在其受欢迎程度最高的时候，该游戏的下载量估计为 750 万，平均日收入为 160 万美元。据此，2016 年此款游戏被认为价值超过 36.5 亿美元。然而，这种繁荣景象并未一直持续下去。自首次推出以来，游戏的用户数量却开始急剧下降。

在此款游戏最受欢迎的时候，许多企业都在借机寻求利用这一现象，包括与公司的潜在合资企业展开协作，将神奇宝贝精灵放置在其商业地点以吸引人气。

Pokémon GO 带来了对人气的有趣应用，是增强现实技术、社交游戏和社交商务相融合的一个很好的例子。

思考题

1. 为什么玩家如此迷恋此款游戏？
2. 此款游戏是如何应用增强现实技术的？
3. 此款游戏是如何与社交商务相结合的？
4. 此款游戏没有保持最初受欢迎程度的原因是什么？

9.6.3 社交游戏的教育性

社交游戏同样也可以具有教育性。适用于成人及孩子的环境类应用（如写字板），请浏览 ecogamer.org/environmental-games。

实际案例　环境保护类游戏

Facebook 上有一款菲律宾开发的游戏叫 Alter Space，旨在教育大众如何保护环境，减少污染。尤其是教育玩家碳排放和清洁能源的理念，还有人们如何才能实现一个洁净的世界（现在不太活跃）。

实际案例　经济类游戏

Empire Avenue（empireavenue.com）是一款社交媒体股市模拟游戏，在这款游戏中个人和公司之间可能互相买卖虚拟股票。股票可以是个人的也可以是公司的，股票价格取决于股票交易活动加之玩家在社交网络上的影响。股票交易用被称为 Eaves 和 Vees 的虚拟货币来完成。游戏中包含了诸如分红、净发股票和股价等大量的财务数据，以及对决策能力的要求。游戏中有许多不确定因素。奖励的点数还可用于社交市场游戏中虚拟货币的支付。玩家可以通过热门网络游戏进行互动（如 Facebook、Twitter、Instagram）。社交面越广的玩家就能挣得更多的虚拟货币，玩家在游戏中的王国也就变得越大。有些大品牌已经在使用这一网站（如丰田、美国电信、奥迪和福特）（请浏览 businessesgrow.com/ 2014/01/08/how-empire-avenue-crushed-my-soul）。

游戏者帮助科学研究

几十年来科学家一直无法分解艾滋病中酶的化学链。华盛顿大学的研究者求助于游戏网站 Foldit 上一个由大学创立的"寓教于乐"项目，该项目将一些科学难题转化为竞争类的电脑游戏。

玩家被分成几组，运用各自解决问题的办法互相竞争，绘制出了一种科学家多年来都束手无策的蛋白质的 3D 模型。玩家仅在三周内就精准地解决了之前提到的化学链的问题（请浏览 balita.com/online-gamers-crack-aids-enzyme-puzzle 及 fold.it/portal）。

9.6.4 游戏化

一些游戏的设计是为了便于玩家在游戏场景中与供应商或品牌相连接。但将游戏引进到社交网站中只是**游戏化**（gamification）的一个方面。游戏化也可被视为将社交网络活动植入网络游戏中。我们的兴趣是将这些游戏化应用与社交商务和电子商务相联系。有关游戏化更多的定义和局限性请浏览 gamification.org。

社交活动对于网络游戏来说并不是新事物，例如由玩家全体同意才能确立游戏规则。另外，玩家之间必须互相信任。唯一的新事物就是将传统的多玩家游戏和社交网络相结合。鉴于网络游戏玩家众多，也就一点不必惊讶供应商鼓励（如给予奖励）玩家表现出它们想要的行为举动，如解决问题、互相协作。供应商亦可将游戏作为广告平台（请浏览 youtu.be/v5Qjuegtiyc）。

有专家指出，企业可以利用游戏化来获得社交客户的体验，如提升忠诚度、建立信任、加快革新、提供品牌意识和增加相关知识。请浏览 powerreviews.com/assets/new/ebooks/ powerreviewsessentialsocialplaybook.pdf，下载电子书籍《社交游戏入门：将社交游戏商业化的 8 个步骤》。若要了解游戏化课程，请浏览 join.yukaichou.com/21-day-gamification-course.powerreviews. com/resources/ebooks/essential-social-playbook-3-setps-turn-social-sales。

本节习题

1. 什么是在线游戏？
2. 什么是社交网络游戏？
3. 社交游戏中有哪些商务特性？
4. 什么是游戏化应用？请与社交商务相联系进行描述。

9.7 众包和众筹

众筹和众包都取之于"群众智慧"的理念，即足够大的群体能够找到个人无法企及的问题解决方案。众包的主要功能是使解决问题变得简单化。

9.7.1 众包：分配问题，促成解决

众包是指潜在问题解决者的群体（也就是所谓的"非特定众人"）在处理外包工作过程中的一系列工具、理念和方法，外包工作包括解决问题和产生新理念。

众包不仅仅是头脑风暴或新思路，而是运用成熟的技术在关乎公司切身利益的事项上汇集众人的革新、创意和解决问题的能力。在 Jeff Howe 名为"众包"的视频中提供了关于众包的概述，请浏览 youtube.com/watch?v=F0-UtNg3ots 及 crowdsourcing.org，相关话题还可浏览视频"众包是问题解决的良方"（Crowdsourcing As a Model for Problem Solving）（请浏览 youtube.com/watch?v=hLGhKgiJ8Xo）。

众包的形式

2008 年美国人 Jeff Howe 将众包按照功能归纳为下列四种形式，这种分类方法至今仍在使用：

- 众人智慧，指众人一起解决问题，提供新的思路和方式用于产品、服务或业务创新。
- 众人创造，指众人创造形形色色的内容，与他人分享（免费或收费）。所涉内容或可用于解决问题、广告或知识积累。可将大型任务划分成多个小部分，例如为创造威客百科提供一些内容。
- 众人表决，指众人对某些理念、产品、服务提出意见和评价，还可对社交网络上的信息进行分析和筛选。例如给"美国偶像"投票。
- 众人支持和资助，指众人支持社会公益事业并为此做贡献，其形式可包括志愿服务、提供捐赠或小额融资。

Chaordix（chaordix.com）将众包分为如下三类：

- 保密型，由个人参与者提交建议，企业选择最终胜出者，所提交的建议在参与者之间不公开。
- 协作型，个人参与者提交建议，由众人进行评估并推选胜出者，所提交的建议在参与者之间公开。
- 专家小组型，个人参与者提交建议，然后由众人逐步完善，最终由专家小组推选最终对决的建议，由众人投票选出最终胜出者。

众人联盟（crowdsortium）是指一个网络社区，行业从业人员试图通过实践经验的分享和教育活动推进众包的发展（请浏览 crowdsortium.org）。

上述理论已经经过实践，可以应用到实际的商务模式中。2016 年，Andrii Sedniev 在他的专著中详细介绍了能够成功产生商业理念和社会想法的系统和流程，他认为在研究方法论中，通过利用群众的智慧、集思

广益，有助于识别有效的模型。

众包有可能通过社区参与的方式成为政府和非营利机构解决问题的途径。城市和交通规划是众包应用的主要领域。在美国的盐湖城，政府利用众包方式让社会大众参与盐湖城城市交通运输系统项目的规划制定。另一个著名的为政府出谋划策的众包应用是名为 Peer to Patent 专利评审网站上的"公众专利评审"（Community Patent Review）项目，为美国专利商标局提供专利审查的解决方案（请浏览 peertopatent.org）。还请观看 youtu.be/wIHMmhngrq4 网站上的视频。

一些比较活跃的企业和组织已经认识到利用群众智慧来获得最佳解决办法和最新理念的价值。

9.7.2 众包的流程

根据有待解决问题的类型不同和解决问题的方法不同，众包的流程也各不相同。虽然在执行时细节上略有差异，大多数企业的运用都包括以下步骤（这些步骤都是基于普遍适用流程）：

（1）明确需要完成的任务或解决的问题；
（2）选择能够帮助解决问题的目标群体；
（3）将任务或问题公布给所选群体（星巴克和戴尔电脑经常向非特定人群公开征集方案）；
（4）引起群体的关注以便完成任务（例如生成新的观点）；
（5）收集该群体所生成的内容（提交的内容包括解决方案、表决、新思路等）；
（6）由问题的发布者或是专家或该群体来评估所提交的材料；
（7）接受或是拒绝解决方案；
（8）支付给群体一定的报酬。

更多细节，请浏览 youtu.be/KcbTDhhceaU，观看名为"众包智能：正确的人群，正确的流程"（Crowdsourcing intelligence：the right crowd，the right process）的视频。

9.7.3 成功运用众包系统的典型案例

以下是实施众包系统的一些成功案例：

- 戴尔的 IdeaStorm（ideastorm.com），在这个网站上客户可以为他们喜欢的戴尔产品性能（包括新产品）投票。戴尔使用技术型的群体，例如 Linux 社区（linux.org），由众人递交创意和理念，该社区成员进行投票表决。
- 宝洁公司的科研人员将有待解决的问题发布在 innoCentive.com 和 ninesigma.com 两个网站上，给问题解决者以现金奖励。宝洁公司还使用其他的众包服务商，如 yourencore.com。
- 亚马逊的 Mechanical Turk（mturk.com）是一个发布需要群众智慧的大型任务的商业平台。该平台仅限用于那些需要协助的公司发布可被分成若干子任务的大型任务（俗称"人类智能任务"）。亚马逊会给每个子任务组安排相应的人员，工作完成后人员将得到一定的报酬（请浏览 mturk.com）。
- Facebook（facebook.com）利用众包这种模式将网站内容翻译成 65 种文字。法国和英国超过 4 000 名志愿者仅用了 1 天就完成了任务。Facebook 雇用了一个专业翻译团队监督整个众包流程以确保翻译的准确性。
- 麦当劳创建了一个汉堡生成器系统 Burger Builder（mcdonalds.com），允许客户定制汉堡包和配料，然后客户可以对他们喜欢的组合进行投票，麦当劳将会在特定地点发布获奖的汉堡以及有关其创作者的详细信息。
- Frito-Lay 利用众包的形式成功地完成了超级碗赛事的广告设计。

- 威客百科被称为众包的鼻祖,威客百科网站则当之无愧是全球最大的众包项目。

应用案例 9-2　　Kickstarter

Kickstarter(kickstarter.com)是一个非常流行的众筹网站,允许创作者在其网站上推销他们的产品创意,然后获得潜在或未来买家的资助,实现创意产品化。只有创作者的创造力能产生新的和独特的想法,才有机会获得众人的资金支持,使这些想法得以实现。与诸如 GoFundMe 等众筹网站不同,Kickstarter 不支持为慈善机构筹款。

有意在 Kickstarter 网站上发起众筹的用户,首先需要在网站上完成项目注册,提供尽可能详细的产品创意信息。然后,明确为实现该创意项目,计划筹措的资金数额及可能的投资回报率。例如,Kickstarter 常用于新产品开发,对于资助金额达到一定额度的资助人而言,在产品投入生产后,通常会获得一种产品作为回报。

Kickstarter 的收入模式很简单,按照创作者筹得资金的 5% 抽取费用。此外,如果费用通过信用卡支付,信用卡处理公司将会额外收取 3%～5% 的手续费。但如果创作者未筹足所需资金,则不收取任何费用。Kickstarter 自成立以来一直非常受欢迎,在他的帮助下,创造出了许多非常有创意和有意思产品,例如:

- Vue Smart 眼镜(一款智能眼镜);
- Kingdom Death: Monster 1.5(一种棋盘游戏);
- Fidget Cube(一款玩具)。

欲了解更多有关已经创造完成的产品信息列表,请浏览 digitaltrends.com/cool-tech/best-kickstarters-2016。

然而,该网站也经历过一些失败的案例。有几个 Kickstarter 的项目,从未完全开发且未将最终产品发布给资助者,资助者对此非常失望。从某种程度上说,他们认为创作者欺骗了他们,因为创作者可能压根就没打算真正进行产品开发(请浏览 digitaltrends.com/cool-tech/biggest-kickstarter-and-indiegogo-scams)。为了避免此类问题的再次发生,Kickstarter 明确了可接受项目的类型,且不再为资助者提供担保。加之最近媒体的相继报道,资助者对诈骗或失败项目的类型也更加熟知。

有关如何使用 Kickstarter 的视频信息,请浏览 youtu.be/MXKEccRiMeQ 和 youtu.be/tpy3pWy-e5Rg。

资料来源:Nanalyze (2016) and kickstarter.com。

思考题

1. 创作者如何在 Kickstarter 上发布项目清单?
2. Kickstarter 的收入模式是什么?
3. 资助者如何避免在 Kickstarter 上被诈骗?
4. 在 Kickstarter 上找到一个项目产品,并讨论它为什么会吸引你。

9.7.4　众包可用的工具

为了积极开展众包项目,公司或开发人员可以利用多种众包工具和网络平台。例如 NineSigma、InnoCentive、YourEncore、yet2、UserVoice、GetSatisfaction、IdeaScale 等。

实际案例　使用 Topcoder 进行众包软件开发

Topcoder(www.topcoder)是一家拥有 100 多万名设计人员和技术专家的社区,能够帮助企业更快地完成软件开发项目,提供更好的质量和更多的创新。有兴趣使用 Topcoder 的企业,可以在线提交想法和要实现的目标。来自系统的教练会根据这些想法策划一个项目方案,然后在 Topcoder 上开展网络挑战。

为了方便理解和实施,项目通常会被分解为许多小组件。然后将这些小组件发布到 Topcoder 的网络上,等待全世界的程序员来挑战。有兴趣的程序员会在弄清项目规范之后,给出解决问题的最有效和最新颖的想法。教练和赞助商会从中选择出最好的想法,汇总所有组件的解决方案,并完成开发。可见,Topcoder 系统在软件开发项目中同时应用了众包和游戏化(请浏览 youtu.be/Qc_PcN6ECjg 及 topcoder.com/research/)。

众筹及 Kickstarter 公司

从众人处筹得资金投入不同用途这种众筹的模式,正获得越来越多的人气。名为 Kickstarter 的一家公司颇为出名(请浏览 youtube.com/watch?v=xudOhEYIwyU)。

越来越多的初创型企业开始应用众筹为其项目筹集资金。以下是四个较为典型的例子:

- 电影制片人 Zach Braff 使用 Kickstarter 为他的电影筹款(请浏览 youtube.com/watch? v=CIyJtcxjWhw);
- 2014 年 7 月,Zach Danger Brown 为其"土豆沙拉"的想法在 Kickstarter 上筹集了 52 000 多美元(请浏览 abcnews.go.com/GMA/video/zach-danger-browns-potatosalad-kickstarter- global-24464503);
- 在数字音乐方面,才女音乐人 Kawehi 正在通过 Kickstarter 筹集资金,以推广她在夏威夷的音乐项目;
- Next Thing 在 2015 年 5 月通过 Kickstarter 从 15 000 人那里筹集了 70 万美元,该公司声称将要开发售价为 9 美元的电脑。

实际案例 众包市场 Innovation Excellence

Innovation Excellence(innovationexcellence.com)是一个跨国的社交网络市场,在 170 多个国家拥有约 100 万名注册专家。无论你是一位解决问题的个人,还是一个研究机构,都可以在该网站上创建账户资料,与专业人士建立联系,并可以与同事、同龄人及朋友之间进行联系。如果你是一位问题解决者,并且只想解决 Innovation Excellence 上发布的问题,你可以选择要披露的信息类型,并能够决定披露的对象。在该网站上,用户甚至能够与其他社交网络上的联系人进行活动分享,可以自主开发网络,也可以加入 Innovation Excellence 提供的网络。用户还可以与分享同样兴趣的人会面,并关注朋友开展的活动。在了解朋友发布活动内容后,用户可以决定采取竞争或协作的方式解决问题。

请浏览 innovationexcellence.com/blog/2016/10/17/the-state-of-crowd-sourcing-in-2016,下载 2016 年的众包发展报告。

本节习题

1. 如何定义众包?
2. 请列出七种众包模式。
3. 请列举众包流程中的主要步骤。
4. Kickstarter 和 Innovation Excellence 有哪些功能?

9.8 社交协作(协作 2.0)

在企业中 Web 2.0 技术和社交媒体的主要应用之一就是在协作领域。有些甚至就是把 Web 2.0 等同于企业协作。社交协作有许多用途,其中重要的一条是用于产品设计。

9.8.1 社交协作的基本概念

在企业中，协作可以被定义为"人们为了共同的结果一起工作"。

社交协作（social collaboration）是指通过社交媒体工具和平台在社区内或在社区之间实现人员协作。该过程有助于人们为了共同的目标进行互动和信息共享。社交协作也就是常说的**协作 2.0**（collaboration 2.0）。协作 2.0 可以被认为是社交商务中的一个重要组成部分，可以带来相当多的好处。

1. 社交协作

协作使人们能够更高效地协同工作从而提升企业价值。威客和其他社交软件都可被有效地用于各种类型及规模的企业开展范围广泛的任务和活动。尤其是有了社交媒体工具的帮助，协作将有助于解决企业的问题并发现新的商机。在社交网站上的协作可以由公司内部不同部门的员工在虚拟团队中完成，也可通过与外部的供应商、客户和其他商业伙伴来完成。事实上，调查显示员工希望进行这种类型的互动，有些社交网络不关注社交功能，有些社交网络没有吸引到足够多的活跃用户，它们就得不到蓬勃发展。例如，在论坛中或其他形式的群组可以通过使用威客或微博来完成协作。有关于社交协作的各种内容如图 9-2 所示。

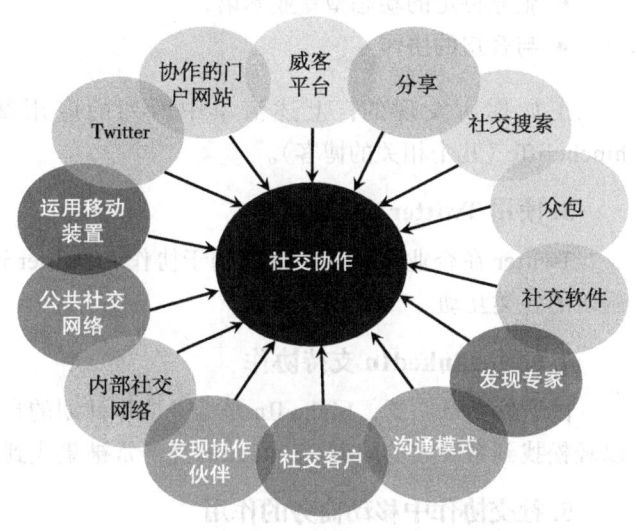

图 9-2 网络社交的多种内容

有些人认为，在不久的将来人们将使用 Web 2.0 工具进行协作，而不再是电子邮件。（请浏览 thefutureorganization.com，或观看视频"Z 世代是否会终结电子邮件？"（Will Generation Z be the death of email?））。

大量的 Web 2.0 工具都被用于支持社交协作。这类支持可用于分享理念、沟通交流或为某个项目共同工作。Web 2.0 包含从威客到虚拟世界的一系列工具（请浏览 rightpoint.com/case-studies/Walgreens、highq.com/resources/webinars/four-use-cases-collaboration-software-cor porates-webinar）。

由于支持协同合作的社交媒体工具、理念和程序的发展，员工或管理层得以更充分地参与协作过程。除此之外社交协作还能改善企业文化。

社交协作主要由以下工具支持：

- 威客、博客和微博（如 Twitter）；
- 协作社区（论坛和讨论组）；
- 早期经典的 Web 2.0 技术；
- 众包；
- 与公共网络（如 LinkedIn）的集成；
- 其他工具（如 Yammer）。

大多数的协作软件供应商（如 Binfire、Podio Unily 等）正在其协作软件中增加 Web 2.0 工具。

2. 在企业内使用博客和威客

在企业内部可以使用博客和威客。这些工具的使用得到了迅速的发展。企业可将博客和威客用于以下几个方面：

- 项目协作与沟通；
- 过程文件制作；
- 知识共享和知识管理；
- 常见问题解答；
- 在线学习和在线培训；
- 新理念论坛；
- 企业特定的动态型专业术语；
- 与客户的协作。

正如你所发现的，上述清单中所列的应用基本都与协作有关。更多信息请浏览 zdnet.com/blog/hinchcliffe（几个相关的博客）。

3. 使用 Twitter 支持协作

Twitter 在企业中已被广泛使用于协作。Twitter 还被广泛用于与客户及潜在客户的互动，还有开展市场调研的各类互动。

4. 使用 LinkedIn 支持协作

由于其受众广泛，LinkedIn 是业务协作计划的自然补充。许多专业人员已经是会员，借助于网络工具可以轻松找到系统内的同事。LinkedIn 还经常被集成到一些私人协作网络中。

5. 社交协作中移动商务的作用

移动商务正在迅速发展。绝大多数的企业社交应用都可通过无线设备完成，尤其是对于沟通和协作这两方面（请浏览 pastemagazine.com/articles/2016/03/stay-in-the-know-with- these-10-collaboration-apps.htm）。

6. 社交网络中的提问与回答

在提问与回答的功能中，个人和公司可以发布问题。例如，在 LinkedIn，前往帮助论坛，在你的主页上使用发布功能并要求网络回答，社区就会为你提供答案。其他许多专业的网站及其内部的群组都可提供建议和支持材料以便你进行决策。这类服务有的是付费的，有的是免费的。例如，Sermo（sermo.com）是一个医生专属的大型在线社区，该社区的应用软件允许医生基于市场测试并从多个同事处收到反馈，可以从任何网络或移动设备上撰写和探讨紧急或有趣的病例。典型的问题和回答包括要求给出诊断和治疗方案的建议，这些往往都是同事间协作的结果（请浏览 sermo.com/news/press-releases/54）。

7. 用于社交协作的软件包

一些公司都可以提供社交协作工具的全套软件，无论是单一产品还是在已有的协作软件中添加新的工具（请浏览 capterra.com/collaboration-software）。

实际案例　IBM 的 Connections 网站

IBM Connections 提供诸如论坛、威客和微博等工具，还有一些新功能，例如先进的社交分析，这使得用户可以扩大他们的网络联系范围（请浏览 ibm.com/press/us/en/pressrelease/32949.wss）。

你也可以下载许多免费的白皮书，请浏览 collaborationjam.com。IBM 有 2 万个内部博客（超过 10 万人在使用），SocialBlue 社区是复制 Facebook 社区的一个公司内部社交网络，有 7 万多名用户，截止到 2016 年 1 月，已有 35 万名用户加入 LinkedIn 网站，有 50 多万用户参与众包。如今这些数字已变得更大。IBM 还提供创新所需的各种工具。

> **实际案例　思科的 WebEx 网站**
>
> 根据网站介绍，WebEx 是一个为员工设计的企业协作平台，具有社交、移动、可视化和虚拟等功能。WebEx 让用户在有需求时连接他们需要的信息和专业知识。知识和理念可以方便地在企业内部分享，团队可以跨区域、跨组织协作（请浏览 cisco.com/web/products/webexsocial/index.html）。
>
> WebEx Meetings 是一款在智能手机和平板电脑上通用的应用程序（请浏览 webex.com/products/web-conferencing/mobile.html）。

> **实际案例　项目管理网站 Smartsheet**
>
> Smartsheet（Smartsheet.com）是一个基于网络工具、允许团队协作来规划和管理项目的网站。该系统允许团队设置使用甘特图和其他项目管理模板，以更好地理解完成公司计划所需的流程和规划。由于系统是基于网络的，因此团队可以通过协作创建这些文档，且可以在制作时查看文档更新状况。该系统还允许将资源、人员或系统分配给项目。团队成员可以设置文件权限，以便某些用户可以添加和编辑内容，而其他用户只能查看内容。该系统的设计与电子表格一样易于使用。该应用程序在 2014 年获得了 Evernote 平台的"2014 年度最佳商业应用程序"奖（请浏览 smartsheet.com/videos/how-to-use-smartsheet）。

9.8.2 社交商务的发展趋势

为了确定开展社交商务的理由和策略，我们必须着眼于未来。许多的研究者和专家都在预测社交商务的未来会怎样（请浏览 slideshare.net/YairCarmel1/e-commerce-trendseseng-lish?related=3）。专家们得出的结论各不相同，有的认为社交商务将主宰整个电子商务领域，而有的则认为社交商务只是"过眼烟云"而已。但是，从许多社交网站（如 Facebook、Twitter、Pinterest、YouTube、社交游戏、社交购物、社交广告等）的盛行来看，人们不应该持悲观态度。社交商务提供商业案例来证明其中许多服务的合理性，移动社交商务将成为主要的增长领域，社交购物和社交协作模式也可能获得很大的成功。从企业的角度来看，由于云计算的发展，将社交商务看成是一种服务的途径势必成为趋势，而不仅仅是一种应用模式。

社交商务的未来在很大程度上取决于社交媒体的发展趋势。以这些趋势和技术为基础，社交商务将会获得持续发展。

结论：IBM 的 Watson 超级计算机和社交商务

关于社交商务的发展趋势有着许多的观点，在此不逐一陈述，我们将以介绍 IBM 的超级计算机 Watson 来结束本章的内容。2011 年 2 月，IBM 的 Watson 计算机在美国著名电视问答游戏 Jeopardy 为期 8 天的锦标赛中亮相，击败了两届世界冠军拔得头筹。这对于社交商务和智能计算机来说是巨大的成功。有了智能系统的帮助（如 IBM Pure Systems），Watson 必将有能力表现得更好。根据 IBM 的研究，Watson 可以协助人员进行以下与社交商务相关的任务（请浏览 research.ibm.com/smarterplanet/us/en/ibm）：

- 私人投资建议。再也不用做任何研究，你所需要做的只是给出你的投资目标，Watson 在核查全部所需数据后为你提供决策。基于所设的投资目标，Watson 会计算你所需要的，并推荐如何进行买卖。得到你的批准后，Watson 就为你进行交易。
- 语言翻译器。在电子商务中为了开拓全球的商机，我们有时需要将网页的内容翻译成多国语言。我们还需要将普通的人类语言转换成计算机语言。如今机器自动翻译并不十分理想，但正在不断改善。类似于 Watson 计算机的设备有强大的语言处理器，随着时间的推移正在变得越来越好，因此也将提供更好的机器翻译。

- 客户服务。提供技术支持是成功的关键。Watson 的智能可以为那些需要帮助的人做自动引导，通过所有必要的步骤与他们交谈。利用 Watson 超级计算机，客户服务能够做到高质量、可持续、即时处理。
- 问答服务。任何商务、医疗、法律或私人的问题，Watson 超级计算机都能给出最令人满意的答案。如果又有后续问题，Watson 照样对答如流。
- 配对服务。Watson 超级计算机可以将买卖双方、产品和市场、招聘者与求职者、以物易物的交易双方、民间借贷双方或其他你能想到的对等关系进行配对。例如，Watson 可以根据你陈述的要求找到合适的约会对象。Watson 超级计算机与 IBM 智能商务活动有关（请浏览 ibm.com/smarter_commerce）。

本节习题

1. 请对社交协作进行界定。
2. 请简要说明社交协作中的主要益处。
3. 社交协作中有哪些可以使用的工具？
4. 社交商务的未来发展会有哪些特点？

管理问题

1. **企业开展社交商务时会面临哪些伦理道德问题？** 社交商务中会涉及不少道德问题，如隐私权保护和企业社会责任等。一旦出现差错，就可能伤害到用户，对企业自身也会造成不利的影响。社交商务中的另一个关键因素是个人的判断能力问题。有些人比较主观或者由于自身的问题，就可能导致一些违背社会道德的行为。企业在开展社交商务时应当为系统创建者和用户制定道德规范。企业在解决问题或集思广益时也有可能涉及道德问题。一些在虚拟世界中的行为也有可能违反道德规范，甚至违反法律。有个问题值得思考，一个企业明知为了提高产能去使用某种设备是不道德的，那是否还应该使用这样的设备？另外还有一个有关伦理道德的问题是关于以众包的形式从众人处获取的知识。例如公司某位员工提供的知识或理念被公司其他同事采纳，那么公司是否应该给予这位员工一定的报酬。这个问题又将与激励机制有关，同时也涉及隐私问题。是否要让所有人都知道是哪位员工提供的知识？

2. **如何应对社交商务中的风险？** 实施社交商务中使用不同的应用会遇到不同的风险。例如，为了保护社交商务开放性资源系统的安全性，企业不仅需要咨询内部关于安全性能方面的专家，还需要从外部得到一些法律建议。另外还有网络信息污染、用户制作内容的片面性和伪造性所带来的风险。在实施大型项目时，你或许需要聘用咨询团队来检验和评估相关风险。权衡社交网络的益处和安全性以及潜在的风险是一个重要的战略问题。

3. **能否利用社交媒体进行招聘？** 越来越多的企业开始利用社交媒体进行招聘和寻找空缺职位的推荐人。是否能够利用社交媒体进行招聘，取决于人力资源部门的职能是否能做出适当的调整，并针对企业员工制定出明确的要求。

4. **是否应该成为一家社交企业？** 这取决于预估的成本和收益。公司也可以采用社交企业的部分特性。例如使用众包。社交协作也是追求成本效益的一种方法。

5. **如何看待企业内部社交网络？** 企业内部社交网络具有一定的风险但可以给企业带来诸多益处，也可用与众包的内部活动相结合，还可以和商业伙伴进行社交协作。大多数成功实施的企业内部网络都用于集思广益、内部协作、人员招聘及公共关系。

6. **我们要尝试游戏化吗？** 大多数情况下等待和观察

其他公司是否成功实施是比较明智的做法。游戏化的实施需要有相关专业知识的员工。在某些应用中回报可能是巨大的。但目前我们还不能非常确定在大部分应用中的情况。就像有人说的："试试看，说不定你就喜欢了。"

7. **我们可以使用众包吗？** 当众包的概念成熟时，企业可能会考虑使用众包。可以借助于一些工具来生成或验证想法，例如，Topcoder 科技公司可以帮助企业开发应用程序。

本章小结

1. **社交企业**。在企业内部开展社交网络活动可以带来诸多实质性收益。商务社交网络有两种类型，公共型的和企业内部的。内部网络属于企业所有，可能对访问权限设限也可能向公众开放。公共网站（如 LinkedIn）主要被用于招聘，建立人脉关系、协作和市场沟通。企业内部网络使用协作 2.0、社交客户关系管理、社交媒体等。你甚至可以"监控"竞争者的一举一动（请浏览 entrepreneur.com/article/229350）。所有这一切都可用于改善和员工、客户还有商业伙伴之间的关系。可观的成本缩减、产能的提升和竞争优势也都能实现。

2. **公共商务型社交网络**。随着 LinkedIn 和 Xing 这些成功案例的出现，越来越多的商务型公共网络陆续面市。各种不同的应用从招聘到市场调研和广告。在公共网络中最主要的活动就是外部协作。还有多个企业家网站。

3. **社交网络招聘**。目前，网络仍然是寻找职位的主要方法。利用社交媒体，可以较易地将招聘人员和申请人聚集到一起，招聘双方都能够广泛使用这些技术。

4. **主要的企业社交商务活动**。目前主要的活动有网络协同、网络沟通、社区建设等。另外通过集思广益来解决问题和搜索专业建议也变得越来越重要。与之相关的是知识创造和知识管理。许多企业利用社交网络开展招聘、培训以及其他人力资源管理活动。还有一些企业利用公司社交网络与客户、供货商、其他各种商务伙伴进行沟通和交流。

5. **社交商务与网络娱乐、网络游戏**。富媒体、用户创作的内容、各类兴趣爱好群组，这些形式都为第二代网络娱乐带来了无数的可能性。再加上无线技术的革新和移动设备性能的提升都极大地支持了 Web2.0 工具和网络社交活动，必将为在线娱乐从音乐、视频、戏剧等多方面开辟一个全新的世界。

6. **社交游戏和商务活动游戏化**。许多网络型的游戏都具有一定社交功能。玩家根据游戏规则进行协作，像社区成员一样行动一致。类似于 King 和 Zynga 的游戏公司创建了可以在 Facebook 和其他社交网络上玩的游戏。这也是游戏化的一个方面。另一方面就是将社交媒体引进到游戏中。

7. **众包及社交网络**。企业中的众包大多数是用于征求意见和建议，投票表决或是识别问题。用户创建内容、项目更新（例如志愿者将 Facebook 网页翻译成法语和德语）。众筹是对众包的一种应用，目的是为筹集资金。这一概念正在成熟，但是由于存在诈骗的潜在问题，用户对此持谨慎态度。

8. **社交协作**。大多数人都认为社交协作（协作 2.0）是社交媒体支持的主要活动。支持活动的范围从共同设计到解决问题。

9. **社交商务的未来发展**。普遍的共识是社交商务将快速增长，但有些人并不同意这个观点。大部分人认为，随着市场接受度的提高和新技术的不断出现，社交网络将会持续扩大，社交商务也将会不断发展，成为主要的商务模式。

关键术语

business social networks：社交商务网络
gamification：游戏化
social business：社交商务
social collaboration（Collaboration 2.0）：社交协作
（协作 2.0）
social enterprise：社交企业
social game：社交游戏
social network game：社交网络游戏

讨论题

1. 公共社交商务网站与企业社交商务网站有哪些差异？
2. 众包在集思广益和其他企业活动中的作用是什么？
3. 协作社交网络究竟是有助于推动企业社交网络发展还是浪费时间？企业社交网络缺陷有哪些？
4. 众包是如何减少对发明人，以及对商家的风险的？
5. 企业利用公共社交商务网站开展商务活动会面临哪些风险？
6. 综述 Socialtext 网站（socialtext.com）的特征。讨论你将如何在零售企业、制造企业或金融服务业的小型企业中使用这个平台。
7. 社交协作是如何支持商务活动的？
8. 社交游戏流行的原因是什么？
9. 怎样将游戏化运用到商业中？
10. 请将社交协作和众包进行对比。
11. 未来社交商务发展的推动力是什么？

课堂论辩

1. 得到任务的一群人是否应该对此任务具有专业知识？
2. 一些人抱怨使用社交协作会令工作变得缓慢和效率低。有些人则持不同观点。请对此问题展开讨论。
3. 利用众包这种形式来吸引员工或客户提出意见或是建议，这已经十分普遍。有人说这只不过是一只电子意见箱，但是也有人不这样认为。请对此问题展开讨论。
4. 登录网站 quara.com，查找有关社交企业的利益和局限性。写一份报告。
5. 企业是否应该为外部活动（如营销、客户关系管理）创建内部社交网络？还是使用现有的公共社交网络？
6. 考查游戏 Candy Crush Saga，为什么该款游戏如此火爆？游戏中是否有社交元素？
7. 为什么需要一个特定的创业者网站？是哪些特性让它变得高效？
8. 当公司决定使用公共社交网络时需要面对哪些风险？
9. 综述 Socialtext 网站（socialtext.com）的特征。讨论你将如何在（a）零售企业、（b）制造企业或（c）金融服务业的小型企业中使用这个平台。
10. 你是倾向于使用 monster.com、linkedin.com 或 facebook.com 进行高级管理人员的招聘，还是倾向于使用传统的猎头公司？为什么？
11. 众筹变得非常流行。查阅最近众筹成功的案例。在实施过程中会有哪些挑战？

网络实践

1. 浏览网站 xing.com 和 linkedin.com。它们各自有哪些功能？浏览 youtube.com/watch?v=pBAghmYMG0M，并观看视频"Ryze Business Tutorial"。比较 Ryze 与 linkedin.com 的功能有什么区别？写一份报告。
2. 浏览网站 pandora.com。人们如何利用这家网站创建音乐，并与朋友分享音乐？
3. 浏览 Kickstarter、Indiegogo 等类似众筹网站，比较它们之间的业务流程。了解众筹在中国的发展状况，预测一下，到 2025 年该市场规模能否达到 500 亿美元？写一份报告。
4. 在 quara.com 上发布一个关于"未来社交商务"的问题，总结提交的答案并给出评论意见。
5. 浏览网站 innocentive.com。描述该网站是如何运作的。列举它的主要产品和服务。识别该网站的优势和挑战。
6. 浏览网站 hulu.com/plus。为什么该网站是一个在线娱乐服务？对浏览者有哪些好处？将该网站与 hbogo.com 进行对比。
7. 浏览网站 gaiaonline.com。找出所有社交型的活动。写一份报告。
8. 浏览 yammer.com。找出与企业社交商务技术应用相关的信息。写一份报告。
9. 浏览网站 brazencareerist.com/company。了解网站提供的服务内容，将其服务与 expos2.com 上主办的虚拟活动相比较。
10. 浏览网站 jobserve.com 和 aspiremediagroup.net。比较这两个网站上为招聘提供的解决方案。将提供给招聘企业的服务和求职者的服务区分开来。写一份报告。

11. 识别一个有难度的商业问题,并将该问题分别发布在 linkedin.com 和 answers.com 上。将应该如何解决问题的反馈信息汇总。

12. 浏览网站 huddle.com 并观看互动的样片(需注册)。另请观看主页上的视频。写一份有关社交协作的报告。

13. 浏览网站 kickstarter.com 并查看网站提供的项目产品信息,选一个你认为可以投资生产以及不可以投资生产的产品,并给出相应的理由。

14. 浏览网站 topcoder.com,研究如何在该网站上提供编程挑战。寻找一个协作成功的案例,并撰写一份报告。

团队合作

1. 请阅读本章开头的导入案例,并回答下列问题:
   a. 公司如何利用社交媒体更好地建立客户关系?
   b. 为什么社交媒体的应用也会给企业和员工带来困扰?
   c. 公司为什么要与客户建立更为牢固的关系?
   d. Hearsay 社交平台是如何运作的?
   e. 浏览网站 hearsaysystems.com/2016/03/digital-technology-transformation-and-adoption-atrpm-mortgage,查看案例研究视频。系统中对 RPM 抵押贷款最有帮助的是哪部分?

2. 以众包的形式与设计师共同工作:(1)由公司概述其需要展开设计的一个领域。(2)公司将设计的形式转成为一种竞争,例如在专家中,在业余爱好者之中,或者在专业和非专业设计师之间。(3)由管理层、顾问团或是众包来选定最终的胜出者。这样做需要的投入并不多。
   a. 如果这个模式被广泛采用,将对设计行业产生怎样的影响?
   b. 竞争的目的是什么?
   c. 有些人相信业余人士可以把工作做到最好,但有些人持相反观点。找到相关的信息并进行讨论。
   d. 将此类情况与 Polyvore 模式进行比较并讨论。

3. 有些人觉得游戏化在将来会成为主要的社交商务技术。请浏览 badgeville.com/wiki/External_Resources,查找其他资源。写一份有关于现有的和潜在的电子商务和社交商务应用。

4. 所有同学在 LinkedIn 上进行注册成为会员。
   a. 每组成员加入 LinkedIn 上的两个群组并观察群组活动。
   b. 全部加入 E2 群组(group-digest@linkedIn.com)。跟随群组中的一些讨论。在 LinkedIn 网站的群组价值页面上传全班的介绍。

5. 查看流音乐服务领域中的竞争(如 Spotify、亚马逊、苹果、谷歌等),写出一份报告。

6. Yammer、Huddle、Chatter、Jive Software 都是基于大众群体的社交网络服务。它们都被认为非常实用,也正在替代传统的企业软件。研究这个论题并写一份报告。

7. 浏览网站 hearsaysystem.com,查看该网站提供的产品,并比较不同垂直市场的功能。写出一份报告。

章末案例

LinkedIn:首屈一指的商务型公共社交网络

LinkedIn 是世界上最大的专业人士社交网站。LinkedIn 是一个全球的商务型社交网站(网页被译成 23 种语言),使用者主要为职业人士。截止到 2016 年 1 月,该网站在 200 个国家和地区有超过 4.14 亿的注册用户。到 2016 年年底,网站共有 220 万个不同的兴趣群组。LinkedIn 可用于找工作,找人,找潜在客户,找服务提供商,找学科专家,也可以发掘一些商机。公司从 2010 年开始盈利,在 2016 年收入高达 30 亿美元。公司在 2011 年 1 月首次公开发行股票,其股票在市场上也有不错的表现。LinkedIn 的主要目标之一是允许注册用户保持一个专业联系人的列表(请浏览 en.wikipedia.org/wiki/LinkedIn),例如,与用户有关联的人。在每个用户网络中的人员被称为"关系人"。用户可以邀请任何人成为自己的联系人,无论他是否是 LinkedIn 的用户。当人们加入 LinkedIn 时就可以创建一份汇总自己职业成就的个人简介。这份简介可能会被招聘企业或前任同事或其他人搜索到。人们还可以遇到一些新的用户，并且找到协作或营销的各类机会。有关 LinkedIn 网站 2016 年的统计数据，请浏览 expandedramblings.com/index.php/by-the-numbers-a-few-important-linkedin-stats。

LinkedIn 网站是基于一种"多层级关系人"的理念。一个关系网包含用户的直接关系人（被称为第一层关系人），人们与他们的第一层关系人的联系（称为第二层关系人），人们与第二层关系人联系（称为第三层关系人，如此等等）组成。相应的层级图标就会出现在联系人名字旁边。身处关系网络中的专业人士，都有机会通过共有的、可信的联系人的介绍从而结识自己想要结识的人员。LinkedIn 的成员都是网站的用户，他们每个人都有几百位关系人。

一种访问机制被称为"门禁控制"（gated-access approach），这是在与任何专业人士连接时需要有预先存在的关系或一个共同联系人的介入，简言之就是通过会员相互介绍的这种网络关系建立一种信任。

LinkedIn 的群组搜索功能允许用户可以通过加入校友会、不同行业、不同职业或其他群组建立新的商务关系。

对于那些想要寻找工作的人，或是要招募员工的企业，LinkedIn 能够发挥很大的作用。据统计，美国 94% 的招聘者使用 LinkedIn 调查候选人。求职者可以在网站投放简历，搜索空缺岗位，了解企业的状况，甚至了解招聘者本人的状况。求职者还能够通过关系网络寻找能够帮助把自己推荐给招聘者的联系人。求职者甚至还能够查看到谁浏览过他们的简历，更多详细信息，请浏览 linkedin.com/company/linkedin/careers 和 linkedin.com/directory/job。

企业则能够利用网站发布招聘职位、搜索候选人和招募员工，尤其是可以搜寻到那些并不是积极找新工作的人员。

灵活运用 LinkedIn

LinkedIn 是一个广为人知的用于求职、招聘和结成人脉关系网的平台。然而它还有很多机会可以被用于营销、广告和销售等方面。会员可以请其他人为他们写推荐（背书认可）（请浏览 LinkedIntelligence.com/smart-ways-to-use-linkedin）。

该网站原有的"问答"（LinkedIn Answers）功能在 2013 年中断了，目前已有新的服务可用（请浏览 help.linkedin.com/app/answers/detail/a_id/35227）。

2011 年，LinkedIn 网站推出了广告板块"Ads"。与谷歌网站的 AdWords 板块类似，这是一个自助的、文本型的广告产品，让广告商可以触及他们自己挑选的目标受众人群（请浏览 help.linkedin.com/app/answers/details/aid/1015）。有关于 Ads 与 Adwords 之间的对比，请浏览 shoutex.com/blog/linkedin-directads-vs-google-adwords-2。

有数据显示，LinkedIn 的"到访者"转化率比 Facebook 和 Twitter 高三倍。

截至 2014 年，LinkedIn 通过电脑运算程序将工作经验与职位进行匹配，从而判断求职者对于职位的适合度。

LinkedIn 还能够被用于其他多种营销策略，例如创建特定群组在一些活动中促进用户的兴趣、购买已付费的媒体空间或是关注竞争对手动向（请浏览 linkedin.com/about-about）。大约 66% 的网站用户都位于美国之外，例如在巴西、印度、英国和法国都有很多用户。LinkedIn 有超过 150 万的用户是教师，他们使用网站进行教育类活动。

正如之前提到的，LinkedIn 是一家上市公司。这是一次快速的成功，因为现在的股价已经是刚上市时的三倍。相反，在 2011 年一家知名在线招聘网站 Monster 的股价则骤跌超过 60%，主要是因为投资者担心 LinkedIn 将会抢走 Monster 的业务。

LinkedIn 不断地提升网站功能。在 2014 年，公司发布了多个增加本地特色的新功能。

移动应用

2008 年 2 月，LinkedIn 网站的移动版开始运行，用户通过移动设备就可以使用绝大多数的应用。移动服务可以用 15 种文字操作，包括中文、英语、法语、德语、日语、西班牙语（请浏览 help.linkedin.com/app/answers/detail/a_jd999）。最新的应用是可以通过智能手机和平板电脑来申请工作。

LinkedIn 的未来

在用户数量和网站功能方面，LinkedIn 将会继续获得蓬勃发展。在 2016 年年底，LinkedIn 被微软公司收购。借助于它们的综合用户群和产品功能，这两家公司确信能够促进企业社交网络的发展（请浏览 wsj.com/articles/microsoft-closes-acquisition-of-linkedin-1481215151）。

LinkedIn 还在继续扩大其招聘活动，并大幅拓宽到高等教育市场。2016 年，公司新推出了一项"大学生入网"计划，承诺为大学生提供特殊工具，允许他们在线申请职位，且招聘人员能够看到他们的简历信息（请浏览 university.linkedin.com）。

关于 LinkedIn 的一些资源

以下是 LinkedIn 网站上比较实用的资源：blog.linkedin.com、mylinkedinpowerforum.com、linkedin.com/search。

有关 LinkedIn 成功案例，请浏览 cbsnews.com/news/linkedin-5-job-search-success-stories。

思考题

1. 浏览网站 linkedin.com。你觉得网站为何会如此成功？
2. 网站上与招聘和求职相关的特性有哪些？
3. 开展调查并找到公司收入来源有哪些。请一一列举。
4. 有些网站曾试图照搬 LinkedIn 的模式但并不成功。你觉得为何 LinkedIn 可以如此强势？
5. 加入 LinkedIn 网站中一个名为"eMarketing Association Network"的群组（免费；不过是私人群组所以需要申请才能加入），并对这个小组有关社交媒体和商务活动进行为期一周的观察。请写一份报告。
6. 研究 LinkedIn 上伪造个人资料的问题。

PART 4

第四部分
电子商务的支持服务

第 10 章

电子商务中的广告及营销活动

学习目标

1. 描述消费者网络消费行为的影响因素；
2. 解释如何分析消费者行为以建立个性化服务；
3. 描述网络环境下的市场调研；
4. 描述网络广告的目标和特性；
5. 描述网络上常用的广告方法；
6. 描述移动营销的概念和技术；
7. 描述在线广告策略和推广的类型；
8. 描述网络广告及营销活动中的实施问题。

导入案例

宜家家居：移动和增强现实技术的应用

宜家家居（ikea.com）是一家来自瑞典的全球最大的家具和家居用品零售商，集设计和销售各种组装家具为一体的全球家具零售领导者。宜家通过多达 48 个国家的 392 家实体商场，并利用有线和无线网络在线销售家具。

存在的问题

家具需求的个性化及其与客户家庭或公寓的不易匹配性，导致宜家面临着一个棘手的问题：如何确保家具在尺寸和风格上都能够满足客户需求。家具在真正购买之前，从未在家庭环境中使用过，导致上述问题更加难以解决。这就增加了客户购买后反悔的可能性，同时也会降低品牌满意度，甚至会产生成本较高的逆向物流（退货）。在店铺里的客户需要想象家具摆放在家里的场景，在家里的客户需要浏览网站上的家具，想象其能够放置在家里的合适位置。这为家具销售带来了明显的不利因素，导致售前、售后认知失调，且会延长整体销售周期。如果顾客对所需家具要求非常具体，那么这个选择过程将会更容易，更快捷。

解决方案

宜家意识到，在其客户中，尤其是那些较为年轻的客户，他们正积极地应用着移动技术，并且热衷于使用移动应用程序。此外，宜家还考虑研究应用增强现实技术。宜家认为，基于移动技术的增强现实应用程序应该是一个可行的解决方案，可以让客户提前感受到家具在家里的适应度。

2013 年，公司在苹果公司开发的移动操作系统 iOS 和谷歌的安卓系统上同时推出了增强现实应用程序，并在 2016 年进行了一次重大更新（请浏览 ikea.com/ms/en_CA/custo mer-service/about-shopping/free-ikea-apps/index.html）。该应用程序允许客户拍摄家庭环境，然后选择一种家具，并将选择的家具放置在家庭环境中。这个想法也应用到了宜家早期的产品，鼓励顾客剪下家具图片并将其放在家里，看看感觉如何。客户可以选择不同的图案并调整家具的尺寸和视角。欲了解该应用程序运作方法，请浏览 youtube/xC6t2eEPkPc，观看其提供的视频信息。

取得的成就

该应用程序深受消费者欢迎，以至于宜家需要继续增加额外的家具产品（2017年增加了200多件）供客户选择。截至2017年年初，该应用程序在两个平台上的下载量已经超过20万次。增强现实技术的应用，有助于公司增加销售额，且缩短了销售周期。公司计划继续更新该应用程序，使其能够与现有的家具产品目录保持同步。

案例启示

事实上，并非所有商品都适合在线销售，但通过应用新技术，可以让客户较轻松地实现在线购买。移动设备和增强现实技术为零售商提供了难得的机会，包括销售家居用品的零售商。宜家成功地运用增强现实技术促进了销售，提高了客户信心，也减少了客户购买后的遗憾。

10.1 在线消费者行为方式

企业面临激烈的竞争环境，为此它们都想方设法地吸引消费者购买自己的产品或服务。对于绝大多数企业而言，不管是网络企业还是传统企业，成功的决定性因素就是能够开发新客户，维系老客户。对于经营网上业务的企业来说，这一点尤为重要，因为它们主要是通过在线的形式与客户进行交流互动（请浏览 iresearchservices.com/5-common-factors-influencingconsumer-behavior/）。

10.1.1 在线消费者行为模式

在过去的几十年里，许多市场调研人员一直在致力于研究消费者行为方式，并总结出各种不同的消费行为模式。了解消费行为模式的目的是帮助商家了解消费者购买决策的制定过程。厂商可以通过改进产品设计或广告宣传等方式，更有效地影响买方的决定。

网上消费者主要可以分为两种类型：个人消费者和组织消费者。组织消费者主要包括政府机构、企业、经销商以及公共组织机构。这两种类型的消费者的采购行为存在差异，所以相应的分析方法也就不同。本章将重点对个人消费者的购买行为进行研究。个人消费者行为模型通常包括影响消费者决策过程的内外部影响因素，以及消费者决策过程。图10-1以及网站 youtu.be/dcV9y_LLdR8 上的视频，展示的是消费者行为模型。

- **影响因素**。影响购买决策的主要有五个方面，即消费者特征、环境特征、零售商及中间商特征、产品或服务特征（包括市场激励）以及电子商务销售系统。前面三个因素是卖方无法控制的因素，而后面两个因素是卖方可以控制的。图10-1展示了各个方面具体的影响因素。
- **态度–行为决策过程**。消费者行为模型的第二部分就是消费者决策过程。该过程通常始于知晓，结束于购买或者重复购买（见图10-1的椭圆部分）。对商品或服务的好感会使得陌生人产生购买意向，接下来可能就是真实的购买行为。相关的研究显示，消费者态度、购买意向以及购买行为之间有着很大的关联。营销人员试图尽可能多地控制这个过程，尽量去影响消费者的在线体验。此外，还应融合在线和离线的销售环境，以建立理想的营销环境。

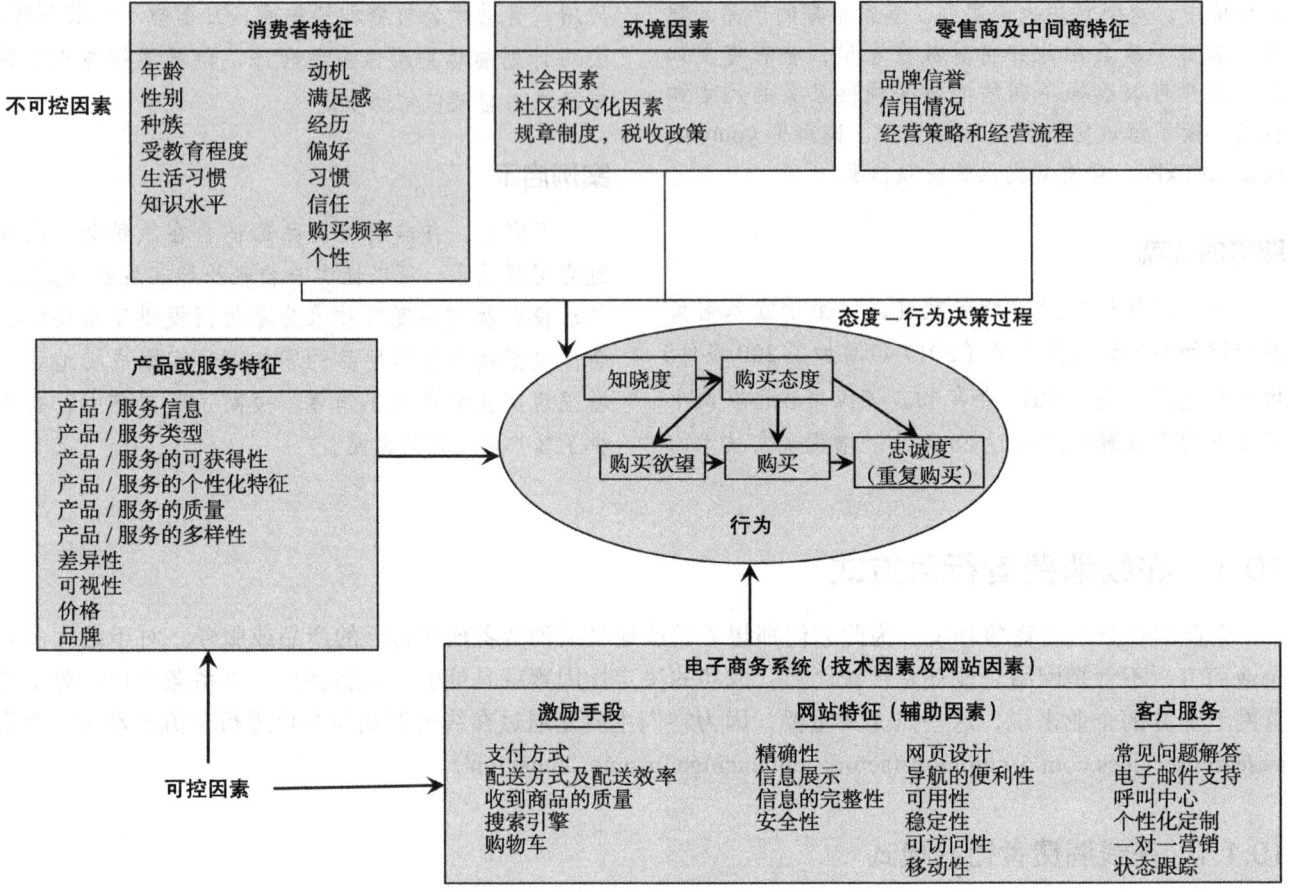

图 10-1　网上消费者行为模型

10.1.2　主要的影响因素

消费者购买行为的影响因素可以归为以下几类。

1. 消费者特征

消费者的个性特征主要涉及人口因素、个体偏好、行为特征，如图 10-1 左上部分所示。一些网站（如 emarketer.com、clickz.com、comscore.com）提供消费者网上购买习惯信息。这些网站对人口变化因素的关注，主要集中在性别、年龄、婚姻状况、受教育水平、种族、职业、家庭收入，这些因素和互联网的使用以及电子商务数据有一定的相关性。男性与女性由于购买信心和自身知识水平的不同，在理解信息上也存在差异。营销人员还研究个性和生活方式等心理因素。有研究表明，实体店铺的购买经历对于消费者网上购买态度和意向有很重要的影响。

2. 零售商及中间商因素

在线交易也会被提供商品和服务的零售商影响，这组因素主要包括零售商声誉、交易规模、消费者对零售商的信任等。例如，当人们从亚马逊网站购物时会觉得比较安全，因为该网站的声誉比较好。而在一个无名网站购物时就会感到不安全。当然营销策略和广告也会起到一定的影响作用。

3. 产品或服务因素

第二组因素涉及产品/服务本身。消费者是否决定购买受到交易中产品或服务特性的影响。可能会包括价格、质量、设计、品牌或者其他相关属性。

4. 电子商务系统

由商家提供的电子商务网上交易平台（如安全防护、结算方式等），以及所在的计算机环境（是移动终端还是台式机）也会起到一定的作用。电子商务的设计因素主要包括支付和物流支持系统、网站特性和消费者服务。设计因素又分为激励因素和辅助因素，在吸引网上消费者购买方面，激励因素比辅助因素更重要。我们新增了一个电子商务类型因素，例如，移动商务中的消费者行为是独特的，表现在社交购物上的行为也是如此。了解这些因素对设备用户界面设计十分重要，尤其是要确保移动应用性的实现（请浏览 sciencedirect.com/science/article/pii/S0747563216302448）。

- 激励因素。激励因素的主要功能是在交易过程中提供直接支持（如搜索引擎、购物车、多种支付方式）。
- 辅助因素。辅助因素是网站提供的功能，目的是保证网站的功能性和可用性（如导航的便利性、购物车显示功能）。辅助因素的主要目的是防止在交易过程中可能问题的出现（如安全问题和网站技术故障）。

5. 环境因素

交易过程中环境的改变可能会影响消费者的购买决定。环境变量可以分为以下几个方面：

- 社会因素。人们的购买决策会受家庭成员、朋友、同事以及时尚潮流的影响。因此社会因素（如消费者的认可及口碑）在电子商务中起到很重要的作用。网络社区和讨论组在电子商务中起到特殊的重要性。人们可以在聊天室、电子公告板、微博以及新闻组上沟通交流信息。
- 文化和社区因素。文化因素对购买行为的影响因国家而异。例如，居住在美国加州硅谷附近的居民和居住在尼泊尔山区的居民如何做出购买决策差异是很大的，中国的顾客和法国的顾客是不同的，乡下的顾客和城市里的顾客也存在差异。
- 其他因素。包括信息的可获得性、政府的规章制度、法律的限制以及特定环境因素。例如，税率也会对网上购物行为产生影响。

最近，人们越来越多地关注移动商务中的客户行为（请浏览 mobilemarketer.com）。

10.1.3 提高客户忠诚度

不管是网络企业还是传统企业，消费者购买行为的一个非常重要的影响因素是客户忠诚度。顾客在制定购买决策时，会自然地参考之前有过积极购物体验的品牌或零售商。此时，顾客会快速做出决策，因为他对之前的购买结果很满意。总部设于马萨诸塞州波士顿的战略咨询机构 Bain 发布过一份研究报告，强调了忠诚度在电子商务环境中的重要性。该报告认为客户忠诚度的关键因素如下（请浏览 bain.com/Images/Value_online_customer_loyalty_you_capture.pdf）：

- 客户忠诚度会促成重复购买，重复购买者会提高公司盈利能力；
- 重复购买者花费更多，交易量更大；
- 重复购买者会进行推荐，并推动产生更多业务；
- 忠诚的客户会产生衍生购买，甚至是与初次购买不同的其他产品。

显而易见，维持或提升客户忠诚度是所有电子商务业务的重要组成部分。虽然许多专家提出了提高客户忠诚度的方法，但许多人都认为其最重要的几个因素是：

- 认识到客户的重要性；
- 诚实敬业和客户服务；
- 电子商务系统应用的便利性；
- 经济因素，如折扣或特殊促销活动。

通过培养客户忠诚度，企业能够利用我们对消费者行为模型的理解，明确具体决策和购买模型。请浏览 youtu.be/UMWw6V_ZtvI，观看 Jackie Huba 提供的视频，视频中包含一些关于在线客户忠诚度的有趣观点。

本节习题

1. 消费者网上购买行为模型的主要组成部分有哪些？
2. 请列举影响消费者行为的主要个人特征。
3. 请列举购买环境的主要环境因素。
4. 请列举并描述与卖方相关的五个主要因素。
5. 行为过程模型中购买态度、购买意向、实际购买行为之间有什么关系？
6. 为什么说忠诚度是购买决策模型的重要组成部分？

10.2 个性化和行为营销

由于互联网能够提供大量的客户信息，使得一对一营销更加有效。这里我们将介绍与"一对一营销"有关的三种通用的策略：个性化、按行为定位、协同过滤。

10.2.1 电子商务中的个性化

个性化（personalization）即根据个体的偏好和个性化需求提供相应的服务和广告内容。网站上的个性化内容有助于增加网站的"转换率"（请浏览 earchenginewatch.com/article/ 2334157/How-Personalizing-Websites-With-Dynamic-Content-Increases-Engagement）。个性化程度基于用户个人资料，**用户资料**（user profile）则指的是顾客偏好、行为、人口统计数据。这些信息可以直接从用户那里得到，也可以利用网络工具来观察人们的网上行为。例如使用**网络跟踪器**（cookie）。网络跟踪器是网络服务器远程控制的，存放在用户电脑里的数据资料，通常用户并不会意识到它的存在。网络跟踪器会搜集网上用户活动的信息，也可以根据以前的购买行为建立用户信息，开展营销调研，并对用户行为进行预测。

有几种不同的方法来完成一对一定制，一个众所周知的方法是协同过滤。一些供应商提供个性化工具，这些工具有助于开发新客户，维系老客户。

1. 利用网络跟踪器收集信息

"网络跟踪器"是由网站发送，存储在用户计算机指定区域内的小文件。企业可以保存这些信息，以备将来使用。网络跟踪器的使用已经非常普遍，它使得计算机看起来更加的智能，并且简化了网络进入程序。根据 Webopedia 公司的说法，"网络跟踪器的主要目的是识别用户，并为他们准备个性化的网页"（请浏览 webopedia.com/TERM/C/cookie.html）。

网络跟踪器究竟是好是坏？答案是两方面的。当客户重新浏览亚马逊网上书店或其他网站时，欢迎页面上会出现用户名。亚马逊网站是靠网络跟踪器识别客户身份的。如果商家使用能够标记一名客户返回到某一网站的网络跟踪器，那么他们就能为客户提供周到的个性化信息。网络跟踪器能够提供很多的信息给市场营销人员。这些信息能被用来发布针对性的广告给客户。市场营销人员获得更多的广告点击率，并且客户能够看到最相关的信息。网络跟踪器也能阻拦重复的广告，因为商家能够为客户安排不会连续两次都看到相同的广告。最后，像 SPSS 和 Sift 一类的高级数据挖掘公司，都能够分析存储于网络跟踪器文件中的信息，所以企业能够更好地满足客户的需要。

然而，也有人反对网络跟踪器的使用，因为他们不喜欢那种"有人"在观看他们网上活动的感觉。不喜欢网络跟踪器的客户可以选择禁止使用它们。但一些客户可能想保留友好的网络跟踪器。例如，许多网站把一个人看作网络跟踪器的会员，所以他们每次访问时并不需要注册登记。

如果用户不喜欢使用网络跟踪器，可以进行删除。欲了解如何从用户浏览器中（如 IE 浏览器、谷歌浏览器或 Firefox 浏览器）删除网络跟踪器的信息，请浏览 whitecanyon.com/ delete -cookie。

实际案例　DotMailer 网络跟踪器的使用

DotMailer（dotmailer.com）是一个专注于电子邮件营销软件的自动化平台。与大多数公司一样，DotMailer 会在其网站上使用网络跟踪器。具体做法如下：

网络跟踪器 cookies 是一种小型文本文件，当用户首次访问某个网站或网页时，网站会将这些文件放置在你的计算机或移动设备上。当用户再次访问该网站时，cookies 会识别出用户使用的设备。网站信标等类似文件也具备上述功能。术语 cookies 就是用来指代以这种方式收集信息的所有文件。

DotMailer 将其使用的 cookies 细分为以下三种：
- 基本 cookies——会员可以实现内容访问；
- 性能 cookies——评估网站功用和性能；
- 功能 cookies——记住用户偏好。

那么，这些 cookies 跟踪器"有害"吗？既然它能够在如此多的网站上获得应用，答案也就不言而喻了。多数情况下，网络跟踪器都能起到积极作用，能够帮助网站更有效地运行，并有助于商家了解其用户的基本信息。

如果用户认为网络跟踪器会影响其在线隐私，那可以选择阻止使用 cookies（请浏览 allaboutcookies.org/manage-cookies 及 allaboutcookies.org）。

2. 其他数据搜集的方法

在网络跟踪用户活动方面，cookies 一直是最主要的方法。但随着科学技术的发展，也逐渐出现了一些新方法。加之客户开始设限浏览器中 cookies 的使用，这些新技术便有了"可乘之机"，逐渐被应用开来，并且这些新技术能够更具体地了解用户行为。有研究者归纳了五种跟踪用户活动的方法：

- 把用户的 IP 地址作为唯一标识符；
- LocalStorage（局部存储器），这是 HTML5 中的一项新功能；
- 帆布指纹识别（canvas fingerprinting）技术，一种在网页中嵌入内容的方法，随着用户的行为而发生变化；
- 根据用户行为识别用户之后，将其在线行为粘贴在相应类型的配置文件上；
- ETAG（是一个可以与 Web 资源关联的记号），匹配服务器日志上用户的过去和当前行为。

更多内容，请浏览 consumer.ftc.gov/articles/0042-online-tracking。

3. 利用个性化技术提升销售量

许多商家都已经擅长向客户提供个性化服务，以此来提升客户的满意度和忠诚度。其中做得比较好的是亚马逊（amazon.com），其提供的个性化服务就是进行产品推荐。只要收集到客户的购买信息和网站浏览信息，网站就会自动生成产品推荐信息。有时候，推荐信息的生成基础是有着相似购买经历的其他客户的购买历史。

企业对客户了解得越多，它们向客户提供个性化服务就越容易。TowerData 网络公司（towerdata.com）可以向自己的企业用户提供一种服务，帮助它们更多地了解客户，以此为基础向客户提供个性化信息（请浏览 intelligence.towerdata.com）。读者可以浏览网站 qubitproducts.com/content/40-best-ways-to-personalize，免费下载电子书，了解制作个性化网站的 40 种方法。

应用案例 10-1　　　北面公司人工智能的应用

存在的问题

随着在线零售市场规模的不断扩大，其竞争也越发激烈。在线零售企业必须挖空心思为客户提供良好的购物体验，以更好地满足客户需求，增加回头客数量。如何根据客户需求提供个性化的购物体验，是绝大多数零售商面临的共同难题，尤其是在移动环境中更是如此。只有能够真正地与客户进行个性化互动和产品推荐的零售商，才能获得发展机会。

北面公司（thenorthface.com）是一家提供户外服装和设备的企业，为专业和休闲用户提供各种产品。公司发现其在电子商务中的个性化购物体验存在缺陷，于是决定采取相应的措施来完善购物体验过程。

解决方案

针对上述问题，北面公司与 IBM 的 Watson 超级计算机以及 Fluid 的 Expert Personal Shopper（XPS）软件进行合作，创建了一个人工智能推荐系统。该系统依赖于 Fluid 的认知计算平台，该平台允许基于用户请求和交互进行快速、复杂的个性化推荐。例如，北面公司网站的访问者可以在线提出他们对夹克衫的基本需求（请浏览 thenorthface.com/xps），然后系统会给出产品推荐，甚至是为客户进行产品定制。系统帮助公司更好地了解客户需求和行为。此外，借助于这些数据信息，可以更好地与客户进行交互。

北面公司最初的产品于 2015 年 12 月下旬在系统上推出，这期间完成了 55 000 多次的产品定制，且与每位客户的会话时间约为 2 分钟。由于系统具有交互性，网站的"点进率"达到 60%，且 75% 的用户表示喜欢该系统，并许诺会再次使用（请浏览 fluid.com/portfolio/ the-north-face-xps）。

思考题

- 为什么个性化对零售商和购物者来说很重要？
- 北面公司是如何应用人工智能系统的？
- 为什么这个系统会导致重复购买？

10.2.2　行为营销和协同过滤

营销的一个主要的目的是通过为客户提供适当的产品或服务增加客户价值。匹配客户与广告的一个最著名的方式是行为营销，就是通过识别客户的网络行为来设计营销计划。

1. 按行为定位目标客户

按行为定位目标客户，称为**行为定位**（behavioral targeting），是指使用搜集到的关于个人网络浏览行为的信息，向用户发布针对性的广告，这比大众广告能够更有效地影响客户。当然，其前提是假设具有相似信息和购买经历的客户会有类似的产品偏好。有报道称，谷歌通过对其"以兴趣为基础的广告"进行测试，使得广告更加具有相关性和可用性。开发行为定位软件的供应商主要有 predictad.com、criteo.com、conversantmedia.com 等公司。行为定位的一种主要的方法是"协同过滤"。

2. 协同过滤

如果不直接询问客户或查看客户之前的购买记录就能预测到客户感兴趣的产品或服务，这对企业是有很大的帮助。**协同过滤**（collaborative filtering）就是这样的一种方法，根据具有相似特征客户的偏好和活动记录，使用特殊的算法，为新客户建立个人信息资料，并向他们推荐产品。许多商业系统都是以协同过滤为基础的。

亚马逊网站上有关"购买了这种产品的客户也会购买下面的产品"的广告词就是一种利用协同过滤技术的典型陈述。它通过列举其他客户的喜好来劝说一个客户。

请浏览 youtu.be/u_V9o2HDCTE，观看协同过滤软件供应商 Trouvus 提供的关于产品使用的说明视频。

3. 其他方式

除了协同过滤，还有如下的一些识别用户信息的方法：

- 基于规则的过滤。一个企业让客户做一些选择题，然后利用搜集到的信息建立一个客户需求预测模型。协同过滤系统通过这些信息得出行为和人口统计的规则，如只要客户的年龄超过 35 岁，而且收入在 10 万美元以上，就向他发布 Jeep Cherokee 的汽车广告，否则就向他发布 Mazda Protégé 的汽车销售广告。
- 基于内容的过滤。有了该项技术，商家就能通过客户已经购买的或将购买的产品属性来识别客户的偏好。此后，商家的系统将推荐另外的具有相似属性的产品给客户。例如，系统可能推荐一本有关文本挖掘方面的书籍给那些对数据挖掘有兴趣的客户，或者向租借过动作影片的客户推荐更多的动作影片。
- 基于活动的过滤。过滤的规则可以根据网络上用户的活动记录来制定。例如，网上书店可能希望找到那些每月会购书多达三次以上的潜在客户。这可以通过对该网站的访问量和活动情况进行分析来实现。

4. "协同过滤"中的法律与道德问题

为实现个性化营销而采用协同过滤带来的一个主要的问题是，没有经过客户的许可和知情的情况下就搜集了他们的信息，由于这样做违反了隐私法的规定，这在很多国家（如美国）都是非法的。基于许可的做法能够解决这个问题。实际上，实证研究表明，基于许可的做法在移动广告上的效果较为理想。

5. 行为营销中的社会心理学

认知风格是指人们如何进行信息处理，这已经成为网络营销和广告的一个研究课题。它的依据是具有不同认知风格的人，在网站设计和营销信息方面的偏好也不尽相同。具体而言，就是尝试利用用户喜欢的认知风格将网络与他们建立联系，这可以使一对一广告信息的效果更好。美国麻省理工学院设计了一个令用户喜欢的网站，利用此网站来弄清用户处理信息的方式，然后根据访问者的认知风格做出响应。

应用案例 10-2  **奈飞的推荐软件和社交系统帮助用户找到想看的视频**

拥有丰富的片源和具备点播功能是流媒体电视公司最大的优势，然而，任何事物都具有两面性，面对如此多的选择，用户却困惑了，不知该如何做出选择。实际上，解决此问题的方法有很多，作为行业领导者的奈飞（netflix.com）已经采用了一些方法。例如，常用的两种推荐方法：一是基于软件系统，根据用户过去的偏好推荐影视节目；二是基于社交系统，允许用户向他人推荐。

软件系统技术

目前，影视节目的推荐系统技术还面临着诸多挑战。具体包括以下四大挑战：

- 视频可用性差异带来的挑战；
- 文化差异带来的挑战；

- 多语言带来的挑战；
- 追踪质量带来的挑战。

此外，还有一个非常值得关注的问题是：在全球，不同国家和地区的视频内容的可用性是有区别的。由于与内容提供商合同规定的不同，某些国家或地区可以提供某些内容，但在其他国家或地区则不能提供。例如，BBC节目可以在美国播出，但是在英国则无法提供。这就意味着推荐软件需要根据地理位置进行用户细分。

该系统使用非常详细的算法，描述用户观看的视频内容以及同伴群体的偏好。把视频按照类型、流派、时代、评级和演员等进行分类。如果用户表达出了对某一类别的偏好，则可以使用这些"数据点"进行推荐。例如，如果用户喜欢施瓦辛格的电影《捕食者》，系统可能会推荐施瓦辛格主演的其他电影。此外，系统还会查看同伴群体的喜好。根据用户过去的偏好，可以将它们归为同一用户组。然后，可以将同组用户喜欢而该用户又没看过的视频推荐给他。这些系统彼此交互相连，但同时，也会受限于所属区域。

社交系统方法

2014年，奈飞推出了社交推荐，允许用户分享他们对奈飞平台影视内容的感受。之所以这样做，是因为用户在搜索影视资料时，倾向于相信朋友或陌生人的评价。奈飞最初专注于与Facebook的整合，允许用户宣传他们最近观看的喜欢或不喜欢的视频内容。后来，此项功能被嵌入安卓应用程序中，使得推荐变得更加容易。

除奈飞本身的努力外，许多第三方网站和应用程序也积极加入"帮助用户找到好看视频"的挑战中。这其中就包括agoodmovietowatch.com、whatisonnetflix.com和netflix roulette.net等网站。

了解用户需求是一件非常复杂的事情。然而，如果能够给出恰当的选择建议，将会极大地提高客户满意度，尤其是存在大量选择或产品供应复杂时。奈飞借助于软件系统技术和社交系统方法，试图提高用户视频观看的满意度。

思考题

1. 当面临更多选择时，为何做出决定更加困难？
2. 为什么奈飞要同时使用软件技术和社交系统两种推荐方法？
3. 技术系统推荐是如何运作的？
4. 为什么对奈飞而言，能够为用户提供适当的建议很重要？

本节习题

1. 定义和描述个性化营销的利益和成本。
2. 定义网络跟踪器并描述其价值。
3. 定义消费者行为定位，并且举出一个在网上应用的例子。
4. 定义协同过滤，举一个在网上应用的例子。
5. 企业如何利用网络跟踪器实施一对一营销和消费者行为定位？

10.3 电子商务活动中的市场调研

为了提高销量，针对客户和产品的信息和知识做出一份适当的市场调研是很重要的。市场研究者的目标就是发现营销机会和问题，以建立营销方案，更好地控制购买程序，并对营销业绩进行评估。市场调研的目标是对网上客户行为进行研究。市场研究者主要收集一些关于竞争、法规、价格、促销、渠道、消费者购买行为的信息。

10.3.1 网络市场调研的概念和目标

电子商务的市场调研可以使用常规方法（如访谈法、专题小组讨论法等），也可以借助于网络开展调研。在网上做市场调研比在实体市场做市场调研速度更快，并且使得调研人员能够接近地理位置更远、数量更多的客户。相对于传统的调研，网络调研能以较低的成本进行较大范围的调研。若是利用电话调研，每一次调研的成本是 50 美元，且效果不佳，当需要调查几百个对象时，合计更是一笔不小的支出。同样规模的调研，采用网络调研法将比电话调研法节约很多成本，并且能够加速调研的完成。另一方面，网上调研通过样本量的增加，可以增加调研结果的精准度。

厂商开展网络市场调研的目的

通过在网上观察个人信息和行为，使得营销人员能够对网上购买行为进行预测。例如，企业可以了解到为什么有的顾客在网上购物而有的却没有。预测顾客网上购物行为需要考虑的主要因素有（按照重要性的降序排列）：要求的产品信息、相关电子邮件的数量、订单数量、订购的产品或服务数量、客户性别等。

网络市场调研人员试图回答的问题主要有：个体和群体（市场细分）的购买模式是什么？哪些因素促进了网上购物？我们如何识别哪些客户是真正想买东西的，哪些仅仅是浏览一下？最理想的网页设计方案是什么？知道这些问题的答案能够帮助商家设计出适当的广告、给产品定价、设计网页，并提供适当的客户服务。在线市场调研能够为个体、群体和所有的组织提供这些数据信息。更多有关网络市场调研的信息，请参阅 webmonkey.com 及 inc.com/guides/biz_online/online-market-research.html。

10.3.2 市场调研的主要方法

了解顾客需求对于网络营销来说是非常必要的。这些信息可以通过以下几种方法获得：

- 在线征集客户信息（通过访谈、问卷、专题讨论、博客等）；
- 通过交易日志和网络跟踪器观察客户的网上行为；
- 运用数据、文本、网络挖掘技术和协同过滤技术对可用的数据进行分析。

1. 数据收集和分析

收集在线数据的具体方法包括：利用电子邮件的方式与顾客进行沟通；在线问卷法；监测社交网络上的对话；追踪客户网上活动等。

2. 在线调查

在线调查是搜集电子商务数据的主要方法，被认为是最经济有效的方式。它有很多其他优点，例如管理成本较低，调查问卷的填制过程容易控制（减少响应错误的产生，实现更完整的信息反馈，以方便后续工作的进行），设计调查问卷比较灵活，而且循环周期也相对较短。然而，在线调查也有一些缺点，例如匿名性，无应答导致出现错误数据，报告数据失真，数据侵害了隐私权等。

基于网络的调查　一种典型的在线调查方式是把问题放在目标网站上，邀请潜在客户回答。例如，通用磨坊公司使用基于网络的调查方法来了解消费者如何食用 Chex 谷物。在线调查可能是被动的（填写问卷的形式），也有可能是互动的（被访者下载问卷，添加评论，提出问题，讨论问题）。这两种形式在网络调查时一般都会用到。

在线专题小组　一些调研公司创建了一个由具有一定资格的网络常客组成的小组，将其加入在线专题小组。例如，NPD 公司的专题小组由 200 万个消费者组成，通过网上招募和电话确认的方式获得，用于对 NPD 消费者进行服务追踪（请浏览 npd.com/wps/portal/npd/us/about-npd/consumerpanel）。使用经过筛选的专题小组的参与者能够克服许多调研中遇到的问题（例如样本量太小，回复不完整等），这些问题经常会降低基于网络的市场调研的有效性。

3. 直接聆听顾客意见

除了使用专题小组的方法外，公司还可以直接询问顾客对产品或服务的看法。公司可以使用聊天室、社交网络上的讨论组、博客、威客、播客以及网络消费论坛的方法与顾客进行互动。例如，玩具制造商乐高利用市场调研机构在电子公告板上进行直接调研。因为这里有成千上万的访问者会阅读其他人的评论并分享对于乐高玩具的意见。这个调研机构每天会对这些响应进行分析并将信息提供给乐高公司。在线影片租赁提供商 Nelflix 也在使用这种方法以引导顾客表达自己的好恶。市场上有许多企业开发软件工具来直接聆听顾客意见（请浏览 millwardbrowndigital.com）。

4. 社交网络和其他 Web 2.0 环境下的数据收集

社交网络和 Web 2.0 环境为数据收集提供了更多的方式：

- 投票。人们喜欢通过投票（例如投票选出美国偶像）表达自己对某件事情的看法。他们会就产品、服务、艺术家和政治家的表现等提出自己的意见。这种方法在社交网络十分流行。
- 博客。有博客的人可以提出一些问题或引导其他人来表述自己的观点。
- 聊天室。社交网络成员喜欢在公众聊天室里交谈，通过聊天室可以收集一些即时数据。
- Twitter。从微博热点信息中厂商可以得到启发。
- 实时聊天。在这里你随时可以从消费者那里收集到互动的数据。
- 聊天机器人。可以有一些互动，你可以分析聊天日志，有时候与一个虚拟机器人聊天会更真诚。
- 集体智慧。这是社区头脑风暴的一种，通过鼓励沟通和交流实现智慧众包。
- 寻求专家意见。在 Web 2.0 环境中，专家的意见随处可见，而且通常是免费使用的（如雅虎网站上的"回答"功能）。
- 大众分类法。社交书签服务的提供使得我们能够更容易找到和使用一些数据。
- 视频、图片及其他富媒体中的数据。这些媒体中能够提供较有价值的数据。
- 研讨论坛。社交网络上的子群会以讨论的形式在研讨论坛上就不同的主题交换意见。

实际案例　中国的小米公司从社交媒体上搜集数据

小米（mi.com/en）是一家设计并销售智能手机和消费电子产品的公司。该公司发展速度可谓空前，三年之内便成为中国前五大智能手机品牌之一。在其产品上市的第三个年头（2013年），售出的智能手机数量达到1 870万部，其成功的一个关键因素是对社交媒体的有效应用，将其作为市场调查的工具。小米在社交媒体上吸引了众多粉丝。例如，2014年公司组织了一次限时抢购活动，利用社交媒体向粉丝发布即将发售的信息。据该公司的全球营销总监称，社交媒体作为一种能够最直接、最有效地与粉丝进行互动的方式，对小米来说是非常重要的。在不到一年的时间里，市场调查网站的注册用户便超过了600万人（被称为"米粉"）。该公司根据用户在小米网站上的意见建议，开发设计用户界面MIUI（米柚）。小米的第一款智能手机发布于2011年8月，并获得30多万预购订单。两年后，也就是在2013年，其销售额达到50亿美元，且开始进入其他电子产品市场。小米的成功充分展示了社交媒体在市场调查上的重要性。到2014年11月，在小米论坛（bbs.xiaomi.cn），也就是所谓的小米社区上，有3 000多万会员，发布的帖子数超过了2.21亿。更多信息，请浏览 thenextweb.com/asia/2014/04/09/xiaomis-social-media-strategy-drives-fanloyalty-books-it-242m-in-sales-in-12-hours。

5. 观察消费者在线行为

为了避免网上调查出现问题，尤其是避免给出一些错误的或者是具有偏见性的信息。一些市场调研人员选择通过观察消费者行为的方式，而不是通过问他们问题的方式来了解他们。许多市场调研人员通过使用"交易日志文件"或"网络跟踪器文件"来追踪消费者的在线行为，这有助于实现基于活动的过滤。

应用于网络的**交易日志**（transaction logs）记录用户在公司网站上的活动。它是由记录用户行为的日志文件制作成的。通过使用日志文件分析工具（如甲骨文开发的软件），企业就可能更好地了解在线访问者的活动信息，如访问该网址的频率。

需要注意的是，消费者从一个网址移动到另外一个网址，就形成了自己的**点击流行为**（clickstream behavior），这是消费者网上行为的一种模式，可以在交易日志中观察到（请参阅接下来要讨论的点击流分析部分内容）。

企业可以利用网络跟踪器或者网络窃听器来完善交易日志。网络跟踪器使得网站能够储存数据到用户的电脑里；当用户再次返回到原站点时，可以利用网络跟踪器寻找到其历史行为。企业可以使用漂亮的名字吸引客户，或将有针对性的广告发送给他（请浏览 kb.iu.edu/d/agwm）。网络跟踪器经常与**网络窃听器**（web bugs）一起使用，它们都是一些微小的（通常是不可见的）的文件，隐藏在网页或电子邮件中。网络窃听器能够发送用户及其活动的信息给监测站点（例如找出用户是否浏览了网站上的某些内容）。很多人认为网络跟踪器及网络窃听器的使用侵犯了客户的隐私。

间谍软件（spyware）是一种类似于病毒的软件，它会在用户不知情的情况下进入电脑。接下来，一个外人便可以搜集到你浏览习惯方面的信息。最初的设计是为了帮助软件作者赚钱。间谍软件应用程序通常是与一些免费的软件捆绑在一起的，然后下载到用户的电脑里。很多用户并没有意识到他们在下载免费软件的时候也把间谍软件下载下来了。对付间谍软件的最好办法是安装防病毒软件，它能够自动侦测并移除病毒或其他有害软件的入侵。

6. 网络分析和数据挖掘

所谓网络分析，是指对网上数据和活动进行监测、采集、测量和评估，并发布任务报告。网络分析有助于我们理解和优化网络的使用。例如，零售商利用网络分析进行市场调研（请浏览 ibm.com/software/marketingsolutions/coremetrics）。企业还可以使用网络分析软件来改善其网站的外观和操作，可以快速提供客户的反馈信息，帮助营销人员选择将要进行推广的产品。请浏览 mydatamine.com.tutorialspoint.com/data_mining/index.htm；或观看 youtube.com/watch?v=EtFQv_B7YA8 上的视频资料"数据挖掘入门"（Introduction to Data Mining）。

点击流数据（clickstream data）是描述有关用户访问的网址、访问的顺序、用户在每个网页上停留的时间等的数据。这些数据可以通过追踪用户在某一站点的活动轨迹（用户点击行为）获得。点击流分析在网站和电子商务系统分析中的应用较为广泛。它提供了有关用户在线活动的详细信息，特别是他们对网站或网店的信息反馈。通过评估这些数据信息，网站所有者可以更好地了解用户的兴趣点和活动模式。这些信息能够帮助企业完善各个领域的内容，包括网站设计、电子商务系统设计和产品/推荐产品布局。这些系统会生成大量的数据，这种类型的数据分析通常与大数据分析和 Hadoop 等工具相关联，用来评估和理解所获的信息记录。

企业已经开发出多种点击流分析工具。例如，来自 Webtrends 的网络趋势分析软件 Analytics 10（请浏览 analytics.webtrends.com），就是高级的点击流分析工具（请浏览 webtrends.com/solutions/Digital-measurement/streams）。此外，配置 Google Analytics 标准的 clickstreamr.com，也可用于此类分析。

网络数据挖掘（web mining）是指利用数据挖掘技术从网络内容和网络文件的使用情况中发现和提取更多的信息。网络数据挖掘在未来有可能改变我们获得信息和使用网上信息的方式。

随着基于 Web 系统和社交媒体的不断发展进步，有关客户在线活动、模式和行为的数据将会更加容易获得。随着可用信息量的不断增加，对信息的分析、处理和使用能力也在不断提高。欲了解有关谷歌收集的信息类型及其使用方式，请浏览 welivesecurity.com/wp-content/media_files/Google-Privacy-Infographic-780p.jpg。

10.3.3　在线市场调研的局限性以及克服的方法

在线市场调研技术和方法方面存在局限性。技术方面面临的一个问题是需要提供大量的数据，为了合理地使用这些数据，市场调研人员需要对其进行组织、编辑、压缩和归纳。但是这项工作费时费力。解决这个问题的方法是通过使用数据库和数据挖掘技术，使上述的过程实现自动化。

在线市场调研方法的局限性包括如下几个方面：回复数据的准确性、选取样本的代表程度很难控制，以及网站信息跟踪引起的道德和法律问题等。由于基于网络的调查经常使用"公开征集"的方式招募受访者，因此对受访者的响应速度和控制是很有限的。网络调研上受访者的匿名性能够鼓励他们做出真实的信息反馈。然而，匿名性也可能会导致失去一些有价值的信息，如人口统计、偏好及行为特点等。为了克服上述的这些局限性，需要认真和严谨地设计在线市场调研方法。缺乏专业知识的一些小公司可以将市场调研工作外包出去，外包给那些有专门的市场研究部门和拥有专业知识、经验丰富的大公司。

在客户不知情的情况下搜集他们的个人数据，可能会构成隐私侵犯（请浏览 esomar.org/knowledge-and-standards/codes-and-guidelines.php 及 marketingresearch.org/issues-policies/mra-code-marketing-research-standards）。

10.3.4　有助于市场调研的生物识别和智能手机

很多家庭里有好几个网络用户。因此，搜集到的数据也许不能代表任何一个人的偏好（除非我们能够确定那里只有一个使用者，例如在使用智能手机的情况下）。一个可能的解决办法是使用生物识别或智能手机获取个人信息。

生物识别（biometric）是个体独特的身体特征和行为特征，可以用来精确地识别个人身份。将生物识别技术应用在电脑使用者身上，我们能够提高安全性并且能够精确地得知使用者的个人信息。问题是如何去做。如今，人们已经开发出应用程序，能够让用户通过生物识别技术在电脑里识别自己，并且它们传播的速度非常快。利用此项技术进行市场营销涉及社会和法律的认可问题。

移动市场调研（mobile market research）是指利用移动设备，包括普通手机、智能手机和平板电脑，收集数据信息的一种方法，通常利用 App、短消息、WAP、移动网络和基于位置的服务这些典型的方法来实现。移动市场调查的一个主要优点在于，它几乎可以在任何时间和任何地点进行。缺点则是很难确定样本范围，而且在没有用户移动设备的情况下很难获得样本数据。移动市场调查还面临着一个重要的问题就是隐私保护。因此，名为 ESOMAR 的组织发布了一个有关移动市场调查的指导方针（请浏览 esomar.org）。

随着移动应用的不断增长，移动研究领域也获得了快速发展。现有的移动工具中，部分是基于移动设备本身，部分是基于 Web 的转换（响应式网站或应用程序）工具。在移动环境中，这些工具能够实现更高的效率。移动用户可以实地接受调查，也可以利用其位置数据对调查或信息请求做出反应。有关如何进行移动营销的更多信息，请参阅 mmra-global.org。

本节习题

1. 什么是市场调研的目标？

2. 网络日志和点击流分析有什么作用？
3. 如何界定网络跟踪器、网络窃听器和间谍软件？企业该如何在市场调研中使用它们？
4. 描述隐私权保护问题和网络市场调研的联系。
5. 在线市场调研有哪些局限性？
6. 生物识别技术和移动手机如何改进市场调研？

10.4 网络广告

网络广告在电子商务中扮演着极其重要的角色。网络广告发展非常快，尤其是在 B2C 市场上更是如此。而且许多公司不断改变广告战略来获得竞争优势。由于网络具有的交互性，网络广告对于直接通过对广告的反应来提升品牌知晓度有很大的帮助。普华永道公司（pwc.com）根据专业的服务网络对在线广告进行了一项研究，发布了《2016 年 IAB 互联网广告报告》。该报告指出，在 2016 年第三季度，仅美国的在线广告收入就高达 176 亿美元，创历史新高，同比增长 20%（请浏览 iab.com/news/q3-2016-internet-ad-revenues-hit-17-6-billion-climbing-20-year-year-according-iab）。在 2015 年全年，互联网广告收入比上一年增长了 66%，整体广告收入增长了 20.4%，总计 596 亿美元（请浏览 iab.com/wp-content/uploads/2016/04/IAB_Internet_Advertising_Revenue_Report_FY_2015-final.pdf）。

互联网广告最流行的三种形式是搜索广告、旗帜广告和移动广告。社交媒体广告也是该领域快速发展的广告形式。根据 Statistica.com 在 2016 年年底发布的报告，预测社交媒体广告的发展趋势如下：

- 2016 年的收入将达到 148 亿美元；
- 比 2015 年增长 32.2%；
- 预计 2017 年将增长 20%；
- 来自每位移动用户的收入将从 2016 年的 55.95 美元增长到 2017 年的 65.91 美元（增长 17.8%）。

2016 年 LePage 对个人社交媒体网络进行研究，有了如下的一些发现：

- 截至 2016 年第三季度，Facebook 的广告收入达到 68 亿美元，高于 2015 年的 43 亿美元；
- 2016 年第三季度，Twitter 的广告收入为 5.45 亿美元，同比增长 60%；
- 2016 年第三季度，LinkedIn 营销解决方案收入 1.75 亿美元，同比增长 26%；
- Instagram 月均活跃用户超过 5 亿；
- Pinterest 的月均用户达到 1.5 亿；
- YouTube 频道数量年均增长 6 位数，同比增长 50%。

从上述数字可以看出，在线和移动广告都获得了快速发展的趋势。在本节中，我们将重点研究常见的网络广告。

10.4.1 网络广告概述

网络广告是为了促成交易，而将信息传播给互联网用户的一种广告形式。传统广告（也称作营销传播）是广告商面向大众，而非个人的单向信息传播。电话营销和直邮广告都在设法克服大众广告的缺陷，但是成本较高，速度较慢。例如，一个直接邮件的成本是每人 1 美元，回复率只有 1%～3%。这说明要获得一个人的回复要付出大约 20 美元（5% 的回复率）到 100 美元（1% 的回复率）。像这样的花费，只有在贵重物品上（如汽车）才是可接受的。请浏览 youtu.be/AcPbfP7Cxg0，观看有关如何计算响应成本的视频。

直邮广告的问题之一是，广告商对于广告接收者的了解很少。根据不同特征（如年龄、收入、性别）进行的市场细分能帮助广告商了解一些信息，但仍不能解决问题。**互动营销**（interactive marketing）的想法使得营销人员和广告商能够与客户进行直接交流。

消费者在网上可以通过点击一个广告来了解更多的信息，也可以发送邮件提出问题，客户可以与商家（真人或虚拟形象）或与社交网络聊天室里的网友进行即时聊天。网络确实能够帮助实现一对一营销。

广告循环

企业一般都会将广告看作一个循环的过程（如图10-2所示）。这个循环过程意味着能够通过仔细筹划广告活动，确定目标客户并满足他们的需求。接下来，在活动结束之后，对这次广告活动进行分析，以使得公司更好地判断广告活动是否成功。这些新知识能够帮助企业更好地筹划将来的活动。

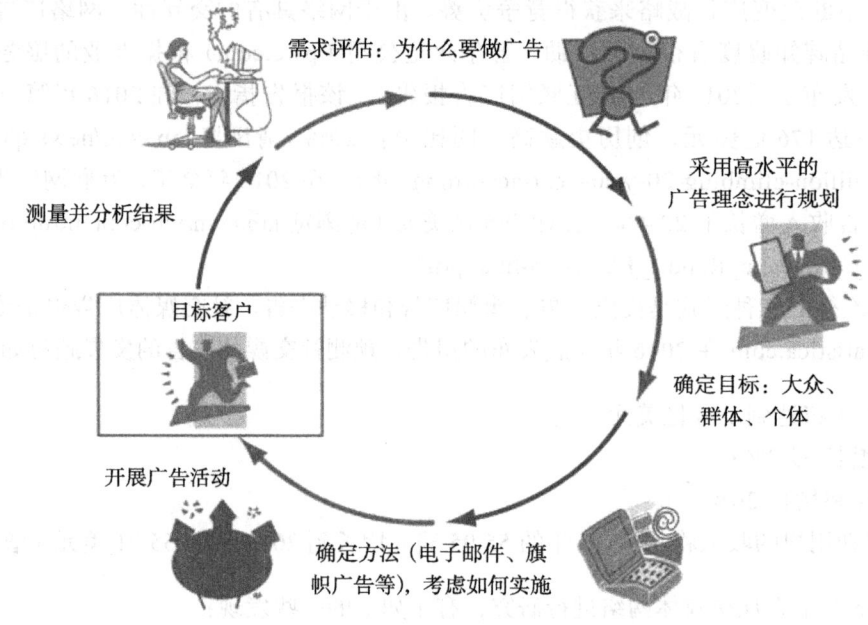

图 10-2 广告循环

在解释网络广告中的各个循环步骤之前，先要介绍几个基本的广告术语。

10.4.2 一些基本的广告术语

下面所列的术语及其解释有助于了解网络广告：

- **广告浏览量**（ad views），也被称为"印象"或网页浏览量，是指在一个特定时间内用户通过旗帜广告访问网页的次数。
- **广告点击量**（click，ad click），访问者每次通过点击旗帜广告来访问广告主网站的点击次数。
- **千人成本**（cost per mile，CPM），广告主为它的旗帜广告显示1 000次所付的费用。
- **转化率**（conversion rate），网站点击者中实际购买商品或服务所占的比例。
- **点击率**（click through rate/ratio，CTR），访问者点击旗帜广告的比例。
- **点击**（hit），试图从一个网页或文件获取信息的请求。
- **登录页面**（landing page），浏览者通过点击一个链接定向转到网页，对于在线营销，该网页用于将浏览者转为买家。

10.4.3　为什么会出现网络广告

传统广告的主要媒体有电视、报纸、杂志、广播。然而，随着消费者在网上花的时间越来越多（每年增长约32%），以及很多人在使用移动设备，整个市场也在发生改变。儿童在网络上花的时间已经超过了看电视的时间，网络广告开始受到更多的关注。2013年的互联网广告收入已经超过了广播电视、有线电视和报纸的广告收入，而且我们可以预见到这一趋势仍在继续。因此，网络广告是未来一个明确的选择。

1. 网络广告及其优势

相对于传统媒体广告，互联网广告的主要优势是能够与客户进行一对一的沟通，以及使用富媒体（如视频）吸引眼球。另外，互联网广告很容易进行调整，且运行成本较低。与传统媒体相比，互联网是迄今为止发展速度最快的沟通媒介。全球互联网用户在2016年4月已经接近36亿（请浏览 internetworldstats.com/stats.htm）。当然，广告商对增长如此迅速的媒体产生了极大的兴趣。

网络广告快速增长的原因还包括：

- 成本低廉。与其他传统媒体广告相比，网络广告成本较低。
- 形式多样。网络广告能使用视频、动画等丰富多样的形式。此外，网络广告可以跟游戏和娱乐结合起来。
- 易于更新。网络广告能够实现快速的更新，且成本较低。
- 个性化程度高。网络广告可以以个体或特殊的兴趣群体为目标。
- 定位精准。使用无线技术和GPS定位，网络广告可以实现定点投放。
- 方便快捷。从一个在线广告很容易转换到一个店面，只需点击一下即可。

2. 传统广告与网络广告

每一种广告媒介（包括互联网在内）都有它的优缺点。2014年，有学者对传统广告和互联网广告（包括社交网络广告）进行了对比。他们的结论是，网络广告比传统广告，不仅更具成本效益，而且商业影响更深远。

将电视广告和网络广告结合在一起可以形成一种协力优势，比单独使用一种媒体能够吸引更多的关注度。有调查显示，仅使用电视广告增加的品牌关注度达到27%，而电视和网络的结合使用，这个数字将达到45%。电视广告带来购买意向的增加有2%，而电视和网络的结合使用，这个数字将达到12%。

网络广告的产生对于报纸的生存具有一定的冲击性。许多报纸正在慢慢消失，合并或者开始赔钱。一个解决对策就是增加数字广告，《纽约时报》就是一个典型的例子。更多信息，请浏览 absolutemg.com/2014/12/23/traditional-media-balancing-effect。

当然，互联网广告也有一定的局限性，如屏幕尺寸、空间大小，它还会受到某些政策的限制。

本节习题

1. 请描述网络广告的定义以及其主要术语。
2. 请描述网络广告迅速增长的原因。
3. 请描述新兴的网络广告方法。
4. 请列举网络广告的优势。
5. 请绘制和解释广告循环。
6. 请描述网络广告对报纸广告、电视广告的生存存在的影响。

10.5 网络广告方法

网络广告的方法很多，以下介绍的是三种主要的网络广告类别（详细的列表和说明，请参阅 en.wikipedia.org/wiki/Online_Advertising）。

10.5.1 网络广告的主要类别

广告可以分为三种主要的类型：分类式广告、陈列式广告、交互式广告。

1. 分类式广告

这种广告形式主要使用文字，但最近也开始使用图片。这类广告是根据不同的产品类别划分的（如汽车、房屋租赁等）。这类广告最便宜。

我们能够在一些特殊的网站上（如 craigslist.org、superpages.com），以及在网络报纸、网络交易中心、门户网站上看到分类式广告。通常，常规尺寸的分类广告的投放是免费的，但如果要求尺寸过大，并要彩色的，或有其他醒目特征的要求，那么就要收费了（请浏览 traderonline.com 及 advertising.microsoft.com）。

2. 陈列式广告

这种广告形式主要使用图片、商标、颜色或者特殊的设计。它们是一种图示广告。这些广告通常不会再进行分类，但是它们可以结合在一起使用。陈列式广告在实体环境中很受欢迎，主要用在广告牌、企业黄页、电影中。在网络上，陈列式广告也逐渐流行起来。所有主要的搜索广告公司（如谷歌、雅虎、微软）都在利用其在线搜索广告的优势来发展陈列式广告业务。

3. 交互式广告

这种广告形式主要使用在线或离线的互动式媒体，与顾客或消费者进行沟通，进而推销产品、品牌和服务。互联网上，互动式广告特别盛行，许多广告商用视频的形式传递广告内容。

每个类别都有几种变体，下面介绍几种主要的方法。

10.5.2 旗帜广告

旗帜广告（banner）是在网站上做广告时的图片展示（可以使用文字、标识，植入网页中）。旗帜广告被链接到广告商的网页中。当用户点击旗帜广告之后，便会转入广告商的网站上去。广告商竭尽全力去设计一则旗帜广告以便吸引用户的眼球。旗帜广告通常会包含图片，有时候也会包括小视频和声音。旗帜广告（包括弹出式广告）是网上营销最常使用的广告形式。

旗帜广告有几种规格和形式。国际广告局（IAB，iab.net）制定了规格标准并且用像素来度量。**随机旗帜广告**（random banners）是随机出现的，不是用户行为所致。公司使用随机旗帜广告介绍新产品（如一部新电影或 CD）或者推广自己的品牌。**静态旗帜广告**（static banners）通常出现在网页上。当关联的网页被激活之后，**弹出式旗帜广告**（pop-up banners）则会在另一个单独的窗口弹出。

如果知道用户的一些资料，例如用户的个人信息或者兴趣爱好，那么广告商就可以为这些用户制定专门的旗帜广告。显而易见，这些定向的、个性化的旗帜广告通常是最有效的。不少企业（如 Conversant）正在开发这种以满足目标客户需求为目的的**个性化旗帜广告**（personalized banners）。

动态旗帜广告（live banner）在广告弹出时，其内容可以进行创建或者修改，而不是像旗帜广告那样按照预编程序展示固定内容。动态旗帜广告通常是互动式多媒体（请浏览 en.wikipedia.org/wiki/Live-banner）。

旗帜广告的优点和缺点

旗帜广告的好处主要表现在用户点击后便可以直接转到广告商的界面，通常是直接转到购物站点。另一个好处是旗帜广告能够为个体用户或部分细分用户制作个性化的广告。在很多情况下，用户被迫要关注一些旗帜广告，例如当用户在等待页面加载或是想要获得请求的页面时被动地浏览广告（称作"强势广告"策略）。最后，旗帜广告可以使用多媒体，更加吸引用户眼球。

旗帜广告的劣势主要表现在其成本上。如果企业想要进行一场成功的营销活动，需要支付很大一部分广告费用，将其投放到一些热门网站上。

但是，用户似乎对旗帜广告产生了某种程度的免疫力，当它们出现时，用户根本就不会注意到。旗帜广告的点击率随着时间的推移开始下降。正因为有这些弊端，确定将旗帜广告放置在屏幕的哪个位置就显得极为重要（放在右边比放在左边好，放在上面比放在下面好）。例如 QQ.com 和 Taobao.com 这些网站，已经建立了行为实验室，跟踪客户的眼球活动，通过更好地理解屏幕位置和更好地进行网页设计，以吸引客户的注意。但是，用户会通过在浏览器上安装广告拦截工具，屏蔽一些旗帜广告的出现。这样就会导致广告的点击率下降。

10.5.3 弹出式广告

在网页浏览时令人十分讨厌的一种现象是弹出式广告或类似广告的大量出现。**弹出式广告**（pop-up ad）也称为"自我复制广告"。当用户进入或者退出某个网站时，或延迟一段时间后，以及在一些其他情况下，就会有弹出式广告在新窗口弹出。弹出式广告覆盖了当前页面而且很难被关掉。它们可以获得用户的即刻关注，但是关于它们的使用是有争议的。很多用户强烈反对这种广告形式，因为在他们看来这些广告是侵入式的。大多数浏览器都为用户提供了屏蔽弹出式广告的选择。用户还可以使用专门的应用程序来阻止弹出广告和其他广告（请浏览 adblockplus.org）。因为从本质上来看，弹出式广告就是一种垃圾广告，所以法律也已经尝试着对其进行控制。

广告商也在增加使用一些其他的策略，其中不乏一些比较激进的广告策略。这些广告伴有音乐、声音以及其他一些富媒体。

1. 弹出视频

随着免费病毒视频不断流行（例如在 YouTube 网站上），在视频之前会出现一些弹出广告。这些广告有些可以跳过，有些则不能。它们通常会持续 10～20 秒，广告内容可能与你想看的视频内容有关联，也可能根本就没任何关系。多数情况下，这些视频广告会带有一定的诱导因素，称为诱因视频广告，这将在后面进行讨论。一些网站（如 Hulu）允许用户选择他们最感兴趣的视频，以代替标准化视频。

2. 电子邮件广告

电子邮件营销（e-mail marketing）是一种利用电子邮件向客户传递商业广告信息的营销方式。电子邮件营销可能会为不同的目的以不同的形式出现。常见的电子邮件营销方式有：

- 把广告添加到邮件信息中，就是所谓的**电子邮件广告**（e-mail advertising）；
- 向客户发送电子邮件，增强商家和客户关系；
- 为了开发新客户，向他们发送电子邮件；
- 通过使用微博或其他社交媒体向他们发送电子邮件。

电子邮件信息可能会结合简短的音频或视频资料，某些信息还提供用户点击即可实现购买的链接。发送折扣券和提供特价信息的方法，被各大零售商（包括百货商店和超级市场）所采用。航空公司、银行、教育机构以及其他一些可以获知你邮箱地址的机构，都可能向你发送电子邮件广告。

3. 电子邮件广告的主要优缺点

电子邮件广告的优点主要有：

- 成本较低；
- 客户定位精准；
- 便于进行市场细分；
- 快速响应行动；
- 易于创建；
- 易于跟踪；
- 易于分享；
- 即时性；
- 较高投资回报率。

更多详细信息，请浏览 pure360.com/10-benefits-of-email-marketing 及 pure360.com/maturity-benchmarking-report-2015。

电子邮件广告最大的局限性在于，它们通常被视为垃圾邮件，用户经常使用垃圾邮件控制软件来进行限制。一般情况下，没有经过接收者同意而向他们发送电子邮件广告（通常是群发广告），都被认为是垃圾广告。

随着电子邮件数量的不断增加，消费者也开始对电子邮件信息进行屏蔽或者限制。目前，大部分的电子邮件服务器都允许用户对特定来源的信息进行限制，或者自动过滤掉一些垃圾邮件。

4. 电子邮件广告的实施

一份电子邮件地址清单，对于企业而言是非常有用的。企业可以利用这份清单锁定部分具有相同特征的用户。多数情况下，这份邮件列表是以会员资格和客户忠诚度计划为基础得到的，如航空公司的常客飞行计划。有关如何创建一份邮件地址清单，请浏览 topica.com。

电子邮件也可以传送到移动设备（尤其是手机）中。这给商家提供了一个真正可以随时随地与消费者实现交互式和一对一沟通的机会。现在电子邮件广告的发送对象不仅取决于个体的信息资料，也取决于他们实时所在的具体地理位置。

企业可以借助于各种软件系统来管理电子邮件营销活动。一些软件系统允许用户进行创建和发送消息，跟踪用户响应，构建客户数据，并保证合规合法。constantcontact.com、mailchimp.com 和 infusionsoft.com 等网络公司都开发较为常用的软件系统。

电子邮件骗局　电子邮件骗局非常流行，有些骗局已持续数年，例如，尼曼百货的饼干食谱、尼日利亚信件（Nigerian Letters）、美国国土安全部支票骗局。更多信息，请浏览美国联邦贸易委员会网站（ftc.gov）。

邮件欺诈　欺诈也可能会发生在电子邮件广告中。例如，一个人可能会收到这样的邮件，邮件里声称他的信用卡号是无效的或者他的 MSN 服务即将终止，除非发送另一个信用卡号给它。有关如何防止此类欺诈事件的产生，请浏览 scambusters.org。

遵守法律法规　在美国，营销人员还必须遵守 CAN-SPAM 法案，用户也可以将自己从邮件列表中移除（请浏览 ftc.gov/tips-advice/business-center/guidance/can-spam-act-compliance-guide-business）。

10.5.4 搜索引擎广告与搜索引擎优化

对于大部分人来说，搜索引擎是查找信息很好的一种方法，因此，搜索引擎也成为在线广告很好的一个平台。将广告投放在显示搜索引擎查询结果的页面上的方法就是**搜索引擎广告**（search advertising）。如果搜索引擎查询结果里包含一家公司的名称或产品，这可以认为是为该公司做了一次免费的广告宣传。而问题是搜索查询结果多达数千条，一家公司的产品可能不会出现在前面几页。搜索引擎广告包括移动搜索和社交网络搜索（请浏览 pipl.com）。

当搜索引擎里出现广告主制定的关键字时，关键词广告就能链接到相应的广告。它属于"按点击付费"的广告。广告商会选择那些能够与自己的广告相匹配，可以进行搜索的关键词。当进行关键词搜索时，搜索结果和广告会同时出现在屏幕上。这可以大幅度提高用户阅读该广告的可能性，因为用户很有可能对这条广告感兴趣（请浏览 google.com/adwords/ how-it-works/ads-on-google.html）。谷歌使用两种主要的方法实施这种广告策略。2016 年第三季度，它创造的收入占谷歌总收入的 92% 以上。

其他搜索引擎也关注此种类型的广告，例如，美国的第二大搜索引擎 Bing（微软公司的产品）。在 2016 年中期，Bing 占据了搜索引擎市场 21% 的市场份额。有关 Bing 的关键字广告案例，请浏览 advertise.bingads.microsoft.com/en-us/solutions/tools/keyword-planner。

搜索引擎优化

搜索引擎优化（search engine optimization，SEO）是一种提高公司或品牌在搜索引擎内搜索结果排名的过程。最好是出现在第一个页面的第 5～10 条。企业可以尝试自我优化，也可以聘用一个专业的搜索引擎优化人员。搜索引擎优化能够提高网站的访问量，因此企业愿意付费获得此项服务。SEO 可以针对不同的搜索，包括视频搜索、社交网络搜索、图片搜索等。根据谷歌网站 AdWords 板块的介绍："要想在客户搜索您的产品或服务时能够出现您的广告，那么您所选择的关键词要与客户常用的词或短语相匹配，还应该与公司客户访问的网站内容相关。"搜索引擎优化的一般过程见图 10-3（请浏览 blog.kissmetrics. com/minimalist-seo 及 offers.hubspot.com/learning-seo-from-the-experts）。

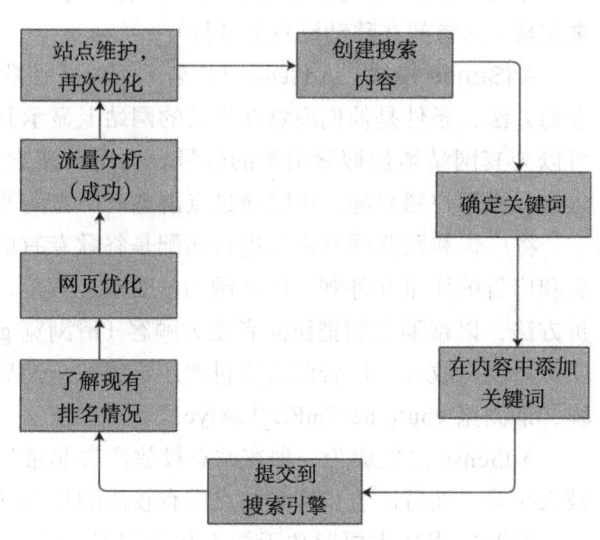

图 10-3　搜索引擎优化过程

为了使企业广告能够出现在搜索结果的第一个页面，除了优化网页外，还可以购买关键词广告。这种方法称为"付费收录"或者"赞助商广告"。企业广告将会出现在搜索结果首页的顶部或边上，这取决于企业付费的多少。谷歌使用拍卖的方式将最好的位置销售给广告客户。有关谷歌关键字广告的运作方法，请浏览 support.google.com/Adwords/answer/1704371?hl=en。Bing 公司也能够提供这样的服务，请浏览 secure.azure.bingads.microsoft.com。

10.5.5　谷歌：网络广告之王

谷歌为客户提供了多种搜索引擎广告模式，创造了几十亿美元的收益和利润。谷歌使用一种行为营销算法，能够确认用户搜寻信息的偏好，然后投放与目标客户匹配的广告。谷歌一直在致力于改善其匹配的算法。

谷歌的广告平台主要由 AdWords 和 AdSense 两种模式组成，由谷歌的分析技术提供支持。

1. 谷歌主要的广告模式：AdWords 和 AdSense

谷歌的 AdWords 和 AdSense 这两种模式的运作机制如下。

AdWords 模式　AdWords（关键词广告）是为赞助商广告提供的一种广告服务。当用户使用谷歌进行搜索时，会出现一些具有彩色背景的网址，位于搜索结果右边或是顶部显示标题为"赞助商链接"。主要包括谷歌 AdWords 计划的参与者。从谷歌的网站上可以发现，这些网址由广告商创建，它们会选择与一些与自己品牌相关的关键词。广告商也会选择为购买这些关键词愿意花多少钱（最高是每日 1 美元）。谷歌使用排名算法将广告商设定的关键词与用户的搜索情况进行匹配。通常，当用户键入了一个选定的关键字时，在赞助商链接栏便会出现一条旗帜广告。如果用户点击广告（转到广告商界面）时，赞助商就需要根据约定的费率支付费用（付款从预付款里面扣除）（请浏览 adwords.google.com）。谷歌 AdWords 是一种"点击付费"广告，即广告被用户点击后广告商才为此付费。其具体实施流程是：广告商制作广告并设定关键字（也可以设定广告）；当用户使用谷歌搜索，键入设定的关键字时，广告商的广告便会出现在搜索结果中；广告商便可能获得更多的客户。

由于所有的广告商都希望自己的广告能够在搜索结果的首页上出现，谷歌制定了一种竞价系统，通过竞价来确定广告展示的位置和具体的计费方法。

尽管 AdWords 的运作很成功，但它本身并不能提供最好的一对一营销。很多情况下，这将由 AdSense 来实现（两者都在移动设备上进行）。

AdSense 模式　AdSense（广告联盟）是谷歌的一个联盟计划，也就是说，它为网站主提供一个赚取佣金的方法，条件是他们愿意在自己的网站上显示其他公司的广告。与谷歌进行合作，参与的网站主（发布商）可以为其网站增加搜索引擎的数量。当用户搜索与联盟网站内容相关的词条时，便能够看到谷歌投放的广告，如果用户感兴趣，可以通过点击进入广告商的文本、视频或图片广告，这些都是由谷歌进行制作。

将广告和联盟网站内容进行匹配是谷歌专有的技术。这种匹配算法是非常精准的。成功的关键是联盟网页和广告的质量和外观，以及网站的受欢迎程度。成千上万的广告商都加入了联盟计划。谷歌为联盟提供分析方法，以帮助它们把访问者变为顾客（请浏览 google.com/adsense）。当用户点击广告时，谷歌的联盟网站便可以获得收入。广告商会支付费用给谷歌，然后由谷歌与联盟会员共享收益。有关 AdSense 应用的视频教程，请浏览 youtu.be/TmFB_kz8fyc。

AdSense 已经成为一种在站点投放广告非常流行的方法，因为这种形式的广告与旗帜广告相比，更容易被人接受。而且广告内容与站点也有较高的相关性（请浏览 rtcmagazine.com）。

谷歌的成功主要归功于如下几个因素：（1）精准的匹配；（2）网站内广告商的数量很多；（3）使用多种语言广告的能力；（4）较高的广告清晰度。谷歌提供多种类型的 AdSense 方案，请浏览 webopedia.com/TERM/A/adsense.html。eBay 和 Yahoo! 也有类似的程序，请浏览 partnernetwork.ebay.comeBa，了解 eBay 的合作伙伴网站。欲了解 AdSense 的具体运作模式，请浏览 google.com/adsense/start/how-it-works.html。

实际案例　Charismatico 对 AdWords 的应用

Google 的 AdWords 是一个在线广告平台，旨在通过让企业在 Google 搜索引擎中购买关键词帮助企业进行网站和产品宣传。通常，这些宣传活动能够为网站带来流量，并为企业带来良好的投资回报。在某些情况下，回报会远远超过预期。

2016 年，Charismatico（charismatico-dancewear.com）在一家 AdWords 咨询公司的帮助下，试图为其网站吸引流量。在咨询过程中，发现该公司凭借其歌女礼服在市场上占有一席之地。基于此，咨询公司建议利用很少使用的关键词，用来支持公司独特的销售主张。

在接下来的一年时间里，遵循这一策略，该公司利用 AdWords 平台，投入了 22 000 美元的营销支出，获得了超过 345 000 美元的收入（请浏览 aliraza.co/google-adwords-case-study）。

2. 病毒式营销

病毒式营销（viral marketing）指的是网络口碑营销，传播的可能是一句话、一个故事或是一些媒体。这是一种营销策略，企业鼓励人们相互之间就产品或服务进行信息和意见的传播。可以通过电子邮件、短消息、聊天室、即时信息、新闻组等形式发布信息，或是在社交网络（如Facebook）上、讨论组或微博（如Twitter）上发布信息。病毒式营销在社交网络中尤其流行。人们经常会发送一些信息给朋友，例如告诉他们一个好的产品，这就是病毒营销的一种方式。这种营销方法古已有之，但是随着互联网的使用，这种方法的发展速度和范围都在不断提升。这种广告模式能够以很低的成本培养品牌意识，因为企业不需要向传递信息的人给予任何回报。信息传播的过程和计算机病毒的传播过程类似，都是采用自我复制的过程。病毒式推广可以采取多种形式，如短消息、视频、互动游戏等。

广告代理商免费为网络用户提供有价值的信息，以便鼓励他们相互分享，使得尽可能多的人了解这些信息。例如，广告商可以发布一个小游戏程序，或者一个嵌入在赞助商电子邮件中的视频。企业可以发行数千份游戏给消费者，并辐射到更多的顾客。Hotmail是一个免费的邮件服务系统，它的创建者也使用病毒式营销。因此，在服务推出的最初18个月内，其会员数就达到120万，4年内增加到500万。每一份Hotmail邮件的发送都带有一份Hotmail免费服务的邀请函。Facebook最初的信誉也是采取类似的方法实现的，只是速度要快很多。病毒式营销如果使用得当，它将会是一种高效、廉价的营销模式。网络口碑同样可以影响消费者对产品的判断（请浏览learnmarketing.net）。

网络口碑由多种活动构成，种类也各不相同。一类是"高级"的网络口碑营销（如病毒式营销和网络推荐营销），另一种是"初级的"营销（例如利用社交网络和品牌社区）。

网络口碑的消极面是，许多客户抱怨收到了一些不请自来的邮件，这跟电话推销类似。消费者将这些邮件视为垃圾邮件，可能会使用垃圾邮件拦截软件进行过滤。

病毒式营销所包含的信息存在不同的形式，目的也不尽相同。常见的一种形式是为说服客户提供有关产品或服务的短消息。

实际案例　Netflix Socks

Netflix是一家流媒体视频服务商，其粉丝时常会关注一些"第一世界难题"（无病呻吟的问题），例如在看电视时的入睡问题。于是，公司与MakeIt合作，创建了一款带有加速传感器的DIY袜子，这种袜子可以检测用户入睡状态，如果确认用户已经入睡，便会停止播放视频。Netflix公开了这款袜子制作的所有细节，甚至包括一些针织图案。这种低成本、高效率的营销活动迅速传播开来。请浏览youtube.com/watch?v=PMtqy8edUq8，观看相关视频资料。病毒式营销活动非常重要，有时还会被某些行业奉为至宝。

更多细节，请浏览webbyawards.com/winners/2016/advertising-media/individual/viral-marketing/。

---

3. 视频广告营销

视频广告营销是指将视频广告嵌入广告或是普通的网络内容中。美国互联网广告局（IAB）认为视频广告非常重要，并为其创建了一个使用指南（请浏览slideshare.net/hardnoyz/ iab-guide-to-video-advertising-online）。视频广告在网络电视上已经非常普遍。

视频广告的快速发展，主要归因于YouTube和类似网站的流行。网络视频正在以每年近40%的速度增长，而电视的收视率却在不断下降（请浏览marketingcharts.com）。

视频广告出现在各种网络媒体上，有的是自动弹出，有的则是在用户想查看产品演示或信息，获得用户允许之后再出现。在Web 2.0及社交网络中视频广告已经非常流行。2016年4月互联网广告局的一份报告显示，美国2014年的数字视频广告收入增长了85%（请浏览iab.com/wp-content/uploads/2016/04/2016-IAB-

Video-Ad-Spend-Study.pdf)。

视频普及的主要原因是,几乎现在每个使用互联网的人都会去浏览在线视频。视频在所有的移动设备上(如手机和平板电脑)都可以浏览,也可以在 Twitter 平台上发布。社交媒体以及日益普及的宽带上网也加速了网络视频的使用。在飞机或其他公共运输系统中,利用移动设备观看视频已经变得越来越流行。

将视频融入电子商务活动主要有两种方法:(1)在产品信息页面上嵌入视频,对页面上产品信息进行补充;(2)用视频详细介绍产品,使顾客发现产品并引发购买欲望。许多零售商已经开始在其电子商务网站上增加产品视频(请浏览 webvideomarketing.org/video-advertising)。

据思科的一个调查显示,大多数大型网络零售商都使用视频进行产品销售。市场调研企业 Forrester 的研究表明,大多数大型零售商都将产品视频作为公司的营销策略。根据网络经济统计机构 Insivia 公司提供的统计资料显示:

- 到 2017 年,在线视频将占据所有在线流量的 74%;
- 每天有 55% 的人在线观看视频;
- 在电子邮件主题中使用"视频"一词,可将邮件阅读率提高 19%;
- 在目标网页中加入视频,可将转化率提高 80%;
- 在去实体店购物之前,约 50% 的互联网用户会查找与欲购买产品或服务相关的视频。

有不少企业在视频广告领域走在了前面,如 YouTube、Vimeo、Dailymotion、Veoh 等。表 10-1 所展示的是互联网广告局总结的视频广告模式。有关 Google 视频广告平台的信息,请浏览 google.com/ads/video。

表 10-1 IAB 视频广告模式

视频广告体验	流媒体视频	嵌入旗帜广告视频	嵌入文本视频
核心视频广告产品	线性视频广告(广告前置,广告替代)	非线性视频广告(广告覆盖,广告弹出)	富媒体	富媒体
消费者广告体验	一段时间内广告代替了视频体验	广告与视频内容体验并行,不交融	在旗帜广告内点开视频,单独播放	当用户鼠标悬停于相关文字时,出现视频广告
广告投放位置	视频内容播放之前,播放中,播放后	在视频内容播放期间、之上、之内	位于网页内,一般被内容包围	在相关内容中突出显示的文字
核心视频中的相关产品	围绕视频体验的文本、标题、富媒体以及视频播放器皮肤		无	无

几乎所有的视频都被植入了 10～30 秒的商业广告,这些广告有时能够跳过,有时则不能。这种"强制观看"的商业广告效果非常好,因为人们已经习惯了在观看电视节目时看这些商业广告。越来越多的电视节目都在向互联网转变,而这些节目通常都会带有视频广告。

4. 病毒视频

病毒视频(viral video)是指通过在线信息共享的形式实现快速传播的视频。这些视频变得越来越普遍,因为它们可以通过电子邮件、即时通信、博客、讨论室等分享网站来实现。这样的话,人们可以通过视频分享获得更多的信息,有时会在很短的时间内吸引上百万的访问量。常用的病毒视频分享站点主要有 YouTube(youtube.com)和 Vimeo (vimeo.com)。请浏览 www.visiblemeasures.com/insights/charts/adage,了解较为成功的病毒视频广告活动。

对于大家非常喜欢或者非常讨厌的视频,用户会相互传送它们,并在互联网上快速分享这些视频的内容。因此,营销人员开始利用这些病毒视频,将商业视频广告植入进去,或是在病毒视频出现之前,自动弹出这些商业视频广告(请浏览 adage.com/section/the-viral video-chart/ 674)。人们注意到,如果反响是积极的,这样的话题就会对品牌很有帮助,相反则会对品牌造成负面影响。美国的《基线》杂志(baselinemag.

com）会定期提供十个最好的病毒广告视频列表。对于2016年最佳病毒视频营销案例研究，请浏览 time.com/460 2738/best-viral-videos-2016/。

5. 用户生成视频

许多企业正在使用网上用户制作的视频作为网络广告甚至是电视广告。

YouTube 已成为全球最大的视频广告平台。有人估计，它拥有数十亿个视频并且还在不断增长。它允许企业上传视频到 YouTube 网站上。谷歌网站上的 AdSense 广告分销网络还提供由广告支持的视频资料。广告商利用病毒视频还有一种形式，那就是举办竞赛，请浏览 onlinevideocontests.com。

> **实际案例　QuickBooks 的"小企业、大比赛"**
>
> QuickBooks 是一家中小型企业会计软件提供商。该公司从2016年开始为用户提供了在超级碗竞赛期间赢得电视广告的机会。该公司对申请人逐个挑选，然后允许公众对他们喜欢的广告进行投票。2016年，Death Wish Coffee 凭借其对维京海盗和咖啡的描绘而获胜。请浏览 deathwishcoffee.com/blogs/news/54920833-thank-you-for-voting-we-won 上的视频。

6. 互动视频

互动视频（interactive video）通常指的是一种技术，这种技术能够使得用户和视频进行互动。这种互动的娱乐、广告或者教育活动是由计算机控制的。互动视频的不断流行，其缘由是多种多样的：

- 互联网带宽的增加提高了视频的下载速度；
- 优秀的搜索引擎能够发现一些已经制作好的视频；
- 媒体和广告商都增加了视频的使用；
- 对使用互动视频的用户进行激励，比如开展竞赛或是提供礼品。

下面是一些具有代表性的互动视频：

- 点击进入视频。VideoClix.com 和 Clickthrough.com 等公司开发的视频技术允许用户点击视频里任何一个人、一个地方或是一个旗帜广告等。
- 直播互动视频。在直播互动视频中，你可以即时看到某些事件，有时还可以与视频中的那些人互动。例如，美国通用电气公司开展网络直播，实时以旗帜广告的形式向投资者呈现该公司的年度报告。用户可以与主持人互动、提出问题或是做出评论。

> **实际案例　互动式试衣间**
>
> Metail.com 创建了一个互动的在线视频试衣间，包括各种各样的女性时尚风格的服装。试衣时，动画模型与选择的品牌一起出现，你可以控制它们的动作（例如转动它们）（请浏览 metail.com）。

10.5.6　增强现实广告

增强现实广告常常被广告商或营销人员利用，特别在时尚产品领域，更是如此。

> **实际案例　增强现实广告的应用**
>
> 在导入案例中，宜家利用增强现实技术帮助客户实现家具在家中的可视化。请浏览 en.wikipedia.org/wiki/Augmented_reality，了解有关交互式应用程序的案例，包括在房地产和建筑、

产品和工业设计、旅游等行业上的应用。日产、百思买、迪士尼和汉堡王等公司已尝试在广告中使用增强现实广告。

服装、时尚和珠宝行业的零售商也正在应用这种技术,因为在这些行业中,产品的可视化起到至关重要的作用。例如,ClothiaCorp将增强现实与实时商品推荐相结合。使得购物者"试穿"服装时能够与家人和朋友实时分享他们的试穿效果。

10.5.7 聊天室和论坛里的广告

广告也可以在聊天室里进行。例如,美泰公司(Mattel)大约1/3的芭比娃娃都卖给了收藏家。这些收藏家在聊天室里发表评论,或是进行问题咨询,然后由美泰的员工做出答复。小米公司也为产品的设计和宣传开设了一个智能手机论坛。

广告商有时会利用在线奇幻运动(如Yahoo!、ESPN等上可以看到的运动)向运动爱好者(如NFL或MLB)发送广告。在线奇幻运动每个月可以吸引几百万的访问者。

应用案例 10-3　　　软件系统支持下的营销活动

存在的问题

随着在线广告种类的不断丰富,选择机会的不断增加,其复杂性也不断涌现。企业可以选择各种各样的在线营销方式,包括搜索引擎营销、电子邮件营销及社交媒体营销等。然而,若要跟踪这些活动并非易事,尤其是小型企业。对于任何企业而言,数据管理、效率核算、订单生成以及做出结果报告,任何一项工作都是沉重的负担。

解决办法

为解决上述问题,企业可以借助于一些软件应用程序和服务,且其中一些应用程序专门针对现行的营销活动而设计。

- 在搜索引擎营销方面。Kenshoo(kenshoo.com)能够实现对多个搜索引擎营销活动进行管理,并且自动进行优化处理。该系统提供了一套工具,帮助计划、执行和评估跨多个搜索引擎(包括Google、Bing、Yahoo、AOL等)的关键字购买。借助于智能代理,系统实现工作流程的自动化,智能代理可提供最优的关键词和搜索引擎提供商组合。
- 在社交媒体营销方面。Hootsuite(hootsuite.com)开发的是一个集成的软件包,能够集中管理所有社交媒体营销活动。该系统有助于全面掌握当前正在运行的广告活动,安排广告活动计划,与客户进行互动以及与团队进行协作。此外,该系统还能够实现经费管理,收集和分析社交媒体上的数据。
- 在电子邮件营销方面。MailChimp(metail.com)开发的是一个综合的电子邮件营销系统,利用精心设计的模板和特殊的交互功能创建营销电子邮件,将这些邮件信息发送到特定的用户组,并跟踪这些邮件信息产生的结果。它可以创建多种类型的广告活动,且可以根据与用户的交互级别为用户设置不同的规则。该系统还能够生成有关广告活动结果的详细报告。

思考题

1. 为什么企业希望借助于支持性软件系统开展在线营销活动?
2. 对于案例中提到的各种营销系统,其主要优势是什么?
3. 对于案例中出现的营销系统,请登录互联网寻找替代方案。

本节习题

1. 请对旗帜广告进行界定,并描述其具备哪些优势和局限性。

2. 请描述弹出式广告以及类似的广告引发的问题。
3. 请解释电子邮件在广告中的应用。
4. 请描述搜索引擎优化技术及其初衷。
5. 请描述谷歌的 AdWords 和 AdSense。
6. 请描述视频广告及其流行趋势。
7. 请描述增强现实广告。

10.6 移动营销与广告

随着移动设备不断普及，移动商务和移动广告也出现了快速增长之势，且无论是在美国还是在全球，移动设备的使用正变得越来越普遍。

据统计，2016 年全球智能手机用户超过 26 亿，所有网站访问量的 37% 来自于移动设备（请浏览 deviceatlas.com/blog/16-mobile-market-statistics-you-should-know-2016）。移动用户数量首次超过台式机互联网用户数量（请浏览 smartinsights.com/mobilemarketing/mobile-marketing-analytics/mobile-marketing-statistics）。此外，在移动设备领域，还有一些重要的发展成果：

- 77% 的美国人拥有智能手机；
- 10% 的美国用户仅使用智能手机上网；
- 新一代的美国人更有可能拥有智能手机，且更频繁地使用智能手机。

终端用户行为的变化，转变了人们对电子商务的期望。这些变化急需企业开展个人营销，并启用电子商务系统。面对移动市场中巨大的流量和众多的用户数量，企业为了保持现有市场份额，必须先解决市场问题。

移动设备的快速发展为电子商务营销和广告提供了另一个舞台。例如，移动设备（包括智能手机）与台式机和笔记本电脑的比例约为 2∶1，且这一比例还在不断增长。据市场调研公司 eMarketer 的评估显示，2016 年全球移动广告支出增长了 38%，达到了 436 亿美元，预计 2017 年将达到 670 亿美元，增长 54%。这预示着在线移动营销和广告的春天来了（请浏览 emarketer.com/Article/Digital-Ad-Spending-Surpass-TV-Next-Year/1013671 及 emarketer.com/Article/Three-Agencies-Release-Estimates-2017-Ad-Spending/1014804）。

10.6.1 移动营销和移动商务

移动营销和广告通常认为是移动商务的一部分。移动营销的形式很多，例如使用即时消息（如 Twitter）以及游戏和视频。

1. 移动营销的定义

移动营销（mobile marketing）是指使用移动设备或无线网络作为营销传播的一种方式。营销人员希望通过无线网络将信息传送给潜在顾客。移动营销协会（mmaglobal.com）给出的定义是："组织利用移动设备（包括手机和电脑），通过广告、运营商、信息传递等方式，开展移动商务和客户关系管理等活动。"

移动营销包括销售、市场调研、客户服务以及广告，这些都由移动计算技术提供支持。企业可以举行让客户进行新产品质量描述的比赛，并以此为平台发送优惠券或是开展促销活动。由于移动计算技术能够使商家和客户建立直接的联系，广告便可以实现互动性。

2. 移动广告

移动广告（m-advertising）是指"利用智能手机、功能手机（例如能够进行移动内容访问的低端手机）和多媒体平板电脑（如 iPad 和三星 Galaxy 的平板电脑等）这些无线移动设备进行广告宣传的一种广告形式"。移动广告的范围从简单的短消息到智能的交互信息。移动广告系统的关键部分包括广告商、移动广告网络、移动运营商和移动设备，这些都会出现在广告过程中。

图 10-4 展示了移动广告系统的运作过程。例如，公司雇用一家移动广告商制作了一个移动广告且制定了推广的标准，并将移动广告提交到移动广告网络上。移动广告一般会将这些广告提交到多个移动网络，并对这些广告的传送、选择和反映情况进行跟踪。这些广告将会通过一些移动设备和应用程序传达到移动用户。用户对广告做出的回应又会通过移动网络传送到广告商或该公司。

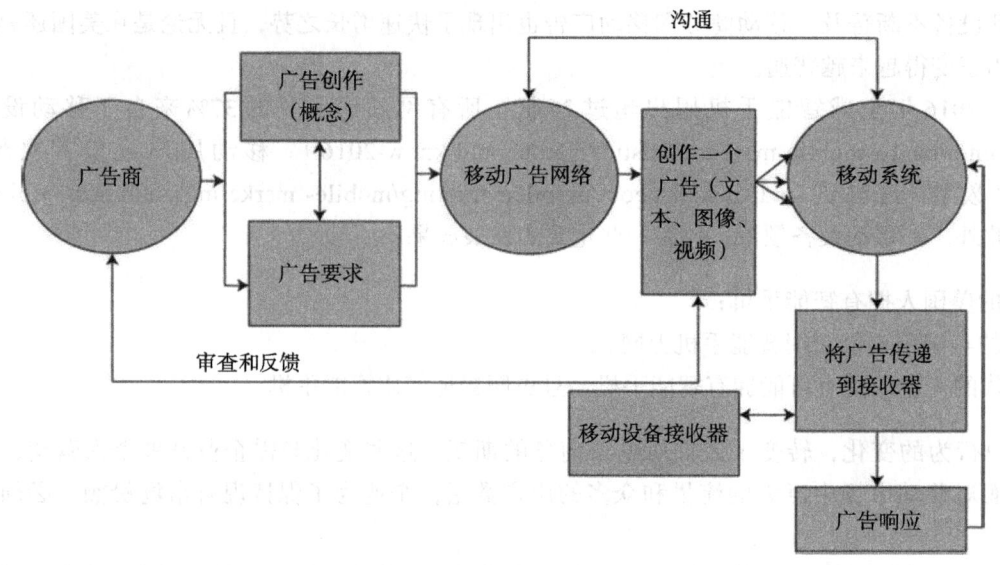

图 10-4　移动广告的运作模式

3. 移动交互式广告

移动交互式广告是指通过移动设备，尤其是通过平板电脑和智能手机进行营销信息传递的一种广告形式。这里的"交互"实际上是指该种广告是一种双方的交流，包括客户的反应（如下订单或问题咨询）（请浏览 iab.com/ guidelines/iab-measurement-guidelines）。

4. 移动广告的种类

移动广告有许多不同的形式。最常见的是短消息。此外还包括多媒体广告、移动游戏广告，以及移动设备上出现在电视及电影里的广告。

短消息广告　短消息广告是以短消息的形式发送的商业广告信息，当前非常流行。但是随着智能手机、移动应用程序的普及，以及 4G 网络技术的发展，移动旗帜广告发展迅猛。世界各地的几大移动运营商推出了自己的移动广告门户网站（如日本的 D2）。此类广告最适合已选择加入系统的现有客户，因为他们认为所提供的产品或服务具有特定价值。

短消息广告的优点之一是可以在任何时间和地点，快速地发送信息，且能够完全享有隐私权。然而，短消息广告的缺点是短消息经常会干扰到用户。

基于定位的广告　对消费者位置敏感的企业可以利用这一特点投放基于定位的广告。借助于手机中的 GPS 系统，现有的广告模式会因基于位置移动的广告发生改变。营销人员能够确定消费者所处位置，并基于该位置向他们发送目标广告。

基于定位的广告提高了锁定目标客户的精准度。基于此，营销人员不仅能够了解消费者的偏好，还能避开特定的时间和地点，不去打扰他们。

例如，某快餐店清楚某位顾客的用餐偏好，当该顾客靠近该餐厅时，会基于偏好和位置将相应的广告和可用的优惠券发送给该位顾客。

基于定位的广告也能给实体店带来好处。通过了解消费者在商店的时间，可以使用移动应用程序或其他基于位置的工具来融合消费者的真实体验和虚拟体验。

例如，移动应用程序能够记住消费者的个人信息（如服装尺寸），并且可以将该信息集成到商店的选择过程中。

目前，常用的几种基于定位的广告技术有：

- 超情境定位——利用基于定位的广告为目标客户提供额外的体验；
- 地理感知定位——根据客户的实时位置信息，发送特定的广告信息给目标客户；
- 基于位置的定位——根据客户所处的位置和时间段信息，开放相应功能的访问；
- 地理围栏——以特定地理范围内的客户为目标客户；
- 地理征服——以靠近某个位置的客户为目标客户，并说服他们转移到其他位置。

在实际运用中，具体要实现上述技术中的哪种功能属性，取决于企业的营销和广告目标。虽然其中一些技术非常专业，但大部分技术是可以被各零售商或其他类型企业广泛应用的。

5. 移动营销和广告活动

网络广告活动的四种最基本的形式是信息、娱乐、抽奖和优惠券。这几种形式主要是针对以下六种网络活动的：

- 提升品牌意识——提高消费者在购买和消费时能够识别和回忆起其品牌的能力；
- 改变品牌形象——改变消费者对品牌的看法；
- 促销——刺激消费者更快、更多地购买产品或服务；
- 提高品牌忠诚度——增加回头客；
- 建立客户资料库——收集关于移动设备、数据网或顾客个人信息的数据资料；
- 刺激口碑营销——鼓励消费者通过他们的移动设备相互传递广告。

很显然，这些形式和目标与传统的营销方法类似。目前，将广告传送到移动设备的主要方法是利用短信和电子邮件。然而，在带宽不断增加的基础上，广告的内容和种类都在不断丰富和扩大。

零售商最近所进行的一些移动营销活动也非常成功。例如，2016年11月11日的"光棍节"，这一天天猫商场的销售收入就超过了178亿美元，而其中的84%是在移动设备上完成的（请浏览 https://techcrunch.com/2016/11/11/alibaba-singles-day-2016）。

10.6.2 移动营销实施

尽管有一些组织（如直复营销协会）已经建立了网络营销的业务守则，包括移动媒体的使用，大多数业内权威人士认为它已经不再适用于日益变化的移动商务。为此，移动媒体行业建立了一整套实施指南以及移动广告应用的最佳案例。移动营销协会（mmaglobal.com）制定了"全球行为守则"，为该产业推动的各种实践活动提供指示。这些基本原则包括四个方面：引起注意；选择和同意；定制化和约束；执行和问责。

10.6.3 移动广告的支持工具

大量的应用程序、软件工具以及方法可以用来支持移动商务广告。苹果公司的 iPhone 以及基于安卓系统的移动设备就有成千上万的应用支持程序，这些程序可以在 Google Play 以及苹果店里下载。应用的范围包括：寻找产品，查找地点或事件等。更多信息，请浏览 where2getit.com。

10.6.4 移动广告发展趋势

关于移动广告未来的发展趋势有多种预测。根据 entrepreneur.com/slideshow/254425 网站上的预测，以下七个重要的发展趋势值得广告商去关注：

- 内容营销将改善移动营销经验；
- 移动设备上的精确数据而非一般意义的大数据将会一统天下；
- 移动视频正在增长，按地点定位是关键；
- 将会出现更高分辨率的视频；
- 虚拟现实将创建新的广告格式；
- 移动配件及可穿戴设备将增加功能和营销机会；
- 除了跨屏幕营销，移动营销人员还将在店内各个客户接触点使用统一屏幕。

实际案例　创意贴纸广告

除了上述的五大发展趋势，我们也看到了移动社交媒体的重要性在不断增加，例如 whatsapp.com、wechat.com、line.me/en 等社交媒体平台。创新的广告方法（如贴纸广告）为广告提供了一种新的发展思路。一个有趣的贴纸是一个小图片（如一个"表情"），可以用来表达某种情绪，如爱、恨等。line.me/en 的这些贴纸很受欢迎。line.me/en 收取一定的费用为企业开发一组八个乐趣贴纸（印有公司标识或广告信息）。公司用户还可以在 Google Play 以及 iTunes 上下载到这些免费的聊天贴纸。

请浏览 mashable.com/category/mobile-advertising 及 mobilecommercedaily.com。

10.6.5 移动应用程序营销

传统的电子商务活动通常会在网站内进行，但移动商务则有所不同。虽然网站可以设计为同时响应台式机和移动设备，然而，在某些情况下需要的是移动应用程序，而不是传统的网站。相较于响应式网站，应用程序的优势主要有：

- 应用程序可以驻留在用户的智能手机上，在相应的操作系统环境下完美地运行；
- 在智能手机上使用应用程序安全性更高，用户更易接受；
- 应用程序的界面设计更加直观；
- 当移动商务交易经常发生，交易步骤复杂或需要特殊配置时，应用程序通常是最佳选择；
- 应用程序的响应速度更快；
- 应用程序可以一直在智能手机上使用，且具有业务提醒功能。

一些公司同时选用响应式网站和应用程序开展营销活动，给客户提供选择的机会。许多专家认为，与网站相比，应用程序由于存在固有的灵活性和可定制性，具有明显的优势。对于企业而言，应用程序通常更耗时且成本更高,但这种付出被认为是值得的。

与移动商务有关的创新移动应用程序的例子很多。这些应用程序可用作:自定义目录、拍卖客户端、产品配置系统、餐厅菜单列表、增强现实系统、游戏化商务应用等(请浏览 practicalecommerce.com/articles/78916-13-Innovative-Mobile-Commerce-Apps)。

本节习题

1. 企业关注移动设备快速增长的重要性有哪些?
2. 如何定义移动营销(至少提供三种定义)?为什么会有这几种定义?
3. 是什么推动了移动广告的发展?
4. 短信在移动广告中发挥什么作用?
5. 什么是移动交互式广告?
6. 移动广告要经历哪几个流程?
7. 基于定位的广告有何优势?
8. 传统媒体广告和移动广告有哪些相似点?有哪些差异?
9. 移动广告的发展趋势如何?
10. 移动应用程序何时开始优于响应式网站的?

10.7 广告策略和推广

有许多广告策略可以在网络上使用,本节我们将对主要的策略和实施时的注意事项进行介绍。

10.7.1 许可广告

针对人们经常会通过电子邮件接收到泛滥的广告,广告商可以使用的一种解决办法就是使用**许可广告**(permission advertising)或许可营销("选择进入"的方式),用户到商家那里去登记并同意接收一些广告(请浏览 returnpath.com)。例如,本书的作者之一就同意通过电子邮件接收一些电子商务简报,其中也包括一些广告。这样,本书的作者就能够及时了解该领域的动态。我们也同意接收来自调研公司、报纸、旅行社等的电子邮件,当然也包括一些广告信息。这些商家能够免费提供有价值的信息给我们。我们注意到,一些商家经过允许之后才向用户进行推荐,但是它并没有征求用户的意见,是否可以根据他们的历史采购数据提出新的建议。

10.7.2 其他广告策略

有一些广告策略可以同时适用有线和无线系统,请浏览 www.opentracker.net/article/online-advertisingstrategies 及 ultracart.com/resources/articles/ecommerce-advertising。

1. 联盟营销和广告

联盟营销(affiliate marketing)是一种"基于绩效的营销",为上述机构的主要收入来源,也是销售公司的一种营销手段。在本章的前面我们介绍了谷歌的 AdSense,它其实就是联盟营销的一个例子。然而,实际上,销售公司的品牌标记也能够免费地显示在很多其他可以做广告的网站上。就比如亚马逊的标记可以在

100多万家联盟网站上看到。亚马逊以及它的子公司CDNow是"有偿浏览"及"有偿试听"这种商业广告应用的先锋，这种广告模式也被用在联盟营销中。

联盟营销成功的关键是拥有一个良好的联盟合作伙伴网络。**联盟网络**（affiliate network）是发行者（联盟公司）与商家（联盟计划）为合作而创建的网络市场。Rakuten LinkShare（linkshare.com）以及Conversant的CJ Affiliate（cj.com）都是联盟网络的例子。有关2016年优秀的联盟营销网络，请浏览mthink.com/top-20-affiliate-networks-2016。

2. 将广告作为商品：观看广告可以获得报酬

有些情况下，广告商会付费（现金或购物折扣）给用户作为他们观看广告的报酬（也被称为"将广告作为商品"）。例如，Bing Rewards（通过观看视频、玩游戏获得奖励）以及Creations Rewards（使用Bing进行网页搜索）等公司采取了这样的广告模式。如果你专心观看HitBliss的商业广告，公司也会通过应用程序付费给你。消费者填写个人兴趣的相关数据，然后收到量身定制的旗帜广告。每个旗帜上标明观众点击此广告可获得多少报酬。如果感兴趣，消费者可以点击这个旗帜来观看广告，随后通过有关该广告内容的测试后，消费者便可以获得报酬。消费者可以对其观看的内容进行分类和选择，而广告商也可根据消费者不同的需求程度和出现的次数，支付不同的费用。支付的报酬可以是现金形式的，转账，也可以是折扣券。这一方法不仅在网站上使用，在智能手机上同样在使用。

3. 个性化广告

网络上充斥了过多不相关的广告信息，通过给消费者提供定制的广告，可以降低信息的过载问题。电子商务营销的核心是消费者数据库，该数据库包含注册信息以及搜集的网站访客信息。那些想通过一对一形式发布广告的公司，便可通过使用该数据库向消费者发送定制的广告。于是，营销人员可以根据用户的不同特征，为不同用户定制广告。

4. 用广告盈利

2000～2002年，许多网络公司的泡沫破裂，这与这些公司过度依赖广告收入的盈利模式有关。众多门户网站倒闭了，于是几家大公司统治了这一领域：谷歌、Facebook、AOL、雅虎。然而，即便是这些巨无霸网站，也仅仅在2004年才开始有可观的利润。几乎每一家网站都在广告领域开展竞争，因此，几乎所有网站都另寻收入来源。

但是，如果足够小心，小网站依然可以通过集中于某一细分市场而存活下来。例如，NFL Rush（nflrush.com）就运作良好。这家网站重点针对美式橄榄球球迷，大部分是6～13岁的孩子，在广告和赞助上投入了数以百万的资金。网站提供了综合性、互动性内容以及提供获奖的机会，吸引了数以百万计的访问者。它能直接带你进入每个队的NFL Shop，这里的赞助商比如Visa和美国银行会为这些游戏和奖品买单。

"点击付费广告"也是盈利模式的一种重要的形式。**点击付费广告**（pay per click，PPC）是非常流行的一种在线广告支付模式。广告商只需在使用者实际点击广告时才付费。当使用者实际点击广告并浏览广告商的网站时，广告商才需要向搜索引擎或者是其他的网站（如联盟网站）支付费用。关于如何降低PPC的使用成本，请浏览advertise.com/ad-solutions/contextual/overview。

5. 用户选择广告

广告选择器创建于2010年，它允许用户选择自己想看的广告。允许用户对将要出现在视频里的广告进行选择（有2～3个选择）。这种模式主要的使用者是Hulu这样的网络视频网站巨头。用户喜欢这种广告模式。调研结果显示，被赋予选择权的用户点击广告的概率是没有被赋予选择权用户的两倍。视频网站Hulu推行了"用户选择广告"的模式，允许观众在节目开始前选择他们想看的广告。

6. 实时的在线会展活动及广告

实时的在线会展（如演唱会、展览会、招聘会、辩论赛、网络广播、视频等）如果能够正确地使用，就会产生巨大的公众反响，并为该网站带来巨大的访问量。要想成功应用实时在线会展这种形式，需要做到如下几点：

- 精心策划事件的内容、观众、互动程度以及进度；
- 尽可能采用富媒体的形式；
- 通过电子邮件、社交媒体网站、流媒体等进行适当的推广，并辅以在线及离线的广告宣传；
- 保证活动的质量；
- 捕捉并分析观众反馈的数据信息，以便做出改进方案。

一个全球性的会展活动可以让一个产品在完全不同位置上亮相。Facebook 正在尝试在实时视频中插入实时广告（请浏览 digiday.com/platforms/facebook-live-real-time-ads）。

基于 Web 的研讨会，通常称为网络研讨会，它正在变得越来越受欢迎，以促进知识密集型产品的开发（请浏览 gotomeeting.com）。

10.7.3 广告的本土化

网络营销触及的范围非常广。一个网络广告可能会被全世界的人看到。这是网络广告的优点，但同时也是缺点。因为不同的国家存在文化差异，对同样的信息可能存在误解。因此，对于广告商而言，需要特别注意广告信息的本土化问题。

电子商务中的**本土化**（localization）指的是，将位于一个特定环境（如一个国家）中的某一媒体产品和广告素材，转换成符合另一环境中文化和语言的过程。本土化通常按照国际化的方法来实施，其中语言的本土化是非常重要的，而网页翻译（请参阅 lionbridge.com）仅仅是国际化过程设计的一个方面。然而，其他方面也是非常重要的，如文化差异。美国珠宝制造商通常是将珠宝展示在白色背景墙上，却惊奇地发现这种展示方式没有办法迎合那些喜欢蓝色背景墙的国家的顾客。

如果公司把全球市场作为目标市场，就会面临数百万的国外潜在顾客。那么，公司必须尽可能地让网页本土化。这样做并不容易，因为：

- 很多国家都使用英语，但所使用的英语在一些术语、拼写以及文化方面存在差异（如美国、英国、澳大利亚很多方面都存在区别）；
- 由于没有合适的翻译程序，拟音字很难翻译成英语或其他语言，这样就会出现翻译误差。如果文章中有拟音字的话，就很难将其转换成英语文字，这就会导致翻译的不准确；
- 有些字体不能改变，所以在译文中仍保持原格式；
- 不同的国家，图形和图标是有区别的，例如，美式邮箱的图形和欧式垃圾桶的图形类似；
- 当需要翻译成亚洲语言时，有重大文化价值意义的东西必须被重新命名，例如，如何用一种合适的文化方式来称呼老人；
- 美式日期书写格式是月／日／年，而许多其他国家却写成日／月／年，因此，"6/8"有两个意思（6月8日或8月6日），这就取决于作者的所在国了；
- 多个文档很难取得一致的翻译。

有关广告本土化的更多详细资料，请浏览 translatemedia.com/us/blog-usa/state-ecom merce-localisation-2016-report/，下载 2016 年电子商务本地化报告；或者登录 youtu.be/L7Zw MwH-fqzI，观看有关"如何在中

国成功开展跨境电子商务"的视频。

10.7.4 制订网络广告计划

如今对于大多数的企业来说，网络广告已经是与同行竞争的一种重要手段。面对这么多的媒体类型和广告方法，如何使用有限的广告预算，制作有效广告计划具有一定的难度。图 10-5 展示了制定和实施广告计划的六个步骤，这六个步骤正好组成了一个产品生命周期。

(1)确定广告目标。广告的目标必须具体——是为了提高品牌知名度，提高网站的访问量，还是为了获得更高的收入？

(2)识别目标客户。广告计划中必须明确目标客户。正如前文我们讨论过的，客户细分对于降低成本、提高效率是很有帮助的。根据广告活动的特性，客户细分可以采用不同的标准。

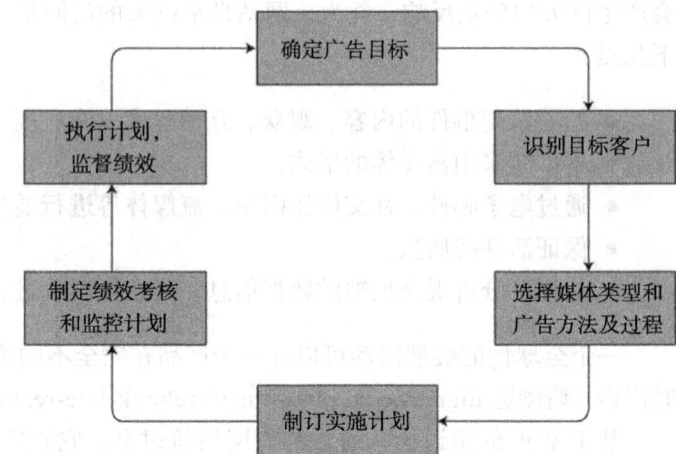

图 10-5 广告计划的生命周期

(3)选择媒体类型和广告方法及过程。一旦确定了目标客户之后，广告计划就应该选择合适的媒体类型和广告方法。例如，很多公司使用移动社交媒体来提高其品牌在中国台湾年轻人中的知名度。

(4)制订实施计划。确定了媒体和方法之后，需要考虑一系列的计划实施问题。例如，经费预算、广告的时间安排、广告设计（如视频的形式）等。

(5)制定绩效考核和监控计划。为了确保广告经费的支出是有效的，必须在计划执行之前制定好绩效考核和监控计划。绩效的考核必须有明确的定义和客观的标准。

(6)执行计划，监督绩效。在广告计划获得核准之后，必须关注它的执行。最后，还要对其效果进行评估，以核查原计划目标是否实现。有关制订促销计划的信息，请参阅 The Balance（2016）；有关移动营销的资料，请参阅 Wong（2016）；有关社交媒体营销计划，请参阅 LePage（2016b）。

出版社和供应商为我们提供了很多关于如何制订营销计划的资源，包括一些计划模板和电子书。其中部分资源如下：

- 互联网营销入门知识（offers.hubspot.com/essential-guide-internet-marketing）；
- 初学者在线营销指南（wrike.com/blog/beginners-guide-to-online-marketing-free-ebook）；
- 在线营销战略工具包（smartinsights.com/solution/online-marketing-strategy）；
- 在线广告计划模板（demandmetric.com/content/online-advertising-plan-template）；
- 当前流行的 25 个社交媒体策略（blog.bufferapp.com/social-media-strategies-ebook）。

本节习题

1. 什么是许可广告？
2. 什么是视频广告？它有怎样的发展趋势？
3. 联盟营销有哪些过程？它的重要性如何？
4. 如何实施"广告作为商品"这一策略？
5. 网络广告有哪些方法？

6. 什么是本土化？本土化一个网页时会遇到哪些问题？
7. 什么是用户选择广告？
8. 广告计划生命周期中有哪六个步骤？

管理问题

1. **我们应该以创造价值的客户为中心吗？** 以客户为中心的营销最为关键的是理解客户，特别是他们需要什么以及如何满足这些需求。数据库营销、一对一营销以及客户关系营销能够做到这一点。为了满足和维系客户，应该采取何种方式来监控营销、销售、维修及售后服务的各个流程？我们需要将这些资源有效地使用在那些有助于提升企业价值的重要客户上吗（例如给予他们某些优先权）？

2. **我们可以使用哪些网络营销或者网络广告方法？** 越来越多的网络方法供我们选择，如旗帜广告、搜索引擎广告、视频广告、博客广告、社交网络等。企业必须能够对这些网络方法进行量化评估，以确定其投资回报率。

3. **我们是否可以借助于社交媒体渠道？** 社交媒体营销获得了快速的发展。企业需要对社交媒体营销和其他营销渠道的效率进行比较，从而做出决定。此外，还需要考虑企业能否胜任与社交媒体营销相关的一些必要的管理工作。

4. **我们可以用哪些指标来指导广告商？** 有很多资料可以帮助广告商做出在哪里投放广告、如何设计广告等决策。具体的指标如CPM（每千人成本）、点击率、网站黏度、实际购买率等，这些都可以用来评价广告的有效性，计算一个公司在线广告活动的投资回报率。还有一些可以通过第三方机构监测到的指标。例如，移动营销协会和IAB制定的衡量广告投放的行业标准。

5. **对于网络广告，我们能做什么？** 一旦企业决定在网上投放广告，它必须明白想要获得成功受很多因素的影响。它需要营销部门、法律部门以及企业信息系统部门的合作。一个成功的网络广告程序也需要和线下广告进行协调，以及高层管理人员的支持。

6. **我们应该整合网络营销和非网络营销活动吗？** 许多公司正在将其电视广告和网络营销活动结合起来。例如，公司通过电视广告或报纸广告将观众、读者引导到网站上，去观看公司的视频或音频广告，这些称为富媒体。很多网站上旗帜广告的点击率下降到不及0.5%，为了提高点击率，的确有必要将网络营销和非网络营销进行整合。

7. **市场调研的工作将由谁来完成？** B2C电子商务市场需要进行大量的市场调研。实施这种调研并不是一件简单的事情，而且耗费的成本也并不低。管理层面临这样一个选择：是将市场调研这部分业务外包给专业的调研公司还是由本公司市场调研部的员工来完成。如果公司拥有大量的客户数据信息，对这些内部数据本身进行研究也是一项非常重要的市场调研工作，数据挖掘技术可以帮助做好这项工作。

8. **我们是否应该使用手机优惠券？** 消费者和广告商对手机优惠券充满了好奇，但是目前手机优惠券的使用有限。广告商会使得在全球范围内使用优惠券变得很容易，但它们现在就要为将来做好准备。Forrester称，Instagram是社会参与做得最好的一款应用程序。手机优惠券正在不断地流行，其好处是，在你需要它的时候便会用得上。在结算的时候出示给卖方，便可以获得一定的折扣（不需要再去把优惠券打印出来）。整体而言，手机优惠券带来的利是大于弊的。

很多零售商（如沃尔玛）都在其公司网站上为客户提供优惠券。规模较小的公司则会通过在中介机构的网站提供优惠券。

9. **在网络营销中，我们应该考虑哪些伦理道德问题？** 网络营销会涉及一些道德问题。一个备受关注的问题就是垃圾邮件问题，另一个是有关客户的邮件地址和客户信息被销售的问题。一些人认为企业不仅需要得到客户的许可之后才可以销售他们的邮件地址，而且公司应该将因此而获得的收益与客户共享。许多人认为未经允许而对个人信息进行追踪、储存是不道德的。我们应该考虑这些广告带来的负面影响。

本章小结

1. **影响网络消费者行为的因素**。电子商务的消费行为与任何消费行为都是相似的,但它有其独特的特点。它描述的是一个基于刺激的决策模型,其影响的因素包括消费者的个人特性、环境特性、产品或服务特点、商家与中介和电子商务系统(物流、技术和客户服务),所有这些特性和系统相互影响着决策制定的过程,并最终影响买方的消费决策。

2. **在线个性化服务**。消费者可以使用个人主页与一家公司互动,实时地了解产品或服务,或者获得定制的产品或服务。企业允许消费者对他们想要的产品或服务进行自我配置,定制同样可以通过匹配产品与客户个人资料来实现。个性化包括产品(服务)的推荐和为顾客所需提供便利。

3. **网络环境下的市场调研**。有一些快捷且经济的网络市场调研的方法。两种主要的数据收集方法是:(1)从客户那里征求自愿提供的信息;(2)使用历史记录、事务日志或点击数据跟踪客户在网上的活动并找到他们的兴趣所在。通过将消费者分类来了解细分市场也是一个有效的电子商务市场研究方法。然而,网络市场调研也存在一些局限性,包括数据的准确性问题和样本的代表性问题。

4. **网络广告的目标与特性**。网络广告的目的是增加网站的流量。一旦进入广告商的网站,消费者就可以接收到一些信息,还可以与卖方进行互动(例如与在线客服进行聊天)。在很多情况下,谈成一笔订单的机会是比较大的。有了网络广告,企业就可以定制广告以满足兴趣相似的群体(细分市场)甚至是个人(一对一)。此外网络广告可以互动,容易更新,可以在合理的成本上吸引上百万的流量,提供丰富动态演示和富媒体展示。

5. **网络广告的方式**。旗帜广告是最受欢迎的网络广告方法。其他常用的方法是弹出式广告及其类似广告、电子邮件广告(包括从电子邮件到移动设备)、分类广告、搜索引擎网址注册以及聊天室内的广告。其中一些搜索结果可以通过搜索引擎广告关键词(尤其是谷歌的搜索引擎广告)获得。社交网络社区通过市场细分、病毒式营销、用户生成广告等为市场营销提供了新的机会。视频广告也日益普及。

6. **移动营销**。移动设备广泛使用为一对一营销创造了机会——可以不受时间和空间的限制进行广告投放。不管屏幕的尺寸有多小,广告商利用巧妙的设计很好地展示了旗帜及视频广告,移动广告是专为年轻一代而设计的,其中不乏互动性。年轻人在病毒式广告中显得尤为活跃。

7. **多种多样的广告策略和促销形式**。主要的广告策略包括搜索结果(文本链接)、联盟营销、向观看广告的观众支付报酬或其他激励方式、病毒式营销、在一对一的基础上进行广告定制以及网上促销活动。网络促销活动类似线下促销,包括赠品、竞赛、问答比赛、娱乐活动、赠券等。定制化和互动性将网络促销与传统促销方式区别开来。市场营销项目需要依据不同文化因地制宜。

8. **网络广告的实施**。在许可营销中,顾客愿意有偿接受特殊(个性化)的信息或货币积分。广告管理包括计划、组织、控制广告活动和用途。广告可以根据文化背景、国家特征等进行本土化运作。市场调研可以通过博客、社交网络的聊天室、朋友推荐、会员意见征集等方式收集反馈信息。广告效果可以得到提升,其途径是用户生成的内容、病毒式营销、市场细分等。

关键术语

ad views:广告浏览量
affiliated marketing:联盟营销
affiliate network:联盟网络
banner:旗帜广告
behavioral targeting:行为定位
biometric:生物识别
click(ad click):广告点击量
clickstream behavior:点击流行为
clickstream data:点击流数据
click-through rate/ratio(CTR):点进率
collaborative filtering:协同过滤
conversion rate:转化率
cookie:网络跟踪器
CPM(cost per mille, i.e., thousand impressions):

千人成本
e-mail marketing：电子邮件营销
e-mail advertising：电子邮件广告
hit：点击
interactive marketing：互动营销
interactive video：互动视频
landing page：登录页面
live banners：动态旗帜广告
localization：本土化
mobile advertising（m-advertising）：移动广告
mobile marketing：移动营销
mobile market research：移动市场调研
pay per click（PPC）：点击付费广告
permission advertising：许可广告
personalization：个性化

personalized banners：个性化旗帜广告
pop-up ad：弹出式广告
pop-up banner：弹出式旗帜广告
random banners：随机旗帜广告
search advertising：搜索引擎广告
search engine optimization（SEO）：搜索引擎优化
spyware：间谍软件
static banner：静态旗帜广告
transaction log：交易日志
user profile：用户资料
viral marketing（viral advertising）：病毒式营销
viral video：病毒视频
web bugs：网络窃听器
web mining：网络数据挖掘

讨论题

1. 当消费者在网上购买 iPhone 时，如何对其购买决策过程进行描述？网络商店该如何做才能够吸引消费者到其网站上购物？
2. 讨论搜集在线消费者行为数据的三种方法的优势和劣势。
3. 在电子商务中，为什么个性化成为一个非常重要的因素？可以使用哪些技术手段帮助我们了解消费者行为？这些行为又如何帮助我们为消费者提供服务？试举例说明。
4. 观看视频：（1）访问 youtube.com/playlist?list=PL53450A123A3ADCE2，观看宝马公司的"Wherever You Want to Go"视频；（2）访问 youtube.com/watch?v=qab5PH43sok，观看汉堡王公司的"Sign and Race"视频。并阅读相关资料。撰写一份报告解释它们如此成功的原因。
5. 请讨论旗帜广告在网络营销中流行的原因。哪些商品适合使用旗帜广告？哪些不适合？
6. 讨论使用各种搜索引擎进行公司地址列表的优缺点。
7. 解释网络广告规划的重要性。在规划自己的网络广告活动时，公司应该考虑哪些因素？
8. 讨论移动广告的发展前景。选择一个主题并解释其重要性。
9. 讨论基于位置的广告潜在的伦理问题。
10. 讨论在社交网络环境中，视频广告的优势有哪些。

课堂论辩

1. 请讨论网络市场调研中数据挖掘、文本挖掘、网络挖掘的相似点和差异。
2. 一些人认为，人们来社交网络就是为了来进行社交活动，不会去关注广告；还有一些人认为，人们并不介意广告的出现，但是他们会将其忽略。讨论这两种观点。
3. 据你所知，企业会采用哪些策略来使用视频、移动设备以及社交网络这些广告平台？为什么？
4. 未来传统的广告形式（电视、报纸、宣传栏）会消失吗？
5. Netflix.com、Amazon.com 以及其一些大型的网络公司会把客户的历史采购数据输入公司的建议系统中，一些人认为这样做侵犯了他们的隐私。你同意吗？为什么？
6. 一些人认为，他们更愿意相信传统的广告形式（如报纸），而不是网络广告。还有一些人则持相反意见。讨论这两种观点。
7. 在移动环境中，广告应用程序或者广告宣传网站的效果会更好吗？

网络实践

1. 浏览一个市场调研网站（如 nielsen.com）。讨论公司怎样才能激励消费者对调研问题做出回答。
2. 浏览网站 marketingterms.com，利用分类的关键词进行搜索。查看本章涉及的十个关键术语的定义。
3. 浏览网站 2020research.com、infosurv.com 及 marketingsherpa.com。了解该领域关于消费者行为的市场调研。根据你的调查结果写一份总结报告。
4. 浏览网站 yume.com，寻找其视频广告活动，并写一份总结报告。
5. 浏览网站 selfpromotion.com、nielsen-online.com。该网站能够提供哪些互联网流量管理、网站效果、审计服务？每种服务的优点有哪些？对这些服务以其成本进行比较。
6. 浏览网站 adweek.com、wdfm.com、adtech.com、adage.com 及其他的在线广告网站，了解网络广告的发展趋势。根据你的调查结果写一份报告。
7. 浏览网站 clickz.com，查看网络市场调研的主题，然后对你的发现进行总结。
8. 浏览网站 adobe.com/creativecloud.html。它如何帮助实施网站优化？它还能提供哪些服务？
9. 你在 targetmarketingmag.com、clickz.com、admedia.org、marketresearch.com 和 wdfm.com 等网站上发现哪些资源最有用？描述从网站中得到的利于在线营销的有用信息。
10. 浏览网站 zoomerang.com，学习网站上在线调查的技巧。检查各种产品（包括对调查的补充性产品），并写一篇报告。
11. 浏览网站 pewinternet.org 和 pewresearch.org。两个网站所做的研究哪些跟 B2C 有关？哪些跟 B2B 有关？写一篇报告。
12. 浏览网站 Enter hootsuite.com，注册并免费试用该系统。写一篇报告。
13. 浏览网站 mailchimp.com，注册并免费试用该系统。写一篇报告。

团队合作

1. 请阅读本章开头的导入案例，并回答下列问题：
   a. 为什么有些商品不方便在线销售？
   b. 什么是增强现实技术？
   c. 为什么说增强现实技术适合应用到在线家具销售？
   d. 宜家是如何借助于增强现实应用程序给客户提供便利的？
2. 通过兼并移动广告公司 Quattro Wireless 以及启动 iAd 项目，苹果公司的业务已经渗透到谷歌的领域了。研究一下苹果公司涉足该领域的原因以及苹果与谷歌之间的竞争。并向全班同学进行介绍。
3. 公司不断推出新的营销模式和服务（例如浏览 yume.com），视频广告得到了迅速的发展。每个同学去查找所有的广告模式和服务形式，包括在 Twitter 上进行的移动广告和视频剪辑。并撰写一份报告。
4. 每个团队选择一种广告方法，对广告行业进行一次深入的调研，看哪一种广告模式最主要是哪家企业在用。例如，利用电子邮件直复营销成本较低。浏览 thedma.org 了解电子邮件直复营销，也可以浏览 ezinedirector.com 及类似网站。每个团队说明自己所选方法的优势所在。
5. 每个团队都浏览 pogo.com 或类似网站，尝试玩游戏赢大奖。以团队为单位讨论游戏与广告、营销活动之间的关系。并撰写一份报告。
6. 浏览网站 autonlab.org，下载数据挖掘分析软件（免费的）。分析此软件的作用，并在此基础上写出一份报告。
7. 浏览 youtube.com/watch?v=Hdsb_uH2yPU，观看视频资料 "Beginning Analytics: Interpreting and Acting on Your Data"，并回答以下问题：
   a. 视频中提到的是怎样的测量指标？
   b. 谷歌网站上的分析工具如何使用？
   c. 分析软件对提升竞争优势有什么帮助？
   d. 网站黏度的重要性是什么？
   e. 分析数据对决策有什么帮助？
   f. 从视频资料中能够得到哪些启发？
   g. 比较 Bings 的 Content 广告和谷歌的 AdSense 广告两种模式，并进行介绍。
8. 浏览网站 youtu.be/zhSnj3jR_6c，观看视频资料 "Complete Google AdWords Tutorial 2016"，并回答以下问题：

a. 设置 AdWords 账户需要哪些信息？
b. AdWords 如何与您的网站进行集成？
c. 如何对关键字进行出价？
d. 如何控制成本？
e. 如何评估取得的成效？

章末案例

劳力士的新媒体营销

劳力士（Rolex.com）是一家成立于 1905 年的奢侈手表供应商。该公司一贯坚持走高端产品路线，力图通过提供高质量的产品，将产品推向高端客户。在 2016 年，劳力士位居《福布斯》杂志评选的全球最具影响力品牌排行榜的第 64 位。相对于销量而言，劳力士更加专注于每次销售中能够获取的高额利润。在零售市场中，新款的劳力士手表的价格在 3 000～12 000 美元之间，价格区间较大。

存在的问题

凭借着其较高品牌影响力和高端的市场细分战略，劳力士手表并不需要借助于使用基于网络的营销或社交媒体来增加销量或提高品牌热度。虽然该公司从 2006 年便开始涉足互联网广告业务，但直到 2012 年，公司才真正开始关注网络营销渠道。为了维持其年轻消费群体的品牌形象，公司意识到需要积极参与到这些消费群体的媒体类型。具体而言就是该公司不想成为"老年人的手表"。

即使考虑到上述目标，该公司营销部门对于劳力士的在线推广，尤其是在社交媒体上，还是持非常谨慎的态度。公司的营销理念之一是：任何广告都不应随意，所有品牌形象的使用都应该经过深思熟虑并精心策划。为此，该品牌的在线和社交媒体活动都有所保留。该品牌通过有计划的、独特的营销活动进行运作，这些活动用于突出劳力士的发展历史、品质和奢侈品定位（请浏览 mashable.com/2014/04/17/rolex-marketingstrategy/#4YfvzomoFPqD）。

解决方案

劳力士于 2012 年开始进军社交媒体领域，着手在 YouTube 频道上进行产品推广。在该频道上播放精心制作的视频，视频专注于劳力士手表的独特特征，并邀请明星进行代言。在尝试 YouTube 获得成功之后，该公司于 2013 年扩展到 Facebook 领域。在这个社交媒体网络上，该公司继续采用极简主义风格，专注于产品的品牌质量和名人推荐。此外，该公司还利用 Facebook 平台收集有关品牌的数据，用以分析和研究潜在客户的兴趣和偏好。

在 2014 年和 2015 年，该品牌新增使用了自定义 Pinterest 和 Instagram 页面，用于显示精选产品图片，同时也允许客户上传共享照片。虽然公司应用了较多社交媒体系统，但一直都未涉足 Twitter 的应用。这与劳力士一贯坚持的集中性和针对性的品牌战略是一致的。

取得的成就

由于劳力士手表的销量较小，因此，很难区分出销售业绩是归因于个人，还是来自网络营销或社交媒体。然而，公司仍认为其广告投入应该重点关注建立和维护劳力士的品牌形象。营销经理认为，在网络和社交媒体上开展营销活动，这与他们最初进行品牌建设的方法是相同的，如今只不过是将这种理念扩展到更多的新媒体。公司计划将继续实施新媒体营销策略，并将对社交媒体进行评估。

思考题

1. 为什么劳力士对大众市场广告策略不感兴趣？
2. 为什么劳力士对其在线营销活动保持谨慎态度？
3. 公司如何维护其在线品牌形象？
4. 如何利用社交媒体来完善公司品牌形象？

第 11 章

电子商务欺诈与安全防范

┊学习目标┊

1. 了解电子商务信息系统安全的内涵及其重要性；
2. 掌握电子商务安全的主要概念和术语；
3. 了解电子商务中主要的安全威胁、安全漏洞和容易遭受的技术攻击；
4. 了解网络欺诈、网络钓鱼和垃圾邮件；
5. 掌握网络信息安全的基本原则；
6. 电子商务网络安全防护的主要技术及访问控制；
7. 掌握多种管理方法和具体防护机制；
8. 掌握买卖双方预防欺诈的方法；
9. 讨论企业电子商务安全的实施；
10. 了解不能杜绝计算机犯罪的原因；
11. 讨论电子商务的发展趋势。

┊导入案例┊

堪萨斯州心脏医院成为勒索软件的受害者

坐落于堪萨斯州威奇托市的堪萨斯心脏医院（Kansas Heart Hospital）向当地居民提供专业的心血管综合护理和临床服务。该医院以其优质的外科服务而闻名，备受尊敬，却遭到了勒索软件的袭击。

事件经过

2016年5月，该医院成为勒索软件攻击的受害者。黑客（可能来自美国境外）侵入医院计算机后锁定数据，要求支付赎金从而释放数据。在11.4节中，我们将介绍这个主题，并解释实施过程。

简而言之，黑客锁定了数据文件，除非医院支付赎金，否则拒绝返还访问权限。为了避免被跟踪，他们要求支付比特币（详见第12章）。

由于病患的信息比较敏感，医院经常成为黑客攻击的对象。一旦成功，它们通常会支付赎金。（2016年，经过长时间谈判，好莱坞长老会医疗中心（Hollywood Presbyterian Medical Center，位于加州洛杉矶市）支付了1.7万美元赎金。谈判期间，近1 000名病人被送往附近的医院。）

堪萨斯州的黑客袭击发生在晚上9点，几分钟之内，医院的员工就无法访问文件。没过多久，整家医院都发现了问题。

院方商定并支付了赎金，但是黑客只提供了部分文件的访问权限，想要获得全部权限，还需要支付更多赎金。

医院往往会遭到反复攻击，通常第二次攻击为其他黑客所为。这批黑客想故技重施，但是院方拒绝再支付赎金。

之后，医院改进了安全防范系统。

解决方案

医院立即启动了预先设定的安全防范系统。

黑客加密了文件中的数据，按照预先的准备，安全防范系统能够将加密的恶意软件所带来的危害降到最低。

事件的结果

医院表示，没有患者的数据受损。经历此事件

案例启示

黑客攻击的方式日益新颖和复杂。近期，勒索赎金的案件激增，医院成为攻击的主要对象。医院的管理者已经意识到了这一风险，采取多种措施保护病患的信息。勒索软件只是众多攻击信息系统方法中的一种，攻击者和防御者之间的博弈将永无休止。与电子商务日益密切相关的一个领域就是欺诈，实施者可能是卖方、买方或者中介。本章将着重介绍与电子商务相关的信息系统安全问题。

11.1 信息安全问题

信息安全（information security），也称信息系统安全，是指保护信息系统、数据和程序免受破坏、修改或攻击的各种活动和方法。因为信息安全与电子商务和IT产业密切相关，本章我们将系统介绍常见的信息安全问题和解决方案。本节我们学习信息安全问题的性质，信息安全问题的严重性，并介绍与信息安全相关的一些专业术语。

11.1.1 电子商务安全的定义

计算机安全是指数据、网络、电脑程序、电脑电源和其他计算机信息系统组成部分所面临的风险以及对它们的安全保护。由于网络攻击方式和防护方式多种多样，计算机安全涉及内容也很广泛。网络攻击和计算机安全防御可能影响到个人、机构、国家甚至是整个网络。计算机安全的目标是阻止或是减小网络攻击的影响。

在美国和其他很多国家，信息安全已经成为几个最受关注的管理问题之一。图11-1列出了各种研究中涉及的主要信息安全问题。

1. 美国计算机安全现状

多家私人和官方机构每年都会评估美国的计算机安全状况。比较出名就是每年的CSI报告，下面我们将对其进行详细介绍。

IBM、赛门铁克以及其他一些机构也会定期公布全面的年度安全调查报告。

不仅企业面临安全问题，个人也同样面临安全问题。

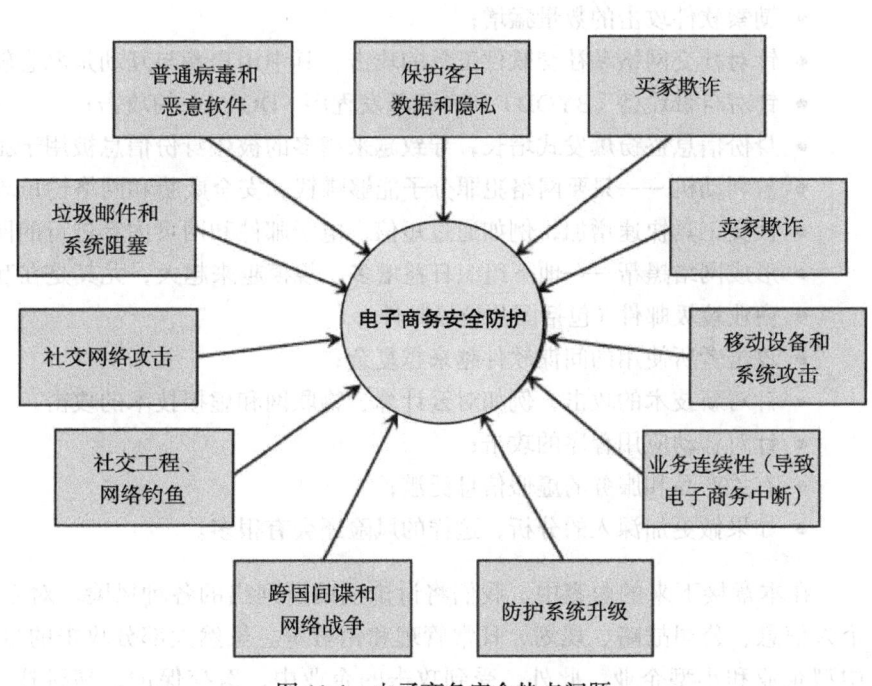

图 11-1 电子商务安全热点问题

2. 个人安全

大部分网络欺诈是针对个人的。此外，性侵犯罪人员往往通过网络寻找到侵害目标，所以安全防范意识不强，可能就意味着个人风险的增加。

3. 国家安全

美国国土安全部（Department of Homeland Security，DHS）负责保护美国的计算机网络安全。DHS采用的安全方案主要有如下几种：

- 网络安全防备和国家网络警报系统。计算机用户通过该系统可了解最新的安全威胁。
- 美国计算机应急准备小组（US-CERT Operations）。提供有关漏洞和威胁的信息，主动管理国家面临的网络风险，并运行一个数据库以提供有关漏洞的技术说明。
- 国家计算机应急协调小组（NCRCG）。由来自13个联邦机构的代表组成的综合组织，对威胁评估进行审查，并为事件提出行动计划，包括为联邦资源分配提供决策参考。
- 网络警察平台。专为执法人员和政府部门建立的网络平台，在安全环境中与其他人通过互联网协作并共享敏感信息。

美国最重要的基础设施正受到越来越多的黑客攻击（如电力、核电和供水设施）。他们甚至试图影响美国总统的选举。

2013年2月17日，美国总统奥巴马颁布行政命令打响网络战争。这份命令授予联邦机构更大的权力，与公共部门共享"网络威胁"的信息。

4. 2017年和2018年信息安全风险

近期主要存在以下安全风险：

- 网络间谍和网络战争（包括恐怖主义者袭击）的威胁越来越大；
- 现在也有针对包括智能手机、平板电脑和其他移动设备的攻击，其中企业移动设备是一个特定目标；
- 勒索软件攻击的数量猛增；
- 针对社交网络和社交软件工具的攻击，其中用户参与互动是恶意软件的一种主要来源；
- 针对自带设备（BYOD）和自我开发程序（DOYA）的攻击；
- 身份信息盗窃爆发式增长，导致越来越多的被盗身份信息被用于犯罪；
- 盈利动机——只要网络犯罪分子能够赚钱，安全威胁和网络钓鱼攻击就会继续增长；
- 社交工具快速增加，例如通过短信、电子邮件和网页内容进行的网络钓鱼；
- 形成网络黑帮——地下组织日益增多，规模越来越大，尤其是在互联网欺诈和网络战争之中；
- 商业垃圾邮件（包括图片垃圾邮件）；
- 攻击者所使用的间谍软件越来越复杂；
- 针对新技术的攻击，例如对云计算、物联网和虚拟技术的攻击；
- 针对移动应用程序的攻击；
- 有关产品和服务的虚假信息泛滥；
- 如果做更加深入的分析，这样的风险还会有很多。

在本章接下来的内容中，我们将讨论上面所列出的各种风险。对企业的攻击主要集中于客户或员工的个人信息、公司战略、规划、日常管理和销售等。虽然大部分攻击的目标是大型企业，黑客同样也会攻击中型企业和小型企业。此外，受到攻击的企业中，医疗保健、高科技、零售业、银行业和IT行业的企业占到93%。请浏览 sans.org；baselinemag.com/security；enisa.europa.eu/topics/threat-risk-management/ risk-management；isc2.org。

11.1.2 移动设备的安全风险

移动设备也面临着诸多的安全问题，例如，丢失存有敏感信息的移动设备、数据外泄、恶意软件侵入、从移动设备中盗取信息、用户下载到恶意应用程序、身份盗用，以及其他多种用户个人的损失。请浏览 usa.kaspersky.com/internet-security-center/threats/mobile-device- security-threats#.WKsaeG_yvIU。卡巴斯基这家安全公司指出了无线网络的不安全性，包括诈骗、网络钓鱼攻击、间谍软件、加密失效等。

有专家认为，即使是特朗普总统发送微博所使用的旧款智能手机，也有可能是安全威胁的突破口。

11.1.3 跨国网络战争和网络间谍

以计算机为工具攻击信息系统和计算机的事件越来越多，其危害也变得越来越大。

1. 网络战

根据联合国犯罪和司法研究所（UN Crime and Justice Research Institute，UNICRI）的定义，网络战争或"网络战"是指一个国家或国际组织以造成损坏或破坏为目的，侵入另一个国家的计算机网络的行动。然而，在更广义的定义中，网络战还包括"网络流氓"、网络破坏和网络恐怖主义等行为。这种攻击通常是借助于病毒、DoS（Denial of Service，拒绝服务）攻击或僵尸网络进行的。

- 网络战在大多数国家被视为非法，主要包括网络间谍行为和安全漏洞，二者均通过利用网络漏洞来获取属于敏感或机密性质的国家材料或信息（例如通过恶意软件利用网络漏洞）。
- 破坏活动，是指以造成损害为目的，利用互联网来破坏网络通信。
- 针对监控和数据采集网络的攻击以及针对国家计算基础设施的攻击。例如，2015 年，黑客攻击了德国议会的计算机网络。

网络间谍 网络间谍是指利用计算机系统进行非法侵入。间谍活动就是在没有得到信息主人（个人、群体或组织）允许的情况下获取秘密信息和情报。网络间谍活动在绝大多数国家是非法的。

2. 信息系统攻击

幽灵网络攻击并非跨境网络攻击的一个孤立事件。美国国会正立法保护其国家免遭所谓的"网络珍珠港偷袭"或"网络9·11事件"。

3. 网络战攻击类型

网络攻击主要可以分为以下两种主要类型：

- 商业间谍。很多攻击都是针对能源企业及相关行业的企业，因为它们的内部信息较有价值。接近一半接受调查的发电厂和其他基础建设企业都曾遭到"狡猾的对手"的侵入，敲诈是其普遍的动机。国外黑客袭击了位于伊利诺伊州的水厂控制系统，导致其水泵出现故障。攻击者还取得了未经授权的访问系统数据库的权限。追踪显示黑客所使用的互联网地址指向俄罗斯。伊朗的石油生产和精炼厂也遭受了疑似网络攻击。2012 年网络攻击者侵入了沙特阿美公司的 30 000 台电脑，重创了国家石油公司的网络，但未对天然气和石油输出造成破坏。
- 2011 年东欧地区的网络窃贼（也被称作"罗夫集团"）在被抓获之前已经劫持了 100 多个国家 400 多万台电脑。这些攻击者非法使用恶意软件，将网络用户引导到他们设定的路径上去。在被抓获之前，这些网络窃贼盗取的金额已经达到 1 400 万美元。该黑客团伙还攻击了一些美国政府机构和大型企业。
- 政治间谍和政治战争。政治间谍活动和政治战争正在大幅增加。有时，这些与商业间谍是密切相关的。2014 年，美国黑客在伊利诺伊州用 DDoS 恶意软件攻击克里米亚全民公决的官方网站。几天后，俄罗斯主要的政府网络资源和官方媒体网站也遭受了 DDoS 恶意软件攻击。

实际案例

根据美国情报报告，2016 年总统选举期间，俄罗斯黑客积极参与攻击美国民主党的电子邮件（如民主党全国委员会的邮件）。这明显是在试图影响大选的结果。

实际案例

2014 年曾经出现过的一个最复杂的网络间谍事件是疑似俄罗斯间谍软件 Turla，它被用来攻击美国和西欧数以百计的政府计算机。

上面几个案例也反映出一些信息安全系统效果不佳。想要对网络战有更全面的了解，请浏览 forbes.com/sites/quora/2013/07/18/how-doescyber-warfare-work。

11.1.4 电子商务安全问题的成因

很多驱动因素和抑制因素都可能引起电子商务领域的安全问题。这里，我们介绍几种主要的因素：网络的设计缺陷、利益驱动型网络犯罪、无线革命、地下互联网经济、电子商务系统的不断演变、内部人的参与以及攻击者的精明等。

1. 网络的设计缺陷

互联网及其网络协议在设计之初没有考虑如何防范网络罪犯，只是为了帮助相互信任的群体之间可以通过计算机进行沟通交流。然而，如今互联网已经成为一种全球性的通信、搜索和贸易载体。此外，互联网的设计初衷是发挥最大效率，而没有考虑安全问题。尽管已经有所改进，但互联网从根本上来说还是不安全的。

2. 医疗信息计算机化的普及

伴随医疗保健信息的计算机化，安全漏洞问题随之产生。

3. 利益驱动型网络犯罪

计算机犯罪行为性质有一个很明显的转变。在早期的电子商务中，很多黑客只是想通过破坏网站或是窃取高级管理权限来出名。而今天很多犯罪分子都是经验丰富的技术专家，其目的是赚钱。最常见的是窃取信用卡账号、银行账户账号、网络用户名和密码等个人信息。隐私权信息交流中心（privacyrights.org）的报告称，每年有数百万个人信息记录存在安全漏洞问题。2016 年，雅虎承认黑客盗取了 10 亿条用户账户信息。这些信息会被出售给犯罪者。

勒索软件病毒 如今，甚至还有犯罪分子利用掌握的数据信息来敲诈勒索受害者。一段标题是"黑客用数据进行勒索"的 CNN 视频就是这样一个案例，请浏览 money.cnn.com/video/ technology/2012/10/08/t-ransomware-hackers.cnnmoney。2016 年，由于没有数据备份，一家医院不得不支付赎金（以比特币的形式）才重新获得访问数据的权限。Crypto Locker 是一种新型的用于此类犯罪的勒索软件病毒（属于木马病毒）（请浏览 usatoday.com/ story/news/nation/2014/05/14/ransom-ware-computerdark-web-criminal/8843633）。想要了解更多关于勒索软件的内容，请查看 11.4 节。

移动设备盗窃 需要引起注意的是，笔记本电脑、平板电脑和智能手机被盗主要是出于两个目的：第一是卖出去（例如通过典当行、eBay 进行转卖）；第二是获取机主的个人信息（如社保账号、驾照的详细信息等）。在 2014 年 1 月，可口可乐公司一位前员工窃取了公司一台笔记本电脑，在这台电脑中存储有 74 000 条公司现职或离职员工的个人信息。而公司并没有一个预防数据丢失的应对方案，笔记本电脑也没有进行加密。

4. 电脑无处不在

正如第 7 章所述，电脑无处不在，从家庭到工作场所、学习场所、娱乐场所等，甚至你的汽车都能被黑客入侵。

5. 各种无线活动和移动设备数量的剧增

相比有线网络，无线网络的安全防护困难更大。例如，许多智能电话都配备有移动支付所必需的近场通信（NFC）芯片。此外，第 6 章中提到的自带设备也可能产生安全问题。黑客可以更加容易在智能手机和相关设备（如蓝牙）上做文章。

6. 攻击者的全球化

很多国家都有网络攻击者，例如，伊朗对美国银行的攻击。

7. 社交网络的爆发式增长

社交网络和其扩散平台及工具的飞速增长，使得防范黑客攻击变得更加困难。社交网络很容易成为网络钓鱼和其他社交软件攻击的目标。

8. 电商系统和内部人行为的不断演变

由于持续的创新，电子商务系统始终不断变化。安全问题也随之发生改变。近年来，在社交网络、移动商务和无线系统等一些新的领域，我们都遇到了很多安全问题（部分将在后续章节详细介绍）。需要引起重视的是，接近一半的安全问题都与内部人（受到攻击的组织的内部工作人员）有关。频繁招募的新员工，他们也可能带来安全问题。

9. 攻击的复杂化

网络犯罪分子利用新的技术，不断改进他们的攻击武器。此外，这些犯罪分子逐渐演变成为组织严密的犯罪组织，如 LulzSec 和 Anonymous。网络犯罪分子会根据某一领域安全性的提升，调整他们的相应策略（例如他们可以迅速地适应环境的变化）。

11.1.5 地下网络和地下经济

地下网络（darknet）可以看作是一种独立的网络，它可以通过常规网络加上 TOR 连接进行访问（TOR 网络是虚拟专用网络的一种，它可以保护互联网上的隐私和安全）。通过非标准协议（不显示 IP 地址），地下网络只允许受信任人（"朋友"）进行受到严格限制的访问。地下网络允许匿名上网冲浪。地下网络的内容，通过谷歌或其他各种搜索引擎都是无法获取的。TOR 技术也被用于文件共享（如众所周知的海盗湾案例）。地下网络常常用于发表政治异议和进行非法交易，如贩卖毒品和通过文件分享盗取知识产权，后者也被称为地下网络经济。2014 年 11 月，欧洲和美国执行部门关闭了大批 TOR 网站。但似乎它们并没有完全摧毁 TOR 加密网络。2015 年，美国政府关闭了一家交易非法获取个人信息的市场，人称 Darkode。

1. 地下互联网经济

地下互联网经济（underground Internet economy）是指交易非法获取信息的网络电子市场。这些市场由成千上万售卖信用卡账号、社保卡码号、电子邮箱地址、银行账号、社交网络账号、密码等信息的网站构成。垃圾邮件发送者或犯罪分子从黑市上以从不到一美元到几百美元不等的价格购买非法获取的信息，来发送垃圾邮件或是进行转账和盗用信用卡等非法金融交易。有报告称这类地下市场大约30%的交易都是贩卖盗窃的信用卡。赛门铁克估计仅仅是待售的信用卡和银行信息，每年的潜在价值大约就达到10亿美元。41%的地下经济在美国，13%的地下经济在罗马尼亚。

2. 网络黑市"丝绸之路"

网络黑市"丝绸之路"是一家地下网站。在这个网站上有数以百计的毒贩和其他黑市商人开展业务。在2013年10月，美国执法当局关闭了该网站，并逮捕其创始人（被判处入狱20多年）。然而，此后不久，"丝绸之路"又复活为"丝绸之路2.0"。

在"丝绸之路"上进行的交易是用比特币进行支付的（详见第12章）。2014年2月，黑客盗走了由第三方（在买方和卖方之间）托管的4 400比特币，造成价值270万美元的比特币永远消失。"丝绸之路"网站的所有者宣告破产。然而，到2014年5月，该网站再次以"丝绸之路2.0"恢复运营，2016年5月又以"丝绸之路3.0"再次上线。

3. 网络犯罪成本

目前我们还不清楚网络犯罪的成本究竟有多大。很多公司并没有公布网络攻击给它们造成的损失。然而，惠普公司网络安全部门的"2013网络犯罪成本研究全球报告"（由波尼蒙研究机构Ponemon Institute独立进行的调查）显示，受调查企业每年由于网络犯罪造成的损失高达720万美元，这一数字较上一年全球网络成本调查研究提供的数据上升了30%。数据泄露可能给企业造成巨大的损失。

本节习题

1. 计算机安全的定义是什么？
2. 当前主要的安全风险有哪些？
3. 网络设计中有哪些缺陷？
4. 利益驱动的计算机犯罪表现在哪些方面？
5. 电子商务系统如何不断演变？
6. 什么是地下互联网经济和地下网络？

11.2 电子商务安全的基本问题

为了更好地理解安全问题，我们需要了解几个常用的与电子商务和IT安全相关的重要概念。我们首先学习一些基本术语。

11.2.1 基本的安全术语

在11.1节中，我们介绍了几个关键概念和安全术语。为了更好地理解电子商务安全问题，本节我们先按字母顺序列出几个主要的术语：

- **业务连续性计划**（business continuity plan）。企业遭遇灾难性事件以后所制定的继续开展经营活动的计划。企业中每一个职能部门都要制定相应的具体计划。

- **网络犯罪**（cybercrime）。指利用互联网蓄意从事的犯罪活动。
- **网络犯罪分子**（cybercriminal）。指利用互联网蓄意从事犯罪活动的人。
- **暴露**（exposure）。因存在漏洞受攻击而遭受损失（包括预计损失）的情形。
- **欺诈**（fraud）。指利用欺骗手段或是设备损害他人财产或权利的各种商务活动。
- **恶意软件**（malware，malicious software）。各种用心不良的软件的统称。
- **网络钓鱼**（phishing）。通过伪装成一个值得信赖的实体试图获取敏感信息的欺诈过程。
- **风险**（risk）。网站建设中的漏洞被人察觉和恶意利用的可能性。
- **社会工程**（social engineering）。一种非技术性攻击方法，利用某种手段诱骗用户泄露个人信息或执行危及计算机或网络的操作。
- **垃圾邮件**（spam）。电子化的垃圾邮件。
- **漏洞**（vulnerability）。软件或其他机制的缺陷，可威胁资产的机密性、完整性或可用性。黑客可以直接利用漏洞来访问系统或网络。
- **僵尸**（zombie）。受到恶意软件感染，处于垃圾邮件发送者、黑客或其他网络犯罪分子控制之下的计算机。

这些术语的详细定义见网站 webopedia.com/terms。

网络犯罪是一种多样性的犯罪现象，具有多种方法和潜在的危害。由于犯罪分子越来越有创意，越来越老练，网络犯罪一直在发生变化。

11.2.2 电子商务安全较量

电子商务安全的本质可以比作电子商务和 IT 系统攻击者与保护者之间的一场斗争。斗争包括以下几个部分（见图 11-2）：

- 攻击、黑客以及攻击策略；
- 容易受到攻击的资产（目标）；
- 安全防御、管理人员以及他们的方法和策略。

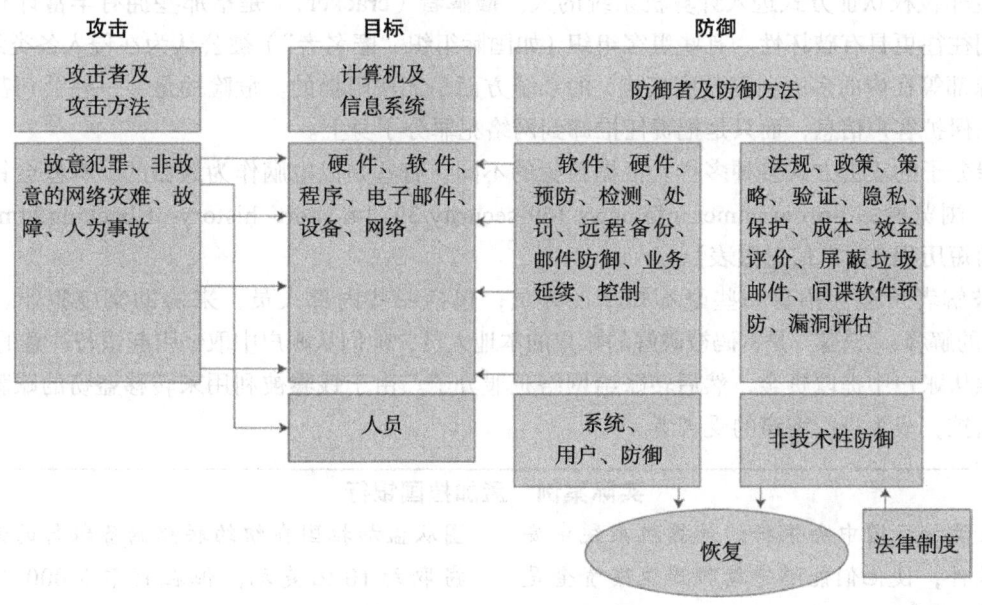

图 11-2 电子商务安全较量

11.2.3 威胁、攻击和黑客

信息系统（包括电子商务系统）很容易受到无意的威胁和蓄意的攻击。

1. 无意的安全威胁

无意的安全威胁可以分为三类：人为失误、环境灾害和计算机系统故障。

人为失误。人为失误可能发生于硬件、软件或信息系统的设计阶段，也可能存在于程序设计（例如忽略了可能出现的峰值因素）、测试、数据采集、数据录入、认证、系统操作和帮助说明之中。错误可能是由疏忽、过时的安全程序或员工培训不足造成的，也可能是由于密码没有修改或是把密码告诉了别人。

环境灾害。这主要包括超出人类控制范围的自然灾害和其他环境因素（如地震、超级风暴、飓风、暴风雪、沙尘暴），以及洪水、电力故障或强烈波动、火灾（最常见的灾害）、爆炸、放射性尘埃和水冷系统故障。烟雾和水等环境灾害引起的副作用也可能会破坏计算机资源。

计算机系统故障。缺陷可能是由制造工艺不达标、材料缺陷、内存泄露、网络长期不维护或维护不善等原因造成的。非故意的系统故障也可能是由经验不足、测试不充分等其他原因造成的。2017年1月29日，美国达美航空公司出现了电脑故障，150个航班被取消（据2017年1月29日CNN新闻报道）。另一个例子就是载有多个大型网站（如Reddit、Airbnb、Foursqure等网站）的亚马逊云（EC2）。之前公司数据中心的问题导致云服务器崩溃。后来恶劣天气袭击了北弗吉尼亚州的数据中心，Netflix、Foursquare、Dropbox、Instagram和Pinterest等公司系统也发生了崩溃。这些问题几个小时后就解决了。

2. 蓄意的攻击和犯罪

蓄意攻击一般是网络犯罪分子所为。各类蓄意攻击包括数据盗窃、数据使用不当（如篡改数据或显示数据进行欺诈）、盗窃计算机及其他设备、植入计算机程序从而窃取数据、故意损坏或破坏计算设备或其信息系统、破坏计算机资源、恶意攻击造成的损失、病毒的生成和传播及网络诈骗造成的金钱损失等。在11.3节和11.4节中将进行详细介绍。本章导入案例和章末案例也是蓄意攻击的典型。

3. 犯罪分子和犯罪手法

通过计算或互联网实施的犯罪统称为"网络犯罪"，犯罪的实施者被称为网络犯罪分子。**黑客**（hacker）是指那些通过非授权认证方式进入计算机系统的人。**破解者**（cracker,）是指那些拥有丰富计算机知识的恶意黑客，他们往往更具有破坏性。有些黑客组织（如国际组织"匿名者"）被公认为在侵入各类组织（包括美国军方和能源部等在内的多家美国政府机构）的系统方面是无法阻挡的。危险的是，一些公司甚至不愿意投入任何努力来保护客户信息，而只是把责任推卸到网络犯罪分子身上。

网络犯罪分子的攻击方式多种多样。根据目标的不同，有些是以电脑作为武器的，有些会针对目标攻击计算机资产。浏览网站i-programmer.info/news/149-security/3972-a-short- history-of-hacking.html，可以了解黑客发展的简短历程（附有信息图表）。

黑客和破解者可能会招募一些毫不知情的人员，包括一些内部人员，来协助实施犯罪。例如，根据Malwarebytes的解释，"钱骡"是密码被破解的账户的本地人员，他们从账户中取钱引起银行注意的可能性较小。

这些钱骡从账户中提取资金，然后转账给网络犯罪分子。由于钱骡被利用来转移盗窃的账款，他们可能会面临刑事指控，成为身份盗窃的受害者。

实际案例　孟加拉国银行

黑客在孟加拉国中央银行的计算机系统中安装了恶意软件，使他们能够连续数周观察资金是如何从该银行的美国账户中提取的。黑客随后试图从孟加拉国在纽约联邦储备银行的储备账户中窃取约10亿美元，但在窃取8 000万美元后被制止。

11.2.4 成为攻击目标的漏洞

如图 11-2 所示，网络攻击目标可能是人，也可能是计算机或是信息系统。欺诈的目的往往是盗取金钱或房产之类的各种财产。同时，计算机还被用于骚扰（如网络欺凌）、破坏信誉、侵犯隐私等。

1. 易受攻击的主要漏洞

信息系统的任何部分都可能成为攻击目标。个人电脑、平板电脑和智能手机很容易失窃，或者遭到病毒和其他恶意软的攻击。用户很可能成为各种欺诈活动的受害者。数据库可能受到未经授权的访问攻击，在计算机系统中很多数据都容易遭受攻击，如数据可能被复制、修改或盗取。网络可能遭到攻击，信息流可能被阻断或是更改。计算机终端、打印机以及其他部件都可能遭到多种多样的破坏。软件程序也可能受到控制。程序和规则可能遭到更改等。各种漏洞都很容易遭到攻击。

2. 漏洞信息

漏洞是攻击者发现并加以利用的系统缺陷。漏洞为攻击者提供了破坏信息系统的机会。美国 MITRE 信息技术公司发布了一份名为《常见漏洞及暴露清单》的报告（请浏览 cve.mitre.org）。在网络犯罪分子发现并利用一个漏洞之后，该漏洞就会暴露。请查阅微软的威胁和漏洞指南，网址是 technet.microsoft.com/en-us/library/dd159785.aspx。

电子邮件攻击　因为用户电子邮件是通过非安全网络传播的，所以它是一个最容易遭到攻击的地方。

智能手机和无线系统攻击　由于移动设备比有线系统更容易受到攻击，随着移动计算设备的爆炸式增长，针对智能手机和无线设备的攻击正日益增多。有专家认为，黑客甚至可以通过数字眼镜窃取你的手机密码。

射频识别技术芯片漏洞　这种芯片到处都是，信用卡、护照里也有。这种芯片可以通过非接触的方式读取，这也成为它们的漏洞所在。当你在钱包或是口袋中放有一张信用卡时，任何一个持有射频读取设备的人都可以接近你并读取卡上的射频信息。请观看名为"如何窃取芯片信用卡信息？"的视频资料，网址是 youtube.com/watch?v=vmaj1KJ1T3U。

3. 企业 IT 系统和电子商务系统漏洞

漏洞可能是技术漏洞（如未加密通信、未有效使用安全软件和防火墙），也可能是组织漏洞（如用户培训和安全意识不足，以及内部人盗取数据并违规使用企业电脑）。

4. 盗版视频、音乐和其他版权作品

当音乐、视频、书籍、软件和其他版权作品存在于网络上时，就比较容易进行非法下载、复制或传播。例如，一个非法软件被通过点对点方式进行下载时，就形成了网络盗版。一个典型的例子就是盗版体育赛事直播，这关系到体育联盟和媒体公司数百万美元的收入损失。这些机构正联合起来游说当局加强版权立法，并针对违法者提起诉讼（请参阅第 15 章内容）。

11.2.5 电子商务安全措施

良好的安全性是电子商务能否成功的一个关键因素。

为确保电子商务的成功和最大限度地降低交易风险，需要采用以下一系列的安全措施：

- 认证。认证（authentication）就是一个确认个人、软件代理、电脑程序或电子商务网站等真实身份的过程。对于电子信息来说，认证是指确认发送/接收电子信息的人就是本人，这是检测一个人或一家企业身份的一种能力。

- **授权**。**授权**（authorization）是指允许获得授权的人在特定的系统中进行特定操作的规定。
- **审核**。在个人或程序登录网站或者访问数据库的时候，很多相关的信息都会被文件记录。在交易过程中按照这些信息（时间或是操作位置）再次去检查这些流程，被称为审核。
- **可用性**。确保在用户需要时系统和信息是可以获得的，并且网站也是可以使用的。只有适当的硬件、软件和程序才能确保可用性。
- **不可抵赖性**。**不可抵赖性**（nonrepudiation）与认证密切相关，就是要保证在线客户或贸易伙伴不可以否认他们的购买、交易或其他责任。不可抵赖性涉及以下几种证明，包括发送方的发送证明，发送方和接收方以及快递公司的身份证明。

认证和不可抵赖性是防御网络钓鱼和身份窃取的最基本手段。为了保护并保证电子商务交易的互信，常用数字签名或数字证书来验证交易的发送者和交易时间，这样过后就无法再声称交易未经授权或交易无效。

11.2.6 防御：防御者、策略和方法

网络安全人人有责。一般来说，公司的信息系统部门和安全软件供应商提供技术支持，而管理者提供行政支持。这些活动的进行需要用户遵守一定的安全和战略程序。

1. 电子商务防御计划和策略

电子商务安全策略（EC security strategy）包括由多种方法构成的多个层次防御体系。这种防御目标是预防、阻止和检测未经授权进入一个企业的计算机和信息系统。**威慑措施**（deterrent measures）是指可以迫使犯罪分子放弃攻击某个特定系统的想法的措施（如一个可能的威慑就是"有可能被抓住、被处罚"）。**阻止措施**（prevention measures）可以阻止未经授权用户侵入电子商务系统（如识别潜在威胁并针对威胁做出快速反应的一种先发制人保障网络安全的方法，就是使用身份验证设备和防火墙或采用防入侵措施）。**检测措施**（detection measures）可以帮助发现计算机系统中的安全漏洞。通常，这就意味着要搞清楚是否有入侵者正在试图（或已经）侵入电子商务系统，是否已经成功，是否还在破坏系统，以及可能造成了什么破坏。

确保线上消费安全可靠是提升线上购买者体验的关键因素。**信息安全**（information assurance，IA）是指为应对各种风险而采取的保护信息系统的措施和处理过程。

2. 相关处罚

抓住犯罪分子后，对他们进行严厉的惩罚，这种威慑是防御的一部分。如今法官判罚比十多年前更多且更严厉。例如，2010年3月，联邦法官判决盗取并出售上百万人信用卡账号的28岁的TJX支付系统黑客Albert Gonales入狱20年。这样的判决强烈警告了黑客，间接促进了安全防御工作。然而，很多案件处罚过轻，不足以威慑更多的犯罪分子。

3. 防御方法和技术

防御方法、技术有数百种，并且可以用不同的方法分类，因此对它们进行分析和选择也是有一定难度的。我们仅选择其中一部分在后续章节中介绍。

恢复 在网络安全斗争的每个回合中，都会有赢家有输家，但要赢得这场安全斗争还是有一定难度的。导致这种结果的原因有很多。另一方面，一次安全侵入事件后，机构和个人通常都需要进行恢复工作。在遭遇灾难或严重攻击的时候，恢复工作尤为重要，并且恢复的速度还要够快。机构在信息系统全面恢复之前，本来的正常业务还不能中断。它们需要以最快速度恢复，实现这样的目的就需要激活业务持续性和灾难恢复计划。

由于电子商务和网络安全比较复杂，因此需要一整本书甚至几本书才能说清楚相关问题。这里我们仅介

绍几个选题。

本节习题

1. 列举 5 个主要的电子商务安全术语。
2. 请列举非故意制造的威胁信息安全的事件。
3. 列举 5 个国际电子商务安全犯罪的案例。
4. 什么是电子商务安全斗争？它涉及哪些主体？是如何进行斗争的？可能的结果是什么？
5. 什么是黑客和破解者？
6. 列出所有电子商务安全需求，并解释认证和授权的含义。
7. 什么是不可抵赖性？
8. 什么是安全漏洞？列出一些潜在攻击的案例。
9. 解释电子商务安全系统中威慑、阻止和检测的含义。
10. 什么是安全策略？为什么要制定安全策略？

11.3 技术性攻击方法：从病毒到拒绝服务

犯罪分子攻击电子商务信息系统和用户的方法多种多样。这里我们仅介绍几种比较有代表性的方法。

为了便于学习，我们把攻击分为技术性攻击（将在本节学习）和非技术性攻击（11.4 节学习）两种类型。

11.3.1 技术性攻击和非技术性攻击

技术性攻击方法的实施需要具备软件和系统知识。防病毒软件和个人防火墙使用不足，以及非加密通信的使用，都是形成技术漏洞的主要原因。

非技术性攻击则是指人们放松了对网络或计算机的安全管理，如缺少安全意识方面的培训。我们认为金融诈骗、垃圾邮件、社会工程（包括网络钓鱼、勒索和其他形式的诈骗）都是非技术性攻击。使用非技术性方法进行攻击时也会借助一些恶意软件。"社会工程"的目的是获取系统或信息的非授权访问途径，方法则是诱使没有警觉的受害者泄露个人信息，这些信息可能会被犯罪分子用于诈骗和其他犯罪目的。登录网站 www.secpoint.com，可以了解前十种网络攻击的类型。通过检索也可以了解病毒、间谍软件等的相关资料。

11.3.2 主要的技术性攻击方法

黑客常用一些软件工具（不幸的是网络上有现成的、可以免费获取的工具和相应的使用教程）来了解有关漏洞和攻击程序的知识。主要的攻击方法如图 11-3 所示，下面将进行简要的介绍。需要注意的是，现在还有很多其他方法，如"大规模 SQL 注入攻击"，这些攻击的危害性可能非常大。

11.3.3 恶意软件（恶意代码）：病毒、蠕虫、木马

恶意软件是一种软件程序，只要传播开来，就会在受害者不知情或未

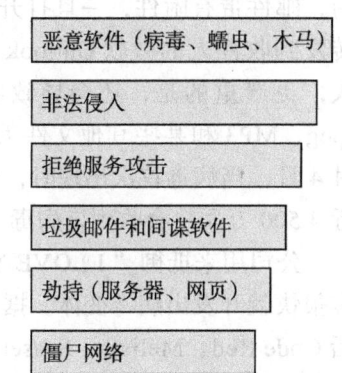

图 11-3 技术攻击的主要方法
（按重要性由高到低排序）

同意的情况下感染、更改、破坏、删除或替换数据或信息系统。恶意软件是一个统称术语，描述各种恶意程序或软件（如病毒就是恶意软件的一种）。恶意软件攻击是最常见的安全漏洞。遭到恶意软件感染的计算机系统，会在犯罪分子的操纵下发送垃圾邮件或是盗取用户存储的密码。

恶意软件包括计算机病毒、蠕虫、僵尸网络、木马、网络钓鱼工具、间谍软件工具和其他恶意软件和垃圾软件。据2015年的一项统计，全世界每天会发布近百万个新的恶意软件威胁。

一个名为Gooligan的安卓系统恶意软件破解了100多万个谷歌账户。该恶意软件感染的是运行安卓4和安卓5系统的设备。

1. 病毒

病毒（virus）就是犯罪分子植入计算机以破坏系统的程序软件，被感染的计算机程序一旦启动，病毒就会被激活。病毒有两个基本功能，一是可以自我复制，二是一旦被激活就会造成破坏。有时，一个特定事件会触发某个病毒。问题在于现有的病毒防护系统可能无法抵御新病毒，而新病毒却在不断地出现。例如，米开朗基罗（Michelangelo）的生日激活了Michelangelo病毒。2009年4月1日，整个世界都在预防一个名为Conficker的病毒的爆发。2014年，一种名为"Pony"的病毒感染了数十万台电脑，来盗取比特币和其他虚拟货币。最近的一个案例是，一个名为BTZ代理的病毒攻击了位于俄罗斯、美国和欧洲的40多万台计算机。虽然这次大袭击并没有造成太大的影响，但各种病毒仍在一刻不停地传播。浏览网站computer.howstuffworks.com/virus.htm，可以了解计算机病毒的工作原理。

如今，基于Web的恶意软件比较泛滥。病毒攻击是最常见的计算机攻击。病毒攻击的具体过程如图11-4所示。

病毒的危害性比较大，对小公司而言更是如此。2013年，一种名为CryptoLocker的病毒被用来敲诈企业，在抓取到企业的计算机文件之后，会威胁要删除文件内容。

在微软的教程中，你可以学习如何识别计算机病毒，如何判断你的计算机是否感染了病毒，以及如何做好针对病毒的防护（请浏览microsoft.com/security/ default.aspx）。

"I LOVE YOU"病毒 "I LOVE YOU"病毒是历史上最具破坏性的病毒之一。它是通过标题带有"I LOVE YOU"的电子邮件发送的，邮件带有附件，一旦打开，就会导致邮件转发到收件人的微软Outlook通讯簿中的每个人，更严重的是，还会导致收件人硬盘上的

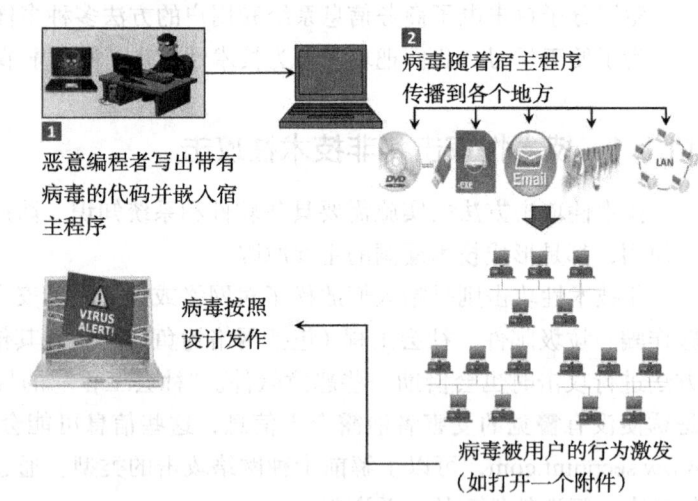

图11-4 计算机病毒的传播方式

Jpeg、MP3和某些其他文件丢失。因此，它能够在公司内迅速地从一个用户传播到另一个用户。2000年5月4日，当病毒首次出现时，它的传播速度太快，许多大型企业不得不关闭电子邮件系统。据估计，一天内近4 500万用户会收到该病毒。

公司用来抵御"I LOVE YOU"病毒的第一步是屏蔽标题带有"I LOVE YOU"的电子邮件。然而，黑客很快就开发出病毒变体。据估计，该病毒造成的总损失达到100亿美元。其他具有破坏性的病毒及蠕虫包括Code Red、Melissa、Sasser等。

2. 蠕虫

与病毒有所不同，**蠕虫**（worm）可以自动进行复制传播（像一个独立的个体，它的激发不需要借助于任

何宿主或用户)。蠕虫通过网络传播并感染普通电脑或掌上电脑,甚至可以通过即时消息或电子邮件进行传播。此外,和病毒的影响仅局限于受到感染的电脑不一样,蠕虫会侵入网络中的很多设备,还会影响整个网络的通信能力。根据思科的报告,"蠕虫既可以利用目标系统的漏洞,也可以利用某种社会工程诱使用户来激发它们。"因为蠕虫的传播速度远比病毒快,所以它们更加危险。

宏病毒和微蠕虫 宏病毒(macro virus),也称宏蠕虫(macro worm),是一种恶意代码,它连接的是数据文件,而不是可执行的程序(如一个 Word 文件)。根据微软的报告,宏病毒可以攻击 Word 文件,以及使用同一种编译语言的其他任何应用程序。在文档被打开或关闭的时候,病毒就会传播到计算机系统里的其他文件中(请浏览 support.microsoft.com/kb/187243/en)。与病毒非常相似的计算机程序是蠕虫和木马。

木马 木马(trojan horse)是一种貌似无害甚至有用的软件,但实际上却隐藏着恶意代码。用户会被诱使打开一个受到感染的文件,它会对宿主发起各种形式的攻击,包括从插入弹出窗口到删除文件、传播恶意软件等各种破坏活动。"木马"这一名称源于希腊神话中的木马。据传在特洛伊战争期间,一个巨大的木马被作为礼物献给雅典娜女神。特洛伊人把这个木马拉进了城门。夜晚时,藏在空心木马中的希腊士兵打开城门,把希腊军队放进城,占领了城池并赢得了战争胜利。

木马只会通过用户间的交互(如打开一封涉嫌假冒 Verizon 名义发送的电子邮件)进行传播,木马的变体很多(如宙斯木马,请参阅在线补充读物 W32)。

实际案例 Rebery 网络钓鱼木马

2006 年,一种名为 Rebery 的变异木马程序被用来窃取了 125 个国家的数万份个人身份信息。这种 Rebery 恶意软件是一种典型的银行木马,主要用于在用户访问在线银行或电商网站时造成破坏。

实际案例 针对 WordPress 的 DDOS 攻击

2014 年 3 月,黑客使用僵尸网络攻击了约 16.2 万个 WordPress 网站。由于全球 17% 的博客网站都是基于 WordPress 平台的,所以任何攻击都可能是毁灭性的。

---

3. 一些安全漏洞:Heartbleed 和 Crytolocker

2013 年和 2014 年先后发现了这两种非常危险的计算机漏洞。

- Heartbleed。有专家认为,Heartbleed 是 OpenSSL 证书的一个缺陷。OpenSSL 是一种开源加密标准,用户想要在确保安全的情况下进行数据传输的大部分网站都需要使用这种标准。在发送电子邮件或进行即时通信时,它基本上可以为你提供一条安全线路。这种错误的潜在危害非常大。从理论上来说,活动内存中的任何数据都可能通过这个漏洞被盗取出来。黑客甚至可能盗取到加密密钥,从而能够读取加密信息。受到影响的网站大约有 6.5 亿个。专家唯一的建议就是修改网上密码。
- Crytolocker。2013 年 9 月发现的 Crytolocker 软件是一种勒索木马漏洞。这种恶意软件的感染途径包括电子邮件附件等多种来源,它会对用户计算机上的文件进行加密,这样用户就无法读取这些文件。然后,恶意软件所有者要求用户使用比特币或其他类似的无法追踪的支付系统支付一定的赎金,再对数据进行解密。

11.3.4 Mirai 恶意软件

"Mirai(日语,表示'未来')是一种恶意软件,它将运行 Linux 的计算机系统变成远程控制的'僵尸',在大规模的网络攻击中作为僵尸网络的一部分加以利用。它主要针对在线消费者设备,如远程摄像机和家庭路由器……Mirai 僵尸网络一般在一些大型的、最具破坏性的分布式拒绝服务(DDoS)攻击中使用,例如

2016年9月20日对计算机安全专访记者Brian Krebs的网站的攻击……再如，2016年10月，美国提供域名服务的Dyn遭到了大规模DDoS攻击……"（详情见章末案例）。

1. 拒绝服务

据Incapsula称，**拒绝服务攻击**（denial of service attack，DoS attack）攻击是指"恶意破坏，导致用户无法使用服务或网络，通常是把服务器主机与互联网之间的链接暂时中断或暂停。"这会导致系统崩溃或不能及时响应，这样网站就无法访问了。其中最常见的一种DoS攻击方法就是"水淹"系统，黑客通过大量"无用流量"让系统过载，使用户无法访问他们的电子邮件或网站等。

DoS攻击是由一台计算机或一个网络链接造成的恶意攻击，这与分布式拒绝服务（DDoS）攻击有所不同。DDoS攻击会涉及大量的设备和多个互联网链接。例如，对Dyn（见章末案例）的攻击是由黑客劫持数千台计算机完成的。黑客也可以使用物联网（见第7章内容）来捕获计算机和攻击受害者。攻击者还可以使用垃圾邮件对你的电子邮件账户发起类似的攻击。利用僵尸计算机发起攻击是一种常见的DoS攻击方法，这可以让黑客在计算机主人不知情的情况下远程控制计算机。僵尸计算机（也称"僵尸网络"）针对受攻击网站发起大量的请求，造成拒绝服务。例如，DoS攻击者会攻击一些社交网站，特别是Facebook和Twitter。

实际案例

2016年10月22日，在针对Dyn的网络攻击期间，几家社交网络关闭了一个多小时，其中包括Twitter、Spotify和Reddit。

DoS攻击很难阻止。所幸，针对这种司空见惯的攻击方式，安全组织已经开发出了一系列针对性防护方法（请浏览us-cert.gov/ncas/tips/ST04-015）。

2014年，一个名为Lizard Stresser的黑客组织提供一种服务，就是利用DoS攻击一家网站，收费为3美元。

---

2. 网络服务器和网页劫持

网页劫持（page hijacking）是非法复制网站内容，使得用户被误导到一个完全不同的网站。有时，黑客会劫持社交媒体账号，目的就是盗取账号拥有者的个人信息。例如，2014年3月，加拿大歌手贾斯汀·比伯Twitter账号被劫持，导致其500万粉丝成为此类攻击的受害者。受劫持的账号会被嵌入某个可以劫持账号并自动向好友转发的恶意应用链接。

3. 僵尸网络

微软安全中心指出，**僵尸网络**（botnet），也称为"僵尸军团"，是一种恶意软件，那些犯罪分子利用这类软件感染由黑客控制的大量互联网计算机。然后，这些受感染的计算机便形成了一个"僵尸网络"，在用户不知情的情况下，这些个人计算机便会"执行各种非法网络攻击"。这些非法任务包括发送垃圾邮件和电子邮件、攻击电脑和服务器、实施其他各种欺诈以及造成个人电脑运行缓慢（请浏览microsoft.com/security/resources/ botnet-whatis.aspx）。

每台发起攻击的电脑就像一个电脑机器人。2010年，一个由75 000套受"宙斯"特洛伊木马感染的系统组成的僵尸网络，攻击了全球范围内的计算机系统。黑客主要把僵尸网络用于诈骗、垃圾邮件、欺诈或仅仅是破坏系统。僵尸网络的形式多种多样，可能包括蠕虫或病毒等。那些臭名昭著的僵尸网络包括"宙斯"、Srizbi、Pushdo/Cutwail、Torpig、Conficker等。

实际案例

Rustock是一个隐藏多年，由近100万台受劫持的个人计算机组成的僵尸网络。这个僵尸网络每天发送多达300亿封垃圾邮件信息，在网站上放置"诱惑陷阱"广告和链接，诱导受害者点击访问。垃圾邮件发送者伪装成个人电脑更新，看起来像常见的论坛讨论一样，使得安全软件很难发现。微软就是帮助关闭Rustock僵尸网络的几家公司之一。2013年，微软和美国联邦调查局（FBI）联手封杀了超过1 000个用于盗取银行信息和个人身份信息的僵尸网络。微软和FBI都在尝试攻破恶意软件这座"城堡"，这一恶意软件已经影响了90多个国家数以百万计的用户。

家电设备构成的"僵尸网络" 物联网也可能遭到入侵。由于智能家电（请参阅第7章内容）需要连接到互联网，它们可能会成为受到劫持和控制的计算机。第一起家电攻击发生在2013年12月至2014年1月，波及多台电视机和冰箱。这被看作是"首个家电设备僵尸网络和首次物联网网络攻击"。黑客侵入了10万多台家电设备，并利用它们向全球范围内的企业和个人发送了7.5万封恶意邮件。

4. 恶意广告

Techopedia对恶意广告的定义是"用于传播恶意软件的恶意互联网广告形式"。恶意广告的做法主要是把恶意代码隐藏于相对安全的在线广告之中（请浏览techopedia.com/definition/4016/malvertising）。

需要注意的是，黑客发起的广告攻击正在加速增长。例如，2013年谷歌屏蔽了40多万个隐藏有恶意软件的广告。我们给读者的忠告是：如果你收到一封邮件，恭喜你赢得一大笔奖金并告诉你"详情请看附件"，这时千万不要打开。

5. 地下经济中的按键记录

按键记录（keystroke logging，keylogging）是使用设备或软件程序的过程，通过用户键盘上的操作（在用户不知情或不同意的情况下）实时跟踪和记录用户的活动。由于个人信息（如密码和用户名）是在键盘上输入的，因此键盘记录器可以利用按键来获取这些信息。

本节习题

1. 非技术性网络攻击和技术性网络攻击有什么区别？
2. 恶意代码的主要形式是什么？
3. 什么因素导致恶意代码日益增多？
4. 什么是病毒？病毒是如何运行的？
5. 如何界定蠕虫和木马？
6. 什么是DoS？黑客如何进行DoS攻击？
7. 什么是恶意广告？
8. 什么是僵尸网络攻击？

11.4 非技术性攻击方法：网络钓鱼、垃圾邮件和网络欺诈

正如在"信息安全问题"一节中所介绍的，网络犯罪正在向利益驱动模式转变。这些犯罪的实施主要依靠技术攻击和非技术攻击两种方法。技术性攻击包括可以从你的网络银行账户盗取机密信息的恶意代码等，而非技术性攻击则包括社会工程等。

需要注意的是，这里所列的大多数非技术性方法都会使用一些技术性恶意软件（如病毒）。然后，犯罪分子会采用一些非技术性手段（如心理压力等）。

欺诈的形式多种多样。本章将介绍主要的几种形式。有些方法是技术性方法和非技术性方法（如勒索软

件）的结合。

11.4.1 社会工程和网络欺诈

所谓"社会工程"是多种攻击方法的组合，犯罪分子利用人们的心理，引诱或操纵他们泄露自己的隐私信息或就业信息，利用这些信息进行非法活动。黑客还可能尝试侵入用户个人电脑，安装恶意软件来控制之。主要的"社会工程"攻击方式有：网络钓鱼——有多种方法，典型的是网络钓鱼者发送伪装成合法来源的电子邮件；假托——如假称朋友发送来借钱的电子邮件；调虎离山——社会工程人员告知快递公司，自己是本应发送到另一个地址的包裹的真正接收者，于是这名社会工程人员接收了包裹。如图11-5所示，一旦信息从受害者处被盗取，就会被用于实施犯罪活动，大多数都是用于金融诈骗。当前各种未得到修补的漏洞、电子邮件诈骗、短信诈骗、网络诈骗、网络钓鱼的数量都在快速地增长。

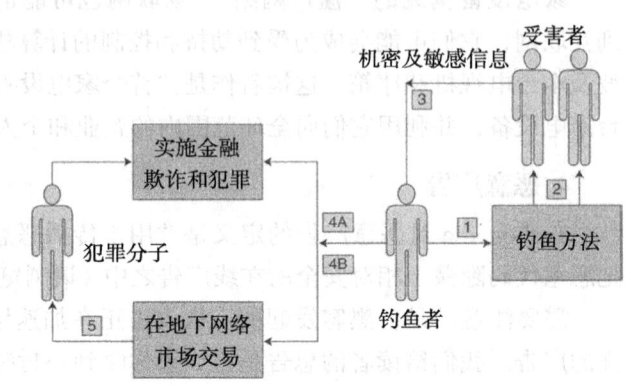

图 11-5 社会工程：从网络钓鱼到金融欺诈和犯罪

如图11-5所示，网络钓鱼者用于获取机密信息的方法多种多样，从社会工程到实际盗窃等。盗取的信息（如信用卡账号、用户身份信息等）会被盗贼用于金融欺诈，或是在地下网络市场售卖给其他犯罪分子，其他犯罪分子再利用这些信息进行金融犯罪。本节我们将介绍社会工程中的网络钓鱼是如何实施的。

在服刑期间，臭名昭著的黑客凯文·米特尼克还以社会工程作为主要工具来访问计算机系统进行黑客活动。

11.4.2 社会网络钓鱼

在计算机安全领域，网络钓鱼是使用欺诈手段获取机密信息的过程，如从不知情的计算机用户那里获取信用卡或银行信息等。网络钓鱼者会发送电子邮件、即时消息、评论和文本信息，这些信息看似源于合法的、知名的、受欢迎的公司，或银行、学校等机构。一旦访问被侵入的网站，用户可能会被欺骗，会被要求提交个人隐私信息（如被要求更新信息）。有时，网络钓鱼者还会安装恶意软件，以便于提取信息。2012出版发行的《网络钓鱼故事：Marlins的哭泣》是一本有趣的小说，它发出了"关于网络安全的呐喊"。基于Web的网络钓鱼的具体过程如图11-6所示。

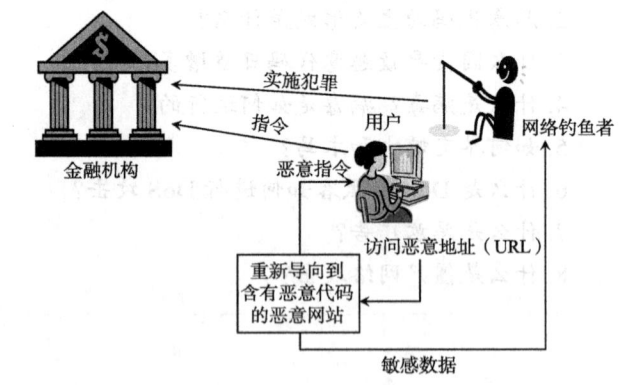

图 11-6 网络钓鱼的实施过程

实际案例　2016年亚马逊网络钓鱼骗局

2016年，正值假日购物旺季，一场大规模的电子邮件钓鱼欺诈席卷各地。邮件用户需要格外注意一个假冒的亚马逊电子邮件。

真实的情况是，人们收到声称来自亚马逊的电子邮件，但实际上来自诈骗者。电子邮件提醒收件人，处理他们的订单时出现问题，订单将不会被发送。

接着又说，在你的信息得到确认之前，你将

> 无法访问你的账户或向亚马逊下订单。在电子邮件中有一个恶意链接，它会把你带到一个虚假的亚马逊页面，在那里你需要确认你的信息。它会询问姓名、地址和所有信用卡信息。亚马逊诈骗案件正在逐年上升。有专家建议将可疑的电子邮件发送到 stop-spoofing@amazon.com。

有关什么是网络钓鱼以及如何加以识别的讨论，请浏览 ehow.com/how_2003277_yahoo-messenger-scam.html。关于网络钓鱼的工作原理，请浏览 www.phishing.org/phishing-techniques。2014 年发生了一个有关 Netflix 的网络钓鱼事件，公司的用户被诱骗与假冒客服人员联系，并提交个人账户数据。现在，诈骗分子又瞄准了 AT&T、Comcast 等其他公司，通过假冒赞助商广告吸引用户访问假冒网站。

售卖盗取的信息和售卖其他赃物一样，可以获利并且无法禁止。

> **实际案例　塔吉特的安全漏洞**
>
> 2013 年，美国知名零售企业塔吉特的安全漏洞事件中，数百万客户的借记卡和信用卡数据被盗，就是因为遭到了网络钓鱼攻击。黑客使用塔吉特某供应商员工的凭证来获取进入塔吉特安全系统的权限，并在系统中安装了恶意软件，目的就是获取每张使用过的卡片的数据。塔吉特员工在帮客户刷卡的时候，安装在系统内的恶意软件就会"抓取客户的信用卡账号"。一旦黑客获取到数据访问权限，他们就能够窃取 4 000 万信用卡和借记卡账号，以及 7 000 万条地址、电话和其他个人信息。

1. 鱼叉式网络钓鱼

鱼叉式网络钓鱼（spear phishing）是网络钓鱼的变体，它以声称来自同事、家人或朋友的电子邮件攻击受害者。例如，一个众所周知的鱼叉式网络钓鱼事件是一位朋友告知你她在国外，而她的钱包被抢了。她需要买票的钱，这样她就可以回国并把钱还给你。2016 年，此类攻击的数量显著增加，尤其是对企业的攻击。再如，你可能收到一封电子邮件，声称来自正在出差的老板，他要求你向韩国的"客户"转账或者把客户的名单以及电子邮件发给他（请浏览 secpoint.com/top-10-spam-attacks.html）。根据 2016 年发布的一份报告，俄罗斯黑客组织 Fancy Bear 以民主党全国委员会为目标，发起了一场鱼叉式网络钓鱼攻击，利用的是 Adobe Flash 和微软 Windows 系统中的漏洞。

2. 其他网络钓鱼方式

网络安全专家 David Bisson 在 2016 年列出了其他几种钓鱼方式：欺诈钓鱼、CEO 欺诈、Dropbox 钓鱼、谷歌文件钓鱼和域名欺诈。此外，他还介绍了网络钓鱼的防护措施。

与网络钓鱼类似，**域名欺诈**（pharming）是通过在计算机上安装恶意代码，在受害者不知情或不同意的情况下，把受害者引导到一个假冒网站。域名欺诈更加危险，因为用户根本不知道他们访问的是一个假冒网站。通过域名欺诈，一次可以误导一大群人。域名欺诈可被用于身份盗取欺诈（本章后面内容将讨论）。详情请浏览 en.wikipedia.org/wiki/Pharming。

11.4.3　网络欺诈

潜在的电子商务客户将"潜在的欺诈风险"和"对不了解的在线商家的不信任"列为他们不在线购物的主要原因。

网络钓鱼能引发众多的网络欺诈行为。电子商务环境中买方和卖方不能互相见面，使得欺诈更加容易。网络欺诈多种多样（请浏览 fbi.gov/scams-safety/fraud/internet_fraud）。欺诈是在线卖家和购物者都必须面对的一个问题。幸运的是，虽然单笔损失数额有所增加，但是欺诈事件发生率正在降低。因此，由此造成的总损失可能还会有所下降。请浏览 dmoz.org/society/issues/fraud/internet，该网站收集了大量有关网络欺诈的资料。移动欺诈攻击也呈现快速发展趋势。11.7 节将进行有关探讨。

以下是一些互联网上发生的典型的欺诈攻击案例：

- 本书的一位作者在网上发布了一则房屋出租广告之后，收到了来自英国和南美几个自称是医生和护士的回应。他们表示愿意支付短期房租费用，但要用支票支付。他们询问这个作者是否可以接受他们的 6 000～10 000 美元的支票，然后把多余的 4 000～8 000 美元寄回给他们。当作者告诉他们可以，但差额要等支票兑现之后再返还时，这几个有意向租户都没有了音信。
- 来自英国和俄罗斯的勒索者从体育博彩网站敲诈了数十万美元。那些拒绝支付"保护费"的网站都受到了 DoS 攻击。

请登录网站 money.cnn.com/video/technology/2013/08/14/t-hack-my-baby-monitorand-hou se.cnnmoney，浏览一段名为"How Hackers Can Invade Your Home"（黑客如何侵入你的家）的视频。

1. 诈骗的类型

以下为几种比较具有代表性的诈骗类型：文学诈骗、陪审团义务诈骗、银行诈骗、电子邮件诈骗、彩票诈骗、尼日利亚诈骗（也称"419"诈骗）、信用卡诈骗、居家办公诈骗、IRS 电子邮件诈骗、免费度假诈骗等。有关其他更多类型，请浏览 fbi.gov/scams-safety/fraud/internet_fraud。

2. 邮件欺诈

由于比较容易实施，邮件欺诈是最常见的欺诈类型。Dog Breed Info Center 贴出了一些常见的案例（请浏览 dogbreedinfo.com/internetfraud/scamemailexamples.htm），这些例子都是寓教于乐的。最危险的是，电子邮件欺诈中邮件都像来自知名机构（如银行、电信公司），要求你必须提供一些信息以保持你的账户的有效性。下面是一个自称发自雅虎的电子邮件案例。

实际案例　以雅虎名义发出的诈骗邮件

雅虎账号
验证警告！！！（KMM69467VL55834KM）
尊贵的用户：

　　为缓解全部雅虎账号的拥塞，雅虎将关闭所有未使用的账号。您需要在点击回复按钮之后，填写您的登录信息以确认您的电子邮件。否则，因为安全原因，您的账号将会在 24 小时之内被暂时关闭。

雅虎账号信息卡
　姓名：＿＿＿＿＿＿＿＿＿＿＿＿＿＿＿＿
　雅虎账号：＿＿＿＿＿＿＿＿＿＿＿＿＿＿
　雅虎邮箱地址：＿＿＿＿＿＿＿＿＿＿＿＿
　密码：＿＿＿＿＿＿＿＿＿＿＿＿＿＿＿＿
会员信息
　性别：＿＿＿＿＿

出生日期：＿＿＿＿＿＿＿＿＿＿＿＿＿＿
职业：＿＿＿＿＿＿＿＿＿＿＿＿＿＿＿＿
国别：＿＿＿＿＿＿＿＿＿＿＿＿＿＿＿＿

如果您是雅虎订阅用户，我们将退还未使用的订阅资费。退款将通过我们文件里保存的您的支付方式退回。所以请确保您的支付信息是正确的和最新的。更多信息，请查看我们的网页 payments.mail.yahoo.com。

在按照本邮件的说明进行操作后，您的账号不会再被骚扰，将可以正常使用。

衷心感谢各位用户对雅虎的支持。

此致

敬礼

雅虎客户服务部

因为合法的机构已经拥有你的所有个人信息，所以任何一封你收到的要求提供个人详细信息的电子邮件

都很可能是一个骗局或网络钓鱼尝试。登录雅虎安全中心网站（safety.yahoo.com），可以获得由雅虎提供的网络自我防护的建议。

11.4.4　十大攻击方法和防御措施

IT 安全网站 Secpoint.com 列出了与以下安全话题相关的十大攻击方法：顶级的病毒、间谍软件、垃圾邮件、蠕虫、网络钓鱼、黑客攻击、黑客和社会工程策略等。此外，该网站还提供了与安全资源相关的网页，如十大黑客、十大安全技巧和工具、反网络钓鱼、反 DoS、反垃圾邮件等的网页。若要了解 Secpoint 列出的十大垃圾邮件攻击的相关材料，可以查看 secpoint.com/Top-10-Spam-Attacks.html。

11.4.5　身份盗窃和欺诈

根据美国司法部网站的说法，**身份盗窃**（identity theft）是一种犯罪行为。它是指以某种不正当的方式获取和利用其他人的身份信息，实施涉及欺诈和欺骗等方式的犯罪行为（如为了经济利益）。受害者可能遭受严重的损失。在很多国家，盗用其他人身份都是一种犯罪行为。根据美国联邦贸易委员会（ftc.gov）相关报告，身份盗窃也是电商消费者关心的主要问题之一。根据 Safe Smart Living（safesmartliving.com）统计，每年身份盗窃影响到 1 200 多万美国人，2015 年造成的损失超过 550 亿美元，年均增长 20% 左右。另据报道，2014 年 6 月，泄漏的 10 亿多份记录影响了 50 万名受害者。身份信息盗窃者每年获利达到 58 亿美元。此外，每分钟有 19 人成为身份盗窃的受害者。最后，孩子很容易成为盗窃者的猎物。2013 年的电影《身份窃贼》是一部有趣的喜剧片。

实际案例

据报道，2016 年 1 月，身份窃贼从美国国税局档案中窃取了 10 万个社会安全号码和其他个人数据。

身份欺诈

身份欺诈是指盗用其他人的身份或虚构一个人，然后非法使用这个身份实施犯罪。典型的方法包括：

- 以受害者的名义开立信用卡账户；
- 以虚假身份进行交易（例如使用他人身份购买商品）；
- 商业身份盗窃是指使用另外一个企业的名称，以获取信贷或打入一个合作联盟；
- 冒充其他人实施犯罪；
- 使用一个假身份进行洗钱活动（如组织犯罪）。

有关信息和保护的相关内容，请浏览 idtheftcenter.org 和 fdic.gov/consumers/assistance/protection/IdTheft.html。

11.4.6　网络银行抢劫

网络攻击的目标可能是个人和机构，也可能是银行。

实际案例

Secureworks.com 提供了这样一个支票欺诈案例：来自俄罗斯的网络犯罪分子使用"钱骡"（他们以为自己从事的是一种合法的工作）、2 000 台计算机和复杂的黑客手法，从 5 家公司盗取已存档的支票影像，并连线海外公司代收货款。接下来，诈骗者印出这些假支票，并分别存

> 入钱骡的个人账户。然后，钱骡被要求把钱转到一家俄罗斯银行。与往常一样，这些"钱骡"是被雇用并支付报酬进行转账的，他们是一些无辜的人。后来，一些钱骡起了疑心，向当局举报了这些骗子。

11.4.7 勒索软件

文件加密勒索软件已经成为机构网络的最大威胁之一。不幸的是，**勒索软件**（ransoware）不断发展，变得越来越复杂。一些人认为勒索软件正像流行病一样四处扩散。本章的导入案例是勒索软件攻击的典型例子。据报道，2015 年美国联邦调查局收到 2 453 起投诉，受害者支付了 2 400 万美元的赎金。在 2016～2017 年期间，问题更为严重。例如，安全公司 Malwarebytes 对 50 000 多起事件进行调查，发现拉斯维加斯是美国（人均）遭受勒索软件攻击最多的地区。

1. 勒索软件的含义

简而言之，罪犯使用恶意软件加密和锁定数字文件，并在系统解锁前索要赎金。勒索软件攻击的流程如图 11-7 所示。

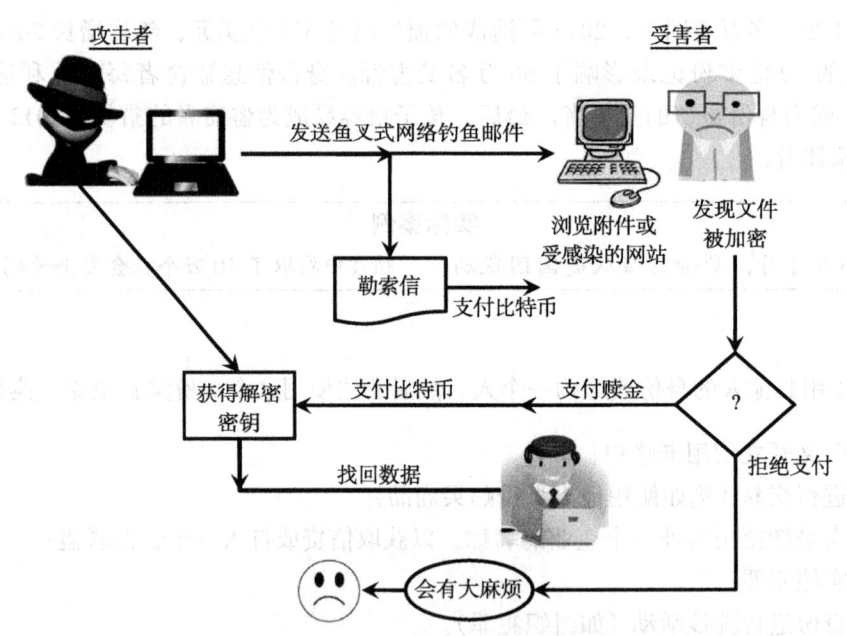

图 11-7　勒索软件攻击的流程

黑客可以将带有附件的电子邮件发送给受害者。他们利用鱼叉式网络钓鱼或其他社会工程欺诈手段，说服毫无戒心的员工打开带有病毒的附件。几个小时后，所有保护不力的文件都会被加密。文件中的数据随后被劫持，受害者被要求支付赎金。

勒索软件发起者要求的解密价格按锁定的系统计算。通常以比特币支付（请参阅第 12 章内容）。受害者需要获得受攻击系统的解密密钥。否则，恶意软件可能会进一步传播。因此，恶意软件在网络内传播之前有必要尽快对其加以检测，从而避免影响更多的系统。

2. 可能的解决方案

最明显的解决方案是安装一个优质的防病毒软件包、做好数据的备份以及对使用者进行良好的培训。这些解决方案是有益的，但它们可能无法阻止所有黑客。大多数安全产品供应商还提供额外的解决方案和安全提示。例如，Tripwire 提供了 22 项预防勒索软件攻击的建议，详情请浏览 tripwire.com/state-of-security/security-data-protection/cyber-security/22-ransomware-protection-tips。

许多专家提出了一些应对勒索软件的方法。未来发展将更加美好。安全防护行业正在寻找阻止勒索软件的新方法。例如，据说机器学习（请参阅第 7 章内容）可以帮助公司更快地对勒索软件做出反应。这种人工智能方法可以明显缩短勒索软件的检测和响应时间，从而能够阻止恶意软件在组织中的快速传播。

赛门铁克还专门提供免费的有关电子书，请浏览 symantec.com/content/en/us/enterprise/media/security_response/whitepapers/istr2016_ransomware_and_businesses.pdf。

实际案例

即使美国总统也会受到勒索软件的影响。根据 2017 年的一份报道，在特朗普就职总统前的几天内，由于勒索软件的袭击，大约 70% 连接到华盛顿特区警方的闭路电视监控系统的摄像头都无法录制视频。

该市闭路电视系统共有 187 台网络录像机，其中 123 台在此次袭击中受到影响。每个设备都是用于存储安装在公共区域的多达四个摄像头拍摄的视频片段。

事件发生在 2017 年 1 月 12 日，即特朗普就职前 8 天，恢复系统用了 3 天。该市政府拒绝支付赎金，并派出工作组前往每个地点将受影响的设备脱机，更换软件并重新启动。如果罪犯足够聪明，应该在就职典礼前一天发起攻击，该市将别无选择，只能支付赎金，否则将使总统面临安全风险。

实际案例

即使是一家小公司也可能受到攻击。例如有一家小型出租车公司的例子，该公司在伦敦东部拥有 12 台联网个人电脑。恶意软件通过电子邮件附件入侵到系统中。Spy Hunter 软件试图删除恶意软件却失败了。该公司被要求支付 1.2 比特币的赎金。幸运的是，公司正在更换旧电脑，所以他们直接换了电脑，没有支付赎金。Bolton 对中小企业的建议是：（1）使用电子邮件扫描器；（2）经常备份数据。

11.4.8 垃圾邮件

垃圾电子邮件（e-mail spam）也就是我们常说的垃圾邮件，主要指给众多收件人大量发送内容基本相同的电子邮件（有时候发送的邮件数量达到数百万封）。根据赛门铁克的统计，企业网络中超过 90% 的消息是垃圾电子邮件。接近 58% 的垃圾邮件都是由僵尸网络发送，其中影响最坏的就是被称为 Dotnet 的僵尸网络。由于企业过滤垃圾邮件功能的增强，到 2017 年这种情况已经有所好转。垃圾邮件发送者可以购买数以百万计的电子邮件地址，然后格式化地址、剪切和粘贴消息，最后点击"发送"。群发电子邮件软件被称为 Ratware，可以自动生成、发送垃圾邮件。邮件信息内容可能是广告（购买产品）、欺诈性信息或只是一些恼人的病毒（请浏览 securelist.com/statistics）。Securelist 是一个综合性网站，对垃圾邮件和病毒进行了描述和界定，还提供了一个词汇表和一些有关安全威胁的信息。2013 年，每天垃圾邮件发送量超过 1 300 亿封，但其增速正趋于稳定。需要注意的是，大约 80% 的垃圾邮件仅是由不到 200 个垃圾邮件发送者发送的。这些垃圾邮件发送者主要通过间谍软件和其他工具，发送未经请求的广告信息。垃圾邮件发送者手段越来越高明，这就需要更高的反垃圾邮件技术加以应对。

赛门铁克公司每个月都会发布一份名为"垃圾邮件月度统计报告"的资料，报告的内容包括盛行的骗局、垃圾邮件种类、来源国、数量等一些案例信息。

11.4.9 间谍软件

间谍软件（spyware）是犯罪分子在未经用户同意情况下安装的一种追踪软件，主要用于收集用户信息，并把用户导向广告商或其他第三方。一旦安装了间谍软件，就会跟踪和记录用户在互联网上的各种活动。间谍软件可能包含有重新定向 Web 浏览器活动的恶意代码。间谍软件还会影响上网速度和破坏应用程序的功能。间谍软件通常都是在用户下载免费软件或共享软件时被安装上的。

11.4.10 社交网络：社会工程的沃土

有一家名为 CSIS 的丹麦 IT 安全机构开展了一项研究，结果显示，社交网站的漏洞已经成为黑客和骗子骗取用户信任的肥田沃土。

1. 黑客攻击社交网络的方法

黑客利用社交网络相互信任的环境中所包含的个人信息（特别是 Facebook），发起不同的社会工程攻击。不幸的是，许多社交网站安全控制追踪记录功能比较薄弱。使用社交网站作为平台窃取用户个人资料，这种趋势越来越明显。

实际案例

下面是社交网络中存在的一些安全问题实例：
- 用户可能在不知情的情况下把恶意代码插入个人资料页，甚至是好友列表中。
- 大多数反垃圾邮件解决方案，都不能区分真正的联网请求和以犯罪为目的的联网请求。这使得犯罪分子能够获取有关网络成员的个人信息。
- Facebook 等流行的社交网站会提供各种免费的、有用的、有吸引力的应用程序。这些应用程序可能是由那些安全防护能力较弱的开发者编写的。
- 诈骗者可能会伪造个人资料，并用于网络钓鱼骗局。

---

2. 社交网络和 Web2.0 环境中的垃圾邮件

因为社交网络存在大量潜在的邮件接收者，并且社交网络平台的安全相对宽松，所以社交网络深受垃圾邮件发送者欢迎。垃圾邮件发送者特别喜欢 Facebook。另外一个问题多发领域就是博客垃圾。

自动发送的博客垃圾 博客深受自动生成广告（有些是真的，有些是假的）的烦扰，这些信息从伟哥到赌博供应商，种类繁多。博客作者可以使用工具来确保是人而不是一个自动化系统在其博客页面发表信息评论。

3. 搜索引擎垃圾邮件和垃圾博客

搜索引擎垃圾邮件（search engine spam）是一种利用被称为**垃圾帖子**（spam sites）的新建网页来误导搜索引擎的技术。它会使搜索结果带有偏见，提升某些特定网页的排名。一种类似的做法就是使用**垃圾博客**（splogs；垃圾博客网站的简称），建立垃圾博客完全就是为了营销。垃圾博客建立者会创建大量的博客，并把它们链接到一些特定的网页，帮助向他们付钱的那些人提升网页排名。第 10 章中已经提及，企业正在积极推进搜索引擎优化（SEO），这正是为了应对上述不道德技术。

实际案例

以下是社交网络中垃圾邮件攻击的一些实例：
- 社交网络中的即时消息很容易遭到垃圾邮件的攻击。
- 2016 年 4 月，King 在美国有线电视新闻

> 网 CNN 上介绍了网络钓鱼对主要社交网络（Facebook、Twitter、LinkedIn）进行的攻击。这些攻击在一年内增加了 150%。King 列举了以下五种实例：冒充 Twitter 的客户服务账户；对热门帖子的虚假评论；冒充直播视频；虚假的在线折扣；冒充在线调查和竞赛。

11.4.11 数据破坏

数据破坏（data breach），也称为数据泄漏或数据丢失，是指数据遭到非法盗取并被发布或处理的安全事件。数据破坏的目的多种多样。例如，一位美国军方人士使用 USB 下载了机密信息，然后把窃取的信息在互联网上发布。

到目前为止，我们主要集中学习了攻击方面的相关知识。有关垃圾邮件和其他网络犯罪防御机制方面的内容，将在 11.6 节进一步学习。

本节习题

1. 什么是网络钓鱼？
2. 网络钓鱼与金融欺诈之间有什么联系？
3. 网络钓鱼有哪些手法？
4. 什么是域名欺诈？
5. 什么是垃圾邮件？发送者是如何发送垃圾邮件的？
6. 什么是垃圾博客？垃圾博客是怎样牟利的？
7. 社交网络为什么会遭到攻击？如何受到攻击？
8. 什么是数据破坏（数据泄露）？
9. 简述勒索软件攻击的流程。

11.5 信息安全模型和防御策略

信息安全模型也称为 **CIA 安全三要素**（CIA security triad），是确定组织问题所在并评估信息安全的一个参数。该模型的使用包括三个必要的属性：机密性、完整性和可用性。下面我们将详细讨论该模型（请浏览 whatis.techtarget.com/definition/Confidentialityintegrity-and-availability-CIA）。

需要注意的是，信息安全模型适用于多种电子商务应用。例如，保证供应链安全就是至关重要的。

11.5.1 机密性、完整性和可用性

衡量电子商务是否成功和安全主要取决于如下这些要素：

- **机密性**（confidentiality）是指确保数据的私密性，即数据只向有授权的人开放。可以通过几种方法实现机密性，如加密和密码。
- **完整性**（integrity）是指保证数据的准确性，确保它们不能被修改。完整属性需要能够检测并阻止在传输过程中未经授权地添加、修改或删除数据或消息。

- **可用性**（availability）是指确保无论在什么时间、什么地方授权用户都可以及时、有效、可靠地使用相关数据、网站或其他电子商务服务。信息也必须是可靠的。

11.5.2 认证、授权和不可否认性

以下三个概念与信息安全模型密切相关：

- 认证是确保数据信息、ECD 参与者和交易以及所有其他电子商务相关对象有效性的一种安全措施。实现认证就需要进行身份验证。例如，通过只有个人自己知道的信息（如密码）、拥有的介质（如登录 U 盾）或独有的物品（如指纹）实现对这个人的认证。
- 授权需要把个人或程序在登录时提交的信息与系统所存储的访问权限信息进行对比。
- 不可抵赖性（nonrepudiation）是确保电子商务中任何一方都无法否认合同有效性并确保各方必须履行交易义务的一个概念。根据美国国家信息安全委员会提供的解释，"不可抵赖性"是指："确保向数据发送者提供发送凭证，向接收者提供发送者身份证明，从而双方都无法否认已经处理过相关数据"。

为了确保这些属性，电子商务中采用了多种技术，如加密、数字签名和认证等。例如，数字签名的使用，使人们很难否认他们参与了相关电子商务活动。

在电子商务中，随着老方法的逐渐过时，需要不断地引入各种全新的或改进的方法来确保交易安全，主要是信用卡号码的机密性、相关交易数据的完整性、买方和卖方的身份认证以及交易的不可抵赖性。

11.5.3 电子商务安全策略

电子商务安全策略主要围绕信息安全模型及相关要素展开。图 11-8 所示为电子商务安全管理策略的一个基本框架，包含了信息安全和控制的高层级类别。电子商务安全策略涉及的最主要的领域就是管理、财务、营销等工作。相关内容比较多，该图仅列出了一些关键内容。

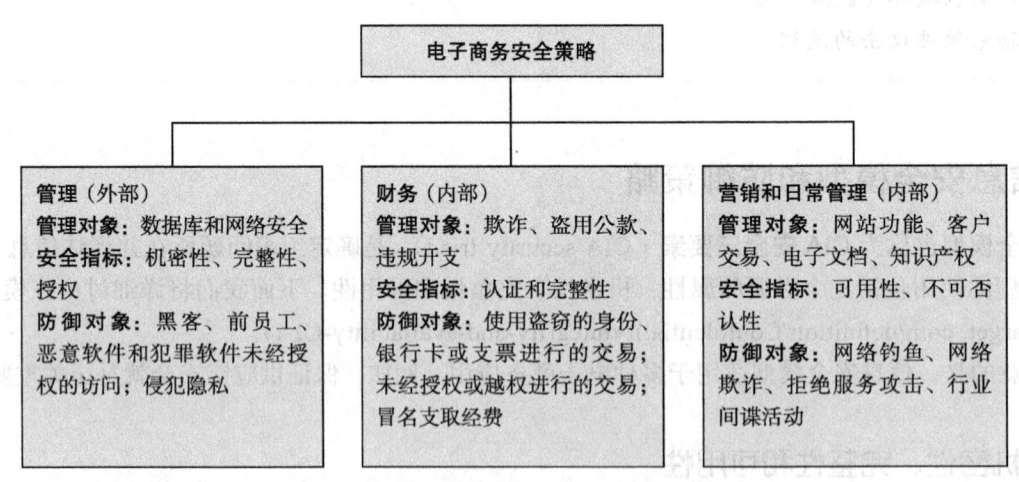

图 11-8　电子商务安全策略的基本框架

11.5.4 电子商务系统防御管理

电子商务系统防御主要包括几个方面的内容：

- 计算机系统、数据流和电子商务交易的登录防御。这包括访问控制（包括生物识别技术的使用）、内

容加密和公钥基础设施三个方面。通过综合使用这些防护技术，这条防线可以提供全面的防护。入侵者即使突破了防火墙，绕过了访问控制，面对的也是加密过的材料。

- 电子商务网络防御。主要包括防火墙发挥的防护作用。防火墙可以把公司的内部网络和计算设备与安全环境较差的外部互联网进行隔离。为了提升网络的安全性，我们可以使用虚拟专用网络。除了这些措施外，使用入侵检测系统也是一种明智的做法。受保护的网络意味着要确保接收的电子邮件的安全，因为邮件通常是未加密的。同时，还必须防止通过网络传输的各种病毒和其他恶意软件。
- 经营管理、行政管理和应用控制。为了保护信息技术设备，要制定各种安全规划、操作程序等文件。
- 社会工程和欺诈预防。我们可以采用几种防御方法应对垃圾邮件、网络钓鱼和间谍软件。
- 灾难恢复准备、业务连续性和风险管理。这些管理问题可由软件加以支持。
- 实施企业内部安全计划。为了部署实施前面提到的防御方法，需要使用适当的实施策略。
- 开展漏洞评估和渗透测试。（请参见下面的内容。）
- 备份数据。

为了实施上述防御措施，首先要进行一些评估，然后进行策划和执行。常用的两种方法是进行漏洞评估和渗透测试。

1. 漏洞和安全需求评估

安全战略中的一个关键任务是找到的现有安全策略和解决方案的弱点和长处。这是风险评估的一部分，并且可以通过不同的方式来实现。以下是两个具有代表性的建议：

- 对你的电子商务系统进行漏洞评估。**漏洞评估**（vulnerability assessment）是查找并评估计算机化的系统中问题区域的过程。这些问题区域就是容易遭到攻击的漏洞所在。电子商务系统包括在线订购、通信网络、支付网关、产品数据库和欺诈预防等。最严重的漏洞是指那些可能中断或关闭业务的漏洞。例如，DoS 攻击可能阻止接单，病毒攻击可能切断通信。评估将决定是否需要采用防御机制，以及防御机制的优先级别（请浏览 searchmidmarketsecurity.techtarget.com/definition/vulnerability-analysis）。
- 进行渗透测试（可由具有黑客经验的人进行）可以找出系统漏洞和安全薄弱环节。这种测试就是为了模拟外部攻击，也称为"黑盒子"测试。相反，软件开发公司会进行一种内部的"白盒子"测试，对系统的硬件和软件进行细致的检查。其他类型的渗透测试包括定向信息测试、盲测和双盲测试（请浏览 searchsoftwarequality.techtarget.com/definition/penetration-testing）。

2. 渗透测试

渗透测试（penetration test，pen test）是一个评估计算机系统漏洞的方法。它可由人工完成，通过让专家来充当黑客模拟恶意攻击。该进程将检查攻击者可能会发现和利用的弱点（漏洞）。所有发现的漏洞都会被提交给管理人员，并判断潜在的影响，提出相应解决方案。渗透测试是全面安全检查的一个重要步骤。

进行渗透测试的方法多种多样（如自动化过程）。此外，还有很多可以用于此种测试的软件工具（请浏览 pen-tests.com 及 coresecurity.com/penetration-testing-overview）。

本节习题

1. 什么是信息安全模型？它包含哪些要素？
2. 机密性、完整性和可用性的含义是什么？
3. 如何理解认证、授权和不可抵赖性的含义？

4. 电子商务安全策略有哪些目标？
5. 列出电子商务系统中的八种防御类型。
6. 什么是漏洞评估？
7. 什么是渗透测试？

11.6 信息系统和电子商务安全防御

无论信息系统的性质如何，其防御都是相似的，一般 IT 书籍中都有所介绍。

我们只介绍有关安全防御的最主要内容，并将其分为三种类型：（1）接入控制、加密和公钥基础设施；（2）电子商务网络安全；（3）一般控制、垃圾邮件、弹出窗口和社会工程。在 11.7 节中，我们将介绍欺诈防护的有关内容。

11.6.1 电子商务安全防御之一：接入控制、加密和公钥基础设施

1. 接入控制

接入控制（access control）是指决定谁（个人、程序或机器）可以合法地使用网络资源（什么资源、什么时间以及怎样使用）。

授权和认证 接入控制涉及授权（有访问权限）和认证，也称为用户身份识别，即证明用户就是真实的那个用户。每个用户都有一个独特的标识，把自己和其他用户区分开来。通常情况下，用户识别都是与密码一起使用的。

认证 在完成用户识别之后，必须对用户进行认证。认证就是验证用户身份和访问权限的过程。用户身份验证主要基于某人区别于其他人的一个或多个特征。

病毒防护 很多公司都提供病毒防护产品，从基础版到高端版不等。有些是免费的。典型的杀毒软件有麦克菲、诺顿、卡巴斯基、Webroot 和 Bitdefender，电脑杂志和其他技术性刊物对这些不同的产品给予了评论。

2. 生物识别系统

生物认证（biometric authentication）是基于可测量的生物或行为特征、生理信号来测度和分析个人身份的一种技术。

生物识别系统（biometric systems）可以识别出一个注册用户，方法是通过搜索数据库，查找物理、生物或行为特征与之匹配的结果，或是系统把个人可测度的生物特征与系统中存储的样本进行比较，识别出个人身份。

生物特征方面的例子包括指纹、面部识别、DNA、掌纹、掌形、虹膜识别，甚至气味或香味。行为特征包括语音 ID、打字节奏（击键动力学）和签名验证。这些特征的简要介绍如下：

- 指纹。把请求访问系统的用户指纹（指纹扫描）与包含有认证人员指纹样本的数据进行匹配（例如 Apple Pay 所使用的指纹识别）。
- 视网膜扫描。把扫描的寻求登录者的视网膜上的血管图案和数据库中已经保存的认证人员的视网膜照片进行比对。
- 语音 ID。把寻求登录者的声音样式和系统中存储的须认证人员的声音样本进行比对。
- 面部识别。计算机软件摄录个人的图像或视频并将其与存储在数据库中的图像进行比对（被亚马逊网

站和阿里巴巴所使用）。
- 签名识别。把寻求登录者的签名和系统中存储的认证签名进行比对。

2017年，针对iPhones产品，苹果公司正在探索触控ID和面部识别两步验证技术。

阿里巴巴正在使用面部识别进行在线支付。用户可以在智能手机的摄像头前扫描自己的面部。亚马逊也在使用类似的系统。

其他生物识别技术包括面部识别、掌形和手脉，请浏览findbiometrics.com/solutions及biometricsociety.org。

3. 加密和对称密钥系统

加密（encryption）是把数据编码成密文的过程，使得未经授权的用户很难解密或者以很大代价或花费大量时间才能解密。所有的加密方法都由五个基本部分构成：明文、密文、加密算法、密钥和密钥空间。**明文**（plaintext）就是人类可以直接阅读的文本或消息。**密文**（ciphertext）是经过加密的明文。**加密算法**（encryption algorithm）是用来加密或解密信息的一系列程序或数学函数。通常情况下，加密过程中的加密算法并不是关键所在。配合加密算法使用的**密钥**（key）才是加密（或解密）信息的关键所在。有关加密的工作原理，请浏览computer.howstuffworks.com/encryption.htm。

加密有以下一些主要的好处：

- 所有用户都可以使用笔记本电脑、移动设备和存储设备（如U盘）携带数据；
- 在人员和数据处于异地的时候，保护备份介质；
- 可以使用高安全度虚拟专用网络（VPN）；
- 严格相关制度，规定只有经授权的专人才能管理特定的企业数据；
- 确保遵守隐私方面的法律法规，降低诉讼风险；
- 保护企业的声誉和机密。

加密方法有两种基本的选择：一个是拥有一个密钥的对称密钥系统，另一个是拥有两个密钥的非对称密钥系统。

4. 对称私钥加密

对称私钥加密（symmetric (private) key encryption）是指在明文的加密和解密过程中使用同一个密钥（见图11-9）。文本的发送者和接收者必须共享同样的密钥，不能透露给其他任何人，所以这种系统也称为私人系统。

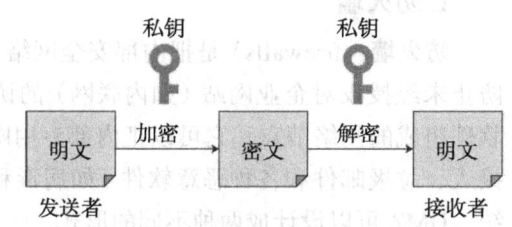

图11-9 对称私钥加密流程

密钥的强度只是一个方面。在个人或组织之间传输密钥，可能会使其不再安全。因此，电子商务中采用了一种PKI系统。

5. 公钥基础设施

公钥基础设施（public key infrastructure，PKI）是用来确保数据流和信息交流安全的一个综合性框架，它克服了单个密钥系统的一些缺点。例如，对称密钥系统需要信息的编写者把密钥告诉信息接收者。一个人在发送信息的时候（如供应商），可能需要把密钥发送给数千个接收者（如买家），这样密钥将不再具有私密性。PKI解决方案使用公钥和私钥两个密钥以及一些附加特征，构建了一个安全性非常高的系统。除了密钥之外，PKI方案中还包括数字签名、哈希值验证、数字证书等。

公共（非对称）密钥加密 **公共（非对称）密钥加密**（public (asymmetric) key encryption）使用一对相互匹配的密钥———一个是**公钥**（public key），任何公众都可以获取到；另一个是**私钥**（private key），只有用户自己知道。两个密钥必须一起使用。如果使用一个公钥对信息进行加密，那么必须使用相应的私钥才能对其进行解密（反之亦然）。例如，某人想向某家公司发送一份购买订单，同时要对订单内容进行保密，他就需要使用该公司的公钥对信息进行加密。该公司在收到这个订单之后，就需要使用相应的私钥进行解密，这也是能够读取此购买订单的唯一的方法。

PKI 技术过程：数字签名和证书验证 数字签名（digital signature）是与个人纸质签名等效的电子版本。它们是难以伪造的，因为它们会使用公共密钥对发送者的身份进行验证。数字签名和纸上手写签名具有同样的法律效力。关于数字签名的工作原理，请浏览 searchsecurity.techtarget.com/definition/digital-signature。

证书授权中心 作为独立第三方机构，**证书授权中心**（certificate authority，CA）会发放数字签名或是 SSL 证书。这种电子文件可以对个人和网站进行唯一性身份认证，从而实现加密通信。证书的内容包括个人信息和其他与公钥以及加密方法相关的信息，还有含有哈希代码数字签名的证书数据。

安全套接层（SSL）协议 通过使用 SSL 电子商务协议，可以进一步提升公钥基础设施系统的安全性。使用 SSL 协议，PKI 可以充分保障电子商务的安全，但对于用户来说比较烦琐。目前，使用最为广泛的安全协议就是 SSL 协议。由 SSL 协议演化而来的传输层安全协议（TLS），进一步提高了安全性（请浏览 searchsecurity.techtarget.com/definition/Transport-Layer-Security-TLS）。

6. 其他安全控制

用于接入控制的方法很多，如 f5、Arbor Network、Akamai、Incapsula 等，其中有些是免费的。

下一节，我们将重点学习企业的数字边界——网络。

11.6.2　电子商务安全防御之二：电子商务网络安全

保障机构网络边界安全有多种技术，它们可以抵御网络攻击和网络入侵，一旦企业的网络边界遭到攻击，就可以迅速检测并制止网络侵入行为。

1. 防火墙

防火墙（firewalls）是把内部安全网络（计算机）和外部不可信的互联网分隔开的屏障。防火墙主要用来防止未经授权对企业网站（如内联网）的访问，或是从内部网向外发送信息。技术上，防火墙就是由硬件和软件组成的网络节点，它可以把内部专用网和外部公共网隔离开。防火墙主要设计用来防护远程登录、后门接入、垃圾邮件和各种恶意软件（如病毒和宏）。防火墙的形式多种多样。DMZ 就是其中较为常用的一种系统。DMZ 可以设计成两种不同的形式，一种是单个防火墙，另一种是双层防火墙。

双层防火墙架构：DMZ 架构 在 DMZ（demilitarized zone 的简称）架构中，外网和内部用户之间有两层防火墙。一层防火墙位于外网和 DMZ（边界防火墙）之间，另一层防火墙位于 DMZ 和内部网络之间（如图 11-10 所示）。所有公共服务器都架设于 DMZ 架构中（如两个防火墙之间）。通过这种设置，防火墙可以允许受信的合作伙伴访问公共服务器，但内部防火墙可以阻止对内网的访问。

2. 虚拟专用网络

假如有一家企业要建立一个 B2B 应用，要让供应商、合作伙伴和其他接入者不仅能够访问其内网中存储的数据，还可以访问其他文件（如 Word 文档）或原有的系统（如大型关联数据库）中包含的数据。传统上，这种企业通信需要使用安全的、昂贵的增值私人专用线路，或者通过连接到调制解调器或远程接入服务器（RAS）的拨号线路。若使用互联网来代替这种线路，虽然是免费的，但安全性无法保障。借助于 VPN 技术，可以有效提升互联网使用的安全性。

虚拟专用网络（virtual private network，VPN）是指以一种更加安全的方式，使用互联网来传输信息。与专用网络类似，VPN 可以通过使用加密技术和其他安全技术来保障信息安全。例如，VPN 可以识别每一个网络使用者的身份信息。

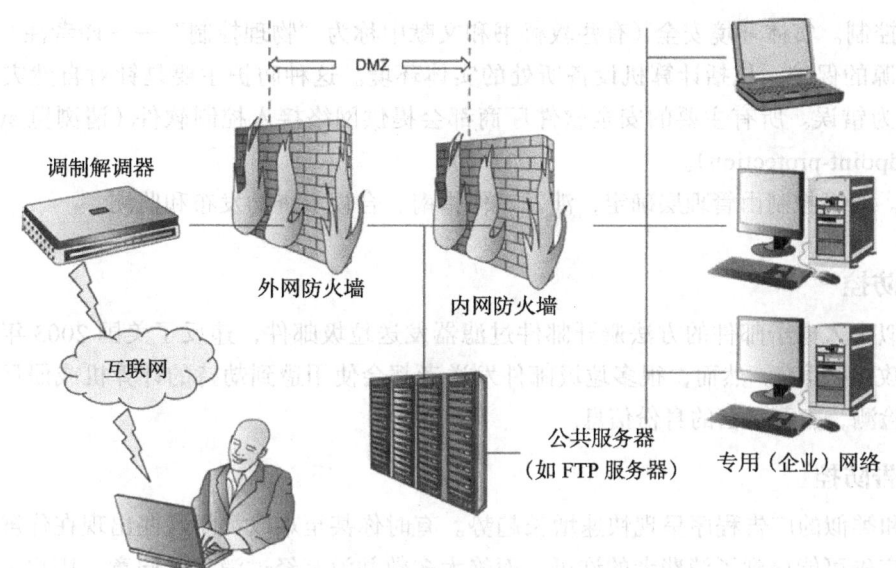

图 11-10　两层防火墙：DMZ 架构

详情请浏览 searchenterprisewan.techtarget.com/definition/virtual-private-network 及 pcmag.com/article2/0，2817，2403388，00.asp。

3. 入侵检测系统

无论一个企业的安全防护多么严密，它仍然可能成为蓄意攻击的目标。例如，大部分企业装有反病毒软件，但也未能幸免到新型病毒的攻击。因此，一个企业必须持续监测蓄意的或实际的安全入侵。这种监测可以由入侵监测器来完成。

入侵检测系统（intrusion detection system，IDS）是由软件和硬件构成的设备，设计用于监测计算机网络和计算机系统的活动，以检测并识别出未经授权的或恶意接入尝试、修改或禁用网络和系统的各种行为。有关详细内容、技术原理、优点和局限性，请浏览 searchsecurity.techtarget.com/guides/Introduction-to-IDS-IPS-Network-intrusion-detection-system-basics。

4. DoS 攻击的防御

如前文所述，DoS 攻击主要是使用各种类型的无用信息对网站进行轰炸，从而使网站陷入瘫痪。越早发现 DoS 攻击，越容易进行防守。DoS 攻击增长的速度非常快。因此，进行早期入侵监测很有必要。因为 DoS 攻击的方法有很多种（如 DDoS 攻击），所以其对应的防御方法也有所不同（请浏览 learn-networking.com/network-security/how-to-prevent-denial-of-service-attacks）。用于检测入侵的软件也可以识别出 DoS 攻击的类型，这可以使相关防御更容易和更迅速。

11.6.3　电子商务安全防御之三：一般控制、垃圾邮件、弹出窗口和社会工程控制

IT 安全管理实践的目的是保卫信息系统。一种防御策略需要由几个控制组成。

控制的主要类型有：（1）**一般控制**（general controls），设计用于保护所有的系统应用；（2）**应用控制**（application controls），负责保护应用程序。在本节和下一节中，我们将主要学习这两组信息系统控制的主要代表类型。在本节后面，我们将进一步学习垃圾邮件和网络欺诈的防护。

1. 一般控制、管理控制和其他控制

一般控制的主要类型有实体环境控制、管理控制和其他控制。下面我们简要介绍一般控制。

- **实体环境控制**。实体环境安全（有些教科书和文献中称为"物理控制"——译者注）主要指对计算机设施及资源的保护，包括计算机设备所处的实体环境。这种防护主要是针对自然灾害、犯罪分子袭击以及人为错误。所有主要的安全软件厂商都会提供网络接入控制软件（请浏览 symantec.com/campaigns/endpoint-protection）。
- **管理控制**。管理控制由管理层确定，涉及工作指南、合规审查的发布和监测。

2. 垃圾邮件防控

推销员以类似个人电子邮件的方法避开邮件过滤器发送垃圾邮件，违反了美国2003年出台的《控制非自愿色情和促销攻击法案》。然而，很多垃圾邮件发送者都会使用遭到劫持的计算机或僵尸计算机来发送垃圾邮件，以逃避检测，隐藏自己的身份信息。

3. 弹出式广告防控

弹出式广告和类似的广告程序呈现快速增长趋势。有时你甚至难以关闭这些出现在你屏幕上的弹出式广告。部分这样的广告可能得到了消费者的许可，而绝大多数并没有经过消费者同意。用户怎样才能阻止未经许可的弹出广告？

以下资源可供使用和参考：Panicware 的免费版弹出广告拦截工具（pop-up-stopper-free-edition.software.informer.com）；Softonic 的弹出广告拦截工具（pop-up-blocker.en.softonic.com/download）；AdFender 的弹出广告拦截工具（adfender.com）；另外一些则要收取一定的费用。有关弹出式广告拦截工具的详细列表，请浏览 snapfiles.com。有关 Windows 系统中可以使用的拦截工具，请浏览 download.cnet.com/windows/popup-blocker-software。许多互联网服务提供商和主要的浏览器厂商（如谷歌、微软、雅虎和 Mozilla）都会提供弹出窗口拦截工具。

4. 社会工程防控

随着网络攻击和社交网络上的社会工程攻击数量日益增多，相应的防控需要也大大提升。开放的网络资源环境和可以互动的技术特性也带来了相应的风险。因此，每个较有影响的社交网络都必须注重电子商务安全管理。

社交网络包括很多不同的应用和服务。因此，对应地也有很多方法和工具用来防护此类系统。很多解决方案都是技术性的，超出了本书的讨论范围。

网络钓鱼防控 由于网络钓鱼攻击方法多种多样，所以其防控方法也有多种。2009年赛门铁克和联邦贸易委员会消费者权益商业中心提供了一些真实案例（请浏览 consumer.ftc.gov/articles/0003-phishing 及 sas.com/en_us/insights/risk-fraud.html）。

恶意广告防控 为IT专业技术人员和管理决策人员提供信息技术资源的IT专业媒体 TechTarget 认为，恶意广告是指"网络中可能会使用恶意软件来感染查看者计算机的广告"。微软通过采取法律行动，与恶意广告进行着顽强的斗争。

5. 间谍软件防控

为了应对间谍软件的出现，人们开发了多种反间谍软件。很多国家的司法机关颁布了反间谍软件的相关法律，这些法律大都针对那些隐蔽安装并控制用户计算机的软件。美国联邦贸易委员会经常提醒消费者如何降低感染间谍软件风险（请浏览 ftc.gov/news-events/media-resources/identity-theft-and-data-security/spyware-and-malware）。

6. 网络战争防控

由于网络攻击多是来自国外的，所以网络战争防控是一项艰巨的任务。美国政府正在开发一种工具，试图借助于社交媒体网站来预测网络攻击。这种工具将会监控 Facebook、Twitter 和其他一些社交网站，并解读这些媒体中的信息内容。这种设想就是使这个过程自动化。

7. 社交媒体用户保护

如前文所述，社交媒体用户和社交网络成员面临的威胁越来越大。防御那些试图欺诈的社交媒体模仿者更是难上加难。有专家提出了以下建议：

- 利用社交媒体平台提供的各种安全设置，如隐私设置、验证码拼图，以及用户或许会被导向其他网站时出现的警告页面。
- 即使是信任的人也不要分享登录信息。当好友和家人使用你的账户时，很可能会不小心使你遭到病毒的攻击。
- 注意所分享的信息。锁定或加密个人信息，永远不要透露身份证号码或者驾照号码等高度敏感的信息。
- 不要重复使用密码。为所持有的每个账户设置一个独特的密码。
- 修改非重要的信息。在 Facebook 上，不需要上传真实的生日信息。
- 只接受熟悉的人的好友请求。

8. 业务连续性和灾难恢复

灾害的发生往往没有任何预兆。为了谨慎地做好防控，必须制订一个业务连续性计划。其中，主要内容就是灾害恢复计划。这种计划主要包含了从重大灾害（例如企业损失了所有或大部分计算机设备或数据）中恢复的具体过程。

> **实际案例　未制订任何灾害恢复计划，医院在恶意软件攻击后被迫支付赎金**
>
> 好莱坞长老会医疗中心（Hollywood Presbyterian Medical Center）支付了价值1.7万美元的比特币作为赎金，因此无法确定勒索者或黑客的身份（有关比特币的内容请参见第12章内容）。被黑客加密的数据没有备份，医院没有制订灾难恢复计划，所以除了支付赎金，医院管理层别无选择。这个例子和导入案例十分相似。

9. SANS Institude 提出的 CIS 重大安全保障措施

SANS Institute 是一家专业从事信息安全的公司，该公司以其培训、教育和认证项目而闻名。该公司最著名的项目之一是"CIS（企业形象识别系统）重大安全的监控与测量"。该项目提议了20项保障措施作为计算机网络基础设施安全配置的核心，它们被推荐用来进行有效的网络防御。SANS 免费提供方案，其中包括每项控制的要点（请浏览 sans.org/media/critical-security-controls/SANS_CSC_Poster.pdf）。这20个项目被认为是首选项目。方案中展示了主要的供应商及其产品，以及每种产品对应的安全保障程度（请浏览 sans.org/criticalsecurity-controls）。SANS 提供了案例、由全球专家组成的互联网安全保障系统、研究文献和各种新闻。值得关注的是该公司所开发的产品 NetWars（网络战争），它是一套用于模拟网络攻击等场景的交互式学习工具。美国空军和陆军都在使用这套工具。

本章讨论了几个网络安全保障措施，如访问控制、数据保护、数据恢复、防火墙、渗透测试等。

本节习题

1. 什么是接入控制？
2. 认证系统的基本构成要素有哪些？

3. 什么是生物识别系统？请列举5种生物识别方法。
4. 什么是对称加密技术？
5. 对称加密技术有哪些缺陷？
6. 公钥基础设施的要素是什么？
7. 公钥基础设施的运作模式是什么？
8. 数字签名的工作原理是什么？
9. 什么是数字证书？
10. 防火墙有哪些基本类型？简要介绍每种类型。
11. VPN是如何运作的？它给用户带来哪些好处？
12. 简要介绍IDS的主要类型。
13. 什么是一般控制？一般控制有哪几种类型？
14. 怎样防控垃圾邮件？
15. 怎样防控弹出式广告？
16. 怎么防控网络钓鱼、间谍软件和恶意广告？
17. 怎样防控勒索软件？

11.7 买卖双方对网络欺诈的防护

网络欺诈是电子商务发展面临的一个主要问题，并且发展迅速。欺诈对象主要是消费者，但也有一些针对卖家和商家。政府一直在向公众宣传各种类型的网络欺诈，尤其是针对老年人的欺诈行为（请浏览 fbi.gov/scams-and-safety/common-fraud-schemes/internet-fraud）。美国联邦调查局还设有互联网犯罪投诉中心（简称IC3，网址 ic3.gov）。网络欺诈问题日益严重（约25%的消费者成为受害者）。由于社交商务和电子商务的融合以及移动商务使用的增加，这一问题正在加剧（请浏览 paypal.com/us/webapps/mpp/paypal-safety-and-security）。2016年的一项研究显示，美国的网络欺诈正以惊人的速度增长。

保护电子商务消费者是必要的，IC3试图通过向公众通报互联网欺诈行为和发布公共服务公告来做到这一点。

11.7.1 消费者（买方）保护

消费者保护（买方保护）对任何商业活动的成功都是至关重要的，尤其是电子商务，因为买卖双方的交易不是面对面的。负责消费者保护法落实的联邦贸易委员会提供了一份常见的网络欺诈清单（请浏览 onguardonline.gov/articles/0002- common online fraud）。此外，欧盟和美国正试图制定共同的消费者保护政策。有关详情，请访问跨大西洋消费者对话网站（tacd.org）。

2016年，联邦贸易委员会发布了经合组织关于电子商务消费者保护的建议。这些建议旨在加强支付保护，减少隐私和安全风险，提升产品安全，并鼓励在广告中使用朴实的语言（请浏览 oecd.org/sti/consumer/ECommerce-Recommendation-2016.pdf）。

1. 有关消费者保护的代表性建议和资源

以下是一些消费者保护的建议：

- 用户应该确保他们进入真正的知名公司（如沃尔玛、迪士尼、亚马逊）的网站，为此他们应该直接进入网站，而不是通过链接。
- 检查任何不熟悉的网站的地址、电话和传真号码。给销售人员打电话，询问有关公司和产品的情况。
- 向当地商会、美国商业改进局（bbb.org）或 TRUSTe（truste.com）调查卖家信息。
- 调查卖方网站的安全性和组织情况。
- 在购买前检查退款保证、质量保证和服务协议。
- 将网上的价格与普通店面的价格进行比较——价格太低可能并不真实。
- 询问朋友对这些网站的了解，查看有无推荐和支持的情况（要小心，有些建议可能带有偏见）。
- 了解发生纠纷时可以采用的补救措施。
- 咨询国家消费者联盟欺诈中心（fraud.org）。
- 查看 consumerworld.org 网站所提供的资源。
- 亚马逊网站提供全面的防护措施，详情请浏览 pay.amazon.com/us/merchant。

除了上述这些建议之外，消费者还可以在下列的网站上获取资源：

- 美国联邦贸易委员会（ftc.gov），保护美国消费者，垃圾电子邮件应转发到 spam@uce.go，操作方法可以查询 ftc.gov/tips-advice；
- 联邦政府在线安全中心（usa.gov/online-safety）；
- 国家消费者联盟反欺诈中心（fraud.org）；
- 联邦公民信息中心（gsa.gov/portal/）；
- 美国司法部（justice.gov）；
- 互联网犯罪投诉中心（ic3.gov）；
- 美国律师协会提供了在线购物的有关技巧，详情见 americanbar.org/groups/business_law/migrated/safeshopping.html；
- 商业（bbb.org）；
- 美国食品和药品监督管理局提供在线购买药品和医疗产品的相关信息（www.fda.gov/forconsumers/protectyourself/default.htm）；
- 美国直销协会（thedma.org）。

2. 第三方认证服务

一些公共机构和私人公司也试图对消费者进行保护。以下为几个典型的案例。

- 第三方中介的保护。管理电子交易市场的中介机构也在尽力保护买卖双方的利益。eBay 就是一个很好的例子，它提供了一个全面的保护方案，请查阅 eBay 退款保证（pages.ebay.com/ebay-money-back-guarantee/），并浏览争议解决中心。
- TRUSTe 的认证标志——Trustmark。TRUSTe（truste.com）是一家非营利性公司，其宗旨是确保"企业在其网站上收集和使用个人信息时严格遵守相关规则"。TRUSTe 项目属于自愿性认证。使用 Trustmark 认证标志的许可费由卖方支付，具体取决于在线业务的规模。
- 商业改进局。美国商业改进局（bbb.org）是一家主要由会员支持的非营利组织，收集并提供有关企业的报告以便消费者在购买前查看。商业改进局每年要回复数百万条咨询，商业改进局还负责处理与企业有关的客户纠纷。
- WebTrust 认证。WebTrust 认证项目类似于 TRUSTe，由美国注册会计师协会（aicpa.org）赞助（请浏览 webtrust.org/item64428.aspx）。

- 消费者评价。许多网站会发布消费者对于产品和厂商的评价。例如，在Yelp！网站上，社区成员会对企业进行打分和评论。

3.《计算机欺诈和滥用法》

《计算机欺诈和滥用法》（Computer Fraud and Abuse Act，CFAA）于1984年通过颁布，经过了多次修订，是电子商务立法的重要里程碑。起初，CFAA的适用范围和立法目的是保护政府电脑和金融机构电脑免受外部人士的盗窃。1986年，CFAA被修订，对违法行为的惩罚变得更加严厉，但它仍然只保护联邦政府或金融机构使用的电脑。随着互联网应用领域的不断扩大，CFAA的适用范围也越来越广。

11.7.2 卖方（厂商）保护

互联网也使得从事电子商务的买家更容易对商家实施欺诈。

有专家对这一问题进行了探讨，并建议卖家应充分利用通过调查客户的个人资料和行为所获得的数据。

- 否认曾下过订单的客户；
- 下载有版权的软件并将其出售给他人的客户；
- 购买产品和服务时提供虚假支付信息（假信用卡或空头支票）的客户；
- 使用虚假身份的客户；
- 冒名顶替的销售者，即以其他销售者的名义出售商品的卖家；
- 使用原卖家的名称、商标和其他独特特征，甚至使用其网址（或相似网址）的其他商家。

卖方必须要预防消费者和犯罪分子实施的付款欺诈行为（例如使用无效的信用卡）。

卖方也可能面临竞争对手非法的或不道德的攻击，也可能受到盗版的影响。这一问题将在第15章进行讨论。

实际案例

美国北加州地方法院对迈克菲公司（McAfee）提起了集体诉讼（案件编号10-1455-HRL）。起诉书中称，原告从迈克菲的网站购买了迈克菲软件后，弹出了一个貌似迈克菲网页的欺骗性广告（来自迈克菲的合作伙伴），感谢原告购买其软件。弹出的广告要求他们点击一个"Try it Now"按钮，原告以为会下载他们刚刚购买的软件，却收到了Arpu（一个非迈克菲产品）30天的试用订单。他们后来发现，迈克菲将客户的银行卡和账单信息发送给Arpu公司。试用期结束后，每月将向客户收取4.95美元的费用。迈克菲因为客户通过其网站"试用"Arpu产品而得到一笔收益。

卖方的应对措施

Chargeback Stopper（chargebackstopper.com）和Chargeback Protection（chargeback protection.org）等公司向商户提供了一个信用卡号码数据库，其中记录了针对商户的"退款订单"。访问数据库的卖家可以使用这些信息来决定是否继续销售。未来，信用卡行业正筹划使用生物识别技术来管理网络盗窃行为。此外，卖家可以使用PKI和数字证书（尤其是SET协议）来预防欺诈。

其他可行的解决方法有：

- 使用智能软件识别有问题的客户（或者在小公司中采取手动识别）。例如，其中一项技术则是将信用卡账单地址和要求填写的送货地址进行比对。
- 针对可能存在欺诈的交易识别警告信号。
- 要求账单地址与送货地址不同的客户致电他们的银行，并在银行账户中添加备用地址。只有这样，零售商才会同意将货物运送到另一个地址。
- 要求客户公开信用卡验证码。
- 延迟发货,直到收到货款。

有关商家如何保护自己免受欺诈的进一步讨论,请浏览 CyberSource 网站(www.cyber source.com/products/fraud_management)。有关减少网上商户信用卡欺诈的十项措施,请浏览 fraudlabs.com/docs/fraudlabs_white_paper.pdf。

2016 年,Grant 列举了各种商业欺诈行为,如改头换面、假意退货、审计造假、篡改数据、跨境超额支付等。

11.7.3 保护交易平台和社交网络服务

eBay、雅虎、亚马逊和阿里巴巴等交易平台所面临的一个问题是,卖家试图在网上销售假冒产品。这个问题对阿里巴巴和 eBay 来说尤其严重,因为它们的商务模式是为买卖双方牵线搭桥,而亚马逊和其他网络零售商大多是购买产品并将其零售给消费者。交易平台试图打击假冒产品,但这并非易事。

Facebook 和其他已经走向商业化的社交网络也都面临着虚假账户的问题。

许多软件产品可用来检测消费者和其他企业实施的欺诈行为以及合规性损失等(请浏览 capterra.com/financial-fraud-detection-software)。

11.7.4 保护买卖双方:使用电子签名以及其他安全设置

保护电子商务交易以及买卖双方的方法有多种。帮助区分合法交易和欺诈交易的一种方法是电子签名。

电子签名(electronic signature)是"等同于手写签名的电子化签名"(请浏览 pcmag.com/encyclopedia/term/42500/electronic-signature)。电子签名具有很高的安全性,并且被大多数法律实体视为等同于手写签名。所有电子签名都以数字形式表示。签署的电子文件和合同与纸质文件和合同具有同等法律约束力。

1. 认证

在消费者和商家没有实体接触的网络环境中,由于买卖双方看不到对方,所以就需要证明每个人的真实身份。无论如何,如果能够确定网络另一端的人的身份,电子商务的应用将更加广泛。例如,学生可以在任何地方参加在线考试,而不需要监考官。骗取政府补助的情况也能得以改善。买家可以确信卖家是谁,卖家也可以非常自信地知道买家的真实身份。在线求职面试将是真实可靠的,因为求职者几乎不可能模仿他人。总体而言,人们对在线交易和电子商务的信任将明显增加。认证可以通过多种方式实现,包括使用生物识别技术。

2. 欺诈检测系统

目前有许多欺诈检测系统,例如利用数据挖掘检测信用卡欺诈行为。CyberSource 也已经开发了几款欺诈检测的工具(请浏览 authorize.net/resources/files/fdswhitepaper.pdf)。

本节习题

1. 消费者保护的方法有哪些?
2. 什么是认证服务?
3. 卖方保护自己免受欺诈的措施有哪些?如何保护?
4. 电子签名的类型有哪些?谁将受到保护?为什么?
5. 什么是认证?

11.8 企业电子商务安全计划实施

为了保证企业网络运营的安全,有专家建议采取如下的四个步骤:(1)明确网络运营的具体要求;(2)制定工作规范;(3)明确一般的工作流程;(4)进行持续的监控。

前文中已经阐述了电子商务面临的安全威胁和防御措施,接下来我们将叙述具体的实施工作。首先需要弄清楚的是,为什么难以阻止计算机犯罪,为什么无法避免信息系统故障。

11.8.1 电子商务安全管理的必要性

随着电子商务和社交商务的爆发式增长,网络犯罪的手段也是不断翻新,再加上保险公司对于企业网络监管的要求,推动了全面电子商务安全管理需求的提升。此外,还有如下一些原因:

- 企业必须遵守的法律和法规;
- 随着全球性电子商务业务的开展,与外国企业进行业务往来,需要进一步加强安全防护;
- 信息资产已经日益成为许多企业运营的关键支撑;
- 更新、更快的信息技术在企业内推广开来,需要加强内部协作;
- 鉴于攻击和防御的复杂性,需要加强企业层面的协作管理。

网络安全形势的严峻程度

根据2016年的一项预测,2017~2021年,全球将有1万亿美元的开支用于网络安全管理(仅限于防御侧管理)。根据2016年的报告,网络犯罪预计将给全世界带来6万亿美元的损失。显然,企业的高层管理人员必须参与其中。

11.8.2 高层管理人员参与和支持

电子商务安全战略和计划的成功实施,离不开高级管理层的参与和支持。许多安全形式都是不受欢迎的,因为它们会带来不便,对工作形成一定的限制,耗费时间,而且成本很高。除非得到授权,否则这种安全做法可能不会是企业的首要选择。

因此,要有效地实施电子商务安全和隐私保护,企业的高层管理者必须率先参与和支持。该模型反映了电子商务安全(以及广义的IT安全)的基本路径,包括参与和支持、政策和培训、程序和执行、执行工具这样一个连续的过程(如图11-11所示)。

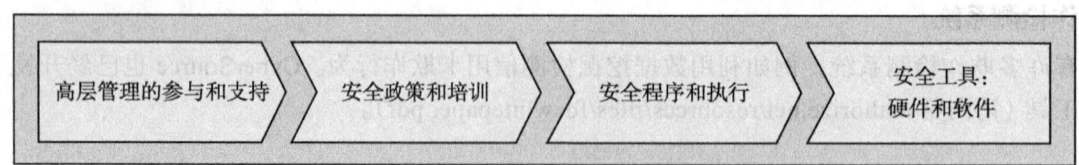

图11-11 企业电子商务安全和隐私保护模型

董事会参与网络安全管理应遵循以下四个关键原则:

- 确保董事会成员接受与其级别和职能相适应的网络安全培训;
- 将网络安全保护纳入组织的风险偏好声明;
- 推动实施网络风险管理计划,该计划的执行应与组织更大范围、所有风险管理相结合,如财务风险(如市场风险、流动性风险、信用风险)、合规风险以及其他经营风险(如欺诈风险、诉讼风险、报告

风险、安全风险、人身安全风险);
- 在整个组织内推动网络安全管理。

11.8.3 电子商务安全策略和培训

保障电子商务安全的一个重要措施就是制定一个企业电子商务安全策略，还有具体安全活动以及诸如访问控制、客户数据保护等电子商务活动的程序。客户具有以下权利：

- 知道有关自己的一些数据正在被收集，以及是什么时候被收集的；
- 有机会做出是否允许收集他们数据的决定；
- 知道并且可以对数据的使用范围进行控制；
- 清楚这些收集的数据不会被其他企业共享。

为了防止犯罪分子利用社交媒体，可以采取如下措施：

- 通过制定相关制度和程序，在获得更多机会的同时提供相应的客户保护；
- 通过宣传教育，使得所有员工和其他人员清楚什么是可以接受的，什么是不可以接受的。

1. 黑客培训

有些人受训为黑客是为了赚钱，而有些人则认为，如果学会了如何成为黑客，就能更好地保护自己的系统。有关如何利用网络钓鱼攻击 Facebook 的视频，请登录 youtube.com/watch?v= Z2z9zncsYW8。

2. 网络情报系统

有专家认为，网络情报是对数字安全威胁进行跟踪、分析和反击。这类情报系统是实体间谍活动和防御措施与现代信息技术的结合体。各种类型的情报系统有助于防范病毒以及以窃取敏感信息为目的的黑客和网络犯罪分子的攻击。保护政府等各方免受这些威胁是这一领域的重要内容，积极应对这些威胁也是如此。

网络情报领域的最大职责之一便是防范这些数字威胁。情报领域专家可能具有双重背景，既能从事间谍活动，又能从事互联网安全或信息技术工作。设置防火墙、安装病毒扫描程序和定期检查安全漏洞是保护计算机系统不受外部攻击的重要措施。

分析恐怖威胁是网络情报的另一项重要职能。这一方面与传统的、以收集信息为目的的情报和间谍工作最为相似。专业人士必须利用第三方（可能是线人，也可能是帮助识别网络威胁的独立的公司）收集数据，并确定它们如何威胁受到保护的信息。在这个领域，为他人撰写报告和提出建议往往比从事电子类工作更常见。

根据 sans.org，网络情报系统是一种重要的防御工具。

11.8.4 电子商务风险分析和伦理问题

制定电子商务安全程序，需要对数字和金融资产进行风险评估，包括成本和运营方面的考虑。

与此相关的一个评估就是业务影响分析。**业务影响分析**（business impact analysis, BIA）是指对某项电子商务功能（如在线采购、网络订购）一旦失效可能给企业造成的影响的分析。在对这些风险进行计算评估之后，企业需要把防御策略聚焦于最大的风险因素。

伦理问题

实施安全计划引发了一些伦理问题。首先，有些人会反对对所有人的活动进行监管。实行特定的控制，会被有些人看作是对言论自由和其他民事权利的侵犯。高德纳开展过一项专题调研，结果发现，即使是在 2001 年 9 月 11 日恐怖袭击之后，也只有 26% 的美国人认可建立全国的个人身份数据库。有些人甚至认为使用生物识别技术也是一种侵犯隐私的行为。

值得关注的是，2015 年，美国国会向时任总统奥巴马施压，要求建立全民参与的国家生物识别系统。这项建议目前还在讨论中。

如何处理好隐私保护与安全防范之间的关系是比较困难的。还有其他一些道德和法律义务，可能会要求企业"侵犯员工隐私"并监控他们的行动。尤其是需要通过 IT 安全措施，来防止损失、明确责任和减少诉讼。

11.8.5 为什么难以阻止网络犯罪

网络犯罪如此难以阻止，主要有以下一些原因。

- 降低网购的便利性。严密的电子商务安全措施会降低用户网购的便利性，延缓购物进程。因此，消费者可能并不喜欢某些安全措施。
- 商业伙伴的不配合。缺乏信用卡发行商、供应商、本地和外国互联网服务供应商和其他商业伙伴的合作，是一种潜在的因素。如果源头服务提供商积极配合，并暂停黑客的接入行为，黑客想要侵入系统就会变得非常困难。
- 购物者的疏忽。许多网上购物者没有采取必要的（不方便的）预防措施，以防止成为身份盗窃或诈骗犯罪的受害者。
- 轻视"电子商务安全措施"。许多企业 IT 安全管理措施不成熟，员工安全意识较差。在美国发生的大部分安全威胁起因于用户缺乏对恶意软件和黑客攻击的防范意识。此外，许多企业的运营和管理也不符合安全标准的要求。
- 设计和框架问题。我们都知道，在电子商务系统设计和正式投用前避免相关漏洞，远比投入正式使用之后再解决相关问题的代价要低。然而不幸的是，这种预防并不总是能够如愿。即使是微小的设计错误也会增加黑客攻击的可能性。
- 商务活动不够谨慎。难以阻止网络犯罪的另一个原因是，在很多业务流程（如众包）中缺乏应有的谨慎。**谨慎防护标准**（standard of due care）是指为了针对可能的风险，企业有必要采要的最少行动和习惯做法，以保护公司及其资源。

11.8.6 移动设备和移动应用程序的防护

随着移动设备和移动商务的爆发式增长，带来的问题就是如何保护好这些系统，使其免受我们本章前面讨论的以及新的安全问题的困扰。

- 移动安全问题。典型的安全问题包括未加密的无线传输、移动设备没有防火墙和密码保护、连接不安全的无线网络等。2014 年，有专家列出了一些新的安全问题，如数据窃取和设备的解锁越狱。还有自带设备的增多，也给企业带来了新的威胁。
- 移动系统的防护。为做好移动系统的安全防护，必须采用我们在 11.6 节中提到的相关执行工具和程序，并针对移动环境进行相应的调整。2013 年，联想集团提供了一份白皮书，其中有一份可以降低移动设备安全风险的实用清单。最后还有一个重要问题就是移动设备遭到盗窃。对此，有两种较为有效的方案：一是自动安全机制，确保只有机主可以使用自己的移动设备；二是所有手机都强制安装一个自毁功能开关。截至 2016 年，这一功能仍然只能在美国加州使用。

- 物联网安全。物联网很容易受到网络犯罪的攻击。在物联网中,人们可以发现大量来自不同制造商和生产年份的设备连接到一个系统。如果是通过互联网连接,情况可能更糟。2017年2月,有文章指出,物联网存在很多安全风险,其依据是高德纳市场调研机构的报告。该报告估计,已经有超过84亿台设备接入互联网,大多数用户是个人消费者(52亿台设备)和企业用户(31亿台设备),汽车和卡车也连接到了互联网上。高德纳还预测,到2018年,跨行业设备将达到10亿台。所有这些都增加了安全风险。

本节习题

1. 如果高级管理层不参与电子商务安全管理,可能会对电子业务产生什么样的影响?
2. 电子商务安全计划中采用风险暴露模型有什么意义?
3. 为什么每个企业都要采取一个合理的安全使用制度?
4. 为什么要进行培训?
5. 列出计算机犯罪难以阻止的主要原因。

管理问题

1. **制订一个安全计划时需要采取哪些步骤?** 安全管理是一个持续不断的过程,涉及三个步骤:资产鉴别、风险评估和执行。通过主动地监测现行的安全制度和程序,企业可以判断哪些措施是成功的、哪些是无效的、哪些是需要修改或取消的。同时,还需要密切关注业务流程和商业环境的变化,对计划做出相应的调整。通过这种方式,企业可以保持与时俱进的安全制度和措施。

2. **企业是否需要关注内部的安全威胁?** 除了恶意软件外,内部员工的侵入比那些外部人员进行的侵入更加频繁。这种情况对于B2C和B2B商务网站来说,都是真实存在的。电子商务安全制度和措施必须能够有效应对这些内部威胁。此外,内部员工也可能成为网络犯罪的受害者。因此,企业应该对员工(尤其新进员工)开展预防网络威胁的教育宣传活动。

3. **建立严密的电子商务安全防护的关键是什么?** 有关网络安全的大部分讨论都集中于技术手段,诸如"所有通信都必须加密"之类的说法。虽然技术手段很重要,但只有被员工采用的安全方案才是真正有效的。判断业务需求是制订安全方案最重要的步骤。业务需求会左右企业的信息需求。

4. **如果成为勒索软件的受害者,我们应该如何应对?** 如果没有备份系统,那么情况会很糟糕。你可能需要支付赎金才能取回数据。如果要支付赎金才能避免拒绝服务攻击,请迅速建立保护机制,以免问题蔓延。无论哪种情况,都应报警。

本章小结

1. **电子商务信息安全的重要性和涉及的范围。** 成功的电子商务必须有安全保障。然而,这个任务并不简单,因为无意的和蓄意的危害多种多样。安全事件和侵入活动会阻挠电子商务交易,增加电子商务活动的成本。互联网的设计是脆弱的,随着应用程序和电子商务数量的增长,参与计算机犯罪的诱惑也在不断提升。犯罪分子的活动更加广泛,形成了盗窃有价值信息的地下经济。整合成本高昂的防御措施就需要一个统一的政策,这样的政策涵盖了培训、教育、项目管理和执行安全制度的能力。电子商务安全将始终是一种不断发展的学科,因为威胁在变,在线业务也需要调整。为了提高电子商务安全计划的成效,必须制定电子商务安全策略。

2. **基本的电子商务安全问题**。安全问题可以看作是攻击者的攻击行为和防御者的防御行为之间的一场斗争。斗争的形式多种多样。电子商务网站的拥有者需要关注多种安全问题：通过认证识别交易参与者的身份；通过授权保证个人或程序有权限访问特定的系统或数据；通过审查能够确定是否发生过某种操作，由谁执行了操作。

3. **威胁、漏洞和技术攻击**。电子商务网站暴露在多种类型的攻击之中。攻击可能是非技术性的（社会工程），在这种方法中，实施者诱使人们透露敏感性的个人信息。攻击还有可能是技术性的，借助于软件和系统方面的专业知识攻击网络、数据库或程序。DoS 攻击通过发送大量的数据流致使目标计算机和网站陷入瘫痪。恶意代码攻击包括病毒、蠕虫、木马或是这些攻击手段的组合。在过去很多年中，新的恶意软件已经出现，如 Blackhole 和 ZeroAccess，恶意代码呈现出了多种趋势，包括攻击速度加快，攻击数据增多；在发现漏洞和遭到攻击之间的时间变短；使用僵尸计算机发起的攻击增多；针对移动设备系统、社交网络和网络应用程序的攻击增多；利益驱动的攻击也在不断增加。

4. **网络欺诈、网络钓鱼和垃圾邮件**。网络犯罪的形式多种多样。较为常见的就是身份盗窃和冒用、证券市场欺诈、一夜暴富谎言和网络钓鱼。网络钓鱼试图通过伪装成一个可信的身份，从别人那里获取有价值的信息。从用户那里盗取个人信息并出售给犯罪分子，实施诸如洗钱之类的金融犯罪活动。与此相关的就是通过垃圾邮件不请自来的广告或促销。

　　安全措施延缓了电子商务交易活动。服务的延迟和中断（所谓的交易摩擦）会严重影响电子商务的开展。勒索软件、DDoS 或其他安全攻击都可以破坏电子商务活动。"网络中消费者想做的事情一旦被延迟，他们就不会给予很好的评价。这就是为什么这么多的购物车在购物者点击购买之前就被放弃了。根据 Baymard Institute 的数据，**68.81%** 的购物车被购物者遗弃。保护商家和消费者免受欺诈可能会导致交易摩擦，这给安全管理团队带来了棘手的问题。在理想情况下，最佳的安全方案是既要满足消费者的愿望和需求，又在无形中提供最大限度的保护。"

5. **信息安全**。信息安全模型对电子商务的重要性主要体现在，其通过保证信息的机密性、完整性和可用性来保护数据和计算机系统。机密性是数据隐私保证。完整性是数据准确性和消息没有被修改的保证。可用性是仅限于授权用户及时、有效、可靠地使用数据、网站或其他电子商务数据服务的保证。

6. **电子商务访问控制和通信安全**。在电子商务中，贸易伙伴间的通信问题是最为重要的。电子商务参与者在很多时候都不了解其合作伙伴，因此需要借助安全的方式通信并建立信任。信任的建立首先要通过交易参与者的认证，那就是鉴别参与者的身份及其可以使用的操作。可以通过只有自己知道的信息（如密码）、只有自己拥有的东西（如令牌）、只有自己拥有的特征（如指纹）等方式建立认证。生物识别技术可以确认个人的身份信息。指纹扫描、热像扫描、面部识别和语音识别都是生物识别的典型方式。

7. **不同的控制手段和特定的防御机制**。主要的控制手段都是统一的（包括物理控制、访问控制、生物识别控制、管理控制、应用控制和内部应用控制）。每一种控制手段都有很多不同的种类。

8. **网络欺诈以及对买卖双方的防护**。由于买卖双方不能进行面对面交流，存在欺诈的可能性很大，法律的监管不足，新的问题和欺诈方式又不断出现，因此必须采取防范措施。很多民间和官方的组织正在努力尝试提供有利于建立信任的防护措施，这对电子商务的普及至关重要。电子合同（包括数字签名），对赌博的控制，以及在州际、州内和跨境交易中适用的税率和向谁缴税，这些问题值得关注。网络交易不征收销售税的情况正在发生改变。各州已经开始着手对互联网交易征收销售税。

　　保护消费者的措施有很多。除了立法，联邦贸易委员会还试图采用教育的方式让消费者了解主要的欺诈行为。网站认证（如 **TRUSTe**）以及供应商采取的防范技巧和措施都能起到作用。卖家也可能被买家、其他卖家或犯罪分子欺骗。相应的保护措施包括使用联系方式和加密（PKI），建立以往犯罪分子的数据库，与其他卖家共享信息，教育员工以及使用人工智能软件。

　　由于网络欺诈的方法实在太多，所以不可能针对每种方法都进行预防。欺诈预防主要靠企业、安全厂商、政府法规，并且可能最重要的就是对消费者进行教育宣传。了解犯罪分子常用的一些方法是进行欺诈预防的第一步。我们必须记住，犯罪分子经验丰富，他们会花精力研究新的、刁钻的攻击方法。

9. **企业电子商务安全**。电子商务安全程序是复杂的、昂贵的、乏味的也是无止境的。真正的电子商务安全方法其实是责任、人力、过程、技术的结合。一个有效的方案必须有高级管理层的参与，并得到预算的支持，这可以为电子商务安全对该企业的重要性定下基调。其他还涉及安全制度的制定和员工培训。安全程序必须清晰明确，对于遵守制度的员工给予正向激励，对于违反规定、产生负面后果的也要给予严惩。最后一步就是依据管理团队制定的制度和程序来部署硬件设备和安装软件工具。

10. **为什么不可能阻止计算机犯罪？** 网络犯罪的责任方以及对网络犯罪的谴责主要涉及犯罪分子、受害的用户和机构。网络购物者不能够采取一些必要的、避免成为受害者的安全预防措施。安全系统的设计和架构目前仍然十分脆弱。企业在开展业务或者聘用员工时不够谨慎，为他人进行安全攻击提供了机会。每个电子商务参考者都知道信用卡盗窃、数据入侵、网络钓鱼、恶意软件和病毒威胁没有止境，必须全面并有策略地应对这些威胁。

11. **电子商务的未来**。电子商务正在稳步、快速地发展，交易的产品和服务不断增多，产生了新的商务模式，更多的国家参与其中。线上和线下交易的结合、移动商务（主要得益于智能手机应用）、视频营销、社交媒体和网络等领域发展迅速，值得关注。从智能应用到可穿戴设备，多种新兴技术正在促进电子商务的发展。另一方面，也出现了一些制约电子商务发展的因素，如安全和隐私问题、带宽的限制、电子商务部分领域缺乏标准等。

关键术语

access control：接入控制
application controls：应用控制
authentication：认证
authorization：授权
availability：可用性
banking Trojan：银行木马
biometric authentication：生物认证
biometric systems：生物识别系统
botnet：僵尸网络
business continuity plan：业务连续性计划
business impact analysis（BIA）：业务影响分析
certificate authorities（CAs）：证书授权中心
CIA security triad（CIA triad）：CIA 安全三要素
ciphertext：密文
Computer Fraud and Abuse Act（CFAA）：《计算机欺诈和滥用法》
confidentiality：机密性
cracker：破解者
cybercrime：网络犯罪
cybercriminal：网络犯罪分子
darknet：地下网络
data breach：数据破坏
denial-of-service（DoS）attack：拒绝服务攻击
detection measures：检测措施
deterrent methods：威慑措施
digital signature：数字签名
eC security strategy：电子商务安全策略
electronic signature：电子签名
e-mail spam：垃圾电子邮件
encryption：加密
encryption algorithm：加密算法
exposure：暴露
firewall：防火墙
fraud：欺诈
general controls：一般控制
hacker：黑客
identity theft：身份盗窃
information assurance（IA）：信息安全
information security：信息安全
integrity：完整性
intrusion detection system（IDS）：入侵检测系统
key（key value）：密钥
keystroke logging（keylogging）：按键记录
macro virus（macro worm）：宏病毒（宏蠕虫）
malware（malicious software）：恶意软件
nonrepudiation：不可抵赖性

page hijacking：网页劫持
penetration test（pen test）：渗透测试
pharming：域名欺诈
phishing：网络钓鱼
plaintext：明文
prevention measures：阻止措施
private key：私钥
public key：公钥
public（asymmetric）key encryption：公共（非对称）密钥加密
public key infrastructure（PKI）：公钥基础设施
ransomware：勒索软件
risk：风险
search engine spam：搜索引擎垃圾
social engineering：社会工程

spam：垃圾邮件
spam site：垃圾网站
spear phishing：鱼叉式网络钓鱼
splog：垃圾博客
spyware：间谍软件
standard of due care：谨慎防护标准
symmetric（private）key encryption：对称密钥加密
trojan horse：木马
underground Internet economy：地下互联网经济
virtual private network（VPN）：虚拟专用网络
virus：病毒
vulnerability：漏洞
vulnerability assessment：漏洞评估
worm：蠕虫
zombies：僵尸

讨论题

1. 黑客如何诱使人们提供自己的 Amazon.com 的用户账户和密码？实施这种欺骗手段的方法有哪些？利用这些信息可能会实施哪些犯罪活动？
2. B2C 电子商务网站仍然遭受着 DoS 和 DDoS 攻击，这些攻击是如何实施的？为什么防御此类攻击会如此困难？网站可以采取哪些措施以缓解这样的攻击？
3. 僵尸网络、身份盗窃、DoS 攻击和网站劫持是如何实施的？为什么这些攻击对电子商务活动而言如此危险？
4. 消除网络金融欺诈存在哪些困难？
5. 浏览网站 zvetcobiometrics.com，查看其相关产品。讨论其相较其他生物识别技术有哪些好处。
6. 查找与宙斯木马相关的信息，讨论它为什么会如此有效地进行金融数据盗窃。为什么难以移除这种木马？
7. 访问国家漏洞数据库（NVD），浏览网站 nvd.nist.gov，查找最近发布的五个 CVE 漏洞，列出每个漏洞的发布日期、CVSS 烈度、影响类型和具有此种漏洞的操作系统或软件。
8. 写一份有关生物识别技术在移动商务中的使用现状的报告（请浏览 nxt-id.com）。
9. 查找"信息战"的相关定义并讨论它的主要属性。
10. TRUSTe 对电子商务有何贡献？
11. 讨论勒索软件的有关问题。

课堂论辩

1. 一个企业要与其贸易伙伴共享客户账户数据库，同时为客户提供访问其网站上营销资料的权限。可以用什么类型的安全组件（如防火墙、虚拟专用网络等）来确保只有合作伙伴和客户具有相应的权限？什么类型的网络管理程序可以提供符合这种要求的安全防护？
2. 为什么与计算机犯罪分子的斗争十分困难？金融机构、航空公司等高度依赖电子商务的用户可以实施什么安全策略？
3. 所有电子商务网站都面临着同样的安全威胁和漏洞。B2C 网站和 B2B 网站是否面临着不同的威胁和漏洞？为什么？
4. 为什么网络钓鱼会如此难以控制？可以采取哪些措施？
5. 有人提出："最好的策略就是只进行较少的投资，并且只使用诸如加密和防火墙之类的已得到验证的技术。"你同意这样的观点吗？
6. 能否控制地下互联网市场？为什么？

7. 为了保障电子商务安全，采用你的指纹或其他生物信息是否侵犯了你的个人隐私？为什么？
8. 观看视频"如何利用网络钓鱼攻击 Facebook"（How to hack Facebook with phishing），同时学习如何保护自己的 Facebook 账户。
9. 关于 Facebook 上需要提供信用卡的详细信息这件事情，你怎么看？
10. 访问 FBI 网站 fbi.gov/aboutus/investigate/cyber/identity_theft，阅读身份盗窃和身份犯罪的相关内容。就重点内容写一份相关报道。
11. 研究发布虚假帖子和热门帖子的虚假评论的现状，回顾有关防御措施，写一份总结报告。
12. 何种情况下企业应当支付赎金？对这一问题展开讨论。

网络实践

1. 假设你公司的 B2C 网站遭到了一个从未遇见过的新型手段的攻击。你可以向哪个机构报告情况，以便它们为其他网站提供预警？你将会怎么做，你有什么信息可以提供？
2. 接入互联网，访问至少两个显示 IP 地址的网站，搞清楚你的电脑的 IP 地址。你可以使用搜索引擎查找相关网站，也可以直接浏览网站 ip-address.com 或 whatismyip address.com。这样的搜索还反映了你的链接的哪些其他信息？黑客会如何利用这些信息？
3. 在谷歌搜索里查找"机构身份窃取"。比较机构身份窃取和个人身份窃取。企业如何保护自己免遭身份盗窃？撰写一份报告。
4. 赛门铁克公司的年度互联网安全威胁报告提供了互联网安全中攻击和漏洞的趋势详情。查找一份最新的报告，总结有关攻击和漏洞的一些主要的变化。
5. 在谷歌搜索里查找五个不同国家的互联网地下市场活动案例并进行总结。
6. 浏览网站 verisign.com，查找有关 PKI 和加密的信息，写一篇报告。
7. 浏览网站 hijackthis.com。该网站提供什么产品或服务？撰写一篇报告。
8. 浏览网站 blackhat.com，搞清楚网站的内容，对其相关活动进行总结。
9. 浏览网站 ftc.gov，识别互联网上十个典型的欺诈类型。
10. 浏览网站 scambusters.org，识别并列出相应的反欺诈活动。

团队合作

1. 请阅读本章开头的导入案例，并回答下列问题：
   a. 为什么黑客会攻击这家医院？
   b. 对案例进行调查，找出为什么医院一开始支付了一小笔赎金？
   c. 为什么很难甚至不可能找到索取赎金的黑客？
   d. 阅读 11.4 节，了解勒索软件以及黑客采取的策略。
2. 由小组分工协作完成最新的垃圾邮件和欺诈威胁报告。可以浏览网站 ftc.gov，查看相关案例，也可以参考最新的赛门铁克国家垃圾邮件报告和 IBM、VeriSign、迈克菲及其他公司发布的白皮书。
3. 浏览网站 searchsecurity.techtarget.com/video/Cyber-attacks-and-extortion，观看视频"Cyberattacks and Extortion"（网络攻击和欺诈），回答以下问题：
   a. 为什么现在网络欺诈会日益增多？这些网络欺诈是如何实施的？
   b. 目标攻击电子邮件中包含什么内容？
   c. 什么是 SQL 感染攻击？
4. 数据泄露可能是一个严重的问题，查找所有主要的可以防止数据泄露的方法。查看主要的安全公司（如赛门铁克），查找有关的白皮书和网络研讨会。撰写一份报告。
5. 为每个小组分配一种防御网络欺诈的方法。每种方法要求都是针对不同类型的欺诈（如金融欺诈），识别可疑电子邮件、网络浏览器的网络跟踪器、信用卡保护、无线网络安全、浏览器安装的反钓鱼软件等。
6. 2016 年美国总统大选中，僵尸网络大军被用来提高候选人的人气。这代表民主选举的终结吗？
7. 在课堂上登录网站 youtube.com/watch?v=gsSQq SSHrAI，观看如何保护自己免受欺诈的视频。对所学内容进行总结。

章末案例

Dyn 公司遭受 DDoS 攻击

Dyn 是甲骨文旗下一家基于云技术的互联网绩效管理（IPM）企业，提供对云资源和网络公共资源的可见性和控制服务。公司对网络基础设施进行控制和优化，使其更快捷、更安全，从而提供更为可靠的服务。Dyn 提供域名系统（DNS）服务，本质上充当的是互联网的地址簿。该公司提供服务的网络每一个都有成千上万的客户。有关 IPM 行业和 Dyn 的更多信息，请浏览 dyn.com/blog/what-is-internet-performance-management-industry-tech-talk-with-dyn-executive。

事件经过

2016 年 10 月 21 日，如果你身处 Dyn 所服务的网络，则要忍受几乎一整天无法登录亚马逊购物、阅读新闻、阅读部分推文、使用 Reddit，或者连接 Netflix 和 Spotify，但凡 Dyn 所服务的网站，你都无法进行操作。网络黑客使用 DDoS 攻击了 Dyn 位于美国新新罕布什尔州的总部。第一次攻击发生在早上 7 点，Dyn 在大约两小时内解决了问题。第二次攻击大约从中午开始，第三次攻击大约在下午 4 点。攻击者来自数千万个 IP 地址的大量恶意请求展开攻击。结果，Dyn 的互联网目录服务被迫停止，起初受到影响的主要是美国东海岸地区，后来在美国其他地区也蔓延开来。这次袭击十分复杂且难以解决。

事件结果

据称，Dyn 主要提供域名系统（DNS）服务，本质上就是一个互联网地址簿。DNS 是一个系统，它将我们每天看到的网络地址（如 wired.com）解析为 IP 地址，以便找到相应的服务器并与之连接，从而使得浏览器能够呈现所请求的内容（如新闻、查找产品和价格或进行搜索）。DDoS 攻击利用查找请求使得 DNS 服务器瘫痪，使其无法完成任何请求。攻击者不是针对单个网站，而是针对特定的服务器，只要网络终端用户的 DNS 请求经由该服务器，那么攻击者就会使其筋疲力尽。这就是攻击 DNS 如此有效的原因。

此外，DDoS 是攻击 DNS 服务的一种特别有效的类型，因为除了利用恶意拥堵使得服务器瘫痪外，这些服务器还必须处理自动重发请求，那些善意的用户需要反复刷新来找回页面。

Dyn 之前经历过 DDoS 攻击，并成功地得以解决，但规模要小得多。这次攻击的规模和复杂程度令 Dyn 无法招架，对数百个站点和服务的访问被攻击中断。这次攻击凸显了 DNS 对于维护互联网服务稳定和安全有多么重要。

使用僵尸网络

攻击者劫持了数千台联网计算设备（如 DVR、路由器、家用电器），它们没有严密的防护措施，容易感染恶意软件病毒。被感染的设备成为僵尸网络（见 11.3 节）的一部分，造成了 Dyn 的恶意拥堵。主要的恶意软件是 Mirai。需要注意的是，攻击者所劫持的设备还接入了物联网。僵尸网络的附加部分成为 DDoS 的"分布式"部分，这次攻击是历史上同类型攻击中规模最大的一次。

攻击的动机

问题是为什么攻击者选择攻击 Dyn。在 DDoS 和 DoS 攻击中，通常都会索要赎金。这一次却不同。也许攻击者想要惩罚该公司，因为之前在小规模攻击中他们失败了。其他的 DDoS 攻击是为了"炫耀"，为了抗议公司，为了发起网络战争和恐吓勒索。Dyn 事件的动机尚不清楚。一些人推测，行凶者很可能对 Dyn 帮助确认 Brian Krebs 的身份感到愤怒，联邦调查局逮捕了两名以色列黑客，他们经营着一个 DDoS 雇佣服务团伙。

思考题

1. 为什么黑客要利用无辜受害的电脑来创建一个僵尸网络？
2. 为什么 Dyn 无法应对这次攻击？
3. 域名系统在互联网绩效管理过程中有何重要作用？
4. 该案例与互联网上的业务活动有何关联？
5. 该案例与物联网有何关联？

第 12 章

电子商务支付系统

学习目标

1. 描述跨境电子商务以及电子商务支付中存在的问题;
2. 描述零售行业的主要变化以及对电子商务支付的影响;
3. 讨论在线支付卡的不同类型及其使用过程;
4. 讨论智能卡的类别及其潜在应用;
5. 描述在线小额支付存在的问题以及解决方法;
6. 了解 PayPal 和第三方支付平台;
7. 了解移动支付的主要类型及其使用;
8. 描述数字货币和虚拟货币的区别及主要特征。

导入案例

跨境电子商务:开市客与天猫国际的合作

存在的问题

在电子商务活动中,"世界尽在你的掌握"。它可以跨越国界,向不断发展的国际市场提供产品和服务。问题在于,就像莎士比亚的《温莎的风流娘儿们》中的台词一样,打开这样的市场可能需要一把利剑。

当买家通过互联网从另一个国家的商家或卖家购买商品时,这就是国际电子商务或者**跨境电子商务**(cross-border e-commerce)。有的研究人员和从业人员对这个概念进行了重新定义,若是使用相同语言、货币的相邻国家之间开展电子商务活动,就不包括在内。例如,美国和加拿大之间的贸易被视为国际贸易,因为它们的货币和金融监管不同,商品的自由流动也受到法律限制;而欧盟内许多邻国间的贸易却被视为境内贸易,因为它们有共同的货币(欧元)、统一的支付解决方案(SEPA,见 12.3 节内容)和开放的边境。由于这些国家中有许多人通晓多种语言,所以他们至少有一种共同的语言。当各国拥有共同的地域特征、语言、支付系统和货币时,跨境贸易的一些关键障碍就会消除。

埃森哲和阿里研究院(阿里巴巴集团旗下的研究机构)的一份报告显示,2015 年全球 B2C 跨境交易约 3 000 亿笔,约占所有 B2C 交易的 16%。这些交易是由全球 3.6 亿 B2C 购物者完成的,而这仅占当年所有在线买家的 25%。因此,每 7 笔交易中只有 1 笔是跨境交易,每 4 名买家中只有 1 人进行跨境购买。

根据对全球 29 个国家的 2.4 万名成年消费者的调查数据显示,在全球范围内,美国和中国是目前最受欢迎的在线跨境购物目的国。唯一置身事外是西欧,那里的跨境采购往往是在该地区内部进行的。从买方的角度来看,全球各地具有较强跨境采购倾向的国家（超过70%的网上购物是跨境的）包括加拿大、爱尔兰、奥地利、以色列、尼日利亚、新加坡和澳大利亚；倾向最弱的国家包括美国、英国、德国、荷兰、波兰、土耳其、日本、韩国和中国。

据Alizilia.com在2015年的一项数据显示，预计到2020年，跨境交易的前景将发生重大变化。据预测，跨境交易量今后将以接近30%的复合增长率增长，达到1万亿美元左右，即接近当年交易总量的30%。届时，在近20亿购物者中，大约每两人中就会有一人进行跨境购物。对于商人和卖家来说，这些数字代表了巨大的商机。对于银行和支付服务提供商来说，亦是如此。那么你的"利剑"准备好了吗？如何才能把握机遇？

解决方案

假设一个商人想要扩大网上B2C服装专营业务，以便处理海外订单。事实上，服装的跨境采购量要远远超过其他产品类别。考虑到这个事实，在国际市场上销售服装有多难呢？随着英语和信用卡在网络中使用的标准化，似乎大多数商家只要增加对国际信用卡和货运的支持就能从事跨境电子商务。尽管这在世界上某些地区的少数交易中行得通，但是经验告诉我们，对大多数电子商务零售商来说，一般是行不通的。

美国权威媒体Pymnts.com在2015年对10个国家的180家在线B2C商家进行了一项研究，分析了那些已经成功从事国际B2C业务的商家的特点，以及这些商家是否为开展跨境交易做好了准备。根据其对60个特征的分析，最重要的发现是排名前十的商家都具有"本土化思维"。它们对待国际客户就像对待国内客户一样，提供多种语言、多种货币和多种支付系统服务，根据客户所在的国家定制页面（如地址和电话之类的简单内容）。它们支持通过多种设备访问，特别是移动设备。它们简化了结算的程序，减少了提供大量用户资料的要求。为了鼓励回头客，它们还提供免费送货和奖励。

该项研究的第二个重要发现是，受调查的绝大多数样本企业还远未准备好从事跨境交易。由于世界上现有近200个国家、6 500种语言和180种货币，再加上有数不清的各种海关手续、物流、基础设施以及其他监管和法律体系，出现这种情况就不奇怪了。

将潜在的跨境客户都当作"本地客户"来对待，几乎是一项不可能完成的任务。由于跨境销售中需要解决的障碍和问题相互交织，所以很难分阶段、逐一地解决。这就是大多数企业一开始只向少数几个国家提供一小部分产品或服务的原因。在开展跨境业务之初，很多企业不是在目标市场建厂办公司，也不是针对所服务的每个国家创建具有完全本地化特征的法定实体，而是选择一家精通跨境商务、已经设有网站或平台且具有众多跨境消费者的企业进行合作。

开市客的解决方案

当开市客（Costco，美国最大的连锁会员制仓储式超市）决定向中国蓬勃发展的B2C市场提供部分产品时，就采用了这种方法。

开市客在2015年年报中简要介绍了公司的总体战略和经营原则。该公司于1983年在华盛顿州西雅图成立，从一开始，就专注于在美国、加拿大，以及包括英国、墨西哥、日本、澳大利亚、西班牙和韩国在内的少数几个国家或地区经营会员制仓储超市。全球共有686个仓库，其中大部分（569个）位于美国和加拿大。这些仓库平均占地达14.4万平方英尺⊖，由20万名员工负责运营，拥有8 100万持卡会员。持卡会员支付年费的多少因国家而异，在美国大约是55美元。

开市客的基本策略是提供低价格、高质量、知名品牌或自有品牌（Kirkland）的产品，涵盖食品、杂货、电子类产品、纺织类产品、生鲜食品以及附属产品（如加油站和药房）等一系列商品和服务。公司实行的是低价策略，所以它的利润主要来自大批量出售所谓的"重点库存"商品（多达3 700种），加快周转，还有公司实行的"由大量采购、高效配送、精简包装、自助式仓储设施而实现的运营效率"。当然，会员费也是公司利润的来源。

2015年，开市客销售额合计达到1 140亿美元，年增长率为20%。绝大多数（97%）的销售都来自实体店铺。开市客进入电子商务领域较晚，因此落

⊖ 1英尺=0.3048米。

后于竞争对手。开市客的电子商务销售疲软也与其战略有关，因为电子商务销售这种模式不会招募会员，也不存在流连忘返的购物者，或是在店内的冲动购买。

尽管开市客在全球的发展有限，但它很难忽视中国零售业惊人的增长速度，尤其是网络销售的增长。为了测试中国的零售市场潜力，开市客在2014年决定通过在阿里巴巴旗下天猫国际网站上开店进入中国市场，而不是投资建立实体店。

阿里巴巴集团及其天猫和支付宝

近年来，阿里巴巴集团一直全力推进在线跨境B2C进口业务，为此，2014年推出了一个全新的跨境电子商务网站——天猫国际。通过这个平台，国外的公司能够在没有实体店的情况下向中国消费者出售产品。这对开市客尤其具有吸引力，因为开市客不愿重蹈许多大型零售商的覆辙。

天猫具备很多开展跨境电商的优势，但其中最为重要的两个优势是支付宝以及天猫的保税仓库和多方合作的物流网络。支付宝是阿里巴巴旗下的支付平台（类似于PayPal）。它是中国最大的支付系统，比信用卡或借记卡支付交易（天猫平台也可用信用卡或借记卡支付）多得多。该平台可以自动处理货币兑换，这样中国买家就可以用人民币支付，而零售商拿到的是自己本国的货币。一旦商家与支付宝合作，就可以接触到中国几亿网络消费者。另一个重要的优势是，天猫在五个主要城市（上海、广州、杭州、郑州和宁波）建立了多个保税仓库，商家可以往这里预先发送大量的货物。这些仓库位于保税区内，专门处理网上购买的海外商品的进口和配送。它们不仅能加快向客户发货的速度，还能降低通关的税费。从技术上讲，这些仓库是由海关负责管理的，但实际上，货物是由阿里巴巴旗下的物流子公司菜鸟负责。菜鸟利用第三方物流供应商网络进行必要的仓储活动，包括分拣、提货、配送和清关。

合作标准

天猫提供的这些服务都不是免费的。除此之外，海外的零售商还必须做到以下几点：

- 持有零售或贸易许可证；
- 证明它们拥有这些品牌的所有权或这些品牌产品的经销权；
- 提供中文版天猫网站；
- 国外生产的产品必须经由天猫检验和批准；
- 提供客户服务，包括中文服务支持；
- 支持客户退货，并提供在中国的退货地点；
- 向中国消费者提供直接发货服务。

这些必要的服务中许多可以由第三方服务提供商完成，海外的零售商也确实经常这样做。这些第三方要得到天猫国际的预先批准和认可。

取得的成就

如今，开市客在天猫国际网站销售约200种商品，包括食品、医疗保健品和自有品牌Kirkland的标志性产品，还利用在中国台湾地区的基地帮助支持运营，依靠天猫的仓储和20天内配送服务来控制运营成本。

与天猫国际其他5 400家客户不同，开市客获得了些许成功。虽然开市客和天猫都没有提供官方的年度统计数据，但天猫报告称，开市客在运营的第一个月销售额超过640万美元；在2014年"双十一"期间，开市客产品销售额达到了350万美元。

由于开市客的利润微薄，无论获得多少收入，都必须就运营网站和建立合作所产生的收益和成本进行权衡。运营的收益包括：

- 无须投资建设实体店就能测试市场潜力，这是许多大型零售商（如家得宝和百思买）进入中国市场时所犯的错误；
- 允许其进行市场试验，从而确定哪些产品可以出售，哪些功能对中国客户来说很重要，产品定价的范围，以及中国消费者对其提供的产品的总体消费模式；
- 建立在线商店可以不必办理当地营业执照（这或许会是一项复杂、漫长和高成本的工作）；
- 减少了基于银行卡支付系统相关的交易费用，通过加快运输时间降低了总体物流成本。

当然这种运营模式也有其局限性：

- 开市客不能在天猫和淘宝上做广告，而这两个平台占中国在线销售额的80%。公司只能依靠公司名称和品牌知名度来推动业务；

- 天猫向商户收取押金（2.5万美元）、年费（5 000美元至10 000美元）、销售提成（产品价格和物流费用的2%～5%）、支付宝费用（产品价格和物流费用的1%）；
- 开市客失去了公司商业战略中的一个重要机会——收取会员费。

开市客能否在中国B2C市场取得成功还没有定论。来自中国零售业巨头以及其他跨境零售商和制造商的竞争压力巨大。如果开市客成功了，最终可能不得不走本土化经营路线，在中国建立独立的在线业务实体，从而降低总体成本。

案例启示

从消费者的角度来看，在线零售业务非常简单——选择商品、支付、确认和等待收货。从商家的角度来看，网络生活一点也不简单。无论商家是经营国内业务还是国际业务，要想取得成功，都有大量复杂的问题需要解决。这两种经营方式的主要区别在于，当一个商家试图通过开拓国际市场来扩大自己的在线业务时，问题会更加突出——几乎就像在不同的国家单独开设实体企业一样。

正如导入案例中所强调的，在众多需要商家解决的问题中，最为关键的问题包括：（1）电子货币和支付的处理；（2）货款支付后订单的管理和执行；（3）从客户的视角确保资金和物流方面的链接能够衔接有序。本章我们将重点探讨这些问题。

自电子商务这种经营模式问世以来，电子支付领域就一直由信用卡、借记卡以及与银行卡或银行账户相关联的PayPal等第三方代理所主导。今天，这一领域正在不断发生变化。尽管传统的电子支付方式仍占主导地位，但瞬息万变。导致这些变化的原因包括全渠道零售的兴起、移动设备的广泛使用、数字货币或虚拟货币领域的创新以及B2C消费者人口结构的变化。

本章探讨的是这个不断发生变化的支付领域。首先，我们将探讨导致这些变化的潜在因素。接下来，介绍世界范围内的主要支付形式，包括信用卡、第三方支付系统、移动支付和虚拟货币。本章还将探讨不同支付方式下的参与者和流程，以及有些方式被广泛采用而有些未被采用的根本原因。

下一章（第13章）将介绍案例中所涉及的另一方面重要内容——订单的处理和物流。

12.1 零售格局的改变

"零售商店将完全消亡""现金不再是王道""电脑市场正在走向衰亡"。经常发现有些专家声称曾经支撑线下或线上零售业发展的重要支柱即将坍塌。然而，正如作家马克·吐温曾经说过的那样，"……有关我死亡的报道被严重夸大了"。显然，在线购物、数字支付和移动设备等都在以史无前例的速度增长，但正如比尔·盖茨所说，"我们总是高估了未来两年即将发生的变化，低估了未来十年可能发生的变化"。所有这些都不会马上消亡，从全球的视角来看更是如此。

12.1.1 全渠道零售

总体而言，全球零售额仍然保持增长，其中电子商务零售额增长更为迅速。2015年，全球零售额接近24万亿美元。到2019年，这一数字将达到29万亿美元左右，年增长率为6%。相比之下，2015年电子商务零售额预计为1.7万亿美元，占总零售额的7%。未来几年，在线销售部分预计将以每年8%以上的速度增长，2019年将达到3.6万亿美元。到那时，电子商务零售额将占零售总额的12%。这大致意味着，每产生1美元的电子商务销售额，就有9美元的销售额在其他领域（主要是实体店）产生。

在当今全渠道零售时代，把实体店和在线商店之间的关系视为零和博弈是有误导性的。线上和线下的活动是相互交织的。如果我花时间在智能手机上查看某些产品的价格、评论和可获得性信息，我可能会决定去实体店购买。实体店做成了这笔生意，但这次销售却是"线上查询"活动的结果。

虽然线上线下组合销售的各种方式不可能适用于所有产品和零售商，但对于零售商巨头来说，它们正迅速成为现实。几年前，零售商的实体店体系和在线体系——前端业务和后端管理部门——都是完全独立的。这使得利用各种销售组合方式向客户提供服务非常困难。然而，今天许多世界领先的零售商正在转换营销体系，这样就可以为客户提供一系列的浏览、购买和配送选择。

毫无疑问，零售商店的数量和面积都在下降，大多数商店的客流量也在下降。这种下降在很大程度上是在线购物发展的结果，但这并不意味着实体商店会完全消亡。今天我们所了解的购物体验确实发生了变化，因此严格区分实体店销售额和在线销售额可能毫无意义。这就是Forrester一直以来都要公布在线零售情况、受网络影响的零售情况和非网络影响的零售情况的原因。当做出这些区分后，该机构估计2016年全球零售额将被分成三部分：在线零售额占8%，网络影响零售额占44%，非网络影响零售额占48%。

12.1.2 现金交易和非现金交易

线下和线上非现金支付都在增长。从绝对数量来看，这并不意味着现金支付正在下降，并最终会走向消亡。事实上，现金支付也在增长，只不过增长速度比非现金支付要慢。

与非现金支付不同，我们很难跟踪以及准确地衡量一个国家的现金使用总量。政府试图跟踪了解流通中的现金数量，但大多数政府根本无法准确知道谁在用多少现金购买什么产品。事实上，这也是一些人喜欢现金，另一些人则喜欢比特币之类的数字货币的原因之一。

银行ATM机现金存取活动是可以测量的。ATM业务正在蓬勃发展。2014年，全球已安装的自动取款机数量为300万台，到2020年将达到400万台。实际上，经济快速增长的中国2014年已有60万台自动取款机，比上一年度增长了500%。2014年，现金提取次数超过900亿，价值约为14万亿美元，增幅超过4%。当然，将来我们可以从自动取款机上对电子钱包进行充值，所以我们必须区分现金取款和电子取款。

从现金的角度来看，我们还可以估算消费者交易中现金支付和非现金支付的相对数量。万事达卡2015的一份被广泛引用的报告指出，现金交易占全球消费者交易的85%，国家不同，这一比例会有较大的差距。事实上，在绝大多数国家，这一比例超过了85%，其中包括中国、西班牙、巴西、日本、印度和俄罗斯。紧随其后的是美国、澳大利亚、德国和韩国等，这些国家的消费者现金交易比例为55%～70%。最后，有一小部分国家的这一比例为40%～50%。这些是最接近无现金支付的国家，包括新加坡、荷兰、法国、瑞典、加拿大和比利时。

许多国家的政府都在大力推动尽可能多地取消现金交易。然而，由于现金对小额交易和没有更多理财选择的低收入人群的作用无处不在，因此政府几乎不可能消除现金，即使在经济发达的国家也是如此。

现金和非现金支付之间的消费者交易模式有差异，这与线下和线上的零售模式有差异一样。更具体地说，店内零售还是以现金支付为主，而且还在不断增长；而非现金交易的增长速度更快，市场份额也在增加。这些都得益于电子商务交易的发展。虽然电子商务采购中会用到现金支付（如货到付款或从现金账户转账），但绝大多数还是各种各样的非现金支付。

和现金一样，银行卡（信用卡和借记卡）应用的范围越来越广，自21世纪初以来，银行卡支付一直是全球非现金支付领域的王者。根据凯捷2016年的分析数据，总体上非现金支付可分为四类：信用卡支付、借记卡支付、转账支付和支票支付。在欧洲地区，信用卡支付约占所有非现金支付的45%，其他各个地区信用卡支付交易的份额至少达到50%，从拉美的50%到亚洲新兴市场的逾80%不等。

1. 电子商务付款方式的使用

根据市场调研机构尼尔森在2016年对全球26个国家的1.3万名消费者进行调查所获得的数据，我们能更近距离地了解非现金交易在全球网络世界中的使用情况。受访者被要求说明他们在过去3个月里是如何进行B2C网上购物的。支付方式被分为五类：信用卡、借记卡、数字支付系统（如PayPal）、银行自动扣款、货到付款。一些地区所使用的居前三位的支付方式如表 12-1 所示。

表 12-1　受访者过去 3 个月内各种电子商务支付方式使用占比　　　　　　　　　　　　　（%）

国家	信用卡	借记卡	数字支付	银行代扣	货到付款	国家	信用卡	借记卡	数字支付	银行代扣	货到付款
全球	53	49	43	—	—	东欧地区	46	—	—	55	57
中国	—	—	86	53	49	北美地区	74	—	38	—	—
印度	—	71	—	61	83	非洲	—	52	—	42	54
东南亚地区	57	—	37	35	—	拉丁美洲	65	31	46	—	—
西欧地区	44	56	56	—	—	中东地区	46	11	—	—	64

资料来源：Based on data from Nielsen (2016)。

在全球范围内，信用卡和借记卡是最常用的支付方式，其次是数字支付系统。但是，显而易见，具体支付方式的相对重要性却因地区而异。中国明显不同于其他国家和地区，因为信用卡和借记卡都不在前三名之列。在中国，数字支付的应用最为广泛，这主要源于阿里巴巴是中国目前最大的电子商务网站，而它依托的是自己的支付系统，即支付宝（Alipay）。同样需要指出的是，在 9 个地区中，4 个地区所使用的主要支付方式是货到付款，而这些地区恰好都是发展中经济体，在这些地区很大一部分人"没有银行账户"。

2. Amazon GO 正在改变零售业

2017 年年初，亚马逊（Amazon.com）将改变实体零售模式，推出让顾客无须人工结账的商店。通过使用多种人工智能技术、机器学习、传感器、计算机视觉和深度学习（见第 7 章），智能商店可以跟踪购物者在购物车中放置了什么。当顾客离开实体店时，他们不需排队付款。没有收银员，不需要刷信用卡，也无须排队等候。亚马逊只需将费用计入客户的账户，并向他们发送电子收据。购物者要使用亚马逊专门的应用程序，仅此而已。最初，亚马逊只在西雅图为员工开设了一家实验性商店。现在亚马逊计划开设 2 000 家这样的商店。

2016 年，有专家针对这类商店的可行性提出了以下五个问题：

- 它将如何抓住小偷？
- 它将如何识别快速购物者？
- 如果在店内消费完商品，然后把包装放回货架上，会怎么样？
- 系统如何处理退货？
- 如果错把商品放进别人的购物车里怎么办？

12.1.3　移动商务的发展

智能手机正快速普及全球，这不足为奇。根据爱立信统计数据显示，2015 年全球智能手机用户不足 20 亿，约占全球人口的 27.25%。到 2016 年，这一数字超过 48 亿，占世界人口的 66%。这种惊人的增长速度在很大程度上是由发展中经济体和 18～24 岁的"数字原生代"推动的。

此外，新型智能手机相较于其他基于计算机的设备（包括平板电脑、二合一混合平板电脑、便携式电脑和台式电脑等）的全球出货量情况，也凸显了智能手机的迅速普及。2011 年年底，智能手机出货量首次超过各类个人电脑出货量。如今，智能手机已占所有新增出货量的 70%。到 2019 年，这一比例可能达到 80% 左右。

显而易见，个人电脑市场已经奄奄一息，但衰亡的速度还没那么快。首先，除了苹果仍拒绝在 MacBook 系列产品上提供触屏功能外，大多数个人电脑正在向具备移动功能的平板电脑转变。其次，许多智能手机用户仍然拥有个人电脑以备日常使用。最后，放眼电子商务领域，很明显，个人电脑在在线购物方面仍然占据主导地位。

关于后一种说法，请查看图 12-1。图中数据显示了通过平板电脑、智能手机和个人电脑在线购物的比例。日本和韩国手机和智能手机使用率历来很高，除了这两个国家外，其他各国通过个人电脑的购买量至少占到总购买量的 70%。即使在日本和韩国，这个数字也在 50% 左右。

为什么通过个人电脑在线购物的比例仍然高于智能手机？原因有很多。一个原因是很多智能手机用户仍不愿将个人资料和信用信息放在手机上，担心手机被盗或被黑客入侵。当电子商务刚刚起步时，正是这种担忧阻碍了信用卡在网上购物中的使用。很明显，消费者已经克服了这个问题，对于移动设备使用的担忧也会再次克服。另一个原因

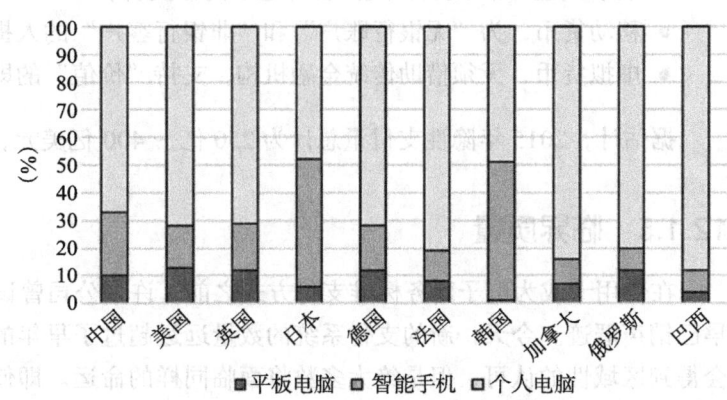

图 12-1　各国不同设备在线购物消费占比情况

与消费者的人口统计特征有关。年轻群体移动设备的使用率最高，而年长群体的购买力远远大于年轻群体。从全球范围来看，65 岁以上人群的净资产中值是 35 岁以下人群的近 50 倍！年龄较大的消费者仍在使用个人电脑。从长远来看，这可能意味着使用智能手机的购物比例将开始迅速攀升。但是在可以预见的将来，通过个人电脑购物的金额仍将超过智能手机。

无现金社会

尽管存在种种障碍，但是无现金社会确实已经到来。向无现金支付的转变将刺激数万亿美元的消费者支出（估计未来 10 年将增加 10 万亿美元）。2016 年，网民数量已经超过 32 亿，到 2020 年，将超过 44 亿。这是发展无现金社会的主要动因。此外，智能手机甚至在发展中国家也在普及，使得资金转移成为可能（请参阅章末案例）。事实上，印度正在迈向无现金社会。在美国和加拿大，超过 50% 的美元支付已经是无现金的；在西欧、澳大利亚和东南亚，这一比例超过了 35%；在其他国家，这一比例约为 10%。

12.1.4　对电子商务支付的影响

B2C 电子商务自 1995 年问世以来，其业务模式、交易流程和支付方式一直都比较简单。大致来说，在 21 世纪初，通过浏览器提供产品目录和价格、允许通过银行卡或第三方支付处理程序（如 PayPal）付款、提供货物运输和处理退货的系统以及提供客户支持，对于普通厂商而言已经足以开展相关业务。那些同时拥有实体店和网上商店的商家，更倾向于将它们的在线业务作为线下业务简单而独立的延伸，基本上类似于将纸质的商品目录数字化。与大多数按目录开展邮购业务一样，B2C 电子商务主要关注的是不易腐烂的产品（不关注客户）和国内市场，而不是国际买家。即使在今天，很大一部分电子商务网站仍然以这种模式运营，只是增加了一些华而不实的功能。

在过去十年中，这种模式的基本原理和实践一直受到管理、技术和人口变化（本章进行了简单介绍）的冲击。过去的 4～5 年时间里，这些变化已经达到了顶峰。这一点在买卖双方的收付款方面表现得最为明显。对该领域的冲击一直被喻为"海啸"，顾名思义，旨在弥补、修改或取代电子支付某些方面的创新有成千上万。其中许多创新来自金融科技行业的新起之秀和初创企业。

尽管没有具体的行业标准来对这些尝试进行分类，也没有官方数据来估算相关的交易量和金额，但英国凯捷 2016 年提供的数据尝试着解决这些不足，该机构将所有相关的行为归纳为"隐性的数字支付"，并将支付分为以下四种主要类型：

- 闭环卡和移动应用程序，支持在线和离线支付，旨在提高客户忠诚度；
- 数字钱包（非银行），支持各种电子商务交易；
- 移动货币，为"无银行账户"和"非银行客户"的人提供移动金融交易服务；
- 虚拟货币，无须借助传统金融机构，支持"价值"的即时划拨。

据估计，2015年隐性支付量总计为250亿～400亿美元，仅占非现金交易的一小部分（6%～10%）。

12.1.5 临界质量

在信用卡成为电子商务标准支付方式之前，许多公司曾试图引入非传统的支付系统。除了PayPal，多数早已销声匿迹。今天，新的支付系统的数量远远超过了早年的数量。部分可能会得到广泛的认可，部分可能会得到区域性的认可，但是绝大多数将面临同样的命运。即使声名狼藉，拥有一群忠实的追随者，也是成功的保证。

典型的例子就是广为人知的虚拟货币——比特币（bitcoin.org）。比特币是一种点对点、加密的数字货币，由开源软件提供支持（见12.7节）。它拥有大量的用户和支持者，但历经坎坷。有的专家预测，比特币作为一种货币将会消亡，但是潜在的技术基础很有可能被用于其他金融领域。

早在2005年就有专家指出，任何一种支付方式被广泛接受都要历经数年。例如，信用卡在20世纪50年代推出，直到20世纪80年代才被广泛使用。任何支付方式的成功都有一个关键因素——"鸡和蛋"的问题：买方不使用的支付方式，怎么可能让卖方使用呢？同样，如果卖方不使用这种支付方式，怎么可能让买方使用呢？从物理学的角度来说，支付系统是如何达到临界质量的？

影响临界质量的因素

影响支付系统临界质量的因素有如下几种：

- 独立性。几乎所有形式的电子支付都需要买方采用新的技术发起支付，卖方或商家安装特定的软件和硬件以接受、授权并处理支付行为。如果新的支付系统能够利用现有的技术和实践，它将更容易取得成功。
- 交互性和便捷性。一种电子支付方式必须能与已有的信息系统相兼容才能被采用。
- 安全性。支付业务的安全程度如何？转账信息被泄露的后果是什么？只有安全的支付系统才能成功。
- 匿名性。一些买方希望他们的身份信息和购买记录是匿名的，满足这一特性的只有现金支付。所以，支付方式若是要想被用户接受（如虚拟货币），就必须能够匿名。
- 可分性。对于大多数支付系统来说，要想适用各种购买价格是很困难的。例如，一种极端情况是尝试使用信用卡购买棒棒糖，另一种极端情况是尝试用信用卡购买飞机。任何能够服务于这两种极端情况之一的或者能够涵盖广泛的中间情况的支付系统，都有可能成功。
- 方便性。由于信用卡的使用非常方便，所以在B2C和B2B市场得到了广泛的使用。电子支付应与贸易方式相一致。
- 交易费。除了现金，几乎任何支付系统都需要支付一项或多项服务费。当使用信用卡支付时，商家需要支付手续费。如果总费用对其中一方来说过于昂贵，那么该系统很可能会失败。
- 跨国支持。电子商务已经在全球范围内得到了广泛的使用。一种支付方式必须易于调整以适应购买的需求和当地的法律要求，才能得到广泛的使用。法律强制规定的系统除外。
- 规章条例。一系列的国际性规则，美国联邦或是州的规章制度对所有的支付方式进行制约。支付方式的任何改变或者一种新方式的推出，必须得到监管机构的许可。例如，PayPal支付平台由于违反了银行监管条例，不得不面对美国一些州的诉讼。

本节习题

1. 什么是全渠道零售？什么是"线上查询，线下购买"模式？
2. 为什么跟踪现金在全球范围内的使用存在困难？
3. 世界上不同地区所使用的不同电子支付方式有哪些？
4. 智能手机、平板电脑和个人电脑在电子商务采购中的相对使用情况如何？
5. "隐性支付"的主要类型有哪些？
6. 电子支付中"鸡和蛋"的问题指的是什么？
7. 影响电子支付方法普及使用的关键因素有哪些？

12.2 网上支付卡的使用

支付卡是指以支付为目的，包含一定信息的电子卡片。它有三种形式：

- 信用卡。信用卡是指发卡机构给予持卡人一定的信用额度，持卡人可在信用额度内消费或是提现。每消费一次，就意味着持卡人从发卡机构获得一笔信贷。信用卡一般不收取年费。但是，如果持卡人到期没有全额还款，就会被收取利息。Visa 卡和万事达卡是目前应用范围最广的信用卡。
- 签账卡。签账卡是一种特殊的信用卡，要求余款必须到期全额付清，并且有年费。发行签账卡的公司有美国万事达公司和 Diner（这两家公司也发行常规信用卡）。
- 借记卡。使用借记卡刷卡时直接由支票账户或存款账户扣款。通常款项支付会即时地从账户划走（如果使用的是 ATM 卡）。然而，商家支票账户的结算需要 1～2 天。万事达、Visa 都发行借记卡。有关借记卡使用典型案例的讨论，请浏览 usatoday.com/story/tech/columnist/komando/2014/04/11/4-places-youshould-not-wipe-your-debitcard/7436229。

12.2.1 信用卡的读取

在使用信用卡支付时，商家必须读取该卡的信息，然后等待这些信息的审批和处理。这个过程几乎是即时完成的。

信用卡的读取有以下几种方法：

- 固定读卡器。最常见的读卡器是商店里的 POS 机。POS 机与授权和处理系统有线连接。
- 便携式读卡器。这些都用于不存在有线连接的地方（如在飞机上）。它们可以通过无线方式连接到处理系统，或者是独立的系统（卖方承担风险，通常用于小额支付）。
- 移动读卡器。这些系统适用于移动设备的支付。包括信用卡读卡器，安装在智能手机里。Square 读卡器（squareup.com）通过一个刷卡器（Swiper）插入智能手机的耳机插孔并通过信用卡词条读取客户信息（详见 12.5 节）。

12.2.2 在线支付卡使用过程

支付卡使用过程包含两个重要的环节：授权和结算。**授权**（authorization）需要确定买方用卡是否有效（或者是否到期），以及该客户的资信状况是否良好。**结算**（settlement）就是从买方账户转账给商家账户的过程。支付卡使用过程的参与方主要包括：

- 顾客。使用支付卡的个人用户。
- 商家。销售商品或服务的公司。
- 发卡行。为个人（或企业）用户提供信用卡（或借记卡）的机构（通常是银行）。该机构会向客户提供按月发送账单和提醒还款服务。
- 收单银行。将商家纳入接受特定支付卡品牌（如 Visa）的项目，并代表商户处理该品牌借记卡或信用卡付款。
- 信用卡（联盟）网络。信用卡网络能够明确信用卡可以使用的地点，使得信用卡用户、商家和发卡行之间的支付过程更加便捷。
- 支付服务提供商。该服务机构为所有电子支付的参与者提供网站链接和支付服务（包括授权），也被称为支付平台提供商。

授权与结算

图 12-2 展示了信用卡网络参与者所扮演的角色、相互之间的联系、授权和结算程序的一般流程。对于某种支付卡或某个商家，在具体的角色和过程的细节上可能会有所变化。然而，无论支付方式是线下还是线上，通常包括：

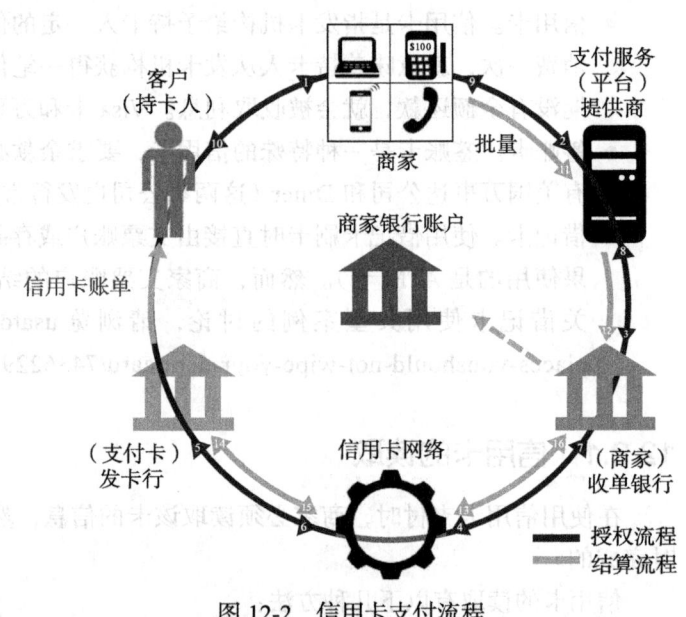

图 12-2　信用卡支付流程

- 授权流程——客户发起支付交易（填写网页内容、刷卡等），商家收到交易信息。这些信息被传递到支付服务提供商，然后转至商家的收单银行（处理器）。收单行通过信用卡网络将信息传递给发卡行。如果发卡行批准该交易，授权代码将通过相同的链接发送回商家。发卡行还持有与该商家和消费者相关的授权，授权金额为批准的金额。最后，商家通知客户并完成订单。
- 结算流程——在当天结束时，商家通过支付服务提供商将其收到的所有经批准的授权分批提交给收单银行。接着，收单行通过支付卡网络向发卡行发出批量结算请求。发卡行通过支付卡网络（次日）向收单行进行结算付款。收单银行随后将批准的资金存入商家的指定账户。该账户可以是商家在收单银行办理的账户，也可以是在其他银行的账户。从授权到结算再到资金入账的整个过程通常需要 3 天。

尽管整个授权过程涉及多个参与方，但通常只需要几秒钟。其间涉及各种安全措施——对传输的信息进行加密，以及在传输过程中检查是否存在欺诈交易。相比之下，结算过程通常需要几天的时间。如果交易要等到商家实际收到订单再往下进行，那么结算过程可能会变得更慢。

虽然信用卡对消费者和商家来说都很方便，但商家却要为此支付相关费用。这是小型企业不愿意支持太多信用卡品牌和类型的原因之一，因为这种支持的收费高且很复杂。商家提供信用卡支付支持的主要费用称为**贴现费**（discount rate）。它可能是交易价值的 2%、3% 甚至更多。影响费率的因素有很多，如交易的规模、交易的类型（例如是否有信用卡）、特定的信用卡品牌等。贴现率的很大一部分（如 85%）归发卡行所有——

这是发卡行为处理授权和结算请求而收取的费用。这部分费用称为**交换费**（interchange rate）。剩余的金额由信用卡联盟（约 1/3）和收单银行（约 2/3）分摊。

降低信用卡支付的复杂性、减少相关成本的一种方法就是简化或整合支付的流程，尤其是连接商家与发卡银行的支付系统。以下是主要的系统类型，从事电子商务的商家可以从中进行选择：

（1）使用自有支付软件。商家可以购买一套支付处理模块，将它与其他电子商务软件进行整合。收单银行或第三方运行的支付网关与该模块相通。

（2）使用收款方的 POS 系统。商家能够将持卡人的支付卡与收款方的 POS 系统相连。POS 系统处理整个支付过程，一旦支付完毕，POS 系统还将持卡者信息直接发送回商家网站。在这种情况下，商家系统只需要处理订单信息。商家最好能够与使用多种卡及多种支付工具的收款方合作。否则，商家就要和多个收款方建立联系。

（3）使用支付服务提供商的 POS 系统。商家可以使用**支付服务提供商**（payment service provider，PSP）等第三方机构提供的支付服务，这样便可以接受所有类型的电子支付。PSP 能关联电子商务交易的所有参与者。有关实际案例，请浏览 usatoday.com/story/tech/columnist/komando/2014/04/11/4-places-youshould-not-swipe-your-debitcard/7436229。

选项 1 就是图 12-2 中所示的基本方法。在选项 2 中，商家退居一旁，由收款方负责处理客户的付款。在选项 3 中，由第三方机构处理信用卡支付以及其他类型的付款，而商家只需与第三方进行沟通。这些第三方公司还可以帮助商家免除与收购银行建立业务关系的麻烦。

12.2.3 欺诈性信用卡交易

尽管在线和离线的卡支付授权和结算过程类似，但还是有一些区别的。在电子商务中，商家往往需要对欺诈交易承担责任。除了损失货物和运费之外，接受存在欺诈或未授权的银行卡进行支付的商家还必须向信用卡公司支付罚金。然而这还不是损失的全部。

相关损失还涉及欺诈交易的防范费用，包括审查订单的工具和系统成本、人工审查订单的成本以及因订单的驳回而损失的利润。根据 CyberSource（Visa 的子公司）对在线欺诈管理的第 16 个年度调查显示，尽管电子商务收入损失率在过去 5 年保持稳定（9%），但在线欺诈性信用卡交易仍然造成了巨大的损失。之所以保持稳定是因为商家已经采取措施进行欺诈管理。多年来，CyberSource 的调查也一直在监测商家应对欺诈的措施。今天，几乎每个商家都安装了需要依靠人工审查监测欺诈交易的自动化程序。具体的自动化程序因商家而异，其中部分已经得到了广泛应用。

应对欺诈的方法

应对欺诈的方法主要有如下几种：

- 信用卡验证号码。超过 86% 的商家使用**信用卡验证号码**（card verification number）的方法，该方法需要核对信用卡背面的署名条上的 3 位号码（或者是卡正面的 4 位号码，如美国运通卡）与持卡者发卡行的文件上的号码是否一致。但是，如果一个诈骗者持有一张偷来的信用卡，号码一目了然，就很难进行核实。为此有必要检查信用卡用户的支付习惯（例如检查不寻常的大额购买或海外购买）。持卡人可能会接到发卡银行或信用卡公司的电话要求核实身份。这种身份检验可以通过智能软件自动代理。
- 地址核实。大多数商家（超过 86%）使用**地址核实系统**（address verification system，AVS），该系统用于评估用户进行结算时所提供的地址与用户持卡银行存档中的地址信息之间的一致性。该方法会出现一些误差，即导致商家可能会拒绝接受一些有效的订单，因为持卡者也可能在更换地址或者输入地址信息时出错。AVS 仅在美国和加拿大适用。

- 客户订单历史。持卡人使用特定支付卡进行购物,在地点、金额、类型和频率方面往往遵循有规律的模式。通过数学上和统计上挖掘卡内订单信息可以来识别这些模式。通过比对当前的信用卡购买与这些模式是否匹配,实时检测异常,从而标记出潜在的欺诈行为。近78%的商家采用这种方法。
- 黑名单。大约70%的商家采用黑名单的方法。黑名单是一个信用卡卡号数据库,包含了潜在的被用来欺诈的卡号,以及避免重复诈骗的卡号。商家可以把每个客户的卡号匹配黑名单数据库,找到已经存在问题的客户和支付卡。
- 邮政地址验证服务。检查订单中的送货地址是否是有效的邮政地址。不到70%的商家使用这种方法。

虽然自动化程序是识别欺诈的关键,但CyberSource的调查显示,近1/4的信用卡交易被标记为潜在的欺诈行为,需要人工进行审核。人工评审的平均时间约为5分钟,这需要耗费大量的时间和人工成本。事实上,用于应对信用卡交易欺诈的资金有一半都花在了这些费用上。未来降低这些成本的关键显然是改良自动化程序。

本节习题

1. 支付卡有哪三种类型?
2. 什么是信用卡读卡器?
3. 网上支付卡交易过程有哪些参与方?
4. 简要介绍信用卡授权和结算的主要流程。
5. 商家在设置电子支付系统时有哪些选择?
6. 如果遇到了信用卡欺诈交易,网上商家将付出什么代价?
7. 网上商家经常采取何种方法进行反欺诈?

12.3 智能卡

智能卡(smart card)是塑料制的支付卡,其内嵌的芯片上载有有关数据。内嵌芯片是由一张记忆芯片组成或者由一张未经编程的记忆卡组成的微处理器。微处理器卡上的信息可以增加、删除或进行操控;一张记忆卡通常是只读的,这些都与磁条卡相似。智能卡的程序和数据必须通过其他设备(如自动取款机)下载并激活。使用智能卡的目的包括:

- 电信——SIM卡;
- 金融——由银行、零售商和支付服务提供商发行的支付卡(借记卡、信用卡、预付卡)、购物卡和带有支付应用程序的社交卡;
- 政府和医疗保健——由政府发行的公民身份证和在线服务卡,以及由私人健康保险公司发行的智能卡;
- 设备制造——内置安全元件且没有SIM应用程序的手机、平板电脑、导航设备和其他连接设备;
- 其他——由运营商发行的用于交通、通行费、停车场服务、付费电视以及卡片物理访问和逻辑访问的智能卡。

2015年智能卡出货量超过92亿张,同比增长12%。2016年,这个数字增长6%,达到98亿张。目前大部分智能卡(92亿张智能卡中有54亿张)是在电话中使用的,其次是用于支付(26亿张)。目前的增长主要是由支付卡从刷卡向EMV芯片卡的转变、移动设备(不包括SIM卡)的增多以及电子政务服务的增加推动的。

12.3.1 智能卡类型：接触型和非接触型

有两种特别类型的智能卡。第一种是**接触型智能卡**（contact card），将其嵌入智能读卡器中就可以将其激活；另一种是**非接触型智能卡**（contactless card，proximity card），只要与其相匹配的读卡器在一个确定的范围之内，就可以进行交易处理。接触型智能卡的前面有一个直径大约半英寸大小的金属壁，内含芯片。当卡嵌入智能读卡器时，金属壁中的芯片产生电子接触，从而进行数据交换。非接触型智能卡内含嵌入式天线，数据可以通过这个天线传输到另外的触点（安装在其他设备上）。非接触型智能卡主要应用于数据快速处理（如收费公路、公交卡、火车票）或接触非常困难的地方。大多数非接触型智能卡都用于短程传输（只有几英寸）。但对于某些应用来说，如公路收费站，远程非接触型智能卡更合适。

2015 年，运往美国和欧洲的智能卡中，超过 50% 是非接触型智能。在亚太地区，这一比例接近 75%。

智能卡读卡器

混合智能卡和双面接触型智能卡则结合了接触型和非接触型智能卡的特点于一身。混合智能卡的内部有两个分开的芯片：一个是接触型的，另一个是非接触型的。相反，双面接触型智能卡（又称结合智能卡），只需一个芯片，但可以支持两种接触类型。这种卡的好处就是免于携带多张卡，以省掉不同应用程序所带来的麻烦，并且只需携带一种读卡器。

在上述两种卡的使用中，智能读卡器对整个系统的运作起着至关重要的作用。从技术角度来说，**智能卡读卡器**（smart card reader）本身就是一个读/写设备，其首要目的就是在智能卡和存储有应用程序的交易处理软件系统之间扮演一个调节人的角色。正如有两种智能卡一样，智能卡读卡器也有两类（接触型的、非接触型的），用以适应不同的用途。智能卡读卡器可以是依靠主机来运作的，或是单机版的。智能卡读卡器是决定智能卡应用程序总成本的关键因素。虽然一个读卡器的成本很低，但如果被大量用户使用时（如大都市的大运量客运系统），其成本是不言而喻的。

12.3.2 储值卡

储值卡（stored-value card），即卡里的货币是预先存进去的，并且可以多次充值。从物理和技术角度来看，储值卡和普通信用卡或借记卡是没有区别的。在过去，储值卡通过背面的磁条充值，但最近大多数储值卡也利用智能卡的技术，通过芯片充值。客户可以通过与信用卡和借记卡相同的方式，依托同一网络、加密通信和电子银行协议，使用储值卡进行在线或离线购物。储值卡与信用卡、借记卡的区别在于不需要授权，但卡上的存储有限额。储值卡最普遍的应用是作为交通卡，尤其在亚洲的大城市中很流行。韩国首尔、中国香港和新加坡的公民都需要使用智能卡支付地铁、公交车、出租车和其他交通工具的费用。交通卡没有任何卡费，但银行发行的预付卡可能会收取固定的月租费或注册费。储值卡也常用于打电话和发短信。

储值卡有闭环储值卡（单一用途）和开环储值卡（多种用途）两种。闭环储值卡也称为专用卡，由特定的商家或商家集团（如一个商场）发行，只能在这个商家或商家集团购买商品时使用。商场卡、存储卡、礼品卡、预付电话卡都属于闭环卡。

在闭环卡中，礼品卡的使用最为广泛，尤其是在美国。每年有超过 90% 的美国消费者会购买或收到礼品卡。在美国，每年用于礼品卡上的花费超过 1 000 亿美元。在过去 5 年里，这个数字平均每年增长 6%。

开环储值卡是一种多用途卡，可用于与零售商、服务提供商之间的交易支付。开环储值卡还可以用作其他目的，如预付借记卡，或在 ATM 机上直接进行现金的存取。金融机构与卡协会（如 Visa 或万事达）共同推广一些开环储值卡品牌。它们可以在任何可以接受该品牌卡的地方使用。完全开环储值卡（如万事达 Mondex 卡）可以在卡与卡之间直接转账，不受银行干预。

储值卡可以通过各种方式获得。用人单位或政府机构以工资卡或福利卡的形式发放，用以替代支票或直接存款。商家和商家集团出售和发行礼品卡，各种金融机构和非金融机构通过电话、网络或者当面出售预存卡。储值卡里的资金可以通过现金、银行转账、邮政汇票、本票、信用卡、工资、政府存款等形式存入。

12.3.3 智能卡的应用

在世界许多地方，磁条型智能卡作为信用卡的补充常用于一般零售交易或公交车计费，还支持非零售和非金融性使用（请浏览 globalplatform.org）。

1. 零售购买

信用卡公司和一些金融机构正在努力推进传统信用卡和借记卡向多功能智能卡方向转变。目前，许多国家和地区的智能卡在市场上已占据很大比例。

2000 年，欧洲委员会就建立了"单一欧元支付区"（SEPA），涉及 33 个欧洲国家。为了确保这个创新性项目能开花结果，欧盟的所有银行都同意使用相同的银行卡标准，以确保信用卡和借记卡能够在欧盟得以使用，这个标准称为 EMV，是由 Europay、万事达、Visa 等发卡组织共同开发的。该标准是在具有微处理芯片的智能卡的基础上开发的，其中的芯片不仅能存储财务信息，还具备其他功能，如具备很强的身份验证功能、数字签名功能。有关 SEPA 的发展历程以及有关规则，请查看维基百科（en.wikipedia.org/wiki/Single_Euro_Payments_Area）。

最初，欧盟的 33 个国家已同意在 2010 年 12 月之前将其各自的磁条卡转换成 EMV 智能卡，但是，没有一个国家真正实现。如今，欧洲各地的普及情况有所不同。西欧 97% 的支付卡交易使用的是 EMV 卡，东欧的这一比例约为 65%。欧洲之外的国家和地区，如中东、非洲、加拿大、拉丁美洲和南美洲，也有很高的使用率。在这些地区，这一比例高达 85% 或更高。在亚太地区，EMV 卡的受欢迎程度并不高，使用率约为 35%。美国的普及速度也一直非常缓慢。

在美国，主要的信用卡协会已经将 2015 年 10 月 1 日定为强制使用 EMV 卡的截止日期。自该日起，未采用该类型信用卡的商户将承担因信用卡欺诈而造成的任何损失。但是这一期限反复推迟。到 2015 年年底，不到 40% 的商户拥有 EMV 终端，约 40% 的持卡人拥有带有 EMV 芯片的银行卡。尽管美国行动迟缓，但 2016 年使用率大幅上升。唯一的例外是加油站，2017 年之前它们不会接受 EMV 卡。

信用卡安全 智能卡和标准卡相比的优势在于，前者更加安全。因为两者都存有大量有价值的信息或是敏感信息（如现金记录、诊疗记录），智能卡对于盗窃、诈骗、误用都有很强的安全性。相比较而言，如果标准卡不慎被窃，卡号首先就暴露了，随后是所有人的签名和安全密码。许多情况下只要有卡号和安全密码就能消费，小偷可以在授权额度内使用，对银行、Visa 和万事达造成损失。

然而，如果被盗的是一张智能卡，那么小偷就只能"望卡兴叹"了（除非是非接触型智能卡或用于零售购买时仅需"晃动一下"即可使用的卡）。在智能卡使用之前，持卡人可能需要输入密码。智能卡和标准卡相比较的优势还在于它可以拓展其他支付服务。在零售领域，这种类型的服务通常瞄准那些常用现金支付且对速度和便捷性要求较高的机构，包括便利店、加油站、快餐店、电影院等。非接触型支付的应用是这类增值服务的典型特征。

零售中的非接触型支付 几年以前，信用卡公司就开始倡导将非接触型支付系统运用于以速度和便捷为特征的零售领域。新系统利用了现存的用于传统信用卡和借记卡支付的 POS 机和磁条卡设备。唯一的区别就是需要一个非接触型智能卡读卡器。购物时，持卡人只需在读卡终端上轻轻地晃动一下即可，上面会立刻显示卡内的资金信息。尽管非接触型支付卡方便快捷，但它在零售商店的普及速度还是相对较慢。根据智能支付协会的数据，2014 年 15 亿张发出的智能支付卡中有 40% 是非接触型的，比前一年增长了 35%。

2. 交通费用

在美国、部分欧洲国家以及日本的大城市里，乘车上班族经常不得不先开车到停车场，上火车然后换乘一个或者多个地铁或公交车去上班，整个行程需要好几次支付。为了消除这种不便，美国和亚洲的多数交通运营商已经实施智能卡票务系统。在华盛顿、首尔、香港、旧金山湾区、新加坡等主要城市的交通系统已经全都使用智能卡支付系统。除了交通票价，公共交通智能卡以及其他电子支付系统（如智能手机）还用于支付停车费，甚至购买某些商品。有关案例请浏览费城停车管理局网站（philapark.org）。美国及其他地区的许多主要收费公路都接受一种电子支付装置——"应答器"，操作起来更像非接触型智能卡，但更加远程。新加坡的电子道路收费系统，如图 12-3 所示，通过车上的远程应答器检测市中心的道路来控制交通流量，尤其是在交通高峰时间。

图 12-3　新加坡电子道路收费系统

值得注意的是，尽管智能卡目前很受欢迎，但未来它的使用将会减少，取而代之的是智能手机支付，这在电子商务小额支付领域已经实现。

本节习题

1. 什么是智能卡？什么是接触型智能卡？什么是非接触型智能卡？
2. 智能卡一般应用于哪些领域？
3. 什么是储值卡？什么是闭环储值卡？什么是开环储值卡？
4. 为什么与普通信用卡相比智能卡更安全？
5. 智能卡如何用于大都市交通系统？

12.4　电子商务小额支付

小额支付（micropayment）或**小额电子支付**（e-micropayment）是指小额的在线支付，通常在 10 美元以下。在很多卖家看来，用信用卡来支付小额款项成本高昂，借记卡同样存在成本问题，即使不存在费率，但固定交易费用更大。这些固定费用（或百分比费率）的成本只有在购买额超过 10 美元时才较低。不管供应商的观点如何，大量的证据表明至少在线下消费时，消费者更愿意使用信用卡或借记卡进行小额支付。在网络世界中，有证据表明消费者乐于进行小额采购，但与信用卡或借记卡支付并没有直接关联。苹果的 iTunes 音乐商店及其应用程序商店是典型的例子。2014 年，从 iTunes 下载歌曲超过 350 亿次；2015 年，从应用商店下载的应用程序超过 1 000 亿次。其中大部分单曲的下载价格都是 1.29 美元，单个程序的价格为 0.99～5 美元。虽然大部分苹果用户都是使用信用卡或借记卡来支付下载费用，但并不是以每次下载交易为单位进行支付。相反，用户首先建立自己的账户，苹果公司在用户购买到一定量之后再通过信用卡或借记卡收取费用。

在其他领域，消费者愿意进行的低于 5 美元的交易案例就是手机铃声、呼叫铃声和在线游戏，手机铃声和呼叫铃声的市场达数十亿美元，而铃声下载的费用都是通过手机账单收取的。同样，在线游戏的市场也高达数十亿美元。与歌曲和铃声下载一样，下载在线游戏费用也是通过消费者的账户收取，不同的是账户通过信用卡或借记卡进行充值。此外，消费者还可以用信用卡支付停车费、机场租车费和其他服务费用。

12.4.1 小额支付模式

目前，不完全或不直接依赖于信用卡或借记卡，并且已经取得一定成功的小额支付模式有五种。虽然使用这些方法进行在线支付已经没有什么障碍，但其中有些方法更适合于离线支付。这些模式包括：

- 集中支付。单个消费者的付款是定期处理的（如每月一次）或是累计达到一定的金额（如 100 美元）再进行处理。这种模式适合具有大量重复业务的供应商。苹果的 iTunes 商店和应用程序商店都使用了这种模式。韩国首尔以及其他许多地区所使用的交通卡也属于这种性质。
- 直接支付。这种模式是集中支付的一种，但小额支付被添加在现存的每月账单中（如移动电话账单）。
- 预付款。用户先将资金存到借方账户，在发生交易的时候再从账户扣款。实体店商家（如星巴克）常使用这种支付模式，音乐下载服务使用的也是这种支付模式。这种模式被一些在线游戏和社交媒体网站使用。
- 订阅。一次支付（如每月）就可以获得指定时期的内容订阅服务。网络游戏公司以及大量的在线报纸和杂志都使用这种支付模式。
- 点单。商家在交易发生的时候收取费用，它们主要依靠巨大的交易量来谈判获得折扣。这种模式适用于股票交易，例如 E-Trade。

12.4.2 小额支付的选择与成本

小额支付领域号称有价值 130 亿美元的商业机遇，这是数字内容（新闻、音乐、视频等）、移动应用程序、社交网络和在线游戏社区快速发展的结果。但是机遇与挑战并存，很多公司在初创阶段就早早夭折。支持小额支付并具有一定潜力的公司和支付方式包括亚马逊支付、PayPal 小额支付以及移动支付公司 Boku（boku.com）和 Fortumo（fortumo.com）。Zong 是一家相对成功的移动支付公司，在被 PayPal 收购之前，专门从事在线游戏和社交网络的小额支付。

除少数情况外，所有这些选择仍然需要商家和消费者花费一定费用，具体多少取决于购买的性质和客户支持支付的方式（信用卡、银行账户、移动账户等）。因此，小额支付问题的长期解决方案可能最终取决于信用卡协会。有些情况下，解决方案可能是信用卡协会调整收费，Visa 和万事达已为一些交易量较大的供应商调整了收费；有些情况下，可能需要更改传统上由供应商处理信用卡交易的方式。应用案例 12-1 就是典型的例子，介绍了在韩国使用信用卡实时支付交通费用的情况。

应用案例 12-1　韩国大都市统一票价系统中的信用卡小额支付创新

在亚洲许多国家，上班族每天上下班时经常既要乘坐地铁，又要乘坐公共汽车，每种模式下都必须储值卡和普通信用卡并用。这就是几年前韩国首尔上班族所面临的情况。正如这个案例中详细介绍的一样，最终的解决方案是创建统一的交通智能卡。

存在的问题

宝蓝是韩国首尔的一名银行工作人员，每天乘坐地铁和公共汽车上下班。她使用信用卡支付地铁和公交车的费用，不仅在首尔，在韩国其他主要城市也不需要为交通卡充值。每月累积的费用由银行自动支付。但是在过去，宝蓝除了信用卡还得携带两张不同的交通卡。

过去，宝蓝一直使用首尔地铁卡支付地铁费用，这是一张储值卡。该卡由首尔市政地铁公司发行，并且只能在地铁站充值。乘坐公共汽车时，她不得不换用首尔公交卡，这是另一种储值卡，由首尔公交运输协会发行。首尔公交卡于 1996 年推出，是世界上最早的射频型公交卡。她不得不将两张卡分开，因为它们不能互换使用。其他城市也是类似的管理结构，因此，为了在另一个城市乘坐地铁，宝蓝不得不在地铁站购买一次性的地铁卡。

本章内容中已经解释过，信用卡在进行小额公交支付时并不经济，因为发卡公司承担不起手续费。所以宝蓝出门需要携带一张信用卡和两张公交卡。

首尔、香港和新加坡等亚洲大城市都采用了类似的储值交通卡。因此，信用卡和储值卡成了两大类卡。这两类卡的发行公司相互竞争来扩大自身卡的使用范围。公交卡公司希望将储值卡的使用范围扩大到饭店和商店的停车费及各种路费，然而用户事先需要充值。

同时，信用卡公司如果想要将信用卡扩大到交通领域，需要简化授权过程并降低交通用户的手续费。哪类卡公司能取得成功呢？在首尔，信用卡公司赢得了交通领域。

解决方案

为了快速支付交通费用，使用信用卡支付地铁和公交车费用势必不能经过完整的授权程序。这种风险是可以承受的，因为小额支付的频率和滥用量在韩国很低。因此，交通检票口只会自动检查该卡是否有效，而不是检查是否被列入"黑名单"，检票口不仅显示票价，还会显示当月发生的费用（如图12-4所示）。韩国国民银行于1998年推出首张地铁信用卡。如今，有多家发卡机构也支持这种类型的信用卡。

图12-4　交通信用卡在检票口显示当前收费及当月累计费用

基于信用卡的交通卡彻底改变了充值服务流程。在早期阶段，地铁卡和公交卡都必须在人工柜台充值。为了减少充值服务的费用，地铁站安装了自动充值机。然而，有了信用卡，充值站点可以完全取消，用户不必花时间充值。因此，无论是用户还是城市交通管理局都能从中受益。

智能交通卡的另一个好处是，它可以通过调整和协调地铁和公交车的路线来重组城市的交通系统。过去，公交线路的设计考虑的是市民出行的起点和终点，目的是方便市民只乘坐一辆公交车即可到达目的地。然而，太多的公交车堵住了繁忙的街道，造成交通拥堵。为了避免这样的拥挤，地铁及主要公交公司计划重新设计交通系统，使得支线公交线路能连接地铁线路和主线公交线路。但是如果市民需要为此支付额外的费用，他们可能会反对新的交通系统。因此，各类交通卡需要相互转换。

为了解决这个问题，交通信用卡或交通储值卡的设计使其能够记忆从地铁站出发的时间，以便在总运行时间不超过30分钟的情况下不会再收取相连的公交车的费用。换乘支线作为同一段路程。这意味着交通系统的业主需要就如何分配所收取的费用达成一致。因此，首尔市在2009年采用了城市统一票价体系。

由于国家标准化和一体化的努力，韩国全国交通卡现在统一使用智能卡。信用卡公司并没有通过交通支付服务获得大量资金，但这项服务对于维系老客户、吸引新客户至关重要。

该城市还可以收集有关乘客的数据，根据乘客的负载在某些路段或时间提供更多的公交车。需要注意的是常规公交车在夜间停运。对于夜间公交服务，控制中心通过分析地区移动电话使用频率来估计潜在的乘客数量，并动态地确定夜间巴士路线。

另一个可以总结的经验是韩国的信用卡C2C支付系统。在C2C竞拍市场，第三方托管服务允许个人买家使用信用卡在eBay韩国网（eBay Korea）直接支付。如果买方确认收货，卖方可以通过eBay韩国网接受付款。因此，通过电子邮件的支付系统（如PayPal），由于收费较高而不被采用。结合了信用卡功能的借记卡几乎取代了电子支票。在这种情况下，韩国的信用卡支付集合了电子商务、实体店和小额交通支付。

思考题

1. 信用卡在检票口如何像储值卡一样快速处理支付款项？
2. 对用户而言拥有交通信用卡有什么好处？
3. 对市政府而言，运行交通信用卡的主要好处有哪些？
4. 大城市统一票价体系是如何重组公共交通设施的？

注意：由于越来越多智能手机应用程序允许小额支付，储值卡最终可能会被淘汰。例如，在日本，iPhone 支持火车费用的支付。此外，在全球多个城市都可以使用智能手机支付出租车费用。

本节习题

1. 什么是小额支付？
2. 请列举几种使用小额电子支付的情形。
3. 除了使用信用卡或借记卡外，网络商家还可以使用哪些替代方式处理小额支付？

12.5　PayPal 及第三方支付平台

信用卡的替代选择是第三方支付平台，它们在个人对个人支付平台（如 eBay 和 Craigslist）广受欢迎，PayPal 则是其中最早也是最为出名的。

12.5.1　PayPal

虽然信用卡和借记卡在电子商务支付中占主导地位，一种替代的支付方式已经获得成功，那就是 PayPal 以及类似的支付方式。PayPal 是由 20 世纪 90 年代中后期的两个小公司 Confinity 和 X.com 合并而成的。其首次的成功是为 eBay 交易提供支付系统（PayPal 现在是 eBay 旗下的一个公司）。系统是如何运作的？从本质上讲，eBay 卖方和买方设立 PayPal 账户，关联到一个银行卡或信用卡账户。在拍卖完成后，付款交易是通过卖方和买方的 PayPal 账户进行的。这样，银行卡或信用卡账户仍保密。那个时候买方对于在线透露自己的信用卡号码往往十分谨慎。对于卖方而言，这也消除了信用卡公司收取的交易费用，尽管 PayPal 平台最终还是开始收取类似的交易费用，但低于信用卡公司。

尽管 eBay 拥有自己的支付系统 Billpoint，但是 PayPal 支付平台取得了巨大的成功，eBay 最终决定关闭 Billpoint 系统，并在 2002 年 10 月收购了 PayPal。为什么 eBay 会选择 PayPal 而放弃 Billpoint 呢？这是一个很难回答的问题，答案多种多样。PayPal 有更好的用户界面、更好的市场营销、更好的服务组合，对于买卖双方而言使用都很便捷。不管怎样，Billpoint 和 PayPal 都不需要寻找潜在的买方和卖方市场，因为 eBay 自带用户。Billpoint 和 PayPal 所要做的就是说服 eBay 商家和消费者使用其支付系统。在这点上，PayPal 比 Billpoint 更成功。

由于 PayPal 的持续成功以及非 eBay 业务所占比例，PayPal 于 2015 年 7 月从 eBay 剥离。根据 2015 年的年度报告，PayPal 在全球 203 个市场运营，拥有 1.84 亿活跃账户。PayPal 支持 26 种货币的支付。作为一家独立的公司，该公司 2015 年的收入约为 92 亿美元，同比增长 15%。增长的部分原因在于收购了一些主要致力于数字支付未来发展的支付公司，其中包括：

- Braintree——为主要客户提供共享经济空间的支付平台；
- Venmo——移动 P2P 支付公司（有关移动 P2P 的详细内容请查阅 12.6 节），分属于 Braintree；
- Xoom——从事国际汇款业务的公司（本章章末案例将介绍和讨论数字汇款业务的新途径）；
- Paydiant——为零售连锁店创建品牌（自有品牌）移动电子钱包提供技术支持的公司。

尽管 PayPal 提供多项服务，但其核心是一个提供全方位服务的第三方支付平台。借助 PayPal，商家基本上不必处理在线支付中复杂的授权和结算程序，也不必在每一笔交易中处理信用卡信息以及向客户提供其财务信息。它的工作原理是，在一笔购买交易中，客户会看到一个包含 PayPal 选项的支付网页。如果客户选择这个选项，他们将被导向 PayPal 网站。如果客户注册了 PayPal 账户，他们只需确认购买和支付的工具（如信用卡）；如果没有注册，他们会提供关于信用卡的信息，PayPal 从中获取这些信息。在这两种情况下，客户都会被返回到商家网站，同时获得付款的批准。此时，PayPal 将结算款项转移到商家的银行账户。

12.5.2 其他第三方平台

一些来自美国和全球的竞争者也进入了这个市场，与智能卡和 PayPal 展开竞争。

1. 苹果支付和谷歌安卓支付

苹果支付和谷歌的安卓支付是两款全新的、不断成长的电子钱包。

- 苹果支付（apple.Com/pay）。这是一种移动支付和数字钱包服务，借此，苹果 iPhone 6 和后续型号手机用户以及其他苹果产品用户可以通过他们的设备进行支付。它可以存储你的信用卡和借记卡信息，付款时会被收取相关的费用。你也可以在忠诚账户中获得积分（例如购买机票的时候）。苹果支付可以使用非接触型终端。信用卡提供安全购物服务。
- 安卓支付（Android.Com/pay）。谷歌的安卓支付为安卓系统用户所提供的服务与苹果支付为苹果设备用户提供的服务如出一辙。从谷歌设备中下载应用程序非常便捷，程序是预载在设备中的（如 Google Play）。

值得关注的是，支付宝在其本土已经取得了如同苹果支付和 PayPal 一样的地位。

2. 亚马逊支付

在美国，PayPal 是领先的第三方支付平台。近年来，主要的在线零售商亚马逊开始进军第三方支付领域，推出了亚马逊支付系统（pay.amazon.com）。它由一系列在线支付工具和应用程序编程接口（API）组合而成，使企业和开发人员能够提供亚马逊的支付功能，从而替代信用卡、借记卡或 PayPal 支付。与 PayPal 相同，这种可选的支付方式也是通过在商家的结账页面或移动应用程序上添加一个"用亚马逊支付"（Pay with Amazon）按钮来实现的。如果顾客点击这个按钮，他们就会进入亚马逊的"登录并支付"（Login and Pay）界面。如果客户拥有亚马逊账户，那么就会被要求确认或选择关联的支付卡和送货地址；如果没有账户，他们将被引导完成注册。虽然现在亚马逊不会对 PayPal 构成直接威胁，但是未来一切皆有可能。据估计，美国亚马逊黄金会员超过 5 000 万，占美国家庭总数的近 50%。亚马逊已经掌握了他们的支付信息，而客户都已习惯了"一键下单"这一专利功能的便捷性。

3. 全球支付平台

PayPal 也是全球领先的支付平台，在全球范围内得到了广泛的应用。在许多国家，PayPal 是信用卡之外的首选支付方式之一，全部支付业务的 10%～15% 通常是利用 PayPal 处理。法国、德国、英国和澳大利亚都是如此。然而，在特定的国家，还有其他更常用的支付平台，包括：

- 德国的 Sofort（sofort.com），依靠银行直接转账而不是信用卡的支付平台；
- 德国的 Wirecard AG（wirecard.com），提供无现金支付和其他一站式服务，在全球电商行业涉猎较广；
- 俄罗斯的 Yandex.Money（wirecard.com），由俄罗斯联邦储蓄银行与搜索公司 Yandex 合作成立，处理现金、银行卡和电子货币业务；
- 俄罗斯的 Qiwi（qiwi.com），提供支付服务，已在纳斯达克上市交易，总部设在塞浦路斯，在哈萨克斯坦、摩尔多瓦、白俄罗斯、罗马尼亚、美国和阿联酋等国也开展相关业务；
- 中国的支付宝（global.alipay.com），阿里巴巴集团（本章导入案例已讨论了有关案例）旗下公司，与 PayPal 一样，它也是为中国国内交易及跨境交易提供全方位服务的支付平台；
- 中国的财付通（global.tenpay.com），腾讯旗下的中国第二大支付服务平台，腾讯还拥有中国最大的社交网络微博。
- 荷兰的 iDEAL（iDEAL.nl），一种使用直接银行转账的支付服务。

除了中国，在这些国家中，还同时使用 PayPal 支付平台。

本节习题

1. 什么是 PayPal 支付？
2. 为什么 PayPal 比它的竞争对手更成功？
3. 什么是第三方支付平台？简述它的工作原理。
4. 什么是亚马逊支付？它对 PayPal 构成了怎样的竞争威胁？
5. 世界上其他地区主要使用的支付平台有哪些？
6. 简要介绍苹果支付和谷歌的安卓支付。

12.6 移动支付

由于全球移动应用的强劲增长（参见 12.1 节），人们仍然坚信移动支付（通过移动设备进行）将成为主要的支付方式，有可能消除对现金、信用卡和其他电子商务支付方式的依赖。虽然移动支付正在快速增长，但它们不会很快取代现金、信用卡或者其他电子商务支付方式。根据 eMarketer 市场调研机构 2016 年提供的数据，2015 年移动支付达到 4 500 亿美元，到 2019 年增长到 1 万亿美元。相比之下，2015 年移动支付占电子商务零售总额的 24%，占零售总额的 1%。到 2019 年，这一比例将分别达到 30% 和 4%。2016 年 11 月，移动购物占感恩节及"黑色星期五"销售额的 33%。买家不能忽视这些变化所反映的移动支付的大量增长，重要的是要记住，相较于其他支付方式，移动支付的使用量仍然很低。当然，这种情况可能很快就会发生变化。

移动支付增长的另一个迹象是，美国银行将分行数量从 2011 年的近 6 000 家减少到 2016 年的不足 4 800 家。与此同时，采用手机银行的客户数量增加了 30%。

12.6.1 移动支付的类型

移动支付（mobile payment）是指使用个人移动设备（通常是智能手机，也可以是平板电脑和可穿戴设备等）完成支付或确认支付。这一术语实际上涵盖了多种不同的解决方案，结合了不同的硬件和软件技术。移动支付是政府向民众支付的常见方式，尤其是在印度和巴西等发展中国家，这些国家拥有智能手机的人比拥有银行账户的人还要多。

就像在线支付一样，任何移动支付系统都有很多参与方（见图12-5）。从各方的角度来看，任何一个成功的移动系统都需要克服以下问题：

- 对于买方——安全性（欺诈防护）、隐私保护、易用性、移动设备的选择；
- 对于卖方——安全性（收款及时）、低经营成本、大量用户、提高交易速度；
- 对于网络运营商——公开标准的可行性、运营成本、操作交互性、灵活性和漫游性；
- 对于金融机构——欺诈的防范和减少、安全性（认证、完整性、不可否认性，参见第11章）以及商业信誉。

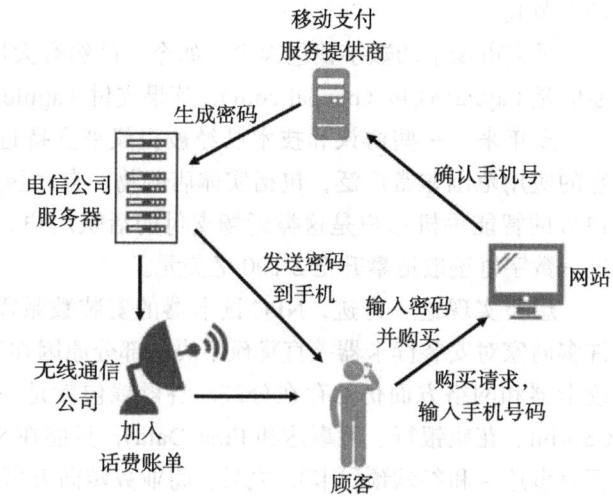

图 12-5　移动支付服务流程

目前，大多数移动支付解决方案旨在取代现有的支付方式（包括现金、信用卡等非数字方式以及基于个人电脑的数字方式）。因此，根据付款人和收款人的不同，移动支付方式基本上可以分为以下四种类型：

- 消费者——买方向商家支付货物和服务的款项，这属于大多数数字钱包（如苹果支付）的功能范围；
- 商家——作为商品和服务的交换，从顾客那里收取款项，通常需要使用移动POS机（如Square）；
- 个人对个人支付（P2P）——作为礼物或回报，在两个或两个以上的个人之间的货币交换（如PayPal的Venmo）；
- 公共机构——管理和支付有关机构（如公共事业公司）的服务账单（如Finovera、Mint）；

这些支付方式都是为了取代现有的非移动支付系统而设计的，这可能是它们的接受速度比预期慢的原因之一。对于许多潜在用户来说，移动支付应用程序只是"信用卡的替代品，徒有其表"。既然它们都是由大量的技术生态系统支撑，那么为什么还要改变？

本章我们不讨论公共机构支付，只介绍其他三种类型的移动支付及其有关技术。

12.6.2　移动消费者支付：钱包、云和环路技术

有专家最近对北美4 000名受访者进行的调查显示，普通消费者接触移动支付的方式是移动数字钱包。最受欢迎的钱包依次为PayPal、苹果支付和最近改版的谷歌钱包。

移动数字钱包（mobile digital wallet）是电子账户、智能手机和手机应用程序的组合，其中应用程序的设计旨在进行数字化购物，并从客户忠诚计划和有针对性的数字促销活动中兑换奖励。移动数字钱包主要有两种类型——基于设备的数字钱包和基于云的数字钱包。

1. 基于设备的数字钱包

这些是近场通信（NFC）技术支持的近距离支付系统。在消费者方面，该系统要求所使用的移动设备配备NFC天线和内置的集成芯片或智能卡，该芯片或智能卡可以存储支付卡（信用卡或借记卡）信息。在商家方面，它需要一个专门的NFC读卡器来识别芯片，前提是芯片在读卡器的近距离范围内且置于处理支付的网络中。从本质上讲，消费者在购物前会先将自己的信用卡信息输入手机钱包应用程序；在购买时，买方

通过在读卡器前晃动特殊配置的移动电话发起支付，读卡器收集信息并传递到支付网络，刷卡及购物完成。这些近场支付也被称为非接触型支付，在这种支付方式中，手机充当的是带有芯片的非接触型支付卡（参见12.3 节）。

过去市场中的数字钱包很少。如今，虽然有大量基于设备的钱包（据最近统计超过 1 000 个），但最受欢迎的是 PayPal 钱包（paypal.com）、苹果支付（apple.com/apple-Pay）和安卓支付（android.com/pay）。

多年来，一些协议和技术已经被提议来支持近场支付（如移动设备近场支付），NFC 最终胜出。现在，它的应用范围非常广泛，包括实体店购物、自动售货机、售票机、公交车读卡器等。截至 2015 年，美国约 13% 的智能手机用户是这类近场支付的活跃用户。同年，这些交易的总价值约为 270 亿美元。到 2019 年，这一数字奇迹般地攀升至 2 100 亿美元。

想要实现这一奇迹，NFC 读卡器的安装数量需要以惊人的速度增长（4 年内增加 7 倍）。到目前为止，许多商家对安装读卡器一直犹豫不决，部分原因在于，尽管 NFC 是一种标准，但在具体使用的手机、芯片、读卡器和网络方面仍然存在分歧。谷歌钱包就是一个很好的例子。最初，谷歌钱包有固定的业务合作伙伴（Sprint、花旗银行、万事达和 First Data），只能在 Sprint Nexus S 4G 手机上使用，支持两种信用卡（花旗银行万事达卡和谷歌预付卡），之后，将业务转向万事达卡和万事达 PayPass 终端。就在最近，谷歌将谷歌钱包完全变成了一个 P2P 应用程序，并将普通购买业务转移到一个名为安卓支付的较新的钱包上。这是"鸡和蛋"问题的另一个简单的例子（见 12.1 节）。

这也是人们不愿意采用特定的 NFC 配置的另一个原因，因为移动支付领域变化如此之快，以至于不能保证当前的 NFC 近场支付形式不会被其他技术所取代。典型的例子就是智能手机内置集成（支付）芯片作用的减弱。使用这些芯片的目的是增强安全性，然而，它们只能与特定的读卡器匹配。如今，像苹果支付和安卓支付这样的数字钱包都存储在手机上，而不是芯片上。在购买过程中，支付卡信息不会传输至读卡器；相反，会生成并传输一组安全的数字代码（一次性付款编号和动态安全代码）。这样，手机钱包可以使用的读卡器的类型就增加了。

实际案例　万事达和 Coin 的可穿戴钱包

2015 年 10 月，万事达宣布了一项新的计划——让每个设备都具有商业交易功能，旨在将移动支付功能引入一系列消费产品，涉及汽车、时尚、科技和可穿戴设备等多个领域。该计划的目标是赋予消费者使用最方便、最安全的设备或物品进行购物和支付的能力。声明中提到了许多合作伙伴，如宝格丽、通用、帕森斯设计学院、Ringly（珠宝），以及 Nymi、Atlas、Moov 和 Omate 等"可穿戴设备"公司。该计划是万事达数字支持服务和数字支付启动计划的扩展，目的是实现每个设备都具有商业交易功能。

从技术的角度来看，Coin（onlycoin.com）是其主要的合作伙伴。目前，Coin 所提供的主要产品是一种兼容 EMV 卡和 NFC 卡的智能卡，称为 Coin 卡。该智能卡存有持卡人想用于购买的所有信用卡和借记卡的信息。在初始设置以及添加和更换支付卡时，需要使用配套的智能手机应用程序。由于它综合了 EMV 卡和 NFC 卡的功能，所以 Coin 卡可以像其他 EMV 或 NFC 智能卡一样通过刷卡购物。使用 Coin 卡的优势在于，无须携带多张支付卡，甚至无须携带智能手机。Coin 卡提供了根据用户在购买时的偏好选择不同支付卡的方法。

起初，Coin 只专注于将这项技术应用于自己发行的支付卡中。通过与万事达的合作，Coin 拓宽了视野，并计划向其他公司提供支付硬件和软件平台。这意味着这些公司能够将 Coin 的智能卡支付功能嵌入其设备。事实上，这种合作关系是非排他性的，也就是说，Coin 平台最终将面向与信用卡协会相关联的公司开放。

---

2. 基于云的数字钱包

基于设备的移动钱包的替代选择是基于云的移动钱包。这些钱包的基础设施不像基于近场通信技术

(NFC)的系统那么烦琐。基本上,客户要使用安全的网络服务注册支付卡。获得服务所需支付的费用直接从注册的支付卡中扣除。这样,在购买的过程中就不会传递任何的支付卡信息。相反,交易的发起是因为扫描钱包应用程序中存储和展示的专为客户生成的条形码或者"快速响应矩阵码"。快速响应矩阵码是一种二维码,在白色背景的正方形网格上有很多黑色的方点。商家端口需要配置的是条形码或二维码图像阅读器,通过网络将其连接到服务中。整个系统的操作方式与PayPal非常相似,程序的启动不需要使用带有PayPal按键的网络页面,而是在扫描代码时完成。事实上,PayPal使用的是基于云计算的移动钱包,而不是基于设备的移动钱包。

该架构还被用于创建沃尔玛支付(请浏览walmart.com/cp/walmart-pay/5998388)和大通支付(请浏览chase.com/digital/digital-payments/chase-pay)。事实上,沃尔玛和大通都在使用一个名为CurrentC的基于云的移动平台,这个平台是由MCX联盟(Merchats Consumer Exchange,商家客户交换;mcx.com)创建的,由其成员中的30多家零售商提供资金支持。该平台不仅支持通过扫描顾客屏幕上的二维码来发起购买,还支持顾客使用手机扫描商家屏幕上的二维码来发起购买。

与基于设备的钱包相比,创建和开发基于云的钱包要简单得多。由于这些系统基本上与硬件无关,所以主要的障碍围绕在PCI安全合规性、客户身份验证和与结算系统的整合。当然,创建它是一回事,让商人采用它是另一回事。虽然这些系统需要条形码和二维码阅读器才能连接到后端的网络服务(不太麻烦),但这些交易是"无卡交易"。无卡交易的授权和结算费用会更高。此外,由于基于云计算的钱包依赖于网络,商家将需要不间断、可靠的互联网服务,并在整个交易时间保持速度的稳定性。

闭环系统

与基于云的钱包密切相关的是闭环支付应用程序。这些系统很像单独的零售商所提供的闭环卡、储值卡或预付(礼品)卡。主要的区别在于,金额存储在手机上的应用程序中,商家再次扫描应用程序条形码或二维码时,可以使用手机进行赎回。从本质上讲,它是一个基于云的数字钱包,只能在单独的零售商那里使用(尽管这不是一个硬性规定)。使用手机的优点在于,你可以随时重新加载应用程序,而不是让零售商在实体店中操作。

实际案例　星巴克的闭环钱包

星巴克的移动钱包应用程序是一款较为出名且使用最为广泛的闭环移动支付系统,可以在苹果和安卓智能手机上运行。因为是闭环的,所以这个应用程序只能用来与星巴克开展交易。通过闭环支付卡,星巴克的顾客可以使用智能手机来定位实体店;通过网上礼品卡,可以下订单并在指定的星巴克实体店提货;最重要的是通过智能手机可以使用电子版的忠诚奖励卡(基本上都是预付储值卡)进行店内支付。电子卡片在智能手机屏幕上显示二维码,通过与POS机相连的图像阅读器扫描。每次使用应用程序购买时,卡内的存储值会减少,而星巴克奖励值会增加。当卡内余额低于客户设定的最低值时,应用程序还可以进行自动充值。

自动充值显然能鼓励定期消费,事实也是如此。星巴克拥有1 040万持卡会员,1/3的购物都是通过这些会员卡完成的。在最初推出的时候,移动交易额就超过了所有交易额的20%。考虑到其客户群体,这一比例还会增加。

---

3. 移动销售终端

到目前为止,所有的内容都是从客户的角度探讨支持移动购买。移动支付应用程序也被用来满足商家购买过程中的需求。商家使用移动支付应用程序的一个关键领域是销售终端(POS)。移动POS(mPOS)设备取代了传统的POS机或固定的计算机,被用于支付。最初,mPOS系统被设计成在专门的硬件和网络上运行,就好像它们的专属程序一样。如今,它们可以在平板电脑和智能手机上运行,以云计算技术为基础。这些基于云的 mPOS 设备的成本要低得多。不仅硬件更便宜，网络成本也更低。

由于其成本较低，移动 POS 系统最初是针对小型企业和独立经营者的，如医生、牙医、快递公司、出租车和零售亭。最近，各种规模的零售商都在店内使用这些设备。它们还与移动客户端应用程序合成，旨在帮助销售人员提供店内、个性化的客户支持和服务。主要的移动 POS 供应商是 Square（见应用案例 12-2）。

应用案例 12-2　　Square 的磁卡读卡器

Square（squareup.com）是一家 mPOS 软硬件设备的主要供应商。

这是一家"提供金融服务、商业服务和移动支付服务的公司"，由杰克·多尔西（Jack Dorsey, Twitter 的首席执行官和创始人）于 2008 年创办。Square 最出名的可能是其磁卡读卡器，这是一种小型的方形加密设备，可以插入 iPhone、iPad 或安卓手机的耳机插孔，使得商家可以接受信用卡支付。读卡器实际上分为两部分，即刷卡设备和 Square 钱包应用程序。对于商家而言，操作的流程如下：

（1）从苹果应用商店或谷歌的安卓市场下载 Square 应用程序。

（2）在 Square 注册，提供美国银行账户、美国邮寄地址、社会安全号码和企业雇主 ID（如果有的话）。一旦注册通过，Square 将免费寄送读卡器。

（3）有了银行注册信息，Square 下一步会进行测试，确保你的银行账户接受来自 Square 应用程序的存款。之后，银行卡交易的资金会在交易后 24 小时内直接存入账户。

（4）开始使用读卡器和应用程序。对于每笔交易，需要输入金额以及有关产品或服务的描述，然后进行刷卡。应用程序（通过互联网）将信息传输到 Square 的专用卡服务中心进行审批。一旦获得批准，客户就用手指签字。然后，收据通过短信或电子邮件发送给客户。如果读卡器发生故障，则可以手动将信息输入应用程序。

Square 有一个简单的定价策略。读卡器是免费的，安装也是免费的。但是对 Visa、万事达、Discover 和美国运通则每次刷卡都要收取 2.75% 的费用。

Square 磁卡读卡器被 AT&T、沃尔格林、FedEx Office、沃尔玛、星巴克和全食超市等主要供应商所使用。例如，星巴克在店内使用 Square 移动 POS 机，并允许顾客使用 Square 钱包支付。同样，全食超市在食品区域（如三明治柜台、果汁和咖啡吧、啤酒和葡萄酒吧）设有方形收银台（请浏览 media.wholefoodsmarket.com/news/square-and-whole-foods-market-partner-tocreate-faster-easier-payment-and-c）。

最近，Square 增加了其他的输入设备，包括非接触型、NFC 和 EMV 二合一芯片卡读卡器，以及一个带有读卡器的 iPad POS 机（称为 Square Stand）。

Square 的成功催生了大量的竞争对手，包括 Oracle Micros 和 NCR 等主要 POS 厂商提供的各种产品。通过 PayPal Here 服务，PayPal 复制了大量的 Square 硬件和应用程序。就像 Square 一样，PayPal 提供了一个加密狗和 EMV 芯片读卡器，以及一个移动钱包应用程序。PayPal 们也有相同的收费结构（请浏览 paypal.com/webapps/mpp/credit-card-reader）。

思考题

1. 什么是 mPOS？
2. 什么是磁卡读卡器？它有什么好处？
3. Square 的工作原理是什么？
4. 请查找 Square 相对于竞争对手成功的有关资料。

12.6.3　个人对个支付

个人之间（朋友之间、同事之间、家人之间等）的财务往来每时每刻都在发生。我们借钱给朋友，还某人的午饭钱，与家人的资金往来，或者发送红包作为生日礼物。大多数情况下，这些交易都涉及现金或支票。

越来越多的个人对个人（P2P）交易都是在计算机、平板电脑、智能手机或者是预付卡上，通过在线支付系统处理。应用较为广泛的 P2P 系统要么是大型支付系统的一部分，要么是独立的应用程序，实际上都由主要的支付平台（如 PayPal）所提供。这些在线 P2P 系统不受距离和时间的限制，降低了小额交易或类似交易中携带现金和支票的需要，在某些情况下，为"无银行账户"和"非银行用户"人群提供了进行较大额度金融交易的机会。借助 P2P 系统，我们不仅可以向朋友转账，还可以向商家购买价格更低的产品和服务。章末案例详细讨论了肯尼亚的 M-PESA 系统，这是移动 P2P 系统的典型案例。有关 P2P 借贷的更多内容，请参见第 5 章。

本节习题

1. 移动支付有哪四种类型？
2. 移动支付系统的主要参与方有哪些？
3. 什么是移动钱包？什么是基于设备的钱包？什么是基于云的钱包？什么是可穿戴设备钱包？
4. 什么是闭环支付系统？请列举典型的案例。
5. 什么是移动销售终端？该系统的主要供应商有哪些？
6. 什么是个人对个人支付？

12.7 数字货币和虚拟货币

在有些讨论中，数字货币、虚拟货币和电子货币等术语经常互换使用；而在其他的讨论中，则认为它们是不同的，但是关于具体的区别没有统一的观点。本书以"金融行动特别工作组"（Financial Action Task Force，FATF）所给出的定义为准。金融行动特别工作组是由 35 个成员方（包括欧盟的所有主要成员）组成的政府间机构，负责审查和处理全球范围内的反洗钱和反恐怖主义融资活动。它是为数不多的官方机构之一，在界定这些概念之间的差异方面具有权威性，其所持观点会被法律和监管机构所采纳。

12.7.1 货币的类型：实际货币和数字货币

为了理解这三个概念之间的区别，我们首先探讨其所对应的货币概念——法定货币。**法定货币**（fiat currency），又称实际货币或国家货币，是"被指定为一国法定货币、流通货币的硬币和纸币，通常被用作货币发行国和其他国家的交换媒介"。**电子货币**（electronic money，e-money）是法定货币的数字表现形式，用于电子转账（例如电子交易完成后用于结算商家账户的数字形式的资金）。相比之下，**虚拟货币**（virtual currency）是"资金的数字化表现形式，可以用于数字化交易，其功能包括交换媒介、账目单位、具有储值功能，但在任何司法管辖区并无法律地位"。概括地说，它只具备货币的功能，原因在于它得到了部分使用者的认可。最后，**数字货币**（digital currency）是一个通用术语，指电子货币（法定）或虚拟货币（非法定）的数字化表现形式（以 0、1 编码所表示）。因此，电子货币和虚拟货币属于数字货币的不同类型，反之并不成立。

1. 虚拟货币

虚拟货币包括不可兑换（封闭式）和可兑换（开放式）两种类型。根据美国财政部金融犯罪执法网络（fincen.gov）的观点，**可兑换虚拟货币**（convertible virtual currency）是一种虚拟货币，"具有与实际货币相同的价值，或可作为实际货币的替代品"，比特币等加密货币和大多数零售电子优惠券就是其中的典型。相反，

不可兑换虚拟货币（nonconvertible virtual currency）是在特定的虚拟世界或领域中使用的虚拟货币，理论上，它不能兑换成法定货币。典型的例子主要来自网络游戏领域，如魔兽世界金币、"乡村度假"电子游戏中的金币以及腾讯QQ的Q币。在这些游戏中，成功的关键在于能否获得虚拟货币，而虚拟货币主要是通过完成各种任务或使用真实货币购买而获得的（这通常是游戏公司的主要收入来源）。尽管从技术上来看，这些货币不能在外部世界使用或交换，但是在许多情况下，将不可兑换的货币兑换成法定货币或其他一些虚拟货币的二级市场（无论是否为黑市交易）已经兴起。

不可兑换虚拟货币的一个关键特征是它们是集中式管理的。这意味着要有一个独立的管理机构负责货币的管理——发行货币、设定使用规则和交换比价、跟踪支付，以及控制流通金额。相比之下，可兑换虚拟货币可以是集中式的，也可以是分散式的。分散式虚拟货币是分散的、开源的和点对点的货币，没有单独的管理机构对其进行监督和管控。这就是许多加密货币（例如我们即将讨论的比特币）的本质特征。

2. 虚拟货币的市场规模

2013年，扬基集团（Yankee Group）对虚拟货币市场的规模进行了评估，其分析对象包括成熟的虚拟货币（如忠诚度积分、信用卡积分、航空里程和实物优惠券）以及新兴的（数字）虚拟货币（包括基于应用程序的硬币和代金券、用于交换应用程序和代金券的个人信息和时间以及比特币）。2012年，整个虚拟货币市场的总价值接近480亿美元，其中成熟货币占比接近97%。扬基集团预计，到2017年，成熟市场将稳步增长，而新兴市场将经历快速增长（130%～200%）。尽管如此，成熟市场仍将占据最大份额。

然而，这些估计的问题在于，无论是过去还是现在，评估基于游戏的货币和比特币的确切价值都非常困难，尽管原因各不相同。对于基于游戏的虚拟货币，不仅需要计算交换比价，而且许多游戏公司并没有提供必要的数据以便于进行合理的评估。对于比特币，尽管流通数量是已知的，但是由于交换比价在不同时间会有较大波动，因此很难估算它们的确切价值。目前，比特币的价值每天都可能发生变化。比特币的价值带有主观性，会受到市场波动和比特币现行交易价格的影响。例如，2016年春季，比特币流通总量约为155亿，价格在400～450美元区间波动，所以波动的幅度达到62亿～67亿美元，差距非常大。

3. 数字货币交易所

数字货币交易所（digital currency exchange）是一种服务平台，允许客户将数字货币交换为传统的法定货币（如美元）或不同的数字货币。它们的运作模式类似于股票交易所。它们接受出价并要求确认最终的交易。你可以在那里购买比特币和其他数字货币。这些交易所可以是实体的，但更多是在线形式。它们大多在西方国家以外运营，从而避免监管问题。有关数字货币交易所的简要内容和名称列表，请参见维基百科。有关比特币交易所的名称列表，请浏览toptenreviews.com/money/investing/best-bitcoin-exchanges。有关它们的运作模式，请浏览coinpursuit.com/articles/how-to-do-digitalcurrency-exchanges-work.138。较为出名的数字货币交易所有CoinPursuit、Bitstamp、BTC Market、itBit和Coinbase。

值得关注的是，2016年，一位联邦法官曾要求美国最大的比特币交易所Coinbase向国税局提供2014～2015年期间在其网站上交易的数百万客户的记录，目的是找出那些使用虚拟货币进行特定交易的逃税者。

12.7.2 比特币及其他加密货币

在（数字）虚拟货币中，最受关注的是比特币。从之前的讨论可以看出，比特币是一种加密的、分散的（点对点）、可兑换的虚拟货币。总之，它听起来很复杂，也确实如此。这就是我们只介绍它的表面工作原理及优缺点的原因。如果对这一领域感兴趣，可以查阅有关书籍（如Antonopoulos，2015）和YouTube视频，了解它的发展历史、数学原理、结构、运作模式和用途等各个方面。而本节中，我们只从中选择重点进行讨论。

1. 比特币的发展背景

比特币起源于 2009 年日本的中本聪（Satoshi Nakamoto）发表的一篇名为《比特币：一个点对点的电子现金系统》的论文，他对这一概念进行了介绍和论证。中本聪并不是他的真名，而是笔名。创始者的真实身份一直是个谜。在最初开发之后，中本聪将项目交给了开源开发人员社区（请浏览 bitcoin.org），这意味着基础代码开发和维护的方式与 Linux 和 Apache 等项目相同。

比特币并不是第一个提出分布式虚拟货币的系统，却是首个提出"双重支付"问题有效解决方案的分布式系统。顾名思义，虚拟货币的双重支付指的是同一笔资金的多次支付。例如，如果货币存放在一个数字文件中，怎样才能阻止聪明的用户通过简单地复制文件就能再次用来购物或投资？在大多数系统中，在交易开始之前，会由中心机构（自动）审查从而解决这一问题。但在比特币领域，没有中心机构，而是依靠一种创新的工作量证明机制，利用对等节点之间的一致性来验证交易，从而防范双重支付等攻击。

比特币的发行总量（2 100 万比特币）、平均每十分钟的发行量（如 1 区块）以及发行的时间（2040 年）都有限制。

2. 比特币的特征

同美元和其他货币一样，比特币是一种记账单位，具有一系列关键特征：

- 持久性。这意味着它在很长一段时间内会保持其状态、形式和本质，因此在未来它仍将作为交换媒介发挥作用。虽然比特币问世仅有数年，但它在商业领域被广泛接受，可在货币交易所交易，被许多国家认可（或容忍），并由相当数量的个人持有。它的未来没有保证，但它比之前几乎所有的数字货币都持续得更久。
- 可分割性。这个特性意味着货币可以被分成小额的货币，但是这些小额的货币总金额与初始价值相同。通过这种方式，比特币可以用来购买不同价值的产品和服务。比特币的最小单位是 0.000 000 01BTC（也就是十亿分之一），被称为 Satoshi。它的作用与 0.01 美元即 1 美分相同。
- 可计算性。这意味着这些单位服从数学运算法则，它们可以加、减、乘和除。从会计的角度来看，它意味着我们可以通过这些运算来衡量利润、损失、收入、费用、债务和财富，并确定实体资产的净值。
- 便携性。货币必须具备便于支持在全球范围内交易和兑换的属性。由于比特币是以分散化的方式在互联网上运行，因此它们比大多数法定货币更具便携性。
- 互换性。这意味着一种货币单位可以与所有其他单位互换，而不受时间和空间的限制。例如，在玉米大宗商品市场上，所有 2 号玉米的价值是相同的，与产地无关。同样的道理，不管一个比特币是如何产生的，持有人是谁，其与任何其他比特币都是相同的。
- 可验证性（不可造假性）。这意味着它不容易被伪造；即使是伪造的，也很容易被发现。这是像比特币这样的加密货币的主要特征和优势之一。在接受任何比特币付款之前，都要经过严格的审查程序，以确保其真实性。

3. 比特币的工作原理

在其初创期，比特币只不过是一个公共账簿。从本质上讲，它是一个数字文件，跟踪自第一个比特币发行以来发生的每一笔比特币交易——时间、日期、参与者、金额和比特币所有权的转移。它与公司的总分类账非常相似，完整地记录了该公司自成立以来发生的所有交易，也就是说，该公司是由全球所有曾持有比特币的人员组成的。2018 年，分类账文件的大小约为 20GB。

比特币分类账被称为**区块链**（blockchain）。顾名思义，它是一组区块的集合，每个区块包含一组大约同时发生的比特币交易，就像分类账的单页。这些区块按它们发生的顺序链接在一起。

与公司账簿不同，比特币区块链是公开的，而不是私人的或隐秘的。这意味着任何人都可以查看它。事实上，我们可以通过一些网站（如 blockchain.info）查看交易的实际情况。此外，它与公司分类账不同的是，没有中心管理机构（如财务部门）或可信的第三方负责账目或正式文本的存放，取而代之的是一个数字文件完全分布在比特币分散化的点对点网络中。网络上的每个节点或计算机都存有该文件的完整副本。负责维护分类账的"比特币矿工"（计算机和计算机程序）通过复杂的数学计算对交易进行验证，同时可以确保网络上的所有节点对区块链的当前状态以及其中的每笔交易达成一致。如果有人试图破坏区块内的交易，节点将无法达成一致，交易和关联区块将无法得到验证。

只要有合适的设备和软件，任何人都可以在网络上运行一个节点，成为比特币"挖矿工"。这样做的动机是，挖矿工可以通过它们的"验证"工作赚取比特币。简单地说，验证有点像"编程马拉松"或编码比赛。将各项交易组合成一个区块需要非常具体的数学标准和门槛。首先完成并遵守相应标准的矿工将获得25枚新比特币。这听起来并不多，但是每天会发生大量交易（因此会形成很多区块），若每个比特币的价值约为450美元，25个则超过1.1万美元。此外，如果你正在考虑加入挖矿工的行列，现在需要具备强大的计算能力来处理有关计算。因此，成群的挖矿工组成了比特币矿池，它们共享计算资源，分享比特币收益。

除了挖矿之外，还有更容易获得比特币的方法。拥有自己的比特币的人可以把其中的一部分给你。你可以从任何一家商业性比特币交易所（如 coinbase.com 或 cex.io）用另一种货币（如美元）购买比特币。此外，你也可以向某人出售商品或服务来换取比特币。不管用什么方法，他们是如何将比特币"交给"你的？得到之后会存放在何处？毕竟，比特币不是实体的，而是数字的，而且没有银行可以存放它们。

虽然比特币是一种价值交换的支付系统，但就其技术基础而言，它是建立在点对点网络之上的一种信息传递系统。发送的信息就是交易。这些信息的发送和接收方式与使用不对称的公钥和私钥（类似于第10章10.6节中所介绍的内容）在网络中发送和接收加密信息的方式非常相似。这里所使用的加密类型称为"椭圆曲线数字签名算法"（ECDSA）。

为了能够通过比特币网络发送或接收信息，用户需要一个私钥和一个比特币地址。**比特币私钥**（bitcoin private key）是随机生成的数字，介于 $1 \sim 2^{256}$（即2的256次方），所有者可将其用于发起交易和进行数字签名，网络则将其用来验证交易。你可以将它看作是用于访问银行账户资金的密码或个人识别码，只是在这种情况下，资金不是存储在账户中，而是记录在分类账中。与任何密码一样，任何人都可以使用这个私钥访问受保护的比特币，无论他们是否是合法的所有者。因此，保护私钥是值得的。同样，如果所有者丢失或忘记了密码，那么它所保护的资金将无法再被访问。然而，在这种情况下，它们会永远消失，因为任何人都无法重置密码。

比特币地址（bitcoin address）是一组字母数字字符串，用于标识比特币交易的接收者。我们可以将比特币地址看作是受私钥保护的银行账号。比特币地址的生成分为两步。首先，椭圆曲线数学是从私钥中提取的成对公钥。其次，利用称为"哈希函数"的特殊数学函数从公钥中生成比特币地址。比特币地址以1或3开头，有27～34个字母数字字符组成（除了0或O、1或l，因为这两对字符很容易混淆）。标识符也可以表示成易于在移动设备上显示的二维码，这样就可以扫描地址而不是输入字符。

当有人想要执行比特币交易时，他需要使用私钥对信息进行数字签名。交易信息包括：

- 输入——转账资金，或者更具体地说是分配正在发送的比特币的所有权的源交易；
- 金额——正在发送的比特币的金额；
- 输出——接收者的比特币地址。

信息被广播至比特币网络上的节点，即验证过程开始的地方。稍后，如果它通过了一台或多台机器的验证，它将被发布。通常，这个过程大约需要10分钟。

在现实中，如果用户必须记住并处理交易的所有细节，比特币生态系统将永远不会产生太大的吸引力。

幸运的是，大部分细节都隐藏在比特币钱包中，这些钱包是客户端软件，用于创建密钥和地址，以及发送和接收比特币。比特币电子钱包有三种版本：桌面版、移动版（应用程序）和网络版。图 12-6 展示了一个虚拟账户的网络钱包。该图的第一个界面是网络钱包的初始屏幕，除了显示了比特币地址及其相关二维码，还显示了相关的交易数据，包括该用户的账户余额和用于发送和接收比特币的菜单选择。第二个界面显示了发送比特币所需的条目。在此种情况下，只需要输入地址和金额。地址可以是字母数字串，也可以是相关二维码的扫描图像。

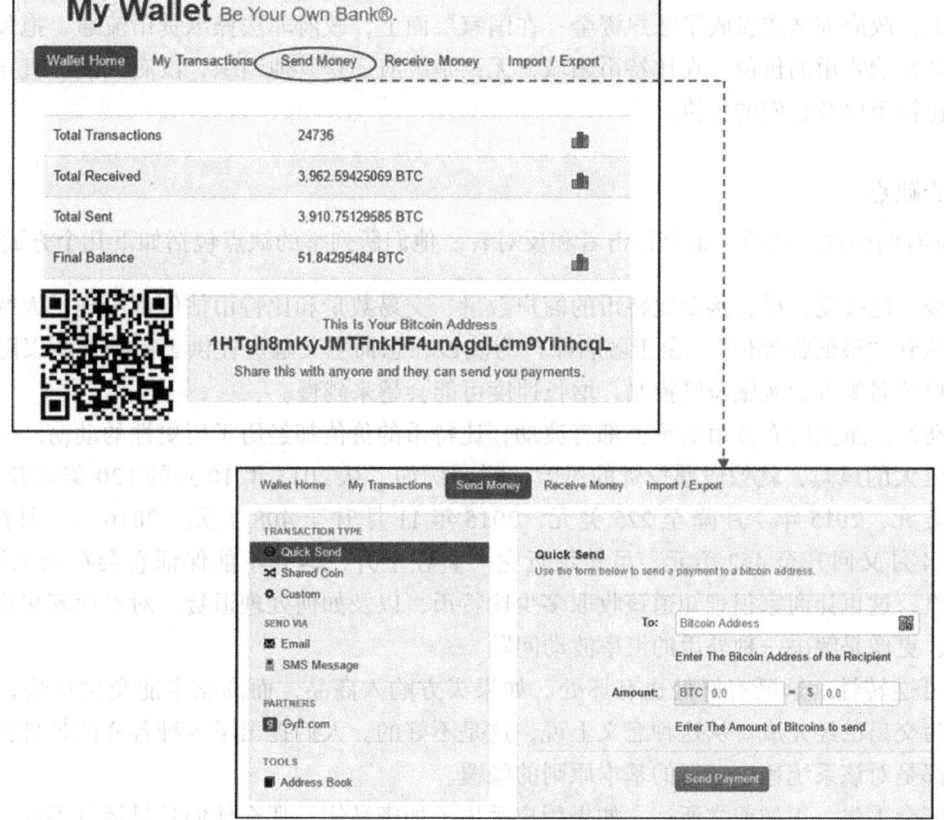

图 12-6　比特币网络钱包

关于比特币生态系统的运作有很多细节。本文中的讨论只涉及少数几个问题。如果对该领域感兴趣，浏览网站 bitcoin.stackexchange.com/questions/4838/what-do-bitcoin-transaction- st-of 及 en.wikipedia.org/wiki/Bitcoin_network。

4. 比特币的优点

比特币的很多拥护者和支持者指出，比特币相对法定货币和其他虚拟货币有许多优势。其中大部分来自分散式的机制。一些经常被人提及的优势包括：

- 匿名性。尽管比特币交易是公开的，但是除非用户自己愿意，否则没有什么可以将用户名与特定的加密地址或签名绑定在一起。同样，用户可以有多个地址，甚至每笔交易都有一个新地址，这样可以增强匿名性。然而，交易和地址都是公开的这一事实为曝光交易与用户真实身份的关系提供了可能。因此，比特币经常被认为是"伪匿名"的。
- 简化金融交易。没有前提条件，也没有参与的最低水平要求。当事人之间的交易可以在没有任何银行或金融机构协助的情况下进行。因为交易基本上是无摩擦的，所以费用被控制在最低水平。

- 商家友好性。对于商家来说，安装一个不依赖第三方平台或中介的支付系统是很容易的。安装的成本是最低的，也没有与信用卡相关的任何收费。
- 支持跨境贸易。从架构上讲，比特币之所以便于支持跨境交易，仅仅是因为它利用了互联网。此外，它是一个开放的系统，允许任何人参与交易，不受空间的限制。在大多数国家，由于对虚拟货币的监管混乱，它们的运作几乎不受任何限制。然而，比特币在少数几个国家（如俄罗斯）是非法的，而且越来越受到一些国家银行和机构监管规定的制约，尤其是那些打击洗钱和资助恐怖主义行为的国家。
- 不受政府操纵。在许多发展中国家和一些发达国家，货币一直受到政府欺诈和非法操纵的影响。在个人层面上，政府冻结或没收了账户资金；在国家层面上，政府非法操纵货币流通、拖欠债务等。所有这些都会影响货币的价值。在比特币领域，无论是政府还是其他组织，没有人能够直接控制账户、流通中的比特币以及它们的价值。

5. 比特币的缺点

任何事物都有两面性，比特币也有抨击者和反对者。他们所列举的缺点包括如下几个方面：

- 至今未被广泛接受。尽管接受比特币的商户数量、交易数量和比特币估值都出现了大幅增长，但比特币尚未达到"最低临界值"。由于匿名账户为洗钱和恐怖主义融资提供了掩护，所以随着各国政府开始对账户匿名等方面实施监管控制，增长速度可能会越来越慢。
- 价值波动性。虽然所有货币的价值都有波动，比特币的价值却经历了历史性的动荡。这意味着所有者面临着巨大的风险，就像股票投资的风险一样。例如，从2013年10月的120美元升至2014年1月的600美元，2015年7月降至225美元，2015年11月升至408美元，2016年1月降至367美元，2016年4月又回升至462美元。虽然最近它一直在上升，但并不能保证它会在未来继续保持下去。除了风险，这也让商家很难知道该收取多少比特币，以及如何处理退货。对于商家来说，这不同于本国货币，更像是解决一种外币的汇率波动问题。
- 交易不可逆转性。这既有好处也有坏处。如果买方购入商品，而商家未能交付货物，买方没有追索权，因为交易已经完成。从这种意义上说，这是不好的。人们提出了各种各样的外部控制措施，但其中许多都是对该系统赖以运行的基本原则的颠覆。
- 私钥可能会丢失。正如前文所述，如果用户丢失了加密私钥，那么他们只是运气不好。密钥可能会以各种意想不到的方式丢失（如磁盘崩溃、文件损坏、硬件被盗等）。即使交易信息和公共账号是可见的，也没有办法对执行交易的信息进行签名。这不像丢失密码，没有中心授权机构或管理员可以设置新密钥。这就是鼓励用户通过纸张或其他渠道备份私钥的原因。
- 日常使用中的问题。传统的货币和信用卡离线和在线使用都更容易，而且在绝大多数地方都能被接受。几乎所有接受比特币的在线零售商仍以传统货币定价，并根据对这些货币的交换比价确定比特币的成本。因此，从日常使用的角度来看，比特币几乎没有什么优势。
- 网络延迟和可伸缩性问题。虽然该系统被设计为平均每10分钟验证一次交易，但有时可能要耗费数小时。很难想象，这将如何支持一个合理规模的零售商的交易量，或取代Visa这样每秒处理数千笔交易的系统。

尽管有这些缺点，比特币正变得越来越受欢迎，甚至还发行了Visa比特币卡，它的美元价格正在不断上涨。

6. 比特币的竞争者及基于数学原理的货币的发展前景

2018年有超过700种加密货币在网络市场中交易，其中只有十种货币的市值超过1 000万美元，三种货币的市值超过 1 亿美元（而比特币的市值约为 70 亿美元）。这三种货币包括（coinmarketcap.com）：

- 以太币（ethereum.org）。2014 年以太币以众筹的方式发起，由瑞士非营利机构以太坊基金会开发，2018 年市值达到近 7.5 亿美元。虽然以太币采用的是一种分散式区块链技术，可以作为虚拟货币进行交易，但它实际上是一个具有自己语言的开发平台，可以用来创建其他分布式应用程序（如智能契约）。这些应用程序可以"在不停机、没有任何欺诈或第三方控制"的情况下运行。与比特币不同的是，它确认区块的时间是几秒钟，而不是几分钟。以太币现已与微软展开合作，在微软的 Azure 云上提供以太币区块链服务。
- 瑞波币（ripple.com）。瑞波币拥有 350 亿股股票，而比特币最多拥有 2 150 万股。每股价值为 0.007 美元，市值接近 2.3 亿美元。瑞波公司最初的目标是使用自己的货币瑞波币（XRP）作为分布式、开源的共识账本。后来，该系统被重新定位为银行和支付网络的实时跨币种结算系统，可以支持国际转账等应用。
- 莱特币（litecoin.com）。价值 1.7 亿美元的分布式、点对点加密货币，几乎是比特币的翻版。不同之处在于它的速度（大约超过 4 倍）、工作证明算法（"scrypt"相比于"SHA-256"）以及最大货币单位（8 400 万个相比于 2 150 万个）。

虽然个别加密货币（包括比特币）可能会逐渐消失，但潜在的平台和算法可能会应用于其他领域，以太币和瑞波币就是典型。

本节习题

1. 电子货币、虚拟货币和数字货币之间的区别是什么？
2. 可兑换虚拟货币与不可兑换虚拟货币之间的区别是什么？
3. 虚拟货币市场中主要的产品类别有哪些？
4. 作为一种货币，比特币具有哪些特征？
5. 什么是区块链？
6. 什么是比特币挖矿工？
7. 比特币私钥、公钥和地址之间有何关联性？
8. 比特币主要的优点是什么？主要的缺点是什么？
9. 比特币的主要竞争者有哪些？

管理问题

1. **如何解决全渠道的当务之急？** 今天，大多数"实体"零售商拥有多种销售渠道——实体店面及其分店、产品目录、呼叫中心、报亭、自动售货机、网站和移动应用程序等。过去，这些渠道的管理采用竖井式模式，每个渠道（从前端到后台）拥有各自不同的员工、运作模式和信息系统，而主要的渠道会得到优惠待遇。在过去，这些就足够了，因为顾客的要求很低。但是现在情况发生了变化，客户希望获得全渠道无缝体验。他们希望能在任何地方买到想要的产品，随时随地能够收到货物，在任何地方都能够办理退货。为了满足这些期望，零售商将不得不接受并完成来自各种渠道的订单和付款，如配送中心、实体店面和分店、制造厂商（直接出货）、第三方物流和自动售货机。对于大多数零售商来说，这显然需要对它们的支付和订单处理系统进行全新设计，同时也需要对供应

2. **应该支持什么支付方式?** 在美国,许多主要专注于国内销售的电子商务厂商只支持信用卡支付或 PayPal 支付。对于世界其他地区的许多商家来说也是如此,尽管信用卡的替代选择很可能是 PayPal 之外的其他数字支付系统。然而,也有一些例外,比如在中国很少有人使用信用卡,在有些国家人们普遍使用现金支付(货到付款或直接取款)。这意味着,如果计划通过鼓励跨境购买来拓展电子商务业务,那么至少需要支持多种支付方式。研究还指出,成功的网站支持使用多种语言、货币和访问设备,为特定国家提供定制化页面,支持简化的结账流程和免费送货等。

3. **网络交易市场应该支持哪些小额电子支付策略?** 如果电子商务网站提供的商品价格低于 10 美元,那么信用卡支付并不是一种可行的方案。很多数字产品的价格都低于 1 美元,对于低价商品,就应该使用小额电子支付。相关费用可以从与消费者的银行账户或信用卡绑定的预付款账户扣取,或从消费者的话费账单收取。网络充值智能卡应运而生,但由于买方需要安装读卡/写卡设备,这种支付方式并没有在网络市场获得广泛应用。企业应该提供多种选择,这样消费者就可以选择自己最喜欢的支付方式。

4. **哪些移动系统会影响你的业务?** 未来几年,智能手机市场将持续保持增长,或将最终成为人们在线或离线支付数字和实物商品的主要方式。移动支付有可能取代直接使用信用卡、借记卡或现金的支付。目前,移动支付技术和协议还在不断发生变化,因此很难决定采用哪个系统。远程还是近场支付是一个企业选择使用何种移动支付形式的关键,在短期内,还需要依靠那些在网络领域具有强大实力的厂商和组织(例如 PayPal 支付或其他协议及系统主要依靠信用卡供应商的支持)。

5. **我们是否可以把支付服务进行外包?** 建立和维护综合型的自助式支付系统需要花费大量的时间、精力、金钱、软件和硬件。鉴于这个原因,即使是大型的电子商务企业也会把电子支付进行外包。很多第三方公司提供综合型支付服务平台。此外,如果由第三方网站运营(如 Yahoo! Store),那么它也会提供相应的电子支付服务。

6. **我们是否可以接受虚拟货币作为一种支付方式?** 尽管虚拟货币种类繁多,但这个问题的真正含义是"我们应该接受比特币吗?"许多商家的回答都是肯定的,因为交易费用很低,而且不收手续费。然而,较低的成本并不能消除以下事实:比特币没有得到任何政府机构的支持;确定比特币支付的税率存在潜在问题;汇率取决于支付国和使用情况,可能出现大幅波动。如果打算接受比特币,那么最重要的是要仔细确定相关的风险。

7. **电子支付的安全状况如何?** 在进行各种电子支付的时候,安全和欺诈仍是重要问题。使用信用卡进行网上支付(尤其是跨境支付)的时候,更加需要考虑这个问题。B2C 商家使用大量工具(如地址识别和其他认证服务)应对欺诈性订单。这些用于保障电子支付安全的措施,都只是安全防护程序的一部分(参阅第 11 章内容)。

本章小结

1. **跨境电子商务。** 许多 B2C 公司都希望通过增加对国际客户的销售来发展业务。这些销售就是所谓的跨境电子商务的一部分。问题在于,大多数 B2C 企业在开展跨境商务方面准备不足。企业想要成功参与跨境电子商务,就必须像那些已经取得突出国际销售业绩的 B2C 公司一样,"关注本土",即要像对待国内客户一样对待国际客户。更具体地说,它们的网站将需要:(1)支持使用多种语言、货币、支付系统和输入设备(特别是移动设备);(2)基于国家定制 Web 页面(例如处理国际地址和电话号码);(3)通过消除对用户详细资料的需求来简化结算流程;(4)通过提供免费送货和奖励来增加重复访问流量。因为这对大多数公司来说都是一项艰巨的任务,所以它们往往会借助已经取得成功的第三方合作企业来完成过渡。例如,几年前,Costco 决定开始向中国消费者开展在线销售业务时就已经采用了这种方式。Costco 不是在当地建立自己的营业场所,而是选择与阿里巴巴旗下的天猫国际合作。通过该电子商务市场,Costco 接触到了中国大量的在线用户,极大地简化了消费者支付的处理,解决了试图从国外向中国消费者交付订单的企业所面临的很多物流问题。除了消除跨境电子商务的很多障碍，与第三方合作使企业更易于进行国际市场测试和产品试验，无须进行非常大的前期投资，也不会产生大量的信用卡使用费和物流成本。

2. **瞬息万变的零售格局**。在瞬息万变的零售行业，零售商面临着一系列的难题。首先，虽然电子商务零售额的增长速度比实体店快得多，但绝大多数销售都不是在网上实现的。这意味着那些支持多种销售渠道的零售商必须决定如何最好地组合这些渠道，以便为客户提供无缝全渠道购物体验。其次，信用卡仍旧是大多数电子商务交易使用的支付方式。然而，绝大多数的零售销售依然使用的是现金，在世界上的一些地区，其他的电子商务支付形式占据着主导地位。这意味着，面向全球销售的电子商务零售商将不得不支持包括货到付款和现金转账在内的其他支付方式。最后，尽管智能手机支付的增长速度远远高于其他设备，但个人电脑产生的总体购买量超过了智能手机产生的购买量。这表明，在短期内，大多数电子商务零售商将不得不提供支持不同设备（包括智能手机、平板电脑和个人电脑）的界面。

   电子零售商所面临的种种困境表明，电子商务最初建立的模式正发生着翻天覆地的变化，催生出数百项新的支付提议，尤其是在闭环卡、移动支付、数字钱包、各种移动货币和虚拟货币领域。不幸的是，这些新的项目和技术绝大多数由于鲜有人问津而遭遇失败，最终相继消失。

3. **在线使用支付卡**。支付卡的在线使用过程和离线使用过程涉及类似的参与方和同样的系统，具体包括银行、信用卡联盟、支付过程服务器等。这也是支付卡在网络世界如此流行的原因之一。尽管如此，这并不意味着电子商务信用卡支付不会对接受它们的在线商户构成挑战。首先，每笔信用卡交易的贴现费和交换费都很高，这也是商家总是想方设法（例如使用 PayPal 等第三方数字平台）降低这些费用的原因之一。其次，在线商户遭遇的信用卡欺诈比线下商户更多。根据 CyberSource 的年度调查显示，在过去的几年里商家已经采用了多种反欺诈方法，包括信用卡验证服务、地址验证、客户订单历史记录、黑名单和邮政地址验证等。

4. **智能卡**。智能卡是塑料材质的支付卡，其内嵌的芯片上载有有关数据。有些拥有记忆芯片的智能卡可以读写数据。智能卡可以反复充值。智能卡已经被用于多种支付目的，包括电信 SIM 卡、非接触型金融支付和服务、交通费用的支付、政府服务中识别持卡人身份、核实医疗服务资格等。智能卡有两种类型——接触型和非接触型。这两种类型的智能卡读卡器都是决定智能卡应用程序成本的关键因素。

   储值卡是一种特殊类型的智能卡，卡内金额是预先存入的，能够进行多次充值。它们可以像信用卡或借记卡一样用于在线或离线购物。储值卡有两种形式——开环式和闭环式。闭环储值卡由特定的商家为单一的目的而发行（如星巴克的礼品卡）；开环储值卡则类似于标准的信用卡或借记卡，可用于多种情况（如工资卡）。

5. **电子商务小额支付**。网上购物大多使用信用卡或借记卡。购买金额小于 10 美元时，称为小额支付。使用支付卡进行小额交易所带来的费用高昂。目前大多数商家会从集中支付、直接支付、预付款、订阅和点单这五种替代支付方式中选择一种来避免单笔交易费用。集中支付指在向发卡公司提交交易信息前加总数次采购的金额；直接支付是集中支付的一种，将数笔付款添加在现存的每月账单中（如移动电话账单）；预付款允许用户先将资金存到借方账户，在发生交易的时候再从账户扣款；订阅指单笔支付就可以获得指定时期的内容订阅服务；点单是指在交易发生时付款，可根据预先谈妥的数量折扣降低费用。亚马逊和 PayPal 之类的公司都支持小额支付，虽然它们的费用较低，但成本仍然很高。最近，Visa 和万事达开始降低低成本交易的费用，主要针对那些信用卡交易量较大的商家。

6. **PayPal 和第三方支付平台**。第三方支付平台是指向电子支付的所有参与方提供电子链接和交易服务的公司。本质上，借助它们，商家不再需要处理在线支付中复杂的授权和结算业务。PayPal 是世界上最早建立也是最为成功的支付平台。最近，其他支付平台也开始在世界特定地区获得市场份额，如中国的支付宝、德国的 Sofort、俄罗斯的 Yandex.Money 以及荷兰的 iDEAL。在美国，亚马逊最近进入了支付平台市场，亚马逊支付模仿的是亚马逊客户使用的极其成功的"一键"支付系统。

7. **移动支付**。该术语指的是使用个人移动设备（通常是智能手机）发起或确认支付，不过也可以用平板电脑和可穿戴设备等其他移动设备进行支付。根据付款人和收款人的不同，移动支付方式基本上可以分为四种类型：（1）消费者模式，即买方向厂家支付货物或服务的款项，通常使用的是类似苹果支付的基于设备的数字钱包，或者类似于建立在基于云的移动支付平台 CurrentC 的沃尔玛支付；（2）商家移动 POS 机，如 Square 的磁条读卡器，商家将其用于信用卡支付，而不再依赖固定的 POS 机；（3）个人对个人（P2P）系统，例如肯尼亚的 M-PESA 系统（见章末案例），用于境内和跨境个人之间的货币兑换；（4）公共机构，管理和支付有关机构（如公共事业公司）的服务账单（如 Finovera、Mint）。

8. **数字货币和虚拟货币**。数字货币是指货币的数字表现形式。电子货币是一国（法定）货币的数字表示。虚拟货币的功能为数字交换媒介，但不具备法定货币的法律地位。虚拟货币包括可兑换和不可兑换两种类型。这意味着它要么可以通过交易所转换为法定货币（如比特币），要么不能兑换，只能在特定的虚拟世界中体现价值（如魔兽世界金币）。在众多的可兑换虚拟货币中，比特币受到的关注最多，原因有以下几个方面。首先，它是第一种分散式的虚拟货币，这意味着没有中央权力机构负责这种货币的发行或管理，相反，它是由一个分布式的点对点的计算机网络（称为比特币矿工）管理的。因此即便是国际交易，费用也非常低。其次，比特币具有伪匿名性。这意味着，虽然所有比特币交易都显示在名为区块链的公共数字分类账中，但任何交易的接收方都由从其私钥生成的加密公钥表示，发送方则由其私钥再次生成的加密数字签名指定。几乎没有办法破译这些密钥。最后，通过分布式网络和公钥（私钥）加密技术的结合，比特币解决了"双重支付问题"，即任何参与者都不能将自己的比特币进行数字化复制，然后重复使用。由于比特币的成功，它催生了许多具有竞争力的货币，但是它们都没有吸引到同样的投资。因此，这些组织开始不再关注虚拟货币市场，而是着手推进这种分布式、分散化的体系结构在其他类型交易（如法律合同或国际汇款）的使用。

关键术语

address verification system（AVS）：地址核实系统
authorization：授权
bitcoin address：比特币地址
bitcoin private key：比特币私钥
blockchain：区块链
card verification number（CVN）：信用卡验证号码
contact card：接触型智能卡
contactless（proximity）card：非接触型智能卡
convertible virtual currency：可兑换虚拟货币
cross-border e-commerce：跨境电子商务
digital currency：数字货币
digital currency exchanges：数字货币交易所
discount rate：贴现费
electronic money：电子货币

fiat currency：法定货币
interchange rate：交换费
micropayments（e-micropayments）：小额支付（小额电子支付）
mobile payment：移动支付
mobile（digital）wallet：移动（数字）钱包
nonconvertible virtual currency：不可兑换虚拟货币
payment cards：支付卡
payment service providers（PSP）：支付服务提供商
settlement：结算
smart card：智能卡
smart card reader：智能卡读卡器
stored-value card：储值卡
virtual currency：虚拟货币

讨论题

1. 五年后，你认为信用卡和借记卡还会是网上购物的主要支付方式吗？现金还会是线下购物的主要支付方式吗？请说明理由。
2. Boku 公司（boku.com）提供的是何种类型的支

付服务？它是如何运营的？在哪些国家运营？哪些企业会使用这种服务？你认为这种系统会成功吗？影响其成败的关键因素有哪些？请浏览 boku.com/#merchants 和 boku.com/#carrier 发布的有关新闻。
3. 在 B2C 电子商务中，犯罪分子可能会使用虚假或被盗的信用卡购物。商家应该采取何种方式进行反欺诈？
4. 一个大都市计划为乘客提供一种公共运输系统，用户使用单一的非接触型智能卡就可以支付运费和零售购物。建立这种系统会遇到哪些问题？乘客在使用卡的时候又会遇到怎样的问题？
5. 莱特币和比特币有什么区别？莱特币成为广泛使用的全球虚拟货币的可能性有多大？它成功或失败的关键原因是什么？
6. 比特币饱受诟病，原因是它可能成为洗钱的工具。什么是"洗钱"？比特币的哪些特性支持和阻碍了这些活动？根据最近几起涉及洗钱和虚拟货币的司法案件，这些质疑是合理的，还是言过其实？
7. Amazon Go 会取代传统的岗位吗？能够阻止这种岗位的流失吗？如何阻止？

课堂论辩

1. 为什么 PayPal 能取得成功而其他电子支付方式不能？PayPal 是否对银行业造成威胁？
2. 几年前 Facebook 宣称所有 Facebook 的应用程序（包括游戏）必须使用 Facebook Credits 作为货币，但不久就取消了这个政策。为什么 Facebook 要颁布这条政策？为什么又取消？你同意这种做法吗？
3. 除了在线音乐和应用程序外，还有哪些情况适用小额电子支付方式？
4. 购买商品或服务时，你是倾向于使用实际的信用卡或借记卡，还是使用手机进行移动付款？这两种付款方式各有哪些优缺点？
5. 什么是 MasterPass™？它的原理是什么？有人质疑 MasterPass™ 长期的可行性，请列出赞同和反对的信息并讨论。
6. 可兑换虚拟货币和不可兑换虚拟货币之间的区别是什么？各有哪些例子？相对于严格的定义，在某些情况下，不可兑换虚拟货币会被用作"真实"世界中的交换媒介吗？
7. 数字货币被犯罪分子和逃税者广泛使用。但是，由于其具有便利性和匿名性，也被诚实的客户广泛使用。如果政府不能加以控制，它们就应该被禁止吗？为什么？
8. 支付宝在中国已与苹果支付和 PayPal 形成直面竞争。请展开调研，了解具体情况并撰写一份报告。

网络实践

1. 在美国和北美地区之外各选择一家大型的 B2C 零售商。详细列明它们所提供的电子支付系统的异同。网站还能提供其他哪些支付系统？撰写一份简短的报告。
2. 请浏览 worldpay.com/sites/default/files/wpuk-all-channel-payment-store-of-future.pdf。基于这份简短的报告，当前的支付系统在哪些方面阻碍了全渠道零售的发展？支付系统需要进行哪些调整从而可以促进未来实体零售业的发展？
3. Authorize.net 是一个什么样的网站？提供哪些服务？如何运营？主要竞争对手是谁？什么原因造就了其成功？
4. 很多企业都提供了数字（移动）钱包系统。什么是数字钱包？列出有关的企业及其产品，并比较它们的功能。你认为这些产品在近期能普及吗？为什么？
5. 请浏览 smartcardalliance.org/smart-cards-applications-transit-open-payment-resources。该网站列出了许多现有的使用非接触型智能卡的公交系统。选择其中两个系统并加以比较。
6. 阅读有关星巴克礼品卡和储值应用程序的资料。近年来，它们一直遭到网络犯罪分子的攻击。网络犯罪的类型有哪些？造成了什么影响？问题是如何解决的？
7. 请到 cybersource.com 下载最新版本的《CyberSource 欺诈基准报告》（CyberSource Fraud Benchmark

Report）。在报告中，移动商务是否比非移动电子商务更容易受到欺诈影响？哪种移动操作系统最容易受到欺诈影响？最常用的反欺诈技术有哪些？

8. 2016年比特币交易平台Bitfinex遭到黑客攻击。将其与2014年的Mt. Gox黑客事件进行比较。为什么会一直遭到黑客的攻击？对比特币有什么影响？

团队合作

1. 请阅读本章开篇导入案例，并回答下列问题：
   a. 什么是跨境研究？欧盟内部两个成员国之间的贸易属于跨境交易吗？为什么？
   b. 跨境交易市场目前的规模及预期的规模是多少？
   c. 如果电子商务企业想要开拓国际市场业务，成功的关键因素是什么？
   d. Costco进入中国电子商务市场的基本途径是什么？
   e. Costco采用的方法对沃尔玛这样的公司有效吗？为什么？
2. 移动支付领域的竞争十分激烈，每队在这个行业选择一家公司（如Square、PayPal、Groupon），展示公司的优势与劣势。
3. 团队（成员人数4人以上）的每个成员做好为期2周的日志，记录他们的线上和线下购物情况——记录购物时间、卖家、购买的产品或服务、使用的支付方式、POS设备和总金额（只记录少于或多于10美元）。将团队的总体结果与本章讨论的支付和支付系统模式进行比较。
4. 撰写一份报告，选择几个欧洲或亚洲国家，比较智能卡在这些国家的应用情况。在该报告中，讨论这些应用程序是否会在北美取得成功。
5. 一组团队代表MasterCard Pay Pass（mastercard.us/paypass.html），另一组代表Visa payWave（usa.visa.com/personal/security/card-technology/visa-paywave.jsp）。每组成员的任务是说服一家公司承认其产品的优越性。
6. 研究并撰写一份关于基于云计算和基于设备的数字钱包之间差异的报告，列举相应的案例，并指出每种方式的优缺点。
7. 研究B2B电子商务支付问题。首先浏览网站ecommerceguide.com/guides/b2b-ecommerce-payment-systems和ecommerceandb2b.com/b2b-e-commerce-payments。撰写一份报告并在课堂上进行展示。
8. 登录网站youtube.com/watch?v=AdqyiwLmx7k，观看关于支付市场目标竞技的案例研究视频。

章末案例

汇款回家：M-PESA和肯尼亚的经验

无银行账户者是指不使用银行或其他金融机构服务的个人。他们不使用支票和信用卡，而是用现金进行大部分的金融交易。人们没有银行账户的原因有很多，他们中的大多数人都很穷，要么不具备拥有银行账户的信用资质，要么生活在没有银行服务的较贫困地区。在世界上许多国家，脱离无银行账户的行列几乎是摆脱贫困的必经步骤。

根据世界银行2015年的报告显示，从2011年到2014年，"无银行账户"成年人的数量惊人地下降了20%，降至20亿。这一下降并非源于生活在较为发达或增长中经济体的无银行账户人数的减少。相反地，这几乎完全是居住在撒哈拉以南的非洲地区，特别是肯尼亚的无银行存款人数变化的结果。无银行账户人数的下降起源于一个名为M-PESA的项目，该项目最初的目的是提供通过手机进行个人对个人的国际汇款业务。这里详细描述M-PESA项目，包括该项目旨在解决的问题，该项目的结构和运作，以及其对肯尼亚和世界其他地区无银行账户的贫困人群的长期影响。

存在的问题

在发展中国家，移民是"一种生活方式"。如果是自愿的，移民往往是为了寻找工作或利用他们居住的国家或地区以外的机会。从世界范围来看，这种移民导致大量资金从外籍工人转移回给他们的家人和朋友。这些转移被称为汇款。虽然每一笔汇款通常数额不大，总额却很可观。例如，根据世界银行2016年的数据，2015年来自发展中国家的外籍工人的全球汇款总额超过4 300亿美元。从这个角度看，对许多发展中国家来说，每年的这类汇款总额往往超过了他们获得的所有发展援助，也超过了外国直接投资的金额。

这些资金不仅对发展中国家是一笔巨款，对于像西联汇款这样的汇款运营商来说，也是如此。汇款运营商收取服务费用，并从货币兑换中赚取利润。这些运营商大多遵循严格的制度和规则，但即使是很小的费用也会对单个家庭收到的金额产生很大影响。

除了这些全球汇款，发展中国家还有大量"国内"汇款，这些汇款是由从农村转向城市务工的人员产生的。由于这些工人和他们的家人没有银行账户，大部分汇款是用传统的方式进行的。工人们要么自己把钱拿回家，要么让他人代劳。这样虽然能够避免汇款运营商收取的费用，但仍然需要承担较高的成本和风险——运输（通常使用公共汽车）不仅需要时间，而且考虑到这些国家的抢劫率很高，个人和金钱都会置于危险之中。此外，由于转账不是通过正规的金融系统进行，因此无法统计涉及的人员、现金和交易的数量。

过去，一些国家试图直接或间接地解决国际汇款和国内汇款方面存在的问题，提高汇款的效率。很多项目都是围绕着如何将"无银行账户者"转变成"有银行账户者"。从理论上讲，如果汇款人和收款人都有银行账户，理所当然可以简化国内资金转移，并为国际资金转移开辟其他可能性。它还可能解决更大的贫穷问题，从而首先避免了家庭成员分隔两地的情况。忽视拥有一个银行账户是要花钱的事实，以及许多发展中国家的银行体系令人怀疑的事实，这种做法是一项庞大、高成本和长期的工程。正如过去几年所证明的，真正的答案可能是移动货币和银行体系的"非银行化"运营。至少，这是肯尼亚过去几年的经验所得。

解决方案

M-PESA的历史在Omwansa和Sullivan于2012年发表在 *Money* 和 *Real Quick* 的文章中都有很好的记录，最近，Runde也提到了M-PESA。下文简要地介绍了这些文章所强调的一些关键事件。

肯尼亚是一个东非国家，大约有4 000万人口，失业率高，人民生活贫困。大约10年前，一项对肯尼亚金融业的深入调查发现，该国只有20%的成年人"拥有银行账户"，这令肯尼亚央行大为震惊。基本上，银行业是在为城市精英服务，并慢慢走向衰亡。政府所有的电信系统也是如此，过去在城市地区提供固定电话服务，结果，只有2%的人口拥有电话服务。相比之下，肯尼亚的移动运营商（其中Safaricom网络公司是迄今为止最大的）却在相对较短的时间内使得肯尼亚人拥有1 000万部手机（普及率为35%）。因此，不去想方设法向农村民众或者城市的贫困人口拓展垂死的固定电话业务或分支银行业务，也许会更容易找出使用移动电话来帮助向贫困人群提供金融服务的方法。

肯尼亚移动货币系统的最初试点是在英国政府发展机构（DFID）的支持下运行的，重点是降低小额贷款偿还成本和降低相关利率。在最初的尝试之后，该项目的控制权转移到了Safaricom，重点业务也从贷款偿还转向个人对个人的转账。新系统被称为M-PESA，M代表移动设备，Pesa在斯瓦希里语中是"钱"的意思。尽管新系统具有更多的金融功能，但营销口号只是"把钱寄回家"。

汇款的任务相对简单。首先，汇款人和收款人必须拥有支持短信的手机，而实际上，无论基础技术如何，每个手机都具备支持短信功能。接下来，他们必须获得Safaricom SIM卡。一旦有了SIM卡，他们就必须向M-PESA的代理商注册登记。注册只需要一张身份证，每个肯尼亚人都有。注册成功之后，网络就会向注册用户的手机发送升级后的菜单。此时，系统已经准备就绪。要实际汇款，注册用户首先要将现金存入账户，即将现金交给M-PESA代理商，由代理商立即存入客户的账户。网络会发送一条文本消息来验证存款。一旦存款到账，客户就可以在任何时候通过M-PESA菜单选择"汇款"，然后输入收款人的电话号码。此时，汇款人将被提示输入M-PESA密码，接着选择"完成"。此时，系统向汇款人发送一条信息，确认转账和收款人的姓名。然后，收款人也会收到一条信息，其中包含汇款人的姓名和转账金额。

在另一端，收款人现在可以去当地的M-PESA代理机构提取现金。实际上，收款人基本上就是从自己的账户中取款。他们要向代理商出示身份证，从菜单中选择"取款"，输入代理商的识别码，然后输入自己的M-PESA密码。一旦交易被确认，代理商就会发放现金。

显然，该系统成功的一个关键因素是 M-PESA 的代理网络，被称为"人类自动取款机"的网络。代理商可能是当地的杂货商、加油站老板、邮递员等，他们是通过周密的挑选和审查程序征聘的，其中许多人还为 Safaricom 推广移动通话业务。他们接受定期培训，并经常受到监督，与其他移动运营商的业务往来也受到限制。除了尽职调查程序之外，代理商面临的主要障碍就是资金。他们必须预先购买移动货币，这样才能向客户出售从而换取现金。同样，他们必须将现金换成移动货币，这样客户才能提取资金。他们管理的现金和移动货币都是自己的，而不是 M-PESA 的。有些代理商做得很好，但对大多数人来说，这就是一份兼职工作。

尽管不那么明显，但事实上 M-PESA 模仿的是"预付费"手机系统，即消费者要提前支付通话费用，而不是根据信用额度使用后再支付。M-PESA 系统的打开和使用不需要预先通过信用审核。本质上就是开立账户和存款。存款没有费用，增加通话时间亦是如此，但转账和取款都要收费。与汇款运营商和自动取款机收取的费用相比，这些费用微乎其微。此外，在一定时期内，账户存款的最大金额以及转账的金额都有限制。造成这些限制的原因有很多：首先，大多数客户生活贫困，系统要关注他们的需求；其次，他们不希望该系统被用于非法目的（如洗钱）；最后，也是最重要的一点，M-PESA 不是银行，资金由沃达丰（主要股东）旗下的信托公司持有并存入商业银行。

取得的成就

从各个方面来看，M-PESA 系统都非常成功。该项目在肯尼亚创建，目前已在 11 个国家开展业务。2014～2015 年期间，该系统已拥有 2 340 万用户和 24 万家代理商，完成交易 34 亿笔。在肯尼亚，用户人数超过 2 000 万（约占总人口的 50%，成年人的 90%），代理商数量达到 8 万多，通过该系统进行的交易金额约为 2 万亿肯尼亚先令（折合约 200 亿美元）。

该系统的功能也得到了扩展，现在包括向 M-PESA 其他用户汇款、支付账单（如公用事业费用）、从商家购买商品、从 ATM 机取款、接收国外汇款、领取或支付工资。本质上，M-PESA 已经成为一个移动电子钱包。

M-PESA 还集成了其他系统，提供其他金融服务。例如，M-SHWARI 系统和一个新的条目（KCB M-PESA）为 M-PESA 用户提供储蓄和贷款功能。截至 2015 年年初，M-SHWARI 已拥有近 1 000 万用户。

如上所述，M-PESA 目前在肯尼亚以外的 10 个国家开展业务，包括非洲内部地区（如坦桑尼亚、南非），以及非洲以外的阿富汗、印度和罗马尼亚等国家。在很多其他国家，肯尼亚的成功并没有被复制，尽管其中部分国家（如印度）还没有定论。许多批评人士认为，肯尼亚 M-PESA 的成功缘于一系列其他国家难以复制的环境。

- 金融部门基本上采取了不干涉政策，消除了一些国家遇到的监管障碍；
- Safaricom 几乎垄断了肯尼亚的移动业务，在其他国家竞争要激烈得多，这使得控制手机 SIM 卡或移动通话时间变得更加困难；
- 与许多类似的项目不同，Safaricom 认识到最大的障碍与人有关，与技术无关，这就是确立最初的营销主题、简化电话功能以及在潜在客户群附近建立代理网络的原因；
- 在项目开始时，"无银行账户"人口的比例接近 90%，而在 M-PESA 运营的大多数其他国家，这一比例要低得多（如 30%～50%）。

思考题

1. 什么是汇款？为什么汇款在发展中国家很重要？
2. 什么是汇款运营商？从历史上看，它们在汇款中扮演了什么角色？
3. M-PESA 是什么？简要描述 M-PESA 的工作原理。
4. 为什么说 M-PESA 是成功的？
5. 对于上班族来说，拥有基于信用的公交卡的主要好处是什么？代理商网络对于 M-PESA 的成功起到了什么作用？
6. 为什么 M-PESA 在肯尼亚获得了成功而在其他国家没有？

第 13 章

电子商务供应链管理中的订单实施

学习目标

1. 电子商务订单实施的概念和流程；
2. 按单生产和 3D 打印的概念；
3. 仓储在订单实施过程中的作用以及机器人在仓储中的使用情况；
4. 目前及未来电子商务配送的主要方式；
5. 电子商务订单实施过程中存在的主要问题；
6. 解决电子商务订单实施中存在问题的各种方式；
7. 射频识别技术在供应链上的应用；
8. B2B 模式下的订单实施；
9. 其他供应链管理专题。

导入案例

亚马逊的订单实施

存在的问题

传统的零售模式下，顾客进入一家实体店，接着购买商品，然后把商品带回家。这种模式下，大量的商品被运往每一家商店或者超市，但是送货的目的地却并不多。在电子商务零售模式下，顾客想快点拿到货物，而且想在家中收货。这样，货物的运量小，但是送货目的地却很多，同时也要求货物能够进行快速的配送。因此，控制商品的存货量变得很关键。但是，维持存货和运送产品会耗费金钱和时间，这样就会抵消电子商务所带来的优势。我们来了解一下电子商务巨头亚马逊是如何处理这些问题的。

亚马逊在 1994 年成立之初采用的是"虚拟零售"的商务模式——没有仓库、没有存货、没有运输（也称为代发货模式）。这种做法就是通过电子方式接受订单和付款，然后让其他公司来处理订单。很快，亚马逊就意识到此模式只适合小公司，不适合世界级的大型电商。

解决方案

1997 年，亚马逊决定改变它的商务模式，建立自己的存货和物流。公司还通过收费的方式为其他公司甚至是为竞争对手提供物流服务。公司花费数十亿美元建立了遍布美国甚至全世界的配送网络，从而在仓储管理、仓储自动化（包括仓储机器人）、包装和存货管理方面成为世界级的领先者。

亚马逊首先在西雅图和特拉华州建立了自己的订单实施中心（仓库），这两个中心都占地数千平方英尺。1999 年，中心的数量新增了 8 个，其中包括欧洲的 3 个中心。后来由于经济问题，亚马逊放慢了发展的速度，直到 2005 年，开始进入惊人的设施扩建时期。

一开始，亚马逊扩建了一系列大型的配送中心，这些配送中心位于税收优惠和激励措施较好的州，特别是那些无须缴纳销售税的州，因为从技术上讲配送中心不是零售商店。相较于"实体"零售商，这为亚马逊提供了巨大的经济优势，直到各州开始重新解释它们的法律，将亚马逊与其他零售商一视同仁。2013 年，亚马逊调整了供应链策略，优化了配送速度，这样就可以着力支持食品和其他商品"一日送达"和"当日送达"的新项目。

分拣与包装

亚马逊是如何有效地完成每月数百万的订单的？部分原因在于其配送中心的运营方式。对于大型的配送中心，订单实施的流程如下：

- 步骤 1。当你在亚马逊网站下订单并设置目的地后，电脑程序会识别货物该从哪里发出。一般情况下，货物会从亚马逊的订单完成中心发货，或者从卖方所在地发货。卖方可以选择把货发往亚马逊以便存储和处理。亚马逊会把这些商品列入线上清单并进行广告。当有订单时，一个电脑程序会追踪该订单以决定订单的完成地址。亚马逊拥有许多分销中心，它们一般按以下步骤运作。
- 步骤 2。所有接收到的订单都由调度程序通过电子方式分配至特定的分拣人员以便于订单的实施。
- 步骤 3。货物（如书籍、游戏、CD 唱盘等）被存储在储存箱中，每一个箱子都有一个红色的灯。当某个箱子的商品需要被处理时，红色的灯就自动亮起。拣货员随着一排排储存箱移动，并挑出亮起红灯的储存箱中的商品。他们摁下按钮关灯。
- 步骤 4。每件商品都会放入贴有订单号定位标签的装货篮中，装货篮被放置在仓库中一条 10 英里⊖长的传输带上。通过条形码阅读器的指引，每个装货篮直接自动到达特定的目标位置。
- 步骤 5。核查每一个装货箱以确保条形码与订单是否匹配，然后货物会被送到合适的溜槽，通过溜槽装进纸箱。如果订单中涉及多个货物，该系统可以使这些货物装进同一个纸箱。
- 步骤 6。密封这些箱子备运。如果客户选择礼品包装，就需要手工完成。
- 步骤 7。对纸箱进行捆扎，称重，贴上标签，放入仓库中的一个卡车位中等待配送。其中，有些卡车位属于美国邮政或者其他运输公司。

配送中心专业化

然而，这只是其中的部分原因。订单实施的优化主要来自各个中心的分工和专业化经营，尤其是新成立的"分拣"中心。

目前，亚马逊的运营中心包括：

- 订单实施中心——各中心负责的包裹大小有所不同；
- 补货中心——负责从供应商处进货；
- 客户退货中心——专门负责退货的处理；
- 分拣中心——负责从订单实施中心接收包裹托盘，按邮政编码对托盘进行聚合和排序，以便将它们配送到相应的美国邮政处理中心。美国邮政是提供包裹"最后一英里"配送服务的商家之一；
- 配送站——规模中等，与规模较小的亚马逊生鲜和食品存储网站联网，在城市地区处理杂货和一般商品的当日送货上门服务；
- 专业配送站点——负责处理小包装的教科书、服装、珠宝和鞋子等；
- 高级配送中心——这样的配送中心规模较小，专门负责有高端需求的货物配送（尤其是针对金牌会员），在城市地区货物将在 1～2 小时内送达。

机器人

为了加快订单的完成，亚马逊在实施中心使用了数万台机器人。有关内容见 13.3 节。

无人机送货

最快的送货方式是使用无人机。这种方法将在

⊖ 1 英里 = 1 609.344 米。

克服若干法律问题和其他障碍时得以使用。有关介绍见13.4节。

取得的成就

表13-1列明了不同类型配送中心的分布情况以及大小规模。总而言之，约有290个分销中心，占地超过1.1亿平方英尺。其中大多数（160个）是订单实施中心，占据了大部分的面积（超过1亿平方英尺）。

表13-1 亚马逊配送中心网络（2016年数据）

	类型	中心数量	占地面积（百万平方英尺）	待建中心数量	占地面积（百万平方英尺）
美国	实施中心	76	59.9	17	12.7
	分拣中心	26	7.1	3	0.8
	快送中心	43	0.7	0	0
	配送站/分拣中心	16	1.3	0	0
	小计	161	69.0	20	13.5
全球其他地区	实施中心	83	41.4	6	5
	快送中心	23	0.1	1	0.1
	配送站/分拣中心	24	1.6	0	0
	小计	131	43.1	7	5.1
全球	合计	292	112.1	27	18.6

虽然所有这些中心都起到了关键作用，但影响最大的可能是26个分拣中心。它们不仅帮助亚马逊实现了当日送达的目标，更重要的是，它们还使亚马逊大大减少了对联合包裹和联邦快递运输的依赖，使亚马逊获得了对运输和配送的控制权。与拥有自己的运输车队的线下零售商不同，由于业务量大、运输的目的地多，亚马逊不得不利用联合包裹、联邦快递等第三方运营商。在销售旺季（如寒假），亚马逊不得不与其他零售商竞争联合包裹和联邦快递的服务。通过转向选择美国邮政送货，分拣中心减少了这种依赖，成本大幅下降，也避免了与其他零售商的竞争。目前，亚马逊正在陆地、空中等多个领域筹建自己的运输队伍。

亚马逊的供应链管理取得了惊人的成功。亚马逊在供应链的许多方面都是先行者，特别是在电子商务领域，而且还会一直保持下去。2015年，亚马逊不仅成为年销售额最先达到1 000亿美元的公司，而且在高德纳2015年公布的供应链25强名单中位居榜首。亚马逊将成功归于亚马逊物流计划。按照亚马逊自己的说法是："您负责销售，我们负责运送。亚马逊创建了世界上最为先进的订单实施网络之一，我们的专业服务将使您的业务从中受益。通过亚马逊物流（FBA），您可以将产品存储在亚马逊的订单实施中心，我们进行产品拣选、包装、运输和提供客户服务。最重要的是，亚马逊物流可以帮助您扩大业务范围，接触到更多的客户。"

为此，亚马逊收购了阿特拉斯航空公司（Atlas Air）的相当一部分股权（虽尚未形成控制），该航空公司拥有世界上最大的波音747运输机队。

案例启示

导入案例向我们展示了这家全球最大的网络零售商如何完成每周数百万的订单。亚马逊主要负责在全球范围内接订单、存储、拣选、包装和实体货物的交付。亚马逊的成功在于其对供应链的控制和仓库的自动化管理（例如使用许多机器人）。最后，亚马逊力求快速发货。本章将对其中几个主题展开讨论。

13.1 订单实施和物流

相对而言，从网络上接受订单和付款是B2C最简单的一个部分，而订单实施和送货上门则是棘手的工作。例如，亚马逊最初是一个彻底的虚拟公司，在线接受订单和完成支付，并依赖第三方完成订单和发货。但最终，亚马逊意识到必须建立实体仓库和雇用上万工人甚至使用机器人，以便加快送货和大幅降低订单实施的成本。为了更好地理解电子商务中送货和订单实施的重要性,以及送货和订单实施的复杂性和存在的问题,首先必须对以下概念有个大致的了解。

13.1.1 订单实施和物流的基本概念

不管是哪种类别的产品,还是哪种类别的交易模式(线上或线下),**订单实施**(order fulfillment)是指公司从收到订单到产品交付客户的所有操作,包括所有相关的客户服务。例如,顾客购买一件新的家用电器的时候,他必定需要安装和操作指南。这可以通过提供产品随附的纸质文件,或者在网站上提供这些说明来做到。另外,如果顾客对商品不太满意,还要安排更换和退货服务。

订单实施包括一些后台运作,主要指支持订单实施的活动,如包装、配送、会计、存货管理、运输等。这与前台运作(也称为"面向顾客的活动")是密切相关的,如广告、接单,这些都是顾客可以看得见的。

显而易见,订单实施的总体目标就是按时以低成本和高效益的方式,将正确的产品运至正确的客户手中。线上零售店和线下零售店完成这些目标的方式是完全不同的,线上零售商关注如何把小量的商品直接送到顾客手中,线下零售商关注如何把大量的商品送到自己的门店。当然,目前线上零售商和传统零售商是混杂的,因为大多数零售商拥有多种销售和服务渠道,如交易网站、移动端、实体店、呼叫中心等。这就要求线上零售商和传统零售商整合各种渠道,使消费者能够通过任何一个渠道下单和取货(或收货)。

请浏览 shopify.com/blog/14069585-the-beginners-guide-to-ecommerce-shipping-and-fulfill ment。

13.1.2 电子商务订单实施的流程及原理

为了了解订单实施过程中存在的问题,可以观察电子商务订单实施的一般过程及原理(见图13-1)。整个过程从左边"订单"开始,确认订单后,商家就会采取一些步骤,有些步骤同时进行,有些步骤则必须依次进行。这些活动包括如下步骤:

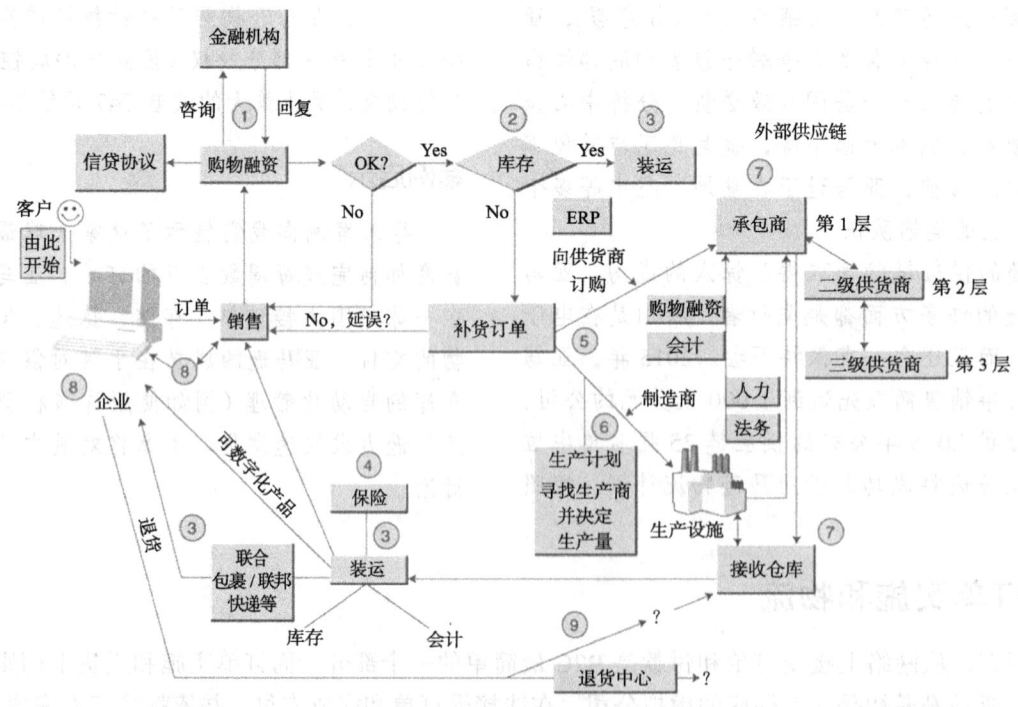

图 13-1 订单实施流程

注:需求预测和会计核算贯穿于整个流程的不同位置。

（1）客户下订单并付款；
（2）如有需要，由卖方进行付款验证；
（3）检查库存情况，如果有时间可通知买方；
（4）确定是否需要补充库存（以及是否需要额外生产）；
（5）找到每个订单可以处理的仓库，将订单发送至仓库（或订单实施中心）；
（6）进行拣选和包装以备出货；
（7）向客户发送已完成的订单商品；
（8）客户收到货物；
（9）如有需要，卖家负责退货管理。

13.1.3 运营模式

订单实施的过程千变万化，这取决于产品的类型（可根据大小、易腐性等划分），第三方是否参与仓储和运输，业务模式主要是 B2C 还是 B2B，以及公司的战略和运营模式。通常，零售商和生产合作伙伴会因公司的战略和运营模式而有所不同。供应链管理早于电子商务发展 20 年，其基本运作模式已为供应链专家和业界人士所熟知，主要包括：

- 按单设计（Engineer-to-order，ETO），在这种模式下，产品是按照客户的要求进行设计和制造。这种方法在定制产品（如珠宝）中最为常见。
- 按单制造（Make-to-order，MTO），也称为按单生产（build-to-order，BTO），用于按客户要求生产的低需求产品（定制产品）。只有在订单真正到手之后才会生产，在电子商务中也最为典型。
- 按单装配（Assemble To Order，ATO），也称为按要求装配（assemble-to-request），在这种模式下，产品是根据客户的要求并利用现有的库存零部件进行生产。这就要求最终产品具有模块化的产品结构。众所周知的例子就是戴尔生产电脑的方式，在电子商务中也非常典型。
- 库存生产（Make-to-stock，MTS），适合于大批量销售的标准化产品。产品是根据销售预测生产的，并直接将成品出售给客户。这意味着客户需求可以很快得到满足。例如，杂货店里的许多消费品就属于这种类型。
- 数字拷贝（Digital copy，DC），在这种模式下，产品是数字资产，库存是利用数字母版生产的，可以按照需求对产品进行复制并将其下载到客户的存储设备。

由于服装、包装食品和电子设备是 B2C 模式下最大的销售产品类别，因此最适宜的供应链管理模式是 MTS 和 ATO。这些类型产品的订单管理和实施看似简单，但是也会受到供应链共性特征的影响，如需求量激增（如"黑色星期五"），零部件或原材料短缺而造成的供应链中断，又或者流行款式的反复无常等。

13.1.4 订单实施和供应链

订单实施的九个步骤（见图 13-1）都是供应链上不可缺少的环节。订单流、支付流、信息流、原材料流和零配件流都需要和公司内部的参与者以及外部的合作者协调一致。订单实施过程中的计划和管理都必须很好地考虑供应链管理，因为这一过程很复杂，隐藏的问题也很多。导入案例谈及许多因素，介绍了亚马逊是如何完成订单的，并简要概括了亚马逊的基本策略、相关的流程以及遇到的一些问题。

在本章中，我们只讨论图 13-1 所示的订单实施流程中的主要活动。图 13-2 总结了这些主要的活动，并列出了在本章讨论的节号。

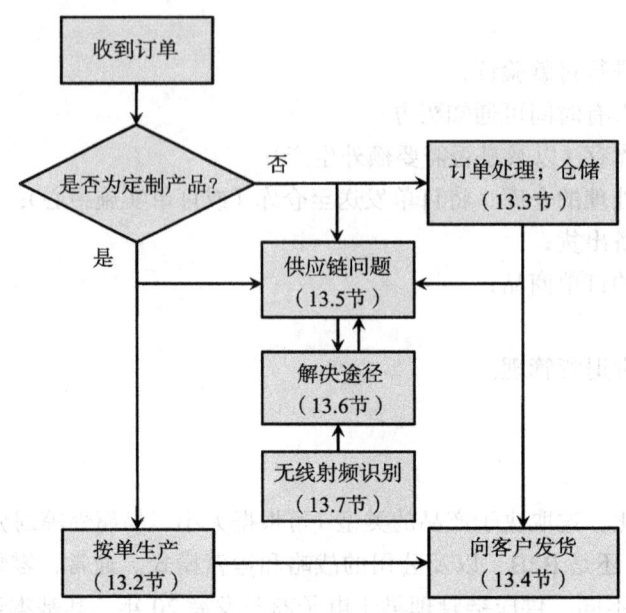

图 13-2　电子商务订单实施的重要环节

13.5 节详细讨论了供应链上存在的主要问题；13.6 节则介绍了其中几个问题的解决方案。

本节习题

1. 什么是订单实施？
2. 传统物流与电子物流有什么区别？
3. 订单实施有哪九个步骤？
4. 电子物流主要的运营模式有哪些？
5. 订单实施与供应链之间有何联系？

13.2　按单生产和规模定制的订单实施

第 1 章曾经提到，电子商务的一个好处就是能够简单地定制产品和个人服务。尽管在线接收定制订单是容易的，但是如果产品是实体的商品，履行这些订单就并不简单。大规模生产使得企业降低了单位价格，定制的成本却很高，因为每件产品需要单独处理。此外，定制也需要耗费时间，特别是像汽车那样的大件商品。然而，顾客想要及时获得最新款的定制产品，又希望产品的价格不要高于批量生产的同类产品。所以，关键问题在于：供货商、制造商或零售商如何以一个合理的成本在合理的时间内向客户提供定制产品？

13.2.1　规模定制、按单生产和按单装配

公司愿意销售大量的同类产品，这些产品都是定制的。这类似于从汉堡王或麦当劳点汉堡，你喜欢怎么做就怎么做。为此，公司采用**规模定制**（mass customization）的方法。

实际案例　戴尔电脑的按单装配模式

戴尔的领先做法是通过规模定制及时以较低的成本向最终的消费者提供定制化的产品。公司

批量生产电脑的零部件,然后根据客户的个性化要求进行组装。这种做法被很多其他制造商所采纳。大多数定制的电脑、汽车、鞋子、玩具、练习册以及结婚戒指都是用这种方法来生产的。当然,如果是像戴尔那样生产上百万台电脑,那么供应链、物流和零部件的运送对公司的成功和生存至关重要。戴尔是按订单装配的典型例子。

应用案例 13-1 对戴尔的系统进行了详细介绍。

应用案例 13-1 　　戴尔的世界级供应链和订单实施系统

戴尔是最先使用标准元件组装个人电脑的企业。为了处理大量的订单,公司需要高质量的订单实施系统。此外,由于经常需要从不同的地点运送零部件(如显示器和机箱),所以客户也需要同时安装完整的系统。戴尔非常成功,多年来一直位居美国供应链企业之首。

直接面向客户和按订单定制

戴尔持续获得较高排名的原因之一是其高质量的物流和订单实施系统,戴尔既是直接面向消费者商务模式的先行者,也是目前已被大多数计算机生产企业所使用的按订单定制模式的先行者。从 2004 年到目前的大多数时间里,这种商务模式和生产模式都比较成功。戴尔的订单获取和订单实施过程都是自动的,这可以使其供应商能够生产特定的零部件,并按照顾客的各种订单需求来生产产品。

这套系统使得戴尔能够通过其门户网站处理绝大多数的线上订单,供应商能够通过其门户网站预览各种订单要求,并和戴尔合作,以便预测需求和送货日期。通过这种方式,只有完成订单时需要使用到的零部件才会被送到戴尔的工厂,这就减少了零部件的运输,降低了零部件的仓储空间和不必要的存货。和其他公司相比,戴尔任何时间的库存周转都小于 4 天,而竞争对手的库存周转都大于 30 天。

B2C 和 B2B 模式下,计算机的电子器件、零部件和配置的生命周期都很短,今天的电脑配置很快就会过时。戴尔的自动化系统避免了这个问题,可以帮助其供应商根据需求做出快速的反应。

按单装配

戴尔的大部分业务是 B2B 模式。组织采购个人电脑、平板电脑、打印机等的数量通常会达到数百台甚或数千台。如前所述,戴尔正在尽量减少其内部的零部件库存。图 13-3 一目了然地展示了订单实施的过程。

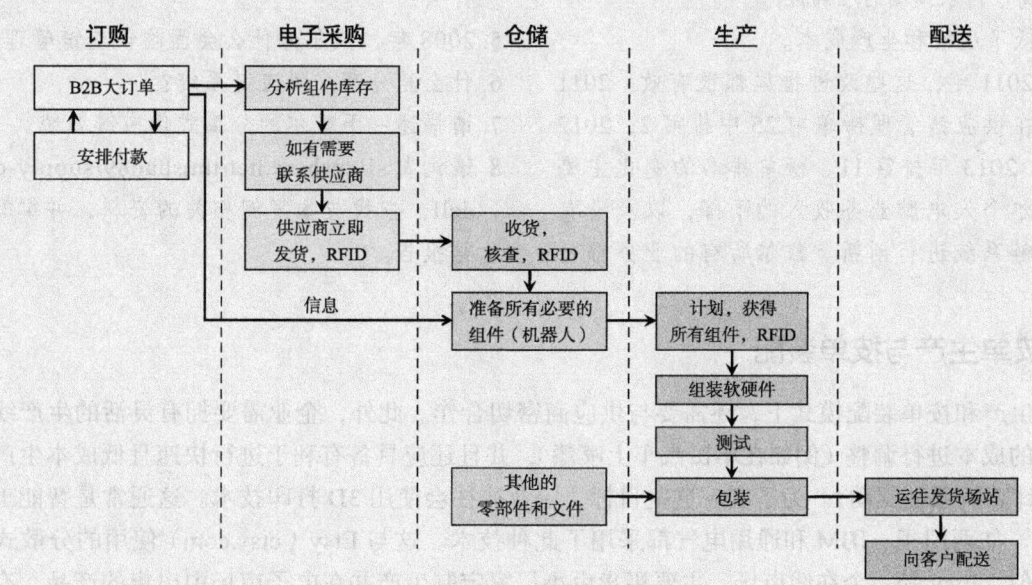

图 13-3　B2B 模式下戴尔的订单实施

分离式供应链系统

2008年，情况开始发生变化。戴尔发现其在线按订单定制系统太僵化，这导致了定制生产成本很高，尤其对于其他快速增长的业务部门（如零售门店、企业用户和使用量较大的消耗品部门）来说，任何一个业务部门都需要更便宜的定制服务。

由于供应链系统与新渠道下的新顾客的需求信息不匹配，戴尔的竞争者能够迅速占领更多的市场份额。为了解决这些问题，戴尔决定采用分离式供应链系统，即不同类型的客户用不同的模块，供应链系统被分成四个模块，每个模块对应一个特定类别的客户。这四个模块以及它们的特征如表13-2所示。

表13-2 戴尔的分离式供应链系统

供应链生产模式	按订单生产	按计划生产	按库存生产	按具体要求生产
	收到订单后生产	基于需求预测生产	基于需求预测安排生产和仓储	无库存短时间按具体要求生产
供应链模块	在线	零售	在线	企业
产量	低	高	高	中
产品批量	低	高	高	中
产成品库存	无	有，在零售店	有，在戴尔	无
执行周期	短	长	长	长

戴尔正在利用这一系统和其他创新手段进军新兴市场。戴尔供应链的复杂性可以从谷歌搜索"戴尔电脑供应链"的图片中看出。

取得的成就

戴尔的分离式供应链系统创新对其供应链的效率和效益都带来了显著的影响，主要的成效包括：

- 提高了产品的现货供应能力；
- 减少了从下订单到送货的时间；
- 减少了满足客户需求的配置；
- 提高了需求预测的准确性；
- 降低了运输和生产成本。

直到2011年，这些改进措施都很有效。2011年，戴尔在供应链管理榜单前25中排第2，2012年排第4，2013年排第11。榜单排名的变化主要是由于戴尔个人电脑业务收入的下降，以及没有对其供应链系统进行创新。戴尔所有的业务都是向企业和消费者销售个人电脑，而个人电脑业务受到快速增长的智能手机和平板业务的严重冲击。要解决需求下降的问题，戴尔要做的不仅仅是创新其供应链系统。

思考题

1. 请描述自我配置的流程。
2. 戴尔如何管理来自供应商的零配件流？
3. 为什么戴尔会采用规模定制的商务模式？
4. 戴尔原来是哪种供应链系统？它的优点是什么？
5. 2008年，戴尔为什么会面临供应链管理问题？
6. 什么是分离式供应链系统？
7. 请描述一下戴尔的分离式供应链系统。
8. 请浏览slideshare.net/thushan89/supply-chain-indell，查找与本案例相关的资料，并撰写一份总结报告。

13.2.2 按单生产与按单装配

在按单生产和按单装配模式下，还需要与供应商密切合作。此外，企业需要拥有灵活的生产线，可以快速且以较低的成本进行调整（例如在丰田汽车上喷漆），并且还应具备有利于进行快速且低成本生产调整的工具（通常由计算机系统驱动）。为了实现这些目标，企业往往会使用3D打印技术。这通常是智能工厂或生产线的一部分，如西门子、IBM和通用电气都采用了此种技术。这与Etsy（etsy.com）使用的分散式规模定制方法十分相似。Etsy是一个在线市场，主要买卖由小厂家定制生产并在电子市场中出售的产品。有关智能工厂和规模定制的资料，请参阅《规模定制国际期刊》中题为"智慧工厂"的文章，此外还可浏览网址belden.

com/blog/industrial ethernet/the-Smart-Factory-of-future-part-1.cfm。

1. 3D 打印技术在规模定制中的运用

电子商务领域支持产品定制的技术有很多，但最具有发展潜力的可能是 3D 打印。

3D 打印（3D printing），也称为增材制造，在制造过程中会利用计算机辅助设计（CAD）创建一个数字模型，该模型被切成非常薄的截面，称为层。3D 层依次叠放，生成三维的物理对象。这个过程听起来很简单，但事实并非如此。据大型 3D 技术供应商 Stratasys 称，3D 打印供应商有时就像一个由技术、材料、新工艺和新功能组成的错综复杂的网络，这使得控制 3D 生态系统存在一定的困难。3D 打印并不是只涉及一种制造或工艺过程，因此全面了解 3D 打印需要深入研究所有可用的 3D 打印系统。

为了帮助理解 3D 技术，该公司提供了一个免费教程（stratasys.com/resources/what-is-3d-printing），教程中包括一段时长 3 分 33 秒的视频。

这项技术非常有价值，因为通过这个过程，利用计算机和打印机（层层打印）就可以从设计（CAD）直接生产出实体产品。这个过程可以制造出绝大多数形状的塑料或其他材质的产品，由于不需要打造原样，所以成本很低。此外，这种技术也使得买家能够即时地获得定制产品的报价。

2. 3D 和电子商务

3D 之所以能成为支持电子商务规模定制的最佳技术之一，是因为它相对较低的成本和产品的生产速度。有人认为电子商务的未来将依赖于 3D 技术。时尚、珠宝、玩具等行业都会受到 3D 技术的影响。（请浏览 3dsystems.com/learning-center/case-studies/3dprinting-helps-jewelry-start-ride-mass-customization-wave）

案例 13-2 列举了一个有趣的关于鞋品定制的例子。

应用案例 13-2　　Feetz 运用 3D 技术开展电子商务规模定制

找到合适的鞋子可能很难。不仅要考虑大小，还要考虑材质、颜色、款式、外观和感觉。你可以去实体店定制。它们会依据你脚的尺寸来制作，但是只有有限的样式和颜色可供选择。此外，当你订购鞋子时，价格往往比较高，而且会受到实体店位置的限制，选择范围小。

网上自主定制情况如何呢？你将有超过 700 万种不同的材质、款式、大小和颜色的组合可供选择。这肯定比在实体店买鞋好，你能买到真正想要的东西，价格可能还会更低。你要做的就是浏览 Feetz 的网站（feetz.com）。

Feetz 的业务流程

- 在移动设备上下载应用程序。
- 按照说明创建一个脚的三维数字模型。
- Feetz 将使用 3D 打印机定做你的鞋子，两周内送货上门。

此外，如果鞋子坏了，把它们寄回来，Feetz 会进行回收，然后寄送一双新的给你（只花少许的费用）。

为了保证鞋子的外观和质量，该公司做了大量的试验。为此，该公司使用的是 Airwolf 3D 打印机。（请浏览 airwolf3d.com/2016/06/29/mass-customization-3d-printers-feetz 及 feetz.com/story.php）

思考题

1. 进入上文提到的 Airwolf 网站，观看视频。回答以下问题：
   a. 创业的想法是如何产生的？
   b. 列出 Lucy Beard 遇到了哪些技术挑战。
   c. 3D 制鞋的未来前景如何？
2. 3D 打印有哪些贡献？
3. 观察在线非定制购鞋的过程（如 Zappos.com、Kickz.com 等网站）。列出与 Feetz 购物过程的不同。

3. 机器人在按单生产中的应用

长期以来，机器人一直被用于工业生产，尤其是汽车行业。汽车工厂所使用的大多数旧款机器人体型大且笨重,专门用于焊接或喷漆等单一的工作。最近,更小的机器人被生产出来,它们"更智能、更灵活、更具协作性、更适应环境"。有的机器人被设计用于处理使用标准零件组装消费类电子产品的棘手工作,而在许多地方,组装工作仍主要靠手工完成。机器人也被设计用来帮助人类,而不是代替人类。ABB 和 Rethink Robotics 合作推出的机器人产品就是一个很好的例子。它们被设计用于处理细小零件,并能检测部件组装是否正确。它们的可编程性更强,因此能够非常快速地适应新的要求和用途(请浏览 rethink robotics.com 及 youtube.com/watch?v=HJzzPXeDdX8)。

正如 13.3 节所述,机器人也被用于仓储管理。有人甚至认为机器人将成为未来电子商务的主要参与者。

本节习题

1. 什么是定制?
2. 什么是规模定制?
3. 请描述一下规模定制的主要内容。
4. 什么是按单生产?什么是按单装配?
5. 解释说明 3D 打印技术对按单生产的促进作用。
6. 解释说明机器人对按单生产的作用。
7. 本节与规模定制有何关联?

13.3 仓储、机器人和仓储管理系统

在电子商务领域,仓储对标准产品(而非定制产品)订单的实施发挥着重要作用。大多数电子商务业务都是以按库存生产标准产品的模式完成的。如前文所述,从事电子商务的商家也可以选择先接受订单再由其他人负责完成(代发货),或者可以在自己的仓库中存储商品以便于能快速完成订单。仓储活动包括:

- 接收商品;
- 存储商品;
- 收到订单后拣选商品;
- 打包;
- 安排送货。

正如导入案例中介绍的一样,这些活动都可以在配送中心完成(请浏览 dlca.logcluster. org/display/log/warehouse+and+inventory+management)。

在电子商务领域,由于订单多,发货量大,需要尽可能地实现自动化。机器人和仓储管理系统的使用恰恰能解决这一问题。

新蛋网的例子是有关配送中心的典型案例。

实际案例　新蛋网的配送中心

新蛋网是美国一家大型的电子商务零售商,在美国和加拿大设有多个配送中心。其最新设立的一个中心位于印第安纳波利斯,占地 40 万平方英尺。其配送系统涉及以下几种关键技术:

- OPEX Perfect Pick 拣选系统(solutions/technology/goods-to-person/perfect-pick)和操作员拣选模块的混合使用;
- 高速拣货区采用的是灯光拣选(solutions/

- technology/supply-chain-software/picking-technology/pick-tolight）设备；
- 待处理拣货区采用语音拣选（solutions/technology/supply-chain-software/picking-tecnology/voice-picking）设备；
- 订单导入和出货时采用自动打印与应用系统；
- 根据每笔订单装箱的尺寸确定机器设备的大小；
- 每条分区拣选线（bastiansolutions.com/shop/conveyor/zipline-conveyor）和 Hytrol 输送带（bastian solutions.com/shop/conveyor/hytrol-conveyors-and-parts）长约 3 000 英尺；
- 使用人机交互界面（bastiansolutions.com/solutions/service/industrial-controls/human-machine-interface）以便对系统进行观测；
- Exacta 仓库控制系统（WCS, bastiansolutions.com/solutions/technology/supply-chain-software/warehouse-control-system）;

取得的主要成效包括：
- 提高了系统处理订单的能力——高峰期每天可处理 18 000 笔订单，平均每天处理 6 000～8 000 笔订单；
- 将订单周期缩短到 20 分钟；
- 系统准确度提高——拣选过程中可对每一项商品进行扫描；
- 安全可靠——高端产品通过 OPEX Perfect Pick 系统拣选非常安全；
- 扩展性强——出货量增加时对 Perfect Pick 通道的拓宽非常便捷。

你可以通过 bastiansolutions.com/case-studies/e-commerce/newegg（点击 OPEX 图片）观看本系统有关的视频。

13.3.1 在仓库中使用机器人

2012 年，亚马逊以 7.75 亿美元收购了一家名为 Kiva Systems 的机器人公司。截至 2016 年，3 万多台 Kiva 机器人已经被用于大约 15 家亚马逊大型订单实施中心。这些机器人可用来辅助工人拣选和包装货物。网上视频演示了其工作流程（请浏览 vimeo.com/113374910）。

机器人的操作方式可能与人们想象的有所不同。要被拣选和包装的货物放置在可移动托盘上的箱子里（称为储物格子）。一个储物格子可以装数百件物品，满载后，质量可达 3 000 磅。乍看起来，采用"人到货"的方式合乎逻辑，换句话说，如果你需要一种货物，只需支配机器人来检索它。但实际上 Kiva 的工作方式正好相反，采用的是"货到人"的方法。

目前有两种类型的机器人，它们看起来都有点像 iRobot 的大型吸尘器 Roombas，只不过它们是方形的，而不是圆形的。有一种型号，S 形，尺寸为 2×2.5×1 英尺，能举起近 1 000 磅的重物；另一种型号，G 形，体型更大，可以举起高达 3 000 磅的重物。它们都可以放在储物格子的底部。当收到订单时，信息被输入控制机器人的计算机的数据库。同一台电脑上的软件会搜索最靠近储物格子的机器人，并通过 Wi-Fi 引导机器人检索装有物品的储物格子。此时，机器人会跟随放置在地板上的一系列二维码反射器（就像道路上的路标一样）找到正确的储物格子，然后机器人会滑到储物格子的下方，抬起它并将它带回指定的操作员那里。操作员选择正确的商品，并把它放在运输包装中。因此，这种方式被称为"货到人"。此时，机器人已经准备好再次出发。机器人的速度约为每秒 1.3 米，需要每小时充电 5 分钟。

Kiva 电子订单自动化处理系统的方法也适用于店内补货、零件配送和医疗设备配送操作。到目前为止，该系统已被证明比人工操作更为精确和有效。

Kiva 被收购之初，其他零售商也在使用它，如沃尔格林、史泰博、Crate & Barrel、GAP 等。亚马逊很快终止了对这些外部公司的 Kiva 支持。在此期间，一系列新的机器人竞争者填补了这一空白，如 Swisslog 公司开发的 CarryPick（swisslog.com/carrypick）、GrayOrange 公司的 Butler（greyorange.com/products/butler）、Grenzeback 公司的 Carry AGV（grenzebach.com）等。虽然在速度、强度和交付目标（如传送带）方面存在一些差异，但绝大多数的操作都遵循相同的"货到人"原则。

通常认为,机器人自动化在电子商务仓储中扮演着重要的角色。

这类机器人应用的支持者坚信小公司能够更好地与大公司竞争,高收入国家的公司能够更好地与低收入国家的公司竞争。

13.3.2 仓储管理系统

虽然**仓储管理系统**(warehouse management system,WMS)这一名称似乎并不确切,但它确实是管理库存的一种方法。从表面上看,仓储管理系统指的是一个软件系统,它可以帮助管理仓储工作。市场中主要的仓储管理系统一般都具备以下的功能:

- 入库功能,如堆场管理、预约安排、多路径收货、交叉对接、送至库房、质量保证、分段运输和储存;
- 存货功能,如库存可见化、批量控制、多层次储存、清点、补货、增值服务处理、流程顺序处理、国际化和储位优化;
- 资源管理,如动态分拣货位作业管理、设备使用管理、产能使用管理、任务管理、自动化和员工管理;
- 出库功能,如发货订单管理、多式订单分拣、零售店和幕后店分拣、EC 订单处理、装箱安排、装箱和配送单管理、装运安排以及运输单据确认;
- 第三方物流及职能部门支持,如多用户构架、客户账单管理、基于客户的流程模型、交叉客户选择、客户可视化管理和报告(请浏览 jda.com)。

仓储管理系统能很好地降低库存,减少突然缺货的次数。该系统在管理需维修的商品库存方面也很有效,维修能迅速完成;该系统还便于从仓库的货柜中拣货,在收货处收货,以及自动化仓储作业。例如,按订单生产的程序可以向供应商提供及时正确的需求信息,从而最小化库存和缺货事件。在某些情况下,最重要的库存改进就是没有库存。对于那些能电子化的产品(如软件),订单可以瞬间完成,从而可实现零库存。

本节习题

1. 仓库中会开展哪些活动?
2. 机器人在仓储中的应用情况如何?
3. 什么是"货到人"?
4. 仓储管理系统有哪些功能?
5. 仓储管理系统有哪些优势?

13.4 货物配送:从机器人到无人机

向客户配送实体货物是电子商务订单实施的一个组成部分,工作的难点是如何将大量的货物交付给大量的客户。大多数电子商务供应商会将配送服务外包给联合包裹、美国邮政、联邦快递和 DHL 等公司。货物交付的关键问题是速度。顾客想要尽快收到他们购买的商品。此外,容易变质的商品也需要快速配送。事实上,某些城市的送货时间已经缩短到几个小时。未来的趋势是使用无人机和机器人实现自动送货。

如前文所述,电子商务领域一个成功的要素是:买家收到他们所订购商品的速度。事实上,快速配送方面的竞争正在加剧。

13.4.1 当日送达

我们在第 3 章讨论了这个话题，因为它与食品杂货有关，还提到了该领域竞争加剧的情况。除了亚马逊生鲜，其他许多公司也积极投入这一市场，例如 Instacart、Postmates、Google Express 等。不过，当日送达不仅适用于食品杂货。亚马逊正着手在几个大城市实行全品当日送达。谷歌 Shopping Express、eBay、Uber Rush 等也很活跃。

1973 年，联邦快递首次提出"隔日配送"的新理念。在"门到门"物流配送领域，这是一种全新的模式。若干年后，联邦快递开始推行"隔日早晨送达"的服务。然而，在数字化时代，即使是在第二天早晨送货都不够快。所以，有些企业都力争当日递送，甚至即时递送。把紧急物资送到医院，运送汽车零部件到 4S 店，给病人送药都是类似服务的案例。本章导入案例介绍了亚马逊对分销中心的重组，目的是为大多数美国家庭提供当日送达甚至即时送达服务。在这一服务领域有两家新加盟者，即 eFulfillment Service（efulfillmentservice.com）和 OneWorld Direct（owd.com）。这些公司已经建立了自己的网络以便快速地运送商品，这些商品大都与电子商务相关。它们与联邦快递和联合包裹等公司合作，向全美提供全国性服务。

食品外卖是另外一个非常重视配送速度的行业，就如在第 3 章里面讨论的那样，快速的比萨派送已经存在很长时间了（如达美乐比萨公司）。现在，很多比萨能够在线订购。同时，很多餐馆也把食物送到在线下订单的顾客手中，此类服务的例子就是 gourmetdinnerservice.com.au 和 grubhub.com。有很多公司甚至提供聚合服务，处理若干个餐馆的订单然后进行送货（如中国香港的 foodpanda.hk/?ref=dialadinner）。

超市配送一般在当天。安排和执行这些配送工作是比较困难的，特别是配送一些新鲜的和易变质的食物。买家需要在某个特定的时间待在家里来接收配送。

13.4.2 无人机送货

理论上，线上零售商想要快速配送，甚至比顾客自己去商店购物还快，未来的解决方式是用无人机在几分钟内就完成送货。**无人机**（drone）是一种自动飞行的交通工具，与无人驾驶的汽车类似，也是远程对其进行控制的。这是一个梦吗？亚马逊最初认为这个梦想即将变成现实。然而，由于法律、技术（传感器的性能）和其他限制，实现这个梦可能需要更长的时间。

> **实际案例　无人机配送比萨**
>
> 无人机被军方广泛使用，如用于空中拍照。在一些地方，它们也被用于运送商品。例如，达美乐在新西兰奥克兰运送比萨，那里的交通经常非常拥挤。当无人机接近时，愿意为快速送货支付额外费用的客户会收到通知。顾客所要做的就是按下智能手机上的一个按钮。然后，无人机将通过一根绳子把比萨放低。取走比萨之后，绳子被拉回到无人机上。虽然今天这项服务要额外收费，但从长远来看，不会有额外的费用，尤其是无人机一次要向多位客户配送的时候。

13.4.3 无人机配送的障碍

无人机配送的主要障碍是美国联邦航空管理局和其他国家的类似机构制定的安全和交通法规。此外，特定的场合、城市或国家可能还会实行额外的交通法规。无人机配送遇到的障碍有如下一些：

- 发射台需要设计，员工需要培训。
- 无人机配送有重量限制，有的大订单可能有必要进行拆分，这会增加成本。
- 许多零售商使用代发货供应商，这些供应商需要投资购买无人机。谁来为此买单？
- 距离的限制。运送到偏远地区可能需要零售商将无人机运送到离客户更近的地方。这会增加成本。

- 需要投入资金。这对小型零售商来说可能是巨大的压力。亚马逊很乐于进行商品拣选并将其配送给所有客户，但肯定会对这项服务收费。
- 贵重商品的配送。由于无人机飞行的区域距离地面只有几百英尺，它们很容易成为小偷的猎物，尤其是当他们知道运送的货物非常昂贵的时候。保险费用肯定会上涨。
- 天气的限制。恶劣的天气可能成为无人机配送的一个障碍，可能会导致运输延迟。
- 连续运行。无人机是一种飞行器。它们可能会因为意外事故、天气状况、机械故障等而坠落。因此，保险和相关成本肯定会上升。

那么，无人机的未来前景如何呢？谷歌已经在进行有关测试，许多人相信它会非常成功。例如，美国邮政总局正准备使用无人机，亚马逊已将这项服务命名为"空中王牌"。

然而，有些人持怀疑态度。有专家认为，电子商务配送未来将主要依靠机器人，而不是无人机。

实际案例　亚马逊的空中王牌

有一天，我们会看到空中有大群的空中快递运输机，这些飞机正在给顾客提供送货上门的服务。对于如何实现这样的快递服务，可以参阅 amazon.com/b?node=8037720011 上的视频和文章。对于空中王牌业务，亚马逊目前正在进行无人机送货服务的设计和测试，以便于商业户外使用，同时又可以免受联邦航空管理局有关规定的约束。亚马逊目前的机型设计可以实现在方圆 15～20 英里内运送 5 磅以下的包裹。亚马逊所配送的商品中 85% 符合这一重量限制，而零售商核心的"当日送达市场"中 50%～65% 位于方圆 2 英里范围以内。

目前，根据联邦航空管理局的规定，除非给予公司豁免，否则严禁无人机用于商业用途。几年前，国会曾要求联邦航空管理局提出一套全新的可将无人机用于商业使用的规则，预计将在 2016 年或 2017 年发布相关规定。

其他案例

亚马逊并不是唯一一家这样做的公司。其他公司也在着手自己的小包裹配送测试。其中比较值得关注的公司包括：

- Matternet（mttr.net）。一家位于海湾地区的初创企业，与联合国儿童基金会和无国界医生组织等组织合作，自 2011 年以来一直在瑞士、海地和多米尼加之间使用无人机运送医疗用品和检验样本。无人机提供自动运输，不需要司机，不受交通堵塞的阻碍，成本低，效率高。目前，它们的无人机可以处理高达 2 磅的负载。它可以以每小时 40 英里的速度运送约 10 英里以内的物品，整个航程只需不到 20 分钟。Matternet 认为，这项技术在医疗领域的应用可能会促使监管机构批准将其用于商业用途。
- 沃尔玛（walmart.com）在无人机领域的兴趣与亚马逊有些相同。沃尔玛已经在自己的仓库里测试了无人机的用途，现在又申请了户外包裹配送方面用途的测试。最初的测试将集中在零售配送中心与同一地区店铺停车场之间的配送上。在此基础上，测试的范围将扩大到小型住宅小区的配送。沃尔玛对后续的配送很感兴趣，因为距离美国 70% 人口不到 5 英里的地方就有一家沃尔玛超市。沃尔玛在测试中使用的是中国制造的大疆无人机。
- Flirtey（flirtey.com）。一家位于澳大利亚的初创企业，近期首次获得了美国联邦航空管理局批准完成了无人机配送。无人机使用 GPS 导航，向内华达州霍桑市的一所无人居住的房子运送了瓶装水、应急食品和一个急救箱。这次运送测试了无人机在建筑物、电线和路灯周围导航以便在人口密集的地区降落的能力。Flirtey 无人机之前曾在澳大利亚被用来运送教科书，在新西兰被用来运送汽车零部件。
- 谷歌 X 实验室的翔翼计划（Google X Project Wing）。自 2014 年名为"翔翼计划"的项目启动以来，谷歌 X 实验室一直致力于无人机配送的有关研究。最近，该实验室获得了"带滚轮的移动式容器"的专利，最基本的想法是让无人机把包裹送到收集站，收集站又会把包裹送到收件人手中。

医疗用品的配送

医疗用品需要迅速运送。在农村地区和发展中国家，这种运送可能需要数小时。发展中国家卢旺达正在使用无人机向医院运送医疗用品。

值得关注的是，中国的阿里巴巴和京东可在 3 小时内为客户提供医疗用品！

13.4.4　机器人送货

随着无人驾驶汽车进入我们的道路，使用更小版本的机器人进行电子商务包裹配送的想法应运而生。

华盛顿特区的食品杂货配送机器人

截至 2016 年秋季，滚动机器人（有些人称之为滚动无人机）已经可以将食品杂货送货上门。机器人使用人行道。名为 Starship 的一家科技公司已经在多个欧洲国家使用了这种机器人。

Starship 的机器人很明显只能在地面上行走，它很容易让人联想到轮式冷却器（它们实际上也能保持物体的凉爽——对食品杂货配送很有用）。它有六个轮子和一个大型天线，可以接收来自调度中心的订单。与最高时速 10 英里的汽车相比，它们显得微不足道，却和许多慢跑者一样快。它们可以在微微隆起的内部携带约 40 磅的重量，这样就能装下相当多的食品杂货（尤其对于单户或双户家庭）。

2016 年秋季，该项服务还在测试中。机器人已经在瑞士投递邮件了（请浏览 apparatus. io/Delivery-Robots-TheFuture-of-Ecommerce）。

值得一提的是，在中国，在线购物是用电动自行车完成配送的。

本节习题

1. 什么是当日送达服务？它的重要性有哪些？
2. 为什么要使用无人机送货？
3. 使用无人机进行电子商务配送面临的主要障碍有哪些？
4. 列举一些无人机送货的例子。
5. 什么是机器人送货？

13.5　供应链上订单实施存在的问题

订单实施被认为是电子商务能够获得成功的一个关键因素。市场调研机构 Peerless 在 2013 年对近 600 名顶级供应链高管进行的一项研究显示，订单实施的过程非常复杂，订单管理和货物配送的绩效正在下滑，因此，客户满意度受到负面影响。这些高管以及他们的公司面临的主要挑战如下：

- 订单预期。电子商务订单需要更高质量的服务和对客户的高度关注。所需的交付时间要短得多，而且订单的修改和取消常常在最后一分钟完成。
- 订单准确性。如果送去商店的货物少了几件，那也没什么大不了的。但是如果同样的事情发生在电子商务客户身上，商家可能会失去这笔生意。
- 多渠道订单管理。因为大多数公司对于不同的渠道都有单独的管理系统，所以很难向消费者呈现统一的公司形象（见章末案例）。
- **复杂的货物配送。** 与离线订单和货物交付相比，每个电子商务订单通常很小，只有几件商品，但是订单数量很多，包装和运输就更加困难。因为消费者在购买前不能"触摸、查看和感受"产品，所以有很多退货的情况。

其他的调查结果也显示，客户满意度会受到订单实施过程的影响。客户不满意的主要原因有：（1）订单不准确；（2）订单处理时间长；（3）未按计划及时交货；（4）订单在实施过程中缺乏可视性。

这些问题是离线和在线业务一直所面临的典型的挑战。诸如此类的情况在电子商务实施中更为常见，尤其是全渠道电子商务中，这是因为电子商务的特点和要求与供应链的结构和流程不相匹配。例如，大多数厂商和分销商的仓库是根据为大量商店运送大量货物的需求而设计，并没有按照为大量消费者打包运送小订单的需求设计。此外，存货管理水平较差、配送调度不合理以及混合配送也是电子商务中的典型问题。

许多问题和挑战的根源在于缺乏规划和执行力。其中一些主要原因包括：

- **需求的不确定性。** 许多电子商务供应链上的问题是因为需求的不确定性以及整个供应链在试图满足这种不确定性需求时所面临的困难导致的。这就需要对未来的需求进行预测。需求预测的一个主要目标是：较为精准地预测未来特定区域和特定时间点（段）对于某一种商品的需求量。需求预测依赖于对历史模式、销售或订单数据的趋势以及天气或促销等因果关系因素的统计和商业分析估算。这些影响因素瞬息万变，因此，需求预测既是一门科学也是一门艺术。主要的问题是，如果需求计划是错误的，它将波及整个供应链，影响对库存、原材料、半成品、工厂产能等的计划需求。企业试图通过调整预测和与供应链中的主要参与者共享预测数据来解决这些问题。
- **信息共享不充分。** 目前，供应链上的信息流和商品流与服务流同等重要，供应链上的各方和系统都依靠信息系统中的信息流来互联互通及协同。信息流管理不善所伴随的问题是牛鞭效应。牛鞭效应一般指真实的商品需求与供应链所能提供的存货之间的信息不匹配。这种信息的不匹配导致了保有过量的存货和安全库存以作为预计不足的缓冲。在实际的业务操作中，当沿着供应链逆流而上，从零售商到分销商到供应商到生产商一级一级地转移，信息的不匹配会逐级加剧，从而使存货和安全库存的数据一直在发生变化。减少信息不匹配的一个解决方法是保证传递到各方的数据是可见的、实时的，以保证"只有一个正确的数据"。
- **物流基础设施匮乏。** 纯粹的电子商务企业有可能会遇到更多的问题。由于缺少合适的物流基础设施，纯粹的电子商务企业不得不使用外部的物流服务，而不是企业内部的相应职能部门——就像亚马逊与联合包裹和联邦快递之间的关系一样。这些外部的物流服务通常被称为第三方物流企业（third-party logistics suppliers，3PL），或物流服务供应商。物流服务外包是非常昂贵的，因为不仅需要更多的协调，还得依赖于并不可靠的外部企业。为此，大型的线上零售商往往拥有自己的实体仓库、发货和配送系统。
- **资金流效率低下。** 供应链系统中存在问题并需要改善的地方不仅仅是物流，还包括信息流和资金流。资金流包括计价、支付、收款等。除了使用计算机系统，许多供应商、生产商、分销商和零售商还使用人工和纸质系统进行财务交易。这些效率低下的财务流程不仅阻碍了供应链上的资金流，还阻碍了商品和服务的流动，使各方都处于竞争劣势。

本节习题

1. 订单实施所面临的主要挑战有哪些？
2. 这些挑战会带来哪些后果？

3. 订单实施存在问题的四个根本原因是什么？
4. 什么是牛鞭效应和信息共享不充分？
5. 第三方物流的作用是什么？

13.6 供应链中订单实施问题的解决途径

许多电子商务的物流问题是类似的，它们也发生在非网络世界。因此，许多实体经营中的问题解决途径也适用于电子商务。信息技术和电子商务技术都促进了大多数问题的解决。它们也使供应链上很多环节自动化，这使供应链的运作得到改善。在这一节中，我们将讨论一些解决供应链上订单实施问题的特别途径。

13.6.1 改进订单实施过程

改进订单实施的一个办法就是改进订单的接收步骤，同时改进订单接收和订单实施及物流的链接。订单的接收可以通过电子邮件完成，或者在网店完成，这些都可以用自动操作的形式。例如，在B2B模式下，当存货的水平下降到一定的临界值的时候，订单可以自动产生并自动传送给供货商。这就是在第4章（B2B）里面所说的供货商管理库存战略的一部分。这会实现一个快速的、经济的、更准确的订单接收过程。在B2C模式下，使用电子形式在网上下订单的方式会使整个过程加速完成，会使整个过程更加精准（例如，自动化处理可以检查输入的数据，并且不断地提供反馈信息），还会降低卖方的加工成本。当电子商务的订单接收工作可以和公司的后台操作系统连成一体的时候，它就会削减循环的时间，消除一些错误。

订单接收过程的改进也可以发生在组织内部，例如，制造商从自己的仓库订购零部件。如果派送这些零部件很顺利，制造过程的中断现象就会减少，从而降低停工带来的损失。

13.6.2 改变供应链的结构和流程

解决许多供应链问题的一个有效途径是改变供应链的结构，从线性结构到中心结构（如图13-4所示）。在中心结构中，供应链合作伙伴和各要素间的链接更短。中心结构的网络中心也进行协调和控制，使得管理更加有效，这种结构增加了透明度。线性的供应链通常更容易产生问题。同时，中心结构的管理通常是完全电子化的，这会使订单的履行更快，更省钱，产生的问题更少。借助射频识别技术（详细内容参见13.7节），它可以提高库存信息的可视性（请浏览blog.dydacomp.com/accurateinventory-visibility-is-key-to-ecommerce-success）。

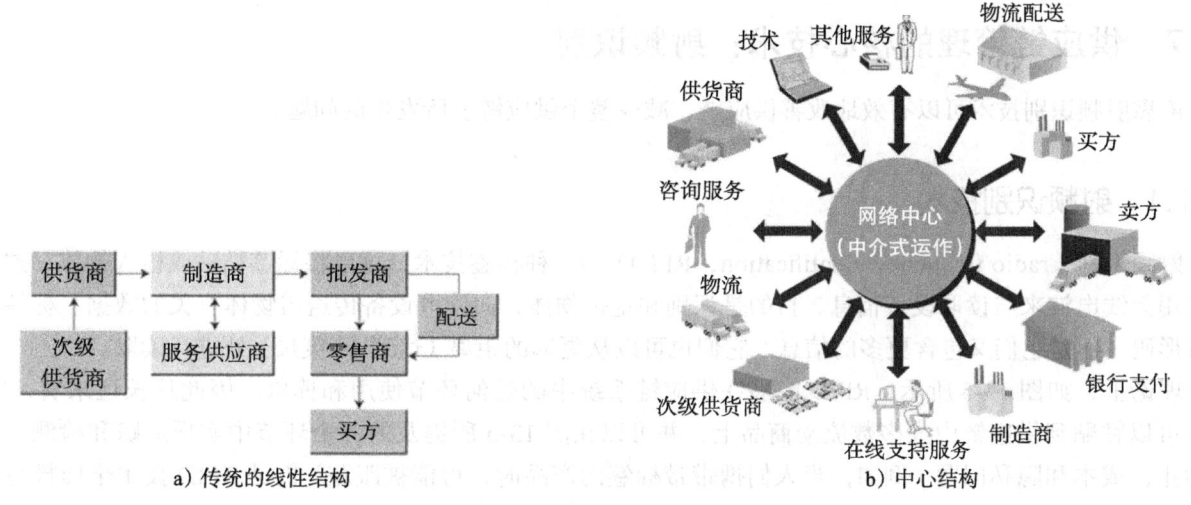

图13-4 供应链结构的变化

13.6.3 全球综合物流系统

贸易全球化的增长导致了对一个有效的全球物流系统的需求。在较长的超越国界的供应链上，前文描述的订单完成问题会更大。此类情况下合作伙伴的数目通常是很大的（如报关公司、全球运输公司等），所以需要协调、沟通和合作。此外，此类系统需要比较高的安全水平，特别是当网络成为核心技术平台的时候更是如此。整合供应链各个独立的部分将对解决长供应链上的问题很有帮助。

13.6.4 合作和物流外包

对于一个组织，解决订单实施问题的一个有效方法就是和其他公司合作。例如，一些电子商务公司与联合包裹或联邦快递合作。同样，亚马逊和阿里巴巴旗下的天猫等会将订单实施环节进行外包。

为了物流而进行的合作可以有很多形式。例如，市场被许多货运代理商中的某一个所掌控，如A&A报关公司，该公司帮助其他公司寻找"货运代理"（即负责货物运输的中间商）。货运代理会帮忙备货，并和承运人一起规划最佳的运送路线。货运代理还可以在航空承运商中寻找最优惠的价格，这些承运商会为了货运代理商待运的货物安排货仓而参与竞价。

13.6.5 供应链细分

应用案例13-1中，我们介绍了**供应链细分**（supply chain segmentation）的概念。细分是指创建多个供应链，每个供应链适合不同类型的客户。

本节习题

1. 企业如何才能获取更多的订单？
2. 中心结构供应链中的网络中心有何作用？
3. 如何整合全球供应链？
4. 合作和外包如何减少供应链中的问题？
5. 什么是供应链细分？它有哪些优点？

13.7 供应链管理的核心技术：射频识别

依靠射频识别技术可以有效地改善供应链，减少整个供应链上所发生的问题。

13.7.1 射频识别技术

射频识别（radio frequency identification，RFID）是一种标签技术，可以将标签粘贴或植入物体，这些标签使用无线电波来与读取设备信息，目的是识别和定位物体，向读取设备传送与物体有关的数据。标签类似于条形码，但是它们又包含更多的信息。它们也可以从更远的距离（达到50英尺）处进行读取。

理论上，如图13-5所示，RFID能够在供应链系统中的任何环节使用和读取。因此从长远来看，RFID标签可以粘贴到供应链中大多数流动商品上，并可以在图13-5所提及的各个环节中实现追踪和检测。到目前为止，成本和隐私问题（例如，当人们携带带标签的产品时，可能被跟踪）仍是RFID技术全面推行的主要障碍。然而，只要企业相信在这项技术上的投资会得到回报，它们就会愿意投入资金。即使成本处于合理的水平，相关组织仍然需要学习如何有效地在后台系统的供应链中使用 RFID 技术，以及业务流程如何进行重新设计和重新配置来稳固使用该技术后的商业利益。RFID 技术主要应用于 B2B 供应链。例如，B2B 电子商务公司 HotSpot 通过使用 RFID 增加了 50% 的收入（请浏览 hotspot.com/customers/atlas-rfid）。

鉴于 RFID 技术的发展，它会给供应链带来哪些影响？我们可以观察图 13-6。该图展示了零售商（沃尔玛）、制造商（宝洁）以及宝洁的供应商之间的关系。值得注意的是，在商品从供应商流向零售商的时候标签会被读取（第①步和第②步）。RFID 技术会传递商品方位的实时信息。第③步到第⑥步显示了零售商如何使用 RFID 技术，主要是确认到货（第③步），在公司里定位商品、管理库存、防止偷窃和加速相关信息的处理（第④步到第⑥步）。现在再也不用清点库存，所有的业务伙伴都能够看到实时的库存信息。这种透明度可以达到供应链由上往下的几个层次。

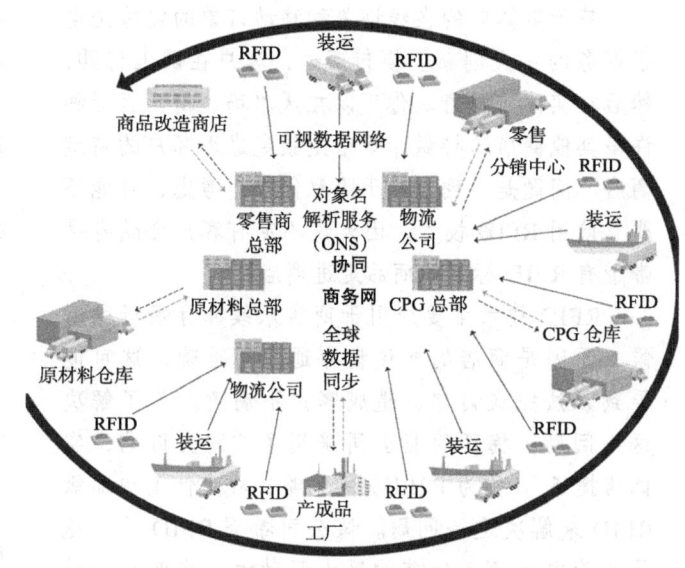

图 13-5　数字供应链

其他的应用还有快速出库。快速出库可以避免对每件商品的扫描，此应用将来会由 RFID 技术提供。

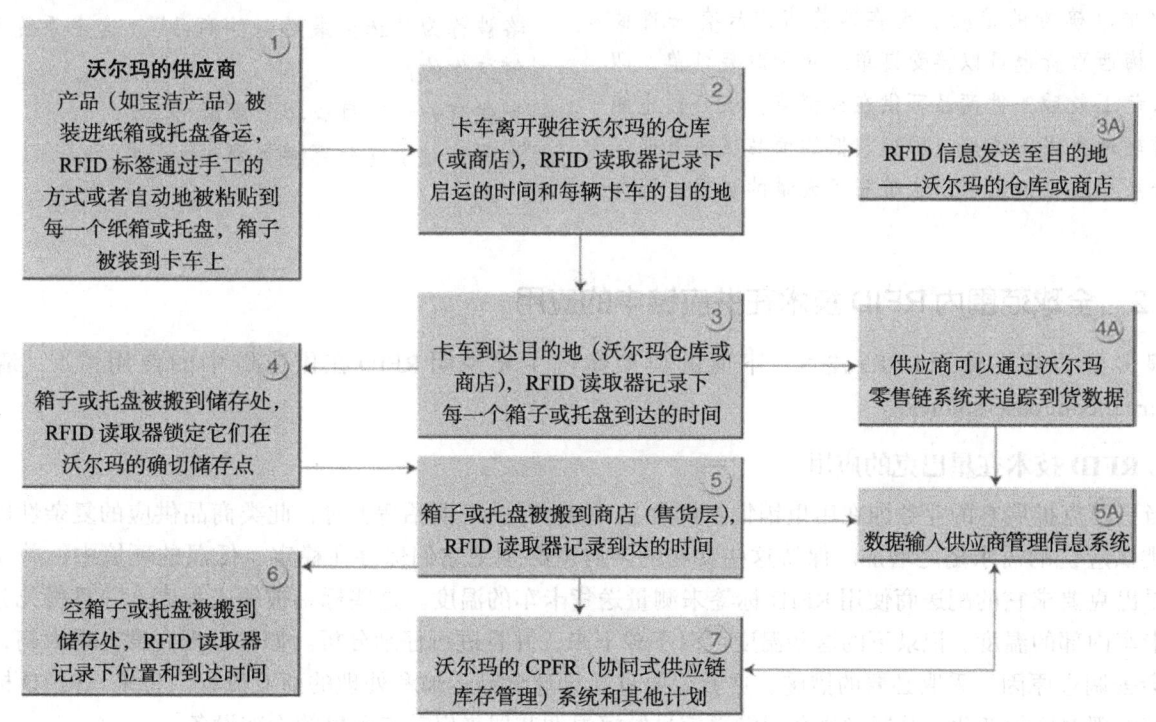

图 13-6　RFID 技术在沃尔玛的应用

Copyright ©2012 Pearson Education, publishing as Prentice Hall.

资料来源：由 E.Turban 绘制。

RFID 技术可以帮助改善供应链的可视性（见应用案例 13-3）、资产可视性、生产资料的跟踪、可回收资产的跟踪、在产品追踪以及管理内部供应链。本节后续会介绍一些实际案例。

应用案例 13-3　　RFID 技术促成梅西百货多渠道战略

基于实体店的在线订单和移动订单的实施是电子商务的一大创新。换句话说，客户在网上订购，然后在实体店提货。你可以在沃尔玛、梅西百货和许多其他商店这样做。策略是锁定靠近客户的特定商店。问题是，商家出于隐私保护的考虑，可能不愿意使用 RFID 技术，因为说不定有客户会随身携带带有 RFID 标签的商品走进商店。

RFID 技术主要应用于商店永续库存很低的时候，原因是商店的永续盘存通常不准确，这可能导致无法完成订单，造成客户不满意。为了解决这一问题，梅西百货公司采用了"网上订购，实体店提货"（称为 P2LU）的策略，决定使用单品级 RFID 来解决这一问题。该公司希望 RFID 的实施将成为电子商务销售的巨大驱动力。梅西百货首先只在几家商店试行相关业务。

2016 年，有研究显示，RFID 已经将盘存精确度从 65%～70% 提高到 100%，这也带来了对店内库存水平准确性的信心。现在即使店内只有一件商品，梅西百货也可以接受订单。对于时装订单，即使只剩下最后一件商品可供在线销售，该公司也能够准确地完成。此外，库存较低的商品更有可能以全价或接近全价出售。这节省了大量的资金，因为在没有 RFID 系统的情况下，最后一件货品占库存的 15%～20%。

据称，该系统根据前一次的 RFID 信息，可以通知商店员工商品所处的位置，并允许他们使用手持 RFID 阅读器来查找该商品是否已经移动，这两种方法都减少了店员的搜索时间。最后，在线客户提货之后可以立即退货。此外，这些客户还可以在实体店购买其他商品，这对公司也是有利的。

2015 年，梅西百货的 RFID 项目获得了 Retail TouchPoints 组织颁发的巨星奖（请浏览 tycoretail-solutions.com/Pages/ArticleDetail.aspx?ItemId=697）。

思考题

1. 为什么公司要采取多渠道营销？
2. 为什么梅西百货允许其实体店接受在线订单？
3. 梅西百货采用的每件商品都带有 RFID 标签的策略被称为"选择最后一件商品"。这个系统是如何工作的？
4. 查找有关该项目成功的最新信息。
5. 该项目对于梅西百货有哪些好处？

13.7.2　全球范围内 RFID 技术在供应链中的应用

很多公司都在使用 RFID 技术。下面的典型案例主要说明 RFID 在供应链中的使用情况（请浏览 rfidjournal.com/case-studies）。

1. RFID 技术在星巴克的应用

当星巴克扩展它的业务即在店里销售新鲜食品（如沙拉、三明治等）时，此类商品供应的复杂性以及管理此类供应链的需求随之增加。保持这些食物的新鲜就必须把它们保存在稳定、低温的环境中，并及时送货。星巴克要求它的配送商使用 RFID 标签来测量送货卡车的温度。这些标签被编入程序，并且每几分钟就记录卡车内部的温度。记录下的这些温度可以下载下来，并且进行仔细分析。如果发现温度升得太高，管理者就会去调查原因，采取必要的措施。这就需要重新设计食品运输和处理的商业流程。将来，RFID 标签自己能够发现温度的变化，并通过物联网发送信号给恒温调节器来启动卡车里的冷冻设备。

2. RFID 技术在德国邮政公司的应用

德国邮政拥有 600 万个集装箱，主要用来装运各分销中心每天多达 7 000 万封信和其他物品。为了处理这些集装箱，德国邮政打印了 500 多万个厚厚的纸标签，很多使用一次就扔了。这便涉及环境问题，而不是简单的经济问题。于是德国邮政开始使用 RFID 技术。

德国邮政使用配备了双稳态显示器的无源射频标签，这意味着即使断电，正在显示的文本仍然会显示在屏幕上，在充电前都不会发生变化。文本将由 RFID 询问机进行修改。装货箱上的标签必须在任何角度和任何天气下都能阅读，这就要求标签做得牢固。此外，标签需要保持 5 年，这样成本就能降低。

德国邮政开发了客户标签和 RFID 读取器，并在这个创新的应用中使用特制的软件。世界上还有其他几个邮政局使用 RFID 技术（如加拿大邮政局）。

3. RFID 技术在加拿大安大略省大西洋牛肉产品公司的应用

牛的耳朵被系上 RFID 标签。在牛被宰杀后，扫描它耳朵上的标签从而使得食物可被追踪。牛身被分成两半，每一半都装上一个 RFID 芯片。它们和每个动物的数据记录同步。RFID 芯片代替了条形码，条形码可能会在屠宰场所被大肠杆菌污染。RFID 技术帮助追踪每一头牛的情况以及任何时间生产的肉。此系统获得了加拿大 IT 组织的金奖。

本节习题

1. 什么是 RFID 技术？
2. RFID 与供应链的可视性有何联系？
3. 在单个物体上加贴 RFID 标签有何利弊？
4. 梅西百货如何应用 RFID 技术？

13.8 订单实施的其他问题

订单实施的其他问题与订单实施的对象以及发货的位置有关。这里我们将介绍以下几个问题。

13.8.1 退货处理（逆向物流）

企业若是要维持顾客信任，提升客户忠诚度，就必须允许为顾客提供退货及换货服务。前段时间，人们发现"缺乏退货机制"在顾客拒绝在线购买的理由中位列第二。完善的商品退货政策在电子商务中是必需的。退货处理是电子商务中一个主要的物流问题。企业处理退换货的方法有多种。

- 退货至商品购买处。如果是在实体店购买商品，这很容易做到，但是在虚拟店购买商品就不容易做到。把商品退回虚拟商店，顾客需要得到许可，把每一样东西包装起来，为退货支付运费（在零售商不支付的情况下），为商品投保。等到货款退回到自己的信用卡账户，还得走完退款的流程。所以，买卖双方都不愉快。对于卖方而言，必须打开包裹，检查保修卡之类的文件是否完整，还要再次出售货物，通常会造成损失。如果退货的数量不多，商品比较贵（如钻石），这样做才比较有效。有些卖家（如亚马逊）允许客户打印运费已付的联合包裹或美国邮政的发货标签，从而使顾客退货更加容易。
- 把送货服务和退货服务分开。在此方式下，退货被运送到一个独立的退货部门，然后单独进行处理。这个方法对于卖方来说比较有效率，但是对于买方来说，退货过程并没有简化。
- 退货服务完全外包。几个外包商（包括联合包裹和联邦快递）提供退货的物流服务。该服务不仅仅处理送货和退货，还处理整个物流过程。例如，联邦快递公司提供若干种退货服务。
- 允许顾客直接退货至某个退货中心或某个实体门店。向顾客提供一个可以把退货的商品留下的站点（如某个便利店或联合包裹商店）。在亚洲和澳大利亚，退货一般放在便利店或加油站。例如，BP Australia 旗下众多的加油站与 wishlist.com.au 网络商店（现已关闭）以及 Caltex Australia 等一起在靠近它的加油站内的便利店接受退货。这些收货商店可能会提供店内电脑以供下订单，也可以提供付款选择（如 7-11 便利店）。在中国台湾等地，你可以在一家 7-11 便利店订购货物、支付、提取订购的商品，还能退回不想要的商品。在线离线两栖经营的商店通常允许顾客把他们在网络商店购买的商品退回到实体店（如 walmart.com 和 eddiebauer.com 等）。

- 拍卖退回的商品。这个方案可以和前面任何一种方案同时使用。

有关退货的策略、规则和其他信息，请参阅"逆向物流执行委员会"的相关出版物，也可浏览网站 reverselogisticstrends.com。

13.8.2 B2B 模式下的订单实施

根据 Forrester 最新的研究数据表明，2015 年 B2B 模式的网络销售收入远高于 B2C 模式，在美国相应的数据分别是近 7 800 亿美元和 3 040 亿美元。预计到 2020 年，相应的数据将分别达到 11 000 亿美元和 5 000 亿美元。除了两者的规模不同，B2B 模式的发展速度远不及 B2C。导致这些差异的原因不仅在于前端体验，也存在于后台功能，包括信息管理、网页内容管理和订单管理。

另一个由霍尼韦尔在 2013 年发起，Peerless 执行并发表在《物流管理》和《供应链管理综述》上的调研报告指出了在订单管理中存在的一些主要差异。这份研究报告调研了 469 个供应链经理，他们中的大多数人拥有多个行业的 B2B 模式或者 B2B 和 B2C 混合模式的管理经验。该研究结果表明：

- 供应链系统最重要的任务是提升订单实施的数量和速度，同时降低单位订单实施成本，增加盈利，改善客户服务；
- 运输、包装和原材料成本的增加导致订单实施的效率低下和成本高企；
- 解决效率低下和成本高企的关键是改进供应链相关软件应用、流程再造和供应链分析机制应用。

B2B 模式下的订单实施比 B2C 模式下更加效率低下，因为 B2B 更复杂。一般而言，B2B 的货运规模更大，分销渠道更多，货运频度更大，运货服务的宽度更广，提供电商货运服务的供应商更少，电子商务交易方式更加复杂。各种供应链相关软件应用改进和流程再造需要解决由自动化机制和 BPM 管理下流程自动化所导致的混乱。

使用电子市场和网络交易来解决 B2B 模式下的订单实施问题

第 4 章中我们介绍了多种电子市场和网络交易模式。这些主体的主要目标之一就是改善 B2B 模式下供应链的运作。让我们看看在不同的商务模式下电子商场及网络是如何起作用的。

- 一个以公司为中心的网络市场模式可以解决很多供应链问题。例如，CSX Technology 开发了一个基于外联网的电子商务系统作为其供应链的一个环节，用于追踪全国各地的火车运输，同时也能够有效地鉴别出瓶颈问题，更准确地预测需求。
- 使用外联网，东芝美国公司为它的经销商提供了一套订购系统，用于购买东芝产品的零配件。这套系统使得供应链运行更加平稳，并提供更好的客户服务。
- HighJump Software 认为应考虑优化订单实施的关键要素，包括自动拣货、包装和发货、转变基于纸质的流程，并且把销售和营销纳入供应链管理系统。

对于 B2B 模式下订单实施的讨论请浏览 fedex.com/us/supply-chain/services/fulfillment-services。

13.8.3 服务行业的订单实施

到目前为止，我们已经考虑了实体产品的订单实施问题，而履行服务订单（如买卖股票、购买飞机票和处理保险索赔等）会涉及更多的信息处理，这就要求有更复杂的电子商务系统。

13.8.4 创新的网络订单实施战略

创新的电子化订单实施战略多种多样。例如，供应链伙伴为了安排更直接的运输，会调整信息流，并且可以推迟实体商品的装运。物流延迟的主要方式是"途中合并"。

所谓**途中合并**（merge-in-transit）指的是一种产品的零部件可能会来自两个不同的地方。例如，在装运一台台式电脑的时候，显示器可能来自美国的东海岸，处理器却来自西海岸。按照"途中合并"的模式，商家不是把零部件运到一个中转点，然后把两个部分一起送到客户手里，而是零部件被直接运到客户那里，然后由当地的送货员合并成一批货（所以客户一次性可以收到所有的部件），减少了不必要的运输。

本节习题

1. 处理退货的方式有哪些？
2. B2B 模式下与 B2C 模式下的订单实施有何不同？
3. 举例说明如何使用电子市场解决 B2B 模式下的订单实施问题。
4. 什么是途中合并？

管理问题

1. **如何解决全渠道的当务之急？** 今天，大多数"实体"零售商拥有多种销售渠道：实体店面及其分店、产品目录、呼叫中心、报亭、自动售货机、网站和移动应用程序等。过去，这些渠道的管理采用竖井式模式，每个渠道（从前端到后台）拥有各自不同的员工、运作模式和信息系统，而主要的渠道会得到优惠待遇。在过去，这些就足够了，因为顾客的要求很低。但是现在情况发生了变化，客户希望获得全渠道无缝体验。他们希望能在任何地方买到想要的产品，随时随地能够收到货物，在任何地方都能够办理退货。为了满足这些期望，零售商将不得不接受并完成来自各种渠道的订单和付款，如配送中心、实体店面和分店、制造厂商（直接出货）、第三方物流和自动售货机。对于大多数零售商来说，这显然需要对其支付和订单处理系统进行全新设计，同时也需要对供应链上的某些流程和系统进行重新调整。

2. **电子商务企业订单实施程序中的瓶颈是什么？** 订单实施是一项重要的任务，对于虚拟的电子商务企业来说，这一点尤其明显。整个供应链上的订单实施都会出现问题，而不仅仅在于配送。为了改善订单的实施，厂商应该识别阻碍各环节的具体瓶颈。潜在的问题是装运时间延迟，退换货太多，存货成本太高，运输成本太高，供应链与需求链整合不顺畅等。

3. **如何管理退货？** 退货处理对于客户关系管理（CRM）非常重要，操作起来并不简单。反向物流成本比较高，而且如果退货率很高，公司就不能继续经营。使用 CRM 系统可以识别退货率高的商品，并且找出问题或者停止在网上销售此类商品。公司必须估计退货的比率，制定退货接收和处理的程序。退货物流可以由外部物流服务提供商负责。

4. **哪些种类的商品必须有自己的库存？** 像亚马逊这样的企业，由于库存成本高企，所以它们都希望降低存货量。然而，一个不能忽略的事实是，保有适当的库存也是额外利润的来源之一。此外，对于某些商品来说，如果缺乏可控的库存，就不可能按时装运；没有库存并不是最好的政策。对于某些种类的商品，公司应该设计合理的库存和分销中心组合计划，从而拥有一个积极的库存效果。

5. **什么是订单实施中的战略联盟计划？** 合作关系和同盟关系可以改善与外部企业之间的协作，提高供应链管理的效率。我们必须判断在订单实施的哪个环节依赖合作伙伴。企业可以将运输、仓储、存货控制管理、退货管理等活动外包出去。选择合适的第三方物流提供商可以为这些活动提供很好的服务。如果企业自身不能保证商品的及时供应，可以依赖合作伙伴处理整个商务流程，并负责订单实施管理，特别是公司拥有在线品牌形象优势的时候，这样做的意义更加明显。一个案例是前文中提及的新蛋网，该公司为亚马逊物流提供软件支持。

6. **应该向客户提供什么样的物流信息？** 客户（尤其是企业客户）在下订单的时候就想了解是否有库存以及装运的时间。为了满足这些需求，电子商务系统应该和后端的信息系统整合。客户可能想追踪订单执行的情况，而订单实施过程涉及不止一家企业。因此，要想在那么多公司的情况下提供无误的信息，合作伙伴必须建立协同一致的信息系统。

7. **在订单实施中，可以使用RFID技术吗？** 如果买家想要你使用RFID标签，企业就应该努力满足这样的需求。然而，并不是每一家公司都拥有RFID设备和专家。有些第三方服务提供商提供标签服务。问题是谁来承担成本？谁是获益者？目前，一些大的客户（如沃尔玛、美国国防部）能从中获益，服务提供商承担了成本。长远来看，服务提供商会在库存管理方面获得利益。然而，通过广泛使用而最大化RFID技术的利益是需要时间的。

本章小结

1. **订单实施程序**。在线订购了商品之后，下一个环节便是订单的实施。订单实施包括从收到订单到将订单中的产品交付给客户的所有活动，例如检查是否有库存、确定订单的完整性和准确性、定位有库存的仓库、在仓库中拣选商品、安排发货、装载和运输订购的商品、接收收货确认以及处理退货（逆向物流）等。这些活动是更大的供应链中的一部分，该供应链还处理需求规划、采购、制造和补货等其他一些主要活动。确保订单有效执行，即及时将正确的商品在正确的地点送至正确的人并且有利可赚，是一项复杂的任务。不同的产品所面临的困难有所不同，这与是否有第三方的参与无关，取决于企业的战略和运营的模式（如按单设计、按单生产、按单装配或者按库存生产）。

2. **按单生产和3D打印**。在电子商务领域，MTO指的是定制订单，即订单确认之后再生产。通常，这还涉及自主定制。订单履行的方法有两种：一种方法是用标准部件组装产品，就像戴尔和其他电脑制造商所做的那样；另一种方法是制造专门的产品。如果需要生产大量类似的产品，可以使用3D打印。Feetz定制鞋品就是大规模定制的一个例子，即要生产大量相似的商品，而每一个都是定制的。

3. **订单实施中的仓储和机器人**。B2C模式下的订单实施每周可能涉及数百万件商品。亚马逊拥有数百个订单实施中心（见本章导入案例）。其他公司拥有自己的配送中心，或者向亚马逊或其他公司付费以完成它们的订单（如塔吉特）。仓储活动包括库存的接收和管理、商品拣选、包装以及安排出货。为了处理大量的货物，公司可以使用机器人。例如，亚马逊在2016年就使用了3万多台机器人。这些环节由不同的软件控制，如仓库管理系统和订单管理系统。

4. **货物配送**。电子商务中实体货物的配送通常外包给联合包裹、美国邮政、联邦快递和DHL等公司，目的是尽可能快速完成交付。今天，货物当天即可送达，有时几个小时即可送达。Google Express和优步等非传统型企业的参与使得竞争更加激烈。未来最热门的配送系统是无人机和机器人（包括无人驾驶汽车）。跨境货物的配送较为复杂。

5. **订单实施中的问题**。调查结果显示，订单实施存在问题将直接导致客户满意度的下降。这对公司来说是一个挑战，因为客户期望交货时间短，订单执行准确无误。他们还希望在公司所有的线上和线下销售渠道都能获得无缝购物体验。在 B2C 零售领域，这些问题大多是由需求的不确定性、供应链上所有参与企业信息共享不充分、物流基础设施匮乏以及资金流（计价、支付、收款等）效率低下造成的。

6. **订单实施问题的解决途径**。旨在解决订单实施中问题的方法有很多，包括改进订单接收的步骤，改进仓储和存货管理系统以及改变供应链的结构和流程。此外，它还涉及针对具体问题的解决途径。亚马逊的空中王牌业务则是典型的例子，目的是通过变革加快订单实施的速度。该公司设想使用无人机配送小包裹；在订单实施过程中辅助使用机器人从而加快仓库中商品的拣选、包装和交付，或者在按单生产过程中使用规模定制；提高电子商务退货处理的速度和效率（例如退回实体店或退货中心）。

7. **使用 RFID 的主要目的**。使用 RFID 的主要目的在于提高供应链上的商品和库存的可视性。RFID 读取器可以在几十米外无线读取标签。因此，很容易知道供应链中的每个节点货物到达和离开的时间。此外，借助 RFID 读取器，很容易在仓库中找到商品。

8. **其他供应链管理专题**。虽然其中一些解决途径同样适用于 B2B 电子商务模式，但效果并不明显，因为 B2B 模式更加复杂——货运规模更大，分销渠道更多，货运频度更大，交易方式更加复杂等。通常，针对这些复杂性，企业需要对业务流程进行调整，还需要使用能够自动处理相关流程的软件系统。

无论采用何种电子商务模式，问题的来源是什么，许多公司都依赖于供应链规划和执行软件系统来帮助解决结构和流程方面的问题。主要的系统包括供应链规划记录系统、仓库管理系统和运输管理系统。考虑到大多数供应链问题（包括订单实施）的复杂性，即使有这些系统的帮助，也可能需要多年的时间才能解决这些问题。

关键术语

3D printing：3D 打印
drones：无人机
mass customization：规模定制
merge-in-transit：途中合并
order fulfillment：订单实施

radio frequency identification (RFID)：射频识别
supply chain segmentation：供应链细分
third-party logistics suppliers (3PL)：第三方物流企业
warehouse management system (WMS)：仓库管理系统

讨论题

1. 什么是电子商务中的反向物流问题？哪种企业会遭遇较多的反向物流问题？
2. B2C 和 B2B 模式下订单实施有哪些不同之处？
3. 观看视频 youtube.com/watch?v=OTnSXMhqQ-g，进一步理解牛鞭效应以及造成该效应的潜在因素。根据你的理解，需求预测过程中应该考虑哪些因素从而避免牛鞭效应的发生？
4. 提供单一需求预测对改善整个供应链控制有何重要性？
5. 浏览 yahoo.com/tech/meet-the-new-boss-the-worlds-first-128660465704.html，研究和讨论如何使用人工智能进行仓库管理。
6. 3D 打印对于规模定制有哪些好处？

课堂论辩

1. 统计供应链上退货至实体店的比率。联系一家电商，看看它是如何处理退货的。根据你的调查撰写一份报告。
2. B2B 企业将电子商务中的服务外包出去，会削弱企业的竞争力吗？为什么？
3. 哪些活动是 B2C 订单实施中最重要的？对于 B2B 呢？两者之间有什么不同之处？
4. 撰写一份关于亚马逊当日送达项目的报告。

5. 讨论无人机和机器人送货的未来价值。
6. 调查微软 BizTalk RFID 项目的实施情况。关于订单实施，请先浏览 msdn.microsoft.com/en-us/library/dd335979.aspx。

网络实践

1. 美国邮政与亚马逊、联合包裹、联邦快递以及阿里巴巴都有合作关系，共同开发特定的项目。这些关系的本质是什么？它们有何不同？它们是否取得了成功？
2. 请浏览 freightquote.com，以及其他两个在线运输公司的网站。比较这些公司提供的在线配送服务的特点。
3. 请浏览 efulfillmentservice.com。关注网站上的产品，观看有关它们运营的视频。了解该公司如何组织网络活动，如何与联邦快递等公司合作，如何盈利。
4. 请浏览 kewill.com。了解促进订单实施的创新服务，和其他竞争对手进行比较，并写出一份报告。
5. 请浏览 b2btoday.com、socialmediatoday.com 等网站。鉴别主要的物流服务提供商，然后选出三个，调查它们给 B2B 社区提供的服务。
6. 登录 ariba.com，了解这家公司，并指出这家公司提供的供应链解决方案。请撰写一份关于该公司采购解决方案的报告。
7. 登录 reverselogistics.com，总结逆向物流和正向物流的区别。"食品行业一直是发展电子商务最缓慢的消费领域。"首先，请阅读 foodlogistics.com/article/12021908/food-and-beveragings-pushinto-e-commerce-rais-questions-for-the-supply-chain。根据这篇文章，食品行业在电子商务中面临的主要问题是什么？解决这些问题的方法有哪些？
8. 请浏览 dlca.logcluster.org/display/log/warehouse+and+Inventory+Management，鉴别所有与仓储和库存管理相关的主题。

团队合作

1. 请阅读本章开头的导入案例，并回答下列问题：
   a. 仓储集中化管理的动因是什么？
   b. 亚马逊使用第三方公司来进行配送。原因是什么？
   c. 亚马逊能在仓储管理中使用 RFID 吗？如果可以，将会怎么使用？如果不可以，请说出理由。
   d. 亚马逊是如何进行退货管理的？
   e. 画出亚马逊图书业务的供应链。
   f. 在亚马逊的订单实施或者物流中，有哪些地方使用智能（软件）代理？
2. 每一组都要调查一家电商网站的订单履行程序，如 gap.com、staples.com、walmart.com 等。如果有必要，可以与公司取得联系，并调查公司相关的业务伙伴。基于本章内容，准备一份报告，并针对如何改善公司的订单实施提出建议。每个小组的发现都会在课堂上进行讨论。按照课堂讨论的结果，总结公司改善订单实施的解决途径。
3. 联邦快递、联合包裹、美国邮政、DHL 和其他一些公司都在电子商务物流领域展开竞争。每个小组调查一家公司，如果有必要，与公司取得联系，并把小组的发现写成一份报告。此报告要使同学或读者确信小组研究的公司是电子商务物流领域中最好的。（它最大的优点是什么？缺点又是什么？）
4. 随着越来越多竞争者的加入，"当日送达"业务的竞争越来越激烈。请调研竞争的现状，包括无人机送货服务（例如是否获得 FAA 的批准）。首先请查阅 Bowman（2014），然后撰写一份报告。
5. 阅读 JDA 及 Manhattan Associates 等机构提供的公司仓储管理系统的案例，并回答下列问题：
   a. 两种系统都支持哪一种供应链运作模式？
   b. 两种系统各自的主要优点是什么？
   c. 两种系统的功能存在哪些差异？
6. 研究无人机送货障碍的进展情况。进入奥本大学 RFID 实验室，总结其与两家公司合作的经验。此外，论述 RFID 对于全渠道购物体验的重要性。
7. 研究 3D 打印在电子商务中的应用进展（首先登录 feetz.com）。
8. 讨论在 B2C 供应链中使用 RFID 的优缺点。

章末案例

多渠道零售：以诺德斯特龙和 REI 公司为例

零售包括多种渠道，如商店、网络、名录、呼叫中心、自助服务机等，但是都不能满足当前消费者的个性化需求。在现今以消费者为中心的时代，顾客想以他们期望的价格、时间和地点购买他们想购买的商品，并且希望能够在当天或即时送达。因此，许多线上和线下的零售商提供多种渠道来满足这些需求。例如，一个多渠道零售商会给消费者提供线上购买、线下实体店取货的服务。还有一些零售商会提供自助服务机，消费者可以在线上进行搜索，如果门店没有该商品，则会定位有该商品最近的门店位置。或者可以在线上购买商品，然后送货到家或送货至离消费者最近的门店。诺德斯特龙是一家拥有多年经验的多渠道销售和服务零售商。

诺德斯特龙的多渠道改进策略

诺德斯特龙于 1901 年在美国华盛顿州的西雅图创立，是一家高档零售商，主要销售男女服装和儿童服装、鞋子和装饰物。该公司在 44 个国家拥有 117 家线上线下全品类商店。此外，该公司还拥有 119 家 Nordstrom Rack 商店，两家 Jeffrey 礼品商店，一家精品折扣店，一家名为 HauteLook 的子公司，一家名为 Treasure & Bond 的女式精品店，以及公司的网上商店 nordstrom.com。

1998 年，诺德斯特龙开发了公司网站 nordstromshoes.com。2000 年，网站上销售公司所有门类的商品，但不包括商店的存货。但是，当时线上所使用的推销计划、营销及会计系统，与线下的是有区别的。2004 年，诺德斯特龙开始考虑整合线上和线下系统，尝试向线上的顾客提供和门店一样的服务。从消费者的角度看，从各个渠道（包括商店、网站、名录、呼叫中心、移动端等）获得相同服务的关键在于是否能够获得存货信息，并能在系统的任意一环完成订单——送货至用户家、送货至门店或门店提货。

诺德斯特龙花了 5 年左右的时间，才把在线购物和线下门店两个系统整合成一个多渠道系统。2009 年，诺德斯特龙对库存进行统一管理，并可以在网店查看门店的库存。门店基本上变成了在线购物者的仓库或配送中心。在这样的系统下，消费者可以在门店提取线上购买的商品。

诺德斯特龙的多渠道零售系统

诺德斯特龙的多渠道零售系统使用 Sterling Commerce 的销售和订单实施系统作为技术支持，该系统包括了 Sterling 名录和报价管理以及订单管理功能。Sterling Commerce 的销售和订单实施系统的核心构件是一个集成式订单处理中心，能实现订单处理的同步化并可以了解各个渠道的库存情况。这种系统被称为分布式订单管理系统（DOM）。目前，有很多软件供应商提供 DOM 系统，包括甲骨文、Manhattan Associates、IBM 等。DOM 系统一般具备下列的各种功能：

- 基于整个供应链系统的全网络库存浏览，预测缺货和发货问题；
- 优化订单实施系统中应考虑的问题，如运输成本、人力和服务水平；
- 订单实施地点决策，如送货到家、发货至门店还是到门店取货；
- 支持整个订单生命周期的管理，如订单创建、订单修改和订单取消；
- 完整的财务功能，如批准、防欺诈管理、开具发票和结算。

多渠道销售策略对诺德斯特龙的影响

一开始执行多渠道销售策略，诺德斯特龙就获得了即时效应。同类门店的销售额由下降变为上升至 10% 左右，同时，在搜索商品后进行购物的消费者的比率成倍增长。库存周转率也有所改善，从 2003 年的 4.8 上升至 2009 年的 5.4。最重要的是，销售总额在 2009 年达到了 83 亿美元。

REI 公司的多渠道零售案例

到目前为止，大多数零售商对其各种销售和营销渠道进行单独管理，而不是作为一个整体进行集成化管理。类似于诺德斯特龙，另一个知名企业是 Recreational Equipment Inc.（简称 REI）。REI 公司成立于 1938 年，总部位于美国华盛顿州的肯特市。该公司在 22 个国家开设了 129 家门店，还是一家拥有 1 000 万会员的大型消费者合作社。20 世纪 90 年代末，REI 为消费者购买商品和服务提供了一些多渠道选择，其中包括：

- 联网的自助服务机。和其他零售商一样，REI公司在20世纪90年代末开始了网上销售。然而，和其他零售商不同的是，REI公司很快就在其门店安装了联网的自助服务机，消费者可以订购4万多种产品。很明显，这种模式下可供选择的产品种类要多于门店。
- 门店取货服务。消费者可以在线购买，然后选择把货送到消费者选定的门店。这种服务最大的好处是：一旦消费者去门店取货，他们可能还会购买门店里的其他商品。
- 礼品登记管理服务。许多零售商提供在线的礼品登记管理服务。和REI提供的其他服务一样，REI的礼品登记管理服务可以通过网络、门店和手机客户端来进行注册、跟踪和更新。

REI的多渠道零售系统使用IBM的WebSphere商业平台。多年来，该平台使REI公司实现了多个系统的集成管理，使原来多个互相独立的渠道变成了一个紧密结合的供应链系统，如能够在所有渠道获得一致的订单实施或产品名录信息。

和诺德斯特龙一样，自从建立了多渠道集成系统后，REI公司的收入获得了可观的增长。2011年，REI的收入大约为17亿美元，该收入使REI公司成为户外装备和服装行业的领先者之一，除销售收入获得增长以外，所有渠道的销售能力获得了提升和快速的回报。使用两种销售渠道的消费者花费增加了114%，使用三种销售渠道的消费者多花了48%。同时，REI公司第一年使用门店取货服务就使销售增长了1%。

诺德斯特龙和REI公司意识到，是否采用多渠道销售模式取决于消费者。除渠道之外，还需要关注何地、何时和如何向消费者提供统一的商品和服务。

思考题

1. 如何定义多渠道零售模式？
2. 诺德斯特龙公司提供哪些多渠道功能？
3. REI公司提供哪些多渠道功能？
4. 分布式订单管理系统的主要特点有哪些？
5. 多渠道产品和服务销售集成系统的优势有哪些？

PART 5

第五部分

电子商务战略

第 14 章

电子商务战略、全球化和中小企业

学习目标

1. 描述电子商务战略的流程；
2. 分析电子商务投资的必要性；
3. 分析全球电子商务中存在的问题；
4. 描述电子商务成败的原因；
5. 描述中小企业如何使用电子商务；
6. 描述电子商务的主要组成部分；
7. 讨论电子商务系统的开发步骤；
8. 描述电子商务开发的主要策略。

导入案例

Teltra 为客户论证电子商务项目的价值

Teltra 是澳大利亚主要的电信和信息服务公司，它负责提供固定电话、移动通信、数字电视以及互联网接入服务。Teltra 在竞争激烈的市场中运营（与沃达丰、Optus 竞争），并在亚洲以及欧洲多个国家拓展相关业务。

存在的问题

依靠独家数字信号与无线信号，Telstra 在电子商务领域和社交媒体市场上十分活跃。例如，Telstra 为客户提供 Facebook 应用程序以便于他们能够管理自己的 Telstra 账号。此外，该公司还在 Twitter、Instagram、LinkedIn、Vine、Tumblr 和 Google+ 等平台上维护营销渠道（请浏览 exchange.telstra.com.au）。Telstra 看到了市场上的机会，但在移动电子商务上也存在营销难题。特别是，Telstra 提供给企业客户的应用程序里包含很多无形收益。客户若有计划购买 Telstra 提供的服务，在没有经过仔细论证的情况下，很难得到管理层的批准。

Telstra 主要推广以下四种应用程序：

- 车队与施工现场的服务管理。这主要涉及企业移动应用程序。
- 视频会议。该应用程序旨在借助视频会议节省开会路费，帮助加快做出决策。固定电话和移动通信服务都支持视频会议。
- 网络客服中心。该应用程序旨在提高客户关系管理。
- 网上办公。允许员工在公司外的场所工作。网上办公（也称远程办公）需要有成熟的技术支持来实现高效率的交流、合作以及商务协同。

以上应用程序的硬件和软件支持都需要消耗资金；很多 Telstra 客户对于电子商务投资兴趣浓厚，但不会操作。

解决方案

Telstra 推出了一本白皮书来展示如何使用投资回报计算器来计算上述四种应用程序的价值。投资回报计算器唯一的作用是计算一项投资对于企业用户、员工以及社会的价值。Telstra 尤为出名的是其对中小企业的服务。2015 年，该公司获得了一家面向中小企业的电子商务平台 Neto 的多数股权。白皮书的主要内容如下。

视频会议的价值论证

视频会议所带来的利益包括节省交通费用，减少员工耽误的工作时间等。该计算器采用的是净现值法。

首先通过成本效益分析计算出公司节省的资金（利用七种变量，有的是无形的，如更快的决策速度），然后将收益与固定成本和可变成本做比较；员工收益由五种变量来衡量，有的是无形的（如更高的工作满意度）；最后，社会收益主要包括减少尾气排放与舒缓交通堵塞等变量。

远程办公的价值论证

远程办公对于公司而言，益处是员工不用到办公室办公，更容易留住员工，某些好处是无形的，而花费却是具体的（例如购买远程设备的开支）。对于员工而言，远程办公虽然节省了上班的时间，却要支付在家办公所耗的电费。对于社会而言，远程办公可以减少汽车尾气排放。

网络客服中心的价值论证

可以采取上述同样的方法，即需要将公司、员工和社会节省的费用、增加的收益和开销都计算在内，有形的和无形的变量都要兼顾。

车队和施工现场服务管理的价值论证

计算方法与上述的十分类似，即公司、员工和社会节省的费用、增加的收益和开销。

白皮书使用假定公司的样本数据进行了综合的计算。

Telstra 还提供了其他的计算程序，包括适宜移动设备数据使用的计算器。

绿色能效的价值论证

该公司在审查绿色技术尤其是太阳能技术的使用时，也采用了类似的方法。使用这些方法的目的在于论证公司内部采用太阳能以及其他绿色项目的价值。

取得的成就

Telstra 认为，澳大利亚的企业有机会利用上述技术实现可持续发展的战略，而这些技术必须得到证明。Telstra 提供了大量成本效益的证明。在多数情况下，公司节省了大量资金，但员工和社会获得的收益也不应被忽视。

计算器的引进帮助 Telstra 提高了市场份额和盈利，其股票的市值从 2010 年到 2015 年几乎翻了一番。

资料来源：Based on Telstra (2016), Murtagh (2015), and Barbaschow (2016).

案例启示

Telstra 的案例说明了组织急需论证电子商务相关项目的价值，事实上这并不容易。Telstra 用计算器帮助客户论证 IT 和电子商务投资的可行性。案例指出很多无形收益，它们难以计算和量化。案例还提出了多个项目的成本分担问题，指出需要兼顾员工和社会的收益。这些仅是本章内容的一部分，其他还涉及电子商务衡量标准的使用、电子商务的成败、中小企业电子商务活动的实施以及全球电子商务战略。案例最后提到了隐私、道德和知识产权等问题以及对未来电子商务发展的评价。

14.1 公司战略

公司**战略**（strategy）是一个比较宽泛的概念，它说明了一个企业如何完成其使命，它的目标是什么，需要什么计划和措施来完成这些目标。公司战略还包括明确应该放弃的目标以及各种策略间的平衡。要制定公司战略（包括电子商务战略与信息技术战略），首先要了解公司目前的状况以及未来的发展方向。

实际案例　Facebook

Facebook（facebook.com）是美国领先的社交媒体网络，它与 YouTube（归谷歌所有）、Twitter、Reddit、Pinterest、Instagram、Tumblr、LinkedIn 和 Google+ 等其他社交媒体网络相互竞争（请浏览 statista.com/statistics/265773/market-share-of-most-popular-social-media-website-in-us）。为了保持

优势，Facebook不断增加其产品的新功能，这些新功能主要通过创新和收购的方式来获得。近期的创新成果包括Facebook Messenger（messengerplatform.fb.com）和Facebook Marketplace（facebook.com/fbmarketplace）。Facebook在fbinnovation.com上记录和介绍了一系列创新成果。

Facebook的大部分创新来自对技术互补性公司的收购。过去三年内值得关注的收购包括：
- WhatsApp（移动即时通信，2014年）；
- Wit.ai（语音识别，2015年）；
- TheFind（电子商务，2015年）；
- InfniLED（Oculus VR，虚拟现实，2016年）；
- FacioMetrics（机器学习，2016年）。

有关Facebook收购其他公司的完整介绍，请浏览crunchbase.com/organization/facebook/acquisitions。

Facebook通过在平台上不断增加有趣的新功能而使用户受益。通过始终如一地提供功能最为丰富的平台，Facebook在确保原有用户数量的同时，也在不断地增加新的用户。

14.1.1 战略规划过程

战略的主要目标是改进企业的绩效，因此本节将把战略的制定和执行分为五个相互关联的循环过程来展开介绍。

战略是重要的，但是制定战略的过程更加重要。一个公司无论大小，战略规划过程都会要求公司的高层管理者——企业的总经理或小企业主来评估公司的状况，确定公司应该发展到什么程度，以及应该如何发展到期望的水平。

任何一个战略规划过程都有五个主要阶段：战略准备、战略制定、战略实施、战略评价和战略改进，如图14-1所示。本节接下来将简单地介绍战略规划过程，以及相关的活动和战略实施的结果。

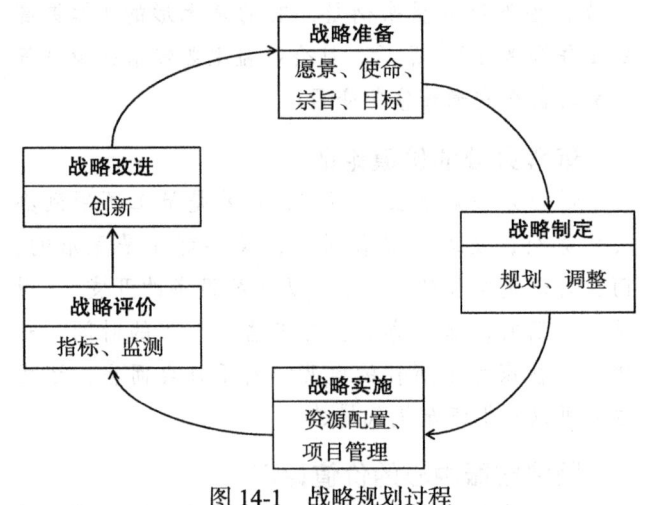

图14-1　战略规划过程

实际案例　企业评估工具

企业可以使用各种工具和程序来评估它们在市场中的现状，并决定公司未来的发展战略。所有这些工具通常是针对个别公司和行业的，但也有一些工具在各个领域得到了广泛的应用。

- SWOT分析。SWOT分析着眼于组织的优势、劣势、机会和威胁。这是一个内部分析工具，旨在分析组织在现有营销定位下的现状。当进行SWOT分析时，它通常呈现在一个模板中，就像在strategyexpert.com/downloads/20091026_2中看到的那样。有关SWOT分析的更多信息，请浏览mindtools.com/pages/article/newTMC_05.htm，或查看youtu.be/GNXYI10Po6A中的视频。
- 波特五力模型。波特五力模型是另一种评估系统，旨在评估公司目前在市场中的地位，也可以评估市场本身。该模型将这种评价分解为五种力量：供应商的议价能力、购买者的议价能力、竞争者的竞争程度、替代品的威胁和新进入者的威胁。波特五力模型通常以类似于strategyexpert.com/downloads/20091026中的图形形式呈现。有关该模型的更多信息，请浏览mindtools.com/pages/article/newTMC_08.htm及hbr.org/video/3590615226001/the-explainer-Porter-fve-forces。

14.1.2 战略准备

在**战略准备**（strategy initiation）阶段，企业需要确立其愿景、使命和目标。战略准备包括审视企业所处的环境，评估自身的优势和劣势，以及评价影响经营的外部因素。此外，企业还需对其竞争力和竞争者进行分析，以此来进行战略决策。以上所有的活动必须与电子商务和社交网络联系起来。

战略准备阶段的具体成果包括对公司的分析，公司分析的一个重要目的就是明确公司的价值定位。

实际案例　亚马逊

虽然亚马逊成立之初的价值定位是销售书籍，但如今已将其业务范围拓展到其他领域。今天，亚马逊在多个市场与不用对手展开竞争，已经成为世界上最大的网络零售商。该公司销售各种各样的产品，包括书籍、音乐、个人电子产品、服装、玩具、珠宝、食品、流媒体视频和音频以及软件服务等。其所提供的产品和服务范围广泛，代表了公司原有的价值定位获得了巨大发展。亚马逊已经成功地利用其在图书领域的初步成功和潜在的技术和能力，成为一个多渠道、多产品、多行业的佼佼者。

---

1. 核心竞争力

核心竞争力指的是企业的一种独特能力，而且竞争对手很难模仿。例如，谷歌的核心竞争力是独特的信息搜索技术；eBay 的核心竞争力则是它从事的线上拍卖；Facebook 的核心竞争力是创建社交社区；Zillow 则是专注于房地产。

- 预测。预测指的是对能够影响企业的未来行为和趋势进行预估。
- 市场调查：竞争分析和行业分析。竞争分析指的是审视经营环境，对各类竞争者的战略、优势与劣势进行评估。进行这种分析的方法很多，如 SWOT 分析（也就是对优势、劣势、机遇、威胁的分析）和竞争者分析（请浏览 tutor2u.net/business/strategy/competitor_analysis.htm）。

2. 先发优势

不管是商务领域、IT 领域，还是电子商务领域，都有各种各样因先发优势而成功的案例。然而，有的企业尽管有先发优势，但还是失败了。一般来说，有了先发优势就能给客户留下先入为主的、持久的印象，能够建立强大的品牌认知度，能够锁定战略伙伴，也能够提高客户的转换成本。

实际案例

亚马逊是第一家大规模的线上书商，对后来者具有先发优势。老牌的图书零售商巴诺书店紧跟亚马逊的步伐。亚马逊利用这一先发优势，巩固了自己在消费者心目中默认的在线图书供应商的地位。虽然巴诺书店拥有实体店的优势，但顾客并不认为它提供在线服务。巴诺书店从来没有明显地超越亚马逊的先发优势，后者仍然是在线图书销售领域的佼佼者。

在有些例子中，成为市场先行者也有一些不利之处。例如，电子商务创新会付出高成本，试水电子商务会走弯路，市场上第二拨竞争者不用费很大的力气就能用革新技术来取代市场先行者的领先地位等。成为市场先行者的最大风险就是行动得太早。尽管快速进入市场的好处不容忽视，但从长期来看，市场的跟随者（也称为后发者或者次动者）要比先行者获得更多的利润（请浏览 insight.kellogg.northwestern.edu/article/the_second_mover_advantage）。

实际案例

Blue Nile（bluenile.com）曾是在线珠宝销售的领军者，在其网站上提供各种各样的珠宝产品

> （包括结婚戒指）和特色服务。尽管Blue Nile在网上珠宝销售方面具有先发优势，但它很快就被亚马逊凭借现有用户基础和良好的公众形象所超越。Blue Nile仍然存在，但没能充分利用先发优势成为市场的领头羊。

14.1.3 战略制定

一旦明确了宗旨和目标以及两者的优先次序，企业就可以开始制定战略。

所谓**战略制定**（strategy formulation）指的是根据企业的优势和劣势，制定具体的战略和策略，以抓住机遇和规避威胁。电子商务战略包括一系列的电子商务应用或执行项目（如网络店铺、在线采购和社交媒体等）。

1. 选择电子商务机遇

企业涉足电子商务的方法很多。

选择合适的电子商务项目需要判断、筛选和进行成本效益分析，最好的结果是内外资源都能利用。使用现有资源驱动的战略是途径之一。"问题驱动"战略可以帮助企业解决存在的复杂问题，一个例子就是，通过使用Liquidation等公司所提供的在线拍卖服务来处理多余的设备。如前所述，如果企业能够充分利用品牌、技术、更好的客户服务或者创新产品和战略，以及能够克服"追随者"战略的弊端，那么追随者战略可能会更有效。比较成功的案例有：谷歌成为浏览器领域的领先者（曾经在行业中排名第11位），Facebook成为顶尖的社交媒体。

然而，在大多数情况下，最佳的方法是利用一种系统的方法来决定采取何种战略。有关后发优势的详细介绍，请浏览mfshbein.com/4-second-mover-advantages-why-competitive-markets-can。

2. 战略制定过程中的风险分析

尽管电子商务、社交媒体和移动市场为企业带来新的商机，但是由于相关技术的开放性和交互性，它们也会带来各种风险。所谓**电子商务风险**（e-commerce risk），就是在开发和实施电子商务项目的过程中出现负面影响的可能性。电子商务、社交媒体和移动商务环境中的风险与实体企业面临的风险是不同的。例如，电子商务金融服务公司（如creditkarma.com）可能面临特有的互联网安全威胁和漏洞。因此，为了防范欺诈，严密的在线安全策略是必不可少的。

从事电子商务的企业面临的最大风险是商业风险。也就是说，开发和经营一项新的电子商务业务可能对一家正常经营的企业本身产生负面影响。

3. 战略制定中的协同问题

战略制定被认为是一个高度机密的过程，基本上只由一个小组负责，很少有外部人员参与（除了咨询专家）。然而，这种情况正在发生变化，主要是因为企业发展的趋势是成为社会型企业，这就导致战略制定过程要更开放，有更多参与者。进行这种尝试的企业主要能够得到两个好处：一是"能够借鉴更多的前瞻性观点（往往企业内部会忽略）来提高战略的质量，使最终的战略规划更具前瞻性和可行性"；二是"建立基于企业战略方向的志同道合的伙伴和同盟关系——这是企业保持长期健康、有效运营和良好财务状况的一个重要因素"。这些战略制定的参与者往往也会推动战略的实施。

诸如Cascade（executestrategy.net）和OnStrategy（onstrategyhq.com）等软件系统之所以被开发出来，其目的就在于推动这种交互式的战略制定方法的执行。

4. 定价策略

传统的定价策略是成本加成法和竞争模型法。**成本加成法**（cost-plus）指的是把原材料、人员工资、租金、管理费等各项成本加总，再加上一定的金额（或百分比）作为利润，由此确定生产产品相关的费用（也称为生产成本）。竞争模型法是以在市场上竞争者对相似产品的定价作为确定价格的基础（请浏览 netmba.com/marketing/pricing）。

网上销售的产品和服务的定价方式则稍有不同。主要表现在如下几个方面：

- 容易进行价格比较。在传统市场上，往往是销售者掌握着更多的信息，所以在确定产品价格的时候占有主动权。互联网方便价格比较，所以许多经济学家称其为"完美市场"。在这个市场上，购买者和销售者能够随时以相同的方法获得所有相关的信息，而且一般对购买者更有利。
- 有时由买方定价。自主定价模式（如 priceline.com 及许多拍卖网站）赋予买方自主制定价格的权力。
- 相同的产品线上和线下的定价不同。价格策略对于既有线上经营，又有线下经营的企业变得格外艰难。若制定的线上价格比线下价格低，将会导致企业内部价格冲突；若制定的价格在同等水平，又会削弱线上产品的竞争优势。
- 差别定价是另一种定价策略。几十年来，航空公司一直通过"收益管理"方法来使收入最大化，即对同一产品或服务针对不同的客户制定不同的价格。在 B2C 电子商务市场上，一对一的市场营销模式可以针对一部分客户（如早买机票的旅客）采取价格差异化的策略。

由于互联网技术为消费者提供了一个获得价格信息的方便通道，因此提升了消费者的消费能力。为了保持竞争力和获得利润，销售者不得不采用精明的定价策略。具体说来，就是企业必须利用互联网来优化定价策略，主要是制定的价格更具竞争力，调整价格时更加灵活，利用客户细分来实施差异化定价。

关于成本加成定价法的更多内容，请浏览 accountingtools.com/cost-plus-pricing，或者观看 study.com/academy/lesson/cost-plus-pricing-defnition-method-formula-examples.html 上的视频。关于竞争定价法，请浏览 priceintelligently.com/blog/bid/161610/Competitor-Based-Pricing-101-The-Necessities-and-Your-Pricing-Strategy，或者观看 youtu.be/TNP60zjIKZ0 上的视频。

5. 收购、合作、合资和多种电子商务模式战略

早期的电子商务企业只经营一种产品或者一个网站，相比之下，如今的许多电子商务企业都涉足多个市场领域，除此以外，它们还会与其他企业通过合资等形式进行合作。例如，梅西百货（macys.com）是美国一家大型的时装零售商，目前已通过与阿里巴巴旗下天猫（tmall.com）合作在中国开展在线销售业务（请浏览 businesswire.com/news/home/2015081 2005604/en/Macy's-Forms-JointVenture-Fung-Retailing-Test）。亚马逊除了开展在线零售业务之外，还提供软件服务（请浏览 aws.amazon.com/marketplace/saas）。Facebook、谷歌、苹果和亚马逊都在积极拓宽在线业务的范围。谷歌甚至还投资研发机器人，Facebook 在 2014 年收购了虚拟现实公司 Oculus VR，2016 年还收购了其他一些技术。

14.1.4 战略实施

在这个阶段，重点从"我们做什么"转变到"我们怎么做"。在**战略实施**（strategy implementation）阶段，需要根据已经制定的战略设计具体的策略、短期的计划，安排具体的时间表，部署策略，分配资源和管理项目。

1. 电子商务和社交媒体战略实施的过程

电子商务战略实施的第一步是在企业内部物色一位**项目主管**（project champion，确保团队做好前期准备并了解自己职责所在的人），建立一支团队，由该团队来负责计划的准备和实施。在战略实施过程中，这个团队会建议组织做一定的变化或调整。因此，在实施阶段，有时会需要开发有效的系统，调整业务的流程，从而便于电子商务战略的实施。

- 从一个试验性的项目开始。实施电子商务战略的一个明智之举就是从一个或几个小型的电子商务试验性项目开始。试验阶段可以发现许多问题，并可以较早地进行计划调整。
- 资源配置。电子商务项目所需的资源依赖于提供的信息和规划者的能力，以及每一个项目的要求。对于电子商务项目而言，诸如软件、计算机、仓储能力、员工等资源可能是全新的，独一无二的。一个项目的成功取决于共享资源的有效配置和利用，如人力资源、营销预算和IT系统等。
- 项目管理。项目管理工具可以帮助明确具体的项目任务、时间节点、所需的资源（请浏览 products.offce.com/en-us/project/project-and-portfolio-management-software; launchpad.37signals.com/basecamp; smartsheet.com）。

2. 电子商务策略实施中存在的问题

不同的经营环境会使电子商务战略实施遇到不同的问题，以下是几个具有代表性的问题：

- 究竟是购买、租用还是自主开发电子商务工具？电子商务或社交媒体方案的实施需要开发公司的网站并将网站与现有的信息系统进行整合（如前台接收订单，后台处理订单）。因此，企业就必须做出决策，究竟是购买还是外包，或者是自主开发部分或整个项目。更加具体的决策包括网站和电子商务系统的开发、营销管理、IT资源和物流。究竟是购买还是自主开发取决于组织的核心能力以及确保每个功能都能运行良好所需的成本。
- 将哪些业务外包？何时外包？外包给谁？外包能够为公司带来战略性优势，它能够保证技能娴熟、成本低廉的员工来参与管理，还能提供潜在的市场机会。所谓**外包**（outsourcing）就是将企业的产品生产、服务提供或其他工作以合同的形式包给另一个愿意承担并能够胜任相关工作的组织的过程。这些服务当然也可以由公司自己的员工完成。在电子商务环境下，外包意味着利用外部供应商来获得电子商务应用服务。

实际案例　高德纳的魔力象限

高德纳的魔力象限是一个有意思的工具，能够帮助企业做出"实施或不实施"外包的决策。该工具从两个维度分析企业（供应商）：执行力和前瞻性。厂商被置于四个象限之一（如强执行力和前瞻性，弱执行力和前瞻性）。企业可以使用该象限工具找到合适的外包商（请浏览 gartner.com/technology/research/methodologies/magic-Quadrants.jsp#m）。

电子商务项目的成功实施经常需要审慎考虑外包策略，其中包括：

- 评估什么时候可以外包；
- 决定哪一部分工作外包，哪一部分工作独力完成；
- 选择一个合适的分包商。

14.1.5　战略评价

战略评价（Strategy assessment）指的是持续监控战略的实施，比较实际的实施效果和预定的实施效果，评价所取得的进展，据此调整相关措施以及进行战略修正。在战略评价阶段，电子商务标准往往被作为分析战略实施绩效水平的标准。

在这个阶段，公司将使用已有的度量标准来评估其整体战略实施是否成功。度量标准易于量化并得到普遍认同。在电子商务项目中使用的度量标准包括收入、销售额、投资回报率、客户数量和费用。评估项目时，必须对所选的度量标准进行持续监测。如果没有这些衡量标准，就很难甚至不可能确定该项目是否成功，是否应该继续，是增加投入还是取消。

请浏览website-designs.com/online-marketing/conversion-rate-optimization/essential- ecommerce-metrics-infographics）。

1. 评价的目标

战略评价有多个目标。其中最主要的目标是：

- 衡量电子商务战略和各种项目的预期目标实际完成的程度；
- 判断电子商务战略和项目在当前变化的商业环境中是否仍然可行；
- 对最初制定的战略重新进行评价，从错误中吸取教训，为将来的改进创造条件；
- 尽快发现失败的项目，寻找失败的原因，避免在以后的项目中犯同样的错误。

2. 绩效评价过程

绩效评价是一个基于已有战略、策略和实施计划的过程，该过程包括以下步骤：

（1）建立绩效指标；
（2）监测项目绩效；
（3）比较实际绩效和绩效指标；
（4）利用网络分析等分析系统进行分析；
（5）结合使用平衡计分卡进行分析；
（6）以报告、图表的形式向管理层汇报结果。

如图14-2所示，该过程是庞大循环过程（从战略准备和战略制定到进行纠错）的一个部分。

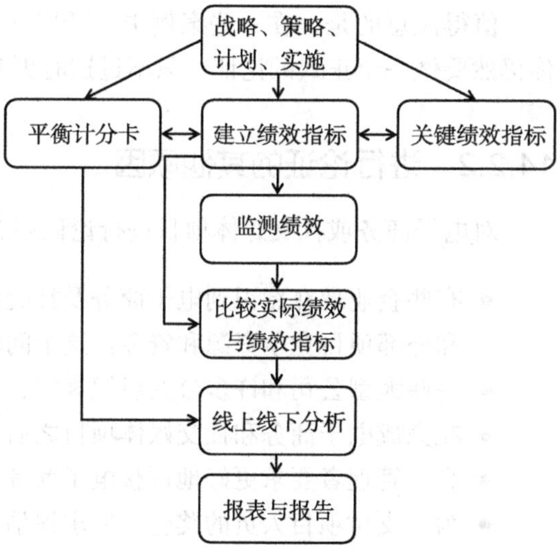

图14-2 绩效评价过程

14.1.6 战略改进和创新

如果评价结果不尽如人意，就有必要采取调整措施。战略改进是一个关键的步骤，因为即使战略实施效果良好，企业仍然需要对最有成效的战略实施给予奖励，以提升未来战略实施的预期水平。另一个关键的步骤是创新，因为创新能使良好的战略实施更进一步。此外，诸如竞争分析那样的工具是非常有用的。

本节习题

1. 战略的定义是什么？
2. 战略规划过程包括哪些步骤？
3. 请描述战略准备过程。
4. 战略制定过程有哪几个步骤？
5. 战略实施包括哪些内容？
6. 什么是战略评价？
7. 请描述战略改进过程。

14.2 为什么要论证电子商务和社交媒体投资以及如何论证

多方面原因使得企业需要对电子商务投资进行论证。

14.2.1 日趋增大的财务压力

今天，公司对电子商务开支和预算非常审慎，最高管理层也就电子商务项目财务论证和规划对IT高管施加压力。IT高管将面临一场艰苦的斗争，以下统计数据可以说明这种现象：

- 大部分公司缺乏计算电子商务或社交媒体项目投资回报的知识和工具；
- 大多数公司在衡量电子商务或社交媒体项目投资回报时没有正规的程序或标准；
- 很多公司没有测算电子商务项目是否带来承诺的收益。

同时，扩大和开展电子商务或社交媒体项目的需求仍然旺盛。因此，在申请项目审批时，要说明项目的预期收益。

值得注意的是，在一些案例中，开展这些项目的主要原因是竞争对手已经在这样做了。在这种情况下，你仍然要做一个正式的论证，只不过这时更多是定性分析了。

14.2.2 进行论证的其他原因

对电子商务或社交媒体项目进行论证还有如下一些原因：

- 有些企业现在意识到电子商务及社交媒体不一定能解决所有的问题。因此，这些项目必须与其他内部和外部项目竞争资源和资金。这个问题要通过投资回报计算来回答。
- 一些大型公司和许多公共组织规定，申请资金时必须对项目进行正式的评估。
- 在完成电子商务和社交媒体项目之后，公司被要求定期评估项目的成败。
- 高层管理者要求更好地调整电子商务和社交媒体战略的压力。
- 为了支付项目人员的奖金，要求评估电子商务或社交媒体项目的成败。

14.2.3 电子商务投资的类别和收益

在探讨怎样论证电子商务和社交媒体投资之前，我们先来考察这类投资的性质。对电子商务投资进行分类的一个基本方法是，区分基础设施投资、电子商务应用投资和项目人员投资。

信息技术基础设施为企业提供电子商务或社交媒体项目及应用的基础，包括服务器、企业内联网、企业外联网、数据中心、数据仓库、知识库等。除此之外，有必要整合企业内分享基础设施的各种应用。基础设施投资属于长期投资。

电子商务应用是用于实现一定目标的特定项目和程序。电子商务应用的数量庞大。它们也许会在一个职能部门使用，也可能被多个职能部门共享，这使得评估它们的成本和收益变得更为复杂。

社交媒体应用是旨在帮助简化管理网络中的内容和交互过程的成套软件和服务。项目人员是指筹建和经营项目所需的人员数量或人员比例。不过，云计算可以降低信息技术基础设施和电子商务应用的成本，项目论证时必须考虑在内。

公司投资这些项目的主要原因是改善业务流程、降低成本、提高生产率、提高客户满意度及老客户维系率、增加收入和市场份额、缩短产品投放市场的时间和获得竞争优势。

14.2.4 电子商务或社交媒体项目的投资论证

论证电子商务或社交媒体投资意味着比较每个项目的成本和收益，这种方法被称为**成本收益分析**（cost-benefit analysis）。

有多种衡量投资项目商业价值的方法可供选择。支持这种分析的传统方法是净现值法和投资回报率法（请浏览 nucleusresearch.com/research）。

成本收益分析和商业案例 成本收益分析和商业价值是一个商业案例的组成部分。商业案例中的成本收益分析包括三个主要部分：效益（如收入增加、成本降低、客户满意度提高）、成本（投资和经营成本）、风险（如项目过时、员工抵制等）。一些供应商提供模板、工具和指南等，用于准备特定领域的商业案例。可以通过 www.ctg.albany.edu/publications/reports/social_media/social_media.pdf 下载有关电子商务商业案例的模板；浏览 selfstartr.com/ecommerce-businessplan，可以查看社交媒体的有关资源。要获得有关案例的详细分析，请从 hootsuite.com/resources/white-paper/forrester-amplify-yoursocial-media-business-case-beyond-marketing-ty 下载 Forrester 市场调研机构发布的题为"营销及社交商务案例"（Amplify Your Social Media Business Case Beyond Marketing）的研究报告。

14.2.5 论证的时间和内容

并非所有的投资项目都需要进行正式的论证。有时，一个只有一页纸的简单定性论证就足够了。下面是一些可能不需要进行正式评估的情况：

- 当投资的价值对于组织而言比较小的时候；
- 当相应的数据不可获得、不准确或不稳定时；
- 当电子商务或社交媒体项目必须实施时，不管涉及的成本多大都必须实施（如政府要求实施或是迫于竞争需要）。

然而，即使不要求正式分析，组织至少应该进行一些定性分析，来解释项目投资的必要性。

14.2.6 用各种指标进行电子商务和社交媒体论证

指标被用来描述成本、收益或二者的比例。它们不仅用于进行项目论证，而且用于其他经济活动（例如为了奖励突出的员工来比较员工的成绩）。指标能通过一些方式驱动行为，从而产生许多积极的作用：

- 成为确定具体目标及计划的基础；
- 界定商务模式的价值诉求；
- 保持员工、团队、部门和分支机构的目标与公司战略目标一致；
- 追踪电子商务或社交媒体系统的特征与业绩，包括使用率、访问者的类别、页面访问量、转化率、粉丝点赞率等。

指标、评价以及关键业绩指标

指标需要用一套明确的测量方法来合理定义。图 14-3 显示了使用指标的流程。这一循环过程从确立组织和电子商务绩效的目标开始，随后，这些目标用一套指标表达出来。该指标再由一套**关键绩效指标**（key performance indicators，KPI），也就是最为重要的指标（也称为关键成功要素）来量化表示。一个指标通常包含几个 KPI。

关键绩效指标受组织持续监控（如网络分析、财务报告以及营销数据等）。如图 14-3 所示，反映实际绩效的 KPI 会与预期的 KPI 以及计划好的衡量指标进行比较。如有差距，就应该采取修正措施，必要的话还会对项目目的、项目目标还有衡量指标进行调整。

另一个衡量指标的例子体现在平衡计分卡方法的使用。该方法采用四种类型的指标：顾客指标、财务指标、内部业务流程指标、学习成长指标。图 14-4 展示了平衡计分卡方法的使用。

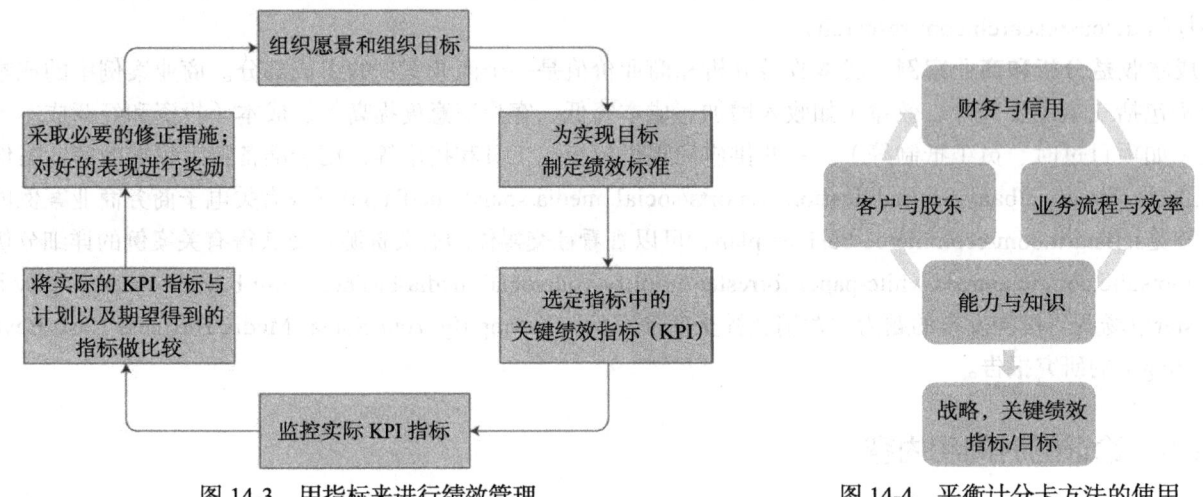

图 14-3 用指标来进行绩效管理　　　　图 14-4 平衡计分卡方法的使用

网络分析是进行电子商务管理最有用的工具之一。网站分析与衡量指标密切相关。

应用案例 14-1　　　　阿尔迪超市进军英国电商领域

存在的问题

阿尔迪超市是一家总部设在德国的大型连锁超市，在英国和爱尔兰也很活跃。这家百货超市在 18 个国家拥有 1 万多家门店，其中 500 多家位于英国。这家公司是一家折扣超市，所以很难实现盈利，利润率很低。此外，竞争非常激烈，尤其是与英国知名品牌（如 Primark）的竞争。

解决方案

阿尔迪的主要竞争对手不提供在线服务。由于阿尔迪公司销售许多不易腐烂的商品（如葡萄酒和非食品），所以该公司决定开展网上业务。通过网络，该公司希望接触到更多的客户，希望自己的品牌能被更多的消费者所了解。2016 年年初，第一个产品（葡萄酒）上线。2016 年年底，服装、家居用品和电子产品也陆续上线。此外，该公司已经开始使用社交媒体与客户建立联系并推广产品。这些努力的结果喜忧参半（请浏览 dailymail.co.uk/news/article-3422192/Internet-users-respond-hilariouslyretail-giant-ALDI-s-ill-advised-social-media-campaign-Twitter.html 及 aldi.co.uk/social-media）。

取得的成就

鉴于 2015 年年底才开始尝试开展电商业务，且在英国尚属首例，目前还不清楚结果。研究人员发现，尽管 2016 年该公司利润有所下降，但该公司的销售记录与在线活动密切相关。此举既是风险也是机遇。该公司可能会增加成本，但转向开展电商业务几年内即可实现盈利。

思考题

1. 查阅本案例的相关资料，识别该公司面临的所有风险和机遇。
2. 该公司 2014 年提出反对电子商务，一年后就改变了想法。为什么？
3. 为什么该公司的社交媒体策略既有积极的一面，也有消极的一面？未来还能改进吗？
4. 哪些因素能决定企业的成败？

14.2.7 网络分析技术

网络分析技术（web analysis）指的是对网络使用及其他互联网活动进行测量、分析和优化的工具和方法。网络分析技术的常见用途是评估网站流量，它也可以用作电子商务和社交媒体市场调研的工具。广告活动的效果也可以通过网络分析来评估。

在了解了电子商务项目论证的必要性及指标的使用之后，接下来我们将探讨电子商务和社交媒体项目论证难以实施的原因。

14.2.8 电子商务和IT项目论证流程

论证流程的主要步骤包括：
（1）与你的供应商商量各种分析指标，然后进行ROI分析。
（2）对各项指标加以分析研究（包括内部和外部的指标），然后确认。
（3）对成本收益分析的假设加以论证。
（4）验证计算中用到的数值。
（5）不要忘记战略性的收益，包含长期的收益。发现项目对提升企业竞争优势的贡献。要小心谨慎，不可低估成本和高估收益。
（6）尽量确保数据的真实性，并进行成本规避和风险分析。
（7）各个合作伙伴要尽责，包括供应商和主要客户。

定量指标还是定性指标

在分析电子商务或社交媒体项目的成效时，一致存在的问题是缺乏定量的衡量标准。虽然这两类项目的量化指标都可以表现为浏览次数、点赞人数、跟帖人数、网站流量等，但是针对确定的具体目标，这些指标可能不能准确地反映项目是否成功。在某些情况下，与"受欢迎程度"或"成效"相关的目标可能很难衡量。很多时候，尤其是在社交媒体项目中，必须使用定性指标来衡量投资的价值。定性指标本质上是主观的，因此更难以使用。提前确定如何使用定性指标以及由谁来确定这些指标，通常是非常有用的。因为它们是主观的，就可能会受到关注项目整体成功水平的个人的影响（请浏览 blog.kissmetrics.com/qualit-quantitative-analytics）。

本节习题

1. 电子商务或社交媒体项目投资论证的原因有哪些？
2. 如何论证一项电子商务或社交媒体投资项目？
3. 电子商务或社交媒体项目投资的主要类别有哪些？
4. 什么是评价指标？评价指标的作用有哪些？
5. 什么是KPI？
6. 与组织绩效表现相关的指标如何进行周期性使用？
7. 什么是网络分析技术？网络分析技术在电子商务或社交媒体项目论证中起到了什么作用？
8. 针对社交媒体项目的评价，定性指标的使用有何困难？

14.3 社交媒体与全球电子商务战略

企业的经营是否走向全球是一个战略问题。有关全球互联网和智能手机使用的统计数据显示，企业如果凭借电子商务和社交媒体将自己的经营范围拓展到全球，市场潜力将是巨大的。

开展全球化经营可以出于很多原因，既有自身的原因也有外部的原因。外部的原因包括竞争者在全球进行销售。自身的原因包括形成规模经济，寻求全球新市场，获得充裕的或者新的资源，节约成本，本国政府的激励，在线对产品进行评价，以及寻求与品牌产品的合作等。不管出于怎样的原因，企业要想通过全球化拓展来实现公司的战略目标，就必须理性规划，抓住机遇，快速应对。

在电子商务和社交媒体战略中，全球化的电子市场是极具吸引力的机会。全球化意味着可以获得更大的市场，减少赋税，还可以灵活地以较低的工资在各地雇用员工。然而，由于全球化经营会遇到各种各样的问题，所以它是一个复杂的战略决策过程。地理距离能阻碍全球业务发展，这是一个很明显的问题，但通常不是最重要的问题，反而像文化、政治、法律、管理、经济状况等问题必须加以考虑。本节将简单地介绍公司凭借电子商务和社交媒体开展全球化经营所面临的机遇、问题以及解决途径。

14.3.1 全球化经营范围及可以获得的利益

电子商务一个最主要的好处是可以以合理的成本在任何时间、任何地点开展业务。而社交媒体主要的好处则是使企业可以通过网络以一种比较舒适的方式与顾客直接进行互动。这些都是全球化电子商务战略背后的动因。成功的案例很多。

- eBay 在全球上百个国家开展拍卖业务。
- 阿里巴巴向全球数百万家企业提供 B2C 和 B2B 交易服务。
- 亚马逊向个人出售书籍和其他数百万种商品，分别在美国、中国、加拿大、日本、英国、法国、德国和巴西等 19 个国家设有零售网站。
- 思科扩大了国际销售渠道以增加在中美洲和南美洲的销售。
- 一些大公司（如通用电气和波音）声称参与电子报价的外国供货商的数目持续增长。这种电子竞价方式节省了 10%～15% 的成本，还节省了 50% 的运作时间。
- Facebook 正在努力为中国用户提供社交网络服务。
- LinkedIn 在印度的用户数量继续增长，已达到 3 500 多万，占其总用户数量的 10%。

14.3.2 电子商务全球化的障碍

全球化带来好处和机遇的同时，也存在一些障碍。虽然有些障碍在一国经营的电商企业也会遇到，但是，若把全球影响考虑进去，它会变得更加复杂。这些障碍包括买卖双方的身份鉴定问题、信誉问题、订单履行和配送问题、安全问题、文化标准、复杂特征和语言差异等。还有一些障碍只在全球化电子商务和社交媒体中遇到。本章将讨论这些障碍中的一部分。

iGlobal Stores（iglobalstores.com）和阿里巴巴认为，可以向海外客户提供如下一些信息和服务：不同国家消费者的付款体验；最新的汇率和对外结算；全球欺诈和风险及相应的防护措施；关税和其他税费的计算；与现有信息系统的整合。

1. 文化差异

网络是一个由多元文化背景的消费者组成的多元化市场。明白全球电子商务和社交媒体的多元文化特性是很重要的，因为文化（如社会规范、本土习惯和口语）决定人们如何与企业、代理机构互动，也决定着网络用户之间如何互动。文化差异包括拼读的差异（如美式英语和英式英语的差异）、信息格式的差异（例如月/日/年还是日/月/年）、标志和符号的差异（例如邮箱形状国与国之间大都不同）、度量衡标准的差异（例如公制和英制）等。此外，社会规范可能与共享的信息类型或共享信息的人有关。例如，一些伊斯兰国家不鼓励妇女在网上互动交流。很多企业使用网络全球化策略，即为不同的国家建立不同的网站，主要考虑网站设计要素、定价和支付方式、货币兑换、客户支持和语言翻译等（请浏览 bowerwebsolutions.com/5-social-media-pitfalls-you-must-avoid）。

实际案例

企业选择进行全球扩张和开展电子商务有时是为了促进发展、增加收入，有时则是为了与竞争对手保持同步。当当网是中国电子商务的先行者，曾被誉为"中国的亚马逊"。多年以来，当当网在中国市场一直保持活跃和盈利，但在国际市场上正被阿里巴巴（alibaba.com）和京东（jd.com）所超越。这些竞争对手已经能够通过投资扩张和联合经营，将它们在中国的经验成功复制到全球。国际上的成功进一步推动了两家公司在中国市场的发展，树立了良好的企业形象，增加了额外的收入。要想保持在国内市场的竞争力，当当网还有一场硬仗要打。

---

2. 语言翻译

虽然2017年世界人口已经超过了75亿，但只有大约10亿人把英语作为母语或第二语言。相比之下，超过15亿人说汉语。根据2014年对3 000多名购物者的调研，CSA Research发现在非英语国家，60%的购物者会购买（或只购买很少）纯英语网站的商品，75%的人更喜欢使用母语网站。同样，数字营销公司GaggleAMP在其电子书《社交媒体自助游》中强调，即使英语是一个国家通用的第二语言，非客户母语的社交媒体也很可能被忽视。

2017年全球排名第一的网站是Facebook，其他大型全球网站包括阿里巴巴和谷歌。Facebook的代表性创新包括多语言插件、完善的全球门户网站和多语言用户配置文件。语言翻译的主要问题是速度和成本。一个人翻译一个中等规模的网站可能需要一周的时间。对于大型网站，成本可能要超过10万美元，主要看网站和语言的复杂程度，当然耗时也很长。

很多公司都注意到使用翻译器（如Google Translate）把网页翻译成不同语言所花费的时间和成本问题。请浏览toptenreviews.com/business/software/best-translation-software/ 及 websites.translations.com，可以发现许多免费的翻译程序。关于Lionbridge Technologies如何使用翻译器帮助客户的案例，可浏览lionbridge.com/clients。例如，2016年Lionbridge继续为尼康公司提供翻译服务支持，尼康公司的业务范围遍布39个国家或地区，涉及31种语言。Lionbridge提供了具有丰富摄影知识的翻译团队。产品相关内容源自尼康在日本的总部，然后根据当地市场进行调整之后再发送到Lionbridge（请浏览lionbridge.com/case-study-nikon）。

实际案例　Stepes与社交媒体翻译

翻译电子商务和社交媒体相关内容可能是一个相当大的挑战，对于中小型企业来说尤其如此。幸运的是，有多家供应商提供这种类型的服务，Stepes（stepes.com）便是很好的例子。该公司提供一系列服务，可以帮助企业将其社交媒体页面及内容翻译成100多种目标语言。该公司提供业务生成内容和用户选定内容（如产品评论）的翻译服务。此外，该公司提供了一个转录器工具，允许计算机自动辅助翻译，还提供了基于聊天的翻译应用程序（请浏览stepes.com/social-media 和 gabornemet.com/single-post/2016/1/12/Stepes-world's-first-chatbased-translation-app-now-available-on-iTunes-and-Google-Play）。

---

3. 法律问题

全球电子商务中争议最大的问题之一便是国际法律问题。《联合国国际贸易法委员会电子商务示范法》

是一部致力于解决电子商务领域国际法律差异问题的法律。它的目标是向各国法律组织提供一整套可接受的国际准则。该法想要消除阻碍电子商务发展的法律条款，同时也想在一个公平、现代、协调的框架下为电子商务交易建立一个更安全的环境（请浏览 uncitral.org）。该法已经为许多国家采纳，包括新加坡、澳大利亚、加拿大、海地和美国等。

实际案例　Twitter 面临的法律问题

2016年美国总统大选期间，Twitter被广泛用作沟通工具。在这段时间里，政治立场不同的用户在网络上展唇枪舌剑。其中一些推文内容粗鄙，对他人进行人身攻击。在美国，绝大多数言论受到《宪法第一修正案》的保护。在这些情况下，用户担心的最大问题是被禁止登录Twitter平台。在其他国家，情况并非如此。政治言论和个人言论可能受到更多限制，还可能要承担一定的法律后果。例如，在英国，"仇恨言论"是违法的，可能会被罚款甚至入狱。各国法律的不同引发的问题便是，社交网络平台是否应该鉴别违法行为和言论，是否应该因违法行为和言论而承担相应的法律责任（请浏览 nap.edu/read/15853/chapter/6）。

---

4. 地理问题以及本土化问题

地理障碍由于各个国家间或各个国家内部的基础设施的不同以及产品和服务的不同而不同。例如，地理距离几乎不影响线上的软件销售。

很多企业对它们海外的产品和服务使用不同的名字、颜色、型号和包装。这种做法称为"本土化"。为了最大化全球电子商务带来的好处，本土化也必须运用于支持信息系统的设计和管理。例如，许多网络提供不同的语言和货币选择，甚至包括特别的商品，例如 Europcar（europcar.com）汽车销售公司向150多个国家提供网站入口服务，每一个平台又提供10种语言选择。该公司还提供免费的苹果版以及安卓版应用程序，且有8种语言版本可供选择安装。

实际案例　社交媒体本土化

社交媒体的本土化要远比标准的电子商务网站页面的本土化困难。这是因为世界各地的社会规范和社交媒体实践大不相同。在特定的国家开展社交媒体活动之前，全面了解这些规范和行为是非常重要的，这也是社交媒体本土化非常重要的地方。例如，Twitter在德国不那么受欢迎的原因在于推文有140个字符的限制，而用德语及相应的词汇表达复杂的想法时，140个字符的容量太小（请浏览welocalize.com/social-media-tipslocalizing-top-apps）。

---

5. 经济与金融问题

涉及全球电子商务的经济和金融问题包括政府的税费和纳税方式。在政府监管的领域，税收和管理部门一直试图把应用在传统贸易领域的措施应用于电子商务领域，并且取得了很大的成功。但是，跨境销售的税收问题却十分麻烦。装在盒子里的软件在到达一个国家关境的时候，将被征收税费。然而，对于网上下载的软件，一般由买方个人申报并主动支付，但是这样做的人并不多。社交媒体也深受这些问题的影响，因为许多网络将嵌入式广告和商业活动视为持续经营的商务模式。

全球电子商务面临的金融障碍是电子支付系统。为了能在网上销售，电子商务公司必须有各种灵活的支付方式，以方便不同国家的消费者可以为线上购买进行支付。虽然信用卡在美国是广泛使用的，但是很多欧洲和亚洲的消费者宁愿使用线下支付方式来完成线上交易。即使是线下的支付方式，企业仍然需要根据不同的国家提供各种不同的选择。

定价是另外一个经济问题。考虑到当地产品的价格水平和竞争情况，对于同一种商品，供货商在不同的国家会制定不同的价格。然而，如果一家公司只有一个网站，差异化的定价策略就很难实施。同样，使用何种计价货币？何种结算货币？这些都是问题。

14.3.3 消除全球电子商务的壁垒

很多国际组织和专家都提供了一些消除全球电子商务壁垒的建议：

- 制定战略。在整个战略生命周期中，公司必须考虑目标国家、语言种类和目标国的反应。这些考虑因素必须包括在战略制定中。
- 了解你的客户。世界各国的文化以及法律制度各不相同，要充分了解客户的文化偏好和所在国的法律问题。
- 本土化。网站需要本土化。在大多数国家，使用当地的语言是最基本的要求，翻译人员及翻译器可以在这方面提供帮助。产品要以当地货币计价，在当地签订的合同条款和开展的商务活动要符合当地的法律法规和文化习惯。
- 全球化思考，一致化管理。跨国公司应该对海外网站进行本土化的管理，必须确保品牌管理、定价、广告设计、网络内容创建和控制等与公司的战略保持一致。
- 文本清晰，解释清楚。定价政策、隐私保护政策、装运规定、联系方式、操作流程等都必须在网站上进行详细的说明，并且客户要容易看到。
- 提供削减贸易壁垒的服务。用所有货币来进行定价和支付是不太可能的，因此，为了方便客户，有必要提供货币兑换的链接（如 xe.com）或汇率计算器。在 B2B 模式下，需要把电子商务交易系统和买方的会计、财务方面的信息系统连接起来。

本节习题

1. 什么是电子商务和社交媒体的全球化？它有哪些优势？
2. 全球电子商务和社交媒体使用过程中存在哪些壁垒？
3. 企业应该如何应对全球电子商务和社交媒体使用过程中面临的壁垒？
4. 企业以多种语言提供网站服务有哪些利弊？
5. 企业在不同的国家使用社交媒体会遇到哪些法律问题？

14.4 中小企业的电子商务战略

对于中小企业而言，开展电子商务和社交媒体活动是最有效的经营战略之一。中小企业利用电子商务和社交媒体开拓市场和展开竞争的潜力是巨大的。率先使用基于网络的电子商务和社交媒体的企业许多都属于中小企业的范畴。一些大型的知名传统企业还在犹豫不决的时候，有些具有前瞻性的中小企业就已经开始开发网站，开立网店，因为它们意识到电子商务将在营销推广、业务拓展、成本削减、采购、合作伙伴的选择等方面带来巨大商机。例如，Beardbrand（beardbrand.com）是一家专门从事剃须产品销售的电子零售商，正积极利用社交媒体拓展电子商务业务。该公司借助社交媒体，使用幽默的语言来帮助自己的产品脱颖而出，并在现有以及潜在的客户之间口口相传。

如今，许多中小企业都在采用社交媒体和电子商务策略，要么是为了保持自己的竞争优势，要么是作为公司主渠道开展经营。中小企业可以借助阿里巴巴、亚马逊和 eBay 等市场销售自己的产品，也可以使用相关程序创建自己的网站和电子商务系统。一般认为，消费者喜欢在产品种类丰富的市场中购物。

电子商务和社交媒体决策是公司整体战略的一部分。电子商务和社交媒体能够帮助企业降低进入壁垒，而且在寻找买方和卖方、比较价格和业务谈判方面的成本也较低廉。然而，中小企业使用电子商务和社交媒体也存在一些风险。表 14-1 和表 14-2 分别列出了中小企业使用电子商务和社交媒体的优势和弊端。

表 14-1　中小企业开展电子商务的优势和弊端

优势 / 好处	弊端 / 风险
• 低廉的信息费用。在对北欧一些国家的研究发现，超过 90% 的中小企业使用网络来搜索信息 • 低廉的广告和市场调研费用。旗帜广告位置交换、即时通信、聊天室等，几乎都是零成本的接触客户的方式 • 竞争者分析变得容易。对芬兰的一项研究发现，芬兰的企业对互联网的应用中排在第一位的是信息检索，第二位的是网络营销，第三位的则是了解竞争对手的情况 • 以低廉的价格建立（或租赁）网络店面。在网上建立和经营一个店面是相对容易和便宜的 • 中小企业不会被落后的信息技术和与传统零售渠道的关系所束缚 • 很容易建立企业形象和品牌形象，提升公众认知度。互联网使小公司和大公司的竞争变得更容易 • 可以面向全球消费者。通过电子商务活动，企业可以有效地进行全球营销，完成销售活动和提供客户支持	• 缺乏充分挖掘电子商务潜能的资金支持 • 缺乏技术人员和法律、广告等领域的专家。对于中小企业来说，有的是无法获得这样的人才，有的是付不起人才聘用的费用 • 抵御风险的能力小于大公司。如果最初的销售比较少或者遇到一些意外情况，中小企业是没有足够的储备资源来应对风险的 • 有的产品不太适合或者难以在网上销售 • 减少了与客户之间的人际沟通 • 有时中小企业面临转换壁垒，有的是难以储存大量的存货，因此它们难以利用电子交易的优势

表 14-2　中小企业使用社交媒体的优势和弊端

优势 / 好处	弊端 / 风险
• 加深现有客户对品牌的印象，证实他们的购买是有价值的 • 优化搜索结果，为客户提供其他查询业务的途径 • 可能会降低营销成本，更容易锁定广告目标受众 • 方便向客户发送内容和解答常见问题	• 与公众打交道时，员工会犯一些人为错误 • 涉及侵犯隐私、数据泄露和网络安全等法律问题 • 系统的使用和员工工作时间的延长会增加相关成本 • 如果问题处理不及时、不准确，企业的声誉将受损

应用案例 14-2　网站生成器

存在的问题

在网络发展的早期阶段，开发网站的技术要求非常高。企业需要熟悉 HTML 代码的员工，或者需要与外部设计公司合作。网站开发过程可能需要几个月的时间，简单网站的价格就能达到数千甚至数万美元。如今，建立网站要容易得多，但拥有网站变得更为重要。网站对绝大多数企业来说是至关重要的，而且这个网站必须拥有所有有关企业的信息，而且必须不断更新这些信息。

解决方案

对于小企业来说，这可能是一个艰巨的挑战。但幸运的是，现在有许多产品都是针对员工没有设计网站经验的小型企业的。这些解决方案通常是网站生成应用程序或服务的形式，而且是基于网络提供的，允许用户使用一系列预先设计的模板快速开发网站。虽然所有潜在的产品都有各种各样的特性，但是大多数会重点关注如何使用浏览器内置的 WYSIWYG（所见即所得）编辑器快速、可视化地开发网络页面。服务范围通常还包括主机和域名。定价通常是按所提供的服务计算，可以按月支付（许多服务的价格每月都不足 10 美元）。

广受用户欢迎的解决方案包括：

- **Sitebuilder.com**。此解决方案允许用户在线快速创建网页，并对域名和电子邮件提供保护，有 1 000 多个各行各业、不同风格的模板可供选择。网站是用所见即所得编辑器创建的，也允许用户定制模板。此外，还提供电子商务解决方案。
- **Wix.com**。该公司也允许在基于 Web 的编辑器中创建简单的网站。模板的数量较少，只有 200 个，但是对于非技术人员来说可能更容易使用。
- Weebly.com。该公司提供使用基于 Web 的编辑器创建较大或多页面网站的服务，还提供电子商务和电子邮件营销解决方案。

更多的案例和讨论，请浏览 reviews.com/website-builder。

思考题

1. 为什么小型企业想要使用网站生成应用程序？
2. 使用这类应用程序的好处和风险是什么？
3. 比较两个网站生成应用程序。你觉得哪一个更好？为什么？

14.4.1 全球化和中小企业

除了能增加中小企业的国内市场份额，电子商务和社交媒体还为中小企业开辟了广阔的海外市场。但是，中小企业中仅有一小部分能顺利开展全球业务。不过，凭借电子商务和社交媒体开始进入国际市场的中小企业的数量正在增长，只是中小企业更多的是在国际市场上购买产品而不是在国际市场上销售产品。由于阿里巴巴以及其他的在线目录网站能够帮助小企业开展全球业务，所以这种情况正在发生改变（请浏览 sbecouncil.org/resources/going-global）。

14.4.2 支持中小企业电子商务和社交媒体活动的资源

中小企业主通常缺乏战略管理的技术，一般也不会意识到在出现新技术的商业环境下进行变革。幸运的是，中小企业有许多可供选择的求助途径（如 sba.gov、score.org 及 business.gov.au 等）。

今天，中小企业拥有许多资源来支持它们创建网站，开设电子商务店铺，开发移动应用程序和开展社交媒体活动。尽管有些系统最初是为大公司开发的（例如 IBM 的中小企业解决方案，见 ibm.com/midmarket/us/en），但是许多公司目前已经针对这一市场进行了重新定位。此外，今天的许多服务都是专门针对这一市场的需求，并为小企业提供专门定制的产品。

对中小企业全球化的支持服务也成为帮助中小企业拓展业务的工具。例如，全球中小企业博客（globalsmallbusinessblog.com）由 Laurel Delaney 于 2004 年创立，主要帮助企业家和中小企业主开拓国际业务。再如，中小企业和创业理事会也为中小企业拓展业务提供了全球性资源（请浏览 sbecouncil.org/resources/going-global）。此外，一个能帮助中小企业利用电子商务开拓国际业务的途径是 emarketservices.com/start/Case-studies-and-reports/index.html。

14.4.3 中小企业和社交网络

在快速发展的电子商务技术中，被中小企业所接受的是社交电子商务。

中小企业可以利用社交网络向潜在客户推销产品，向现有客户提供支持，并与外地的同行进行互动交流。企业可以使用许多相同的网络和工具，但可能需要采用前文中提到的本土化策略。此外，中小企业可以在网上寻找到那些主要是面向中小企业的网站，专门为中小企业提供社交网站链接，告知它们成立企业的信息，提供电子商务策略的建议。这些网站除了可以用来建立关系和获得建议（如 LinkedIn 网站），还可以被当作 B2B 模式下和其他中小企业建立合作网站或者与业务伙伴建立关系的有效途径。

表 14-3 列举了中小企业使用社交媒体获得成功的十个步骤。有关中小企业如何利用 YouTube 进行在线商品销售，请浏览 masternewmedia.org/online_marketing/youtube-promote-content-viral-marketing/youtube-video-marketing-10-ways-20070503.htm 及 forbes.com/sites/ajagrawal/2016/09/16/5-ways-to-use-videomarketing-for-small-business-growth/#2886e91233f8。

表 14-3 成功利用社交媒体的十个步骤

步骤	描述
1	了解社交媒体以及使用社交媒体的好处
2	识别你的目标受众以及他们所处的位置
3	了解目前你所获得的可以用于社交媒体活动的各种资源
4	识别最适合的技术
5	建立一个博客，在企业里营造社交文化氛围
6	在 Facebook、LinkedIn、Twitter、YouTube 的网站上建立一个社交媒体站点
7	保证社交媒体博客的界面友好
8	与目标市场建立联系
9	把朋友和伙伴变成客户
10	制定社交媒体活动监控和考核的方法

伴随着社交网站的日益普及，中小企业也开始利用社交媒体建立网络连接，改善客户关系并收集客户对公司产品和服务的反馈意见。

本节习题

1. 中小企业使用电子商务和社交媒体有什么优势？
2. 中小企业使用电子商务和社交媒体会有哪些风险？
3. 为什么有的软件工具是专为中小企业定制的？
4. 社交网络是如何帮助中小企业变得更加有竞争力的？

14.5 电子商务项目实施

了解关于电子商务和社交媒体的好处以及运用之后，那么，下一步该怎么做？现在的问题是，企业是否需要开展电子商务和社交媒体活动？如何去实施？这两个问题的答案会很复杂，因为答案取决于我们将在本章进行讨论的多种因素。我们把这些因素称为实施因素。

14.5.1 主要的实施因素

许多因素可能影响电子商务和社交媒体项目的需求和成败。这些因素主要有以下几类。

1. 项目论证和经济分析

第一个问题就是是否需要实施电子商务或社交媒体项目。如果项目很大，这个问题就有些复杂。我们称之为电子商务和社交媒体项目论证。

2. 开发或购买电子商务和社交媒体管理系统

这个问题也不那么简单，尤其是在涉及大中型规模的电子商务项目时。就社交媒体而言，可能并不需要一个管理相关活动的系统，但具体对企业有多少帮助取决于互动的数量和可用的员工时间。

3. 组织的准备以及电子商务的影响

在组织内部如何来组织电子商务和社交媒体项目，怎样来处理业务流程的变化以及其他由电子商务和社交媒体引发的变化，这些都是电子商务项目实施过程中需要考虑的问题。除此之外，还应考虑电子商务对市场营销、生产和人员的潜在影响。同时，一些技术问题（例如是否连接到其他信息系统）也需要考虑进去。

4. 如何走向成功

本节最后一部分将讲述成功实施电子商务项目的关键要素。

图 14-5 是上述因素的一个框架图。

在该图的左边，我们列出了影响实施的主要因素。它们可能都会影响电子商务和社交媒体项目的选择和部署。成功的部署和选择将取得好的成效。

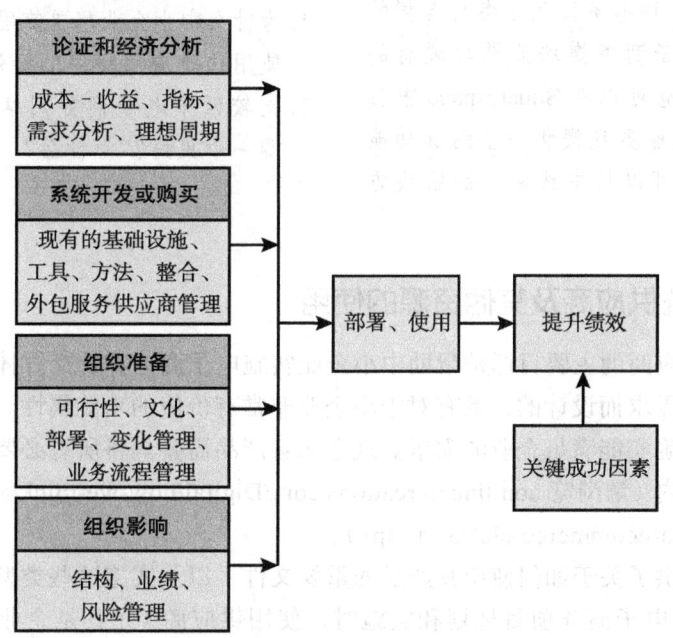

图 14-5　电子商务和社交媒体项目实施过程中的主要因素

应用案例 14-3　　　电子商务网站生成器

存在的问题

20 世纪 90 年代中后期，电子商务网站开始变得越来越普遍，而开发、托管和维护这些服务是一个复杂的过程，成本也比较高。许多最初的电子商务网站都是在内部从零开始开发。这些系统的优点是完全符合业务的需要，但明显的缺点是成本非常高。当然也可以使用由开发人员或集成人员定制的软件系统，这样的成本仍然很高，但比纯粹的自主开发便宜。所有这些系统都需要专用的主机，前期成本很高，每月的维护费也是不小的开支。

解决方案

今天，电子商务系统要简单很多，对于中小企业而言，有很多的方案选择，不需要大量的前期投入和后续支出，也不需要具备各种系统的专业技术。与基于 Web 的网站设计工具非常相似，也有许多基于 Web 的电子商务工具可供企业选择。所有这些解决方案都注重安装、使用的便捷性以及与现有业务流程的整合。这些系统使用与网站构建应用程序相同的 WYSIWYG（所见即所得）架构，但添加了电子商务功能。这些程序包通常包括安全托管和集成支付解决方案。

广受用户欢迎的解决方案包括：

- **Shopify.com**。这是最常用的电子商务网站构建服务，提供许多可用于开设网上商店的模板，还提供内置的支付系统，移动端可以兼容。该公司的独特之处在于，其所开发的系统还可以用作销售终端（POS）应用程序。
- Jimbo.com。该服务也提供用于开设网上商店的模板，默认情况下，开设的网店具有安全支付功能。该系统的独特之处在于它关注全球市场推广，提供便捷的网站本地化服务和开发人员界面本地化服务。
- Squarespace.com。该服务提供了各种各样的模板，以确保电子商务模块能够与现有的网站匹配（或者也可以在 Squarespace 中自行开发网站）。该服务还提供一些附加功能和服务以便客户可以从中选择定制解决方案（请浏览 websitebuilderexpert.com/e-commerce-online-storebuilders-comparison-chart）。

更多的案例和讨论，请浏览 reviews.com/website-builder。

思考题

1. 为什么中小企业想要使用电子商务网站生成器？
2. 使用这类应用程序的好处和风险是什么？
3. 比较两个电子商务网站构建应用程序。你认为哪一个更好？为什么？

14.5.2 电子商务系统供应商及其他资源的使用

许多电子商务系统供应商的主要目标是帮助中小企业实施电子商务和社交媒体活动。这些系统中有许多是专门为满足这个市场的需求而设计的，具有对中小企业非常有价值的功能属性。企业在鉴定供应商产品的价值时，必须确保该产品确实能满足企业的需求。这意味着产品需要具备所有必要的功能，具有适当的复杂度，并且在分配的预算之内（请浏览 non linearcreations.com/Digital/how-we-think/articles/2013/10/7-things-to-consider-before-choosing-an-ecommerce-platform.aspx）。

如今，许多供应商提供了关于如何使用其产品的重要文件，以及实施这些类型项目的最佳操作指南。在企业针对具体的产品进行电子商务项目规划和实施时，使用供应商（尤其是企业选定供应商）提供的指南可能是一条捷径。有关电子商务项目操作指南的示例，请浏览 hopify.com/guides 及 hootsuite.com/resources/guide/scale-social-media-a-guide-to-implementing-a-social-center-of-excellence。

本节习题

1. 为什么电子商务和社交媒体项目的实施会如此复杂？
2. 电子商务和社交媒体项目实施的主要因素是什么？
3. 哪些因素决定了电子商务项目的选择和部署？
4. 企业在选择软件供应商和使用它们所提供的指南时，为什么要小心谨慎？

14.6 电子商务和社交媒体项目的开发策略

企业决定实施电子商务和社交媒体项目以后，如何开发和运行这些系统则有多种选择。这些选择的重点在于组织内部完成多少工作，将多少工作外包给软件公司或咨询公司。一般来说，工作由公司内部完成可能更快或更便宜，但可能会产生增加现有工作负荷和员工能力不足等问题；外包的成本更高，但项目的完成质量也高。企业通常可以采用的项目开发方式包括：

- 完全内包。利用现有员工创建和管理项目。
- 聘请新员工进行内包。仍然由企业内部开发项目，但要雇用新员工来解决工作负荷问题和特定项目的人才需求问题。
- 借助应用程序或工具进行内包。通过购买或租用软件工具或应用程序，保证现有员工能够完成项目。
- 聘请新员工并借助应用程序或工具进行内包。通过购买或租用软件工具或应用程序，保证现有员工和新进员工共同完成项目。
- 外包。由软件公司或咨询公司负责项目的全部或部分。
- 利用咨询公司。利用现有员工进行项目培训和实施。

14.6.1 内部开发：业务内包

第一代电子商务系统开发和社交媒体活动主要是通过自主编程、内部开发和员工反复试验实现的，被广泛称为**业务内包**（insourcing）。

尽管内部开发耗费时间，成本也高，但这种方式开发出来的电子商务应用程序或许最能够满足企业的战略目标和愿景，并能够获取差异化的竞争优势。然而，商务应用的内部开发时间长且费用高。不仅如此，系统维护与升级在未来有时需要更高的成本。

有时业务内包是合适的选择，但可能需要增加工作人员。许多公司认识到，在实施这些类型的项目时需要更多的专业知识，因此它们会聘请具有相关经验的员工，以满足这种人才需求。此外，公司会确定是否需要聘请额外的人员或更高级别的人员来运营项目。

14.6.2 借助应用程序或工具进行内包

有了大量可用的软件应用程序，企业可以很容易地选择满足其确切需求的软件工具、工具套件或服务包。这些解决方案具有明显的优势，易于执行和使用，通常报价较低，还可以进行定制。这些工具中有许多是为公司现有人员设计的。虽然有许多好处，但也有不足。

软件解决方案的优缺点

下面是购买现成电子商务系统的主要优势：

- 有很多不同类型的软件包可供挑选；
- 与内部开发相比省时省钱；
- 现有的员工可以对系统进行管理；
- 企业不需要雇用专职程序员；
- 企业在投资之前就可以了解到系统具备的功能；
- 企业不是第一个，也不是唯一的用户；
- 由供应商负责系统更新，用户几乎没有任何费用。

当然，这种方法也有一些不足：

- 软件和服务可能不能完全满足企业的需求；
- 这种方法的成本高；
- 针对具体行业或者垂直市场的软件可能无法获得；
- 软件不容易修改，或者需要调整企业的业务流程；
- 企业可能会无法控制软件的更新和升级；
- 与现有的软件系统融合困难；
- 供应商可能会停产此产品或者不再经营此类业务（风险因素）。

14.6.3 电子商务系统开发和外包

有些企业可能会选择对电子商务项目的开发和实施部分进行外包。一般来说，外包项目完成质量高，周期短，但是通常价格更昂贵，而且有可能与现有的业务流程和企业文化无法融合。

项目外包的类型

目前典型的外包解决方案包括：

- 构建和执行电子商务解决方案，包括填充系统目录/数据库以及集成所需的第三方系统。这种类型的外包通常由软件公司或系统集成商执行。
- 发起和维护社交媒体活动，包括特定的广告活动以及日常互动。这种类型的外包通常由市场营销或广告代理公司执行。
- 网站开发，包括对电子商务或社交媒体活动的整合。这类外包通常由网站开发公司或媒体公司进行，也可以由系统集成商或营销机构进行。
- 开发移动应用程序，包括这些应用程序与电子商务或社交媒体功能的集成。这种类型的外包通常由软件开发公司或营销公司执行。

应用案例 14-4　　你会在网上开发应用程序吗

存在的问题

许多企业意识到了开发集成现有电子商务系统和社交媒体活动的移动应用程序的好处。有的企业将应用程序视为吸引新的潜在客户的一种方式。初创企业可能将应用程序视为主要的收入模式。开发移动应用程序通常被认为是程序员的工作，为 iOS 或安卓操作系统设计开发特定的软件工具。尽管许多企业或个人都可以使用应用程序，但对于那些不愿意或无法掌握必要技术（或无法支付所需费用）的人，是无法利用这些应用程序开展相关业务的。

解决方案

有几家公司推出了一些解决方案，可以为个人和企业定制开发应用程序，但不需要使用特定的软件开发工具（也不需要掌握重要的技能）。这些公司允许使用基于 Web 的界面开发应用程序，其中包含各种预先构建的功能。大多数开发的应用程序支持多个操作系统，通常包括 iOS 和安卓系统。

Appypie

Appypie（appypie.com）可以利用基于网络的开发平台创建各种应用程序。应用程序可以从功能和设计的角度开发。此外，有许多预先构建的应用程序模板可供选择，用于不同的用途和垂直市场。该系统允许用户自定义应用程序中的大多数功能，并创建适合该功能的界面。除了应用程序，手机游戏也可以开发。Appypie 可以为 iOS、安卓、黑莓、Windows Phone 和 FireOS 平台开发应用程序。

Appypie 有几种不同的定价模式，包括按月收费、按年收费以及按使用时间收费。费用的多少与 Appypie 公司所提供的服务有关。有的程序是免费的，但带有广告，其他付费的程序中则不会插入任何广告、白色标签以及其他的营销服务。没有升级到付费计划的免费应用程序将在一年后被删除。

buildfire.com、ibuildapp.com 和 theappbuilder.com 等也提供类似的服务。

详情请浏览 websitetooltester.com/en/blog/app-makers。

资料来源：Angeles (2016a)。

思考题

1. 通过使用移动应用程序，企业可以获得哪些好处？
2. 为什么小型企业对移动应用程序的使用受到限制？
3. 针对此类服务的特点展开调查并就调查的结果进行讨论。你会在网上开发应用程序吗？

14.6.4 开发方案的筛选

在选择合理的开发方案之前,企业需要考虑如下一些因素:

- 客户。目标客户是谁?他们的需求是什么?应当采用哪种市场营销策略以便推销网店和吸引顾客?如何提升客户的忠诚度?如何接触客户并使他们感到愉悦并成为回头客?他们经常使用哪些社交媒体网络?
- 商品。在线销售什么样的产品和服务?是卖软件产品(数字化产品)还是硬件产品?软件产品是否可以下载?
- 销售服务。客户是否可以在线下单?如何下单?如何进行网上支付?顾客是否可以检查订单状态?顾客问题如何解决?产品是否有三包协议?退款的程序是什么?客户希望通过电子邮件、信息或社交媒体进行沟通吗?
- 促销。如何促销产品和服务?网站如何吸引顾客?是否有优惠券、厂家折扣或数量折扣?是否可以交叉销售?会使用病毒式营销吗?需要什么类型的媒体?
- 交易处理。交易是否可以实时处理?税收、运费和手续费以及货款如何处理?网站可提供的运输方式有哪些?网站可以接受哪些付款方式?网站如何管理订单实施?
- 市场营销数据和分析。网站将收集诸如销售、客户数据以及广告趋势中的哪些信息?在未来的市场营销中,网站将如何使用上述数据?如何保证信息的安全?如何评估社交媒体活动?如何评估客户间的互动?
- 品牌。网店应该突出什么样的形象?在竞争中,网店应该如何做才能与众不同?

初始的需求列表应当尽可能全面。最好是通过目标客户群的讨论或者向潜在客户调查来确定需求明细。这样就可以在客户偏好的基础上,对需求明细进行优先排序。

关于电子商务系统内包与外包的比较,请浏览 practicalecommerce.com/articles/3705- Outsourcing-v-Hiring-In-house-Pros-and-Cons;关于社交媒体决策,请浏览 smartinsights.com/ managing-digital-marketing/resourcing-digital-marketing/insourcing-outsourcing-digital-marketing。

本节习题

1. 电子商务和社交媒体项目开发主要有哪些方案?
2. 什么是业务内包?
3. 使用电子商务开发软件有哪些利弊?
4. 使用业务外包有哪些利弊?
5. 使用模板或者开发应用程序开发系统有哪些优势和不足?
6. 筛选电子商务或社交媒体项目时有哪些标准?

14.7 电子商务和社交媒体的机遇与风险

电子商务已经存在了20多年,社交媒体也存在了10多年,这让人们可以研究某些电子商务项目和社交媒体项目成功或失败的一些模式。通过仔细研究这些模式,人们能发现未来的机会,也能规避前进道路上的风险。要确保电子商务项目的成功并不容易,阿尔迪超市就是一个例子(见应用案例14-1)。

14.7.1 电子商务和社交媒体项目成功的决定因素

之前讨论过的电子商务的经济活动,对一些行业的影响要超过其他行业。电子商务是否成功,主要取决于行业、卖家和买家以及销售的产品。进一步地,卖家为买家创造经济价值的能力大小也将决定电子商务成功与否。当决定在线销售商品或者借助社交媒体开展营销活动时,仔细研究决定这些项目成败的主要因素,将有利于评估电子商务成功的机会。

决定电子商务成败有四种因素,分别是产品、行业、卖家和消费者特征。

1. 电子商务和社交媒体活动的失误

通过仔细回顾此前创新的经济历程,我们就不会对电子商务和社交媒体方案的失败而感到惊讶了。三个经济现象可以对此做出解释。

B2C 电子商务失败的一些具体原因包括:盈利能力差、风险过高、客户购买成本太高、性能较差以及网站设计过于死板。另外的两个财务原因是缺乏资金来源和正确的盈利模式。对于社交媒体的使用,失败的具体原因则包括:成本效益比高、活动计划不周损害了公司的声誉、不恰当的互动降低了客户忠诚度以及严重的失误被广为传播。

2. 电子商务与社会营销的有效性

所有企业需要长期关注的问题是营销活动的有效性,从而确保它们投入的资金能有所回报。企业需要确定它们可以从广告中获得的回报率,以确保它们能充分利用可用资金,并获得盈利。这在电子商务领域尤其重要,因为竞争非常激烈,而且网上还可能存在营销欺诈。除了观察电子商务活动的整体效果外,企业还需要警惕竞争对手的欺诈行为,这些竞争对手很可能会抢走它们的生意,具体表现在广告转化率和页面浏览量的下降。

实际案例　影响盈利能力的因素:虚假广告

欺诈性和误导性的广告是电子商务面临的一个重要问题。2016 年谷歌从其平台上删除了 17 亿多条虚假广告。虚假广告的目的是在产品的特性上误导消费者,或者是直接进行欺诈,促使消费者购买不存在的产品或服务。谷歌采取多项措施确保其平台上不存在此类广告。对于合法的企业来说,虚假广告分散用户的注意力,带来更多竞争,造成市场混乱,最终可能降低客户对电子商务的信心。所有这些都会对合法企业获得的关注度和销售额产生负面影响。

实际案例　影响盈利能力的因素:虚假评论

同虚假广告一样,虚假评论也是网络中的一大问题。虚假评论会以两种不同的方式损害企业的利益。首先,虚假评论针对的可能是企业的合法产品,但其内容可能是负面的,这可能会损害产品的形象。其次,虚假评论针对的可能是竞争对手的产品,但评论的内容非常正面,这样就会减少合法产品的销量。虚假评论损害了客户对其他用户反馈内容的信任。就像虚假广告一样,不同的平台都在努力采取措施,以确保尽快识别和删除虚假评论。亚马逊曾多次成功识别并删除虚假评论,有关的方法消费者可以加以借鉴从而进行自我保护(请浏览 laptops.reviewed.com/news/here-what-you-need-to-know-about-fake-Amazon-reviews)。

14.7.2 成功的电子商务和社交媒体活动

尽管很多电子商务初创公司和电子商务项目失败了,电子商务仍富有活力,继续高速发展。而社交媒体已经克服了最初的尴尬和不受重视,开始成为企业发布广告的重要方式。

电子商务成功的例子多出现于专业市场或细分市场。Puritan Pride（puritan.com）是其中的一个典型，该公司是一家成功的销售维生素和保健品的商店。另一家成功的公司是 GrubHub（grubhub.com），该公司提供在线订购外卖食品服务。以 Expedia 为代表的旅游网站也都有优异的表现。

社交媒体活动的成功案例在小企业和大品牌中也很普遍。小企业有效利用社交媒体的例子是 Dollar Shave Club 在 Twitter 上发起的 #RaozorBurn 活动。而大企业成功开展社交媒体活动的例子是普华永道利用 Snapchat 跟踪 2016 年奥斯卡的投票情况（请浏览 cio.com/article/3062615/socialnetworking/ten-top-social-media-marketing-success-stories.html）。

若要比较这些或那些欣欣向荣的网络公司如何将旧经济中的关键成功要素转化为成功的电子商务，可查看表 14-4。Priceline、Netflix、亚马逊、Facebook 和谷歌等电子商务公司，正在成长为各自行业的领军企业，使得这些公司的股东变得非常富有。

表 14-4　成功的关键因素：传统经济和电子商务

传统经济成功的关键因素	电子商务成功的关键因素
纵向一体化或 DIY	与合作伙伴和盟友合作；保持核心竞争力
提供高附加值产品	在高附加值产品以外还提供高附加值服务
争取较大市场份额以获得规模经济	优化业务规模和业务范围；关注规模定制
仔细分析以避免错误	为避免被排除在外而积极推进；采用主动策略
成功利用有形资产	充分利用无形资产、能力和关系——激活闲置资产
在产品销售上展开竞争	在控制市场准入和建立客户关系方面竞争；与其他网站竞争

以下是电子商务和社交媒体活动成功的一些原因，以及电子商务专家和顾问就如何在电子商务领域获得成功而给出的建议。

电子商务和社交媒体活动的成功策略

- 成千上万家实体企业增加了在线营销和采购渠道，这为公司带来了巨大成功。
- 电子商务交易要取得成功，就必须为所有参与者创造价值，如阿里巴巴。
- 考虑到运输及处理的成本，电子商务中的定价问题继续成为卖家的一个挑战。卖家和做市商往往看到潜在的利润，却忽视这样一个事实：只有在电商平台中的产品存在价格优势或多样性优势时，买家才会购买。例如，戴尔、新蛋等网络零售商都提供了免运费服务。
- 新技术能够推进电子商务的成功。例如，射频识别技术具有改善供应链的巨大潜力。然而，只有在电子商务基础设施和应用方面投入大量资金，才能发挥它的潜力。
- 数字合作伙伴关系可以推动企业获得成功。
- 参与的社交媒体活动必须是真实的。
- 活动必须是令人难忘和有趣的，这样才能获得更多的关注或被广泛传播。

成功电子商务和社交媒体活动的其他要素。一些专家和顾问给出了成功的电子商务所需要的其他关键因素。几项研究发现，影响电子商务和社交媒体活动成功的因素包括：

- 有效的营销和广告管理；
- 方便用户使用的网站；
- 构建与客户的紧密联系；
- 与客户开诚布公地沟通；
- 通过客户喜欢的平台与客户进行互动；
- 合理的供应链管理和订单实施；

- 对内和对外信息系统的整合；
- 适当的商务模式（包括盈利模式）；
- 有效并充足的基础设施；
- 组织文化要逐渐适应电子商务和社交商务的开展；
- 明确使用社交媒体的目标和原则；
- 数字业务团队的有效领导。

对于任何的电子商务和社交媒体业务，我们都很难保证成功，失败的概率仍然较高。然而，如果公司能从过去的失败中汲取教训，并遵循专家和研究者的指导，它们就能极大地提高成功的机会。

14.7.3　文化差异与电子商务和社交媒体活动的成败

这里，我们提出文化差异问题的目的是提醒企业在开展全球业务的时候必须采取适当的策略。

电子商务和社交媒体的一个重要作用是使得企业可以接触到全球的消费者和供应商。然而，企业必须认识到存在的文化差异问题并采取相应的措施。不同的文化对相同的在线广告中的内容也会有不同的解读。鉴于这些差异，交易成本（包括协调成本）在不同的消费者群体中是不同的。

本节习题

1. 电子商务活动相较于传统商务活动有哪些特征？
2. 社交媒体活动相较于传统的广告有哪些特征？
3. 为什么电子商务和社交媒体活动的失败并不令人惊讶？请列出其中的三个原因。
4. 电子商务和社交媒体活动成功的原因有哪些？
5. 电子商务和社交媒体与文化差异有什么关系？

管理问题

1. **对于一个组织来说，电子商务和社交媒体的战略价值是什么？** 管理层应该了解电子商务和社交媒体如何改善营销活动，如何提升客户服务和销售，如何改善供应链和采购流程。更重要的是，管理层把这些项目看作是一种策略而不仅仅是一种先进技术的时候，电子商务和社交媒体就会发挥出最大的潜能。管理层必须制定电子商务和社交媒体项目的主要目标，例如开拓新市场，降低成本，提升客户服务水平。

2. **我们为什么需要一个电子商务和社交媒体项目规划流程？** 战略规划既是一个文件更是一个过程。美国前总统艾森豪威尔曾经说过："规划本身不重要，规划的过程最重要。"参与规划的人员包括管理者、员工、业务伙伴以及其他利益相关者，他们不仅要制定出一个能够引导企业未来发展的规划，还要使各方为规划的执行付出努力。这也适用于电子商务规划。规划过程和规划本身一样重要。

3. **怎样把电子商务或社交媒体活动与商业目标及考核标准联系起来？** 企业首先必须选择目标以及设计合理的考核标准来衡量预定的目标和实际的业绩。公司必须认真执行目标和考核标准，因为考核标准可能会使员工的行为与既定的目标相背离。如果使用的是定性指标，企业必须小心，必须确保指标的有效性。平衡计分卡是一种比较流行的机制，被广泛用来制定目标，建立考核机制。电子商务和社交媒体计划需要弄清这些项目在达到平衡计分卡考核机制目标中的作用。

4. **如何在全球范围内开展电子商务和社交媒体活动？** 对于各种类型的企业，利用电子商务和社交媒体开展全球业务是它们想要采用的策略，但是很难实现。特别是在经营规模扩大，或者是缺乏重要资源的中小企业。公司需要识别、理解并处理全球化中的障碍，如文化、语言以及法律障碍，还有与客户和供应商之间的沟通。开展电子商务需要采用本土化策略。

5. **小企业如何保持竞争优势？** 电子商务和社交媒体都为小企业提供了一些机会，使它们能够保持对大公司的竞争力。这两项技术都能够创造公平的竞争环境。小企业需要对电子商务和社交媒体进行分析研究，以确定是否需要或者如何利用它们保持企业在全球以及当地的竞争力。

6. **为保证电子商务和社交媒体项目的成功实施，我们应如何做好规划？** 实施电子商务和社交媒体项目可能是一项复杂的任务。为了确保在预定的时间和预算内达到预定的目标，可能需要进行详尽的规划。项目实施存在许多不同的策略，包括内包、外包以及软件工具和服务的使用。

本章小结

1. **战略概念和竞争**。运作电子商务和社交媒体项目需要制定战略。企业战略规划的过程有五个主要阶段：战略准备、战略制定、战略实施、战略评价和战略改进。战略管理的主要工具包括战略地图、SWOT分析、竞争对手分析、场景规划和商业计划等。

2. **电子商务和社交媒体项目论证的必要性**。与其他投资一样，电子商务和社交媒体投资（除非是非常小的投资）也需要论证。缺乏论证或论证错误导致了许多初创电子商务公司倒闭。论证的最简单形式是核算收益扣掉成本后的余额。通过定义绩效，比较实际绩效与计划的绩效指标以及与组织目标相关的KPI，进行论证分析。

3. **电子商务和社交媒体全球化的问题**。利用电子商务或者社交媒体可以很快地推行全球化，而且投入很少。然而，电子商务全球化在文化、政府管理、地理、法律、经济等方面面临着很多问题。

4. **电子商务和社交媒体项目成败的原因**。产品、行业、卖家和消费者的不同特点要求使用不同的衡量指标。随着越来越多的人在全球范围内接入网络，电子商务经济和社交媒体经济在支持卖家和买家方面将发挥关键作用。一些电子商务项目的失败源于有问题的网站设计、缺乏稳定的资金来源以及脆弱的盈利模式。社交媒体项目的失败则是源于较高的成本收益比率、活动计划不周导致企业名誉受损、不恰当的互动导致客户忠诚度的下降、重大失误被广泛传播等。成功的电子商务源于对公司熟悉的战略的提升，如品牌推广、产品衍生、信任建设，以及为所有交易伙伴创造价值——通过丰富人类对综合、及时信息的体验实现。成功的社交媒体活动则源于周密的计划、详细的程序和对客户需求的深入研究。

5. **中小企业和电子商务及社交媒体**。在电子商务大环境下，创新型的小企业拥有许多机会，即能以较少的成本来使用电子商务和社交媒体，并快速地扩张。充满商机的市场给中小企业获得成功提供了最佳的机会。大量可获得的基于网络的资源也有助于中小企业的成功。

6. **实施电子商务和社交媒体活动的重要组成部分**。四个主要的组成部分是：论证和经济分析（成本－收益分析）、购置或开发电子商务系统、组织准备和业绩（必要的业务重构和培训等）保证以及培育必要的成功要素同时避免失败的因素。

7. **电子商务和社交媒体项目开发的主要策略以及各自优缺点**。电子商务应用程序与社交媒体系统不是一蹴而就的。相反，企业需要购入软件系统或服务并进行定制以满足特定的需要，或者将开发活动外包给第三方。包括社交软件在内的新一代Web工具使得更多的用户能自行开发网站。

关键术语

cost–benefit analysis：成本收益分析
cost-plus：成本加成法
e-Commerce risk：电子商务风险
insourcing：业务内包
key performance indicators（KPI）：关键绩效指标
outsourcing：外包
project champion：项目主管
strategy：战略

strategy assessment：战略评价
strategy formulation：战略制定
strategy implementation：战略实施
strategy initiation：战略准备
web analytics：网络分析技术

讨论题

1. 如果一家小企业想要开发电子商务或社交媒体项目，它如何识别自己的竞争对手？
2. 搜集一些中小企业开展电子商务经营的成功案例，并且指出它们成功的共同之处。
3. 电子商务企业为什么要把战略规划看成是一个循环过程？
4. 假设你所在地的政府正在考虑创建一个在线车辆注册系统。开发一套电子商务指标体系并讨论这些指标与现有的人工系统指标的差异。
5. 假设你所在地的政府正在考虑开展一场社交媒体活动，以减少非法药物的使用。开发一套社交媒体指标体系，使用的是定量指标、定性指标，还是两者兼而有之？为什么？
6. 登录business.com，找出关于ROI分析的材料。讨论ROI是如何用于商业案例的。
7. 一位手工业者正在经营一家制作木质乐器的小企业，该小企业位于美国的一个小镇。该企业主正在考虑使用社交媒体提高企业在国内以及全球的市场知名度。该企业主应该如何利用社交媒体使产品对客户更有吸引力？
8. 在全球范围内开展电子商务销售实体产品有哪些优点和缺点？
9. 在全球范围内开展社交媒体活动有哪些优点和缺点？
10. 搜集一些中小企业开展社交媒体活动的成功案例，并且指出它们成功的共同之处。
11. 向linkedin.com和answers.yahoo.com提交三个有关中小企业电子商务和社交媒体战略的问题，并就此进行总结。
12. 登录网站youtu.be/6alaVZB_Rk8，观看视频"国际营销人员面临的最大挑战"（The Biggest Challenges for International Marketers），并讨论如何使用社交媒体来解决这些问题。
13. 如果没有像Borderfree那样的公司的帮助，从事全球电子商务的公司如何解决支付、物流等方面的每一个挑战？

课堂论辩

1. 一家航空公司在网上提供各种旅行服务，包括酒店、租车和度假等遍及全球的服务。该航空公司的在线业务是否应该独立出来？为什么？
2. 在股市中电子商务和社交商务企业落差巨大，有的资本充裕（如谷歌、LinkedIn），有的资本欠缺（如Groupon、Zynga）。查阅2015～2017年公司上市的信息，试着阐述其中的成功要素并写成报告。
3. 一家小企业已经在网络上取得了一定的成功，作为管理者，你正在考虑在全球范围内开展业务。在做出此战略决策时你将重点考虑哪些问题？
4. 电子商务和社交媒体的优势是否会影响我们评估行业的吸引力？请为纯网络经营行业制定新的评价标准。
5. 如果一家实体经营的企业想要将线上、线下业务整合在一起，会面临哪些挑战？
6. Facebook和Twitter实施了哪七项经营战略？（请浏览socialmediatoday.com/Christinegallagher/165536/top-7-facebook-and-twitter-strategies）试评价。
7. 亚马逊是否是eBay最大的竞争者？沃尔玛呢？阿里巴巴呢？
8. 小型企业在电子商务或社交媒体营销方面所需的技术是否落后于大型企业？为什么？

网络实践

1. 调查几家线上旅游代理公司（如travelocity.com、orbitz.com、cheaptickets.com、priceline.com、expedia.com、hotwire.com等），比较其中三家公司的经营战略。它们是如何与实体旅游代理公司展开竞争的？
2. 登录digitalenterprise.org/metrics/metrics.html。阅

读有关网络分析技术的资料，并撰写一份关于网络分析技术在广告效果评价方面的使用的报告。
3. 登录 salesforce.com/form/roi，注册并下载免费的投资回报率工具包。总结一个案例研究，查看两个演示。写出一份报告。
4. 亚马逊是全球化程度较高的公司之一。搜集一些它的全球化战略和案例，你能学到哪些有用的知识？
5. 请浏览 business.com/starting-a-business/tech-toolkit-for-startups，寻找一些小企业可以获得的电子商务机会。同时，登录你所在区域的中小企业管理网站。总结最近出现的中小企业开展电子商务的相关问题。
6. 请浏览 https://hootsuite.com/resources/toolkit/social-media-planning-toolkit-2016 并下载企业的计划文件。小型企业在制定社交媒体策略时会面临哪些困难？
7. 调研中小企业及其利用网络开展电子商务、社交媒体营销的情况，登录诸如 microsoft businesshub.com 和 uschamber.com 等网站，也可以登录 google.com 或者 bing.com，并输入"小型企业＋电子商务＋社交媒体"。根据你的调查结果撰写一份关于当前小型企业开展电子商务和社交媒体活动问题的报告。
8. 登录 baselinemag.com，找到免费的 ROI 分析工具。下载你所选择的一个工具，识别其中的主要分量。撰写一份报告。
9. 请阅读 socialmediaexaminer.com/10-metrics-to-track-for-social-media-success 和 cio.com/article/2901047/social-media/12-standout-social-media-success-stories.html 上的文章。找出可能影响社交媒体活动成功的因素，并撰写一份报告。

团队合作

1. 请阅读本章的导入案例，并回答下列问题：
   a. Telstra 为什么要使用计算器进行项目论证？
   b. 为什么使用计算器进行项目论证时要考虑员工和社会的收益？
   c. 案例中是如何使用净现值法进行项目论证的（提示：investopedia.com/terms/n/npv.asp）？
   d. 公司如何利用社交媒体吸引顾客？这会使它更具竞争力吗？
2. 解释电子商务的商业价值。每个成员进入一个不同的网站（如 nicholasgcarr.com、baselinemag.com、strassmann.com 等）。就问题、价值和发展趋势进行陈述。
3. 安排三个小组分别代表一家线上线下同时经营的公司的三个部门：（1）负责线下经营的部门；（2）负责线上经营的部门；（3）高层管理。每个小组的成员分别代表各个部门里不同的岗位。三个小组将负责一个特定行业的电子商务战略的制定（这三个小组共同组成某个行业的一个公司）。各个小组将向全班同学展示他们的战略。
4. 班级准备在 Facebook 上开一家商店。你可以使用 ecwid.com 或者 bigcommerce.com 上的应用软件。分配一些成员扮演买家角色，另一部分扮演卖家角色。根据体验撰写一份报告。
5. 使用网站生成器应用程序创建一个免费的网站。撰写一篇报告，讨论你所建的网站以及使用的网站生成器。
6. 每个小组都搜集关于全球电子商务和社交媒体问题的最新信息（如文化、行政管理、地理、经济等方面问题）。此外，分析李维斯等主要的零售商是如何在其网站和 Facebook 上向当地消费者提供不同的内容的。每个小组根据调查结果撰写一份报告。
7. 比较雅虎、微软和 Web.com 等公司在电子商务领域为中小企业所提供的服务。每个小组成员负责一家公司，并进行展示。
8. 对主题"社交世界的全球化"展开调研，发现存在的问题，了解具体的实践，并撰写一份报告。
9. 登录 youtube.com/watch?v=qh1drAg1jdg，观看视频"高德纳炒作周期"（Gartner Hype Cycle）。总结要点，完成视频中的作业。

章末案例

B2C 巨头之战

亚马逊被誉为美国"网上零售之王"，它享有这一称号已有多年。尽管许多人认为，亚马逊的不断创新将确保它在短期内仍保持这一头衔，但竞争对手的崛起已使亚马逊的地位岌岌可危。

领军者：亚马逊

由于亚马逊较早进入网上图书销售领域，因此它在网络零售方面享有先发优势。该公司迅速扩张，业务范围拓展到零售、电子、媒体和食品杂货等各个领域。公司也开始关注 B2B 项目。公司拥有创新的文化，不断推出新的产品、服务，创新业务流程，使客户从中受益。该公司主要的战略优势包括：设计良好的用户界面、种类繁多的产品和高效的物流系统。

竞争对手：沃尔玛

在美国，如果说亚马逊是网上零售之王，那么沃尔玛就是"零售之王"。沃尔玛无处不在，其品牌和零售门店遍布全美。这是一家成立于美国但在国际上也很活跃的折扣店。2016 年，它是全球收入最高的公司，也是全球最大的私营企业。2015 年，它是美国利润最高的零售商。它在 28 个国家拥有 11 000 多家门店。

尽管拥有如此庞大的基础设施，但沃尔玛进军在线市场的速度一直低于高管们的预期。该公司最初一直在解决渠道问题，因为担心网上店铺与实体店铺之间的竞争。该公司还发现了物流问题，根据有关报告，这些问题将在 2016 年大部分得到纠正。随着 2016 年第三季度末在线销售增长 11.8%，该公司的电子商务发展再次被点燃。

该公司希望凭借其品牌认知度、物流系统（专门为 Site2Store 交易模式开发的系统）和采购能力，在网上，特别是与亚马逊的竞争中，变得更具竞争力。该公司打算继续分析消费者期望的功能，并将其整合到产品中。开发移动应用程序也是该公司的具体目标。沃尔玛希望 2017 年能继续从亚马逊和其他零售商那里夺取市场份额。

竞争对手：阿里巴巴

阿里巴巴集团是一家专注于 B2C 和 B2B 业务的电子商务公司，总部位于中国。该公司在中国非常成功，已开始在全球范围内开展业务。它最初的主要战略是将中国制造商与全球买家联系起来。从那时起，该公司在中国开始进入 B2C 领域，并计划在全球开展类似的活动。该公司于 2014 年在美国首次公开募股，融资 250 亿美元，堪称历史之最。

阿里巴巴希望凭借其规模和产品选择，开始与全球其他零售商竞争。这与其当下的"产品和零售商中介"经营战略相背离（请浏览 advisoryhq.com/articles/alibaba-vs-amazon）。由于商务模式的重大调整，阿里巴巴与亚马逊这样的公司直接竞争将是一个挑战。该公司希望能够借助其庞大的产品目录以及在中国的经验来开拓这一新市场。

市场现状

美国 B2C 零售业的竞争日趋激烈。新进入者和竞争对手的再次崛起正在撼动亚马逊美国电子零售业领头羊的地位。希望与亚马逊竞争的公司必须专注于自己的核心能力，以及如何利用这些能力创造竞争优势。该市场所需的能力包括面向客户的界面和应用程序、产品多样性和物流效率。尽管沃尔玛和阿里巴巴目前都无法在这三个领域与亚马逊展开竞争，但它们都有可能至少利用现有业务中的一项，在美国市场获得立足之地。只有时间才能告诉我们这场巨头之战的结果，但无论结果如何，它最终将为客户带来更优惠的价格和更优质的服务。

思考题

1. 为什么亚马逊是美国 B2C 零售业的领军者？
2. 沃尔玛能够与亚马逊抗衡的核心竞争力是什么？
3. 阿里巴巴能够与亚马逊抗衡的核心竞争力是什么？
4. 为了确保在与沃尔玛和阿里巴巴的竞争中保持竞争优势，亚马逊应该采取哪些措施？
5. 为什么在阿里巴巴与亚马逊竞争的计划中，商务模式的改变如此重要？
6. 为什么沃尔玛拥有能与亚马逊竞争的物流基础设施？
7. 为什么这三大巨头之间的竞争会让美国消费者受益？

第 15 章

电子商务的监管、道德及社会环境

学习目标

1. 了解电子商务法律和道德问题的基础；
2. 描述知识产权法并了解其裁决；
3. 解释隐私和言论自由及其面对的挑战；
4. 描述网络虚假内容的类型以及应对措施；
5. 描述有关电子商务的社会问题，尤其是失业问题；
6. 描述绿色电子商务和信息技术；
7. 描述电子商务的前景。

导入案例

虚假新闻：美国得克萨斯州奥斯汀市的一场灾难

在 2016 年 11 月 9 日至 11 日的三天时间里，无意中产生的虚假新闻在网络上迅速传播开来。

事件起因

11 月 9 日，得克萨斯州奥斯汀市的一位名为塔克的男子发布了一条推文，内容是"公共汽车送来受雇的抗议者，举行反对当选总统特朗普的示威活动"。塔克在自己的城市从报纸上看到了反对特朗普的示威活动的消息。当天一早，当他在奥斯汀市中心看到罕见数量的公交车时，他认为这与示威活动有关。因此，他拍下了公交车的照片，回到家后，他在 Twitter 上发布了这些照片，并解释了他看到的情况。事实是，当时并没有满载受雇抗议者的公共汽车。这些罕见数量的公交车是由 Tableau Software 租用的，目的是把与会者带到公司的会场。

事件被疯传

这条虚假新闻迅速走红。塔克在 Twitter 上有 40 名粉丝。然而，短短几个小时，这条推文在 Twitter 和 Facebook 上分别被分享了 16 000 次和 350 000 次。显然，速度取代了真相。

几个小时后，这条推文也被发布到"特朗普的 Reddit 社区"。社区成员前去查看，发现公交车停在离奥斯汀抗议者只有几个街区远的地方。因此，成员们又进一步传播虚假新闻。一些人甚至暗示，是自由主义者、亿万富翁乔治·索罗斯雇用的公交车和示威者。不到 15 个小时，这个故事就传遍了整个网络。又过了几个小时，公交公司否认了此事。然而，此时，这个消息像野火一样蔓延开来。此外，塔克也承认，他只是猜测公交车上有示威者，而实际上他没有亲眼看到。但真相也来得太晚了。

不过，塔克又重申，公交车与示威者的距离非常近。

24个小时之内,一个保守派的博客发表了这篇推文,还加上了索罗斯的投资传奇故事。整个保守派的博客圈都在继续传播这一事件。这个故事被夸大为"目击者眼中的事件真相"。

事件进展

24个小时内,当选总统特朗普在Twitter上说,"被媒体煽动的专业抗议者抗议选举结果"是不公平的。这条推文激怒了塔克,他决定不删除自己的推文。

第二天早上,Tableau Software和包括当地电视台在内的其他公司纷纷予以否认。然而,这条推文又被转发和评论了数千次。

虚假谣言比真相传播得更快

在最后一次否认之后的几个小时内,塔克决定删除他的信息。他贴出了印有"虚假"字样的原始信息。不幸的是,一周之后,这条消息只有29条转发和27个赞。在15.5节中,我们将讨论这种现象。

案例启示

虚假新闻是虚假内容现象的一个方面。从这个案例我们了解到,虚假新闻也可以在无意中产生,并且可以通过网络上的多个渠道迅速传播。虚假内容和产品成为网络上的一个主要问题。在最后一章中,我们还将讨论与电子商务相关的其他问题,包括道德、隐私、知识产权和盗版、法律问题、有关网络的公共政策以及社会影响。本章最后将介绍电子商务的发展前景。

15.1 道德挑战和指导原则

道德(ethics)指的关于人如何指导自我的一套道德原则或准则,它规定该由社会来断定善与恶,对与错。在电子商务实施过程中,必须面对的道德挑战有隐私权、所有权、控制权和安全等问题。

15.1.1 道德原则和指引

法律体现了道德原则,但法律不等于道德。一般被认为属于不道德的行为不一定是违法的。对朋友说谎可能是不道德的,但并不违法。相反,法律不是所有道德准则的合集,法律也不囊括所有道德准则。

2009年,Facebook在诉讼中败诉就是道德问题的一个实例。

实际案例 用户生成的信息所有权归谁

2009年8月,五名用户对Facebook提出集体诉讼,声称Facebook收集用户信息,在未经许可的情况下,将信息提供给第三方,这违反了隐私法。他们还声称,Facebook在未通知用户的前提下,进行数据挖掘。

Facebook收集数据的目的是出售客户的数据,因为Facebook需要更多收入来源。美国电子隐私信息中心向美国联邦通信委员会投诉,声称Facebook改变用户隐私设置,不给用户选择退出选项,导致用户的信息公开化。Facebook被认为侵犯了用户的隐私,并因此修订了规则。Facebook一直不断地修改、调整隐私保护条例,越来越多地让用户决定与公众分享多少信息。

15.1.2 商业道德

商业道德(business ethics)也被称为公司道德或企业道德,是价值观、行为和规则的准则(它们有的已经形成文字,有的还没有形成文字),目的是指导人们如何在商业活动中表现得体。它被用来指导公司的运作。有关执行过程中的注意事项,请浏览企业社会责任组织网站(bsr.org)。

1. 工作中对网络的不当使用问题

由于员工在工作时间上网而造成的时间浪费和生产力损失实际上是非常高的。从总体上看，员工每周花在社交媒体上的时间超过 1 小时，紧随其后的是网络游戏和电子邮件。大多数公司禁止公司网络接入社交网站，例如 Facebook、Twitter 和 LinkedIn 等。2013 年，SFGate 进行的调研结果显示，69% 的员工每天浪费的时间从 30 分钟到几个小时不等。浪费时间最多的四大项目分别是：新闻浏览（37%）、社交网络（37%）、网购（12%）、在线娱乐（11%）（请浏览 salary.com/2014-wasting-time-at-work）。

对网络使用不当问题的处理 一些雇主并没有禁止员工在上班时间使用社交网络，而是采取了以下一些更为温和的措施：允许员工每天可以使用社交网络 1～2 次，要求员工合并社交网络流量，制定清晰的社交网络使用规则，使用整合社交网络的新技术。社交网络使用规则应将雇主的原则清楚地传达给员工，例如，员工每天在工作期间花在社交网络上的时间不能超过 20 分钟等。

2. 对员工行为进行监控是否符合道德规范

谷歌和其他软件应用服务提供商已经开发出了可在企业为员工配置的智能手机上使用的新间谍软件，通过内置的 GPS 定位系统，雇主可以监控员工的行踪。谷歌定位系统使公司能时刻掌握员工的位置。这就涉及一个道德问题：政府部门是否会利用这项新技术实时跟踪个人所处的位置从而侵犯个人隐私？换句话说，从事电子商务的商业人士需要了解道德行为规范和程序。电子商务经营中有两大风险，第一是触犯刑法，第二是引起民事诉讼。以下列出的是规避这些风险的方法：

- 网站是否公布了清晰的运输规则和保证条款？公司是否能落实这些规则和保证？若是在美国，它符合美国联邦贸易委员的规定吗？
- 客户因货物受损、未收到货物或服务而要求退货或退款，网站是否有清晰的退货或退款流程？
- 公司与第三方供应商和供应链合作伙伴达成协议之前是否仔细检查对方的背景？这些协议能否保护公司免受所有可能的风险？
- 是否有足够多的客服人员，他们是否专业、训练有素且能及时处理客户的查询？

15.1.3 电子商务道德和法律问题

与电子商务和互联网相关的众多道德问题都与法律问题有关。这些问题通常分为知识产权、隐私权、言论自由与审查制度以及欺诈防范措施等。

- 知识产权。这是指关于信息和知识财产的所有权和价值。知识产权在网络上极易受到侵犯，从而给权利人带来大量的损失（请参阅 15.2 节）。
- 隐私权。保护用户的网络隐私难度大，因此有的国家对隐私权问题听之任之，而有的国家则严格实施反侵权法案（请参阅 15.3 节）。
- 言论自由与审查制度。网络言论自由可能导致对个人和组织的恶意攻击。因此，一些国家已决定审查网络信息。
- 消费者和商家免于欺诈的保护措施。电子商务的成功依赖于对所有交易和商家实行保护，免受欺诈（请参阅第 1 章内容）。

本书在其他章节也有关于道德问题的讨论：请参阅渠道冲突（第 3 章）、定价冲突（第 3 章）、去中介（第 3、4 章）和信任（第 9 章）。另外两个电子商务道德问题是与工作无关的网络使用和道德规范（请浏览 investopedia.com/terms/c/code-of-ethics.asp）。

1. 其他问题

2015 年,有专家列出了电子商务中的道德问题,包括销售假冒产品(见 15.5 节)、网络可访问性(见 15.6 节)、准确的产品列表(见 15.5 节)以及电子商务最佳实践的使用。

2. 与工作无关的网络使用

上文中提到,大多数员工使用电子邮件并上网做与工作无关的事。使用公司财产(如电脑和网络)发邮件、上网会带来风险且浪费时间。风险大小取决于公司采取措施阻止和发现非法使用的程度。例如,公司对员工以下行为负有责任:使用电子邮件骚扰其他员工、参与非法赌博和传播儿童色情内容。

2016 年,有专家提出,网络干扰是工作效率的头号杀手。

本节习题

1. 请列举七个有关电子商务的道德问题。
2. 请列举道德规范的主要原则。
3. 什么是商业道德?
4. 请举例说明某电子商务活动虽然是不道德的但并不是违法的。
5. 员工是如何过度使用网络的?小公司如何解决这一问题?
6. 对员工行为进行监控会遇到哪些问题?

15.2 知识产权法和版权保护

法律系统面临的任务是在保持社会秩序和保护个体权利方面实现完美的平衡。在这一节,我们将阐述电子商务中的各种知识产权法律法规和相关问题。

15.2.1 电子商务中的知识产权保护

知识产权(intellectual property,IP)指个体创造性劳动的成果,如文学或艺术作品。知识产权可被视为无形资产的所有权,如发明、思想和创造性的劳动。这个法律概念受到专利、版权、商标和商业秘密法的保护,即所谓**知识产权法**(intellectual property law)。

表 15-1 展示了知识产权法所包含的各种具体法律。这些具体的法律相互关联,有的甚至有重复部分。

表 15-1 知识产权法及对知识产权的保护

法律	保护对象
知识产权法	创造性劳动的成果
专利法	发明和发现
版权法	原版作品,如音乐、文学作品、艺术设计和电脑程序
商标法	商标、形象标识等
商业秘密法	专有的商业信息
特许权法	通过授权知识产权所有者可以与他人分享知识产权
针对仿冒和盗版的非公平竞争法	保护企业免受那些非法或不公平手段或他人无法获得的方法以及盗版知识产权的侵害

侵权的常用方法是带上摄像机和具有视频功能的手机到电影院录下电影。海盗眼公司(prateeye.com)能够制作发现、识别任何数字记录的设备,并进行实时远程监控。

一个常见的问题是电子书的非法复制，它不仅损害了作者和出版商的利益，也对我们的文化造成了不利影响。这种情况需要加强国际合作。

1. 侵犯版权和版权保护

为数众多、引人关注的诉讼案件都是与电子商务和网络相关的版权侵犯。**版权**（copyright）是指知识产权的作者或创造者享有以任何方式出版、销售、许可、发行或使用这些作品的独占权。在美国，一旦一项作品以有形形式被创造出来，这项作品便自动受到联邦版权法的保护。版权并不是永久存在的，较好的做法是在作者或创造者死后，版权保护继续持续一个固定年限（如英国规定这一固定年限为50年）。版权到期后，该作品回归公有领域（或可以对公众开放）（请浏览 fairuse.stanford.edu/overview/public-domain 和 thepublicdomain.org）。在许多情况下是企业拥有版权，这样版权可以持续120年，甚至更长。未经允许或未支付版税便使用作品在法律上被称为**侵犯版权**（copyright infringement）。

> **实际案例**
> 一位艺术家在未经允许的情况下出售别人的 Instagram 上的照片，居然赚了9万美元。

2. 文件共享

文件共享是侵犯版权的一种主要的方式。它在20世纪90年代末由于出现了一些提供网络共享服务的企业（如 Napster）而流行起来。海盗湾（请参阅本章的章末案例）是一个文件共享领域的大亨。文件共享让版权持有人每年遭受数十亿美元的损失，对此美国唱片业协会正在反击。

> **实际案例**
> 文件共享是美国唱片业协会的一个主要打击目标，它关闭了热门网站 LimeWire 和 Kazaa。此外，另一个流行的文件共享网站 megaupload.com 也于2012年1月关闭。然而，在2013年1月，该网站更名为 mega.co.nz 重新启动。

3. 非法访问 Torrent、流媒体和各种盗版网站

提供免费视频、音乐、书籍和其他媒体的网站访问量达到数十亿，人们不需要支付正版的版权费用。这种现象被称为盗版，在世界各地都有发生。在一些国家（如拉脱维亚），几乎一半的人口都会访问盗版网站（见本章章末案例、torrentfreak.com 以及新闻类网站）。

4. 侵犯版权的法律问题

2010年11月，美国参议院司法委员会批准了一项有争议的版权强制法案——《打击在线威胁与欺诈法案》（COICA）。该法案使美国执法部门一旦发现某网站以非法传播受版权保护的内容为其提供的主要服务时，不经过审判或辩护便可关闭该网站。问题是，在此法案下，大多数商业网站都可被认定为出版商（甚至出版销售宣传册也可被视为出版商），一旦展开调查很可能造成混乱。

5. 美国唱片业协会与侵权

为保障其权益，美国唱片业协会运用选择性诉讼来扑灭网络上蔓延的盗版之火。美国唱片业协会在2006～2008年期间，为寻找侵权者已经花费了5 800多万美元，所获得的回报却不到140万美元（仅占成本的2%以下）。盗版网站成千上万，打击它们不是一件简单的任务。

有时候对盗版网站的所有者采取法律行动是可以成功的。然而，虽然海盗湾非法网站诉讼案（见章末案例）以囚禁所有者告终，但该网站仍然存在。据称，另一个流行的盗版网站 Kickass Torrents（KAT）的所有者已经被捕，面临20多年的监禁。然而，该网站于2016年年底再次开放。

自2009年以来，诉讼数量一直在下降，原因有很多。Viacom 声称谷歌旗下的 YouTube 对其侵权，对谷歌提起诉讼，要求其赔偿10亿美元。2013年，Viacom最终败诉（上诉法院判决对谷歌有利）。最后，悬而未决的版权侵权案件并不讨人喜欢，因为它们耗时过长，成本极高。娱乐产业积极寻找诉讼之外的其他保护方式，其中一项就是积极寻求美国联邦立法和法院推动实施数字版权管理政策。

全球化 许多媒体盗版发生在美国之外的国家（如俄罗斯、瑞典以及许多发展中国家），因此，正如章末案例所显示的，打击盗版非常困难。

6. 数字版权管理政策

数字版权管理（digital rights management，DRM）是一系列保护流通于互联网或数字媒体的数字版权的手段。这些手段都是基于一定技术的保护措施（通过加密或使用水印）。一般来说，制造者享有这些数字内容的版权。有关详细内容，请浏览eff.org/issues/drm。然而，DRM系统也限制了个人对一些材料的合理使用。在法律上，**合理使用**（fair use）是指在不支付任何费用或版税的情况下，为特定目的（如评价、解说和教学等活动）而限制性使用受版权保护的内容。

7. 专利

根据世界知识产权组织（wipo.org）的定义，**专利**（patent）是指对一项特定发明的专有权，而发明是一种产品或过程，通常它能提供一种新的做事方式或为一个问题提供一种新的技术解决方案。它由国家或政府授予发明者或是被指定接受该发明权的人。专利持有人在某一特定时间内（例如，美国自1995年6月8日以后申请并授权的专利期限为自专利申请日起20年届满，英国同为20年），拥有独占权。专利保护的是创意和设计，而不是具体的实物。

美国一些专利的授予过程与欧洲有一定差异。例如，亚马逊成功地从美国专利当局申请到了"一键下单"和支付流程。持有这一专利后，亚马逊于1999年起诉其竞争对手巴诺书店模仿了其一键下单技术，这导致巴诺书店被法院禁止使用该技术。然而，2006年5月12日，美国专利商标局要求重新审视"一键下单"专利。亚马逊将涉及广泛的专利条款修改为仅仅限于商业活动中购物车模式。2010年3月，修改后的专利申请得到批准。但是尽管如此，Expedia和许多其他网上零售商仍使用类似结账系统（请浏览en.wikipedia.org/wiki/1-Click）。

又如，加拿大i4i公司起诉微软，声称微软侵犯了i4i文字处理软件的专利。微软希望改变标准，这样专利将被视为无效。微软将案件提交到美国最高法院，最终败诉。

甲骨文诉谷歌 甲骨文利用所获得的各项专利积极寻找和起诉侵权者。2012年，甲骨文因谷歌未获授权在安卓系统中使用甲骨文的Java技术（复制Java代码）而与谷歌对簿公堂。审判法院裁定应用程序接口不受版权保护，但上诉法院不同意，认为Java的应用程序接口是受版权保护的软件包，随后它又将案件推给审判法庭，让审判法庭去裁决谷歌的复制是否违反公平使用原则。2014年，甲骨文胜诉。

8. 商标

根据美国专利及商标局，商标是用于表明自己、区别他人而使用的单词、短语、符号或设计。商标用于个人、商业组织或其他法律实体，使消费者认识其独特性，并告知本公司的产品或服务有别于其他企业。虽然联邦注册没有必要，但优点不少：可以告知公众该商标属于注册者，还可给予他们专有使用权（请浏览uspto.gov/trademarks-getting-started/trademark-basics/trademark-patent-or-copyright）。

2008年，eBay在同蒂芙尼（一家著名的珠宝零售公司）的一场诉讼中赢得了里程碑式的胜利。eBay网站上众多商品的广告宣称该产品是蒂芙尼制造的，而实际上是仿制品，对此，珠宝零售商蒂芙尼提起了诉讼。2008年，美国地区法官裁定不能仅仅依据eBay网站上可能存在侵权行为的一般性认识，便认定该公司要对侵权行为负责。

15.2.2 网站知识产权的保护

2015年，法学专家Verbauwhede在一篇文章中指出："公司的网站是促进在线业务和产生销售的有力工具。然而，随着网络商务的发展，其他人很可能会复制你的网站的外观、功能或内容。与此同时，被指控未经授权使用他人的知识资产的风险也会增加。"

Verbauwhede列出了需要保护的各种元素，如电子商务系统、搜索引擎、软件、网站设计、创意内容、数据库、商标保护项目、图形相关项目、保密信息等。

Verbauwhede提议采取以下保护措施：

- 注册商标；
- 注册一个便于用户使用的域名，该域名能体现企业的商标、名称或性质；
- 考虑为在线经营方式申请专利，前提是所在国家提供此类保护；
- 在提供有关保护的国家的版权局，注册公司的网站和受版权保护的内容；
- 采取预防措施避免泄露商业机密。确保与所有可能了解企业机密商业信息的人（如员工、维修承包商、网站主机服务商、互联网供应商）签订保密或不披露协议；
- 购买一份知识产权保险，如果企业需要对侵权者采取强制措施，该保险可以计入企业的法律成本。

Verbauwhede还提出，许多人认为网站上的资料可以免费使用，应该让人们知道网站上的有关内容是受法律保护的，提醒浏览者哪些内容属于企业的知识产权。

- 用商标符号®、TM、SM或其他类似的符号来标记企业的商标是一个很好的方法。同样，也可以使用版权声明符号©，或者单词Copyright或缩写Copr；
- 另一种方法是使用水印，将版权信息嵌入数字内容；
- 提供访问控制和加密保护（第11章）。

本节习题

1. 什么是知识产权法？它是如何帮助制造者和发明者的？
2. 如何界定DRM？说明DRM对隐私的一个潜在影响并指出DRM的一个不足。
3. "合理使用"是什么意思？iPhone的"翻墙"为何属于"合理使用"？
4. 如何界定商标侵权？为什么要避免商标被淡化？

15.3 隐私权、隐私保护和言论自由

隐私对不同的人有不同的含义。一般来说，隐私是一种不被他人打扰的状态，不受他人的关注，有权独处和不受打扰（有关隐私的其他定义，请浏览隐私权信息交流中心的网站privacyrights.org）。在绝大多数国家，隐私很久以来就是涉及法律、道德和社会等领域的一个问题。数字隐私是一个复杂且备受争议的领域。

其中一个问题是，越来越多的人使用在线监控，问题是如何知道谁是监控者，谁是被监控者。

15.3.1 电子商务中的隐私问题

人们对于隐私问题的关注基于以下事实：在使用互联网时，用户被要求提供一些个人数据来获取信息

（如获取优惠券、下载等）。数据和网络挖掘公司接收并收集这些数据。因此，用户隐私被侵犯（请浏览 prezi.com/fgxmaftxrxke/your-data-yourself 并观看 Justyne Cerulli 制作的名为 Your Data，Yourself 的幻灯片）。

隐私权保护是社交商务、电子商务中讨论最多的问题之一，也是常常涉及情感的问题之一。根据 TRUSTe 进行的调查，90% 的网络用户"担心自己的网络隐私"。许多电子商务活动涉及隐私，从 Facebook 的信息收集到射频识别技术的使用。这里我们只探讨电子商务中隐私问题的主要方面。

> **实际案例　谷歌眼镜**
>
> 2013年5月，八名美国立法者对谷歌眼镜（以及其他智能眼镜）心存忧虑，写信询问谷歌计划如何保护用户隐私。另一个类似的例子是，当你在商店或购物中心的时候，它们可以知道你都去了哪些地方。

在这里，我们将探讨与社交网络相关的主要问题。

15.3.2　社交网络正在改变隐私及其保护的局面

当今的年轻人与他们的父辈不同，较少关注隐私。年轻人更喜欢通过博客、图片、社交网络和短信相互联系。他们对于私人信息的态度正发生改变。因此，营销人员获得了为消费者提供更好个性化体验的新机会，而不会侵犯网络用户隐私。

2012年，有专家研究社交网络中的隐私保护问题并得出结论：很少有人关注自己的隐私保护。例如，因曾经在社交网络上发布某个信息，大学生求职被拒；罪犯浏览用户有关休假的帖子，于是算准时间上门盗窃等。

然而，2014年5月，Facebook 宣布添加"匿名登录"的功能，并修改登录程序，允许用户试用应用程序，而不必在 Facebook 上分享个人信息。

1. 信息污染和隐私权

信息污染指的是添加无关紧要、来路不明的信息，可能会引起隐私问题，如传播错误的个人信息。此外，决策者或用户生成数据在使用污染信息时，可能会导致隐私侵犯。

2. 全球视角

不同国家对待互联网隐私的态度是不同的。例如，2009年11月，谷歌因为其街景地图软件受到瑞士的起诉。2012年，瑞士最高法院裁定，谷歌可以用街景技术（现在称为谷歌地图）记录住宅街，但这些图像应设定一些限制（如降低街景摄像头的高度，这样谷歌就不会窥视到花园墙和篱笆）。2013年6月，欧洲最高法院裁定，政府机构不能强迫谷歌删除个人数据的链接。然而，2014年5月，欧洲最高法院又裁定，当被人用谷歌搜索时，人们有权决定什么信息是允许被搜索的。这项裁决适用于28个国家和欧洲所有的搜索引擎（如谷歌、Bing 等）。该裁定并不适用于美国以及其他欧洲以外的任何国家。

15.3.3　隐私权及其保护

如今，虽然美国联邦政府和所有的州（以及其他很多国家）已经确认了人们享有隐私权，但是很少有政府机构真正遵守相应的法规（如以国家安全为借口行不法之事）。原因之一是对隐私权的解释有很大随意性。尽管如此，以下两条原则在美国法院以往的判决中得到较好的遵守：（1）隐私权不是绝对的，必须在隐私与社会需要之间进行权衡；（2）公众"知情权"要高于个人的隐私权。这两条原则显示为什么有时难以决定和实施隐私保护。

美国《联邦贸易委员会法》第 5 条保护了隐私权（请浏览 ftc.gov/newsevents/media-resources/protecting-consumer-privacy）。这些做法扩展到保护消费者隐私，如"不能进行网络跟踪"、保护消费者的财务隐私以及符合美国《儿童网络隐私保护法案》。

2016 年，美国联邦政府起诉苹果公司，迫使该公司允许政府打开一名恐怖分子的加密手机。苹果拒绝合作。在强行进入手机系统后，政府放弃了诉讼。在一个类似的案例中，亚马逊声称 Alexa 的言论受到《第一修正案》的保护，拒绝允许政府打开与谋杀案相关的文件。在谋杀嫌疑人同意之后，亚马逊才提供了这些数据。

1. 选择加入和选择退出

"9·11"之后的反恐行动给隐私问题蒙上了阴影，但是消费者仍然希望他们的数据受到保护。解决这一问题方法之一就是选择加入和选择退出系统。**选择退出**（opt-out）是这样一种商业行为：给消费者权利去选择拒绝共享个人信息，或是避免收到骚扰信息。提供选择退出对消费者来说是一项好的做法，但是有些行业难以使用该方法，要么因为消费者选择退出的需求很低，要么因为消费者信息具有极大的价值。

相反，**选择加入**（opt-in）建立在如下原则的基础上：消费者必须事先确认哪些信息是他们愿意收取的，或允许该公司与第三方分享的。也就是说，除非客户明确允许或要求，否则不会产生信息共享。

请浏览直接营销协会网站（thedma.org），查阅消费者对广告的选择、选择加入和选择退出、隐私和身份盗用等方面的信息和资源。

IBM 认为，成功的网络隐私保护项目应包含以下六个方面：

- 有序地组织起来——形成一个跨职能部门的隐私保护团队来帮助指导隐私权的保护；
- 清晰地界定要求——界定你的隐私项目的具体要求；
- 进行数据清查——列出并分析需要保护的所有数据；
- 选择方法——选择和实施隐私保护的方法；
- 不断地测试——为项目建立一个标准模型，然后在不同的情况下测试模型的有效性；
- 拓展范围——拓展该项目以至涵盖其他所有的具体应用。

有关隐私保护的详情，请浏览 IBM 网站以及国际隐私保护协会网站（iapp.org）。

2. 隐私保护的一些措施

政府机构、团体和一些安全技术公司专门从事隐私保护工作。在美国，代表性的机构有 privacyprotect.org/about-privacyprotection、avg.com 及 frewallguide.com/privacy.htm。

15.3.4 网上言论自由和网上隐私保护

虽然《美国宪法第一修正案》赋予言论自由权，但言论自由权并不是无限度的。言论自由并不意味着任何言论都是自由的。传统法律对言论自由的限制主要涉及诽谤法（包含侵犯隐私权）、儿童色情、攻击性言论和恐怖主义威胁等。例如，在拥挤的剧院大喊"开枪"或者在机场制造炸弹威胁都是非法的，但是法律并不会禁止在公共场所拍照。言论自由经常与隐私保护、儿童保护以及免受无礼行为干扰等相冲突。有关《第一修正案》以及十项未被授予的权利，请浏览 people.howstuffworks.com/10-rights-frst-amendment-does-not-grant.htm# page=1。

实际案例
马里兰州的摩托车手 Anthony Graber 被一名便衣警察（驾驶的是一辆没有任何标志的汽车）拦

下，该车手在摩托车头盔上安装了一个摄像头，记录了自己被拦下的过程。2010年3月他将该视频上传至YouTube，他因此面临指控，原因是违反了该州的窃听法，在未经警方同意的情况下录制了视频并发布到互联网上。最终Graber因"非法拍摄"被捕，面临16年的监禁。然而Graber虽然承认了超速，却并不承认犯了非法拍摄罪，想要使用言论自由的法令来为自己辩护。法院裁定，在法律面前，该州警察不该有隐私，这段视频受《第一修正案》的保护。法院驳回了所有对Graber的指控，除了交通违规这一项（请浏览youtube.com/watch?v=QNcDGqzAB30&feature=related）。

网上言论自由与儿童保护之争

网上言论自由和儿童保护之争，在2000年12月《儿童网络隐私保护法案》（CIPA）签署后开始爆发。CIPA授权在受到美国联邦某些形式资助的学校和图书馆，运用过滤技术保护儿童。2003年6月，最高法院宣布CIPA没有违宪，允许国会拦截某些内容，但不能拦截太多。这次复审是第三次司法裁决，引起言论自由与试图保护儿童免受网络低级内容的争论。有关美国联邦通信委员会CIPA，请浏览fcc.gov/guides/childrens-internet-protection-act。

15.3.5 个人隐私保护的代价

过去，从各个政府部门的数据库搜集个人信息非常困难，成本也高，但对隐私保护十分有益。在强大的计算机以及连接大规模数据库的目标算法的配合下，网络在各个方面都消除了保护市民隐私的障碍。

2010年，英国伦敦的希思罗机场安检人员因传播从全身安检扫描仪上下载下来的一名好莱坞明星的全裸身体扫描照片而被捕。主管当局认为，扫描对于保障机场安全是必要的。当今的技术使得从远处监视人们的活动成为可能，但这可能侵犯了他人的隐私权（见应用案例15-1）。

应用案例 15-1  **用网络摄像机监控居家学生**

宾夕法尼亚一所高中的管理人员监视未成年学生的活动，而学生毫不知情。在学生或家长未知情也未获得他们授权的情况下，该学校的管理人员通过遥控激活该学区发给学生的笔记本中内置的网络摄像机实施监控。

哈里顿高中的校方管理人员对这些学生进行了持续的监控，甚至在他们在家的时候也不间断。监控显示，其中一名学生的行为被学校认定为"不当行为"。根据在他家拍摄的视频，这名学生在学校被校长助理质问，并出示了"照片证据"。学校告诉这些家长，学校可以进行这样的监控。结果，一名学生代表所有受到侵害的学生提起了集体诉讼，理由是学校侵犯隐私和非法截取私人信息。

该案件于2010年10月结案，学区支付了61万美元的赔款。2011年，一名毕业了的学生因2009年其笔记本电脑被秘密监控向同一学区提起了诉讼。

思考题

1. 哪些合法的理由可以用来证明该行为的合理性？该行为为什么必须停止？
2. 该行为违背了哪些联邦法律？该行为侵犯了美国宪法中规定的哪些权利？
3. 本案件的裁决开辟了怎样的先例？是否能找到一个方法使得学校可以在有限的目的范围内继续实施该行为？
4. 找出类似案例。

15.3.6 网络隐私权保护的前景

随着技术的进步，人们越来越关注隐私保护。有专家认为，2016年或2017年数据隐私问题将会发生很多变化。这些变化与技术发展和人们与技术互动的方式有关。例如，数据本地化法律、物联网和普适计算、美国联邦通信委员会的更多法规、政府监控和调查、网络安全标准、大数据、跨大西洋数据传输框架、更多的集体诉讼以及欧洲的数据保护法规。

15.3.7 网上个人信息的搜集和使用

网络上搜集个人信息的方法多种多样，最常见的是前三种：

- 使用用户网站上完成注册提供的信息，包括个人信息；
- 跟踪用户浏览网页的行为（如使用网络跟踪器）；
- 使用间谍软件、按键记录器等手段；
- 利用网站注册信息；
- 通过定位确定用户所处的位置；
- 通过查阅手机及电子邮件中的信息；
- 阅读个人的博客或社交网络帖子获取信息；
- 利用网络目录或是社交网站上个人的身份信息；
- 盗阅他人的电子邮件、即时通信或其他文本信息；
- 实时监视员工的行为轨迹；
- 通过电信线路窃听；
- 使用可穿戴设备（如智能眼镜，见第 6 章内容），包括一些隐形设备；
- 通过使用智能电视记录个人的行为。

1. 网络跟踪器

网站搜集个人信息的一种常见方法是使用网络跟踪器。网络跟踪器使得网站不用经过用户允许，便可以跟踪用户的在线活动。

开始时，网络跟踪器是设计用于帮助实现个性化营销和市场调研的。然而，网络跟踪器同样可以用来传播来路不明的商业信息。网络跟踪器可以帮助商家搜集用户在线活动的详细信息。由网络跟踪器收集的个人信息往往比用户自己提供的信息更准确，因为人们往往倾向于故意在注册的表格上填写错误的信息。尽管对使用网络跟踪器是否道德这一问题存在争议，但 1997 年人们对网络跟踪器的关注达到顶峰。当年，美国 FTC 举行了一场关于在线隐私的听证会。通过 Cookie Monster、CCleaner 等程序，知情的用户可以成功删除网络跟踪器；关于如何删除和管理网络跟踪器，请访问 flashcookiecleaner.com。通过将网络浏览器上的隐私级别设置得非常高，所有网站的网络跟踪器都会被屏蔽，现有的网络跟踪器无法被读取。

2. 间谍软件对隐私和知识财产的威胁

在第 11 章中，我们讨论了**间谍软件**（spyware），这是商家在用户不知情的情况下暗中搜集用户信息的工具。感染间谍软件是对隐私权和知识财产的主要威胁。

当用户点击具有欺骗性的链接时，间谍软件可以通过病毒的形式进入用户的电脑。间谍软件能够非常有效地追踪用户上网习惯。间谍软件无疑侵犯了电脑用户的隐私权，这无疑是非法的。它也会减慢电脑运行速度。某些间谍软件不仅可以盗窃数据，还能从被感染电脑中的摄像头和电子邮件中获得照片，将照片发布在网络上。

遗憾的是，杀毒软件和网络防火墙并不总能发现大多数间谍软件。因而，特别的保护是有必要的。用户可从市场上获取许多免费的和便宜的反间谍软件包。有代表性的免费反间谍软件有 Microsoft security essentials（support.microsoft.com/en-us/help/14210/security-essentials- download）和 AVG (avg.com)。收费的反间谍软件有 Trend Micro（trendmicro.com）和卡巴斯基（usa.kaspersky.com）。升级版本的免费程序也可以收费。赛门铁克和其他提供网络安全软件的公司也提供反间谍软件。

3. 射频识别技术对隐私的威胁

我们在第 13 章中提到，美国有几个州已经授权或正在考虑通过立法来保护人们的隐私不受射频识别标签的侵害，尽管如此，隐私权保护的支持者仍然担心，存储在射频识别标签中或由其搜集的信息可能侵犯了个人隐私。

4. 监视员工的隐私

上班时间的网络使用和员工隐私涉及多个问题。除了会把时间浪费在网络上以外，员工还可能泄露商业秘密。员工在公司网站上的所作所为，还会让雇主蒙受名誉损失。为应对上述问题，很多公司对员工使用电子邮件和上网（包括在社交网站上发帖）进行监视。Google Location 是一款可以监视员工的软件，该软件要与兼容设备（如安卓、iOS）搭配使用。

如何监视员工是复杂而富有争议的议题，因为存在侵犯员工隐私的可能性（请浏览 wisegeek.org/how-doemployers-monitor-internet-usage-at-work.htm）。

5. 其他方法

还有许多方法可用于搜集人们的信息：

- 网站事务日志。显示用户的互联网活动。
- 电子商务订单系统和购物车。允许卖家了解买家的订货历史。
- 搜索引擎。用来收集用户感兴趣领域的信息。
- Web2.0 工具。博客、讨论组、聊天工具、社交网络等，包含了丰富的用户活动和个性信息。
- 行为定位。使用多种工具了解人们的偏好信息（参阅第 10 章内容）。
- 投票和调查。通过调查可以收集用户的人口统计数据、想法和意见。
- 支付信息和电子钱包。可能涉及消费者的敏感信息。

15.3.8 运用信息技术保护隐私权

很多的隐私保护软件和 IT 流程可以用于保护用户的隐私权（有的在第 11 章已讲过）：

- 隐私偏好工程平台（P3P）。这是交流隐私政策的软件（本章稍后介绍）。
- 加密。诸如 PKI 等能为电子邮件、支付交易和其他文件加密的软件。
- 垃圾邮件拦截。内置于浏览器和电子邮件内，拦截弹出窗口和垃圾邮件。
- 间谍软件拦截。监测和移除间谍软件和广告软件，内置于一些浏览器中。
- 网络跟踪器管理。阻止电脑接受网络跟踪器，识别并禁用具体的网络跟踪器。
- 匿名电子邮件和上网。允许用户无痕发送电子邮件和上网。

有效的做法是公司向其客户公开自己的隐私保护政策。有关事例请浏览 arvest.com/pdfs/about/arvest_bank_privacy_notice.pdf。

15.3.9 Web2.0 及社交网络上的隐私问题

社交网络的兴起，使得隐私权和言论自由领域出现了一些特殊问题。

在线状态、定位系统和隐私

建立实时通信是社交网络界的一项重要活动。例如,Facebook 提供了 Wave 应用程序(过去称为 Nearby Friends),使得用户可以知晓好友所处的位置。

IBM 的莲花系统也在通信模块中嵌入在线状态显示功能(现在被称为 IBM 连接;ibm.com/software/products/en/conn)。微软公司的 SharePoint(office.microsoft.com/en-us/sharepoint)也有类似的功能。苹果、谷歌和其他公司也提供类似的功能。有些社交网络使人们能够与他人分享自己的位置。如果这些功能被企业用于定位客户和商品,那么对于隐私而言,意味着什么?如此多的链接和知晓带来了不可预见的损害,而谁应当对此负责或承担法律责任呢?

社交网络应该有一个清晰的原则,用以约束社交网络如何使用搜集来的大量的个人数据。

15.3.10 道德准则对隐私的保护

道德准则不仅普遍适用于个人数据的搜集和使用,也适用于电子商务中信息的搜集。例如,必须准确通知客户个人资料的可能使用情况,客户可以做出加入还是退出的选择,客户必须能访问他们的个人信息,必须保证客户数据的安全性,必须有执行相关政策的能力。

美国涵盖范围最广的相关法律是 1997 年颁布的《通信隐私和消费者权利法案》,该法案要求联邦贸易委员会加强在线电子商务领域的隐私保护,包括个人数据的搜集和使用。关于该法案在美国的立法状态,请浏览 govtrack.us/congress/bills/subjects/right_of_privacy/5910。

1. 政府对公民的监视

争论的焦点是如何权衡个人隐私和国家安全,同时创新和商业活动不受阻碍。政府声称社交网络拥有的技术已经超出了政府的执法能力。纸面上的法律并未包含新的通信方式(如短信通信和社交网络)。反对者则认为这仅仅是政府肆无忌惮监视公民的又一形式罢了。2013 年和 2014 年,美国政府确实存在监视公民的行为。2014 年和 2015 年,美国政府才开始努力减少监视。

2. P3P 隐私平台

隐私偏好工程平台(Platform for Privacy Preferences Project,P3P),是一个万维网联盟(W3C)开发的互联网隐私保护协议。根据互联网国际化标准组织 W3C 的阐述,P3P 使用一种标准化格式来说明其隐私权保护的做法,这种标准化格式能够被用户自动检索并容易理解。W3C 也解释了 P3P 是有用的:"P3P 使用了能够被各种电脑读取的说明,来描述数据是如何被搜集和使用的。网站实施这些政策使它们的做法更加公开透明,便于公众监督。"这样增加了用户对电子商务网站和供应商的信任和信心。图 15-1 展示了 P3P 的具体程序。

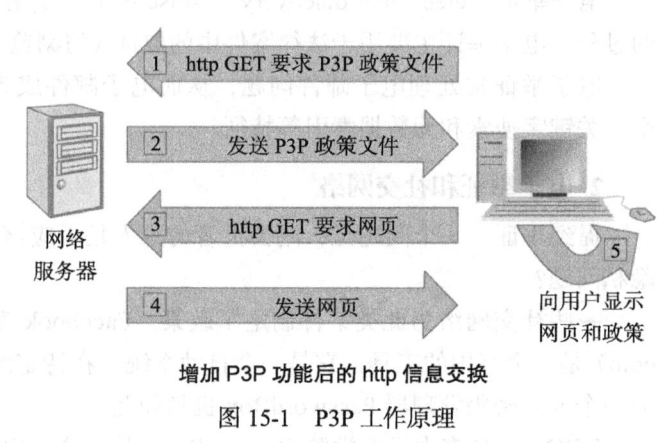

增加 P3P 功能后的 http 信息交换

图 15-1　P3P 工作原理

15.3.11 美国以外的隐私保护

1998 年,欧盟通过的一项隐私保护指令,即《欧盟数据保护指令》,重申了网络时代个人数据保护的基本原则。这一指令对隐私的保护程度要超过美国法律。

在很多国家，个人权利与社会权利的争论仍在继续。在一些国家对互联网个人隐私的保护很少。

本节习题

1. 如何界定隐私和言论自由？这与技术有关吗？
2. 网络通过哪几种途径搜集个人信息？
3. 什么是网络跟踪器和间谍软件？它们与在线隐私有何关系？
4. 什么是信息污染和隐私？
5. 个人信息搜集要遵循哪些道德原则（列出四项）？
6. 社交网络中存在哪些隐私问题？有什么样的风险？
7. 如何界定 P3P？其工作目标是什么？流程如何？

15.4 与电子商务相关的重要法律问题

除了前面讨论的与隐私、盗版、专利等相关的电子商务法律之外，还有许多其他与电子商务相关的法律。在本节中，我们将列举一个案例，并选择两个专题进行详细讨论。

请注意，法律问题与国家有关，甚至与地方政府有关。你可以在 ecommercelaw.typepad.com 上找到一个综合性的电子商务法律博客。

法律和监管环境：电子举证和网络恐吓

与电子商务相关的法律、法规十分广泛。本节，我们简要描述两个问题：电子举证和网络恐吓。

1. 电子举证

电子举证（electronic discovery，e-discovery）是指使用计算机系统搜索电子数据（如文本、图像、视频）的过程。电子举证主要用于法律案件中的取证（请浏览 en.wikipedia.org/wiki/Electronic_discovery）。

电子举证常处理电子邮件问题，从而电子邮件成为电子举证的主要目标。电子举证应具备诸如全文索引、关键字搜索和元数据索引等特征。

2. 电子举证和社交网络

提到举证，一个问题是，刚去世者的家人是否应该接触他们至爱的已故者的社交网络？如何解决死后的隐私问题？

一些社交网络为此类案件制定了政策。Facebook 为已故用户建立了几项政策。Secret Valet（secretvalet.com）是一个有用的工具，它是一个自动系统，在特定的时间（如用户去世时）将用户的个人信息自动发送给另一个人。密码管理器 PasswordBox 也是如此。

EDRM 杜克大学法学院表示，EDRM 是一个由电子举证和法律专业人士组成的社区，他们创造了切实可行的资源来加强电子举证和信息管理。这项技术有望从根本上改变诉讼和法律工作者的职业行为。EDRM 成员协作开发重要的框架、标准、教育工具和其他资源来指导电子举证技术的普及和使用（请浏览 EDRM.net/about-us）。

图 15-2 中的模型说明了电子举证的流程。

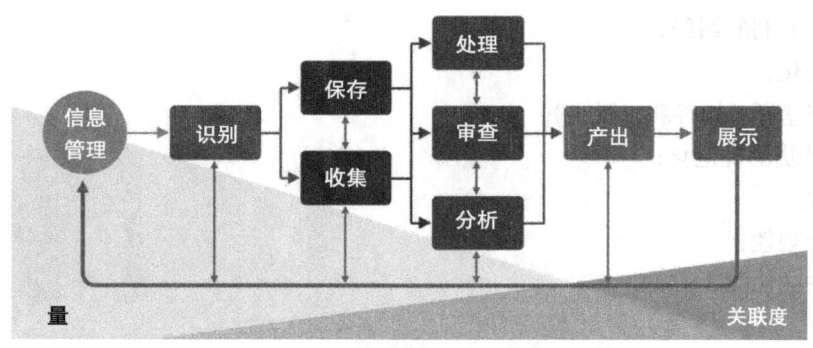

图 15-2　P3P 电子举证的流程

3. 网络欺凌

根据 stopybullying.gov 政府网站提供的信息，**网络欺凌**（cyberbullying）指的是利用电子技术进行的恃强凌弱的行为。电子技术包括设备和装置（如手机、电脑和平板电脑）以及通信工具（包括社交网站、短信、聊天工具和网站）。网络欺凌包括：卑鄙短信或电子邮件，通过电子邮件或社交网站发布的谣言，令人尴尬的图片、视频、网站或虚假的个人资料（请浏览 stopbullying.gov/cyberbullying/what-is-it/index.html）。欺凌是指"学龄儿童中不必要的过激行为，这种行为涉及真实的或想象中的权力不平衡"，欺凌行为包括故意制造威胁，散布谣言，对别人进行身体或语言上的攻击，故意排挤他人等（请浏览 stopbullying.gov/what-is-bullying/definition/index.html）。网络欺凌不仅仅限于未成年人，也发生在成年人当中（请浏览 bullyingstatistics.org/content/adult-bullying.html）。

美国国家科学基金会（nsf.gov）发表了《社交媒体的时代的网络威胁》的丛书，描述了网络欺凌是如何发生的，会对人造成何种伤害（如自杀）以及如何对它进行管理（请浏览 cyberbullying.org 及 stopcyberbullying.org）。

2016 年，美国第一夫人梅拉尼娅·特朗普承诺，如果丈夫赢得大选，她将集中精力打击网络欺凌行为。

4. 十大互联网和电子商务法律问题

2016 年，有专家归纳了以下十大法律问题：

- 网络隐私；
- 数据安全；
- 物联网；
- 移动设备和自带设备办公；
- SaaS 与云计算；
- 报价数据；
- 网络诽谤；
- 新通用顶级域名；
- 互联网时代的版权问题和数字版权法；
- 网上合约及服务条款。

物联网引发了许多与隐私、数据所有权、安全和知识产权保护相关的法律问题。

5. 其他问题

电子商务中涉及的其他的法律问题有：

- 公司之间关于专利的纠纷；
- 网络赌博合法化；
- 大公司的网络垄断（如谷歌、腾讯）；
- 互联网P2P借贷的规范化；
- 谁拥有出售权；
- 在线广告的合规性；
- 关于数据保护的法律；
- 再融资政策。

与互联网和电子商务有关的其他法律案件还有很多。例如，亚马逊的电子书业务在2015～2016年期间被欧洲反垄断监管机构调查。

在购买商品和服务的过程中，同样需要保护隐私。

加强电子商务和互联网立法的动因 以下是加强电子商务和互联网立法的主要动因：

- 汽车电脑化；
- 物联网；
- 政府政策；
- 打击攻击性内容；
- 互联网上更强的地理边界；
- 广告拦截战；
- 在线员工的界定；
- 版权和盗版之战。

我们还讨论了虚假信息和网络喷子（指爱好胡乱指责他人而不通情达理的人）等问题（见15.5节）。

6. 电商有关的法律问题的多样性

以下事件可以很好地说明与互联网和电子商务有关的法律问题的多样性。

2016年，佐治亚州的一对夫妇（梅纳德夫妇）起诉Snapchat和撞向他们车的司机（麦吉女士）。诉讼称，2015年9月，麦吉在亚特兰大南部的一条高速公路上开车，使用的是Snapchat滤镜，该滤镜可以在图像上显示车辆行驶的速度。麦吉试图以每小时100英里的速度行驶，结果撞上了梅纳德夫妇的车，车穿过了左边的车道，撞上了堤岸。梅纳德先生遭受了脑部损伤。

2017年，一名法国男子起诉优步，要求其支付4 800万美元，理由是优步涉嫌破坏他的婚姻。优步应用程序存在一个通知漏洞，使得他的妻子在他不知情的情况下监视他。这名男子用妻子的苹果手机预订了优步出行，然后注销了。然而，一个电脑漏洞将丈夫账户的通知信息发送到了妻子的手机上。结果，妻子发现丈夫在某些行程上撒了谎。此外，她还看到了所有优步司机的信息。因此，当妻子发现丈夫那么晚在做什么的时候，他"在办公室工作到很晚"的借口就不再好用了。因此，妻子与丈夫离婚，那名男子认为优步应当承担责任。

本节习题

1. 未来会出现哪些影响人们日常生活的电子商务问题？
2. 如何界定电子举证？它与法律、电子商务有怎样的联系？
3. 如何界定网络欺凌？它有哪些危害？
4. 登录 hg.org/busecommerce.html。网站上的内容与这一节有什么关系？

15.5 网上的虚假内容

导入案例向我们展示了虚假内容是如何在网络上产生和传播的。2016年11月这一问题得到了广泛的关注。不幸的是，虚假新闻只是虚假内容中的一种。在本节中，我们将介绍其他的一些类型以及可行的解决方法。

15.5.1 虚假新闻

网络虚假内容的主要类型是虚假新闻。虚假新闻可能是有意投放的，也可能像导入案例一样是无意投放的。除了一次性的虚假新闻，还有一些虚假新闻网站。许多人认为互联网放宽了社会对真相的控制。苹果公司的蒂姆·库克说："虚假新闻正在扼杀人们的思想。"虚假新闻会给个人和组织带来伤害。一个问题是虚假新闻传播得很快。此外，使用自动程序（见第7章），可以发送大量的推文，人们可以同时在多个社交网络上发布新闻。

谷歌和Facebook的应对 导入案例中的塔克事件导致了公众对没有解决虚假新闻问题的企业的持续批评。谷歌的回应是禁止那些兜售虚假新闻的网站使用其在线广告服务。Facebook改变了它的受众网络（Audience Network）政策，称在其网站上不会显示具有误导性或非法内容的广告。Facebook的受众网络政策涵盖了所有的虚假新闻网站。

Facebook一直处于动荡的中心。有些人指责它试图影响选民投票，帮助特朗普当选总统。

15.5.2 网络上的其他虚假内容及活动

- 在第11章中，我们介绍了几种涉及虚假内容、产品和网站的欺诈方法。虚假网站被广泛用于欺骗人们提供私人信息（即所谓的"社会工程"）。据报道，俄罗斯网络伪造者利用虚假网站每天窃取了数百万美元。他们欺骗广告商为虚假网站上的视频广告付费（这些广告从未被观看过）。
- 2016年，Plummer撰文探讨了知名人士被网络喷子攻击的问题。
- 2016年，Viner介绍了一则从报纸上开始，然后在互联网上疯传的虚假新闻（这与导入案例十分相似，虚假新闻在线上和线下都有传播）。
- 虚假评论也是一个常见问题，在第8章和第14章中有所讨论。
- 亚马逊正试图通过同时打击个人和网站运营商来应对虚假评论问题。亚马逊能够依法关闭这些网站。

15.5.3 网络喷子

根据Moreau在2016年给出的定义，**网络喷子**（Internet troll）是一个在线社交社区的成员，他们发布评论、照片、视频、图片或其他形式的在线内容，故意破坏、攻击、冒犯他人或在社区内制造麻烦。

互联网上随处可以看到这样的网络喷子——留言板、YouTube视频评论区、Facebook、约会网站、博客评论区以及其他人们可以自由发表自己的想法和观点的开放区域。Twitter是一个常见的恶意攻击的平台。自2010年以来，喷子就一直存在，并以各种形式出现。

网络喷子是网络上的一个俗语，有时也指网络喷子自己发布的内容（请浏览life wire.com/what-is-internet-trolling-3485891）。

1. 网络喷子的类型

2016年，有专家列出了以下各种类型的"喷子"：

- 语法和拼写检查型；
- 时常气愤型；
- 万事通型；
- 一句话型；
- 夸张型；
- 八卦型；
- 辱骂型；
- 执着型。

网络喷子还有很多其他的分类。

2. 网络喷子的控制

控制网络喷子并不容易。在社区成员很多的情况下控制它们可能很困难，但最常见的方式包括禁用个人账户（有时还包括 IP 地址）或者关闭博客、视频页面和话题线索的评论区。2017 年，Roberts 撰文介绍了谷歌正在进行的一个项目，该项目试图使用一种名为 Jigsaw 的人工智能工具来控制网络喷子，甚至是那些由机器人生成的喷子。不过，Roberts 本人也曾经遭到网络喷子的攻击。

15.5.4 控制虚假内容存在的困难

由于虚假内容的形式和结构各不相同，因此很难得以控制。相关的问题如下：

- 即使是斯坦福大学的聪明学生也很难判断网上发布信息的可信度；
- 正如病毒式内容研究所显示的那样，谎言比真相传播得快得多；
- 虚假内容的泛滥越来越严重。

尽管困难重重，但仍有许多可能的解决方法。

1. 虚假内容的控制

许多专家就如何控制虚假内容提出了如下的建议：

- Kiely and Robertson（2016）提出了如何识别虚假内容的建议；
- Kercher（2016）提供了一份虚假和误导性新闻网站的名单，建议观看有关人工智能的视频，了解它们在控制虚假内容方面的潜在作用；
- Stelter（2016）提出了如何防范虚假新闻的建议；
- Nicholas（2016）提供了关于如何确定一个电子商务网站是否合法的建议。

2. 公司面临虚假内容时如何应对

几年前，位于北卡罗来纳州科诺弗市的达美乐比萨店的员工制作了五段虚假视频，展示了不清洁的食品制备过程，包括食品污染的操作。视频中，达美乐的员工身穿公司制服。视频被发布到 YouTube 上之后迅速走红，6 小时内被消费者宣传网站 consumerist.com 收录。达美乐发现这些视频的时候，已有数百万观众观看过。公司迅速采取损害控制措施；YouTube 删除了这些视频。这些员工被解雇，并面临刑事指控。然而，达美乐的声誉还是受到了损害。在第 10 章中，我们概括地介绍了声誉管理的问题。有专家提出了这样一个问题："当公司遭遇虚假新闻（和内容）时，应该如何应对？"据报道，2016 年 12 月，一名 28 岁的男子开车 6 小时来到华盛顿特区的一家比萨店，因为他看到一则虚假新闻，声称希拉里·克林顿正在这家比萨店领导一场儿童性奴役行动，于是就来到这里开枪射击。针对这种现象，专家们提出了建议，要求企业针对有关其业务的虚假内容做出预案。具体的建议措施如下：

- 提前宣传公司的价值理念；
- 让员工成为公司的拥护者；
- 不要无意中资助非主流的新网站；
- 提前撰写回应词，回应必须及时；
- 选择是否开战；
- 像达美乐公司一样采取法律行动。

15.5.5 分析和处理各种虚假新闻的技巧

2016年，有专家提供了一些处理这种情况的技巧和建议：

- 避免使用以"lo"为结尾的网站，如Newslo。这些网站收集一些准确的信息，然后用其他虚假或误导性的"事实"来包装这些信息（有时是为了讽刺或搞笑）。
- 注意以"com.co"为结尾的常见新闻网站，因为它们经常伪装成真实的新闻来源（不过这也是哥伦比亚的域名）。
- 注意知名或声誉好的新闻网站是否报道这一事件。尽管缺乏报道有时是企业存在媒体偏见和其他因素的结果，但对于一个主题或事件通常应该有多家媒体报道。
- 域名奇怪通常说明新闻并不真实。
- 缺少作者署名就可能意味着新闻报道可疑，需要核实。
- 一些新闻机构也允许博客作者在特定新闻品牌的旗帜下发表文章。然而，这些帖子中许多并没有经过相同的编辑过程（如BuzzFeed社区、Kinja博客、福布斯博客等）。
- 查看网站上的"关于我们"（About Us）栏目，或者在Snopes或维基百科上查找网站，了解更多有关来源的信息。
- 糟糕的网页设计和大写字母的使用也可能是一个信号，表明需要验证正在查看的信息来源或者应该与其他来源一起进行审核。
- 如果新闻报道让你非常生气，那么通过其他渠道继续阅读这个话题可能是个不错的建议，可以确保你读到的新闻不是故意想让你生气（带有潜在的误导性或者是虚假信息），从而获得分享和广告收入。
- 如果正在浏览的网站鼓励你攻击他人，那么它不太可能是一个合法的新闻来源。
- 最好阅读多种来源的信息，以获得不同的观点。The Daily Kos、The Huffington Post和Fox News等媒体在提供重要、合法的新闻和有问题、夸张的新闻之间摇摆不定，这就要求读者结合其他来源进一步核实信息的真伪。

本节习题

1. 什么是虚假新闻？它有哪些潜在的危害？
2. 谷歌和Facebook采取了哪些措施应对这一问题？
3. 列举主要类型的虚假内容。
4. 什么是网络喷子？可被分为哪些不同的形式？
5. 如何控制网络喷子？

6. 为什么难以控制网络中的虚假内容？
7. 控制虚假内容有哪些方法？
8. 虚假内容给企业带来哪些问题？如何应对？

15.6 公共政策、税收和政治环境

世界各地民选官员和监管机构制定的公共政策章程可以影响电子商务的运作方式。企业应该时刻关注电子商务社区所面临的政策问题，把握与政府官员接触的机会。本小节涉及关于公共政策的四个话题，这些话题又与电子商务有着紧密的联系。

15.6.1 网络中立

网络中立已经成为影响网络的未来发展且备受热议的话题（请浏览 businessinsider.com/net-neutralityfor-dummies-and-how-it-effects-you-2014-1）。当电信运营商 AT&T 和威瑞森宣布，它们希望收取额外费用以便用户能以更快的速度在互联网上传输内容时，这一话题就更加引起人们的关注。如今，电信营运商平等地（或称中立地）对待网络流量。对此，大量团体涌现试图阻止额外费用的收取。问题是由于点对点（P2P）数据传输占据了大量的网络流量，所以造成 5%～10% 的网络用户正在使用高达 80%～90% 的可用带宽。

2010年12月21日，美国联邦通信委员会批准了网络中立原则。**网络中立**（net neutrality）是一种网络设计原则，它规定互联网的基本协议应使用户能够平等地利用网络而不受网络服务提供商的歧视。换言之，应该实现网络平等。网络服务提供商不能限定用户看到的内容类型，它们必须平等地对待所有的互联网流量来源，消费者可以任意访问网络而无须支付额外费用（请浏览 businessinsider.com/net-neutralityfor-dummies-and-how-it-effects-you-2014-1）。网络中立为服务提供商确立了三项高标准的规则。不过，实施网络中立是有困难的，因为它涉及网络公司、立法者和政府机构、光纤所有者、内容提供商、移动载体和消费者。反对者正在通过分发和签署请愿书、举行抗议等方式挑战实施网络中性的美国联邦通信委员会的权威。（请浏览 entrepreneur.com/article/233991）有关网络中立的争论性讨论以及相关的信息图表，请浏览 wired.com/2014/06/net_neu-trality_missing。

2014年4月，联邦通信委员会宣布新规则，旨在废除网络中立。然而，2014年5月，联邦通信委员会又提出新提案，保持互联网的开放性和互联网的更高透明度，旨在维护网络中立。问题是，联邦通信委员会计划如何规范众多的互联网服务供应商。联邦通信委员会计划到2014年年底采用一套新的规则。规则还在不断变化！

自2014年以来，支持和反对网络中立监管理念变革的人士一直在向联邦通信委员会施压。特朗普政府可能会扭转这种局面。

由于各国税收法规的不同，国际电子商务税收的实施非常复杂。目前的趋势是采用基于目的地的税收方式。

15.6.2 美国电子商务交易中的税收

与电子商务相关的税收有多种。最有争议的是互联网销售税，由各州对辖区内出售的产品征收（请浏览 en.wikipedia.org/wiki/Internet_taxes）。20世纪90年代中期，电子商务刚兴起，为鼓励电子商务，美国联邦政府以及地方政府都宣布互联网经营免税。然而，对依然纳税的邮购行业和传统零售商来说，此举带有歧视性。多年来，法院根据接收到的质疑，不断修改纳税规则。有关电子商务税收的发展历史，请浏览 libertytax.

com/online/taxbrain/。1998 年，美国《网络税收自由法案》宣布暂停互联网特殊征税，为期一年。这意味着，禁止中央和地方政府对互联网电子商务征税。国会将定期更新、修改此法案（请浏览 money.howstuffworks.com/personal-finance/personal-income-taxes/internet-tax-freedom-act1.htm）。2013 年，永久延长电子商务免税的新法案实施，并在 2014 年 6 月获众议院司法委员会通过（请浏览 govtrack.us/congress/bills/113/hr3086#overview）。

因此，作为一个潜在的税收来源，预算和税收当局将征收互联网税收提上日程。一些州正在起诉网络供应商没有缴纳销售税。州立法者们似乎达成共识：网络征税不可避免。不过，消费者是抵触网络税收的。

消费者不习惯缴纳互联网消费税而地方政府需要税收，两者必然冲突，亚马逊便是一个典型案例。2011 年，美国加州通过了一项互联网征税法案，向亚马逊施压，收取销售税。2012 年，亚马逊同意向加州以及其他州的买方收取销售税。

2013 年，美国参议院通过了《市场公平法案》（请浏览 marketplacefairness.org），要求美国所有在线经营企业和目录销售商要缴纳互联网销售税。然而，各州必须简化销售税法。2014 年 6 月，该法案被提交至众议院小组，目前仍在审核中。

到 2017 年，亚马逊同意在一些州（如加州）收税，但在其他州（如夏威夷）不收税。

据报道，在特定的情况下，由于宪法限制了各州要求州外卖家收取税款的权力，这些税收并不包括在网上价格中。

关于现行法律的影响，通常会产生两个公共政策问题。

第一，对类似商品的差别征税会造成经济扭曲，影响生产者和消费者的决策。远程卖家可能会根据潜在的销售情况以及税收结果，而不是传统的市场因素，来确定营业的位置。此外，消费者可以选择州外的供应商来逃避税收。

第二，现行法律限制了州政府和地方政府对货物和服务征收税赋的能力，否则，如果由当地供应商销售，这些货物和服务的税费将被征收。对于那些依赖一般销售税作为整体税收主要来源的州来说，这是一个特别重要的问题。

除了销售税，也有涉及电子商务的其他税。

例如，2010 年 7 月，在网络赌博合法化运动中，众议院金融服务委员会通过一项法案，为征收价值数十亿美元的网络赌博税打下坚实的基础。

15.6.3　国家对网络的审查

网络审查（internet censorship）是指对在互联网上可以看到、发布或访问的内容进行限制的行为。网络审查，可以在国内进行（如大企业、大公司限制员工上网），也可以在国外实施。审查方法众多，从阻止访问某些网站到像伊朗一样创建一个完整的替代互联网。常用的审查方法是内容过滤。内容过滤可依据发布攻击性内容的提供商黑名单或是其他方法。一旦被列入黑名单，该网站被认为对大众有不良影响的全部或部分内容将由政府机构审查（请浏览 computer. howstuffworks.com/internet-censorship.htm）。

2009 年年初，奥巴马任命 Cass Sunstein 为白宫监管官。Sunstein 推崇网络审查，并撰写了几本推动网络审查的白皮书。关于世界各国网络审查的案例和图表，请浏览 en.wikipedia.org/ wiki/Internet_censorship_by_country。

本节习题

1. 什么是网络中立？它将对网络产生怎样的影响？

2. 为什么网络中立成为热门话题？找出该问题在法律中的地位。
3. 税收与电子商务活动有何关联？
4. 什么是网络审查？

15.7 社会问题和绿色电子商务

15.7.1 社会问题和绿色电子商务

在本节中，我们将考察关于电子商务的几个社会问题。下面讨论第一个备受关注的社会话题——数字鸿沟。

数字鸿沟 虽然各种因素和趋势能促进电子商务在未来的成长，但从网络诞生特别是电子商务出现以来，在能从事电子商务活动和不能从事电子商务活动的人们之间出现了差距，这一差距被称为**数字鸿沟**（digital divide）。根据互联网世界统计网站，数字鸿沟是一个社会问题，指的是能够上网（尤其是宽带上网）的人和无法上网的人之间掌握的信息量的不同（请浏览 internetworldstats.com/links10.htm）。数字鸿沟在一国内部和不同国家之间都存在。美国联邦和州政府都在致力于通过鼓励培训、支持教育和基础设施建设来缩小国内的数字鸿沟。不同国家之间的数字鸿沟不是在缩小而是在扩大（请浏览 en.wikipedia.org/wiki/Digital_divide）。许多政府组织和国际组织正在努力缩小数字鸿沟，联合国和 Citizens Online 是其中的代表。

克服数字鸿沟

政府、企业和非营利组织正在试图缩小数字鸿沟。"每个孩子一台电脑计划"（见 one.laptop.org）就是其中一例，旨在为低收入家庭、社区和发展中国家的儿童提供一款低成本的"XO"笔记本电脑（请浏览 laptop.org/en/laptop）。

查看相关的短视频，请浏览 laptop.org/en/video/brand/index.html。2014 年，该笔记本电脑的生产成本大约 35 美元。有关该计划和笔记本电脑功能的更多信息，请浏览 one.laptop.org/about/faq。2017 年，亚马逊以 39.00 美元的价格推出了其最便宜的 Fire 平板电脑。

15.7.2 远程办公

电子商务的一种形式是**远程办公**（telecommuting），这是指在家使用电脑、平板电脑、智能手机和互联网开展工作。远程办公正在美国和一些发展中国家兴起。表 15-2 列出了远程办公的潜在好处。比如，对于住在郊区的人来说，远程办公非常有用，因为他们每天能在交通上节省 1～2 个小时的时间。

表 15-2 远程办公的潜在优势

个人
• 减少或完全消除与上班行程有关的时间和费用
• 减少兼顾家庭和工作的压力，增进健康
• 能更亲近家人和更多地参与家庭活动
• 与家人和社区保持更紧密的联系
• 减少对办公室政治的参与
• 提高工作效率（尽管存在注意力分散的情况）
组织
• 减少了所需的办公空间
• 增加员工储备，在招聘中更有竞争优势
• 符合《美国残疾人法案》的要求
• 减少员工流动、缺勤和病假
• 提高工作满意度和工作效率
社区和社会
• 节省能源并减少对国外石油的依赖
• 通过减少交通污染和交通拥堵保护环境
• 减少交通事故及其带来的伤亡
• 家庭生活不会经常受到干扰，人们不用因为搬家而辞掉工作
• 增加了因故被困在家中的人的就业机会
• 增加了就业机会流向高失业地区的机会

实际案例

Ascend One 是一家消费者债务管理公司，为了扩张，公司决定改变网络策略。Ascend One 的

> 成功主要是由于它必须为其呼叫中心代理提供日常烦琐的支持，并在其桌面计算机上更新应用程序。通过将远程办公与虚拟化技术相结合，该公司增加了客户满意度，提高了生产率，员工士气大振。该公司在虚拟桌面而不是远程计算机上存储和管理应用程序。呼叫中心代理的工作效率提高了10%。通过允许远程办公，员工的工作效率提高了，流失率也降低了。这项技术还使得公司能够与在家办公的员工保持极强的联系。远程员工每天24小时都可以参加培训项目。

值得一提的是，有些公司不喜欢员工在家办公。2013年，雅虎首席执行官实行禁止在家办公的政策。虽然禁止远程办公，但雅虎首席执行官仍然延长了育儿假。

15.7.3 电子商务是否会增加失业

2017年1月，亚马逊开设了第一家没有收银员的实体店（Amazon Go）（见第7章）。问题是："Amazon Go能取代相应的工作岗位吗？"虽然具体问题仍有争议，但更普遍的问题是："机器人会取代我们的工作吗？"或者从一般意义来说：机器何时何地可以取代人类？

1. 自动化和失业

自动化造成失业的争论始于工业革命。真正的情况如何很难评估。虽然某些工作岗位消失了，但其他的工作岗位却被创造出来。因此，自动化的支持者认为，总就业岗位实际上在增加。反对者则持相反意见。问题是，今天的自动化的发展速度比过去快得多，而且规模也大得多。让我们看看电子商务相关领域特别是机器人所产生的影响。

2. 当前自动化的影响

如果所有的商家都能用机器人取代收银台员工，那么世界上将会有数百万的失业人口。中国台湾地区的苹果手机制造商富士康计划用机器人取代绝大部分员工。为此，该公司每年生产1万台机器人。在英国进行的一项研究（引自第7章）预测，在大约10年内，机器人将占据所有工作岗位的50%。2015年，有报告称机器人已经威胁到以下工作岗位：市场营销人员、收费亭操作员和收银员、客户服务人员、金融经纪人、记者、律师和电话工作者。值得注意的是，对于绝大部分工作，自动化都可能会或多或少产生影响。有统计资料显示，大约80%的IT工作将被软件（人工智能中的软件代理）所取代。

自动化之所以越来越普遍，是因为机器人和电脑不仅能比人类以更低的成本更好地执行一系列常规的体力劳动，还能完成需要一定认知能力的活动，如做出隐性判断、感知情感或驾驶，这些活动一度被认为难以自动完成。自动化将改变每个人的日常工作活动，从矿工和园林工人到商业银行家、时装设计师、焊工和首席执行官。这一切将在何时发生取决于许多因素，其中最主要的因素是人机交互和协作。

亚马逊和其他网络零售商正努力实现业务自动化，以保持竞争力。例如，物联网的发明将推动自动化的订单处理。发明创造越多，电子商务零售商相对于传统零售商的竞争优势就越大。

3. 如何应对

电子商务发展势不可挡，机器取代人类的速度将会加快。应对方案取决于组织、政治、社会、经济、培训能力等各种因素。这个问题超出了本书的讨论范围。

2017年2月，比尔·盖茨建议对工业机器人征税，机器人制造商和机器人使用者都应缴纳。收缴的资金将用于重新培训失业员工。

15.7.4 绿色电子商务和信息技术

实施绿色电子商务的方法有很多。

1. 实施绿色企业、环保数据中心和云计算

计算技术的高能耗以及较高的能源成本直接影响了企业的盈利能力。很多企业正在积极降低能源成本并增加使用可再生材料。**绿色计算**（green computing）是指对计算资源的环保利用（请浏览 searchdatacenter.techtarget.com/definition/green-computing）。在这里，我们将关注如何通过使用环保手段来使得电子商务更加环保。

例如，数据中心消耗的能源是各公司关注的焦点。绿色 IT/EC 是一项正在发展中的运动。根据高德纳的调查，绿色 IT 正在延伸到众多领域（请浏览 enterpriseinnovation.net/article/gartner-green-data-center-means-more-energy-efficiency）。实施绿色 IT 的一些建议如下：

- 使用电脑的能源管理选项，设置所有电脑到休眠和备用状态。
- 培养员工在不使用电脑时关闭显示器的习惯。
- 在几小时后自动关闭所有电脑的电源或自动关闭未使用的电脑的电源。
- 尽可能鼓励远程办公。
- 将所有耗能设备的相关选项设定为推荐值。
- 积极使用云计算。如果资金允许，将现有的服务器换成可支持虚拟化的服务器。
- 增加制冷效果。

有关实践方面的内容，见《基线》杂志 2010 年 8 月 13 日发表的文章 "Cooling Data Center Costs"（请浏览 baselinemag.com/c/a/IT-Management/Cooling-Data-Center-Costs-368334）。

绿色 IT（Green IT）的主要目标是：最大限度地减少对环境的破坏，改善电子商务（以及 IT）的使用，并节省资金。公司数据中心的服务器不但能耗高，而且散热量大。在美国，电脑显示器每年消耗的电量达到 8 000 万度至 1 亿度。英特尔和 AMD 正在制造新的芯片以减少上述能耗。在不使用时将电脑关闭会为公司节省开支，同时也因为减少了二氧化碳排放，减少对环境的破坏，进而增进了社会健康。最后，废弃的电脑和其他电脑设备会导致严重的废弃物处理问题。一个重要的问题是如何回收旧设备以及谁对回收旧设备负责（制造商、使用者还是政府）。绿色软件是指那些帮助公司节省能源或使公司符合 EPA 要求的软件。

2012 年，Murugesan 等全面论述了绿色信息技术，他们认为要让电子商务（以及 IT）更绿色环保，而不仅仅是把其作为一个工具来使用，以利于环境的可持续性。他们还介绍了实施和战略问题。

2. 如何实施绿色企业、环保数据中心和绿色供应链

正在寻求实施绿色企业、环保数据库和绿色供应链的首席信息官应关注如下几点：（1）虚拟化技术；（2）软件管理；（3）使用云计算。虚拟技术使用的节能方法既减少了能耗，又节约了成本。正在寻找建议、工具和流程的公司可以借助软件管理外包服务，以满足它们取得软件财产和进行许可证管理的需要。据估计，到 2017 年，信息技术应用中的 45% 都将被纳入云计算中。

要提高能源利用效率，企业需要做好如下几方面工作：挑选性能好的计算机，提升数据中心的运算能力，控制数据中心的电源和冷却装置，提高数据中心的存储能力。许多组织正寻求服务器虚拟化（如云计算）来降低成本。

实际案例

富国银行是一家大型金融机构，它在线业务广泛。富国银行对数据的依赖性极大，同时也以环保著称。公司决定在两个数据中心开展环保运动。数据中心必须保证服务的安全性和有效性，而当数据中心重新设计时，它们的能耗将更有效率，从而减少能源消耗。新引进的设施中服务器超过 8 000 台。经过主要的虚拟化技术后，数据中心消耗的能源明显少于上一年。

> 富国银行引入了几项节能技术。该公司不断地扩展和更新数据中心，体现了它们对环境的高度关注。富国银行在其他方面也注重环保（请浏览 bankrate.com/financing/banking/green-banking-at-wells-fargo）。

实际案例

> 谷歌计划将数据中心的平均能耗减少30%。为达到目标，谷歌通过改善制冷系统、照明系统以及动力基础设施来降低运营成本。谷歌严格执行有"绿色能源沙皇"之称的 Bill Weihl 所制定的策略以及提出的建议。在任何时候，谷歌都热衷免费的冷却系统，如冷却塔和外部空气。谷歌还通过多个渠道购买清洁能源。

3. 全球绿色监管

全球监管也在影响绿色商务活动。可持续性监管将增强对供应链的影响，而不受地理位置的限制。例如，欧盟立法制定了一项强制性标准《关于限制在电子设备中使用某些有害成分的指令》（请浏览 ec.europa.eu/environment/waste/rohs_eee 和 www.gov.uk/government/organisations/national-measurement-and-regulation-office）。

从长期看，环保措施降低了成本，也改善了公共关系。对绿色计算的需求正在增加，这并不让人感到惊讶。公司可以利用电子产品环境影响评估工具来鉴别绿色电子产品。

4. 电子产品环境评估工具

由绿色电子委员会负责运营管理的电子产品环境影响评估工具（electronic product environment assessment tool, EPEAT），对电子产品的环境性能标准进行评级，是一个综合的全球绿色电子产品评级系（请浏览 rainforestagencies.com.au/egreen.html）。

之前讨论过的远程办公同样有利于环境保护，例如减少上下班高峰期的交通压力，改善空气质量，增加高速公路安全度，甚至通过减少污染物的排放改善医疗状况。

15.7.5 其他社会问题

还有其他许多社会问题与电子商务有关。这里只介绍电子商务能带来积极影响的三个问题：教育、公共安全以及健康。

1. 教育

电子商务已经对教育和学习产生了重大影响。虚拟大学正在帮助缩小数字鸿沟。公司可以利用网络对员工进行再培训，使得员工能够延迟退休。

2. 公共安全、网络监控和国土安全

2001年9月11日后，随着人们对公共安全的关注，许多组织和个人已经开始寻找能用于制止、预防和侦查各种犯罪活动的技术。电子商务中的多种工具能增强我们在家中和公共场合的安全。这些工具包括e-911系统；全球协同商务技术（可加强全国性和国际性的执法机构的协作）；打击犯罪的特殊设备的网络采购；有利于协调、信息共享和加快法律工作及案例整理的电子政务系统；智能家居、办公室和公共建筑；针对执法者的网络培训。

问题是这些监控系统在财务、功能和社会影响方面是否足够好，以至于值得以侵犯个人隐私为代价。事实上，大多数使用监控摄像头的城市更多的是为了找回图像，而不是进行积极的监控。所以，在一个人只能实时监控10个摄像头的情况下，作为一种犯罪威慑手段，这些摄像头在经济上没有什么意义。芝加哥市已

经安装了1万多个摄像头。如果要实时监控,就需要增加1 000名城市员工,这在财务预算赤字和低税收收入的情况下完全是白日梦。对监视视频的内容破译,变得越来越准确,监控在未来会是一个更加高效的工具。芝加哥增加了更多的监控摄像机。截止到2014年,芝加哥安装了24 000个摄像头,引起了公民和美国公民自由联盟对于隐私问题的关注(请浏览 foxnews.com/politics/2014/05/12/security-camera-surge-in-chicago-sparks-concerns-massive-surveillance-system)。

3. 健康

电子商务会威胁健康吗?一般说来,在家里购物比在实体店里可能更安全、更健康。然而,一些人认为暴露于手机通信辐射会导致健康问题,而且要经过很多年才能看出辐射的危害。通信辐射即使有损健康,造成的损害也不明显,因为大多数人花在无线购物和其他无线活动上的时间极为有限。然而,考虑到人们对这一问题的关注,现在可以采用一些保护性设备以便将不利影响降至最低程度。

另一个与健康有关的问题是沉迷于网络游戏、社交网络和各种应用程序。有的国家(如美国)开设了预防和再教育项目,有的则开设了住院治疗和康复中心(请浏览 netaddiction.com)。

电子商务技术(如协同商务)能够提高医疗水平。例如,使用网络可以缩短新药物的审批流程,从而挽救了生命,减轻了痛苦。无线计算技术有利于提供医疗服务(见第6章)。智能系统能够促进医疗诊断。医生也可以远程提供医疗建议。最后,智能医院、医生和其他医疗设施都使用了电子商务工具。2009年,主要的社交网站和Twitter根据跟踪猪流感的爆发情况,建议人们不去某些地方旅行以及如何保护自己。最后,在以色列和欧洲,一个名为MOBIGuide的大型跨国合作研究项目,可以通过远程监测患者,结合收集的数据,做出医疗诊断。

本节习题

1. 如何界定数据鸿沟?
2. 什么是"每个孩子一台电脑计划"?
3. 电子商务如何提高安全级别?
4. 电子商务对医疗服务会产生哪些影响?
5. 什么是绿色计算?
6. 列举三个事例说明绿色计算在保护环境和节省资源方面的作用。
7. 什么是绿色供应链?请举例说明。
8. 新的数据中心如何帮助我们实现"变得更环保"?
9. 远程办公和虚拟工作是如何保护环境的?

15.8 电子商务的未来

总体而言,大家一致认为电子商务的未来是积极的。电子商务将成为达成交易、联络客户、提供服务以及改善组织运营的一个日益重要的方式。此外,电子商务还可以促进合作、创新以及人与人之间的互动交流。尽管分析家在电子商务的增长率以及电子商务何时会成为经济的主要组成部分上的预测结果各不相同,对于增长最快的行业部门的判断也意见不一,但他们在电子商务的发展方向上达成共识:全速前进!很多公司(如亚马逊、eBay、阿里巴巴、Priceline、新蛋等)正在迅速增长。

电子商务将在全球范围内快速发展。

15.8.1 影响电子商务未来的关键因素

电子商务的未来发展取决于未来有多少因素对其产生影响。2016 年，软件开发企业 TrueShip 做出了以下十项预测：

- 亚马逊在规模上将超过沃尔玛；
- 电子商务将占据所有零售业务的 10%；
- Facebook 将在品牌推广方面超越 YouTube；
- 情感驱动式购物将成为一种标准；
- 店内提货将拯救大型零售连锁店（就像塔吉特百货一样）；
- 竞争对手将创建类似 Amazon Prime 的购物门户网站；
- 无人机将开始用于货物配送；
- 销售商品的市场将变得非常受欢迎；
- 移动购物将超过桌面购物，这可能是企业生存所必须进行的调整；
- 无障碍退货将成为电子商务的主流。

其他因素包括：

- 网络中立的形成；
- 易于购物和智能应用程序的开发程度（如谷歌的 DeepMind）；
- 电子商务巨头（如亚马逊、阿里巴巴）和大型实体零售商（如沃尔玛）之间的竞争正在加剧；
- 多渠道购物正在增加；
- 信标技术集成了在线和离线系统；
- 海量的图片和视频改善了主页的视觉效果；
- 实时分析成为常态。

15.8.2 B2C 未来发展的新趋势

2016 年，有专家预测了 B2C 电子商务未来发展的六大趋势。

- 新的电子商务产品将取代计算机和消费类电子产品；
- 发展中国家将成为最大的电子商务市场（主要是亚太地区的中国、印度尼西亚和印度）；
- 亚马逊和阿里巴巴会跟上电子商务的新趋势吗？回答是肯定的，但针对某些细分市场的小企业将在某些领域发挥主导作用；
- 企业交易网站和大型的交易平台将会各领风骚；
- 电子商务的未来势必是移动商务，但慢慢地，新技术会使网上购物变得更加容易；
- 产品可视化将成为电子商务发展的一个重要趋势，尤其对于复杂的产品。

B2C 电子商务的发展路径

2016 年，知名咨询公司 Ovum 介绍了 2016 年 B2C 电子商务的发展路径。在该公司提供的免费电子书中，提到了应该思考的七个方面：

- 未来的消费者；
- 在线零售业的增长速度将是普通零售业的三倍多；

- 传统零售和电子商务的界限将越来越模糊；
    - 以移动设备为中心的零售体验；
    - 了解用户的需求是成功的关键；
    - 影响零售业的关键技术；
    - 如何为未来发展做好准备。

15.8.3 B2B 的未来

B2B 交易总额比 B2C 要大得多，但是两者之间的差距却越来越小。20 世纪 90 年代这个比例为 6:1，再过几年这个比例将只有 2:1。

2016 年，有专家给出了以下预测：

- B2B 电子商务将超过 11 亿美元，占所有 B2B 商务的 12% 以上（B2C 电子商务占所有 B2C 商务的比例不足 8%）；
- 基于云的新平台数量正在增加，销售速度、规模都有所提高，交易过程也越来越简化；
- B2B 和 B2C 电子商务模式可以转换。

1. Zorzini 对 B2B 发展的预测

2015 年，Zorzini 对 B2B 交易做出了如下的预测：

- 多渠道购物可能成就你的生意，也可能毁掉你的生意（你最好只有一个渠道）；
- 仅仅通过社交媒体与客户沟通是不够的；
- 通过信标技术可以实现线上和线下的整合；
- 弹出广告是否会产生有效的回应将是一个未知数；
- 海量的图片和视频改善了主页的视觉效果；
- 虚拟销售人员得到了广泛的应用；
- 为了生存必须采用移动商务模式；
- 实时分析成为常态。

2. 其他的预测

2017 年及以后的其他预测包括：

- 电子商务竞争将会加剧；
- 美国特朗普总统可能采取有利于网络零售商的措施；
- 移动端的商务将赶超 PC 端的商务；
- 电子商务配送将变得更好更快（第 13 章）；
- 支付领域将发生变革（第 11 章）。

15.8.4 实体市场与网络市场的整合

在本书中，我们讨论了实体市场和网络市场的关系，指出了它们在某些领域的冲突，以及两者成功结合的案例。事实上，从消费者以及大多数商家和供应商的角度来看，两者现在是共存的，而且将继续共存下去。

也许两者最显著的整合体现在虚实融合组织上。在不久的将来，虚实融合的组织将以不同的方式出现，成为最常见的商务模式（请浏览 Sears.com、Target.com、Costco.com、Walmart.com）。有些组织将电子商务作为另外一个销售渠道，如多数大型零售商、航空公司和银行。有些组织通过电子商务销售一部分产品和服务，并以传统方式销售其他产品和服务（如乐高集团）。

消费者更愿意由自己选择在哪里购物。截至 2015 年，在线订购和实体店提货相结合的方式深受消费者喜欢。有人认为这样的组合将使零售商免于走向衰亡（请参见第 13 章内容）。

15.8.5 移动电子商务

人们一致认为，移动电子商务在电子商务中的作用将显著增强。目前已经有数百万的创新型移动应用程序，而且数量还在迅速增长。电子商务发展最快的领域是应用程序的增长，很多移动电子商务初创企业进入了该领域。

随着物联网的发展，越来越多的应用程序进入了我们的视线（见第 7 章章末案例）。

15.8.6 社交商务

最近，移动社交网络的使用在加速。越来越多的新无线 Web 2.0 服务，已经帮助许多社交网络实现无线上网，促进了人与人之间的互动。尼尔森 2012 年 9 月发布的《社交媒体报告》表明，4/5 的互联网活跃用户访问社交网络和博客。报告还显示，近 82% 的社交媒体用户使用手机访问这些网站。这些数字将随着时间变化继续增长。

通过 Facebook、Twitter、谷歌、Instagram 和许多其他企业开展的社交电子商务增长迅速。移动广告和促销是增长的主要领域。

15.8.7 加速电子商务发展的未来技术趋势

据报道，促进电子商务发展的未来技术多种多样：

- 提供更宽的带宽和更快的网络的技术；
- 更强大的搜索引擎（基于智能代理）；
- 为移动设备配备更好的电池；
- 发展量子计算和语义网；
- 更灵活的电脑屏幕；
- 更好的云应用程序；
- 智能手机和平板电脑的广泛使用；
- 增加可穿戴设备（将变成移动商务的平台）的使用；
- 免费上网的可能性；
- 3D 打印技术的发展（见第 13 章）；
- 人工智能技术的广泛应用；
- 增强现实技术的使用（如在订单实施过程中的应用）；
- 物联网技术的深入发展；
- 下一代数据中心；
- 人工智能应用程序的快速增长。

15.8.8 限制电子商务发展的未来趋势

以下趋势可能会减缓电子商务和 Web 2.0 的发展，甚至可能使互联网瘫痪：

- 安全问题。消费者和网上银行等服务的用户担心网络安全。网络需要更安全。
- 人们对网络中立缺乏共识。如果允许大型电信公司因提高接入速度而收取更高的费用，那么小公司则会因为不能支付额外的费用而处于不利地位。这个问题仍然悬而未决。
- 版权侵犯行为。关于 YouTube、维基百科和其他网站的法律问题可能导致公众舆论和创造力的丧失。
- 缺乏标准。缺乏电子商务的标准，尤其对全球贸易而言更是如此。

15.8.9 消费者行为

B2C 电子商务的未来取决于消费者行为。以电脑为导向的年轻人会在网上买更多的东西，尤其是如果他们能节省时间和金钱的话。消费者将与人工智能应用程序进行互动，并可能喜欢上它们。

15.8.10 电子商务发展趋势结语

总之，很多人认为，电子商务对我们生活的影响将不亚于工业革命，甚至可能比工业革命更深刻。自工业革命以来，任何其他事物都没有像电子商务一样，对我们的生活产生如此深刻的影响。我们希望，本书能助你成功进入这个令人兴奋、极具有挑战性的数字革命领域。

请浏览 slideshare.net/wearesocialsg/digital-in-2016。

15.8.11 关于电子商务未来发展趋势的视频资料

以下是建议观看的电子商务视频：

- "电子商务的未来将与过去不同，它将变得更加美好。"(E-Commerce's Future Ain't What It Used to Be; It's Even Better)（请浏览 youtube.com/watch?v= mJtw1027FYs）；
- "电子商务的未来：趋势、挑战与机会"（Future of E-Commerce: Trends, Challenges, and Opportunities）（请浏览 youtube.com/watch?v=wCZXif3MUEw）。

以下为电子商务的两个应用（请浏览 10ecommercetrends.com）。

1. 巴黎欧莱雅

巴黎欧莱雅设计了五种诊断工具：护肤品、面部和眼部化妆品、护发用品和染发用品。这些美容诊断通常在移动设备上进行，消费者可以"试用"不同色调的化妆品，"扫描"自己的头发颜色等。使用这些工具，消费者不仅可以实时展现不同的造型，而且每次对话期间所收集的数据可以实现高水平的个性化沟通和互动，更不用说量身定制的折扣券。这些诊断工具将对消费者的购买决策产生重大的影响。

2. 聊天机器人

根据欧莱雅的商业趋势，2017 年，许多消费者将首次与聊天机器人互动。聊天机器人是一种全自动聊天代理，它将回答消费者的问题，成为消费者与品牌的首个接触点。聊天机器人通过随时提供有指导的、互动的浏览功能，增加了品牌交易平台的数量。

聊天机器人很快就会像自动电话系统一样普及，只是更加互动和有趣。与此同时，店铺销售人员将变得比以往任何时候都更重要，因为他们将越来越多地参与在线体验。

聊天机器人对电子商务的潜在影响是什么？实时聊天用户的平均花费要高出 5%～30%。在聊天环节结束后，买家的转化率将提高 5～10 倍。

本节习题

1. 电子商务与传统商务有什么关系？
2. 移动设备在未来的电子商务中起到什么作用？
3. 社交网络是如何促进电子商务发展的？
4. 什么趋势将助力电子商务的发展？
5. 什么趋势将减缓电子商务的发展？

管理问题

1. **电子商务企业应关注的法律和道德问题主要有哪些？** 要考虑的关键问题是：（1）允许或不允许哪些种类的私有信息出现在公司网站上？（2）谁将看到访客贴在公司网站上的信息？（3）公司网站上的内容和活动符合其他国家的法律法规吗？（4）在公司网站上应该张贴什么样的免责声明？（5）我们是否在未经允许的情况下使用了注册商标或受版权保护的材料？除了这些问题，律师还应当定期检查网站上的内容，公司还应指定专人负责监控有关法律和责任的问题。此外，公司需要制定隐私政策。

2. **哪些是最重要的道德问题？** 网站或博客上有关个人、公司或产品的负面或中伤性质的文章，可能导致名誉毁坏，而且名誉的毁坏能够在国家间蔓延。隐私问题、道德问题和法律问题看起来似乎与经营一家企业无关，但如果忽略这些问题，公司将面临各种风险，如罚款、客户抱怨、组织难以正常运营等。隐私保护是一项必要的投资。

3. **数字内容的知识产权如何保护？** 为保护视频、音乐、在线图书等知识财产，我们需要监视网上有哪些版权、商标和专利被侵犯。允许盗版视频和盗版音乐传播的门户网站应被监控。上述监控可能需要付出大量工作，因此可以雇用软件代理来持续监视盗版内容。应当分析侵权对公司的危害，以及现有的和潜在的法律和技术保护可能给公司带来的影响。考虑用谈判的方式解决任何损害赔偿问题。

4. **如何购买电子商务的专利？** 一些人认为，与电子商务相关的商务流程或电脑程序不应该被授予专利权（如欧洲一些国家的做法）。因此，如果一个国家或地区不授予专利权或者专利权得不到合理的保护，那么投入大规模资金开发和购买专利在经济上可能就不明智了。一些持有许多商务模式专利的公司无法从这些专利中创造商业价值。而像 IBM 这样的公司则是依靠出售专利获取利润的。

5. **如何处理有关公司及其产品和服务的虚假新闻和信息？** 大型企业需要制定声誉管理政策。不久，人工智能程序将能够监控企业的所有资料。留意是否有心存不满的员工，他们可能通过各种媒体（包括视频和 Twitter）发布关于公司的虚假内容。

6. **什么是保护客户隐私的道德原则？** 为提供个性化服务，公司需要收集和管理客户的资料和数据。在实践中，公司要决定是否使用间谍软件来搜集数据。这一做法很可能导致客户心怀不满（就像谷歌街景地图和 Facebook 隐私设置案例中的情况一样）。公司需要建立完善的原则来保护客户隐私：在搜集客户信息前先通知客户；披露信息的种类和内容要告知客户并征得客户同意；允许客户读取自己的数据并保证数据准确和安全；使用一些强制手段和补救措施来阻止隐私被侵犯。如此，公司就可以避免诉讼风险并取得客户的长期信任。

7. **在绿色电子商务的全球大趋势下，公司如何获得发展的机会？** 减少碳排放和节约能源是一个全球性的问题。但是在未来十年内，该问题也能为公司发展提供机会：（1）电子商务通过减少出行可以减少碳排放，这是电子商务的一般贡献；（2）电子商务可以提供平台，用于交易二氧化碳排放权，这是一个新的商业机遇；（3）IT硬件制造商竞相获得美国环境保护署的能源之星卓越奖，以证明它们的产品是环保的。

本章小结

1. **理解电子商务面临的法律和道德挑战，并寻求解决这些问题的方法。** 人们在全球范围内都可以接入网络，这导致了严重问题——适用哪一条道德准则和法律呢？忽视法律将使公司面临破坏性强、成本高昂的诉讼甚至犯罪指控，极大地损害客户关系。最好的策略是避免出现那些能给公司带来这些风险的行为。非常重要的保护措施是公司建立各种规则和道德准则，并建立可接受的网络使用政策。

2. **知识产权法。** 电子商务要遵循多种知识产权法，其中有些是法官在具有里程碑意义的案件中创造的。知识产权法为公司提供了在知识产权遭受损害和不当使用时的赔偿途径。由美国国会通过的知识产权法正在不断修改以更好地保护电子商务经营。对知识产权的保护是必要的，因为人们可以很容易地以低成本方式复制，盗取网上的知识财产，这些行为违反或侵犯了版权、商标和专利权。尽管法律问题看起来相当清晰，但监控和确认侵犯者依然困难重重。

3. **隐私保护、言论自由、诽谤以及所面对的挑战。** B2C公司使用客户关系管理系统并依靠客户信息来改进产品和服务。注册和网络跟踪器是收集客户信息的两种方法。最重要的隐私问题是，由谁来控制信息以及在多大程度上保持信息的私有性。严格的隐私保护法律获得通过，该法律严厉处罚因疏忽造成个人数据和秘密数据泄露的行为。对网络审查的争议仍在进行。网络审查的支持者认为，政府和各种网络服务供应商以及网站应该控制不适当的和带有攻击性的内容。反对者反对任何形式的审查，他们认为，应该由个人而不是政府来控制上述内容。在美国，大多数审查网上内容的行为都未被认定为违宪。争议暂时很难解决。

4. **虚假内容和可能的解决方案。** 2016年总统大选期间，虚假新闻成为热门话题，在2016年年底和2017年期间的评论、意见和辩论中，虚假新闻成为焦点。尽管这个问题并不新鲜，但在2016年11月之前，虚假内容一直被视为第二优先考虑的问题。除了虚假网站等，如何处理这个问题的建议取决于虚假内容的类型。教育公众是很重要的，但是对违规者采取法律行动更为有效。

5. **电子商务的社会影响。** 电子商务给社会带来很多好处，如提高安全、改进交通和教育、改善医疗服务、促进国际合作等。尽管数字鸿沟仍然在发达国家和发展中国家间存在，但随着移动计算技术的使用，特别是智能手机的使用，数字鸿沟开始缩小。

6. **绿色电子商务。** 开展电子商务需要大型数据中心，这会浪费能源，造成环境污染。大型数据中心的用户（如谷歌）正在利用创新的方法来改善这种情况。电子商务还会带来其他环境问题。有多种方法可以使得电子商务更为环保，远程办公就是其中的一种。

7. **电子商务的未来。** 电子商务正在稳步迅速地增长，扩大到新产品、新服务、新商务模式，也扩大到许多国家。最值得注意的增长领域包括：线上线下电子商务的整合、移动电子商务（主要是智能手机的应用程序）、基于视频的营销、社交媒体和网络。一些新兴技术，从智能应用到可穿戴设备的使用，促进了电子商务的发展。另一方面，一些因素正在减缓电子商务的发展，如安全和隐私问题、有限的带宽以及在某些领域内缺乏统一的标准。

关键术语

business ethics：商业道德
copyright：版权
copyright infringement：侵犯版权
cyberbullying：网络欺凌

digital divide：数字鸿沟
digital rights management (DRM)：数字版权管理
electronic discovery (e-discovery)：电子举证
Electronic Product Environmental Assessment Tool (EPEAT)：电子产品环境影响评价工具
ethics：道德
fair use：合理使用
green computing：绿色计算
green IT：绿色IT
intellectual property (IP)：知识产权
intellectual property law：知识产权法

internet censorship：网络审查
internet troll：网络喷子
net neutrality：网络中立
opt-in：选择加入
opt-out：选择退出
patent：专利
Platform for Privacy Preferences Project (P3P)：隐私偏好工程平台
spyware：间谍软件
telecommuting：远程办公

讨论题

1. 电子商务网站和社交网站能采取哪些措施控制虚假内容？
2. 隐私指个人有不被他人打扰和受到不合理侵犯的权利。在电子商务领域，你认为哪些侵犯是"不合理的"？
3. 应该由谁监督未成年人，不让其接触网上的攻击性内容？父母、政府，还是网络服务提供商？为什么？
4. 言论自由与对具有攻击性内容的网站进行监控之间有哪些矛盾？
5. "选择加入"和"选择退出"在客户保护方面还存在哪些不足？你喜欢什么保护措施？
6. 便利店的收银员将客户数据（性别、大概的年龄等）输入电脑。这些数据经过处理后用于决策。没有人告知客户这些情况，该行为也未获客户许可（名字没有输入电脑）。收银员的行为违背道德规范了吗？将这种现象与网络跟踪器案例做比较。
7. 为什么很多公司和专业组织建立它们自己的道德准则？毕竟，道德规范是通用的。
8. Cyber Promotions试图使用《第一修正案》为自己向AOL的用户发送垃圾电子邮件的行为进行辩护。AOL试图拦截这些垃圾电子邮件。一位联邦法官认可了AOL的做法，并认为非请自来的电子邮件不仅令人生厌，浪费宝贵的上网时间，而且是不适当的，因而不该发送。讨论一些相关问题，如言论自由、如何辨别垃圾邮件、非垃圾邮件和正常邮件等。Cyber Promotions已经停业。
9. 网络中的虚假内容有哪些不同的类型？

课堂论辩

1. RIAA起诉大学生侵犯版权的目的是什么？被提议的版权执行法案如果正式颁布，将会对RIAA的诉讼起到什么样的支撑作用？了解该法案的进展情况，并撰写报告。
2. 被提议的版权执行法案将所有创建网站的人界定为发行人，并承担相应的法律责任。根据该法案，在公司网站上意外使用和传播受版权保护的内容，可能导致公司的域名或服务器被没收，这将可能导致公司无法提供电子邮件服务——对公司而言完全是毁灭性的打击。公司应采取什么措施来尽可能降低风险？
3. IRS从私人公司购买人口统计的市场调研数据。这些数据包含了可与税收申报单比较的收入统计数据。许多美国公民认为，《电子通信隐私法》赋予他们的权利被侵犯了；还有些人则认为，政府在这一事件当中存在不道德行为。请对这一问题展开讨论。
4. 许多医院、康复组织和联邦机构，正在或计划将所有病人的医疗记录从纸上转换至电子储存介质（使用成像技术），以符合美国《患者保护与平价医疗法案》(PPAC)，该法案又称《奥巴马医疗法案》。PPAC要求所有医疗记录除了应免费发送给政府机构和政府批准的第三方卖家外，还应免费发送给保险公司。一旦完成，电子存储将让使用者在任何时候任何地方快速使用大多数医疗记录。然而，由于人们能从数据库、网络或智能卡上获得这些数据，也就不能排除一些人在未经允许的情况下查看其他人的私人医疗数据。全面保护数据的成本是高昂的，或者在一定程度上会降低使用速度。医疗服务管理当局应采取什么政策来控制未获授权的使用？

5. 2017年，比尔·盖茨建议对机器人征税，并将征税所得用于重新培训被机器人取代的人。许多人不同意。请对这一问题展开讨论。

6. Facebook和其他社交媒体应该对其他人在其网站上发布的内容进行事实核查吗？为什么？

7. 辩论网络中立的利弊。

8. 很多体育联赛，包括美国国家橄榄球联盟和英国足球协会，都限制使用社交网络。美国国家橄榄球联盟禁止在比赛前90分钟和后90分钟内使用社交网络。这样做合理吗？

9. 讨论雅虎禁止居家办公的政策。

10. 讨论用户创造的内容的所有权问题（见关于Facebook的案例）。支持方持什么观点？反对方持什么观点？

11. 隐私标准是否足够严格从而能够保护电子医疗记录？

12. 在未支付版税的情况下，网上个人之间交换歌曲应被允许吗？

13. 美国《爱国者法案》过于严厉还是过于宽松？

14. 有些公司开展绿色电子商务的成本可能很高。如果它们开展绿色电子商务，可能无法与不开展绿色电子商务国家的企业竞争。政府应该给予绿色电子商务补贴吗？

15. 员工在常规工作时间创造的内容应归谁所有？

16. 有人建议，如果机器人抢走了美国人的工作，就应对它们征税。你同意这种观点吗？

网络实践

1. 假设你想创建一个道德博客。可以从cyberjournalist.net/news/000215.php获得《博客作者的道德准则》，回顾关于在博客上发布消息的指南。列出写博客时最重要的十个道德问题。

2. 假设你要创立一个商业网站。在不违反版权法的情况下，哪些类型的材料可以使用？哪些类型的材料（如商标、图形等）不可以使用？撰写一份报告（可参考免费的法律网站）。

3. 使用谷歌搜索提出各种电脑隐私法律倡议的行业和贸易组织。其中的一个组织是万维网联盟（W3C）。介绍该组织的隐私偏好工程平台（P3P）（w3.org/P3P）。准备一张表格，列出十条法律倡议，并做简要介绍。

4. 登录Enter defamationremovalattorneysblog.com/category/other-internet-law-issues，找到最近五篇关于虚假内容的帖子并进行总结。你学到了什么？

5. 登录calastrology.com。这是一个什么样的网络社区？检查网站的盈利模式。然后登录astrocenter.com。这又是什么网站？比较和评论上述两个网站。

6. 登录nolo.com。查找有关各种电子商务法律问题的信息。查找关于国际电子商务问题的信息，然后登录legalcompliance.com或cybertriallawyer.com，找出关于电子商务国际法律问题的信息。通过谷歌搜索获得更多关于电子商务法律问题的信息。准备一份电子商务国际法律问题的报告。

7. 找出最新的有关版权立法的信息。登录fairuse.stanford.edu和wipo.int/copyright/en网站。能在网站上找到关于版权立法的国际问题的资料吗？撰写一份报告。

8. 登录econsultancy.com，找到五篇与本章主题相关的帖子并进行总结。

9. 登录wispa.org以及代表网络服务提供商行业的组织的网站。找出它们已经承担的关于本章讨论话题的各种法律动议。撰写一份报告。

团队合作

1. 请阅读本章的导入案例，并回答下列问题：
   a. 这条推文如此迅速走红的原因是什么？
   b. 为什么虚假新闻有时比事件真相传播得更快？
   c. 虚假新闻与网络上的商业活动有什么关系？

d. 在看到公共汽车后，塔克本应该怎样做才能阻止这一事件的发生？
2. 涉及电子商务的法律诉讼在美国和其他国家都在增加。要求每个小组根据本章讨论的话题（如隐私保护、数字财产、诽谤和专利等），分别列出五个最新的电子商务法律案件。总结各个案件的当事人、法院和日期。这些案件的结局如何？每个案件（可能）会产生怎样的影响？
3. 组成三个小组。两个小组就言论自由与儿童保护展开辩论，第三组扮演法官的角色。一个小组支持完全的网上言论自由；另一组则支持通过审查攻击性和色情内容来保护儿童。辩论结束后，由法官决定哪一方的法律辩论更具有说服力。
4. 监控员工的网上活动、电子邮件和即时通信是合法的吗？（注意，打开寄送至公司地址的个人信件是合法的。）为什么必须有监控？在何种程度上这是符合道德原则的？员工的权利被侵犯了吗？组成两个小组对上述问题进行辩论。
5. 亚马逊正在起诉试图强迫其缴纳地方税的几个州（亚马逊法律）。由于有些州政府向公司征收在线销售税，所以亚马逊终止了与这些州（如科罗拉多州、明尼苏达州）企业的联盟。然而，亚马逊恢复了与加州的企业联盟。查看本项法律（要求亚马逊缴纳地方税）的现状及其与联邦法律的关系，请浏览 illinoisjltp.com/timelytech/ongoing-taxation-disputes-between-ama-zon-and-state-governments。
6. 用人单位用智能计算机程序监测员工的在线活动，力求将浪费时间和计算资源最小化；减少员工盗窃。这些行为可能会侵犯员工隐私，降低员工的信任度和忠诚度。找到监视员工的各种方法（列出这些方法），并列出所有可能的消极方面。找到智能监控好处（包括提高生产力）以及局限性和风险的案例研究。讨论监控和远程办公的关系。
7. 新技术将取代许多员工。研究这一问题并撰写一份报告。

章末案例

海盗湾和文件共享的未来

2009年，美国电影协会（MPAA）起诉瑞典海盗湾（The Pirate Bay）网站提供非法的文件共享，这显然是当年版权法案件中的里程碑，但是这似乎并未显著遏制在线文件共享现象。实际上，此类情况是在不断恶化的。

事件回顾

海盗湾是由黑客和电脑积极分子于2003年建立的专门储存、分类及搜寻BT（BitTorrent）种子的网站，在遵守BitTorrent的P2P（点对点）文件共享协议服务的前提下，提供免费下载大部分媒体文件（包括受版权保护的文件）的服务（en.wikipedia.org/wiki/BitTorrent）。海盗湾包括网站的链接，可以下载电影、电视节目、音乐、电子书、直播的体育比赛和软件等。海盗湾已经跻身全球最受欢迎的网站之一。广告、捐助和销售商品是网站的收入来源。在提供免费访问受版权保护的内容上，海盗湾可能是几十个同类网站中最知名的一个。

法律环境

海盗湾已经以原告和被告身份卷入多起诉讼（请浏览 torrentfreak.com/the-pirate-bay-turns-10-years-old-the-history-130810）。以下是几个案例。

在瑞典，海盗湾于2006年被瑞典警方突袭，网站被关闭。但几天后，托管在不同国家的种子服务器重新出现。2008年，瑞典政府开始对海盗湾创始人版权盗窃案进行刑事调查。该网站的三名创建者和一名投资人被指控助长了版权侵犯活动，为他人使用海盗湾的BitTorrent技术侵犯版权提供了便利。34起侵犯版权案件的赔偿要求可能超过1 200万美元。审判从2009年2月16日一直延续到3月3日，最终陪审团判决他们有罪，他们被判入狱一年并处罚金350万美元。该网站的四名创建者在2010年的上诉中败诉，但成功获得了减刑，不过针对其侵犯版权行为的罚款提高了。目前该网站被多个国家屏蔽。美国政府认为海盗湾是假冒和盗版产品最大的市场。

目前的运营情况

截止到2014年6月，海盗湾仍在继续提供种子文件和链接，以便于使用BitTorrent系统的用户进行文件共享。网站可以下载、观看视频和搜索所有类型的媒体。事实上，该网站得到了许多公众的支持。海盗局（Piratbyran）建于2003年，是一个支持免费信息共享的瑞典组织。然而，该组织在2010年解散。2006年，瑞典新成立了一个政党，随后，许多欧洲国家将该党贴上标签，称为"海盗党"。（Pirate Parties）其他国家跟进，创建自己的海盗党。该党支持版权和专利法律、政府透明度改革和网络中立。2006，国际海盗党运动成为一个保护伞组织。2009年，瑞典海盗党在欧洲议会获得了一个席位；2013年，冰岛海盗党获得了三个类似的席位。海盗党倡导版权和专利法改革以及减少政府的监视。海盗湾的创建者已经对其他几个分散化的P2P文件共享网站施加了影响，这促进了对全球范围内大规模文件共享需求的满足。海盗湾有很多拥护者：2014年，为了让更多人关注入狱的海盗湾创建人，支持者们计划发起一个在线活动。

一直以来，文件共享技术都走在法律的前面。由于有的国家屏蔽海盗湾，因而就出现了几个可供间接访问海盗湾网站的代理URL。

海盗湾尽管在2010年11月输掉了官司，但是公司依然在发展。2011年公司的创立者开发了一个新的网站（IPredator），通过将浏览信息转移到一个安全服务器，帮助注册用户隐匿IP地址。网站为注册用户分配虚拟的IP地址登录到海盗湾，以此来分享文件和信息，但是不会泄露用户自己真实的IP地址。如今，海盗湾网站是互联网世界最受欢迎的网站之一，但是，许多国家正在实施更加严格的版权保护法，目的是阻止类似的非法网络行为。值得注意的是，Facebook已经拦截了所有海盗湾的分享链接，不管是公共信息的链接还是私有信息的链接。2012年，英国法院下令封锁海盗湾，因为它违反了版权法。而有些国家则允许访问海盗湾。例如，2014年荷兰法院宣布解除海盗湾禁令（请浏览bbc.com/news/technology-25943716）。

2012年，海盗湾为保护自己免受袭击，将BT种子存储从实体服务器转移到云存储上。借助于几个云托管供应商为用户服务，海盗湾也因此避免了被查封的危险，因为服务器没有实际地点，这使得它难以被关闭。其他好处还包括减少停机时间，确保更好的正常运行时间，成本大幅度降低。

2016年，海盗湾卷土重来，如今正在使用Torrents Time插件向Netflix传送非法的内容。通过安装在个人电脑上的插件，用户只需点击新的Stream It!按钮，就可以在不向版权所有者支付任何费用的情况下，访问大量的电影和电视节目。

一旦插件找到足够的对等点，它就可以以流媒体的形式传输内容，而不需要缓冲——对等点的获取只需要几秒钟。最后，海盗湾似乎正在努力成为世界上最大的流媒体网站。

值得一提的是，无论盗版内容是流媒体的形式还是下载的形式，在美国和许多其他国家访问它都是非法的。

海盗湾现在使用许多代理网站和种子网站，发展势头很好。不过，2017年2月，瑞典一家法院将海盗湾定为非法组织，但在其他国家没有问题。

讨论

海盗湾是众多专事盗版内容网站的一员。不同于提供客户上传视频（包括盗版视频）服务的网站，海盗湾并不提供任何内容，只提供非法内容的链接。这个策略对减少网站的法律纠纷意义不大。

海盗湾一案只是保护网上知识产权众多问题中的一部分。相关的一个有趣问题是YouTube是否该为其网站上的内容负责，这一问题就复杂得多了。

该案件值得注意的一点是，美国政府正在推动瑞典政府更为坚定地反对盗版行为。

思考题

1. 将海盗湾涉及的法律问题与Napster在2000～2005年涉及的法律问题以及Kazaa（文件共享公司）涉及的法律问题做比较。
2. 就网上言论自由与保护知识产权的冲突进行讨论。
3. 海盗湾的商务模式是什么？收入来源有哪些？（从维基百科开始查找更多信息。）
4. 挖掘本案例涉及的国际法律问题。一个国家可以劝说另一个国家实施更为严厉的法律吗？
5. 了解海盗湾网站的进展情况。